KB175203

高麗時代 對外交流史 研究

高麗時代 對外交流史 研究

李鎭漢

景仁文化社

서 문

21세기 들어서 더욱 깊어지는 동아시아 국가 간의 갈등이 하루빨리 해소되어 '고려시대처럼' 활발하게 교류하고 공동 번영하기를 빌며 이 책을 낸다.

고려의 지형은 산이 많고 평지는 적었다. 토지는 대체로 척박해서 매년 농사짓기 어려웠다. 기후도 생산성 높은 벼농사에 적합한 편은 아니었다. 외국과 무역하여 부를 창출할 특산품이나 기술도 거의 없었다. 이러한 여건으로 인해 인구밀도는 낮았고, 부유한 사람은 드물었다. 한마디로 가난한 나라였다.

고려의 문화수준은 꽤 높았다. 고려인은 청자를 만들어 그릇으로 사용하였다. 도자기를 만드는 기술은 송에 비해 떨어졌지만, 비취색을 구현하여 송나라 사람들로부터 秘色—또는 翡色— 자기라는 칭찬을 받았다. 고려는 불교 경전을 집대성한 대장경을 雕造하였다. 첫 번째는 부처님의 힘으로 거란의 침입을 물리치기 위해 만들었고, 두 번째는 몽골이 그것을 불태우자 역시 같은 목적으로 다시 만들기 시작하여 동아시아 최고의 대장경을 완성하였다. 또한 고려는 세계에서 가장 먼저 금속활자를 주조하여 인쇄에 활용하였다. 두차례 대장경을 새기는 일이나, 활자를 처음 사용한 것은 모두 외적을 맞아 국가적 위기에 빠진 상황이어서 고려인의 문화적 성취는 특별한 의미가 있다. 고려의 문화는 중국과 대비되어서 상대적으로 초라해 보여도, 고려가 존속하던 시대에 전 세계의 여러 나라와 절대적인 기준에 따라 평가한다면 최상위급이었다.

'고려는 가난했다'는 것과 '고려의 문화적 수준이 높았다'는 것은 서로 어울리지 않는다. 그러나 그러한 일이 실제로 일어났다. 고려가 문화 강국인 중국의 여러 왕조와 적극적으로 교류했기 때문이다. 고려가 중국 왕조와의 외교에 각별한 노력을 기울인 것은 원만한 문화 교류를 위한 것이었다. 고려는 중국의 분열을 이용하여 국익을 극대화하기 위해 이중외교를 했다. 고려가 몽골(원)과 명의 외교적 압박에 시달리면서도 끝내 관계를 단절하지 않은 것도 문화 수용의 통로를 잃지 않고, 더 많은 것을 가져오기 위한 목적이 있었다.

한편 고려는 농업생산의 여건이 열악하고, 여러 차례의 전쟁으로 인해 인구의 자연증가가 더딜 수 밖에 없었다. 대신 발해, 여진, 거란, 일본 등 주변 지역 사람들의 투화와 같은 사회적 요인에 의해 인구가 증가했고, 그것은 농업 생산력의 발전에 영향을 주었다. 그리고 송, 몽골(원), 명의 지식인들이 고려에 와서 지배층에 편입되어 사대 외교와 한문학의 발달에 이바지하였다.

고려는 거란의 침입을 받고 가장 높은 문화 수준을 자랑하는 송과의 외교를 포기하고 거란을 사대하게 되었는데, 송상의 왕래를 허용하여 민간 교역을 통해 선진문화를 받아들였다. 송은 거란의 책봉국인 고려에 자국의 해상들이 가는 것을 금지하는 編勅을 제정하고서도, 고려와의 외교 관계 복원에 대비해 고려 왕래를 묵인해 주었으며, 송 조정의 바람대로 그들이 문종대 대송통교 재개에 중요한 역할을 수행했다. 일부 송상이 무역상의 편의를 도모하기 위해 고려에 투화하여 거주하기도 했으나, 상단의 우두머리에 해당하는 도강은 송의 해상관리 정책을 준수하는 송나라 사람이었다.

고려는 송상, 여진, 일본 등 여러 나라 사람들이 만나 교역하는 기회의 땅이 되었다. 송상의 상시적인 고려 왕래는 더 많은 여진과 일본 등 주변 지역 사람들이 고려를 왕래하도록 만들었다. 그 덕분에 여진이 문명화되고 금나라를 건국하여 동아시아 霸者가 될 수 있었다.

　고려가 존속했던 475년 간에 중국에서는 왕조 교체가 자주 일어났으므로 해상 교류의 양상도 크게 변화하였다. 고려초는 중국과 한반도가 모두 분열된 시기여서 한중 간에는 다원적인 해상 교류가 있었다. 고려 성종은 농업국가를 지향하면서 고려 해상이 나가는 것을 금하였으나, 송상이 오는 것을 막지 않았다. 송상은 몽골과의 전쟁으로 강화도로 천도한 시기에도 꾸준히 고려를 다니며 무역하였다. 몽골(원)과 고려가 강화한 이후에는 양국의 왕래에 대한 제한이 줄어서 우리 역사상 가장 잦은 교류가 이루어졌다. 명이 건국하고 중원을 장악한 뒤, 海禁政策을 펴면서 고려의 대중국 무역 중심지가 육지인 서북면 지역으로 옮겨가고, 절대적인 무역량이 크게 줄어드는 곡절을 겪게 되었다. 고려초와 고려말을 한중 해상교류 관점에서 비교보건대, 완전히 열렸다가 꽉 막히는 극적인 변동이 있었다고 할 수 있다.

　이처럼 고려는 동아시아의 복잡다단한 정세 변화에 능동적이고 유연하게 대처하면서 한편으로는 국가의 생존을 추구하고, 다른 한편으로는 문화 수준을 높이기 위한 인적·물적 교류에 최선을 다했다는 점에서 고려 사람들에 대하여 후한 평가를 해도 좋다.

　그런데, 서문을 쓰는 중에 연구 주제가 일맥상통해서인지 저자의 전작인 『高麗時代 宋商往來 研究』와 『고려시대 무역과 바다』의 그것과 비슷한 점이 많다는 생각이 들었다. 저자가 지난 20여년 간 수행한 무역사, 외교사, 교류사 연구의 한계를 절감하며 일단락짓고자 한다. 이제부터는 저자의 첫 연구 분야였던 고려시대 관직 또는 관제 연구에 매진할 예정이다.

　책을 내면서 양해를 구할 것이 있다. 각 논문별로 한자의 사용 빈도의 차이가 크다는 점이다. 학술지에 따라 한자를 직접 써도 되는 것이 있는가 하면 한글과 한자를 병용해야하는 경우가 있었고, 일본에서 간행되는 학술지에는 의도적으로 한자를 많이 썼는데, 12편의 논문을 정리해 한 권의 저서로 만들면서 한자 사용의 균형을 이루지 못했기 때문이다. 이와 관련하여 국내에서 만이라도 적어도 학문분야 별로 통일된 편집 규정을 마련하여 학술 논문에서 저서로의 전환 과정이 쉽도록 해주었으면 좋겠다.

마지막으로 이 책이 나오는데 도움을 준 분들을 소개하겠다. 고려시대 대외교류사에 관련된 주제의 글을 작성하면서 오대십국·송·거란(요)·금·몽골(원)·명 및 일본의 외국 자료를 이용해야 했는데, 장동익 선생님의 자료집 덕을 보았다. 각종 학술회의의 토론과 학술지 논문 심사를 통해 잘못된 것을 지적하고 조언을 해주신 여러 연구자들이 있었다. 홍민호 군을 비롯한 고려대 대학원 고려시대 전공 학생들이 재교를 꼼꼼히 봐주었다. 가족들은 내가 공부할 수 있도록 살뜰하게 챙겨주고 있다. 모두에게 감사의 인사를 전하고 싶다.

2023년 5월 14일
저자

차 례

제1편 고려시대 海上交流의 變遷

제2편 고려전기 王代別 外交와 貿易

제3편 송상의 高麗 歸化 問題

제4편 外國人의 往來와 移住

제5편 高麗末 對明外交와 貿易

〈수록논문 출처〉

제1편 고려시대 海上交流의 變遷

- 「高麗時代 海上交流와 '海禁'」『東洋史學研究』127, 2014.

제2편 고려전기 王代別 外交와 貿易

- 「高麗 太祖代 對中國 海上航路와 外交·貿易」『한국중세사연구』33, 2012.
- 「高麗 文宗代 對宋通交와 貿易」『歷史學報』200, 2008.
- 「高麗 宣宗朝 對宋外交와 貿易」『韓國人物史研究』13, 2010
- 「『三國遺事』의 高麗 睿宗代 佛牙 將來 記錄과 그 將來者에 대하여」『민족문화연구』
  79, 2018.

제3편 송상의 高麗 歸化 問題

- '고려강수(高麗綱首)' 탁영(卓榮)·서덕영(徐德榮) 관련 사료의 재검토」『한국문화』
  96, 2021.
- 「송대 해상(海商) 관리와 송상(宋商)의 '고려 귀화설'」『東北亞歷史論叢』78, 2022.

제4편 外國人의 往來와 移住

- 「고려 주변 지역 사람들의 來獻과 宋商往來」『東アジアとの対話ー国境を越えた
  知の集成ー』, 花書院, 2023.
- 「高麗時代 外國人의 居留와 投化」『한국중세사연구』42, 2015.
- 「高麗時代 農法의 변화와 投化人의 土地 開墾」『歷史學報』234, 2017.

제5편 高麗末 對明外交와 貿易

- 「The Development of Diplomatic Relations and Trade with Ming in the Last
  Years of the Koryŏ Dynasty」, 『International Journal of Korean History』 Vol
  10, 2006.
- 「高麗末 對明 私貿易과 使行貿易」『九州大學韓國研究センター年報』9, 2009.

제1편
고려시대 海上交流의 變遷

高麗時代 海上交流와 '海禁'*

1. 머리말

육지는 특별한 교통수단이 없어도 누구나 다닐 수 있다. 반면에 바다와 강을 다니기 위해서는 배와 항해술이 필요하고 풍랑으로 인해 조난당할 위험도 상존하였다. 그러나 전근대 시기에 배는 봇짐·등짐이나 수레로 운반하는 것에 비해 사람이나 짐을 많이 적재할 수 있었을 뿐 아니라 상대적으로 속도도 빨라서 매우 효율적이며 편리한 교통수단이었다. 한반도는 삼면이 바다이고, 내륙에는 배가 다닐 만한 하천들이 많아 선사시대부터 해상 및 수로 교통이 발달하였고, 더 나아가 중국 및 일본과의 해상교류가 이루어지고 있었다.

고려시대에도 이러한 상황은 달라지지 않았다. 五代·十國, 契丹(遼), 宋, 金, 元, 明 등 중국의 여러 왕조와 日本, 大食國, 東·西女眞 등이 고려에 와서 외교 및 무역을 하였다. 토지는 척박하여 休閑田이 많고 인구가 적은 사회경제적 조건 속에서도 고려 사람들이 몇 가지 의미있는 문화적 창조를 해내고 거란과 몽골이 침입하였을 때 그들을 오랑캐로 여기며 싸웠던 것은 중국과의 지속적인 해상교류로 先進文物을 접하고 있었기 때문이다. 그러므로 일제 강점기부터 민족주의 사학자인 安在鴻은 조선시대의 쇄국정책과 폐쇄성에 대비하여 고려시대의 해상교역과 개방성에 주목하였고,[1] 그것은 고려

---

* 필자는 2014년 <동양사연토회>의 전체주제인 '동아시아의 바다, 그 열린 공간과 교류'와 관련하여 고려시대 대중국 해상교류를 맡아 서술하기로 하였는데, 준비

시대 해상교류에 관한 선구적이며 실증적인 연구에 의해 증명되었다.[2]

실제로 羅末麗初에 고려를 비롯한 후삼국의 海商들이 登州에 다녔다는 기록이 있고, 吳越은 후백제 및 고려 양국과 동시에 외교를 하였다.[3] 송의 건국 이후 宋商이 와서 고려 국왕에게 獻上을 하였고,[4] 일본과 여진 사람들이 八關會에 맞추어 바다를 건너와서 그 행사에 참여하고 무역하였으

모임에 참여했던 여러 분들이 주된 교류의 대상이 중국이었지만 그것을 제목에 넣지 않는 것이 좋겠다는 조언에 따라 '대중국'을 빼고 '고려시대 해상교류'로 정하였다. 이후 주제에 관한 여러 사료를 검토한 결과 외교적 대립과 같은 정치적인 요인에 의해 고려와 중국의 배가 자유롭게 다니지 못한 적―넓은 의미의 海禁―이 제법 많았고, 그것이 고려시대 해상교류의 중요한 특징과 성격이었기 때문에 제목에 해금을 추가하였다. 다만, 본래 해금이 下海蕃之禁의 의미이고, 해금정책은 명청시대 연안지역 및 해양의 질서 안정과 해외무역의 규제, 조공제도의 관철을 목적으로 하는 일련의 해양통제정책을 통칭하는 역사성이 있는 용어이기 때문에 그것과 구별하고자 '해금'이라고 표현하기도 하였다(명청 시기 해금에 관한 연구논문 정리는 주) 93 참조).

1) 安在鴻選集刊行委員會編,「退嬰의 由來와 經緯(2)」『民世安在鴻選集』 1, 知識産業社, 1983, 489쪽.
   民世는 이 글을 쓴 목적이 新羅 高麗 兩朝 700년간 오히려 왕성하던 海外交通조차 딱 끊어버리고 鎖國 孤立에서 생겨난 固陋한 宗派主義의 惡習을 집어내고, 永續的인 自滅의 길을 밟아오던 由來를 드러내는 것이었다고 하였다.

2) · 金庠基,「古代의 貿易形態와 羅末의 海上發展에 就하야―清鎮海 大使 張保皐를 主로 하야(1)·(2)」『震檀學報』 1·2, 1934·1935;『東方文化交流史論攷』, 乙酉文化社, 1948.
   · 金庠基,「麗宋貿易小考」『震檀學報』 7, 1937;『東方文化交流史論攷』, 乙酉文化社, 1948.

3) 日野開三郎,「羅末三國의 鼎立과 對大陸海上交通貿易(一)·(二)·(三)·(四)」『朝鮮學報』 16·17·19·20, 1960·1961;『日野開三郎 東洋史學論集―北東アジア國際交流史の研究(上)―』, 三一書房, 1984.

4) · 金庠基,『東方文化交流史論攷』, 乙酉文化社, 1948.
   · 森克己,「日本·高麗來航の宋商人」『朝鮮學報』 9, 1956;『續日宋貿易の研究』, 國書刊行會, 1975(a).
   · 森克己,「日·宋と高麗との私獻貿易」『朝鮮學報』 14, 1959;『續日宋貿易の研究』, 國書刊行會, 1975(b).

며,5) 심지어 대몽항쟁 시기에도 송상의 배는 고려를 왕래하였다.6) 몽골과 고려가 講和한 뒤에 원의 곡식을 해상으로 운송하여 고려의 기근을 해결하였고, 원의 遼東 지역에 흉년이 들었을 때는 고려의 곡식을 水站을 통해 보내 구제하였다.7) 원의 直沽 및 慶元에서 고려를 왕래하는 해상이 있었고, 고려의 상인들은 원의 화폐인 寶鈔를 휴대하고 말에 모시·인삼 등을 실어 원에 가서 교역하고 고려에서 이익이 남을 만한 비단과 책 등을 사서 배에 싣고 되돌아왔다.8) 이처럼 고려와 중국의 해상교류가 잦았는데, 서해를 사이에 두고 있던 양 지역의 사람들은 상대방과 지역에 대해 어떻게 인식하고 있었는지 살펴볼 필요가 있다.

그에 반해 서해가 언제나 마음대로 다닐 수 있는 공간이 아니었던 시기도 있었다. 후삼국의 패권을 잡고자 했던 고려와 후백제는 상대국 배가 자국의 바다를 다니지 못하게 하였고, 성종은 고려 사신이 송에 갈 때에만 海商들이 함께 가서 무역할 수 있도록 海上往來를 제한하였다. 송은 고려가 거란에 사대하고 더 이상 송에 사신을 보내지 않자 원칙적으로 해상들이 고려에 갈 수 없도록 하였다.

이와 같은 해금의 원인은 해상들이 富를 축적하고 정치세력화하는 것을 방지하는데 있었으며, 해상이 외국을 왕래하는 것은 그 국가와 朝貢 및 國

---

5) 奧村周司, 「高麗における八關會的秩序と國際環境」 『朝鮮史研究會論文集』 16, 1979.
6) 李鎭漢, 「高麗 武臣政權期 宋商의 往來」 『民族文化』 36, 2010; 『高麗時代 宋商往來 研究』, 景仁文化社, 2011.
   이에 대한 비판적인 의견도 있다(이강한, 「서평-이진한, 『고려시대 송상왕래 연구』」 『歷史學報』 212, 2011).
7) · 위은숙, 「13·14세기 고려와 요동의 경제적 교류」 『民族文化論叢』 34, 2006, 505·506쪽.
   · 이강한, 「1293~1303년 고려 서해안 ‘원 수역’의 치폐와 그 의미」 『한국중세사연구』 33, 2012, 134~143쪽.
8) 위은숙, 「원간섭기 對元貿易 —『老乞大』를 중심으로—」 『지역과 역사』 4, 1997.

信 등의 외교관계를 전제로 하기 때문에 국가 간의 적대적 관계가 해금의 사유가 될 수 있었는지를 고찰하고자 한다. 고려와 중국의 해상들이 경제적 이익을 얻기 위해 서해를 열린 공간으로 만들었다면, 중앙집권화와 같은 왕조의 정책 또는 전쟁·외교단절과 같은 정치적인 요소가 해상교류를 막는데 영향을 끼쳤음을 설명하겠다. 그리고 고려말에는 명의 해금정책으로 인해 예성항에서 이루어지던 해상무역에서 국경지역의 육로무역으로 교역형태와 중심지가 크게 변화하기에 이르렀음을 서술할 것이다.

고려시대에 서해는 물리적으로 같은 공간이었어도, 해상 교통로로서의 성격은 고려초와 고려말이 달랐다. 고려 건국 이후 원간섭기까지 서해는 고려·중국의 사람과 문물이 왕래하는 교류와 소통의 공간이었지만, 14세기 말 고려가 멸망되던 시기의 서해는 합법적으로 건널 수 없는 장벽이 되어버렸던 것이다. 이러한 연구 성과는 고려의 해상교류와 무역이 시기와 국가별로 매우 다채롭게 전개되었음을 알려줄 것이다.

2. 高麗·中國 사람들의 海上交流와 相互 隣接地域 認識

역사적으로 한반도는 대륙과 연결되어 북쪽으로 대외적인 교류를 많이 하였을 것 같지만, 여러 나라가 분립되어 서해가 중요한 교통로가 되었다. 고조선 시기에 삼한이나, 삼국 시대에 백제와 신라는 육지로 중국과 교류할 수 없어서 서해를 왕래하며 외교와 무역을 하였다. 남북국 시대에도 신라와 중국의 각종 교류는 북쪽의 발해로 인해 거의 전적으로 해상을 통해 이루어졌다.

918년에 고려가 건국하였을 때 북쪽 경계 지역에는 발해가 있었고, 그 너머에는 거란이[9] 있어서 고려가 중원왕조와 교류하기 위해 서해를 건너 산동반도를 왕래하였고, 동시에 해외무역이 발달했던 장강 이남 지역의 吳越·南唐·閩 등과의 해상교류를 병행하였다. 송이 건국하고 장강 이남 지역까지 차지한 뒤에는 泉州·廣州·福州·台州 등의 상선이 明州를 경유하여 고려의 예성항에 와서 무역을 하였고, 왕래가 매우 잦았다. 이처럼 고려와 중국─특히 江浙─은 해상교류를 지속하고 있었으므로, 상대 지역을 자신들의 경계에 있는 이웃이라고 인식하였던 것 같다. 다음의 기록을 보자.

> A. 恭愍元年 李穡이 服喪中에 上書하여 이르기를 "(前略: 외적의 침입에 대한 방책을 말하며) … 하물며 우리나라는 동쪽에 日本이 있고, 북쪽에 女眞이 있으며, 남쪽으로 江浙의 배가 통하고, 북쪽으로 조공하러 가는 길이 서쪽으로 燕山으로 뻗어있습니다. (그런데) 倭賊이 쳐들어 와서 이미 어찌할 바를 몰라 甲兵을 청하기에 이르렀고, 江浙의 賊이 만일 帆船으로 오거나, 女眞人이 남으로 말타고 오면 밭갈던 백성[荷耒之民]이 갑자기 干城의 卒이 될 수 있겠습니까 …"라고 하였다.[10]
>
> B1. (四明의) 남쪽은 閩·廣이 있고 동쪽은 倭人이 있으며, 북쪽은 高句麗인데 商舶이 往來하고 物貨가 豊衍하다.[11]
>
> B2. (四明의) 남쪽은 閩·廣과 통하며 동쪽은 日本과 접하였으며, 북쪽은 高麗와 멀리 떨어져 있는데 商舶이 往來하며 物貨가 豊溢하다.[12]

A는 1352년에 이색이 아버지 李穀의 喪中에 지은 上書로 왜적의 침입

---

9) 거란의 국호는 契丹, 遼, 대거란, 대요의 순서로 변화했는데, 원칙적으로 해당 시기의 국호를 사용하고 광범위하게 호칭할 때는 거란(요)라고 통칭할 것이다.

10) 恭愍元年 穡服中上書曰 草土臣穡言 … 況我國 東有日本 北有女眞 南通江浙之船 止有朝天之路 西走燕山 倭賊之來 旣已倉皇失措 至請甲兵 江浙之賊 萬一帆船而來 女眞之人 萬一南麾其騎 則荷耒之民 其遽爲干城之卒歟 若變起倉卒 … (『高麗史』 권115, 李穡傳).

11) 南則閩廣 東則倭人 北則高句麗 商舶往來 物貨豊衍(『乾道四明圖經』 권1, 分野).

12) 南通閩·廣 東接日本 北距高麗 商舶往來 物貨豊溢(『至正四明續志』 권1, 土風).

과 중원의 정세 변화에 따른 혼란에 대비할 것을 주장한 것이다. 그는 고려의 사방 경계를 들면서 남쪽은 강절과 배로 통한다고 하였으며, 그 지역에서 배를 타고 적들이 쳐들어올 것을 우려하였다. 이것은 양 지역이 서해로 갈라져 있었으나 서로 해상 교통으로 연결되어 있으며, 범선을 타고 일시에 쳐들어올 수 있을 만큼 가까운 곳이라고 인식하였음을 알려준다.

B1은 송의 乾道 시기(1165~1173)에 만들어진 『乾道四明圖經』의 내용이다. 四明—明州, 慶元—은 남쪽으로 閩·廣, 동쪽으로 倭人이 각각 있으며, 북쪽으로 高句麗—고려—가 있는데 商舶이 往來하며 物貨가 豊衍하다고 하였다. B2의 至正 연간(1341~1367)에 쓰여진 지방지에는 四明이 남쪽으로 福建·廣東과 통하고, 동쪽으로 日本에 접하였으며, 북쪽에 高麗가 떨어져 있는데 商舶이 往來하며 物貨가 豊溢하다고 하였다. 이 지역 사람들은 중국의 대표적인 항구답게 배로 통하는 것으로서 방향을 적어서 지리적으로 정북쪽에 중국이 아니라 고려가 있었다고 하였다. 오랜 기간 송상들이 四明—明州, 慶元—의 定海縣에서 북동진하여 고려를 왕래하며 무역을 하였기 때문일 것이다. 반면에 송상들이 예성항에서 남하하여 군산도 남쪽에서 서해로 나가고 黑山島에서 남서진하여 귀국하였으므로 고려 사람들에게 자신들이 온 곳을 남쪽이라고 소개하였을 것이다. 그런 점에서 이색이 고려의 남쪽에 강절이 있다고 한 것이나 四明 사람들이 북쪽에 고려가 있다고 한 것은 상통하는 바가 있다. 고려와 사명 또는 강절 사람들이 상대를 자신들의 경계 바로 너머에 있는 이웃나라라고 인식했던 것은 일상적인 해상교류에서 비롯된 것이다.

이러한 위치 파악에 대한 단서는 1123년 6월에 고려에 사신으로 왔던 서긍이 기록한 고려의 경계에 대한 서술에서 확인된다. 서긍은 고려의 지리적 위치를 설명하면서 '남쪽은 먼 바다[遼海]로 막히고 서쪽은 遼水와 맞닿았으며 북쪽은 옛 거란 땅과 접했고 동쪽은 金과 맞닿았다. 또한 日本·

流求·聊羅·黑水 등과 犬牙相制를 이루고 있다. … 그 나라는 京師의 동북쪽에 있는데, 燕山道로부터 陸路로 가다가 遼水를 건너 동쪽으로 그 나라 국경에 이르기까지, 무릇 3천 7백 90리이다. 海道는 河北·京東·淮南·兩浙·廣南·福建에서 모두 갈 수 있는데, 지금의 나라는 바로 登州·萊州·濱州·棣州와 서로 바라다 보인다. 元豐 이후부터 매양 조정에서 사신을 보낼 때 모두 明州의 定海縣에서 나가 바다를 가로질러 북으로 간다. 배 운행은 모두 夏至 뒤에 南風을 이용하는데 바람이 좋으면 5일이 못 되어 고려의 해안에 닿는다'고 하였다.13)

서긍이 登州·萊州·濱州·棣州와 고려가 바라다 보인다고 한 것은 이들 지역과 고려가 가까우며 지리적으로 마주보고 있다는 의미일 것이다. 그러면서 海道는 河北·京東·淮南·兩浙·廣南·福建 등 다양한 것이 있었는데, 송 사신이 고려에 갈 때는 명주 정해에서 북쪽으로 향한다고 하였다. 송나라 사람들은 고려의 자연 지리적 위치를 정확하게 알고 있었다. 四明 사람들이 고려가 북쪽에 있다고 한 것은 배가 항해하는 방향과 관련된 표현이었다고 이해된다.14)

서긍이 고려에 가는 배가 편풍을 만나면 명주 정해에서 고려까지 5일에 불과하다고 한 바와 같이 고려와 명주 사이의 해도는 다소 위험하기는 했지만, 당시의 항해술로는 그다지 오래 걸리는 곳이 아니었다.15) 이와 같이

13) 『高麗圖經』 권3, 「封境」.
14) 『宋史』 권487, 高麗傳에는 고려에 갈 때 명주 定海縣에서 便風을 얻어 3일만에 큰 바다에 가고 5일째에 墨山―흑산도―에 이르러 고려의 경계에 들어가며 7일이 지나 예성강에 이르며 3일을 지나 해안에 다다랐다고 하였다. 정해현에서 출발하여 18일 만에 벽란도에 이른다는 뜻이다. 『高麗圖經』과 『宋史』가 모두 순조롭게 항해되었던 것을 근거로 기일을 적었던 것 같은데, 양국을 왕래하는 것이 어렵지 않았으며 그다지 오랜 기일이 소요되지 않는다는 인식이 거의 일치한다.
15) 1268년 원 세조가 일본정벌을 준비하던 중에 고려의 태자와 재신 李藏用이 입조하자 세조는 그에게 고려에서 온 자가 바다에 관한 일을 말했는데, 송에서 편풍을

송은 배를 이용하면 많은 병력을 싣고 고려에 신속하게 갈 수 있었으므로 금의 공격을 받은 이후 포로가 된 황제를 구출하기 위해 고려에 길을 빌려 달라고 하였다. 1128년 6월에 송의 형부상서 楊應誠과 濟州防禦使 韓衍이 와서 그 동안 고려가 송과 외교를 하면서 매우 두터운 은혜를 입었으니 고려를 경유하여 뱃길로 금에 잡혀간 徽宗과 欽宗 두 황제를 모셔오는데 도와줄 것을 요청하였다. 고려는 사세에 따라 어쩔 수 없이 금을 사대하고 있는데, 송에게 길을 빌려주면 금이 의심하여 문제를 일으킬 것일 뿐 아니라 금이 고려에게 길을 빌려 송에 간다고 하면 거절할 수 없다고 하였다. 또한 만약 금이 해도의 편리함을 알면 고려가 보전하기 어려우며, 그 경우 송은 금이 바다 건너 淮南·兩浙 연해의 땅을 노리는 것도 걱정해야 한다며[16] 완곡하게 사절하였다.

고려가 송의 假道 요구를 거절하는 명분은 현재 사대하고 있는 금이 비슷한 요구를 하면 똑같이 들어주어야 할 것이라는 점과 장차 금이 고려를 거쳐 송의 淮水와 浙江 지역을 공격할 경우에 오히려 송이 큰 어려움을 겪게 될 것이라는 점이다. 이에 대해 고려는 송과 육지로는 연결되지 않았지만, 송의 인접국가여서 언제든지 금이 고려를 거쳐 송을 공격할 가능성이 있다는 것을 이유로 받아들이지 않았다.

이후에 양국 사이의 관계에 대해 더욱 적극적인 표현도 등장하였다. 1128년 8월에 송의 사신 양응성의 일행이 귀국하자, 고려는 곧바로 尹彦頤를 송에 보내 고려의 처지를 구구하게 설명하였다. 고려가 송에게 假道를 해주면 금이 같은 요구를 하고 침략할 것이라는 핑계를 대고, 금의 군사는 많고 고려의 군사는 적어서 서로 다투기도 어려우며, 입술이 없어지면 이

얻으면 3일에 이르고, 일본은 아침에 출발해서 저녁에 이른다고 하였다(『元史』 권 208, 「高麗傳」, 至元 5년 5월).

16) 『高麗史節要』 권9, 인종 6년 6월.

가 시린 것과 같이 송에도 장차 화가 될 것이라고 하였다.[17]

고려와 송 사이에 바다가 있어도, 배로 쉽게 건널 수 있다는 것은 송의 관인도 잘 알고 있었다. 남송의 鄭興裔는 고려의 入貢을 중지할 것을 청하는 글에서 고려의 사신이 와서 明州와 越州가 供億에 곤란을 겪고 있으며 그들이 궁궐에 이르기까지 대우하는 비용이 너무 많이 든다는 것을 들고 있다. 그가 황제에게 올린 건의문에서는 고려의 사절이 오는 것을 반대하는 명분이 하나 더 있었는데, "송이 수도를 臨安으로 옮긴 뒤 三韓—고려—에서 곧바로 四明에 오고 四明은 行都와 浙江 하나를 두었을 뿐입니다. 비록 四明에서 高麗에 이르기까지 海道가 멀고 가운데 여러 섬들로 떨어져 있으나, 남북의 방향으로 각각 순풍을 타면 험난함을 넘는 것이 쉽습니다. 따라서 海道를 마땅히 방어해야 하므로 고려의 入貢·報答의 使節을 중지하고 그 비용을 아껴 군량을 넉넉히 쌓으시고, 번국의 배 왕래 금지를 엄하게 하시어, 疆域을 지키고 釁端을 막는다면 宗社에 깊이 다행일 것입니다." 라고 하였다.[18] 정흥예는 고려와 송이 배로 불과 6일 정도 밖에 걸리지 않는 가까운 거리임을 주장하며 바닷길로 금의 군사가 쳐들어오는 것을 막는다는 국방상의 이유로[19] 고려 사절의 입공을 중지해야 한다고 하였다.[20]

---

17) 『高麗史節要』권9, 인종 6년 8월.
   이어 1136년 9월에 金稚規와 劉待擧를 明州에 보내어 송이 고려 및 西夏와 더불어 金을 도모하자는 것에 대한 고려의 답변을 담은 牒文을 전하였는데, '고려는 이 일이 알려지면 金의 침입을 받게 될 것이다. 만약 중국의 울타리인 고려가 없어지는 경우, 淮南·浙江의 바닷가와 금이 인접하게 될 것이어서 진실로 상국의 이익이 되지 않을 것이다. 송이 군사를 일으켜 고려 길을 향한다면 저쪽도 역시 이곳을 경유하여 갈 것이니, 沿海의 모든 고을은 경비에 겨를이 없을 것이다'고 하였다. 이에 송은 고려가 그 모의에 참여하여 금과 원한을 맺는 일이 없도록 하고, 고려가 망해 입술이 없어져 이가 시린 근심이 없도록 하라고 회답하였다(『高麗史節要』권 10, 인종 14년 9월).
18) 『鄭忠肅奏議·遺集』卷上「請止高麗入貢狀」.
19) 장동익, 「고려시대 대외교섭과 해방」『한·중·일의 해양인식과 해금』(이문기 외),

고려는 송과의 경계상 인접성을 강조하고 고려가 금의 공격을 받아 금의 영역이 된다면 송에게 '脣亡齒寒'의 걱정이 될 것이라면서 고려가 정치적으로 독립하여 있는 것이 송의 서쪽 변경을 안정하는데 도움이 된다고 설득하였다. 한편 송의 관인은 고려와 송은 불과 수일밖에 걸리지 않는 곳이기 때문에 고려의 입공을 중지하게 해서 해상안전을 도모하여야 한다고 주장하였다.

이상 여러 견해의 밑바탕에는 서해를 사이에 두고 마주하고 있는 고려와 송이 서로 인접해 있다는 인식과 사실을 전제로 하고 있다. 하지만, 다분히 외적의 침입과 같은 것을 상정한 과장된 표현이 있을 수도 있으므로 정치나 외교와 무관한 상황에서 고려와 중국 사람들이 서로에 대해 어떻게 생각하고 있었는지 살펴볼 필요가 있다.[21]

C1. (顯宗 10年 冬10月) 甲午日 兩浙의 忘難 등 60인이 왔다.[22]

C2. 崇敎法眼上人은 江浙省에서 바다를 건너 장차 金剛山을 유람하고자 했으나 이루지 못하고 돌아갔다.[23]

C3. 胡宗旦은 역시 宋의 福州人이다. 일찍이 大學에 들어가 上舍生이 되었다. 뒤에 兩浙을 유람하고, 드디어 商船을 따라 왔다.[24]

C4. (紹興 2年 閏4月) 이달에 定海縣이 말하기를 "백성으로 망명하여

동북아역사재단, 2007, 77쪽.

20) 반면에 蘇軾과 더불어 고려의 入貢에 반대하던 蘇轍은 고려의 남쪽 경계는 滄海여서 中國의 땅과 隔絶되어 있으므로 송의 이해가 본래 미치지 않는다고 하였다(『續資治通監長編』 권449, 哲宗 元祐 5년 동10월 癸丑).

21) 『東洋史學硏究』에서는 원문으로 실었지만 이 책에서는 번역하여 제시하였다.

22) 兩浙忘難等六十人來(『高麗史』 권4, 「世家」 현종 10년 동10월).

23) 崇敎法眼上人 自江浙省渡海 將遊金剛山 未遂而歸(『東文選』 권22, 「崇敎法眼上人自江浙省渡海將遊金剛山未遂而歸」)

24) 胡宗旦 亦宋福州人 嘗入大學 爲上舍生 後遊兩浙 遂從商船來(『高麗史』 권97, 劉載傳 附胡宗旦).

고려에 들어간 자 80여인이 표를 받들어 환국하기를 원합니다"라
고 하였다. 詔하기를 돌아오기를 기다려 高麗綱首 卓榮 등에게 헤
아려 推恩하도록 하였다.25)

C5. 南省郎官—胡若海—이 우리 나라에 사신으로 왔는데, … 가을 바
람이 그대를 머물게 하려는 뜻을 알지 못하고 불어서 곧 바로 절
강까지 보냈다고 하였다.26)

C6. '葉孔昭와 가장 다정한 사이였기에 한상에 밥 먹고 한자리에 앉았
었고, 경호와 진포는 서로 다른 물이 아니고 월정과 풍장은 가까
운 이웃만 같았다. 나에겐 바다 상인 통해서 모시 뿌리 얻어갔고
그대는 향인을 통해 목화 열매 보내주었다'고 하였다.27)

　C1에서는 1019년에 兩浙의 忘難 등 60인이 왔다고 한다. 양절 지방의
60여인이 배를 타고 와서 집단적으로 투화했다는 뜻일 것이다. C2는 공민
왕대의 관인 元松壽가 지은 7언시이다. 崇敎法眼上人이28) 강절에서 바다
를 건너 金剛山을 유람하고자 했으나 이루지 못하고 돌아갔다고 한다. C3
은 예종대 활약한 송의 투화인인 胡宗旦이 大學 上舍生이 되었다가 兩浙을
유력하였고, 그곳에서 상선을 타고 고려에 왔다는 것이다. C4는 1132년에
송에서 고려에 망명한 80여인이 돌아왔고, 그 일에 공을 세운 고려강수 탁
영에게 은혜를 베풀라는 내용이다. 중국 해안에 살던 백성들이 고려로 망
명한다는 것은 배를 타면 큰 어려움 없이 고려에 도착할 수 있었기 때문일

25) 是月 定海縣言 民亡入高麗者約八十人 願奉表還國 詔候到日 高麗綱首卓榮等量與推
恩(『宋史』 권487, 高麗傳).
26) 南省郎官聘我邦 風儀瀟洒已心降 … 秋風不識留君意 直送飛艎到浙江(『東文選』 권16,
「送胡若海照磨還台州」).
27) 葉縣孔昭情最親 食同几案坐同茵 鏡湖鎭浦非他水 月艇風檣似近鄰 丐我苧根煩海賈
送君綿實托鄕人(『牧隱詩藁』 권10, 「詠木綿布」).
28) 법안상인이 어느 시기의 사람인지 확실하지 않다. 다만, 고려초 광종대에 법안종
이 도입될 때 오월과 교류가 많았으므로 그곳 출신일 가능성이 높다.

것이다.29)

　C5는 공민왕대에 인물인 李存吾가 지은 7言詩의 일부이다. 南省郎官―
胡若海―이 우리 나라에 사신으로 왔는데, 가을 바람이 그대를 머물게 하
려는 뜻을 알지 못하고 불어서 곧 바로 절강까지 보냈다고 하였다. C6은
이색이 지은 「詠木綿布」의 일부이다. 이 시의 葉孔昭는 이색이 원에서 벼
슬할 때 친하게 지내던 인물이다. 이색이 고려에 돌아온 뒤에 해상의 도움
을 받아 고향인 한산에서 중국에 사는 葉孔昭에게 모시를 보내고 목면을
받았다. 이색의 시적 표현에 많은 과장이 있지만, 이색이 살고 있는 한산과
중국 강남이 매우 가까웠던 것처럼 표현된 것은 배를 통해 서신과 물품을
주고받으며 교류하고 있었기 때문일 것이다.

　이 사례는 모두 고려와 중국의 강절이 매우 가깝게 여겨지고 있었음을
알려주는 것이다.30) 忘難 등 60인이 온 것, 강절의 法眼上人이 금강산을
유력하려고 온 것, 명주에 있던 胡宗旦이 상선을 타고 온 것, 전쟁을 피해
송의 백성들이 고려에 망명한 것, 가을 바람에 배가 강절까지 곧바로 간다
는 표현 등은 바다를 건너 양국을 왕래하는 것이 큰 장애가 되지 않았음을
알려준다. 특히 주목되는 표현은 이색이 사는 鎭浦와 중국의 鏡湖가 다른
물이 아니며, 고려의 風橋과 月艇이 서로 이웃이다'라는 것이다. 두 사람이
서해를 두고 멀리 떨어져 있었지만 배를 통해 서신과 물품을 주고 받는데
전혀 어려움을 겪지 않았던 것이다.

---

29) 공민왕대에는 舟山群島에 있던 蘭秀山의 반란에 참여했던 자들이 명의 토벌을 피
　　해 고려에 도망하여 전라도 고부에 은거하며 살다가 고려를 왕래하던 해상에 의
　　해 발각되어 송환된 적도 있다(『高麗史節要』 권29, 공민왕 19년 6월).
30) 1201년 정월에 李奎報가 全州牧司錄掌書記가 되어 관내를 순시하며 적은 글에서
　　변산 앞바다에는 군산도·위도·구도 등이 가까운 곳에 있다고 하면서 뱃사람들이
　　'편풍을 얻으면 쏜 화살과 같아 중국에 가는 것이 멀지 않다'고 말하였다고 한다
　　(『東國李相國集』 권23, 「南行月日記」).

요컨대, 고려와 중국과의 사이에 서해가 있어 양국을 갈라놓은 것처럼 보이는데, 당시 조선술과 해상항해술은 빠르면 배로 5·6일만에 그곳을 건널 수 있게 해주었다. 따라서 송은 금에 구금된 두 황제를 구출하기 위해 서해를 건너 고려의 길을 빌리고자 하였고, 금이 서해를 건너 강절을 공격할 것이라는 송나라 사람들의 우려가 있을 만큼 고려와 중국은 가까운 사이였기 때문에 '순망치한'의 관계로 비유되기도 했다. 정치와 무관한 양국의 백성들도 마찬가지였다. 고려시대에는 중국과의 해상교류가 많고 상호 간에 쉽게 왕래할 수 있었으므로 상대 지역을 자신들의 경계 너머에 있는 인접한 곳으로 인식하고 있었다.

3. 高麗前期 海上交流와 '海禁'

고려와 강절 지역은 서해를 사이 두고 있었지만 기후나 풍랑 등의 자연적 난관을 극복하며 비교적 자유롭게 통행할 수 있어서 상대방을 이웃처럼 여겼고 다양한 해상교류가 가능하였다. 그런데, 현실적으로 후삼국의 국가 간 적대관계, 고려와 거란의 외교적 대립, 고려와 송의 海商에 대한 통제 및 해금정책 등과 같은 사유로 고려와 중국의 배들이 마음대로 다닐 수 없었던 경우가 있었다. 그러한 내용을 시기와 국가별로 나누어 구체적으로 고찰해보자.

1) 高麗의 '海禁'

(1) 太祖代의 '海禁'

羅末麗初에는 서남해안과 큰 강을 끼고 있는 지역에 유력한 호족들이 많았다. 아울러 중국과의 외교는 국왕을 비롯한 호족들의 권위를 높여주고 경제적 이익을 가져다주었으며, 바다는 그러한 외교와 무역이 이루어지는 교통로였다. 후삼국 시기 통일을 위한 정치적 패권을 다투던 고려와 후백제는 상대국이 바다를 자유롭게 이용하지 못하도록 하는 것이 자국에게 유리했다. 그러므로 현재의 황해도, 경기도, 충청도, 전라남도 등 서남해지역을 차지하고 있던 고려와 전라북도, 전라남도 북부 지역에 있던 후백제가 서해의 해상항로의 안전을 확보하기 위해 치열한 경쟁을 벌였다.

927년에 契丹의 사신 裟姑·麻咄 등 35인이 후백제에 交聘하러 왔다가 돌아갈 때, 견훤이 將軍 崔堅을 차출하여 麻咄 등과 동반하여 가도록 했는데, 航海하여 북쪽으로 가다가 바람을 만나 後唐의 登州에 이르렀다가 모두 죽임을 당하는 사건이 일어났다.[31] 후백제에 왔던 거란의 사신이 돌아갈 때 후백제의 장군이 함께 따라 갔던 것은 후백제 이북 지역의 바다를 지나면서 항로를 잃지 않고 고려 수군의 공격을 피해 안전하게 가도록 돕기 위한 것이었다고 생각된다. 아울러 표류민은 구호하여 본국으로 돌려보내는 것이 보통이지만, 거란의 사신이 후당의 영토인 등주에 표류하여 죽임을 당한 것은 거란과 후당과의 관계가 우호적이지 않았기 때문일 것이다. 그것은 후백제와 고려, 거란과 후당이 서로 적대적인 관계였으므로 상대국의 바다를 안전하게 다닐 수 없었음을 알려준다.

한편 경제적 발전으로 해상무역이 활발해진 강남의 십국에서 가장 접근하기 쉬운 곳에 자리잡은 나라는 후백제였다.[32] 이에 궁예는 후백제의 배후였을 뿐 아니라, 한반도 서남쪽 끝부분에 있어 남해와 서해를 이어주며, 장강 유역의 배가 한반도에 올 때 거쳐야 하는 해상 요충인 錦城郡 —羅州

---

31) 『三國史記』 권50, 甄萱傳 天成 2년.
32) 申採湜, 「唐末·五代의 東南沿海地域과 韓半島의 海上交涉」 『東國史學』 34, 2000, 179·180쪽.

一에 주목하여 휘하 장수였던 왕건을 보내 나주를 점령하였으며,[33] 고려 건국 이후에도 나주를 계속해서 지배하였다. 935년에 태조는 나주 지역 40 여군이 고려의 영역에 들었으나 그즈음 후백제가 겁략하여 6년간 해로가 통하지 않았다며[海路不通] 그 지역을 위무할 인물을 물었다. 이에 公萱 등 이 庾黔弼을 천거하였고, 그는 都統大將軍에 임명되어 나주를 경략하여 다시 해로를 열고 돌아왔다.[34] 이 기록으로 보건대 930년경부터 후백제 수군 이 개경과 나주를 잇는 해상항로를 막아서 나주가 고립되어 고려와 불통의 상태였다가 유금필의 활약으로 통하게 되었던 것 같다.

일찍이 후백제의 수군은 고려의 해상무역을 비롯한 해상활동을 견제하 기 위해 고려의 예성항을 공격한 적도 있었다. 932년 9월에 甄萱이 一吉粲 相貴에게 舟師를 주어 禮成江을 침입하게 하여 塩州·白州·貞州 등 세 주의 배 100艘를 불태우고 猪山島 牧馬 300필을 잡아가는 큰 성과를 거두었 다.[35] 예성항은 중국과의 해상무역으로 성장하여 마침내 고려를 건국하게 된 왕건의 근거지이며, 고려 수군 기지가 있던 곳이다. 그러므로 후백제 수 군의 공격 목적은 고려의 수군을 약화시키고, 해상 패권을 되찾기 위한 것 이었다.[36] 고려는 932년에 후백제 수군의 기습 공격을 받아 한 때 위기에

---

33) 태봉 및 고려초 왕건의 나주경략 및 지배와 관련된 연구 성과를 몇 가지 소개하면 다음과 같다.
 · 日野開三郎, 「羅末三國의 鼎立과 對大陸海上交通貿易(四)」 『朝鮮學報』 20, 1961; 앞의 책.
 · 金甲童, 「高麗時代 羅州의 地方勢力과 그 動向」 『한국중세사연구』 11, 2001.
 · 姜鳳龍, 「後百濟 甄萱과 海洋勢力—王建과의 海洋爭覇를 중심으로—」 『歷史敎育』 83, 2002.
 · 姜鳳龍, 「羅末麗初 王建의 西南海地方 掌握과 그 背景」 『島嶼文化』 21, 2003.
 · 신성재, 「궁예와 왕건과 나주」 『韓國史硏究』 151, 2010.
34) 『高麗史節要』 권1, 「世家」, 태조 18년 하4월.
35) 『高麗史』 권2, 「世家」, 태조 15년 9월.
36) 그 이전에 남해의 해상 요충이었던 康州—진주—의 호족인 왕봉규는 중국에 사신 을 보내어 독자적인 외교와 무역을 하였는데, 이곳을 후백제가 공격하여 차지하였

몰리기도 했으나 잘 극복하고, 934년에 후백제와 고려 사이에 있었던 충청 해안의 요충지인 運州—洪州, 충남 홍성—를 차지하게 되면서 서해를 완전히 제압하고 후삼국 통일에 한발 더 다가서게 되었다.[37]

후삼국 시기에 중국과의 무역 및 정치·외교 교류가 바다를 통해 이루어졌기 때문에 해상 패권을 잡는 것이 중요하였는데, 고려와 후백제는 상대국의 배가 자국의 해역을 마음대로 다닐 수 없도록 하였다. 그에 반해 吳越과 같이 고려와 후백제 동시에 외교관계를 맺고 있는 나라의 배는 서해의 어느 곳이든지 자유롭게 다닐 수 있었지만, 어느 한 나라와 일방적인 외교를 맺었다고 한다면 외교가 없는 나라의 해역에서 자유로운 통행은 보장되지 않았을 것이다. 한반도의 바다는 936년에 고려가 후삼국을 통일하고서 난 후 비로소 편하게 다닐 수 있는 공간이 되었다.

고려의 후삼국 통일 이후에도 중국은 여전히 오대의 하나인 중원의 후당, 요동 지역의 새로운 강자로 성장하는 거란, 장강 유역과 그 이남의 十國 등 여러 나라로 분립하여 있었으며, 고려는 후당·거란·오월 등의 여러 나라와 多重的인 외교를 전개하였다. 특히 거란은 발해의 멸망 이후 고려의 북쪽 경계 넘어 있었는데, 고려는 남쪽의 후백제와 신라를 경략하고 있어서 거란과 분쟁이 일어나지 않기를 바랐다. 고려가 후백제와 외교를 맺고 있는 거란과 사신을 교환한 것도 그러한 이유와 관련되었다.

그러나 통일 이후 고려는 중원의 새로운 왕조인 後晉과 일방적인 외교

고, 뒤에 고려가 점령하여 남해 지역의 제해권을 갖게 되었다. 이처럼 후삼국 시기에 고려와 후백제는 진주를 장악하기 위해 여러 차례 전투를 벌였으며, 이에 대해서는 다음의 논문에 자세히 설명되어 있다.

· 日野開三郎, 주 33) 논문.
· 박종기, 「해양(바다와 섬)에 대한 인식」 『한국해양사 Ⅲ(고려시대)』(한국해양재단 편), 2013, 20쪽.

37) 李鎭漢, 「高麗 太祖代 對中國 海上航路와 外交·貿易」 『한국중세사연구』 33, 2012; 본서 제2편 참조

를 펼치기 시작했다. 후진이 건국된 뒤 고려는 후진의 연호를 사용하였고, 938년 8월에 靑州를 통해 宿衛質子 王仁翟을 돌려보내줄 것을 청하였다.[38] 939년에 후진이 國子博士 謝攀을 보내 고려 국왕을 책봉하였고,[39] 940년에 후진은 王仁翟을 고려로 귀국시켜[40] 고려의 오랜 숙원을 풀어주었다. 이것은 양국의 밀접해진 관계를 상징적으로 보여주는 사건이었다.

이에 반해 고려 태조는 정작 국경도 가깝고 당시 동북아의 군사적 강자로 부상하고 있어서 더욱 가까이 해야할 거란에 대해서 외교적인 도발을 감행하였다. 942년 10월에 契丹이 使臣과 더불어 橐駝 50匹을 보내왔다. 태조는 契丹이 일찍이 渤海와 더불어 화약을 맺었으나 홀연 의심이 생겨 동맹을 배신하고 모두 멸하였으므로 먼 이웃이 되어 지낼만하지 못하다[不足遠結爲隣]고 하며, 드디어 交聘을 끊고 그 사절 30인을 섬에 유배하고, 낙타를 萬夫橋 아래에 묶어서 모두 굶어죽게 하였다.[41] 거란이 고려와 우호를 도모하고자 보낸 사신을 유배하고 낙타를 죽인 것은 외교적 상식에서 벗어나는 매우 강경한 조치였다. 그리고 다음해 4월에 태조가 승하하면서 남긴 「訓要」에서도 그러한 뜻은 이어졌다. 즉 "우리 東方이 예전부터 唐風의 文物과 禮樂을 흠모하여 모두 그 제도를 준수하였다. 비록 나라가 다르면 인성도 달라지므로 반드시 같은 것은 없으며, 거란은 禽獸의 나라이니 風俗이 같지 않고, 언어도 같지 않으니 거란의 衣冠制度를 삼가 본받지 말라"고 하였다.[42]

---

38) 『舊五代史』 권77, 「晋書」 3, 高祖紀, 天福 2년 8월 靑州奏. 이 기록에는 고려의 요청에 대해 황제가 따랐다[從之]고 하였으나 『高麗史』에는 몇 년 후에 귀국하였다고 하였다.
39) 『高麗史』 권2, 「世家」, 太祖 22年.
40) 『高麗史』 권2, 「世家」, 太祖 23年.
41) 『高麗史』 권2, 「世家」, 太祖 25년 동10월.
42) 916년에 건국한 거란은 발해를 멸망시키고 중원 왕조와의 전쟁에서 여러 차례 승리를 거둔 뒤, 石敬瑭을 後晉의 황제로 옹립하고 괴뢰 정권으로 삼을 만큼 동북아

고려가 북방 지역의 안정을 위해 거란과 친교를 맺고 후진과 단교하는 것은 후진과의 외교를 통해 얻은 경제적 이익을 포기해야할 뿐 아니라 고려의 해상들이 중원 무역을 할 수 없게 될 것이다. 결국 942년에 후진과의 외교와 무역상의 이익을 얻기 위해 거란과의 외교를 단절하였고, 그 대가로 고려는 중국으로 가는 가장 안전한 발해연안 항로를 잃게 되었다. 왜냐하면 거란의 해역에서 거란의 황제에게 모욕을 준 고려 배에 대한 안전은 보장되지 않았기 때문이다.

그러한 사정은 대송통교가 재개된 뒤, 1074년에 金良鑑이 송의 神宗에게 '거란과 멀리 하고자 한다[欲遠契丹]'며 고려 사신이 등주로 왕래하던 것을 바꾸어 명주를 경유하여 송의 궁궐에 이르도록 요청하였다는 기록을 통해 확인된다.[43] 고려가 사절의 海道를 바꾸고자 건의했던 것은 당시 명주를 왕래하던 송상의 배를 이용하는 것이 안전하고 송에서 수로를 이용하기 편리할 뿐 아니라 현실적으로 거란과 가까운 등주를 다니는 것이 위험하기 때문일 것이다.[44] 고려 西海道에서 등주로 가는 길은 개경에서 해주

시아의 새로운 강자가 되었으나, 고려에 대해서는 시종 우호적인 태도를 보였다. 922년에 2월에 거란이 사신을 보내 낙타와 말 및 毛氈을 보내왔고(『高麗史』권1, 「世家」, 太祖 5년 춘2월), 고려도 거란에 사신을 보냈다. 그러나 후자의 관한 것들은 『高麗史』에 없고, 『遼史』와 같은 중국측 사서에만 기록되어 있다(姜大良, 「高麗初期의 對契丹關係」『史海』1, 1948, 43·44쪽). 그 이유는 고려 태조가 거란과의 단교 조치 이후, 그것을 합리화하기 위해 고려가 거란에 갔던 기록들을 남기려고 하지 않았기 때문이다.

또한 태조가 후삼국체제로의 분열을 막고 통일된 왕국으로서 '고려만들기'를 지속하고자 의식적으로 거란과 대립하였다고 이해하는 견해도 있다(이정신, 「고려 태조의 건국이념의 형성과 국내외 정세」『韓國史硏究』118, 2002; 『고려시대의 정치변동과 대외정책』, 경인문화사, 2004). 한편, 942년 6월에 석경당이 죽은 후 후진은 대거란 강경 정책으로 선회하였는데, 고려도 더 많은 외교적 이익을 얻기 위해 이에 호응하려고 한 점도 생각해볼 수 있다.

43) 『宋史』권487, 「高麗傳」.
44) 장동익, 앞의 논문, 72쪽.

를 거쳐 옹진 부근에서 등주로 가는 것인데, 예성항에서 해주 앞 바다를 지나 서진하여 등주로 가는 것이 항로상 위험하며, 항해 중에 거란의 배를 만나거나 조난시에 거란의 영역으로 갈 수 있으므로 그것을 피하고자 하는 의도를 담고 있다. 고려는 대송통교를 재개한 이후 송과 고려에 대한 거란의 외교적 군사적 압력이 거세어지고 있는 상황에서 위험을 회피하기 위해 항로를 바꿀 것을 요청했던 것이다. 이후 금이 거란을 멸망시키고 송을 공격하여 산동반도 지역을 포함한 남쪽 영역을 더 넓게 차지하였으나, 송과의 외교는 여전히 장강 이남의 명주를 통해 이루어졌고 금이 거란과 같이 특별하게 고려를 견제하지 않아서 왕조 변화에 따른 고려의 해상왕래에 큰 변화는 없었다.

요컨대 후삼국 시기에 정치·외교와 무역이 이루어지는 바다를 장악하고 상대를 견제하고자 했으므로 고려와 후백제는 상대국의 해역을 마음대로 다니지 못하였다. 그리고 태조는 거란 황제가 우호의 뜻으로 보낸 낙타를 죽이고 사신을 유배하였기 때문에 양국의 관계가 악화되었고, 그 영향으로 고려의 배가 거란의 해역을 안전하게 다닐 수 없게 되었다. 이처럼 태조대에는 군사적 또는 외교적 이유로 인하여 소통의 공간인 바다가 불통의 공간이 되기도 했다. 문종대 거란의 회유와 압력을 무릅쓰고 성사시킨 대송통교 이후에 거란의 바다도 마찬가지였다.

(2) 성종대 崔承老의 '海禁' 건의와 고려의 對外貿易 統制

후삼국 통일후 얼마되지 않아 후당이 멸망하고 후진이 건국되자, 고려 해상들의 무역을 지속하고, 조공무역의 이익을 얻기 위해 외교적 후대를 해주는 후진과의 외교를 적극 추진하였다. 하지만, 후삼국 통일 이후 왕권 강화를 추진하고 중앙집권적 국가를 지향하면서 더 이상 海商들이 해외를 다니며 무역하는 것은 장려의 대상이 되지 않았다. 이에 최승로는 무역만

을 목적으로 해외에 나가는 것을 금지하고 사행에 겸하여 무역을 하도록
건의하였다.

> D1. 때에 왕이 求言하니 최승로가 상서하여 말하기를 " … 고려 태조
> 가 뜻[情]을 사대하는데 오로지 하였지만 오히려 몇 해에 한 번
> 行李를 보내 報聘의 예를 닦았을 뿐입니다. 지금은 비단 交聘의
> 사절과 무역으로 인한 사절[使价]이 많으니 중국에서 賤하게 여기
> 는 바가 될까 두렵습니다. 또한 왕래 때문에 배가 부서져 죽는 자
> 가 많습니다. 바라건대 지금부터 交聘의 사절에게 무역을 겸하여
> 행하게 하고 그 나머지 제 때가 아닌 매매는 하나같이 모두 금하십
> 시오[因其聘使兼行貿易 其餘非時買賣 一皆禁斷]…"라고 하였다.[45]
> D2. (熙宗 元年) 八月 宋 商船이 장차 禮成江을 떠나려하자 監檢御史
> 安琓이 가서 함부로 나가서는 안될 물품[闌出之物]이 있는지를 살
> 펴봤다. 금지하는 것을 범한 것이 있어서 宋商 數人에게 笞刑을
> 가했는데 너무 심하였다. 崔忠獻이 듣고서 안완을 파직하고 또한
> 어사를 제대로 골라보내지 못한 侍御史 朴得文도 파직하였다.[46]

D1은 982년 6월에 올린 최승로 상서문의 일부이다. 그가 상서를 올리던
시기만 해도 여전히 공식적인 사신 뿐 아니라 무역상들이 사절인 것처럼
행세하며 중국에 많이 갔었던 것 같다. 최승로는 그들이 많아 중국사람들
이 천하게 여길 뿐 아니라 많은 배들이 난파되어 목숨을 잃는 자가 많다며
외교 사절이 중국에 가는 편에 무역하는 것만을 허용하고 나머지는 일체

---

45) 時王求言 承老上書曰 … 我太祖情專事大 然猶數年一遣行李 以修聘禮而已 今非但聘
    使且因貿易使价煩夥 恐爲中國之所賤 且因往來 敗船殞命者多矣 請自今 因其聘使兼
    行貿易 其餘非時買賣 一皆禁斷 … (『高麗史』 권93, 崔承老傳).
46) (熙宗 元年) 八月 宋商船將發禮成江 監檢御史安琓 行視闌出之物 得犯禁 宋商數人笞
    之 太甚 忠獻聞之 罷琓 又論不擇遣御史 罷侍御史朴得文(『高麗史』 권21, 「世家」, 熙宗
    원년).

금지하자고 건의하였다. 결국, 최승로의 의도는 고려 海商들이 비교적 자유롭게 중국을 왕래하던 것을 제한하자는 것이니 넓은 의미의 '해금'을 요청한 셈이다.[47]

고려는 신라말 해상무역으로 성장한 호족이 세운 국가였다. 나말여초에 왕건 선대의 활동과 해상 교역을 주도한 집단의 경험은 왕건 자신에게도 그대로 적용될 수 있는 것으로 해상통제의 필요성을 이해하는 계기가 되었다.[48] 이것은 후대의 왕들에게도 마찬가지였다. 무역의 이익과 더불어 통제되지 않은 무역의 위험성을 잘 알고 있었던 성종은 최승로의 건의를 계기로 새로운 해상세력의 등장을 막는 한편, 중앙집권화를 이루기 위해 비공식적인 개별적 무역을 제한하고 국가가 무역을 독점하기로 하였던 것이다.[49] 이후 고려는 시기에 따라 송과 거란·금 등을 事大하고 여러 차례 사신을 보내며 朝貢·回賜 무역과 使行貿易의 이득을 취하였지만,[50] 12세기까지 고려 해상이 중국에 가서 무역을 했다는 기록이 거의 없다. 해상왕래를 제한하고 공식 외교사절이 가는 편에 무역하는 것만을 허락하는 고려

---

47) 최승로는 상서문의 다른 곳에서 서인들에게 文彩紗縠을 입지 못하게 하고 紬絹만을 사용하도록 하자고 하였다. 아울러 君臣父子의 道는 중화의 제도를 따라 비루한 것을 없애야하지만 그 나머지 車馬·衣服의 制度는 토풍에 맞춰 검소함과 사치스러움의 중용을 얻어야한다고 하였다(『高麗史』 권93, 崔承老傳). 최승로는 갑작스런 해금 조치로 인해 생겨날 문제를 막기 위해 신분에 맞는 옷감을 사용해야 하고, 의식주 등의 실생활은 고려의 풍속과 조화를 이루어야 한다고 강조한 것이다.

48) 朴承範, 「9-10世紀 東아시아 地域의 交易 ─新羅末·高麗初 韓半島를 중심으로─」 『中國史硏究』 29, 2004, 130~132쪽.

49) · 蔡雄錫, 「高麗前期 貨幣流通의 기반」 『韓國文化』 9, 1988, 116·117쪽.
 · 李貞信, 「고려시대의 상업 ─상인의 존재형태를 중심으로─」 『國史館論叢』 59, 1994, 109·110쪽.

50) 고려가 거란과 금에 사대외교를 하면서 조공과 회사 및 사행무역을 통해 적지 않은 이익을 얻었다는 것은 고려가 더 많은 사신의 파견을 요구한 데 반해, 거란과 금은 그 횟수를 줄이려고 했다는 점에서도 잘 드러난다(朴漢男, 「거란 및 금과의 통교」 『한국사』 15, 국편위, 1995, 336·337쪽).

의 정책이 지속되었기 때문일 것이다.51)

---

51) 최근에 중국문헌의 고려 해상과 관련된 기록을 제시하며 문종대 이후에는 꽤 많은 고려 상인이 송에 무역하러 갔었다는 견해가 제기되었다. 주요한 논거는 남송대 明州 市舶司 抽分 규정에 고려가 있는 것, 송정부가 고려와 일본에 銅錢의 유출을 금지했다는 것, 고려국인이 자주 와서 商販하여서 송 신종이 사람을 보내 고려의 入貢을 기획하게 하였다는『續資治通監長編』의 기록, 1071년 4월에 日本 僧侶 成尋이 杭州의 숙소에 있을 때 高麗船人이 찾아와 일본어를 안다고 했다는『參天臺五臺山記』의 기록, 송 孝宗 때 공정한 시박업무의 소문을 들은 고려선박들의 중국 왕래 규모가 1척에서 6, 7척으로 늘었다는『挈齋集』의 기록, '매년 여름 고려와 일본의 외국선박들이 명주시박사를 찾아왔다는『宋會要輯稿』의 기록, 1250년대 송 시박사의 추분 인상을 피해 송 내륙의 牙人들과 몰래 거래하다가 손해를 본 일본 상인들을 대신해 시박사와 접촉하고 그 면세를 추진했다는『開慶四明續志』의 기록, 고려인들이 명주 뿐 아니라 泉州港까지도 드나들고 있었을 가능성을 보여주는 『雲麓漫鈔』의 기록, 송이 금의 공격을 받던 시기에 배 수백 척이 왔다는 보고가 있었지만 고려상인[高麗賈胡]의 배였다는『盛齋集』의 기록 등을 들고 있다(김영제, 「교역에 대한 宋朝의 태도와 高麗海商의 활동— 高麗 文宗의 對宋 入貢과도 관련하여—」『歷史學報』213, 2012). 한편 이 논지와 관련하여 그는 11세기를 기점으로 고려에 도래하는 송상이 송도강으로 바뀐다는 점에 착안해서, 첫째, 都綱은 舶主로서 수척의 선박을 거느리고 있었고, 둘째, 도강은 자신의 배에 탑승해 직접 선원들을 지휘하고 있었으며, 셋째, 송상이 강수의 자격으로 상품을 판매하기 위해 고려에 왔던 존재라면 송도강은 운송과 관계하여 고려에 왔던 자였으므로 송도강의 배를 이용하여 고려상인들은 직접 송에 가서 무역할 수 있었다고 한다(김영제, 「『高麗史』에 나타나는 宋商과 宋都綱—特히 宋都綱의 性格 解明을 中心으로—」『전북사학』39, 2011). 문종대 이후 고려상인이 송에 가서 무역하였다는 기록과 더불어 그것을 가능하게 했던 송상의 備船에 대해 설명하여 매우 설득력이 있는 것처럼 보인다.

'高麗船人', '高麗賈胡', '高麗綱首' 등의 기록이 사서·지방지·문집 등에 많이 있었으며, 고려의 조선술과 항해술이 중국을 다닐만했다는 것은 고려시대 또는 동아시아 무역사를 연구하는 학자들에게 이미 잘 알려진 사실이다. 그러나 이러한 기록을 보고서도 고려상인들의 대송무역 활동을 긍정하는데 매우 조심스러울 수밖에 없는 것은 다음과 같은 몇 가지 이유가 있기 때문이다. 첫째, 중국사서에 나오는 '高麗綱首'인 '卓榮'과 '徐德英'이 본래 송도강이었다는 것은 중국문헌에 기록된 고려상인 또는 고려강수의 '고려'가 국적이 아니라 출발지의 뜻이며, 이에 관해서는 이미 일본을 왕래한 송상의 연구에서 확인되었다(榎本涉, 「宋代의·'日本商人'의 再檢

대신 송상이 고려를 왕래하며 무역하는 것은 허용하였다.52) 다만, 해상

討」『史學雜誌』110-2, 2001;『東アジア海域と日中交流―九~十四世紀―』, 吉川弘文館, 2007, 81·82쪽 및 장동익, 앞의 논문, 98·99쪽). 이에 대해 최근에는 탁영과 서덕영이 고려강수라고 불렸던 것은 그들이 고려에 투화한 사람이었기 때문일 것이라는 수정보완된 견해를 제시하였는데, 어느 정도 설득력이 있다고 생각된다(金榮濟, 「『高麗史』에 나타나는 宋都綱 卓榮과 徐德英―그들이 宋側으로부터 高麗綱首라 불렸던 背景을 中心으로―」『東洋史學研究』126, 2014). 어쨌든 고려 해상에 대한 송대의 시박사 抽分 규정은 고려에서 온 배의 세율에 관한 것일 뿐이므로 고려 상인의 존재를 증명하는 것은 아니다. 둘째, 고려 상인의 활동과 관련된 기록에 있는 '송의 바다에 고려의 배가 수백 척이 왔다거나 공정하게 시박 업무를 하여 1년에 5·6척의 고려 배가 왔다'고 하는 것 자체가 과장된 것으로 신빙성이 없다. 셋째, 앞에서 언급한 기록이 사실이라면『고려사』등을 비롯한 국내 자료에 적어도 한두 명 정도 고려 상인의 이름이나 그들과 관련된 사건이 남아있어야 하는데 전혀 없는 반면에 송상의 이름은 수없이 많이 기록되어 있다는 점이다. 고려초나 원간섭기에는 무역을 한 상인의 이름이 중국문헌에 있으나, 송에 갔던 상인은 이름을 찾을 수 없다. 고려시대 상인의 존재를 정밀하게 추적한 연구에서도 고려전기 무역상의 사례로 든 것은 없고, 대신 거란·송·금 등에 사신으로 갔던 것만을 들었을 뿐이다(李貞信, 「고려시대의 상업 ―상인의 존재형태를 중심으로―」『國史館論叢』59, 1994, 119·120쪽). 넷째, 송이 고려선과 일본선이 동전을 수입해가는 것을 금지했다는『송사』고려전의 기록이 있지만, 고려는 상대적으로 상업이 부진하여 동전의 화폐로서 기능하지 못하였으며, 송의 동전은 묘의 부장품으로 약간 발견될 뿐이었다. 다섯째, 거대한 자본력과 뛰어난 조선술을 갖춘 송상이 상시적으로 고려를 왕래하며 무역을 하는 상황에서 고려의 상인이 그들과 경쟁하여 얼마나 많은 무역의 이익을 거둘 수 있었는지도 회의적이다. 이에 대해 무역을 하는 강수와 달리 운송업을 하는 송도강을 통해 고려의 무역상들이 송을 왕래할 수 있었다는 견해를 제시하였는데, 도강과 강수가 다르지 않다는 것은 팔관회에 참여하는 송상의 대표를 강수 또는 도강으로 혼용해서 불렀다는『高麗史』「禮」의 기사를 통해 확인된다(大會日坐殿 王初御宣仁殿 … 王坐殿後 聞辭獻壽 … 訖 閤門引宋綱首等就聞辭位立定 閤門奏聞辭云 大宋都綱某等祗侯朝賀 訖引就拜位跪進物狀 閤門接上俛伏興舍人喝 次引東西蕃子 次引耽羅人 朝賀及傳宣禮 並與宋綱首同(『高麗史』권69, 「禮志」11, 嘉禮雜儀 仲冬八關會儀). 송을 왕래하던 고려상인의 존재여부에 대해서 본고에서는 간단히 지적해두고, 후일에 보다 구체적인 사료를 들며 정밀한 논증을 하겠다(본서 제3편의 논문 참조).
52) 당시 고려에 왔던 송상의 출신지는 泉州, 福州, 台州, 明州, 廣州 등이었는데, 이들

세력의 등장을 막고자 나말여초와 같이 중국 해상들이 각 지역의 항구를 다니지 못하게 하고 국가의 통제가 가능한 예성항으로 교역항구를 한정하였다. 예성항은 碧瀾渡를 말하며, 예성강의 다른 항구에 비해 큰 규모의 배가 정박하기 좋았다. 또한 거리가 개경에서 36리에 불과하여 운반에 유리하였을 뿐 아니라[53] 송상의 무역을 감시하는 監檢御史가 활동하기에도 편리하였다.[54]

그 구체적인 내용을 알려주는 것이 D2의 기록이다. 송상이 예성항을 출발하려 하자 안완이 가서 살폈다는 표현에서 송상은 고려를 출입할 때 반드시 감검어사 등의 조사를 받아야함을 알 수 있다. 그리고 안완은 자신에게 주어진 직무를 수행하고, 정해진 규정에 따라 죄를 지은 송상에게 형벌을 가하였을 뿐이다. 하지만, 안완과 그를 추천한 박득문이 처벌되었던 것은 평소에 송상과 최충헌이 친밀했으며, 최씨 정권이 송상 무역에 적지 않은 영향을 끼치고 출입과 물품을 통제하고 있음을 알려준다.[55]

지역은 아랍지역을 비롯하여 인도 및 동남아시아 여러 지역과 직간접으로 교역하고 있던 곳이었으므로 고려 해상들이 굳이 중국에 가지 않고 송상의 중계무역을 통해 그것들을 교역할 수 있었고, 고려의 산물은 세계로 전해졌다. 이에 대해서는 다음의 논문이 참고된다.

· 金庠基, 주 2) 논문.
· 森克己, 주 4)a 논문.
· 金庠基, 「高麗前期의 海上活動과 文物의 交流 —禮成港을 중심으로—」『국사상의 제문제』 4, 1959; 『東方史論叢』, 서울대출판부, 1974.

53) 이병희, 「고려시기 벽란도의 '해양도시'적 성격」『島嶼文化』 39, 2012, 41쪽.
54) 白南雲, 「商業及商業資本」『朝鮮封建社會經濟史』, 改造社, 1937, 769쪽.
55) 이규보가 1212년(강종 1) 정월에서 6월까지 고려의 해군이 포함된 千牛衛의 錄事 叅軍事로서 開京에서 禮成港에 파견되어 조운선 감독의 임무를 수행하였다. 예성항이 무역항이자 군사기지였다는 것은 무역선의 관리와도 관련있다. 예성항의 해군은 무역선의 출입을 통제하고 송의 상선이 규정을 어겼을 때 나포하는 등의 역할을 했을 것이다.
  · 『東國李相國集』 권13, 「禮成江上偶吟二首—予以千牛叅軍課漕船」.

이처럼 송상은 사실상 고려 왕실—최씨정권시기에는 최씨집정—이 관할하는 항구인 예성항을 통해서 입출항을 할 수 있었고,[56] 어사대 관원인 감검어사의 감독을 받았다.[57] 그것은 국가의 통제가 없을 때 지방 세력이 해상무역을 통해 호족으로 성장했던 나말여초의 경험을 반영하여 그것을 막고자 한 것이다. 나말여초에는 한반도의 여러 국가 및 해상세력과 중국의 해상들이 양국을 오가며 해상무역을 했기 때문에[58] 한반도와 중국을 연결하는 항로와 항구가 매우 많았다.[59] 지방에 외관이 적게 파견되는 상황

· 『東國李相國集』 권16, 「又樓上觀潮贈同寮金君—予以公事往來數月」.
· 『高麗史』 권79, 「食貨志」 2 漕運; 『東國李相國集』 「年譜」, 壬申年.

56) 예성항에 송상이 머물며 무역을 했다는 것은 「禮成江曲」에서 송상 河都綱이 바둑에 져주며 처를 걸었던 일화를 통해 확인된다. 또한 의종대 예성항을 현으로 승격시키기 위해 왕의 총애를 받던 白善淵과 榮儀 등에게 뇌물을 주었다는 기록은 富力을 갖춘 사람들이 있었음을 알려준다는 견해도 있다(이병희, 앞의 논문, 52~61쪽). 한편, 송상이 고려에 와서 장기간 예성항에 정박하면서 그들과의 무역을 통해 부유해진 자들도 있었다고 한다.

57) 山内晋次, 「東アジア·東南アジア海域における海商と國家—10-13世紀を中心として 覺書—」 『歷史學研究』 681, 1996; 『奈良平安期の日本とアジア』, 吉川弘文館, 2003, 198쪽.

58) 후삼국시기에 현재 진주 지역의 호족 王逢規는 자신을 權知康州事로 칭하고 후당에 조공 사절과 방물을 보냈다. 후당에 간 왕봉규의 사신은 무역상이었을 것인데, 당시 왕봉규가 왕만이 할 수 있는 외교를 하려고 했던 것은 그의 정치적 위상과 경제력이 매우 높았기 때문이다.
· 金庠基, 「羅末地方群雄의 對中交通—特히 王逢規를 中心으로—」 『黃義敦先生古稀紀念史學論叢』, 1960; 앞의 책, 435쪽.
· 日野開三郎, 앞의 논문, 172쪽.
· 이현모, 「羅末麗初 晋州地域의 豪族과 그 動向」 『歷史教育論集』 30, 2003.

59) 먼저 한반도에는 예성항을 비롯해 椒島, 臨陂, 會津, 康州, 김해 등 30여 곳이 항구로 활용되었다. 중국의 항구는 크게 세지역으로 나뉘는데, 가장 남쪽은 십국 가운데 閩에 해당되며 현재 복건성 지역의 福州의 泉州, 漳州 등이 있었고, 장강 유역의 오월국에 속했던 명주 定海縣 등이 있었으며, 중원왕조인 오대의 여러 나라에 영토였던 산동지역에는 文登縣과 赤山浦 등이 있었다. 이 가운데 중국의 가장 중요한 항구는 천주, 정해현, 적산포 등이었다.

에서 국가 권력이 미치지 못하는 곳에 대외 무역 항구가 산재하는 것은 중앙집권에 장애가 되므로 중국에서 오는 배의 출입을 예성항으로 단일화하고, 그 밖에 여진·일본 등은 지방의 수군 관서인 都部署를 거치도록 하였던 것이다.60)

그리고 고려 서해에는 각 고을의 이름이나 都巡衛使·巡檢衛士 등의 깃발을 단 巡船이 군사적인 방어, 조운선의 호위와 안내, 송 사신의 영접, 바다를 다니는 배의 감시 등의 임무를 맡았다. 아울러 1200년에 全州牧司錄掌書記로 부임한 李奎報가 전라도 연해의 선박을 조사하고 척수를 계산한 것은 관리와 수세를 위한 것일 수도 있으나 해외진출을 막기 위한 의도가 포함되었을 것이다. 이러한 해상통제는 외국인과의 무역을 국가의 관리 아래에 두고, 고려 사람들의 해외진출을 억제하고자 하는 정책을 실현하는 것이었다.61)

요컨대, 성종은 해상세력의 재등장을 방지하고 중앙집권화를 이루고자

· 日野開三郞, 「羅末三國の鼎立と對大陸海上交通貿易(一)」 『朝鮮學報』 16, 1960; 앞의 책, 58~73쪽.

· 金澈雄, 「高麗와 宋의 海上交易路와 交易港」 『中國史研究』 28, 2004.

60) 고려전기에 송상 이외에도 日本, 東·西女眞, 黑水鞨鞨 등이 바다를 건너 고려에 와서 외교와 무역을 하였으며, 그와 관련된 항구는 변경 지역의 해안에 있었다. 東南海都部署—김해 지역—는 동해남부와 남해 지역을 방어하는 기능을 수행하면서 고려를 찾은 일본 상인이나 사절을 호송하거나 표류민 송환, 외교문서 수령 등의 외교적 임무도 같이 하였다. 동해 북부와 서해 북부에 설치된 고려의 수군 관서도 여진 해적의 침구를 방어하는 한편 조공하러 오는 여진을 보호하고 안내하는 이중적인 역할을 했을 것이다. 동계의 鎭溟都部署—원산 지역—와 元興都部署—정평 지역—는 동여진과 흑수말갈을, 通州都部署—선천 지역—와 鴨江都部署—의주 지역—는 서여진을 맡았다고 생각된다. 예성항을 포함해 해외의 외교사절 및 해상들을 받아들이는 지역은 국가의 관리가 파견되었고 모두 수군이 주둔하였다. 이들은 각각 해외 사절 및 해상들의 통제와 호송의 역할을 담당하였을 것이다(金庠基, 「여진관계」, 앞의 책, 1974).

61) 장동익, 앞의 논문, 79~81쪽.

고려 해상이 마음대로 중국에 가서 무역하는 것을 원칙적으로 금지하였다. 대신에 선진문물을 받아들기 위해 송과의 외교관계를 유지하려고 노력하였고, 송상의 왕래를 허용하였다. 이후 역대 국왕들은 외국의 海商이 찾아오는 무역항을 국가 권력의 통제가 가능한 예성항으로 한정하고, 국경지역은 도부서, 서해지역은 수령이 지휘하는 수군이 해당 지역의 바다를 관할하며 감시하여 성종이 시행한 정책을 계승하려고 하였다.

2) 宋의 '海禁'과 海商의 高麗往來

최승로의 건의를 받은 고려 성종이 원칙적으로 자국 해상의 사적인 해외무역을 금지한 이후 무신정권기까지 고려에 많은 송상이 왔으므로 그들이 어떠한 규제도 받지 않고 고려를 왕래한 것처럼 이해하기 쉽다. 그러나 송상이 고려를 자유롭게 왕래할 수 있었던 시기는 고려가 송의 책봉국이던 때를 포함해 일정 기간이었고, 1040년대부터 30여 년간 원칙적으로 송상이 고려에 갈 수 없던 때도 있었다.[62] 그것은 고려와 송·거란 간의 복잡한 외교관계의 변화와 관련되었다.

그러한 내용은 고려에 가는 해상의 왕래 금지에 관한 편칙을 담은 1090년 8월의 知杭州事 蘇軾의 狀奏에 잘 정리되어 있다. 熙寧 以前의 編勅에서 客旅·商販이 高麗·新羅 및 登州·萊州界를 갈 수 없으며 위반한 자는 徒 2年에 船物을 모두 관에 몰수하였는데 祖宗이 법을 만든 뜻은 그것으로 인해 姦細가 契丹과 交通하는 것을 막고자 한 것이다. 1071년에 發運使 羅拯이 사람을 보내 高麗 사신을 불러들인 이후에 熙寧 編勅은 점차 慶曆·嘉

---

62) 고려의 대송외교와 사신왕래에 대해서는 다음의 논문이 가장 자세하여 참고하였다. 朴龍雲, 「高麗·宋 交聘의 목적과 使節에 대한 考察(上·下)」『韓國學報』 81·82, 1995·1996; 『高麗 社會의 여러 歷史像』, 신서원, 2002.

祐의 法으로 고쳐서 1085년 9월의 勅에는 오직 大遼와 登州·萊州를 가는 것을 제외한 나머지는 모두 금하지 않았고 여러 번인들이 상선을 따라 入貢하거나 商販하는 것을 허가하였다. 이에 소식은 다시 慶曆·嘉祐編勅을 施行하여 고려에 인연하여 교활한 상인이 때때로 조공하러 와서 중국을 시끄럽게 하는 것을 못하게 하고, 실로 중국의 姦細가 고려를 다니며 거란과 통하는 근심을 없애자고 하였다.63)

蘇軾은 해상에 대한 편칙을 熙寧(1068~1077) 이전과 이후로 구분하여 설명하였다. 그 정확한 분기점은 1074년(희령 7)인데, 1071년 대송통교 재개 이후 송에 왔던 두 번째 사신인 金良鑑이 귀국한 해였다.64) 따라서 熙寧 이전의 慶曆(1041~1048)과 嘉祐(1056~1063) 편칙에서 商販하는 客旅는 高麗·新羅 및 登州·萊州界를 갈 수 없다고 한 것은65) 송과의 외교를 끊고 거란을 사대하는 고려에 해상들이 가지 못하게 하는 조치였다. 그런데 고려와 송이 외교를 재개한 이후에 그러한 명분이 없어지자 점차 해금의 강도를 낮추어가서 마침내 1085년에는 고려에 가는 것을 제한하지 않았다. 송이 해상들의 왕래를 금지했던 가장 중요한 이유는 외교관계의 여부였음이 분명하다.66)

---

63) 『蘇軾文集』 권31, 「乞禁商旅過外國狀」.
64) 1074년은 1년 전에 송에 갔던 金良鑑이 황제에게 건의하여 고려의 사신이 오는 항로를 바꾸어달라고 한 해와 같다. 항로의 변경과 송상의 해금 해제 등이 서로 연계되었을 것이다.
65) 『蘇軾文集』 권31, 「乞禁商旅過外國狀」.
66) 송의 고려 왕래에 관한 편칙에 대해서는 다음의 논문이 참고된다.
  · 徐炳國, 「高麗·宋·遼의 三角貿易考」 『白山學報』 15, 1973.
  · 全海宗, 「中世 韓中貿易形態 小考—특히 公認貿易과 密貿易에 대하여—」 『大丘史學』 12·13합, 1977; 『韓國과 中國—東洋史 論集—』, 知識産業社, 1979.
  · 宋晞, 「宋商在宋麗貿易中的貢獻」 『中朝關係史論文集』 1, 時事出版社, 1979.
  · 朴玉杰, 「高麗來航 宋商人과 麗·宋의 貿易政策」, 『大東文化研究』 32, 1997.
  · 近藤一成, 「文人官僚蘇軾の對高麗政策」 『史滴』 23, 2001.

더 구체적인 왕래금지의 전제 조건은 사대 책봉관계가 아니라 사신을
교환하는 넓은 의미의 외교관계였다. 고려가 거란의 1차 침입 이후 강화를
맺고 994년부터 거란의 책봉을 받기 시작했지만, 그 사이에도 여러 차례
송에 사신을 보내 우호의 뜻을 전한 바 있어서 송은 해상이 고려에 가는
것을 금지하지 않았다. 거란과 사대관계를 맺고 송에도 사절을 보내는 고
려의 이중적인 외교는 1022년 고려와 거란이 공식적으로 책봉관계를 재개
한 이후에도 계속되어 1031년에도 송에 사절을 보냈다. 그러나 1036년에
송에 가는 고려 사절이 난파 되어 송에 들어가지 못하였고,67) 송은 더 이
상 고려 사신이 오지 않자, 거란의 책봉국인 고려를 적대국으로 간주하고
慶曆編勅을 정하여 해상 왕래 금지 지역에 포함하였다.

그럼에도 경력과 가우 연간에 송상 왕래가 중단되지 않았던 것은 송이
고려에 가는 해상을 통해 거란에 대한 정보를 얻고자 했기 때문이다. 그러
한 정황은 송이 금의 공격을 받아 남천을 한 이후 兩浙西路安撫使 葉夢得
이 사람을 고려에 보내 금나라 사람에 관한 일을 염탐하고 보고하는 일에
관한 건의에서 확인된다. 그는 해마다 자신의 관할인 명주에서 文憑을 받
아 한두 차례 고려를 다니며 무역하던 大商 柳悅·黃師舜 등에게 고려의 산
천형세와 道里의 원근과 같은 중요한 정보를 얻도록 하자고 건의하였다.68)
송상들이 고려의 국왕 및 지배층과 헌상 및 교역하는 과정에서 서로 친밀
한 관계가 되어 있었던 현실을 활용하는 대책이었는데, 그것은 경력 연간
에도 마찬가지였다. 특히 1044년에 富弼은 거란을 방어하는 주요한 대책으
로 거란과의 전쟁에서 승리한 고려와 연합할 것을 요청하였으며, 그것을

· 백승호, 「『高麗史』기록으로 본 호남문화의 정체성」『海洋文化硏究』7·8합, 2012.
67) 1044년에 富弼은 고려가 송에 매번 사신을 보내 거란이 아니라 송을 섬기고[附]
  싶다고 하였으나 송 황제가 윤허하지 않았으므로 송이 사신을 보내 고려의 사절
  을 맞이해야 한다고 하였다(『續資治通監長編』권150, 仁宗 慶曆 4년 6월).
68) 『歷代名臣奏議』권348, 「乞差人至高麗探報金人事宜狀」.

실현하는데 고려를 왕래하는 송상의 도움이 필요하였다.[69] 비록 부필의 대책이 황제에게 전부 받아들여지지 않았어도 송의 대거란 외교의 기본 전략이 되었고, 20여년 후 신종이 즉위한 뒤 비로소 실행되어 고려와 송이 외교를 재개하였다. 이때 송상이 양국을 왕래하며 비공식적인 사신의 역할을 하였다는 것은 잘 알려져 있다.[70]

994년에 고려가 거란의 책봉국이 된 후에도 여러 차례 송에 사신을 보내왔기 때문에 송은 해상의 금지대상 지역에 고려를 포함하지 않았는데, 고려가 1036년 이후 더 이상 송에 사신을 파견하지 않자, 송은 고려를 거란과 같은 적대국으로 간주하여 경력편칙을 내서 원칙적으로 해상들이 고려에 가는 것을 금지하였고, 가우편칙에서도 유지하였다. 그렇지만 송은 장차 고려와 연합하여 거란을 제압하려는 소위 '聯麗制遼[거란]策'을 성공시키기 위해서 고려와 외교관계를 재개해야 하였으므로 해상들이 고려에 가는 것을 묵인하였다. 송이 적대하던 거란에 사대하는 고려에 송상이 가는 것을 허용하는 것은 국가적 외교를 전제로 교역이 이루어지던 당시 상황에서 특이한 사례였다. 송이 해상을 고려에 가지 못하게 하는 편칙을 만든 목적과 그 법을 원칙대로 시행하지 않았던 원인이 모두 정치·외교적인 것에 있었다. 따라서 1071년 고려와 송이 외교를 재개한 뒤에는 경력 편칙의 기본적인 명분조차 없어졌으니 당연히 고쳐져야 하였고, 여러 차례 양국의 사신이 오간 이후인 1085년에 일정한 조건을 갖추고 관에 신고한 자는 특별한 제한없이 고려에 갈 수 있게 되었다.

이러한 추세는 문종의 사후 선종, 숙종, 예종대를 거쳐 인종(1122~1146)초까지 지속되다가, 금이 동북아의 새로운 군사적 강자로 등장하면서 변화하였다. 금은 거란을 멸망시키고 세력을 남쪽으로 확장하여 송을 공격

---

69) 『續資治通監長編』 권150, 仁宗 慶曆 4년 6월.
70) 金庠基, 주 52) 논문, 446쪽.

하였다. 송은 고려에 사신을 보내 군사적 지원을 요청하였으나 고려가 번
번이 거절하면서 양국관계는 소원해졌다. 1163년 4월에 송 孝宗은 금을 공
격하면서 송상 徐德榮(英)을 고려에 보내 공작새 등을 전하고 고려와 연합
하여 공격하고자 하는 뜻을 담은 황제의 밀지를 전달하였다. 고려가 결정
을 미루고 잠시 머뭇거리는 사이에 송과 금이 화의를 하였고, 이 사건을
계기로 송과 고려의 공식적인 외교는 중단되었다.[71]

  하지만, 표류민과 포로의 송환과 같은 외교적 사안이 있을 때는 국적과
무관하게 송상이 송의 지방정부와 고려의 예빈성을 대리해서 상대국에 외
교문서 등을 전하였다. 그리고 고려와 송의 외교가 다시 단절된 이후에도
송은 특별히 해상이 고려에 가는 것을 금하지 않아서, 송상의 왕래는 계속
되었다. 심지어 13세기 중엽 고려와 남송이 몽골의 침입을 받아 국가적 위
기에 직면했을 때도 송상의 왕래가 여전히 유지되었다.[72]

---

71) 姜吉仲, 「南宋과 高麗의 政治外交와 貿易關係에 대한 考察」 『慶熙史學』 16·17합,
    1991, 178~182쪽.
72) · 黃時鑒, 「宋-高麗-蒙古關係史에 관한 일고찰—「收刺麗國送還人」에 대하어—」 『東
       方學志』 95, 1997, 16쪽.
    · 李鎭漢, 주 6) 논문.
    송은 금의 공격을 받아 남천한 이후 금의 책봉국이었던 고려에 여러 차례 사신을
    보내 두 황제를 구출하기 위한 길을 빌려달라거나 송이 금을 공격하는 것을 도와
    달라는 등의 요청을 했다. 고려가 거절한 후, 양국의 공식적인 사절 왕래가 단절되었
    으며, 송은 영토회복을 위해 더 이상 고려와 연합할 계획을 세우지 않았다. 이처럼
    금의 책봉국인 고려와 송의 사절교환이 중단되었는데도, 송이 경력·가우 편칙 등과
    같은 고려에 대한 해상왕래 금지 조처를 내지 않은 명확한 이유를 알기 어렵다. 이에
    대해서 고려와 송과의 관계 변화와 더불어 고려의 대거란 정책과 대금정책 및 송의
    대거란정책과 대금 정책의 차이 등 여러 가지 요인을 생각해볼 수 있다.

4. 원간섭기 海上交流와 明의 海禁

1) 원간섭기 海上交流

원나라는 5차례에 걸쳐 '海禁'을 선포한 적이 있으나, 동아시아의 무역은 중단되지 않았고, 고려를 왕래하는 배에 대해서는 양국의 특수한 관계를 고려하여 다른 나라와 달리 우대해주었다.[73] 충렬왕이나 그의 비인 제국대장공주 등 고려 국왕이나 왕후가 중국에 측근을 보내 무역하게 한 사례가 적지 않게 있는데,[74] 원대에 해상들이 고려를 왕래했다는 기록은 송상과 달리 『高麗史』와 『高麗史節要』에 거의 없다.[75]

반면에 고려와 중국의 文集과 문헌에는 자주 왕래했다고 추정할만한 내용들이 많이 있다.[76] 먼저 고려인들을 위한 몽골어 학습서인 『老乞大』 속의

---

73) · 高榮盛, 『元代海外貿易研究』, 四川人民出版社, 1998.
    · 배숙희, 「元代 慶元지역과 南方航路: 탐라지역의 부상과 관련하여」 『中國學報』 65, 2012, 191쪽.
74) 陳高華·吳泰, 「宋元時期 海外貿易的活動狀況」 『宋元時期的海外貿易』, 天津人民出版社, 1981, 45쪽.
    원대에 황제의 명을 받고 해외에 나가 무역하는 사람들을 일반 사신들과 구별하여 商使라고 규정하는 견해도 있으며(高榮盛, 앞의 책, 172쪽), 이러한 영향을 받아 고려의 충렬왕에서 충혜왕에 이르기까지 역대의 국왕들이 무역에 관심을 갖고 중국에 측근을 보내 사무역을 하는 사례가 적지 않았다. 이강한, 「고려 충혜왕대 무역정책의 내용 및 의미」 『한국중세사연구』 27, 2009; 『고려와 원제국의 교역의 역사』, 창비, 2013.
75) 송에 비해 고려와 원의 무역과 교류가 줄었다는 견해도 있다.
    李康漢, 『13~14세기 高麗-元 交易의 展開와 性格』, 서울대 국사학과 박사학위논문, 2007.
76) 원 간섭기 해상의 활동이 『고려사』 등에 거의 기록되지 않은 것은 송상과 달리 해상들이 고려 국왕을 알현하지 않고, 국서의 전달과 같은 정치적 활동을 하지 않았으며, 大都에서 육로로 고려를 다니는 것이 편리하고 비교적 안전해져서 사행이나 사무역이 병행되었기 때문이며, 이 시기에도 양국의 해상무역은 여전히 활발했

고려 상인은 개경을 출발할 때 말 10여필에 모시 130필, 인삼 100근 등을 싣고 도보로 요동을 거쳐 북경으로 가서 물건을 팔고 보초로 바꾸었다. 이어 산동의 高唐에 가서 견직물 등 여러 가지 물화를 사서 直沽에서 이들 화물을 배에 싣고 고려에 돌아왔다.[77] 이에 대해 그 동안 고려와 원의 육로 무역에 대해서만 관심을 가졌는데, 직고에서 고려에 오는 배편이 있었다는 것은 해상들이 고려에 와서 무역하였다는 것이며, 동시에 고려의 상인들이 원의 배편을 이용하여 원에 가서 무역할 수 있었다는 의미로 이해해야 한다. 원과 고려의 국경이 완전 개방되었지만 海道가 운송에 편리한 길이어서 많은 배가 고려와 산동반도를 왕래하였다. 최근에 산동반도에 있는 蓬萊市에서 고려 자기를 실은 고려 배가 出水된 것은 그러한 정황을 확인시켜준다.[78] 따라서 이 시기에는 송상들이 자주 이용하던 남선항로 뿐 아니라 원의 수도인 大都와 가까운 直沽를 왕래하는 북선항로도 활성화되었다고 여겨진다.

실제로 고려와 원사이를 항해한 배에 대한 구체적인 사례도 적지 않다. 원의 史燿가 資德大夫·江浙行省右丞이 되었는데, 高麗王이 周侍郎을 보내 무역하려 하자 천주와 광주의 시박사 예에 따라 3/10세를 거두려하였다. 이에 史燿가 해외의 원 제국에 불복한 나라와 고려를 같게 하는 것은 옳지 않다고 하고 고려에 대해서는 1/30세만을 거두었다고 하였다.[79] 원의 程文

다도 견해도 있다.
　陳高華,「元朝與高麗的海上交通」『震檀學報』71·72합, 1991;『元史研究新論』上海社會科學院出版社, 2005.
77)　· 陳高華,「從《老乞大》《朴通事》看與元高麗的經濟文化交流」『歷史研究』1995-3; 앞의 책, 2005, 346~357쪽
　　· 위은숙, 주 8) 논문, 61~63쪽.
78)　周霞,「元朝時期的山東半島在與高麗海商貿交往來的重要作用」『魯東大學學報(哲學社會科學版)』27-5, 2010, 43·44쪽.
79)『牧庵集』권16,「榮祿大夫福建等處行中書省平章政事大司農史公神道碑」.

海가 지은 「太原宋氏先德之碑」에는 元貞 원년에 廣寧을 지나는데, 이 지역 사람으로 고려에 장사하러 다니다가 잡혀서 고려의 탐라에 유배된 자가 11인이었다고 한다.[80]

원간섭기 고려와 원의 불교교류와 관련된 기록에서도 해상 왕래의 흔적을 찾을 수 있다. 冲鑑은 1292년 19세에 僧科의 上上科에 올랐으나 원으로 건너가 吳楚의 鐵山 紹瓊의 道行이 매우 높다는 말을 듣고 그를 맞아 고려로 돌아와서 3년 동안 제자의 예로 모셨다. 경선사가 그에게 크게 기대하였는데, 소경선사가 귀국하게 되자 충감은 龍泉寺의 주지가 되어 百丈懷海禪師의 禪門淸規를 行하였다고 한다.[81] 그와 더불어 寶鑑國師 混丘(1251~1322)의 묘비명에는 中吳의 蒙山 德異가 일찍이 『無極說』을 지어 배편에 寶鑑國師에게 보내왔는데[附海舶以寄之], 원감국사가 묵묵히 그 의미를 터득하여 스스로 호를 無極老人이라고 했다고 한다.[82] 이색이 지은 「報法寺記」에는 侍中·漆原府院君 尹桓과 法蘊和尙이 보법사를 중창하면서 1348년에 강절에서 『大藏經』을 가져왔으나, 1361년에 홍건적의 침입으로 절과 경전이 유린되어 절을 지으면서 1367년에 다시 강절에서 『大藏經』을 가져왔다고 하였다.[83]

이상에서 나온 원의 吳楚·中吳·浙江이 모두 장강 지역인데, 충감이 바다를 건너갔다가 소경선사와 함께 되돌아오고, 소경선사가 다시 돌아가는 과정, 몽선사가 배편에 혼구에게 책을 보낸 것,[84] 강절의 상선을 통해 대장

    陳高華, 앞의 논문, 369쪽.
80) 『楚國文憲公雪樓程先生文集』 권8, 「太原宋氏先德之碑」.
81) 『新增東國輿地勝覽』 권17, 忠淸道 林川郡 佛宇, 「普光寺」.
82) 『益齋集』 권7, 「有元高麗國曹溪宗慈氏山瑩源寺寶鑑國師碑銘幷序」.
83) 『東文選』 권75, 「報法寺記」.
    원의 강절 해상이 두 차례 대장경을 구해 주었는데, 보법사의 주문을 받아 가져다주었으므로 해상의 왕래는 4회 이상이 된다.
84) 陳高華, 앞의 논문, 375쪽.

경을 마련하는 것 등은[85] 모두 당시 고려와 원간의 해상 왕래와 관련되었
다. 또한 충숙왕이 예성강에 행차해서 상인의 아들 李奴介를 밀직부사에
임명했던 것은 예성항이 해상들의 왕래로 번성했음을 알려준다.[86]

1358년 7월에 왜구로 인해 전라도의 조운이 막히자 漢人 張仁甫 등 6인
을 都綱으로 삼고 각각 唐船 1척과 戰卒 150인을 주어 全羅道 稅租를 조운
하도록 하였다.[87] 이 한인은 원에서 해상 조운을 경험했던 사람들이었을
것이다. 1368년에 蘭秀山의 반란이 진압된 뒤, 陳君祥 등이 서해를 건너
全羅道 古阜로 도피한 것은 이전부터 교역활동 등으로 연계를 갖고 있었기
때문이며, 그들이 그곳에 숨어있다고 명에 신고한 明州人 鮑進保는[88] 고려
를 왕래하는 해상이었을 것이다. 그것은 1368년 이전부터 고려와 강절 지
역 간의 해상무역이 있었으며 1370년까지 지속되었음을 뜻한다.[89]

그리고 1413년 11월에 죽은 恭安府尹致仕 唐誠은 '江浙의 明州人이었

---

85) 1342년(충혜왕후 3)에 李穀이 順菴—조인규의 아들 승려 趙義旋—이 새로 大藏經
을 봉안한 일에 대해 州判 李克禮가 시를 지어 찬미하자 그에 차운하여 지은 시에
는 '바랑을 모두 털어 대장경 봉안을 못한다면 만겁토록 후회해도 소용없다 하였
네. 餘杭墨本은 세상이 인정하는 보배인지라, 돛배에 순풍을 보낼 줄 강물 귀신도
알았네'라고 하였다(『稼亭集』 권14,「順菴新置大藏 李克禮州判作詩以讚 次其韻」).
내용으로 보건대, 항주의 대장경[餘杭墨本]이 바다를 건너 고려에 왔다고 하였으
니 1342년 또는 그 이전에 海商의 왕래가 있었음이 확인된다. 이와 같이 고려 국
내의 관판인 고려대장경으로는 그 수요를 담보할 수 없었기 때문에, 경제력만 있
으면 私的 印成이 가능한 元의 대장경을 수입하는 경향이 있었다. 이에 全藏을 인
성하여 사원에 시납하는 대장경 공덕 신앙이 전개되었다고 한다(박용진,「고려후
기 元版大藏經 印成과 流通」『中央史論』 35, 2012, 265~270쪽).

86) 이병희, 앞의 논문, 53쪽.

87) 『高麗史』 권39,「世家」, 공민왕 7년 하7월 임술.

88) 『高麗史』 권42,「世家」, 공민왕 19년 6월 신사.

89) 藤田明良,「「蘭秀山の亂」と東アジア海域世界—14世紀の舟山群島と高麗・日本—」
『歷史學硏究』 698, 1997, 29쪽.
高橋公明,「해역세계 가운데 제주도와 고려」『島嶼文化』 20, 2002, 257·258쪽.

으며, 원말에 병란을 피하여 고려에 와서 征東行省의 椽史가 되었다가 행성이 혁파되자 中郞將으로 司平巡衛府評事가 되었다'고 한다.[90] 아울러 조선초 商議中樞院事를 지낸 李敏道는 원말 전란기에 외가인 명주에서 寓居하다가 고려의 사신 成準(准)得이 張士誠에게 갔다가 돌아오는 길에 만나 그의 권유를 받고 고려에 왔다.[91] 한인이 와서 고려의 조운을 도와준 것, 난수산의 난에 참여했던 잔당들이 전라도 고부에 숨었던 것, 명주 사람이 고려에 투화했던 것은 양국 간의 해상교류가 지속되지 않고서는 불가능한 일이었다.

명의 해금정책이 직접적인 계기가 되었던 장사성·방국진 등의 지방세력들이 고려에 사신을 보낸 것도 海商의 왕래를 입증하는 것이다. 대표적으로 1357년 7월에 장사성이 보낸 사신이 처음 來獻을 한 이후 1365년까지 8년간에 여러 차례 來聘이 이어졌다. 다른 해상세력인 방국진은 한 해 늦게 고려와 통교를 개시하여 여러 차례 사신을 보냈고, 그밖에 江浙省 李右丞, 淮南省右丞 王晟, 淮南 朱平章 등이 사신을 보내왔다.[92] 원말의 혼란기

90) 『太宗實錄』 권26, 13년 11월 계묘.
91) 『太祖實錄』 권7, 4년 3월 임인.
　　『高麗史』와 『高麗史節要』에 고려가 장사성에게 보낸 사신은 1360년 7월 少尹 金伯環, 1364년 5월에 大護軍 李成林과 典校副令 李靭 등이 있었는데, 성준득이 간 시기는 확인하기 어렵다(『高麗史節要』 권27, 공민왕 9년 추7월, 동 권28, 공민왕 13년 5월).
　　성준득이 실제 갔었는지는 불확실하지만, 당시 강절과 고려의 교류가 활발했음을 알려주는 근거가 되는 것은 틀림없다.
92) · 末松保和, 「麗末鮮初に於ける對明關係」 『史學論叢』 2, 岩波書店, 1941; 『靑丘史草』 1, 笠井出版社, 1965, 300~308쪽.
　　· 陳高華, 앞의 논문, 371·372쪽.
　　· 高榮盛, 앞의 책, 37쪽.
　　· 이강한, 「고려 공민왕대 정부 주도 교역의 여건 및 특징」 『정신문화연구』 125, 2011; 앞의 책, 219·220쪽.

에 중국 장강 유역의 群雄들이 중앙 권력의 통제를 받지 않고 바다를 다니며 무역의 이익을 얻고 세력을 키워갔던 것이다. 장강 유역들의 군웅들에게 고려는 쉽게 배로 가서 무역할 수 있는 매력적인 나라였기 때문에 활발하게 왕래하였으며, 그러한 상황은 명 태조에 의해 평정될 때까지 계속되었을 것이다.

2) 明의 海禁과 高麗의 對中國 貿易 양상 변화

1371년에 명이 전통적인 조공제도와 조공무역에 새롭게 해금을 결합시켜 통행과 교역을 국가가 완전히 통제하는 독특한 조공 체제를 만들어냈다. 그것은 조공제도에 의해 국제질서를 확립하는 한편, 조공무역으로 국제교역을 통제하고 해금을 통하여 그 체제를 보강하려고 한 것이었다. 그러므로 해상들의 국제교역이 금지되고, 국가 간의 관영무역인 조공무역만이 합법적인 것이 되었다. 처음에는 당시 횡행하던 왜구를 막고, 해상무역을 하던 方國珍·張士誠의 잔당과 그들을 따르는 민중이 연해지역에서 횡행하는 것을 막는 것이 해금정책의 주요한 목적이어서 해상들이 규제 대상이 아니었다. 그러나 1374년 9월에 寧波·泉州·廣州의 시박사를 폐지하였는데도 무역을 둘러싼 문제가 계속되자 명은 조공하기를 바라는 주변 민족과 국가에게 일종의 증서인 勘合을 발급하고, 그것을 소지한 배에 대해서만 무역을 허락하는 勘合制度를 실시하여 국내외 배의 출입을 엄격하게 제한하였다.[93] 오래지 않아 명이 다시 寧波·泉州·廣州에 시박사를 두었지만,

93) 명대의 해금정책에 대해서는 다음의 논문이 참고된다.
· 佐久間仲男, 「明代の外國貿易─貢舶貿易の推移─」 『日明關係史の硏究』, 吉川弘文館, 1992.
· 佐久間仲男, 「明朝の海禁政策」 『日明關係史の硏究』, 吉川弘文館, 1992.
· 檀上寬, 「明初の海禁と朝貢─明朝專制支配の理解に寄せて─」 『明淸時代史の基本

寧波는 일본, 泉州는 琉球, 廣州는 占城·暹羅 및 서양 여러 나라들과 통하
게 하였을 뿐94) 공식적으로 고려에 가는 배를 담당하는 시박사는 없었으므
로 해상이 고려에 갈 수 없게 되었다.95) 고려말에 이르면 중국과 고려의

問題』, 汲古書院, 1997.
  · 홍성구, 「청조 해금정책의 성격」『한·중·일의 해양인식과 해금』(이문기 외), 동
    북아역사재단, 2007.
  · 오카모토 히로미치(岡本弘道), 「명조(明朝)의 국제시스템과 해역세계」『해역아시
    아사입문』(2008, 모모키 시로 엮음, 최연식 옮김), 민속원, 2012.
  · 한지선, 「洪武年間의 對外政策과 '海禁'―『大明律』상의 '海禁' 조항의 재분석―」,
    『中國學報』60, 2009.
    한지선, 『明代 해금정책 연구』전남대 사학과 박사학위논문, 2009.
  · 이준태, 「중국의 전통적 해양인식과 海禁政策의 의미」『아태연구』17, 2010.
  · 최낙민, 「明의 海禁政策과 泉州人의 해상활동―嘉靖年間以後 海寇活動을 중심으로
    ―」『역사와 경계』78, 2011.
  · 민덕기, 「중·근세 東아시아해금정책과 경계인식―東洋三國의 海禁政策을 중심으
    로―」『韓日關係史硏究』39, 2011.
  · 민덕기, 「동아시아 해금정책의 변화와 해양경계에서의 분쟁」『韓日關係史硏究』
    42, 2012.
  · 홍영의, 「고려 말 대명교역과 동아시아 해상교류」『한국해양사 Ⅲ(고려시대)』(한
    국해양재단 편), 2013.
94) 박원호 외, 『명사 식화지 역주』, 소명출판, 2008, 382쪽.
95) 명의 해금정책으로 절강 지방의 해상이 고려에 왕래하지 않게 되었다는 것은 조선
    초 표류민의 송환 과정을 통해 유추할 수 있다. 1406년 7월에 사역원판관 張若壽
    를 보내어 浙江觀海衛百戶 楊茂 등을 押領해 遼東으로 가게 하였고(『太宗實錄』권
    12, 6년 7월 기유), 1418년 9월에 浙江 사람 陳宗 등 남녀 6명이 倭山으로부터 도
    망해 오자 判司譯院事 張洪守를 시켜 遼東으로 보내주었다(『世宗實錄』권1, 즉위
    년 9월 정묘). 반면 1409년 3월에 명나라 鎭南衛後所百戶 柳貴 등 3인과 旗軍 117명
    이 바람에 표류하여 전라도 沃溝에 이르자, 모두 배를 수리할 물건을 후하게 주었
    으며, 얼마 되지 않아 세 척의 배가 순풍을 만나 돛을 달고 돌아갔다(『太宗實錄』
    권17, 9년 3월 계축). 또한 1410년 7월에 浙江處州衛百戶 徐慶이 표류하여 仁州에
    이르자, 급히 船隻을 보수할 물자를 주었으며, 이튿날 바람이 순하여지자 되돌아
    갔다(『太宗實錄』권20, 10년 7월 정묘). 모두 절강 사람들이 표류한 것인데, 앞의
    두 사례는 배가 파손된 채 구조되어서 조선의 역관이 요동까지 압령해가서 인게

해상교류는 사실상 단절되었던 것이다. 명이 해금정책을 실시하기 직전에 고려와 중국의 해상교류가 매우 활발했으며, 외국의 배들이 고려에 와서 대부분 예성항에 머물렀으므로 자연스럽게 고려 대외무역의 중심 지역은 개경과 예성항이 될 수 밖에 없었다.

그런데, 명의 해금정책은 해상 무역 중심의 고려 대중국 무역 기본 틀을 허물었다. 가장 큰 변화의 하나는 대중국 무역의 중심지가 서북면 국경지역으로 이동한 것이었다. 고려는 해상들의 해외무역을 금했던 것처럼 국경 지역의 무역을 장려하지 않았다. 물론 고려와 거란·금 사이의 사무역이 없었던 것은 아니다. 국경 무역과 관련된 榷場의 경우, 1086년 거란이 압록강의 保州에 설치한 각장은 고려 선종의 親宋政策을 견제하고자 하는 군사외교적 목적이 있었을 뿐 아니라 고려가 이에 대해 강력히 철회를 요청하였기 때문에 사실상 호시로서 기능할 수 없었다.[96] 이후 금이 거란을 정복하

하였고, 뒤의 두 사례는 배가 온전한 상태에서 조선에 표착하였기 때문에 약간의 물품을 주고 항해서 돌아가도록 하였다. 구호와 송환 방식은 송대에 표착한 고려인들을 처리하는 방식과 유사하다. 송도 지방관에게 일정한 규정에 따라 구호하되, 배와 함께 표착한 경우에는 배를 운항하여 가도록 하였으나, 배가 부서진 경우에는 고려에 가는 송상의 배편으로 송환하였다(李鎭漢, 「高麗時代における宋商の往來と麗宋外交」『年報 朝鮮學』12, 2009; 앞의 책). 배가 부서진 채 조선에 표착한 강절 사람들은 고려시대와 같이 해상들의 왕래가 있었다면 귀국하기 쉬웠을 텐데, 그렇지 않아 육로의 힘든 여정을 거쳐 고향으로 돌아가야만 했던 것은 해금정책으로 인해 양국을 왕래하는 배가 없어졌기 때문일 것이다. 조선 성종대 제주에서 한양으로 오던 중에 절강에 표착한 濟州敬差官 崔溥가 북경을 거쳐 조선으로 귀환한 것도 같은 이유일 것이다(朴元熇, 『崔溥 漂海錄 譯註』, 고려대출판부, 2006). 한편, 조선의 대명 사행로는 산동반도에서 옹진에 이르는 길과, 산동반도에서 발해 연안을 거쳐 압록강 하구와 철산에 이르는 두 가지 길만 허용하였다. 특히 후자는 파도가 높고 암초가 많으며 대피할 곳이 적어 위험한 해로였으며, 이미 공민왕대에 사신의 배가 두 차례 침몰한 적이 있는 곳이었지만 다른 해도는 모두 허용하지 않아서 어쩔 수 없었다(林英正, 「朝鮮前期 海禁政策 시행의 배경」『東國史學』31, 1997, 44·45쪽).

96) 이미지, 「高麗 宣宗代 榷場 문제와 對遼 관계」『韓國史學報』14, 2003, 93쪽.

는 과정에서 금이 고려와 거란의 분쟁 지역이었던 보주를 고려에 양여하면 서 우호적인 관계로 변화하게 됨에 따라 금과의 국경에 설치된 각장은 제 기능을 하였던 것 같다.[97] 그 밖에 고려의 변경 지역 무역은 1185년에 서 북면병마사 李知命이 명종의 지시를 받고 龍州의 苧布를 契丹絲와 교역하 여 바쳤다는 것을[98] 제외하면 대부분 전란기에 고려에게 식량을 구하는 형 식이었다.[99]

이와 같이 고려는 거란과 금에 대한 국경무역을 권장하지 않았을 뿐 아 니라 고려와 송 사이의 해상무역이 차지하는 비중이 커서 그다지 주목하지 않았다. 또한 원간섭기에는 출입국에 필요한 文引이 있으면 국경을 쉽게 오갈 수 있었기 때문에 굳이 국경 지역에서 양국의 상인들이 만나 무역할 필요가 없었다.

그러나 명이 해금정책을 실시한 뒤 그 시행 강도를 점차 높여가자, 중국 과의 국경지역인 서북면이 갑자기 무역의 중심지로 등장하기 시작하였다. 절강지역의 해상이 고려를 왕래할 수 없게 되고 중국의 사치품 유입이 차 단되었다. 禑王代에는 예전처럼 국경을 오가며 무역하는 것마저 불가능해 지자 국경지역인 서북면의 권세가와 부호들이 권력을 이용하여 무역을 하 였던 것이다.[100] 이곳은 고려의 수도인 개경과 멀었을 뿐 아니라 권세가들

---

97) 『東文選』 권6에 수록된 金克己의 시 「榷場」은 権場과 같다. 이미지, 앞의 논문, 81쪽.
98) 『高麗史』 권20, 「世家」 명종 15년 춘정월 신축.
99) 거란과 금이 멸망하던 시기에 고려와의 무역시도에 대해서는 다음의 기록이 참 고된다.
  · 『高麗史』 권97, 金黃元傳
  · 『高麗史』 권14, 「世家」, 예종 11년 3월 乙未
  · 『高麗史』 권22, 「世家」, 고종 3년 윤7월 병술.
100) · 위은숙, 주 8) 논문, 87쪽.
  · 須川英德, 「高麗後期における商業政策の展開—對外關係を中心に—」 『朝鮮文化研 究』 4, 1997, 36·37쪽.
  · 朴平植, 「高麗末期의 商業問題와 救弊論議」 『歷史敎育』 68, 1998; 『朝鮮前期商業史

의 도움을 받고 있어서 무역상들을 통제하기 어려웠고, 방치할 경우 장차 무역으로 부를 축적하고 다시 정치세력화할 가능성이 있었다. 결국 고려는 국경무역의 전면 금지라는 특단의 조치를 내리지 않을 수 없었다.

E1. (공양왕 3년 3월) 中郎將 房士良이 時務十一事를 올려서 이르기를, “… 여덟째, 『書經』에 이르기를 ‘명령을 내린 것은 실행하기 위한 것이다’고 하였으니 명령을 내렸으나 실행되지 않으면 그 나라는 나라답지 못한 것입니다. 지금 命令이 엄하지 않은 것은 아니지만, 行商의 무리들이 10명, 5명씩 떼를 지어[行商之徒什伍成群] 소와 말을 이끌고 金銀을 숨겨서 날마다 외국으로 가서 팔아서 당나귀와 노새 따위의 老鈍한 물건을 가져오기 때문에 나라 안에 널리 퍼져 있습니다. 지금부터는 몰래 강을 건너가서 소와 말을 파는 자와 官印이 찍힌 말을 가지고 가서 그들에게 팔고 다시 가져오지 않는 자는 制를 어긴 것으로 형벌을 가하소서 …”라고 하였다. 왕이 깊이 받아들이고 방사량을 刑曹正郎으로 삼았다.[101]

E2. (공양왕 3년) 5월 己酉日에 軍資少尹 安魯生을 西北面察訪別監으로 삼아 上國과 互市하는 것을 금하였다. 처음에 商賈의 무리들이 牛馬에 金銀·苧布·麻布를 싣고 몰래 遼·瀋에 가서 賣買하는 자가 매우 많았다. 국가가 비록 금하였지만 구체적인 명령이 없었으므로 邊吏들이 또한 嚴禁하지 않아서 왕래하며 판매하는 것이 길에 이어졌다. 그러므로 安魯生이 그 우두머리 10여인을 斬하고 나머

研究』, 지식산업사, 1999, 35쪽.
· 李康漢, 앞의 학위 논문, 278~280쪽.
101) 兼典醫寺承 房士良上時務十一事曰 “… 八曰 書云 令出惟行 若令出而不行則國非其國矣 今也令非不嚴也 征商之徒什伍成群 牽牛帶馬 懷金挾銀 日趨異域 驢騾駑鈍之物 遍於國中 願自今潛行越江賣牛馬者 及將官印之馬 賣彼不還者 以違制加刑 … 王深納之 尋拜士良爲刑曹正郎(『高麗史節要』 권35. 『高麗史』 권46, 「世家」 공양왕 3년 3월 甲辰).
『高麗史節要』에는 방사량이 중랑장이었다고 하였으나 「世家」에는 兼典醫寺丞으로 되어 있다.

지는 杖을 쳐서 水軍에 配屬하고 仍하여 貨物을 몰수하였다. 또한 그것을 금하고 막지 못한 州郡官吏에게 杖刑을 가하였다. 이에 紀綱이 크게 행해지고 邊境이 肅然하여 다시 금제를 범하는 자가 없었다.102)

E1은 1391년 경 국경무역의 양상을 잘 보여준다. 고려의 상인들이 국경을 넘나들며 좋은 소와 말을 팔고 노둔한 말을 사온다고 했는데, 그것을 통해 고려 상인들이 가져간 금·은·소·말 등을 팔아 노새와 당나귀를 산 차액으로 중국의 사치품을 매매하여 왔다는 것을 알 수 있다. 방사량은 농사에 이용할 수 있는 소와 전쟁에 활용할 수 있는 말이 유출되는 것은 나라에 해가 된다며 강력한 처벌을 주장하면서 국경 무역의 원인이 되는 사치풍조를 없애고 검소한 생활을 해야할 것을 강조하였다.103)

같은 해 5월 郎舍 許應 등도 비슷한 취지의 상소를 했다. 그는 無賴之徒가 모두 遠方의 物貨로 이익을 얻고 本業을 일삼지 않으니 朝廷은 비록 크게 막아서 흥행하지 못하게 하나 몰래 갔다 몰래 돌아오는 무리들을 알지 못하고 있다고 하면서, "지금부터 大小臣僚들에게 紗羅·段子로 된 옷을 입을 수 없게 해서 검소함을 돈독히 숭상케 함으로써 商販을 끊고, 潛行하는

---

102) 己酉 以軍資少尹安魯生 爲西北面察訪別監 禁互市上國者 初商賈之徒 將牛馬金銀苧麻布 潛往遼瀋買賣者 甚衆 國家雖禁之 未有著令 邊吏又不嚴禁往來 興販絡繹於道 魯生往斬其魁十餘人 餘皆杖配水軍 仍沒其貨 且杖其州郡官吏之不能禁遏者 於是 紀綱大行 邊境肅然 無復有犯禁者(『高麗史』 권46, 「世家」, 공양왕 3년 5월).
『高麗史節要』에는 이 내용이 '禁商賈互市上國'이라고 간단히 기록되어 있다(『高麗史節要』 권35, 공양왕 3년 5월).

103) 방사량은 사회적 물의를 일으키고 있는 무역을 중단하기 위해서는 사치품에 해당되는 외국의 것을 사용하지 말고, 고려에서 나는 것을 써야한다고 생각하였다. 그 구체적인 내용은 士·庶人·工商賤隸가 紗羅·綾段의 衣服과 金銀朱玉의 장식을 하는 것을 일체 금지시킬 것, 혼인하는 집은 오로지 綿布만 쓰게 하고 외국의 物件은 일체 금지시킬 것, 놋쇠와 구리는 본토에서 생산되지 않는 물건이니, 오로지 瓷器와 나무그릇만 사용하게 할 것 등이었다.

商賈를 알려서 잡은 경우는 반드시 그들의 재물로 보상하게 하십시오" 라고 하였다.104) 방사량과 허응이 모두 국경 지역 무역으로 발생하고 있는 폐단을 없애기 위해 불법적인 무역을 한 자들에 대한 처벌을 요청하면서, 국경무역을 없애는 근본적인 대책으로 백성들이 검소한 생활을 해야한다고 하였다.

국경무역에 대한 규제를 바라는 방사량과 허응 등의 연이은 상소에 공양왕은 관리를 보내 이에 대한 대책을 실행하였다.105) E2는 그와 관련된 기록이다. 1391년 5월에 軍資少尹 安魯生을 西北面察訪別監으로 삼아 상국과 互市하는 것을 금하였다는 것이다. 고려는 국경무역에 금지 규정을 엄격하게 적용하여 지키지 않은 자를 가혹하게 처벌하는 가장 강경한 조치를 취하였다. 안노생을 서북면찰방별감으로 임명한 것은 국경무역의 핵심 지역이 요동 지역의 길목인 서북면이었기 때문일 것이다. 그는 이전까지 사실상 유명무실했던 호시 금지 규정을 적용해서 '몰래' 중국에 가는 자의 우두머리를 사형에 처하였으며, 무역하던 자들을 비호하던 지방관마저 처벌하여 기강을 바로 잡았다.

요컨대, 고려와 원과의 활발한 해상교류가 있었으나 명의 건국 이후 해금정책으로 중국의 배가 올 수 없게 되자, 고려 예성항에서의 해상무역이 급격히 쇠퇴하고, 그것을 대체하기 위해 서북면 국경의 육로 무역이 발달하게 되었다. 그러나 수도에서 멀리 떨어진 서북면 지역의 토호들이 참여하는 무역을 완벽하게 단속할 수 없었다. 고려는 명과의 호시를 완전히 금지하였다. 명의 해금정책으로 해상무역이 중단된 후 국경무역에 활발해지

---

104) 『高麗史』 권46, 「世家」, 恭讓王 3년 5월 무술.
105) 허응의 상소가 공양왕 3년 5월 무술일 다음에 간지가 없이 기록된 것으로 보아 이 날은 무술일이었을 것이다. 안노생의 조치를 기록한 기유일은 그보다 11일이 지난 날이다.

면서 새로운 문제가 발생하자 이번에는 고려가 국경무역을 금지하였다. 따라서 조선이 건국되기 직전인 1391년에는 고려와 중국의 해상무역은 물론 양국의 국경무역마저 원칙적으로 금지되기에 이르렀다.

5. 맺음말

고려는 중국에 비해 영토와 인구가 매우 적은 나라였으나 중국의 사치품과 서적 등을 사고, 중국사람들이 진귀해하는 것들을 지속적으로 교역할 정도의 경제수준에 있었다. 고려는 중국에서 멀지 않아서 비교적 안전하게 자주 왕래하며 무역할 수 있는 곳이어서 많은 중국의 해상들이 고려를 자주 왕래하였기 때문에 문물과 인물의 교류가 상시적으로 이루어졌다. 당시 항해술과 조선술이 발달하여 海商들이 서해를 건너 양국을 오가는데 10일이 채 소요되지 않았다. 그러므로 송의 두 황제가 금에 포로가 된 후, 그들을 빠르게 구출하고자 고려에게 길을 빌려달라고 하였고, 송의 관인들은 금의 군사가 서해를 건너 강절 방면으로 쳐들어올 것을 우려하였다. 고려는 송과 가까운 사이임을 강조하며 양국을 '순망치한'의 관계라고 비유하기도 하였다. 비단 정치·외교적 수사가 포함되지 않더라도 고려와 중국의 사람들은 수시로 왕래하는 배를 이용하여 문물을 교류하고 인물이 왕래하였기 때문에 상호간에 인접 지역이라는 인식이 있었다. 고려와 송 사이에 바다가 있었지만, 오히려 그 바다 때문에 양국의 시간적 거리는 짧아져서 중국의 웬만한 내륙지역보다 가까운 셈이었고, 그 만큼 교류가 왕성하였다.

하지만, 고려시대에 바다는 누구나 자유롭게 다닐 수 있는 공간이 아닐 때도 적지 않았다. 후삼국 시기 고려와 후백제는 해상패권을 장악하고 상대국의 외교를 방해하기 위해 서해와 남해의 해상 요충을 차지하려고 치열한 전투를 벌였다. 고려 태조가 거란의 사신을 유배한 이후 외교관계가 악화되어 고려의 배는 거란의 바다를 다닐 수 없었다. 그와 더불어 성종이 고려 해상이 마음대로 중국에 가는 것을 금지하고 오직 고려의 사신이 중국에 갈 때만 가능하도록 했던 것과 송이 거란의 책봉국인 고려에 대해 자국 해상의 왕래를 금지했던 것은 사실상 고려와 송의 '해금정책'에 해당한다. 물론 고려는 거란과의 전쟁 이후 거란에 대해 사대하면서도 송에 사신을 보내고 송상이 예성항 등의 제한된 곳에서 무역하도록 하였으며, 송 역시 고려와 연합하여 거란을 제압한다는 정책을 실현하고자 해상왕래를 묵인하여 한국사상 가장 활발한 해상무역이 이루어지는 계기가 되었다. 이처럼 고려와 송의 해상 교류는 외교관계가 없는 상황에서도 지속되었을 뿐 아니라 양국의 해금과 병행되었는데, 해금의 사유가 모두 정치적인 것이었다는 데 특징이 있었다.

원간섭기에 고려와 중국의 왕래는 더욱 다양한 방식으로 진행되었으며, 양국의 해상왕래를 가로 막는 규정도 없었다. 고려와 중국 사이에는 국경이 없는 것과 마찬가지여서 간단한 증명서가 있으면 통과할 수 있었으며, 해상왕래도 산동반도 방면이나 장강 지역 어느 곳이든 갈 수 있었다. 양국 상인들은 무역의 이익과 왕래의 편의를 고려하여 무역로를 선택하였는데, 많은 물자를 빠르게 운송할 수 있다는 해상무역의 장점 때문에 고려의 예성항과 중국의 강절 지방을 연결하는 해상 왕래가 끊이지 않았다.

그런데, 고려말 명이 건국하고 실시한 '해금정책'은 고려의 무역 방식에 큰 영향을 미쳤다. 해상 무역의 중심지였던 예성항은 그 기능을 잃게 된 반면, 명과 국경을 접하고 있는 지역의 무역 비중이 높아졌고, 공양왕대에는 고려와 중국의 국경무역마저 원칙적으로 중단되었다. 우왕과 공양왕대에 명에 가는 사신들이 적극적으로 무역에 참여하여 그와 관련된 사건이 자주 일어났던 것도 해상무역이 금지되고 국경무역마저 어려워지면서 나

타난 현상이었다. 고려말의 상황은 고려초 고려의 해상이 중국에 다니며
무역을 하고 중국의 배가 한반도의 여러 나라를 다니며 무역하던 것과는
완전히 달랐다. 이러한 고려말의 대중국 무역 여건이 조선초에도 그대로
이어진다는 점에서 고려와 조선의 무역 방식도 대비된다고 할 수 있다.

제2편
고려전기 王代別 外交와 貿易

太祖代 對中國 海上航路와 外交 및 貿易

1. 머리말

泰封의 弓裔王을 몰아내고 개창한 고려는 후백제와 더불어 한반도의 패권을 잡기 위해 치열하게 경쟁하였다. 양국은 유력한 호족을 끌어들여 자국의 위상을 높이려고 하였을 뿐 아니라 국왕인 왕건과 견훤이 직접 중요한 전투에 참여하여 군사를 지휘하며 승세를 잡고자 하였다. 그와 더불어 대외적으로 중국과의 외교에도 적극적으로 나서 고려·후백제·신라가 중국의 五代와 十國의 여러 나라에 사신을 보내 외교전을 전개하였다. 이처럼 한반도의 나라들이 중국 여러 나라에 사신을 보내 외교 관계를 맺는 多元的 외교를 펼쳤던 것은 중국의 책봉을 받아 국왕의 정치적 권위를 높이기 위한 것이었다. 또한 중국 황제의 회사품은 중요한 재정 기반이 되었으므로 고려와 후백제는 상대방의 대중국 항로를 봉쇄하거나 방해하여 세력을 약화시키고자 하였다. 고려가 후백제의 사신을 태우고 오월에 가는 배를 나포하거나, 후백제가 개경의 해상 관문이자 무역항인 예성항을 공격하여 큰 피해를 입힌 것도 그와 관련된 일이었다.[1]

---

[1] 이 시기 후삼국의 대중국외교, 해상무역, 항로, 포구 등과 더불어 후삼국의 해상항로를 둘러싼 치열한 다툼에 대하여는 다음의 논문이 참고된다.
日野開三郎,「羅末三國の鼎立と對大陸海上交通貿易」『朝鮮學報』16·17·19·20, 1960·1961;『日野開三郎 東洋史學論集—北東アジア國際交流史の研究(上)』, 三一書房, 1984.
한편, 배를 이용하여 한반도와 중국을 연결하는 해상 교통로에 대해서 海上航路라는 용어가 정확하겠지만, 편의상 항로로 줄여서 사용하겠다.

　　본고는 이러한 선행연구를 참고하면서 한반도와 중국을 잇는 대중국항로가 고려의 건국 이후 새롭게 변화하면서 海州 지역이 중요해졌으며, 후백제와 고려의 중간 해역으로 전략적 요충지가 된 運州를 둘러싸고 고려와 후백제가 치열한 경쟁을 벌였다는 것을 설명할 것이다. 또한 고려는 吳越과 後梁 등 중국의 여러 왕조에 사신을 보내지만 오랫동안 책봉을 받지 못하다가 933년에 비로소 후당의 책봉을 받고, 그후 후진의 책봉을 받았다. 중국의 사서에는 후당의 책봉이 첫 번째라고 했으나 고려 사람들의 기록에는 후진에게 책봉을 받은 것에 대해 큰 역사적 의미를 부여하고 있었다. 고려에 대한 오대 왕조의 첫 번째 책봉이 後唐이었다는 것은 『고려사』의 기록과 일치되는 것이지만, 고려 후기에 어떤 이유로 後晉의 책봉을 강조하고 있었는지를 이해하기 위해 고려초 책봉 관련 기사를 정밀하게 분석하여, 고려의 대거란 정책의 변화가 있었음을 확인할 것이다. 고려가 주요 무역상대이기도 했던 오대 왕조의 책봉을 받고자 노력했던 배경에는 조공 무역의 이익과 함께 고려 무역선의 안전한 활동을 보장받고자 하는 의도가 있었음을 밝히고자 한다. 아울러 고려가 후당과 후진의 책봉을 받기 위해 보낸 화려한 進奉物이 새로운 외교 관계를 정립하는데 적지 않은 기여를 했다는 점도 서술할 것이다. 본 연구를 통해 정치·외교적인 면과 더불어 무역이라는 요소가 고려초 대중 관계의 설정에 크게 영향을 끼쳤다는 사실을 새롭게 인식하는 계기가 되기를 바란다.

2. 後三國時期 對中國 航路와 海州 및 運州 지역

1) '北線航路'와 海州 地域[2]

한반도에서 중국으로 가는 해상항로는 山東半島로 향하는 '北線航路'와 長江 지역과 연결되는 '南線航路'가 있었는데, 중국 왕조가 中原 지역에 많아서 정치·외교적으로 더욱 큰 비중을 차지하는 항로는 전자였다. 그러나 造船術이나 航海術이 발달하지 못한 당시의 상황에서 비교적 간단한 항해 장비로 해류를 타고 중국의 강남에서 바다를 가로질러 직접 한반도에 도달하는 것이 산동반도에서 바다를 통해 서해 지역으로 도착하는 보다 훨씬 편리한 항로였다. 왜냐하면 산동반도와 한반도가 거리상 가까운 것 같지만, 산동반도의 成山角에서 한반도 서안으로 직항하기 위해서는 황해중부를 가로질러야 하는데, 이 海域은 일년 내내 南北向의 해류가 흐르고, 황해의 계절풍은 여름에는 偏南風이 많고 겨울에는 偏西風이 많아 帆船의 東西向 항해에 매우 불리하기 때문이다.[3]

이와 같이 산동반도로 가는 항로가 위험하기는 했지만 중원왕조로의 접근성이 좋아서 고려 이전에 자주 이용되었다. 9세기에 신라 왕자 金昕이

---

2) 한반도와 중국을 잇는 해상항로에 대해서는 많은 연구가 있고, 그 만큼 명칭도 다양한데, 이에 대한 연구사 정리는 다음의 논문이 상세하다
   윤재운, 「8~12세기 한·중 해상 교통로의 변천과 의미」『한중관계사상의 교통로와 거점』(윤재운 외), 동북아역사재단, 2011.
   본고는 이 분야 연구의 선구자인 김상기 선생의 견해에 따라 북선항로와 남선항로 라는 용어를 사용할 것이다.
   · 金庠基, 「古代의 貿易形態와 羅末의 海上發展에 就하야—淸鎭海 大使 張保皐 主로 하야」『震檀學報』1·2합, 1934·1935;『東方文化交流史論攷』, 乙酉文化社, 1948.
   · 金庠基, 「麗宋貿易小考」『震檀學報』7, 1937; 앞의 책.
3) 毛昭晰, 「선진시대 중국 강남지역과 한반도의 해상교통」『한중 문화교류와 남방 해로』(조영록 편), 국학자료원, 1997, 210쪽.

당으로 사행할 때 唐恩浦—南陽—에서 서해를 가로질러 산동반도에 도착
하였고, 당나라 蘇定方의 군대가 백제를 침공할 때 등주에서 바다를 건너
덕적도에 진군한 바가 있으며, 일본의 도당 유학승인 圓仁이 귀국할 때 신
라의 배를 빌려 9월 2일에 赤山浦에서 출발해서 3일째 아침에는 멀리 신라
의 산들을 보고 4일째 해뜰 무렵 웅주의 앞바다를 지나서 5일만에 對馬島
에 도달하였다고 하였다. 신라는 수도가 경주에 있었기 때문에, 중국에 가
기 위해서 한반도 중부 지역에서 산동반도로 가는 항로를 개척했으며, 항
해 기간도 비교적 짧았다.4) 후삼국 이전에는 신라의 중심지가 한반도 동남
쪽에 있었으므로 지금의 경기만이나 충청 서해안 지역에서 서해를 서북 방
향으로 횡단하는 항로가 활용되고 있었던 것이다.

고려가 건국되고 수도가 개경으로 정해지자, 그 해상 관문인 禮成港은
중국으로 통하는 해상 거점이 되었다. 실제로 932년 9월에 후백제의 견훤
이 一吉粲 相貴를 보내 수군으로써 禮成江에 침입하게 하고, 塩州·白州·貞
州 등 세 고을의 배 1백 척을 불태운 뒤, 猪山島 牧馬 300필을 빼앗아 돌아
간 것은 고려 해군을 공격했던 것일 뿐 아니라 고려의 해상무역을 무력화
하려는 의도에서 이루어진 일이었다.5)

이와 더불어 산동반도로 가는 중국항로도 바뀌게 되었다. 그 이전에는
경기만에서 산동반도로 직진하는 항로는 예성항에서 남하했다가 서북진하
는 것이어서 불편했고, 거란이 旅順半島 지역을 차지하자 서해를 북진하여
발해만을 거치는 항로도 이용할 수 없게 되었다. 이러한 현실을 반영하여
고려초에는 황해도 서해안에서 산동반도로 직진하는 항로가 부각되었다.
다음의 기록은 고려초의 해상 항로를 알려주는 것이다.

---

4) 金文經,「7~10세기 新羅와 江南의 文化交涉」『中國의 江南社會와 韓中交涉』(金裕哲
   외), 集文堂, 1997, 132쪽.
5) 『高麗史』 권2,「世家」, 太祖 15年 9月.

A1. 『海外行程記』라는 것은 南唐의 章僚가 高麗에 사신으로 가서 지
나가며 본 것을 기록한 것이다. … 내가 舊史를 보니 平遼에서 육
지로 가고자 하는 자는 대부분 바로 동쪽으로 가고자 하는 뜻이
있다. 고려는 바다로 평요 등처와 나란히 있었으며, 海州와 萊州
두 곳에서 모름지기 서남풍을 얻어 가는데 고려는 중국과 상대편
으로 산동의 동쪽에 있다. 고려의 속군으로 康州가 있으며, 明州
와 상대하고 있다. 강주의 이웃 고을인 武州가 있어 橘柚가 난다.
… 즉 고려는 명주와 비스듬히 상대하여 있어 대개 서로 동서로
삼지만 약간 서북쪽에 있다.6)

A2. 淳化 4年(993) 正月에 (王)治[고려 성종]가 사신 白思柔를 보내 方
物을 바치고 아울러 經과 御製를 하사한 것을 사례하였다. 2月에
祕書丞・直史館 陳靖과 祕書丞 劉式을 사신으로 삼아 王治에게 檢
校太師를 더하고 仍하여 軍吏와 耆老를 존문하는 조서를 내렸다.
진정 등이 東車에서 八角海口로 가서 白思柔가 탄 海船 및 高麗水
工을 얻은 뒤에 배에 태우고 芝岡島에서 順風으로 大海를 항해해
두 밤 지나 도착해 甕津口에서 육지에 올랐다. 160리를 가니 高麗
경내 海州였고, 또 100리 가서 閻州에 이르렀고, 또 40리 가서 白
州였고 또 40리에 그 나라[其國: 개경]에 이르렀다. 王治가 사신을
郊에서 맞이하였고, 藩臣의 禮를 다하였다. 진정 등이 70여 일을
머물다 돌아왔는데, (그들에게) 襲衣・金帶・金銀器 數百兩과 布 3
만여 단을 주었다.7)

---

6) 海外行程記者 南唐章僚記 其使高麗 所經所見也 中引保太初徐弼使爲證 卽當是 後周末年
也 僚之使也 會女眞獻馬於麗 其人僅百餘輩 在市商物 價不相中 輒引弓擬人 人莫敢向則
其强悍素麗不能誰何矣 麗主王建 嘗賁其馬萬疋 以平百濟 則諸家 委女眞犯遼初時 力弱無
器械者 誤也 予見舊史 自平遼 問陸趨高麗者 多直東行意 麗並海與平遼等處 乃自海萊二
州 須得西南風 乃行 則麗之與中國對者 已在山東之東矣 而麗之屬郡 有康州者 又在麗南
五千里 乃與明州相對 康之隣郡 曰武州 自産橘柚 又明言 其氣候 正似餘桃 則麗之與明 其
斜相對値 蓋相爲東西 而微並西北矣(『演繁路』 속집 권1).

7) (淳化) 四年正月 治遣使白思柔 貢方物幷謝經及御製 二月 遣祕書丞直史館陳靖・祕書丞劉
式爲使 加治檢校太師 仍降詔存問軍吏耆老 靖等自東車趣八角海口 得思柔所乘海船 及高
麗水工 卽登舟 自芝岡島 順風泛大海 再宿 抵甕津口登陸 行百六十里 抵高麗之境 曰海州

A1은 송대에 편찬된 『演繁路』의 내용이다. 그 가운데 南唐의 章僚가 기록한 『海外行程記』에는 고려초 남당의 장료가 고려에 사행했던 경험을 적었으며, 해상 항로로서 크게 중국의 산동반도에서 동쪽으로 가서 한반도의 지역에 도착하는 항로와 장강의 입구인 명주에서 동진하여 한반도 지역을 만나는 것을 들고 있다.

A2는 『宋史』 高麗傳의 기사이다. 993년(성종 12)에 고려에 파견되었던 송나라 사신 일행은 東牟에서 八角海 포구로 가 고려 사신이 탄 선박 및 고려의 뱃사공들을 만나 芝岡島를 출발하였다. 이어 고려의 옹진 포구에서 상륙하여 해주, 閻州―塩州―, 白州 등을 거쳐 고려의 도읍에 도착했다고 한다. 『송사』의 기록은 태조대와 시기적으로 큰 차이가 없어서 고려 초에도 이 항로를 택해 산동반도로 갔다고 생각된다. 다만, 송에서 예성항으로 직접 항해하지 않고, 옹진과 개경 구간을 육로로 이용했던 것은 옹진반도 백령도 지역을 지나는 해로가 험난했기 때문일 것이다.

이처럼 황해도 서북 해안 지역은 한반도의 배가 서진하고, 중국에서 오는 배가 처음 한반도를 만나는 곳에 위치하고 있었다. 그러므로 조선시대에 편찬된 『新增東國輿地勝覽』에는 황해도 豊川都護府의 邑治에서 서남쪽으로 25리 떨어진 廣石山에는 "옛날 중국의 사신이 바다를 건너 왕래하던 길이다"라는 말이 전해지고 있으며, 산 아래 唐館의 옛 터가 있다고 하였고, 邑治에서 북쪽으로 40리 떨어진 池村鄕은 옛날 중국 가는 사신이 배를 타던 곳이었다고 하였다.[8] 한편 『大東地志』에는 풍천에 宮室로 天使館이 있는데, 옛날 중국의 사신이 이곳에 머물렀다 하여 이름지었고, 皇華門은 물길로 중국에 조회갈 적에 뗏목이 경유하던 곳이므로 지명이 만들어졌으

又百里 至閻州 又四十里 至白州 又四十里 至其國 治迎使于郊 盡藩臣禮 延留靖等七十餘
日而還 遺以襲衣·金帶·金銀器數百兩·布三萬餘端(『宋史』 권487, 「高麗傳」).

8) 『新增東國輿地勝覽』 권43, 黃海道 豊川都護府.

며, 「唐書」에는 "登州에서 바다를 지나 곧 남쪽으로 海壖을 끼고 浿江 어귀에 있는 椒島를 지나면, 신라 서북의 경계가 된다"라고 하였다.[9]

그런 점에서 고려초 중국과의 해상 항로에서 海州가 갖는 의미는 특별하다. 중국 산동반도에서 東進하여 만나는 豊州—조선의 풍천도호부—와 송의 사신이 개경으로 향하기 위해 내렸던 포구인 옹진이 모두 고려시대에는 해주의 계수관 지역이었기 때문이다. 해주는 신라 景德王 때 瀑池郡이었고, 고려 태조가 고을이 남쪽으로 큰 바다에 임하였다 하여 해주로 고쳤다. 983년(成宗 2) 초에 12목을 설치하였을 때 그 하나였으며, 얼마 후 절도사를 두고 해주 右神策軍이라 하며, 楊州와 함께 경기의 左右輔로 삼았다. 1012년(현종 3)에는 절도사를 폐지하고 4도호부의 하나로 정하여 安西都護府라 불렀으며, 睿宗 때에는 대도호부로 승격하였다. 屬縣이 塩州·白州·安州였다.[10] 계수관으로서 풍주방어사, 옹진현령, 백령진장 등의 外官을 거느리고 있었으며,[11] 이 지역은 조선시대에도 경제적으로나 군사적으로 하나의 권역이었다.[12]

---

9) 『大東地志』 권17, 黄海道 豊川都護府.

10) 主屬關係의 측면에서 보면 塩州는 현종대에, 白州는 의종대에 해주의 속현이 되었기 때문에, 태조대에 塩州와 白州가 직접적으로 해주의 영향력 아래에 있었다고 보기 어렵다. 실제로 塩州와 白州는 貞州 등과 더불어 태조의 祖父 作帝建 때부터 후원세력이 되었던 곳이다(『고려사』 권1, 太祖 世系). 그러나 예성항 주변의 塩州와 白州보다는 海州가 개경에서 산동반도로 이어지는 해상 교역로의 중심이었다는 점은 분명하다.

11) 『高麗史』 권58, 「地理志」 3, 西海道 安西大都護府 海州.
『新增東國輿地勝覧』 권43, 黄海道 海州牧.

12) 조선시대 황해도 배천군의 금곡포창에는 해주·연안·풍천·신천·장연·文化·康翎·甕津·송화·長連·은률·배천의 田税가 모여 한양으로 수송되었으며, 주로 황해도 해안가 지역의 군현이 해당되었다(『新增東國輿地勝覧』 권43, 黄海道 白川郡 倉庫條). 한편 고려초의 패서지역이며 이후 황주목의 계수관 지역에 해당되는(『高麗史』 권58, 「地理志」 3, 黄州牧, 同 平州 同 谷州), 조선시대의 황주·서흥·평산·봉산·곡산·수안·안악·재령·신계·牛峯·兔山 등의 전세는 江陰縣 助邑浦倉에서 모아 한양

해주는 넓은 바다를 끼고 있을 뿐 아니라 풍주와 옹진은 이미 설명한 바와 같이 중국과 한반도를 해상으로 연결하는 지역이었으며, 백령진도 황해도 서쪽 해안 길목에 있는 해상의 요충지이다. 후백제와 신라가 산동반도로 가서 중원 왕조와 외교를 하거나 거란으로 가기 위해서 반드시 지나야 하는 곳이기 때문이다. 게다가 해주는 옹진에서 개경으로 이어지는 사행로의 가장 긴 부분을 차지하고 있었다. 태조가 남쪽에 바다가 있다고 하여 해주라고 고을의 명칭을 삼았다고 하는데, 그 바다는 자연의 바다와 더불어 海上 交通路로서의 상징을 담고 있는 것이다. 그밖에 거란으로 가는 것은 황해도와 평안도 해안을 따라 요동 지역에 가는 항로가 이용되었으며, 이 항로의 안전을 도모하기 위해 태조초부터 이 지역의 여진을 몰아내고 성을 쌓으며 영토를 확보해나갔다.13)

한편 『宋史』 高麗傳의 내용에서 흥미로운 것은 송나라 사절이 고려 뱃사람들의 도움을 받아 고려에 왔다는 점이다. 송나라 사람들이 직접 운항하는 것보다는 편하고 안전하다고 판단한 것이다. 그것은 송나라 사람들이 이 항로에는 고려인들이 더 자주 다녀서 훨씬 익숙했기 때문일 것이다.

이 시기 고려의 海商들은 이 항로에 익숙하였고 항해술도 충분히 갖추고 있어서 고려의 배가 직접 운항하여 갈 수 있었다. 태조대 고려의 배가

으로 수송하였다(『新增東國輿地勝覽』 권43, 黃海道 江陰縣 倉庫條). 고려시대 해주와 황주 계수관 지역이 조선시대에 조세 수취구역과 상당히 일치하는데, 그것은 과거 호족 영향력과 더불어 경제생활권역의 구분과 연관된 것이다. 해주 계수관 지역을 『대동지지』에서는 '황해도 10읍'이라 하여 한 권으로 묶었다.

13) 고려 건국 이후 黃龍城(용강, 919), 牙善城(함종, 920), 剛德鎭(성천, 925), 안북부(안주, 928), 通德鎭(숙천, 928), 安定鎭(순안, 929), 永淸縣(영유)·興德鎭(殷山)·安水鎭(价川, 929)의 순으로 영역을 넓혀갔는데, 대체로 평안도 지역 해안가 고을이 많았다(姜大良, 「高麗初期의 對契丹關係」 『史海』 1, 1948, 28·29쪽). 이것은 평안도 해안에서 여순반도를 경유하여 산동반도에 가거나 거란으로 가는 또 다른 해상항로의 안전 확보와 깊은 관련이 있다고 여겨진다.

산동반도의 靑州에 도착했다는 기록이 여러 차례 나오는 것은 그러한 사정을 알려준다. 이 항로에서 고려 해상의 기록만 남아있는 것과 송의 사신이 고려 사신이 탄 배의 도움을 받아 왔다는 것을 볼 때 고려초 이 항로의 주도권을 고려의 해상이 잡고 있었다고 해도 과언이 아니다. 고려는 이러한 점을 적극 활용하여 무역상대국이었던 후당·후진에 중국 사람들도 놀랄만한 화려한 進奉品을 보내서 책봉을 받아냈다. 그것은 호족에 대해 태조의 정치적 권위를 높여주었으며, 동시에 해당 지역에 다니는 무역상의 안전을 보장받는 것이었다.

반면에 후백제가 중원왕조나 거란과 교류하는 것은 지리적 여건상 불리할 수 밖에 없었다.14) 후백제가 고려를 피해서 중국의 상선을 이용하여 중국 장강 부근에 다다르고 다시 북쪽으로 올라가 후당에 갈 수 있지만, 다시 거란까지 가는 것은 사실상 불가능했다. 해상항로의 여건 때문에 외교의 대상이 제한되었던 것이다. 후백제에 왔던 거란 사신이 되돌아갈 때 후백제의 장수가 동반해서 갔던 것은 서해상에서 고려국의 습격을 당할 위험이 있었기 때문이며,15) 그것을 두려워하여 연안 지역에서 멀리 떨어져 운항했다가 표류를 당했을 것이다. 북쪽으로 향하는 후백제의 대외항로가 사실상 봉쇄되었던 셈이다.

2) '南線航路'와 運州 지역

한반도 서남부 지역은 고려와 후백제를 장강 이남 지역과 연결해주는

---

14) 후백제는 후당 등에도 사신을 보냈지만, 남중국에 대한 통공과 무역선의 왕래가 산동반도로 향하는 것보다 훨씬 많았고, 교류의 중심은 오월이었다. 그래서 후백제 35년간 후백제에서 오월로 4회, 오월에서 후백제로 3회 각각 사신이 왕래하였다고 한다(日野開三郎, 앞의 책, 42~46쪽).

15) 『三國史記』 권50, 甄萱傳.

곳이어서 양국은 해상항로를 확보하기 위해 치열한 경쟁을 벌였다. 고려초
중국 장강 이남의 吳, 南唐, 吳越, 閩 등의 소위 '십국'의 여러 나라와 한반
도 남부를 연결하는 항로는 송나라 사신과 함께 고려에 왔던 徐兢의 견문
기인『高麗圖經』이 참고된다. 1123년에 서긍 일행이 명주 정해현을 출발하
여 바다로 나선 것이 음력 5월 24일이고 예성항에 다다른 것은 6월 14일로
약 21일이 소요되었고, 귀로는 7월 16일에 배를 타서 7월 26일에 도착하여
바다길만 42일이 걸렸는데, 도중에 약 12일 정도를 풍랑으로 항해하지 못
하였다. 고려로 향하는 주요 여정은 虎頭山, 沈家門, 梅岑, 蓬萊山, 白水洋,
黃水洋, 黑水洋, 夾界山, 排島, 黑山島, 竹島, 群山島, 富用倉山, 馬島, 大靑
嶼, 紫燕島, 예성항이었다. 송나라로 향하는 주요 여정은 흑산도까지는 같았
으나 이후 秀州山, 東西胥山, 浪港山, 蘇州洋, 栗港, 招寶山, 定海縣이었다.16)

이 항로를 자주 다닌 것은 장강 이남 '十國'의 상선이었을 것이다. 예를
들어 919년 9월과 923년 6월에 각각 吳越의 酋彦規와 朴嚴이 왔다고 했는
데17) 이들을 태운 오월의 상선이 멀리 등주까지 거슬러 올라서 서진하여
예성항에 이르는 항로를 택하지는 않았을 것이다. 대신 오월에서 서진하여
흑산도를 지나 한반도 서남쪽 해안에 도착하고 이후 북진하여 예성항에 이
르렀을 것이다. 이 때 오월의 배는 후백제 해안을 거쳐야했는데, 후백제와
외교 관계가 있었기 때문에 안전하게 항해할 수 있었다. 고려초 후삼국 시
기에 중국과 한반도의 여러 나라가 이중적인 외교를 하였던 것은 해당 국
가의 해로를 안전하게 이용하고 무역상의 편의를 얻기 위한 목적과 밀접하
게 연계되었다고 생각된다. 당시 여건으로 고려에 왔던 오월의 상선은 후

---

16) 1123년에 고려에 왔던 송나라 사신의 여정에 대해서는 다음의 저서가 참고된다.
    조동원 외 공역,『고려도경』, 황소자리, 2005, 401·402쪽에 잘 정리되어 있다.
17)『高麗史』권1,「世家」太祖 2년 9월 癸未.
   『高麗史』권1,「世家」太祖 6년 6월 癸巳.

백제에서도 무역을 했을 것이다.

그런 점에서 고려와 후백제의 중간에 해당되는 충청지역의 제해권은 양 국에 모두에게 절실하게 요구되었다. 후백제가 이곳을 장악하면 고려가 나 주와 연결되는 것을 막아 나주 지역을 고립시키고 서북으로 산동반도를 갈 수 있었으나, 반대의 경우 후백제가 중원지역이나 거란과 교통하는데 큰 어려움을 겪게 되어 있었다. 그러므로 고려는 개국 공신인 沔州 卜智謙과 혜종의 정치적 후원자였던 槥城郡의 朴述熙 등과 같이 서해 해상무역으로 성장한 호족들의 도움을 받아 해상 항로의 확보에 유리한 위치를 차지하였 지만,[18] 고려와 후백제의 중간 지역이어서 전략적으로 중요한 곳이었을 뿐 아니라 서해의 많은 섬에 영향력을 끼치던 運州—후대의 홍주—를 둘러싼 고려와 후백제의 치열한 다툼은 후삼국 시기 동안 계속되었다.[19]

> B1. (太祖 元年 8月) 癸亥 熊州·運州 등 10여 주가 반하여 百濟에 귀부
>   하였다. 前 侍中 金行濤를 東南道招討使知牙州諸軍事로 삼았다.[20]
> B2. (太祖 10年 3月) 辛酉 王이 運州에 들어갔고, 그 城主 兢俊을 城아
>   래에서 패퇴시켰다.[21]
> B3. (太祖 17年) 태조가 친히 運州를 정벌하려 할 때에 庾黔弼을 右將

---

18) 金甲童, 「高麗初期의 官階制와 功臣制」 『羅末麗初의 豪族과 社會變動 研究』, 高大 民族文化研究所, 1990, 199~220쪽.
19) 고려시대 洪州의 연혁과 태조대 運州 지역의 전투에 대해서는 다음의 논문이 참고 된다.
김갑동, 「고려초기 홍성지역의 동향과 지역세력」 『史學研究』 74, 2004; 『고려의 후 삼국 통일과 후백제』, 서경문화사, 2010.
윤용혁, 「羅末麗初 洪州의 등장과 運州城主 兢俊」 『한국중세사연구』 22, 2007; 『충 청역사문화연구』, 서경문화사, 2009.
20) 癸亥 以熊運等十餘州縣 叛附百濟 命前侍中金行濤 爲東南道招討使知牙州諸軍事(『高 麗史』 권1, 「世家」 太祖 元年 8月).
21) 辛酉 王入運州 敗其城主兢俊 於城下(『高麗史』 권1, 「世家」 太祖 10년 3월).

軍으로 삼았다. 甄萱이 그 소식을 듣고 甲士 골라 와서 이르기를 "양쪽 군사가 서로 싸우면, 형세가 모두 온전하지 못할 것이니 無知한 병졸들이 많이 殺傷될까 우려되니, 마땅히 和親을 맺고 각기 (지금의) 封境을 보전하자"라고 하였다. 太祖가 여러 장수를 모아 의논하니 유금필이 말하기를 "今日의 형세는 싸우지 않을 수 없습니다. 원컨대 왕[上]께서는 신이 적을 깨뜨리는 것을 보시고 근심하지 마십시오"라고 하였다. 드디어 勁騎 수천으로 돌격하였고, 3천여 급을 참획하였으며, 術士 宗訓·醫師 訓謙·勇將 尙達·崔弼 등을 사로 잡았다. 熊津 이북 30여성이 소문을 듣고 스스로 항복하였다.

B1에서는 918년 8월에 고려가 건국한 직후 熊州·運州 등이 후백제에 귀부하자 前侍中 金行濤를 東南道招討使知牙州諸軍事로 삼을 것을 명하였다고 한다. B2는 927년 3월에 태조가 運州에 가서 그 城主 兢俊을 패배시켰다는 것이다.[22]

B3은 934년에 太祖가 친히 運州를 정벌하였는데,[23] 우장군 庾黔弼이 활약하여 30여명을 죽이고 術士 宗訓 등을 사로잡으니 熊津 이북의 여러 성이 그 소문을 듣고 스스로 항복하였다는 것이다.[24]

---

22) 홍주의 호족인 긍준의 귀부 시기에 대해서는 927년설(김갑동, 앞의 논문, 200쪽) 과, 934년설(윤용혁, 앞의 논문, 161쪽)이 있다.

23) 운주는 927년에 고려에 귀속되었다가 932년에 후백제로 넘어갔다는 견해(김갑동, 앞의 논문, 207~213쪽)와 927년에 태조가 성을 함락하였지만, 고려의 영역이 되지 못하다가 934년에 고려의 지배를 받게 되었다는 견해가 있다(윤용혁, 앞의 논문, 152).

24) 『三國史記』에도 유사한 내용이 실렸는데, 934년 정월이었다고 하였다(『三國史記』 권50, 甄萱傳). 『高麗史』「世家」와 『三國史記』「新羅本紀」에 웅진 이북 30여성이 항복한 것은 934년 9월로 되어 있다. 이것을 종합하면, 934년 정월에 태조가 운주에 주둔하였고, 후백제의 군사가 공격하여 전투가 벌어진 것은 9월이었다고 판단된다.

이 전투의 결과로 고려는 후백제 공략의 요충을 차지하였을 뿐 아니라[25] 웅진 이북 30여성의 자발적인 항복을 받을 수 있었는데,[26] 그 항복한 성에 대해 『三國史記』 新羅本紀에는 '運州界' 30여 군현이었다고 하므로[27] 그곳은 후대 洪州 및 公州 관내의 여러 군현과 관련된다.[28]

이후 운주는 995년(성종 14)에 運州都團練使를 두었고, 1012년에 知運州事로 고쳤다가 뒤에 지홍주사로 고쳤다고 한다. 후삼국과 고려를 거치는 동안 홍주의 변화된 위상을 반영하는 것은 신라 때 이 지역의 領郡이었던 혜성군, 대흥군, 결성군과 그 영현 가운데 상당수가 고려 때 홍주의 속군현이 되었다는 점이다. 고려시대 홍주의 속군현은 槥城郡, 大興郡, 結城郡, 高丘縣, 保寧縣, 興陽縣, 靑陽縣, 新平縣, 德豊縣, 伊山縣, 唐津縣, 餘美縣, 驪陽縣, 貞海縣 등이 포함되었고[29] 『高麗史』 지리지에는 부성현의 속현으로 기록된 서해 항로의 요충지인 蘇泰縣도 신라 경덕왕 때 富城郡의 領縣이었으나 1018년 運州에 속하였다.[30]

그런데, 이들 지역은 서해 항로와 관련하여 중요한 곳들을 포함하고 있

---

25) 934년에 고려가 운주를 공격한 이유는 천안과 예산 등 중부 지역을 확고히 한 후 운주를 점령하여 후백제의 운주 부근 육상로는 물론 해상로까지도 봉쇄하려는 의지였다고 하며(김갑동, 앞의 논문, 214쪽) 승리의 원인으로서 삽교천 내륙 수로를 겨냥한 태조 왕건의 장기적 공략이 드디어 그 효과를 발휘하였다는 평가가 있다(윤용혁, 앞의 논문, 158쪽).

26) 이 전투의 패배로 인해 견훤과 그의 후계자로 지명된 금강은 정치적으로 큰 타격을 입어 결국 신검에 의해 쫓겨나게 되었다고 한다(김갑동, 앞의 논문, 215쪽).

27) 『三國史記』 권12, 「新羅本記」, 경순왕 8년 추9월.

28) 김갑동, 앞의 논문, 215쪽.

29) 『高麗史』 권56, 「地理志」 1, 楊廣道 淸州牧 洪州.
이들 지역은 1018년에 홍주의 속현이 되었는데, 후삼국의 쟁패시기에 운주의 호족 세력이나 운주 전투를 고려하건대 운주의 정치적 영향을 받았을 것이다. 그것은 운주가 이들 지역을 포괄하는 해상 교통의 거점이었기 때문이다.

30) 『高麗史』 권56, 「地理志」 1, 楊廣道 淸州牧 富城縣 蘇泰縣.

었다. 예를 들어『新增東國輿地勝覽』에 기록된 충청도 서해 항로와 관련된 섬, 곳, 나루 등의 대부분은 洪州[31] 泰安縣[32] 保寧縣 등에 소속되었다.[33] 현재 충청 서해안 북서부의 부성현 지역을 제외한 모든 바다와 섬은 홍주 또는 그 속읍의 영역이었다고 해도 과언이 아닌 셈이다.

이처럼 운주는 고려초 후백제와의 경계지역으로 군사적 요충지였을 뿐 아니라 개경에서 나주로 이어지는 해로에 연접하였으며, 후백제는 이곳을 거쳐야 거란이나 오대의 왕조를 갈 수 있어서 양국은 치열한 쟁탈전을 벌였고, 태조가 軍士를 거느리고 親征을 하였던 것이다.

요컨대, 고려의 건국 이후 개경에 수도가 정해진 뒤 한반도와 산동반도를 연결하는 항로는 신라시기와 달리 출발점이 경기만 지역에서 옹진이나 풍주 등 황해도 서해안 지역으로 변화하면서, 중국과 연결되는 포구가 있으며 개경과 연결되는 육로를 관할하는 해주 지역이 핵심 교통로가 되었다. 그리고 충청 서해안의 운주는 고려와 중국 장강 지역을 왕래하던 상선이 다니던 곳이며, 개경과 나주를 통하게 해주는 해안 지역에 있어서 고려와 후백제가 이곳을 장악하기 위해 노력하였다. 결국 그곳을 고려가 차지하면서 후백제를 정벌하여 통일을 이루는 계기가 되었다.[34]

---

31) 元山島·冬乙非島·苻盆島·沙邑時島·興兒픕島·古台島·興陽串·大山串·大津(『新增東國輿地勝覽』권19, 忠淸道 洪州牧 山川條).

32) 安興梁·知靈山串·大小山串·梨山串·薪串·方伊羅島·兄島·葛島·竹島·末應介島·加外島·兎島·上山島·屈屈鳥島·下草島·瓷浮島·積峀島·居兒島·閒音山島·羅治島·郡北波島·下山島·堀浦·釜浦(『新增東國輿地勝覽』권19, 忠淸道 泰安郡 山川條).

33) 蟹所浦·竹島·松島·高轡島·茅島(『新增東國輿地勝覽』권20, 忠淸道 保寧縣 山川條).

34) 936년 고려에 의해 후삼국이 통일되면서 대중국 무역의 여건에 변화가 일어났다. 그 이전에 고려는 후백제의 견제로 인해 서남해를 거쳐 장강 지역의 국가와 교류하는데 어려움을 겪었으나 통일 후에 그러한 장애가 없어져 자유로운 통행이 가능해졌다. 그러나 고려 해상들은 여전히 산동반도 지역으로 가는 항로를 선호하였고, 이 항로는 중국 해상들이 자주 이용했던 것 같다. 후삼국 통일로 해상 무역에 미치는 정치적 여건은 바뀌었지만 고려 해상들은 북선항로, 중국 해상들은 남선항

3. 高麗의 對中國 外交와 貿易

918년에 궁예를 몰아내고 고려를 건국하고 왕위에 오른 왕건은 국내외
적으로 자신의 권위를 높이기 위해 외교에 힘을 기울였다.[35] 대내적으로
자신의 정통성을 인정받고 대외적으로 후백제나 신라에 우월한 입장에 서
기 위해서는 중국 왕조로부터의 책봉이 절실하였기 때문에 919년에 左良
尉 金立奇를 吳越에 보내 조공하였다.[36] 당을 계승한 중원왕조인 후량보다
는 吳越을 택한 것은 이미 외교 관계를 맺고 있던 후백제를 견제하기 위한
정치적인 목적도 있었다.[37] 그와 더불어 중원왕조에도 사신을 보냈지만,
10년 이상 책봉을 받지 못하다가 933년에 비로소 후당의 책봉을 받았다.
이에 대해 중국의 사서에는 다음과 같이 기록되어 있다.

> C1. 高麗는 (위·촉·오) 三國 시대 이래 史書에 보이는 것이다. 句驪는
> 그 國號이고, 高는 그 姓이다. 수대에 句를 없애서 唐 이래 단지
> 高麗라고 칭하였다. 『五代史記』에 後唐 同光 元年(923) (고려사신)
> 韓申一이 왔다. 그 왕이 여전히 고씨였으니, 三國에서 五代에 이르
> 기까지 다만 한 姓만이 전해졌다. 長興 중(930~933)에 비로소 知
> 國事 王建이라고 칭하니 王氏가 高氏를 대신하였으며, 同光·長興

로의 무역을 각각 주도하는 양상은 그대로 유지되었던 것이다.

35) 고려초 중국 여러 나라와의 외교에 대해서는 다음의 논문이 참고된다.
  · 李基白,「高麗初期에 있어서의 五代와의 관계」,『韓國文化院論叢』 1, 梨花女大,
    1959;『高麗光宗研究』, 一潮閣, 1981.
  · 全海宗,「高麗와 宋과의 關係」,『東洋學』 7, 1977.
  · 金在滿,「五代와 後三國·高麗初期의 關係史」,『大東文化研究』 17, 1983.
  · 沈載錫,「五代의 高麗國王 冊封研究」,『清溪史學』 15, 2001;『高麗國王 冊封 研究』,
    혜안, 2002.
36) 『資治通鑑』 권270,「後梁紀」 均王 貞明 5년.
37) 金在滿, 앞의 논문, 173·174쪽.

연간(923-933)이었는데, 사서에 그 전하는 바를 잃어버렸다.[38]

C2. 高氏가 이미 끊어졌으나 오래 지나 조금 회복되어 唐나라 말에 드디어 그 나라 왕이 되었고, 後唐 同光 元年에 사신을 보내 입조하였다. 國王 姓氏는 史書에 없어 싣지 않았는데, 長興 2년(931)에 王建이 權知國事로 사신을 보내 入貢하였고, 마침내 爵을 받아 나라를 차지하게 되었다. 운운.[39]

C1은『石林燕語』의 내용으로 고구려는 중국의 三國時代에서 五代에 이르기까지 고씨로 전해지다가 장흥 연간(930~933)에 지국사 왕건이 비로소 고씨를 대신하였다고 하였다. C2는『高麗圖經』에서 고려의 건국을 기록한 부분이다. 당말에 이르러 고려가 다시 국왕을 세우고 923년에 사신을 보내 입조하였으나 국왕의 성씨는 전해지지 않는데, 932년에[40] 왕건이 권지국사가 되어 사신을 보내 조공하였고, 드디어 작을 받아 책봉된 나라를 갖게 되었다고 하였다. C1과 C2를 종합하면 삼국시대부터 중국에 조공하던 고(구)려의 국왕은 고씨였다가 오대에 이르러 왕씨로 성이 바뀌었으며, 장흥 연간에 왕건이 권지국사로서 사신을 보내 조공하자 후당이 책봉하였다고 정리할 수 있다.

하지만 고려시대 인물들은 후당이 아닌 그 다음 왕조인 후진의 책봉을 더 획기적인 것으로 인식했다는 사실이 주목된다.

D1. (太祖) 22년 (後)晉 황제가 國子博士 謝攀 등을 보내 王을 책봉하

---

38) 高麗自三國以來 見於史者 句驪其國號 高其姓也 隋去句 故自唐以來只稱高麗 五代史記 後唐同光元年 韓申一來 其王尙姓高 則自三國至五代 止傳一姓 長興中 始稱知國事王建 王氏代高 當在同光·長興之間 而史失其傳(『石林燕語』 권4).

39) 高氏旣絶 久而稍復 至唐末 遂王其國 後唐同光元年 遺使來朝 國王姓氏 史失不載 長興二年 王建權知國事 遺使入貢 遂受爵以有國云(『高麗圖經』 권1,「建國」 始封).

40)『高麗史』「世家」를 참고하건대, 長興 2년은 3년이 옳다.

여 開府儀同三司·檢校太師·玄菟州大都督·高麗國王으로 삼았다.[41]

D2. 臣 李穡이 그윽이 생각하옵건대 우리 太祖 神聖大王 22년에 命을 받으셨고, 그후 嗣王이 中國에서 명을 받지 않는 적이 없으니 소국을 사랑하는 은혜와 대국을 섬기는 예는 다른 蕃邦이 감히 따르려해도 못할 것입니다.[42]

D1은 『益齋亂藁』의 일부로서 몽골에 첫 번째 조공을 했던 忠憲王—고종— 世家이다. 이제현은 고려 태조를 서술하면서 후당의 고려에 대한 책봉은 언급하지 않은 채 939년에 후진의 황제가 태조를 高麗國王으로 책봉하였다고 하였다.

D2는 고려말 이색이 지은 「受命之頌 幷序」의 한 부분으로, 공민왕을 이어 우왕이 즉위한 뒤 여러 차례 명에 사신을 보내 전왕인 공민왕의 시호를 요청했으나 명이 거절하다가 1385년(우왕 11)에 비로소 공민왕의 시호를 내려주고 우왕을 책봉해주자, 그것에 감사하며 지은 글이다. 939년에 태조가 중국의 책명을 받은 이래 역대 왕 가운데 중국의 책명을 받지 않은 자가 없었다고 하였다.

D1과 D2의 이제현과 이색은 939년에 후진의 책봉을 받은 것을 처음이라고 하였다. 그것은 중국인들이 933년에 후당의 책봉을 받은 것을 처음이라고 했던 것과 대조되는 것이다. 조선 문종대 간행된 『高麗史』에 후당 책봉 기사가 분명하게 기록되어 있는데, 典故에 밝아 태조 등 역대 왕들의 찬을 지었고, 당대사를 편찬하기도 한 이제현이 939년을 중국의 첫번째 고려 책봉인 것처럼 설명한 것은 어떤 이유가 있었을 것이다.

41) 二十二年 晉帝遣國子博士謝攀等 冊王爲開府儀同三司·檢校太師·玄菟州大都督·高麗國王(『益齋亂藁』 권9, 「有元贈敦信明義保節貞亮濟美翊順功臣·太師·開府儀同三司·尙書右丞相·上柱國忠憲王世家」).
42) 臣穡竊惟我太祖神聖大王二十二年 受命 其後嗣王 無不受命中國 字小之恩 事大之禮 非他藩邦所敢跂及也(『東文選』 권50, 「受命之頌」 幷序).

그런데, 후당과 후진의 책봉을 동시에 기록하고, 고려가 거란이 아닌 중원왕조를 사대하게 된 이유를 알려주는 기사가 있다.

> E1. 唐나라 말기에 中原이 어지러워지자[多事] 드디어 스스로 君長을 세웠다. 後唐 同光 天成 中(923~929)에 그 군주 高氏가 여러번 職貢을 받들었다. 長興 中에 權知國事 王建이 高氏의 지위를 계승하여 사신을 보내 朝貢하였다. 王建을 玄菟州都督充大義軍使로 삼고 高麗國王에 봉하였다. 後晉 天福 중(936~943)에 다시 朝貢하여 왔다. 開運 2年(945)에 왕건이 죽자 아들 王武가 왕위를 이었다. 後漢 乾祐(948~950) 말에 왕무가 죽자 아들 王昭가 權知國事가 되었다.43)
> E2. 생각하건대 王氏가 일어나매[肇興] 泰封에서 崛起하였다. 신라를 항복시키고 후백제를 멸망시켜 삼한을 합하여 一家로 삼았다. 遼를 버리고 唐을 섬겼으며 中國을 높이고 東土를 보존하였다.44)

E1은 『宋史』 권487, 「高麗傳」의 기사이다. 長興 연간(930~933)에 權知國事 王建이 高氏의 지위를 승계하고 使臣을 보내 朝貢하니 왕건을 高麗國王에 봉하였으며 後晉 天福 중에 다시 와서 朝貢하였다는 내용이다. E2는 조선초 南秀文이 지은 「進高麗史傳」의 내용이다. 왕씨가 맨 처음 일어난 것을 생각하면 泰封으로부터 시작되어 신라의 항복을 받고, 백제를 멸하여 삼한을 합쳐 한 나라로 만들었고, '遼'를 버리고 唐을 섬겨 중국을 존숭하여 東土를 보전하였다고 하였다.

E1에서 『宋史』는 후당과 후진의 책봉 사실과 더불어 '漢末'이라는 표현

---

43) 唐末 中原多事 遂自立君長 後唐同光天成中 其主高氏累奉職貢 長興中 權知國事王建承高氏之位 遣使朝貢 以建爲玄菟州都督充大義軍使 封高麗國王 晉天福中 復來朝貢 開運二年 建死 子武襲位 漢乾祐末 武死 子昭權知國事(『宋史』 권487, 「高麗傳」).

44) 惟王氏之肇興 自泰封以崛起 降羅滅濟 合三韓而爲一家 舍遼事唐 尊中國而保東土(『東文選』 권44, 表箋 「進高麗史箋」).

을 통해 고려가 後漢과도 외교가 있었음을 기록하였으나, 후당 이전 후량
과의 외교는 적고 있지 않다. 또한 E2에서는 고려가 거란을 버리고 후당을
섬겼다고 했는데, 정작 후당의 시기에 고려는 거란과의 외교를 단절하지
않았다. 그리고 고려가 '요'를 버리고 후당을 사대한 이유를 중국을 높이고
동토를 보전하기 위한 것이었다고 하였다.

　　C~E의 사료들은 태조대보다 훨씬 후대에 외교관계를 기록한 것들인지
사료간의 차이도 있고, 당대의 실상과는 다소 거리가 먼 내용들도 있는 것
같지만, 고려 태조대 외교적 변화를 이해하는 중요한 단서가 들어있다고
생각된다. 그럼 고려와 오대 국가 간에 실제로 이루어졌던 외교 관련 사료
를 비교 검토하여 후당과 후진의 책봉이 구별되는 점이 무엇이며, 양자 사
이에 어떤 외교적 성격의 차이가 있었는지를 확인해보겠다. 다음은 고려
건국 직후 오대와의 외교에 관련된 주요기사이다.

　　F1. (太祖 6年) 夏6月 癸未日에 福府卿 尹質이 後梁에 사신을 갔다가 돌아
　　　　와서 五百羅漢畫像을 바쳤다. 명하여 海州 嵩山寺에 두게 하였다.[45]
　　F2. (太祖 9年) 이해에 張彬을 後唐에 보냈다.[46]
　　F3. (太祖) 16年 春三月 辛巳日에 후당이 王瓊·楊昭業 등을 보내와 王
　　　　을 책봉하였다 … 또 조를 내려 이르기를 "… 지금 경에게 特進·
　　　　檢校太保·使持節玄菟州都督·上柱國·充大義軍使를 제수하고, 잉하
　　　　여 高麗國王으로 봉한다. 지금 太僕卿王瓊·副使大府少卿楊昭業 등
　　　　을 보내 그곳에 가서 예를 갖추어 책명하도록 하고 겸하여 國信으
　　　　로 銀器·匹段 등을 하사하니 갖추어 별도로 적은 바와 같으며 이
　　　　르거든 받거라"고 하였다. 또 조하여 이르기를 "… 妻 柳氏를 이
　　　　제 河東郡夫人으로 봉한다"고 하였다. … 또 曆日을 하사하였다.

---

45) 福府卿尹質 使梁還 獻五百羅漢畫像 命置于海州嵩山寺(『高麗史』 권1, 「世家」, 太祖 6年
　　夏六月 癸未).
46) 是歲 遣張彬 如唐(『高麗史節要』 권1, 太祖 9年).

이로부터 天授 연호를 없애고 後唐 연호를 행하였다.[47]

F1은 후량에 사신으로 갔던 福府卿 尹質이 돌아오면서 五百羅漢畵像을 바쳤고, 그것을 海州 嵩山寺에 두게 하였다고 한다. F2는 926년에 張彬을 후당에 보냈다는 것이다. 고려는 건국 이후 후량에 사신을 보낸데 이어 후당이 건국하자 다시 사신을 보냈는데, 중국의 사서에서도 이미 923년에 고려 사신이 왔다는 기록이 있다.[48]

F3은 933년 3월에 후당 황제가 사신을 보내 태조를 特進·檢校太保·使持節玄菟州都督·上柱國·充大義軍使를 제수하고, 高麗國王에 봉하였으며, 겸하여 國信으로 銀器·匹段 等을 하사하였고 태조의 妃 柳氏를 河東郡夫人에 봉하였다. 또한 曆日을 하사하자 이로부터 고려는 天授 年號를 대신하여 後唐 年號를 시행하였다고 한다.

F1에서는 고려가 오대의 첫 왕조인 후량에 사신을 보냈으며, F2에서는 후량을 이은 후당에 사신을 보냈다고 한다. 그런데, 925년에 후백제의 사신이 후당에 가서 번병임을 칭하자, 견훤에게 檢校大尉·兼侍中判百濟軍事를 제수하고 이전과 같이 持節都督全武公等州軍事·行全州刺史·海東西面都統指揮兵馬制置等事·百濟王·食邑二千五百戶로 책봉한 바가 있었다.[49] 후삼국의 패권을 두고 경쟁하던 고려와 후백제 가운데 후백제가 중국 정통 황제의 책봉을 먼저 받았던 것이다. 그러므로 고려는 후당에 조공 사절을 계속 보내면서도 천수라는 독자의 연호를 계속 사용하였고, 933년 3월에 후

---

47) 唐遺王瓊楊昭業來冊王 … 又詔曰 … 今授卿特進檢校太保使持節玄菟州都督上柱國充大義軍使 仍封高麗國王 今差使太僕卿王瓊·副使大府少卿楊昭業等 往彼備禮冊命 兼賜國信銀器匹段等 具如別錄 至當領也 又詔曰 … 妻柳氏今封河東郡夫人 … 又賜曆日 自是除天授年號 行後唐年號(『高麗史』권2,「世家」太祖 16年 春3月 辛巳).

48) 日野開三郎, 앞의 책, 50~52쪽.

49) 『三國史記』권50, 甄萱傳.

당 황제의 책봉을 받자 비로소 후당의 연호로 바꾸었다.[50] 그런 점에서 F3
의 책봉은 고려의 대중국 외교에 있어 특별한 의미가 있었다. 고려가 923
년에 사신 韓申一 등을 후당에 보내 조공한 이래 여러 차례 입조하였으나
10년 동안 책봉받지 못하다가 이루어진 것이기 때문이다.

후당의 고려 책봉은 후백제가 주도하던 중국과 한반도의 외교 관계가
고려 중심으로 바뀌었음을 알려준다.[51] 930년 안동 병산 전투의 승리 이후
고려는 후백제를 군사적으로 압도하기 시작했는데, 대외적으로 후당의 책
봉까지 받아서 정치외교적 권위를 높일 수 있었다. 이러한 후당의 고려 책
봉은 외교적으로 중대한 사건이었으며, 책봉의 이면에는 고려가 한반도에
서 정치적으로 우세해졌다는 현실적인 사정 이외에도 후당을 감동시킨 특
별한 노력이 있었던 것 같다.

> G1. 權知高麗國王事 建 … 지금 太僕卿 王瓊을 사, 부사는 太府少卿兼
> 通事舍人楊昭業 등을 보내 부절을 가지고 예를 갖추어 너를 책봉
> 하여 高麗國王으로 삼는다. … 지금 경을 特進·檢校太尉使持節玄
> 菟州都督·上柱國·充大義軍使를 제수하고, 잉하여 高麗國王에 봉한
> 다. … 兼하여 國信銀器·匹段을 하사하니 갖추어 별도로 적은 바
> 와 같으며 이르거든 수령하라. 칙하건대 고려국왕이 아뢰어 進
> 奉·謝恩을 보니 紅地金銀五色線織成日月龍鳳襖緞 2枚, 紅地金銀五
> 色線織成龍牀褥 2面, 金星皮甲 2副, 闘錦銀皮甲 2副, 闘錦鍊鐵兜 4
> 副, 闘錦紅地金銀五色線織成花鳥闘錦捍袴 4副, 角弓 4張, 紅地金銀
> 五色線織成龍魚闘弓袋裁 4具, 行幹箭 200隻, 貼金 100隻, 貼銀木幹
> 箭 200隻, 紅地金銀五色線織成雲龍箭釵袋 4口, 金銀裝橢鞘細鏤雲天

---

50) 후당의 고려 책봉은 그 만큼 중요한 일이어서 삼국사기 경순왕대의 기록에도 남아
　　있다(『三國史記』 권12, 「新羅本記」 敬順王 7년).
51) · 羅鍾宇, 「5대 및 송과의 관계」 『한국사』 15, 국사편찬위원회, 1995, 276·277쪽.
　　· 朴承範, 「9-10世紀 東아시아 地域의 交易─新羅末·高麗初 韓半島를 中心으로─」 『中
　　　國史研究』 29, 2004, 132·133쪽.

玉劍 10口 내에 2口는 金銀裝闕錦鞘하였음, 金錦裝闕錦鞘細鏤雲天
長刀 10口, 金銀裏槍 10根, 金銀裝闕錦鞘匕首 10口, 金銀裝鞘匕首
10口, 細苧布 100匹, 白氈 200匹, 細中麻布 300匹 등의 일을 다 알
았다. … 勅하건대 高麗國王이 아뢴 바 進奉을 살펴보니 金銀裝
鞘刺 6根, 闕錦鞘金銀長劍 6口, 金銀裝闕錦鞘長刀 10口, 紅地金銀五
色線織成花鳥闕錦捍袴 2腰, 紅地金銀五色線織成花鳥闕錦倚背 2面,
紅地金銀五色線織成花鳥闕錦裙腰 6腰, 紅地金銀五色線織成闕錦鞘金
銀裝匕首 10口, 鍍金鷹鈴 20顆, 銀鶱驥鏇子五色條銀尾銅全 鍍金鶡
子鈴 20顆, 細白氈布 100匹, 細中麻布 100匹, 人蔘 50斤, 頭髮 10斤,
金銀地鐵文剪刀 10枚, 金銀細鏤剪刀 10枚, 金銀細鏤剪髭剪刀 10枚,
銀花細鏤剪刀 20枚, 金銀重口大樣刀子 30柄, 銀重口大樣刀子 40柄,
金銀重口中樣刀子 50柄, 金銀重口小刀子 50柄, 銀重口小刀子 100
柄, 金銀細鏤撤火鐮 20枚, 金銀細鏤鉗子 20枚, 香油 50斤, 松子 500
斤 등의 일을 다 알았다. … 52)

---

52) 權知高麗國王事建 … 今遣太僕卿王瓊 使副太府少卿兼通事舍人楊昭業等 持節備禮
冊命爾爲高麗國王 … 今授卿特進·檢校太尉使持節玄菟州都督·上柱國·充大義軍使
仍封高麗國王 … 兼賜國信銀器·匹段等 具如別錄 至當領也
勅高麗國王 省所奏進奉謝恩 紅地金銀五色線織成日月龍鳳襖緞 二枚 紅地金銀五色線織成
龍狀褥 二面 金星皮甲 二副 闕錦銀皮甲 二副 闕錦鍊鐵兜 四副 闕錦紅地金銀五色線織成
花鳥闕錦捍袴 四副 角弓 四張 紅地金銀五色線織成龍魚闕弓袋裁 四具 行箭箭 二百隻 貼
金 一百隻 貼銀木箪箭 二百隻 紅地金銀五色線織成雲龍箭釵袋 四口 金銀裝櫝鞘細鏤雲天
玉劍 十口 內 二口 金銀裝闕錦鞘 金錦裝闕錦鞘細鏤雲天長刀 十口 金銀裏槍 十根 金銀裝
闕錦鞘匕首 十口 金銀裝鞘匕首 十口 細苧布 百匹 白氈 二百匹 細中麻布 300匹事 具悉
卿世篤忠貞 家傳勳閥 爰屬承襲之始 遠輸供奉之儀 貝品成章 橦華讓貴 咸陳筐篚 皆是珍
奇 而又兵器駢羅 戎衣鮮麗 莫非精妙 可驗傾勤 嘉獎所深 再三無已
勅高麗國王 省所奏進奉 金銀裝鞘刺 六根 闕錦鞘金銀長劍 六口 金銀裝闕錦鞘長刀 十口
紅地金銀五色線織成花鳥闕錦捍袴 二腰 紅地金銀五色線織成花鳥闕錦倚背 二面 紅地金銀
五色線織成花鳥闕錦裙腰 六腰 紅地金銀五色線織成闕錦鞘金銀裝匕首 十口 鍍金鷹鈴 二
十顆 銀鶱驥鏇子五色條銀尾銅全 鍍金鶡子鈴 二十顆 細白氈布 百匹 細中麻布 百匹 人蔘
五十斤 頭髮 十斤 金銀地鐵文剪刀 十枚 金銀細鏤剪刀 十枚 金銀細鏤剪髭剪刀 十枚 銀花
細鏤剪刀 二十枚 金銀重口大樣刀子 三十柄 銀重口大樣刀子 四十柄 金銀重口中樣刀子
五十柄 金銀重口小刀子 五十柄 銀重口小刀子 百柄 金銀細鏤撤火鐮 二十枚 金銀細鏤鉗
子 二十枚 香油 五十斤 松子 五百斤 事具悉 卿地控東溟 心馳北闕 奉九邱而作貢 歷萬里

G1은『全唐文』의 고려국왕을 책봉하는 조서로 앞부분의 고려국왕에 대한 책봉은 태조 16년 세가의 내용과 거의 일치하며, 이 때 進奉謝恩品과 進奉品을 가져간 인물은 한 해 전에 방물을 바치러 후당에 갔던 大相 王仲儒였을 것이다.[53]

이 조서에서 가장 주목을 끄는 것은 그 안에 기록된 고려가 보낸 진봉품이다. 고려가 중국에 갈 때마다 진봉품을 가져갔지만,『고려사』에 그 목록이 자세히 실린 것은 혜종 원년 후진의 고려 국왕 책봉 기록과[54] 1080년 7월에 송에 사신으로 갔다가 배가 난파되어 진봉품을 거의 잃어버렸던 유홍이 돌아올 때 가져온 송 황제의 勅書[55] 등 단 2건에 불과하다. 그 내용은 칙서에 진봉품과 그 수량을 적고, 사은진봉품에 대해서는 '貝錦으로 文彩

而來往 戎器堅剛 織文靡麗 苧麻如雪 至藥通神 首飾甎具之奇 香澤果實之類 名器旣重 羅列甚多 省閱之始 稱尙良切(『全唐文』 권112 後唐明宗 冊命高麗國王詔).

이 기사는『東北古史資料彙編』제14편 735쪽에 수록된 것으로 그 동안 고려시대 대중국 외교자료로서 활용된 바가 없기 때문에 거의 전문을 제시하였다. 먼저 사료로 이용하기 위해서는 사료 비판이 필요한데,『高麗史』 권2,「世家」太祖 16年 3月의 기사와 비교하건대, 고려국왕에게 준 작위가『고려사』에는 검교태보이고『全唐文』에는 검교태위라는 점이 다르다. 그러나 고려에 왔던 책봉사 왕경과 양소업 등의 사신명이 일치하고, 조서의 내용을 보면 고려국왕을 책봉하고 고려가 이전에 보냈던 사은진봉품이나 진봉품을 일일이 적는 방식으로 되어 있는데, 그것은 945년에 後晉이 范匡政·張季凝을 보내 혜종을 책봉한 칙서 형식과 거의 같기 때문에 사료의 신빙성이 매우 높다(『高麗史』 권2,「世家」, 惠宗 2년). 고려초 오대와의 무역품이나 고려의 수공업 기술을 알려주는 귀중한 사료이다.

53) 是歲 遣大相王仲儒 如唐 獻方物(『高麗史』 권2,「世家」태조 15년).
   『舊五代史』에는 고려국의 王儒가 조공하러 왔다고 하였다(『舊五代史』 권43,「唐書」19, 明宗紀 9).

54) 이 때의 진봉물에 대해 고려조의 중원에 대한 진봉이 武器와 金銀器 등의 공예품에 중점이 옮겨졌던 것은 놀랄만한 진보였으며, 고려의 선진적 측면이 여실히 보인다는 평가가 있다(池田溫,「麗宋通交の一面─進奉·下賜品をめぐって─」『東アジアの文化交流史』, 吉川弘文館, 2002, 375~377쪽).

55)『高麗史』 권9,「世家」文宗 34年 秋七月 癸亥 '柳洪等還自宋 帝附勅八道'….

를 이루니 瓊華가 무색할 정도며 筐篚―공물을 담은 광주리―를 모두 열어보니 다 진기한 것이로다. 또 병기는 잘 정돈되어 있고 갑옷은 대단히 아름다워 정묘하지 않은 것이 없었다' 라거나 '병장기는 견고하고 직물의 문양은 靡麗하며 苧麻는 눈 같이 희고 영험한 약은 신통하였다. 머리장식과 노리개의 진기함과 향유에는 명품이 많았다'라는 표현을 하며 극찬하는 것이었다.[56] 고려가 치밀하게 준비하여 보낸 당대 최고의 진봉품이 후당의 책봉을 받는 중요한 계기가 되었음이 분명하다.[57]

936년 11월에 후당이 멸망하고 거란의 도움을 받은 후진이 건국되었으며,[58] 불과 6개월이 지나지 않아 고려는 후진에 사신을 보내고[59] 정식 외교를 시작하였다.

---

56) 주) 53 사료 참조.

57) 그와 더불어 927년에 契丹의 使節 姿姑·麻咄 등 35인이 후백제에 왔다가 돌아가게 되자 견훤은 將軍 崔堅에게 이들을 伴送하게 하였는데 麻咄 등이 북쪽으로 航海하다가 바람을 만나 後唐의 登州에 이르렀고, 모두 죽임을 당한 사건이 있었다(『三國史記』 권50, 甄萱傳). 후당이 표류한 사람을 모두 죽이는 매우 가혹한 조치를 한 것은 표류인들이 적대국인 거란의 사신이었기 때문일 것이다. 한편 표류한 경위를 조사하는 과정에서 후당의 책봉국인 후백제가 거란과 사신을 교환하며 외교를 맺었다는 것이 후당의 조정에 알려지고 양국의 관계가 악화된 것도(日野開三郞, 앞의 책, 111쪽), 후당이 고려국왕을 책봉하게 된 한 요인이 되었다고 생각된다.

58) 후진의 고조 석경당은 거란의 군사적 협조를 받아 건국하였기 때문에 거란과 군신의 예를 맺었고, 燕雲 16주를 할양하였다. 이러한 상황에서 고려가 신속하게 사대하자 후진의 황제는 감동하여 고려 국왕을 책봉하고, 막대한 하사품을 고려에 주었을 것이다. 이에 대해서는 다음의 논문에 상세히 언급되었다.
· 李龍範, 「10~12세기의 國際情勢」『한국사』 4, 국사편찬위원회, 1974.
· 朴漢男, 「10~12세기 동아시아 정세」『한국사』 15, 국사편찬위원회, 1995.

59) 고려가 후진의 건국 후 6개월여 만에 사신을 보냈던 것은 그 사이에 중국이나 고려의 해상이 후진의 건국 사실을 알렸기 때문일 것이다. 사서에 기록되지 않은 해상왕래를 증명하는 사례의 하나가 될 것이다.

H1. (太祖 20年 夏5月) 王規·邢順을 後晉에 보내 登極을 하례하였다.[60]

H2. (太祖 21年 秋7月) 이달에 비로소 後晉 年號를 행하였다.[61]

H3. (太祖 22年) 이해에 後晉이 國子博士 謝攀을 보내 와서 王을 開府儀同三司·撿(檢)校太師 餘如故로 삼았다.[62]

　H1에서는 937년 5월에 王規와 邢順을 後晉에 보내 황제의 登極을 하례했다고 한다. 936년 11월에 후진 왕조가 들어선 지 약 6개월이 지나 첫 번째 사신을 보낸 것이다. H2에서는 938년 7월에 비로소 후진 연호를 사용했다고 하며, 그것은 고려초 고승 비문의 紀年에서 확인된다.[63] H3은 후진이 건국된 후 약 3년이 지나 國子博士 謝攀이 와서 태조를 開府儀同三司·檢校太師·餘如故로 책봉하였다고 하였다. 후진이 고려국왕을 책봉하면서 檢校太師·餘如故라고 하였는데, 여여고는 D1의 기록에서 玄菟州大都督·高麗國王이었음이 확인된다. 후진의 책봉을 후당과 비교하건대, 검교태보를 검교태사로 높였고, 나머지는 후당 때의 것과 같다. 후당의 계승자로서 후진

60) 遣王規邢順 如晉 賀登極(『高麗史』 권2, 「世家」, 太祖 20年 夏5月).

61) 是月 始行後晉年號(『高麗史』 권2, 「世家」, 太祖 21年 추7월).

62) 是歲 晉遣國子博士謝攀來 冊王 爲開府儀同三司撿(檢)校太師餘如故(『高麗史』 권2, 「世家」, 太祖 22年).

63) · 天福 2년(許興植編, 『韓國金石全文(中世上)』 「有唐高麗國海州須彌山廣照寺故 教諡眞澈禪師寶月乘空之塔碑銘」, 亞細亞文化社, 1984, 280쪽).

　 · 天福 2년(허흥식 편, 앞의 책, 「高麗國彌智山菩提寺故 教諡大鏡大師玄機之塔碑銘 幷書」, 300쪽)

　 · 天福 5년(허흥식 편, 앞의 책, 「高麗國溟州普賢山地藏禪院故 國師朗圓大師悟眞之塔碑銘 幷序」, 307쪽).

　 · 天福(허흥식 편, 앞의 책, 「高麗國原州靈鳳山興法寺王師眞空之塔」, 308쪽).

　 · 天福 6년(허흥식 편, 앞의 책, 「高麗國尙州鳴鳳山境淸禪院故 教諡慈寂禪師凌雲之塔碑銘 幷序」, 317쪽).

　한편, 후진이 고려 인질을 송환한 것이나, 고려가 후진의 연호를 사용하기 시작한 것은 모두 후진의 호승 襪羅가 방문한 결과라는 주장도 있다(李龍範, 「胡僧 襪羅의 高麗往復」『歷史學報』 75·76合, 1977; 『韓滿交流史 硏究』, 同和出版公社, 1989, 221쪽).

은 전왕조의 직함을 고려하여 새로운 책봉을 하였다고 생각된다.

이어 후진과 고려의 관계는 급속도로 가까워졌고, 그러한 관계는 혜종 대까지 계속되었다. 아래의 기사를 보자.

> I1. 天福 二年 八月 靑州가 아뢰기를 '왕건이 高麗國 宿衛 質子인 王仁翟을 鄕里로 놓아주어 돌아가도록 청하였다'고 하니 따랐다.[64]
>
> I2. (太祖 23年) 후진이 우리 質子 王仁翟을 돌려보냈다.[65]
>
> I3. (太祖 24年) 이해에 大相 王申一을 後晉에 보내 方物을 바쳤다.[66]
>
> J1. (惠宗) 元年 廣評侍郎 韓玄珪·禮賓卿 金廉을 後晉에 보내 왕위 계승을 알리고, 드디어 契丹을 격파한 것을 하례하였다.[67]
>
> J2. (惠宗) 二年 후진이 范匡政·張季凝을 보내 와서 王을 책봉하고 勅하였다. … 또 조서에 이르기를 "… 持節玄菟州都督上柱國充大義軍使가 될만하다. 잉하여 高麗國王으로 봉한다. … 지금 使 光祿卿 范匡政과 副使 太子洗馬 張季凝 등을 보내 그곳에 가서 官告와 칙첩, 國信物 等을 내려주니 別錄과 같다. 勅하여 高麗國王에게 竹冊과 法物 등, 竹冊1副 80簡과 紫絲條聯紅錦裝背冊匣 1具 … 등을 하사한다 … 또한 칙하기를 高麗國王이 아뢴 바 진봉사은을 살펴보았다. … 또 칙하기를 高麗國王에 아뢴 바 進奉을 살펴 보았다 … 또 高麗國王이 올린 바 表賀를 살펴보았다. 지난해 3월 1일에 내가 친히 澶州에 가서 契丹을 무찌른 일을 하례하였음을 잘 알았다."고 하였다. … [68]

---

64) 靑州 王建入奏 高麗國宿衛質子王仁翟 乞放歸鄕里 從之(『舊五代史』 권77, 「晋書」 3, 高祖紀).

65) 晉歸我質子王仁翟(『高麗史』 권2, 「世家」 太祖 24年).

66) 是歲 遣大相王申一 如晉 獻方物(『高麗史』 권2, 「世家」 太祖 24年).

67) 遣廣評侍郎韓玄珪·禮賓卿金廉 如晉 告嗣位 遂賀破契丹(『高麗史』 권2, 「世家」 惠宗 元年).

68) (惠宗) 二年 晉遣范匡政·張季凝 來冊王 勅曰 … 又詔曰 … 可持節玄菟州都督上柱國充大義軍使 仍封高麗國王 … 今命使光祿卿范匡政 使副 太子洗馬張季凝等 往彼宣賜 官告 勅牒 國信物等 具如別錄 勅賜高麗國王竹冊法物等 竹冊一副八十簡 紫絲條聯紅

I1과 I2는 938년에 고려의 요청으로 후진에 있던 질자인 왕인적이 풀려나 돌아왔던 일에 관한 기록이다.[69] I3에서는 같은 해에 大相 王申一을 後晉에 보내 方物을 바쳤다고 한다.

J1은 944년(혜종 1)에 廣評侍郞 韓玄珪와 禮賓卿 金廉을 후진에 보내 왕위 계승을 알리고 드디어 契丹을 물리친 것을 하례하였다고 하였다. J2는 그 다음해 후진이 范匡政과 張季凝을 보내 와서 혜종에게 持節玄菟州都督·上柱國·充大義軍使를 제수하고 이어 高麗國王에 봉하였으며, 각종 국신물을 하사하였다. 이어 그 전해에 바친 진봉사은품·진봉품을 일일이 적시하고 그것을 훌륭함을 칭송하였으며, 거란에 대해 승리한 것을 축하한 것에 대해서도 고려의 충성을 잊지 않겠다고 하였다.

태조의 사후 한 해가 지나 고려는 혜종의 즉위를 알리고 후진이 거란을 크게 패배시킨 것을 하례하러 갔는데, 933년에 후당에게 책봉을 받을 때처럼 최고 수준의 물품을 진봉하였다. 그에 대한 보답으로 후진은 다음해 바로 사신을 보내 혜종을 고려국왕으로 책봉해주었다.

이처럼 고려와 후진의 외교가 급속하게 가까워진데[70] 반하여 고려와 거란의 외교는 악화되고 있었다.[71]

錦裝背冊匣一具 … 又勅高麗國王 省所奏進奉謝恩 … 又勅高麗國王 省所奏進奉 … 又勅高麗國王 省所上表賀 去年三月一日 親幸澶州殺敗契丹事具悉 … (『高麗史』 권 2, 「世家」, 惠宗 2年).

69) 王仁翟의 귀국은 『高麗史』 「世家」에 태조 24년 12월로, 『五代會要』에는 天福 3년, 즉 태조 21년으로 되어 있는데, 『高麗史』의 기록이 잘못된 것이라고 한다(李龍範, 앞의 논문, 221쪽).

70) 이 무렵 고려의 외교관계를 보면, 柳勳律과 柳兢質을 잇달아 남당에 보내 방물을 바쳤으며, 고려초부터 시작된 오월과의 관계도 계속되고 있었다(日野開三郞, 앞의 책, 54~56쪽).

71) 이에 대해 이미 고려가 후당의 책봉을 받은 이후에는 거란에 대해 아주 냉랭한 태도를 취하여, 후당과는 동맹, 거란에 대해서는 적대하는 정책을 폈으며, 그것이 후진과의 관계에서도 이어졌을 뿐이었다는 견해도 있다(金在滿, 앞의 논문, 183~

K1. (太祖) 25年 冬10月에 契丹이 사신을 파견하여 橐駝 50필을 보내
　　왔다. 王이 契丹이 일찍이 발해와 연이어 평화롭게 지내다가 홀연
　　히 의심이 생겨 맹약을 어기고 모두 멸하였으니, 이것이 매우 무
　　도하여 (거란과) 멀리 맺어 이웃으로 삼는데 부족하다고 여겼다.
　　드디어 交聘을 끊고, 그 使臣 30인을 해도로 유배하고, 橐駝를 萬
　　夫橋 아래 매어두니 모두 굶어죽었다.[72]

K2. (太祖) 26年 夏4月에 內殿에 납시어 大匡 朴述熙를 불러 친히 訓要
　　를 주어 이르기를 … 그 네 번째로 이르기를 '생각컨대, 우리 東
　　方은 옛날부터 중국의 풍속[唐風]을 흠모하여 文物과 禮樂이 모두
　　그 제도를 준수하였으나, 지역이 다르고 인성이 각기 다르니 반드
　　시 같을 필요는 없다. 契丹은 禽獸의 나라이니 風俗도 같지 않고,
　　언어 역시 다르니 衣冠 制度는 삼가고 본받지 말라'고 하였다.[73]

　　K1은 942년 10월에 契丹의 황제가 보낸 使臣을 섬으로 유배하고, 낙타
50필을 만부교에서 굶어죽였다는 유명한 소위 '만부교 사건'에 관한 내용
이다. K2는 943년 4월에 태조가 大匡 朴述希에게 전했다고 하는 「訓要」의
네 번째에 관한 내용이다. 고려가 중국의 문물을 따르고, 금수의 나라인 거
란의 제도는 본받지 말라는 유시이다.[74]

194쪽).

72) 契丹遣使來 遣橐駝五十匹 王以契丹嘗與渤海連和 忽生疑貳 背盟殄滅 此甚無道 不足
　　遠結爲隣 遂絶交聘 流其使三十人 于海島 繫橐駝萬夫橋下 皆餓死(『高麗史』 권2, 「世
　　家」, 태조 25년 동10월).

73) 二十六年 夏四月 御內殿 召大匡朴述希 親授訓要曰 … 其四曰 惟我東方 舊慕唐風文
　　物禮樂 悉遵其制 殊方異土 人性各異 不必苟同 契丹是禽獸之國 風俗不同 言語亦異
　　衣冠制度 愼勿效焉(『高麗史』 권2, 「世家」).

74) 916년에 건국한 거란은 발해를 멸망시키고, 중원 왕조와의 전쟁에서 여러 차례 승
　　리를 거두고 석경당을 후진의 황제로 옹립하고 괴뢰 정권으로 삼을 만큼 동북아
　　시아의 새로운 강자가 되었으나, 고려에 대해서는 시종 우호적인 태도를 보였다.
　　922년에 2월에 거란의 사신이 와서 낙타와 말 및 毛氈을 전하였고(『高麗史』 권1,
　　「世家」, 太祖 5년 춘2월), 고려도 거란에 사신을 보냈다. 그러나 후자의 관한 것들

성품이 후덕하며 불심이 깊었던 고려 태조가 자신을 위한 선물을 가지고 온 거란의 사신을 죽이고 죄 없는 낙타를 굶어 죽인 것은 이해하기 어려운 것이다. 이에 대해 982년에 최승로는 상서문에서 '그 심원한 계책이 환란을 미연에 방지하고 위태로워지기 전에 나라를 보전한 것이었습니다' 라고 하였고,[75] 충선왕의 물음을 받은 이제현은 "우리 태조께서 낙타를 굶어 죽게 한 것은 장차 오랑캐들의 속임수를 꺾으려 함인지, 아니면 후세의 사치심[侈心]을 막으려 한 것인지 모르나, 아마 보이지 않는 깊은 뜻[微旨]이 있었을 것입니다. 이는 전하께서 조용히 생각해 보시고 힘써 행하여 본받을 것이요, 어리석은 신이 감히 함부로 의논할 바 아닙니다."라고 하였다.[76] 고려 사람들이 시조인 태조를 감히 비판할 수 없었겠지만, '환란을 미연에 방지하여 나라를 보전한다'거나 '오랑캐의 속임수를 꺾는다'든지 하는 것이 만부교 사건의 진정한 원인은 아니었을 것이다. 따라서 다시 해당 사료에 충실하여 해석해볼 필요가 있다.

K1에서 태조는 거란이 渤海와 和好를 깨고 갑자기 공격하여 멸망시켰기 때문에 신뢰하고 교류할만한 이웃이 아니라는 점을 들었지만, 그렇다고 해도 사신과 낙타를 돌려보내고 그런 의사를 전달하면 목적을 충분히 성취하였을 것이다. 이처럼 강경한 조치를 취했던 것은[77] 거란에게 고려의 단교의지를 알린다는 의도보다는 책봉국인 후진에 대한 충성을 보이는데 목

은 『高麗史』에 없고, 『遼史』와 같은 중국측 사서에만 기록되어 있다(姜大良, 앞의 논문, 43·44쪽). 이것은 고려 태조가 거란과의 단교 조치 이후, 그것을 합리화하기 위해서 고려가 거란에 갔던 기록들을 남기려고 하지 않았기 때문일 것이다.

75) 『高麗史節要』 권2, 成宗 元年 6月.

76) 『益齋集』 권10, 「櫟翁稗説」, 前集.

77) 태조가 후진과 연합을 시도하거나 낙타를 죽여 전쟁을 유도했던 1차적인 목적은 왕권의 안정이었다는 견해가 있다(이정신, 「고려 태조의 건국이념의 형성과 국내외 정세」『韓國史研究』118, 2002; 『고려시대의 정치변동과 대외정책』, 景仁文化社, 2004, 11~21쪽).

적이 있었기 때문일 것이다.

　　그러한 사정은 K2의 사료와 연계가 된다. 태조는 고려가 중국의 문물과
예악을 흠모하여 그 제도를 준수해왔다고 하고, 대신 오랑캐인 거란의 의
관제도는 따르지 말라고 하였다. 여기서 언급된 '唐風'을 계승한 국가는 후
진이고, 衣冠制度를 따르는 것은 거란의 책봉국이 되는 것을 뜻하므로 「訓
要」의 이 부분은 후대의 국왕들에게 거란을 멀리하고 후진─중원의 한족
왕조─과 외교를 계속하라는 유언을 남긴 것이었다.[78]

　　태조가 후진의 책봉을 받고서도 그 동안 해왔던 대로 거란과의 외교를
지속하여 후진, 거란, 오월, 남당 등과의 소위 다원외교를 하는 것도 외교
적 분쟁의 소지를 없애는 한 방책이었을 것이다. 石敬瑭이 후진을 세우는
데 거란 태종의 군사적 원조가 결정적이어서 936년 11월에 거란 태종으로
부터 大皇帝의 책명을 받는 대가로 幽州 등의 영토와 帛 30만을 바치기로
했다. 뒤에 거란에게 영토를 할양한 것에 대해 국내적인 불만이 높아지자
한반도에서 후삼국을 통일한 고려가 후진의 관심이 되었고 후진 황제의 명
을 받은 胡僧 襪羅가 출병을 요구하기 위해 고려에 왔다는 것은 사실 여부
를 떠나 후진의 적극적인 대고려 정책의 단면을 알려주는 것이다.[79]

　　고려가 거란의 사신을 유배하고, 거란과의 단교를 선언한 것은 후진에
게 큰 힘이 되었을 것이다. 하지만 이미 후진과의 외교에서 고려가 매우
유리한 상황인데도, 태조가 거란에 대해 극단적인 조치를 취한 이유는 쉽
게 이해되지 않는다. 거란이 평화롭고 우호적이었던 발해를 멸망시킨 무도
한 나라여서 이웃으로 교빙해서는 안된다는 태조가 밝힌 표면적인 뜻이 있
었다. 그와 더불어 거란의 잠재적 위협은 후삼국 통일 이후 왕권에 도전하

---

78) 후대에 성종과 현종은 이 『훈요』의 지시를 지키려다가 전쟁을 치르고, 국가적 위
　　기에 처하기도 하였다.
79) 李龍範, 앞의 논문, 211~218쪽.

는 중앙과 지방 호족들의 힘을 국왕 중심으로 규합하려는 목적도 있었고, 고구려의 계승국을 자처한 고려의 고토 회복을 위한 북진정책과의 관련성 등도[80] 태조의 숨은 뜻에 포함될 것이다.

이상에서 고려와 오대 및 거란 관계의 전개를 상세하게 살펴보았는데, 그것을 앞의 C~E의 기사와 연계시켜 해석해보자. 고려가 후당의 책봉을 받았다는 중국의 기록은 틀림 없는 사실이다. 그런데, 이제현과 이색이 후진의 책봉을 마치 첫 번째 중국의 책봉인 것처럼 생각했던 것은 후진 책봉 이후 고려의 대외정책이 달라졌기 때문이었다. 즉, 후당의 책봉을 받을 때 만해도 고려는 거란과의 외교를 중단할 생각이 없었다. 고려가 후백제와 한반도의 패권을 다투고 있는 상황에서 굳이 외교적 분쟁의 소지를 만들 필요가 없었기 때문이다. 그러나 후삼국 통일 이후 고려는 중국에서 상대적으로 약자였던 후진에 대한 외교를 강화하고, 거란과의 외교를 단절하여, 후진에 대한 단일 외교로 전환하였다. 그것이 943년에 고려에 온 거란의 사신을 유배하는 극단적인 조치로 표현되었지만, 변화는 이미 후진에 책봉을 받기 위해 사신을 보내고, 그 다음해 책봉을 받은 때부터 시작된 것이었다. 그 때가 이제현과 이색이 중국의 책봉을 받았다고 하는 939년이었다.

결국 후당의 책봉을 받았다는 C의 기록과 후진의 책봉을 받았다는 D의 기록은 모두 중원 왕조의 책봉이라는 점에서 같지만, 후진과 책봉을 받은 이후에 고려는 五代王朝 및 거란과 동시에 외교를 진행하는 이원외교를 청산하고 중원왕조에 대한 단일 외교로 바뀌었다고 이해할 수 있다. 또한 E2의 기사에서 거란을 버리고 후당을 섬긴 것을 중국을 높이고 동토를 보전하는 것이었다는 것은 그 의미를 단순히 고려의 국가적 안보를 위한 것이라는 정치 외교적인 것만으로 이해해서는 안된다. 고려가 거란을 버리고 후진에 사대를 하게 된 데는 현실적인 이유가 있었다.[81] 아래의 기사는 그

---

80) 이정신, 앞의 논문, 21쪽.

러한 의문에 실마리를 풀어주는 것 가운데 하나이다.

> L1. (後唐) 末帝 靑泰 元年 7月 登州가 말하기를 '高麗船 한 척이 해안
> 에 이르러 管押將 盧肵 이하 70인이 州에 들어와 市易하였다'고
> 하였다. ··· 10월에 靑州가 말하기를 '高麗가 사람을 보내 市易하
> 였다'고 하였다.[82]
> L2. (成宗 元年) 6月 制曰 ··· 그 京官 5품 이상에게 각기 封事를 올려
> 時政의 得失을 논하게 하였다. 正匡·行選官御事·上柱國 崔承老가
> 上書하였는데 대략 이르기를 "··· 하나. 우리 태조는 뜻을 오직 사
> 대하는데 두어 오히려 수년에 한번 行李를 보내 聘禮를 닦았을 뿐
> 입니다. 지금은 비단 聘使만 아니라 또 貿易으로 인하여 使价가

---

81) 姜大良―姜晉哲―은 고려가 거란과 단교한 원인으로 첫째 거란의 발해정복이 고
려의 북진정책에 일대 영향을 끼치게 되었다는 점, 둘째 발해 유민의 대규모 내투
와 그들 내투민에 대한 선무정책이 필요하였다는 점, 셋째 교빙관계를 통하는 대
거란무역이 대송무역에 비하여 불리하였다는 점 등을 들었다. 그리고 세 번째 무
역과 관련된 것에 대해 다음과 같이 설파하였다. "세계적인 당 문화를 고도하게
섭취한 신라의 전통을 계승한 고려는 半遊牧的 생활에 방황하는 거란과 같은 미개
민족과의 무역에는 그다지 매력을 느낄 수도 없었고, 관심을 가질 수도 없었다. 더
욱이 고려는 황해를 건너 對岸에 송(?, 後晉: 필자)이라는 매혹적인 무역시장이 있
었으니 이것이 고려에 대하여 거대한 이익을 약속하고 있는 이상 적어도 고려의
입장에서는 원시적 생산방법을 벗어나지 못한 거란과의 무역에 있어서는 하등의
주목할 가치를 발견할 수 없었다. 고려 초기에 있어서 양국의 交聘關係가 기형적
이나마 계속된 것은 그것을 요청한 고려의 정치적 환경에 기인하였다. 이것이 정
상적인 발전을 보지 못한 이면에는 경제적 이유가 큰 영향을 가지게 된 것이다.
고려의 입장으로 본다면 거란과의 무역을 계속한다는 것은 그 만큼 대중국 내지
는 대여진 무역의 이익을 감소시키는 이외에는 하등의 소득이 없었을 것이다. 대
거란 수입품은 대개 畜産物 내지는 원시적인 것 밖에 없었으며, 이에 대한 수출품
은 人蔘·紙·墨 등의 특산물이었다. 특산물을 주로 하는 수출품은 대중국 무역에
의하여 대거란무역에 비교할 수 없는 巨利를 획득할 수 있었으니 거란과의 무역은
수입 수출 공히 이중의 손실을 의미하였다"(姜大良, 앞의 논문, 54~57쪽).

82) 末帝 靑泰元年 七月 登州言 高麗船一艘至岸 管押將盧肵而下七十人入州市易 ··· 十
月 靑州言 高麗遣人市易(『冊府元龜』 권999, 「外臣部」 互市).

번잡하고 많으니 중국의 천하게 여기는 바가 될까 우려됩니다. 또
한 왕래로 인하여 배가 부서지고 죽는 자가 많으니 청컨대 지금
부터 그 聘使에 인하여 兼行하여 貿易하고 그 나머지 마음대로 買
賣하는 것은 하나같이 모두 禁斷하십시오"라고 하였다.[83]

　L1은 934년 7월과 10월 후당의 登州와 靑州에서 고려 상인들의 무역이
있었음을 알려준다. 그 밖에 이 시기에 중국에 가서 활약했던 고려 해상으
로는 高麗舶主 王大世와 龍須席·藤席 등을 판매하던 高麗 舶人 등도 있었
다.[84] L1에서 7월에 상인들을 이끌고 온 盧昕이 관압장이라는 직함을 띠고
있는 것과, 10월에 고려가 보낸 사람이[遣人] 교역했다는 것은 이 당시 중
국에 와서 무역하는 사람들이 모두 국가의 허가를 받거나 사신의 형식으로
보낸 관인의 성격이었음을 알려준다.[85]

　L2는 982년 6월 최승로 상서 가운데 무역에 관한 것이다. 요지는 무역
상인들이 중국에 마음대로 다니며 문제를 일으키기 때문에, 사신이 가는
편에 무역하는 것만 허용하고 그 외에 마음대로 다니며 매매하는 것은 금
지하라는 것이다. 이 내용에서 최승로가 건의하던 당시에도 송에 가는 교

---

83) 其京官五品以上 各上封事 論時政得失 正匡·行選官御事·上柱國 崔承老上書 略曰 …
　　一 我太祖情專事大 然猶數年一遣行李 以修聘禮而已 今非但聘使 且因貿易 使价煩夥
　　恐爲中國之所賤 且因往來 敗船殞命者多矣 請自今 因其聘使 兼行貿易 其餘非時買賣
　　一皆禁斷(『高麗史節要』 권2, 成宗 元年 6月).
84) 『淸異錄』 上, 권61 및 『鷄林志』.
85) 『冊府元龜』의 靑州奏 所與高乞國勅書鈿函 已付本國知後官(『冊府元龜』 권980, 「外
　　臣部」 通好 後唐 長興 元年 5月)의 기사에 대해 高乞國은 후당에서 이 나라로 보
　　내는 칙서를 청주를 매개로하여 지후관에게 건네 전하였다는 것으로 고걸국은 고
　　려국이고, 지후관은 등주에 주재하였다. 그들은 고려 사신의 入京, 귀환사신의 渡
　　海, 中國과 본국 간의 신서의 전달, 기타 외교사무를 맡고 또 도항의 본국무역선의
　　도움과 재류고려인의 보호 등을 맡았을 것이라고 하였다(日野開三郎, 앞의 논문,
　　53쪽). 신라와 발해가 등주에 관리를 상주시켰던 것과 같이 고려초에도 관리가 있
　　었다면, 고려의 해외 무역은 더욱 활발했다고 추정할 수 있다.

빙의 사절[聘使]과 더불어 무역으로 인한 사절[因貿易使价]이 있었음을 알 수 있다. 전자는 외교사절이 분명하고, 후자는 고려가 무역하러 가는 해상에게 사절의 직함을 준 것을 뜻한다. 어느 경우이든지 고려가 송과 무역하는 전제는 외교관계이다.

고려가 후진과의 외교관계를 진전시키기 위해 거란과의 외교를 중단하고, 책봉국인 후진에 대하여 충성을 보인 것은 고려가 활발하게 후량·후당·후진 등 오대의 여러 왕조와 무역을 전개하고 있었기 때문이다. 특히 한반도에서 중원왕조로 가는 길목인 산동반도로 이어지는 '북선항로'에서 중국보다 고려 해상이 주도적으로 활약하고 있어서 이들 국가와의 외교는 더욱 긴요하였으며, 서해 무역으로 성장한 호족의 후예인 태조가 이러한 점을 간과했을 리 없다.

고려 태조는 오랫동안 사신을 보냈지만 아직 책봉을 하지 않고 있던 후당의 황제에게 매우 많은 고급스러운 물품을 바쳤고, 마침내 고려국왕으로 책봉되었다. 이에 황제의 덕을 흠모하여 조공하러 온 고려의 정성을 감안하여 후당은 조공품보다 더 많은 회사품을 고려에 주었을 것이다. 후당과의 조공 외교를 통해 고려는 조공과 회사의 이익을 얻는 동시에 후당에서 고려의 해상이 안전하게 교역할 수 있게 되었다. 그러한 관계는 후당의 뒤를 이어 등장했던 후진·후한·후주 등의 오대 왕조 및 송에 대해서도 동일하게 적용되었을 것이다.

그러나 최승로의 건의는 고려와 대중국 무역의 틀을 크게 변화시키는 것이었다. 왜냐하면 외교적 목적이 아닌 순수한 교역선은 중국에 갈 수 없게 되었기 때문이다. 성종대 이후 고려는 농업사회를 지향하면서 고려 해상들의 무역을 제한하고, 오직 정식 사절이 가는 편에 무역하는 방식으로 전환하였다.[86] 이후 고려가 주도하던 북선항로의 무역은 쇠퇴하는 대신에

---

86) 李鎭漢, 「高麗前期 對外貿易과 그 政策」『九州大學 韓國研究センター 年報』5,

고려초부터 남선항로를 이용하여 한반도에 와서 무역을 하던 장강 이남 지역의 해상들이 증가해가기 시작했다. 그들이 거의 매해 고려의 예성항에 와서 무역하던 송상이었다.

4. 맺음말

통일 신라기 산동반도에 가는 항로는 한반도 중서부 해안에서 서북진하는 것이었는데, 고려의 건국 이후 해주 지역을 육로로 경유하여 옹진과 풍주에서 서진하는 것으로 바뀌었다. 그 이유는 고려의 수도 개경에서 황해도 남부 해안을 따라 서진하는 것이 해로상 안전하지 않았고, 후백제 수군의 공격을 받을 수도 있었기 때문이다. 이 시기에 고려 해상들은 산동반도 지역을 다니며 활발하게 무역하면서 사실상 이 항로의 무역을 장악하고 있었다고 생각된다. 외교와 무역을 위해 산동반도로 가는 항로가 중요해지면서 해주 지역이 해상 교통의 요충지가 되었다. 산동반도와 연결되는 한반도의 포구였던 풍주 및 옹진, 옹진에서 개경으로 이어지는 육상교통로였던 海州와 더불어 塩州·白州 등이 모두 후대의 안서대도호부 해주의 계수관 경내에 있었던 것은 그러한 사정을 반영한다.

다음으로 중국 장강 지역과 한반도 서남해를 연결하는 항로는 중국 해상들이 주로 다녔던 것 같다. 그들은 고려와 후백제 양국에 모두 외교관계를 맺었으므로 후백제를 지나 고려까지 와서 무역을 할 수 있었다. 고려초 한반도 서남해 항로에서 후백제와 고려가 반드시 장악하고자 했던 곳이 충청 서해안의 운주 지역 해안이었다. 이곳을 후백제가 장악하면 고려가 나주 지역과 통하는 것을 막을 수 있었고, 반대의 경우 후백제가 서북으로

2005; 『高麗時代 宋商往來 硏究』, 景仁文化社, 2011, 58~64쪽.

가서 중원왕조 및 거란과 외교하는 것을 방해할 수 있었다. 그래서 양국은 이곳을 두고 국왕이 직접 지휘할 만큼 치열한 전투를 벌였고 결국 고려가 차지하게 되면서 후삼국 통일에 한 발짝 더 나아가게 되었다.

한편 고려는 건국 이후 중원의 後梁과 장강 지역의 吳越 등에 사신을 보내 외교를 개시하였다. 이후 후당에 여러 차례 사신을 보냈으나 후백제에 비해 늦게 책봉을 받았고, 다시 후진의 책봉을 받았다. 이에 대해 중국의 사서는 전자에 대해 첫 번째 책봉이라고 하였던 데 반해 고려 사람들은 후자로부터 비로소 중국의 책봉을 받은 것처럼 서술하였다. 사실 자체는 중국의 기록이 맞지만, 고려 사람들은 태조가 중원왕조와 거란과의 이중외교를 청산하고 오직 중원 왕조와의 단일 외교로 전환한 것에 대해 역사적 의미를 두었던 것이다.

태조가 동북아시아의 새로운 강자로 떠오른 거란과의 외교를 중단한 이유의 하나는 당시 활발하게 진행되던 중원지역과의 외교와 무역을 지속하기 위한 것이었다. 고려는 오대 왕조에 최고 수준의 다양한 조공품을 바쳐 중국인들을 감동시켰을 뿐 아니라 그에 대한 대가로 받는 소위 조공과 회사무역으로써 이익을 거두었고, 고려의 해상들은 산동지역에 가서 직접 교역하고 있었다. 이러한 상황에서 고려는 후진과 거란에 대한 이중외교를 하는 것보다 거란에 실추된 정치적 권위를 회복하기 위해 고려와의 외교에 적극적이었던 후진과 단독으로 외교를 하는 것이 더 큰 경제적 이익을 얻을 수 있었다고 판단하였다. 그리고 고려 해상들의 안전한 무역활동을 보장받는 것도 중요했다. 태조가 거란과의 단교 조치를 실행한 것은 북진정책의 실현이나 발해유민의 포섭과 같은 정치적 측면과 더불어 무역의 이익과 같은 경제적인 측면이 복합적으로 고려되었던 것이다.

文宗代 對宋通交와 貿易

1. 머리말

1058년(문종 12)에 文宗이 큰 배를 만들어 宋과 通交하려는 뜻을 보이자 內史門下省은 송과의 통교로 얻는 이익보다는 契丹과의[1] 외교적 분쟁이 더욱 우려된다며 반대하여 결국 그 계획은 철회되었다.[2] 그로부터 불과 13년 후인 1071년에 民官侍郎 金悌가 송에 入朝하면서 兩國間의 使臣 往來가 재개되었는데,[3] 문종이 송에 사신을 파견하기로 결정한 것은 고려 뿐 아니라 동아시아 외교에 적지 않은 파장을 끼치는 중대한 사건이었다. 특히 당대 동북아의 군사적 패권을 잡고 있던 요와의 외교적 충돌이 예상되는데도 그것을 결행했기 때문에 일찍부터 선학들의 연구대상이 되었는데,[4] 송의 경우 고려로부터 군사적·정치적 지원을 얻기 위한 것이었고, 고려는 송의 선진문물을 받아들이는 것이 주요한 통교의 목적이었다고

---

1) 契丹과 遼의 국호는 여러 차례 변화했는데, 문종대에는 1065년(문종 19)까지 大契丹, 그 이후에는 大遼라는 국호를 사용하였다. 국호의 사용원칙에 대해서는 제1편 주 9)를 참조할 것.
2) 『高麗史』 권8, 「世家」, 文宗 12년 8월 을사.
3) 『高麗史』 권8, 「世家」, 文宗 25년 3월 경인.
4) 이 주제에 대해서, 1930년대에 김상기와 백남운의 선구적인 업적 이후 많은 논문에서 다루었는데, 지면 관계상 생략하고 관련부문에서 각주로 제시할 것.
   · 金庠基, 「古代의 貿易形態와 羅末의 海上發展에 就하야─淸海鎭 大使 張保皐를 主로 하야」 『震檀學報』 1, 1934; 『東方文化交流史論攷』, 乙酉文化社, 1948, 5쪽.
   · 白南雲, 「商業과 商業資本」 『朝鮮封建社會經濟史』, 改造社, 1937, 765·766쪽.

하였다.5)

그런데 이 사건과 관련하여 주목해야 할 것은 1071년에 송과의 외교가 재개될 때에도 그 이전에 내사문하성이 반대했던 요와 외교적 갈등의 소지가 상존하고 있었던 상황이었지만, 신료들이 요와의 외교적 분쟁을 걱정하며 중지하라는 건의를 하지 않았다는 점이다. 그것은 이전보다 요와의 분쟁 가능성이 적어졌으며, 그에 대한 대비책도 마련되어 있었음을 뜻한다.

본고는 이 점을 염두에 두고, 대송 통교에 관심있던 고려를 견제하기 위한 요의 외교적 압력에 대해 고려가 어떻게 대응했으며, 통교를 진행하는 과정에서 요를 자극하지 않기 위해 어떤 노력을 했는지에 대해 고찰할 것이다. 아울러 요와의 외교적 갈등을 감수하고 결행한 송과의 통교로 인해 고려는 조공무역에서 많은 이익을 얻어 재정이 충실해졌으며, 송은 海商의 고려 왕래를 허용함으로써 海上貿易이 활성화되었음을 밝히고자 한다. 이러한 연구 결과는 고려의 極盛期를 이끌었다고 평가되는 문종이 官制와 田柴科·祿俸 등의 제도를 정비하는 것과 같은 국내적 통치 역량 뿐 아니라 국가적 實利를 얻기 위한 탁월한 외교적 역량을 갖고 있었음을 확인하는 계기가 될 것이다.

2. 高麗와 宋의 通交 재개 과정

고려는 광종대부터 송과 책봉 관계를 맺었으나, 성종말 거란의 1차 침입을 받은 이후 거란과의 책봉 관계로 전환하였다.6) 하지만 穆宗과 顯宗은

---

5) 김상기의 앞의 논문에서 처음 제시한 이래 대부분의 선학들이 이에 동의하고 있다. 한편 고려와 송의 통교 목적에 대해서는 다음의 논문이 참조된다.
   朴龍雲, 「高麗·宋 交聘의 목적과 使節에 대한 考察(上)·(下)」『韓國學報』 81·82, 1995·1996; 『高麗社會의 여러 歷史像』, 신서원, 2002.

거란의 책봉을 받으면서도 송에 사신을 보내는 이중적 외교를 하였는데, 그마저 1031년(현종 22)을 끝으로 송과 고려의 사신 교환은 중지되고 德宗과 靖宗代에는 고려와 거란과의 외교관계만이 유지되었다.[7] 그로 인해 문종은 1046년 靖宗의 사후에 前王의 同母弟로서 즉위한 뒤, 그 다음해 9월에 거란으로부터 開府儀同三司·守太保·兼侍中·上柱國·高麗國王·食邑七千戶·食實封一千戶에 봉해지고 兼하여 匡時致理竭節功臣號를 받았다.[8]

그런데 문종의 즉위를 전후로 동북아의 정세 변화가 일어나기 시작했다. 송은 거란과의 세력 균형을 위해 군사동맹의 대상으로 '中國의 文物을 崇尙'한다고 생각한 고려를 주시하였다.[9] 때문에 1044년에 송의 재상 富弼은 '河北守禦十二策'을 통해 고려와 연합할 것을 주장하였고, 1046년에 송의 樞密院은 登州를 왕래하는 고려상인의 협조를 얻어 조공관계를 복원하자는 의견을 제시하였다.[10]

한편 契丹—遼—의 대외정책은 고려와 송 사이의 관계를 차단하여 양국의 연합으로 인한 거란의 고립화를 해소시켜 외교적 안정과 동아시아에

---

6) 송과의 교류가 단절된 원인은 거란의 위협을 받던 고려가 송에 군사력을 포함한 지원을 요청하였으나, 거란과의 관계 악화를 우려한 송이 지원을 거부하였던 것에 있었다(近藤一成, 「文人官僚蘇軾の對高麗政策」『史滴』 23, 2001, 7쪽).

7) 『宋史』 권487, 「高麗傳」에는 1030년에 御事民官侍郎 元穎이 온 이후 43년간 사신의 왕래가 끊겼다고 하였다. 그러나 1036년 6월에 進奉兼告奏使尙書右丞 金元冲이 송에 가던 중 瓮津에 이르러 배가 부서져 돌아온 적이 있었다(『高麗史』 권6, 「世家」, 靖宗 2년 6월 是月).

8) 『高麗史節要』 권4, 문종 원년 9월.

9) Peter Yun, 「몽골 이전 동아시아의 다원적 국제관계」『만주연구』 3, 2005, 47쪽.

10) · 陶晉生, 「宋·高麗與遼的三角外交關係」『宋遼關係史研究』, 聯經出版事業公司, 1984, 173쪽.

· 楊渭生, 「宋與高麗: 複雜而微妙的 "三角"政治關係」『宋麗關係史研究』, 杭州大學出版社, 1997, 153쪽.

· 申泰光, 「北宋 變法期의 對高麗政策」『東國史學』 37, 2000, 653쪽.

서의 주도권을 확보하는 것이었으므로[11] 고려와 송의 통교를 막기 위해 여러 가지 노력을 기울였다. 거란이 보통 한 번 책봉하던 그 이전의 국왕과 달리 문종에게 5차례 책봉을 하고, 왕태자—뒤에 順宗—에게까지 3차례 책봉을 했던 것은[12] 고려를 회유하여 송과 復交하려는 것을 포기하도록 하는 의도가 담겨 있었다.[13]

그와 더불어 거란은 고려와의 국경지역에서 여러 차례 분쟁을 일으켰다. 예를 들어 거란은 1054년(문종 8) 포주성 동쪽에 弓口門을 세우고 郵停을 설치하였고, 1057년에 거란이 송령의 동북지역에 개간을 하면서 영토를 침범하였는데, 고려는 그것들이 압록강 동안의 자국 강역을 잠식하고 국방에 위협을 하는 것이라 하여 반발하였다.[14] 이 사건은 더 이상 확대되지 않았지만, 다분히 고려가 송과 친해지려는 것을 좌시하지 않겠다는 거란의 경고였다고 이해된다.

이와 같은 거란의 고려에 대한 회유와 압력이 계속되었지만, 문종은 1058년에 송과의 사신 왕래를 재개하려 하였다. 다음의 기사를 보자.

A. (문종 12년 8월) 왕이 耽羅와 靈岩의 木材를 벌채하여 큰 배를 만

---

11) 박종기, 「11세기 고려의 대외관계와 정국운영론의 추이」 『역사와 현실』 30, 1998, 165·166쪽.
12) 沈載錫, 「고려와 遼의 책봉관계」 『高麗國王 冊封 硏究』, 혜안, 2002, 114~126쪽.
13) 陶晉生, 앞의 논문, 174·175쪽.
14) · 朴漢男, 「거란 및 금과의 통교」 『한국사』 15, 국사편찬위원회, 1995, 333쪽.
   · 박종기, 앞의 논문, 168쪽.
   · 將菲菲·王小甫等, 「宋·遼與高麗的政治關係」 『中韓關係史(古代卷)』, 社會科學出版社, 1998, 173쪽.
   · 閔賢九, 「高麗前期의 對外關係와 國防政策: 文宗代를 中心으로」 『亞細亞硏究』 99, 1998, 5쪽.
   · 李錫炫, 「宋 高麗의 外交交涉과 認識, 對應—北宋末 南宋初를 중심으로—」 『中國史硏究』 39, 2005, 124쪽.

들어 송과 통하려 하니, 內史門下省이 이르기를, "국가에서 北朝—
거란—와 修好한 뒤로는 국경에 급한 변이 없고, 백성이 생활을
편안히 즐기니, 이것으로써 나라를 보전하는 것이 上策입니다. 지
난 庚戌歲—1010년—에 거란이 우리를 힐책한 글에 '동으로 여진
과 結託하고 서쪽으로 송과 왕래하니, 이것은 무엇을 도모하고자
하는 것인가'라고 하였고, 또 尙書 柳參이 사신으로 갔을 때에 東
京留守가 南朝—송—와 사신 왕래한 일을 물으면서 의심하였는데
이 (송과 통교하려는) 일이 누설되면 반드시 틈이 생길 것입니다.
(중략: 재목 벌채로 인한 폐해 언급). 하물며 우리 나라에는 文物·
禮樂이 행한 지 이미 오래되었으며 商舶이 연이어 내왕하여서 값
진 보배가 날마다 들어오므로 중국과 교통하여도 실제로 이익이
없을 것입니다. 거란과 영구히 絶交하지 않을 것이라면 송과 통교
함은 마땅하지 못합니다" 라고 하니, 그대로 좇았다.15)

이 내용을 보건대, 문종이 대송 통교를 통해 문물·예악을 받아들이려고
하자, 내사문하성은 그렇게 될 경우 예전에 尙書 柳參이 거란에 사신으로
갔을 때에 東京留守가 송과 사신 왕래한 일을 물으면서 의심한 것처럼 거
란과의 외교적 분란이 생길 것이며,16) 대송 통교의 또다른 목적인 예악·문
물의 수입은 송상을 통해 해결되고 있다며 반대하였다. 내사문하성의 주장
은 송과 통교해 얻는 이익보다는 거란과의 관계가 악화되어 발생하는 손실
이 클 것이라는 지적이었기 때문에 문종도 따르지 않을 수 없었다. 고려의

15) 王欲於耽羅及靈巖伐材 造大船 將通於宋 內史門下省上言 國家結好北朝 邊無警急 民
樂其生 以此保邦上策也 昔庚戌之歲 契丹問罪書云 東結構於女眞 西往來於宋國 是欲
何謀 又尙書柳參奉使之日 東京留守問 南朝通使之事 似有嫌猜 若泄此事 必生釁隙
且耽羅地瘠民貧 惟以海産乘木道 經紀謀生 往年秋 伐材過海 新創佛寺 勞弊已多 今
又重困 恐生他變 況我國文物禮樂興行已久 商舶絡繹 珍寶日至 其於中國實無所資 如
非永絶契丹 不宜通使宋朝 從之(『高麗史節要』 권5, 문종 12년 8월 을사).
16) 柳參은 判衛尉事로서 1041년에 거란에 가서 방물을 바친 적이 있었다(『高麗史』 권
6, 「世家」, 靖宗 7년).

입장에서 송의 선진 문물 도입도 중요하였지만, 국경의 안보가 더 중요했던 것이다.[17)

그후 거란은 고려가 송과의 통교 이유로 내세운 선진 송문화의 수용론을 반박하고 자신들이 문화적으로 송에 뒤지지 않음을 과시하고자 1063년 3월에 고려에 大藏經을 보냈다.[18) 고려의 신료들이 반대하고 거란이 여러 가지 외교수단을 통해 고려의 대송 통교를 막고 있었으므로 문종이 그것을 강행하기는 어려웠던 것 같다.

하지만 오래지 않아 주변국의 정치적 상황이 일변하였다. 고려와 송의 단교를 강요했던 거란은 혁신파와 보수파와의 사이에 내분이 심화되고 1063년에 종실 내부의 반란이 일어나 皇后와 皇太子가 피살되는 등 국력이 쇠약해졌다.[19) 그에 반해 송은 仁宗朝 최대의 외교문제였던 西夏와의 무력분쟁이 일단락되어 국제관계가 안정되었고,[20) 1068년에 神宗이 즉위한 뒤 부국강병을 추구하면서 '聯麗制遼策'―고려와 연합하여 거란을 제압하고자 하는 정책―을 택하였다.[21) 이처럼 神宗과 新法黨이 적극적으로 고려와

---

17) Peter Yun, 앞의 논문, 52·53쪽.

18) 김영미, 「11세기 후반~12세기 초 고려·요 외교관계와 불경 교류」 『역사와 현실』 43, 2002, 51~55쪽.

19) · 全海宗, 「對宋外交의 性格」 『한국사』 4, 국사편찬위원회, 1974, 336쪽.
　　· 鄭修芽, 「高麗中期 對宋外交의 再開와 그 意義―北宋 改革政治의 수용을 중심으로―」 『國史館論叢』 61, 1995, 150쪽.

20) 近藤一成, 앞의 논문, 7쪽.

21) 송의 對高麗 通交의 목적이 聯麗制遼策이었다는 것을 지적한 논문은 다음과 같다.
　　· 金庠基, 「麗宋貿易小考」 『震檀學報』 7, 1937 ; 『東方文化交流史論攷』, 乙酉文化社, 1948.
　　· 全海宗, 앞의 논문, 336쪽.
　　· 陶晉生, 앞의 논문, 179쪽.
　　· 李範鶴, 「王安石의 對外經略策과 新法」 『역사와 인간의 대응』, 한울, 1984, 724쪽(a).
　　· 李範鶴, 「蘇軾의 高麗排斥論과 그 背景」 『韓國學論叢』 15, 1992, 98·99쪽(b).
　　· 鄭修芽, 앞의 논문, 150쪽.
　　· 將菲菲·王小甫 等, 앞의 논문, 175·176쪽.

의 외교 재개를 원하게 되자 고려의 위상은 종래의 조공국가 차원이 아닌 송의 외교문제를 해결해 줄 수 있는 상대국으로 위치를 인정받게 되었다.[22]

더욱이 '문종은 요에 대해 稱臣하는 것을 달가와 하지 않고, 늘 華嚴經을 염송하며 내세에 중국에서 왕생하기를 빌었는데, 꿈에서 한번도 중국에 가지 않은 문종이 송 황조의 부름을 받들고 개봉에 도착하여 上元節의 현등에 참가하였으며, 깨어난 후 문종이 송에 다녀온 자에게 물으니 꿈에서 본 바와 같아 시를 지었다'는 일화에서[23] 알 수 있듯이 송의 문화를 동경하고 있었다.[24] 문종의 통교에 대한 갈망은 송의 통교 제의를 받고 신속히 사신의 파견을 결정한 것에서도 확인된다.[25]

이러한 문종의 송에 대한 우호적인 태도는 해상들에 의해 이미 송에 전해졌던 것 같다.[26] 이에 신종은 1068년에 福建轉運使 羅拯으로 하여금 泉州 商人 黃愼 등을 고려에 파견하여 통교에 대한 의사를 타진하였고,[27] 귀국한 황신은 문종이 국교 재개에 적극적임을 보고하였다. 송의 조정은 거

· 신채식, 「高麗와 宋의 外交關係―朝貢과 冊封關係를 중심으로―」『한중외교관계와 조공책봉』, 고구려연구재단, 2005.
· 魏志江, 「1020―1125年的遼麗關係」『中韓關係史研究』, 中山大學出版社, 2006, 54쪽.
22) 신채식, 앞의 논문, 83·84쪽.
23) 『石林詩話』.
24) Michael C. Rogers, 「Notes on Koryo's Relations with Sung and Liao」『震檀學報』 71·72합, 1991, 315쪽.
   將菲菲·王小甫 等, 앞의 책, 173쪽.
25) 鄭修芽, 앞의 논문, 150·151쪽.
26) 앞서 A의 기사가 宋商黃文景等 來獻土物했다는(『高麗史』 권8, 「世家」, 文宗 12년 8월 乙巳) 내용 바로 뒤에 干支 없이 나오는 것은 두 사건이 밀접히 연관되어 있음을 의미한다. 1068년에 송의 통교의사를 전하러 온 것도 사전에 문종에 대한 태도를 송상을 통해 알고 있었기 때문이다.
27) 송이 '고려는 예로부터 군자의 국이며, 그 임금 또한 현왕이다'라고 표현한 것은 고려와 문종을 호의적으로 본 것이라고 한다(申採湜, 「宋代 官人의 高麗觀」『邊太燮華甲紀念史學論叢』, 三英社, 1985, 1203쪽).

란을 도모하기 위해 고려와 結盟하자는 견해에 따라 양국의 통교를 결정하였고, 신종은 나중에게 후하게 대우하겠다는 뜻을 고려에 알리도록 하였다.[28] 마침내 1071년에 고려가 民官侍郎 金悌 등 백여 명을 송에 보내면서 양국의 외교가 복원되었다.

이상의 내용을 보면 송과의 통교 과정이 비교적 순조롭게 이루어졌다고 생각된다. 그러나, 문종이 대송 통교를 시도했다가 실패했던 1058년과 송이 통교의 의사를 물어온 1068년과는 불과 10년의 차이 밖에 없었으며, 그 사이 동북아시아의 정세가 급변했다고 해도 고려와 국경을 접한 요가 여전히 군사적으로 가장 강한 국가였는데, 고려의 신료들이 송과의 통교를 반대했다는 기사가 없다는 것은 쉽게 이해되지 않는다.

요는 송에 가는 정기적인 사절을 통해 고려와 송의 통교를 알았고,[29] 이에 요는 송의 국경으로 병마를 넘어들어 가게 하여 긴장관계를 조성했다.[30] 하지만, 고려에는 같은 해 11월에 요황제의 칙사인 永州刺史 耶律直을 보냈고 12월에 문종의 생일 축하사절을 보냈으며, 불경 1藏을 주어 고려를 회유하고 있다.[31] 그런 뒤에 요는 1074년 定戎城 북쪽에 探水庵을 새로 설치하여 분쟁을 일으키려 하였는데,[32] 그것은 顯宗代 이래 지속적으로 제기되던 국경문제였다.[33] 그럼에도 요의 고려에 대한 대응은 통교를 전후

---

28) 『宋史』 권487, 「高麗傳」.
   申採湜, 앞의 논문, 1202·1203쪽.
29) 近藤一成, 앞의 논문, 7쪽.
30) 이미지, 「高麗 宣宗代 権場 문제와 對遼 관계」 『韓國史學報』 14, 2003, 90쪽.
31) 김영미, 앞의 논문, 56·57쪽.
32) 朴漢男, 앞의 논문, 333쪽
   김영미, 앞의 논문, 58·59쪽
   閔賢九, 앞의 논문, 5쪽.
33) 宣宗代의 각장 문제도 고려와 송의 통교문제와 관련되었다고 한다
   박종기, 앞의 논문, 40쪽

하여 모두 외교적인 수단에 그쳤다. 특히 요가 고려나 송에 대해 통교를 철회하라는 공식적인 항의를 한 번도 하지 않았다는 것은 요의 대처에도 한계가 있었으며, 상대적으로 고려가 대송통교를 위해 철저한 준비를 했음을 보여준다.

일찍이 문종은 대송통교를 시도하다가 좌절되었을 때 대송 통교를 진행하기 위해서는 요와의 분쟁에 대비해야 한다는 것을 깨달았던 것 같다. 그러므로 문종은 築城, 武器의 製造, 兵糧의 확보 등을 통해 군비를 확충하고 兵制를 정비해 군인을 공급하는 인적 자원을 충분히 확보하는 동시에, 군사들에 대한 襃奬과 구휼을 통해 사기를 높였다. 그와 더불어 군사 국방의 정책을 결정하고 그 집행에 간여하는 특별기구로서 도병마사를 설치 운영한 것은 國防力을 높여서 효과적인 대외정책을 뒷받침하기 위한 것이었다.[34] 이와 같이 문종은 대송통교로 인해 요와의 관계가 최악에 이를 것에 대비하고 있었으며, 대송통교는 강화된 고려의 군사력에 대한 자신감에서 비롯되었던 것이다.

그러면서도 고려는 대송 통교의 과정에서 요를 자극하지 않기 위해 노력하였다. 고려는 송에 사신을 보내면서 그것이 요와의 책봉 관계를 단절하는 것이 아님을 분명히 하였다. 일찍이 顯宗이 거란을 물리친 뒤 '權知國事'를 칭하며 송에 사신을 보내 尊號의 하사, 正朔의 반포, 冊封 등을 요구하자 송의 眞宗이 허락하고자 하였으나 반대가 많아 중지하고 조서만 반포하였다고 한다.[35] 당시 요와 송의 정치적 관계를 보건대 이미 요가 책봉하고 있는 고려국왕을 송이 책봉한다는 것은 사리에 맞지 않았기 때문일 것이다. 문종이 송의 황제에게 자신을 權知高麗國王으로 칭하면서[36] 별도의

이미지, 앞의 논문, 94~100쪽.

34) 閔賢九, 앞의 논문, 9~16쪽.

35) 『高麗圖經』 권2 「世次」 王氏.

책봉을 요청하지 않았고, 연호도 없이 甲子紀年만을 사용한 것도[37] 그러한 사정과 관련되었다.

문종은 위와 같은 현종대 거란 중심의 이원적 조공체제를 재현하려고 했던 것이었다. 그래서 문종대 송에 파견된 첫 번째 사신 金悌의 관직을 현종대 마지막으로 송에 갔던 元穎의 직함과 같은 民官侍郞으로[38] 했다. 문종은 사신의 직함까지 동일하게 하여, 자신의 대송통교가 외교관계를 새로이 만드는 것이 아니라 현종대 실행되던 외교 관계를 복원하는 것에 불과하다는 점을 강조하였다. 실제로 1071년에 김제가 고려로 돌아가자 송은 예물과 5통의 칙서를 주었는데, 勅에 책봉과 正朔에 대한 언급은 없었다. 송은 고려와 함께 요의 견제를 희망했지만, 현실을 반영하여 고려가 제시한 외교원칙을 받아들였던 것이다.[39]

고려와 요·송은 같은 조공관계라고 해도 본질적으로 달랐다. 고려는 요·송 양국에 조공을 했지만, 종주국인 요로부터 책봉과 正朔을 받고 進奉·方物·告奏 등의 정기적·비정기적 사신을 보내는 실질적 조공관계였

---

36) 『宋大詔令集(神宗)』「賜權知高麗國王事王徽起居回書」.

37) · 김성규, 「高麗 前期의 麗宋關係—宋朝 賓禮를 중심으로 본 高麗의 國際地位 試論—」『國史館論叢』92, 2000, 42·43쪽.
　　· 안병우, 「고려와 송의 상호인식과 교섭:11세기 후반~12세기 전반」『역사와 현실』43, 2002, 95·96쪽.
　　김성규는 대송 교섭에서 요의 연호 사용이 원칙이지만 甲子紀年을 사용한 것은 송을 존중한 것이라고 한다.

38) 御事民官은 995년(성종 14)부터 상서호부로 바뀌었다(『高麗史』권76,「百官志」1, 尙書戶部). 따라서 1030년의 원영과 1071년의 김제 등은 호부시랑이라고 기록되어야 옳다.

39) 將菲菲·王小甫 等, 앞의 책, 177쪽.
　　서긍은 고려의 중국 연호 사용에 대해 정확하게 기록해 놓았는데, 고려가 거란 또는 요나 금의 연호를 사용한 것에 대해 전혀 문제 삼지 않았다(『高麗圖經』권40,「同文」, 正朔). 왜냐하면 그것은 송을 포함한 당시 동북아시아의 질서를 반영하는 것이었기 때문이다.

다.[40) 반면 고려에서 송에 가는 사신은 사안에 따라 정해졌기 때문에 송과의 외교는 거의 유명무실한 조공관계 즉 '비조공관계'의 범주에 속하였다.[41) 그런데도 송은 高麗交易法과 高麗入貢儀를 제정하여 타국보다 특혜를 주어 熙寧 연간(1068~1077)에 고려를 西夏와 동격으로 하였고, 元豊 연간(1078~1084)에는 요에게 적용했던 國信使의 명칭과 지위를 고려사신에게 부여하였다.[42)

이러한 우대를 받았어도, 고려가 송보다 요와의 관계를 더욱 중요시했다는 것은 문종과 순종의 사후에 있었던 사신의 파견에서 잘 드러난다. 1082년 7월에 문종이 薨하고 順宗이 즉위하자 곧바로 告哀使 左拾遺·知制誥 吳仁俊을 遼에 보냈다.[43) 이어 10월에 순종이 薨하고 宣宗이 즉위한 뒤, 11월에 侍御史 李資仁을 보내 순종의 喪을 알렸다. 이 때 요의 황제가 두 명의 국왕이 잇달아 서거한 데에 의문을 품자 李資仁이 그 연유를 정직하게 밝혀 황제로부터 위로를 받게 되고 외교적 갈등은 해소되었다.[44)

결국 요는 그 다음해 4월에 勅祭使 益州管內觀察使 耶律信과 慰問使 廣州管內觀察使 耶律彦 등을 보내 文宗과 順宗을 제사하였다.[45) 이어 1085년(선종 2)에 保靜軍節度使 蕭璋을 보내 선종을 特進·檢校太師·兼中書令·上柱國·食邑一萬戶·食實封一千戶에 봉하고, 겸하여 冠冕, 車馬, 圭印, 衣帶,

40) · 朴賢緖, 「北方民族과의 抗爭」『한국사』4, 국사편찬위원회, 1975, 287쪽.
   · 魏志江, 앞의 논문, 52·53쪽.
41) · 全海宗, 「韓中朝貢關係槪觀」『韓中關係史硏究』, 一潮閣, 1970, 45·46쪽.
42) · 申泰光, 앞의 논문, 655쪽.
   · 신채식, 주 21) 논문, 84쪽.
   · 윤영인, 「10-13세기 동북아시아 多元的 國際秩序에서의 冊封과 盟約」『東洋史學硏究』101, 2007, 139·140쪽.
43) 『高麗史節要』권5, 문종 37년 추7월.
44) 『高麗史節要』권5, 문종 35년 11월.
45) 『高麗史節要』권6, 선종 원년 하4월.

綵段 등의 물품을 하사하였으며, 宣宗은 南郊에서 책명을 받았다.[46] 고려
는 국왕의 죽음이라는 중대사가 발생하자 신속하게 사신을 보내 요의 책봉
을 받았던 것이다.

그에 반해, 송에는 별도의 사신을 보내지 않았으므로 1083년 9월에 송
은 海商을 통해 문종의 薨去 소식을 듣고 승려 37인에게 1개월간 도량을
명하였다.[47] 이어 선종의 즉위에 대한 정보는 1084년 2월에 요에 갔던 송
의 사신이 '고려에서 순종이 즉위 60일만에 졸하고 선종이 권지국사가 되
었다는 것을 알리는 사절이 왔으며 요는 이미 사신을 보내 封冊하였다'는
보고를[48] 통해 알게 되었으며,[49] 그 다음해에 자발적으로 祭奠使와 弔慰
使를 보내 문종을 조문하였다.[50] 그것은 송과의 통교를 결정한 문종에 대
한 고마움의 표시였을 뿐 아니라 국왕이 바뀐 뒤에도 통교의 지속을 바라
는 간절함을 담고 있었다.

고려가 국왕의 喪을 알리는 사신을 곧바로 책봉국인 遼에 보냈던 것은
新王의 신속한 책봉을 위한 것이었으며, 요가 고려의 가장 중요한 외교적
상대국이었음을 알려준다. 반면에 송에 알리지 않았던 것은 양국 사이에
바다로 갈라져 있는 지리적 여건 탓도 있었지만, 송과의 관계를 요에 비해
부차적으로 생각하고 있었다는 증거이다. 고려는 요가 종주국임을 분명하
게 표명하였기 때문에 요의 간섭을 최소화하면서 송과의 통교를 계속할 수
있었던 것이다.

요컨대, 문종은 대송 통교를 통해 선진문물을 받아들이는 이익을 추구
하고자 하였으나, 그것을 이루기 위해서는 고려와 국경을 접하고 있으며

---

46) 『高麗史節要』 권6, 선종 2년 11월.
47) 『續資治通鑑長編』 권339, 元豊 6년 9월.
48) 『續資治通鑑長編』 권343, 元豊 7년 2월 계유.
49) 近藤一成, 앞의 논문, 16쪽.
50) 『高麗史節要』 권6, 선종 원년 추8월.

동북아시아에서 패권을 잡고 있던 요와의 관계를 원만히 해야만 했다. 마침 1060년대에 요의 내분으로 국력이 약화되고, 1068년에 즉위한 송의 신종이 고려와 협력하여 요를 제압하려는 정책에 따라 고려와의 통교를 원하게 되자 고려는 그만큼 유리한 조건 속에서 통교할 기회를 갖게 되었다. 이에 문종은 강화된 국방력에 대한 자신감을 바탕으로 송과 통교하면서도 책봉국인 요를 우위에 두고, 송에게 冊封이나 正朔을 받지 않아, 요에 대해 최대한 존중을 표시하였다. 이와 같은 대비책으로 인해 약간의 외교적 압박을 받은 것을 제외하고 군사적 충돌없이 송과의 통교를 지속해나갈 수 있었다고 여겨진다.

3. 對宋通交의 再開와 朝貢貿易

1071년 고려의 대송통교는 요와의 전쟁을 초래할 수 있는 위험한 일이었으나, 약간의 국경분쟁을 제외하고는 커다란 문제는 발생하지 않았을 뿐 아니라 요는 문종의 생신사절을 재위기간 내내 빠짐없이 보내왔다. 다행히 국가적인 큰 위기를 겪지 않고 고려는 대송통교를 지속할 수 있었기 때문에 결과적으로 문종의 대송통교 결단은 성공했다고 평가된다.

이제 문종이 상당한 외교적 위험을 감수하고 송과의 사신왕래를 재개한 이유를 해명할 차례이다. 문종은 송을 위해 어려운 결정을 한 만큼 송으로부터 많은 경제적 이익을 얻어내고자 했는데, 고려와 송 사이에 오고간 물품과 수량을 통해 어느 정도였는지를 알아보자.

문종대 처음 송에 갔던 고려의 사신 金悌가 가져간 御衣·腰帶·金器·弓·刀·鞍轡馬·銅器·布·紗·紙·墨·人蔘·硫黃·松子·香油[51] 가운데 方物에

---

51) 『宋會要輯稿』, 「歷代朝貢」, 蕃夷七之三二 神宗 熙寧 4년 8월 1일.

해당되는 수량은 香油 20缸, 松子 2200근, 人蔘 1천斤, 生中布 2천匹, 生平布 2천匹 등이었다.52) 그리고 1073년에 謝恩兼獻方物使 金良鑑이53) 가져간 물품은『宋大詔令集(神宗)』의「賜進奉回書」,「賜進奉太皇太后皇太后回書」,「賜謝恩進奉回書」 등 3勅에 실려 있다.54) 그 내용을 보면, 고려에서 보낸 皇帝, 皇太后, 太皇太后 등에 대한 進奉物의 품목은 대체로 비슷하였고, 進奉과 謝恩의 전체 수량은 金器 685량, 銀器 1000량, 羅綾 400필, 生布 12000필, 人蔘 3000근, 松子 6600근 등이었다.55) 전체적으로 이전에 비해 金器·銀器가 많아지고 生布의 양도 크게 증가했다. 이어 1080년에 약재를 내려준 것을 사례하러 가다가 난파한 柳洪이 가져갔던 것은56) 金合 2副, 盤盞 2副, 注子 1副, 紅罽倚背 10隻, 紅罽褥 2隻, 長刀 20隻, 生中布 2천필, 蔘 1천斤, 松子 2200근, 香油 220斤, 鞍轡 2部, 細馬 2匹, 螺鈿裝車 1兩 등이었다.57)

세 차례의 조공품을 품목별로 구분하건대,58) 황제를 위한 服飾·器皿·

---

52)『高麗史』권9,「世家」, 文宗 26년 6월 갑술.

53)『高麗史』에는 김양감이 1073년 8월에 송에 갔다고 했으나(『高麗史』권9「世家」文宗 27년 8월 정해),『宋史』등에는 희령 7년(1074)에 사신이 왔다고 하였다. 아마 두 해에 걸쳐 머물렀던 것 때문에 착오가 있었던 것 같다(丸龜金作,「高麗と宋との通交問題(一)」『朝鮮學報』17, 1960, 9쪽).

54)『宋大詔令集』권237,「賜權知高麗國王王徽起居回書」, 熙寧 7년 8월.
   이 때의 진봉품은 질과 양에서 송나라 사람들에게 깊은 감명을 주어, 契丹·西夏 등의 것을 제외하고, 고려의 것을 문헌에 기록하였다고 한다(池田溫,「麗宋通交の一面─進奉·下賜品をめぐって─」『東アジアの文化交流史』, 吉川弘文館, 2002, 358~363쪽).

55) 池田溫, 앞의 책, 358~360쪽.

56)『高麗史』권9,「世家」, 文宗 34년 3월 임신.

57)『高麗史』권9,「世家」, 文宗 34년 추7월 癸亥.

58) 그 다음해인 1081년에 공부시랑 崔思訓이 가져간 진봉품은 御衣·腰帶·金器·色羅綾·幞頭紗·鞍轡馬·弓·刀·紅罽褥·紙·墨·銅器·生中布·人蔘·松實·香油·黃漆·藥物 등으로 다른 때와 대체로 유사하다(『宋會要輯稿』「歷代朝貢」蕃夷七之三三 神宗 熙寧 9년 11월 21일). 그 밖에 구체적인 품목이나 수량이 나와있지 않은 사행은

兵器·儀仗, 고려의 특산물인 인삼·잣[松子] 등과 더불어 베·비단 등 다량
의 옷감류로 구성되었다.[59] 또한 金銀 등 귀중품의 중량이나 인삼의 수량
이 매우 많았으며, 수공업 제품도 정교하게 만들어진 매우 가치가 높은 것
들이었다.[60] 현재의 자료로서는 고려가 가져간 진봉품의 가치를 정확하게
추산하기는 어렵다. 다만, 김양감이 가져갔던 진봉품의 일부가 銀器 1000
량, 羅綾 400필, 生布 12000필이었는데, 비슷한 시기 고려에서 1필의 비단
[匹練]은 銀 10兩에 해당했으며,[61] 小平布 1필은 쌀 1말 2되 5홉, 大綾 1필
은 쌀 4石이었다는[62] 점을 참고할만하다. 당시 고려의 國庫가 충실해서,[63]
평균 3년 정도에 한 번씩 송에 파견되었던 고려의 사신이 많은 進奉品을
가져갈 수 있었지만, 요의 위협이 상존하는 가운데 엄청난 재정적 지출을
해가면서까지 송과 통교를 계속한 것은 커다란 반대급부를 기대했기 때

　　설명에서 제외하였다
　　고려에서 송에 보내는 물품을 분류하면, ① 황제의 의복류, ② 황실과 귀족들이
　　선호하는 귀금속·견직물·모직물류, ③ 쉽게 구하기 어려운 진기한 토산물류, ④
　　무기구류, ⑤ 약품류 등이었다고 한다(丸龜金作, 「高麗と宋との通交問題(二)」『朝鮮
　　學報』 18, 1961, 68~70쪽).
59) 이진한, 「송과의 무역」『한국무역의 역사』(최광식 외), 청아출판사, 2004.
60) · 金庠基, 주 21) 논문, 74쪽
　　· 丸龜金作, 앞의 논문, 68~70쪽.
　　· 全海宗, 「高麗와 宋과의 交流」『國史館論叢』 8, 1989, 11·12쪽.
　　· 楊渭生, 「宋與高麗: 朝廷‘貢’‘賜’貿易」『宋麗關係史研究』, 杭州大學出版社, 1997, 23
　　7·238쪽.
61) 『宋史』 권487 高麗傳 및 『文獻通考』 권325, 「四裔考」 2, 高句麗.
62) <표> 睿宗十年三司改定 祿折計法(『高麗史』 권80, 「食貨志」 3, 祿俸).

옷감(1필)	쌀 환산가치	옷감(1필)	쌀 환산가치
大絹	1石 7斗	中絹	1石
絲絁·小絹	7斗	緜紬	6斗
小平布	1斗 2升 5合	常平紋羅	1石 7斗 5升
大綾	4石	大紋羅	2石 5斗

63) 池田溫, 앞의 책, 362·363쪽.

문이다.

결국 고려가 송에 보냈던 것보다 송으로부터 받았던 것이 더 많아야만 문종의 결단을 설명할 수 있는데, 고려가 進奉과 回賜라는 조공무역의 형식을 이용하여[64] 경제적 이익을 얻었다는 점은 이미 밝혀졌다.[65] 다만 그러한 점을 인정하면서도 진봉품의 양이 고려에도 적지 않은 부담이 되었다는 견해도 있다.[66] 따라서 고려의 진봉에 대한 송의 회사가 더 많았는지 구체적으로 살펴볼 필요가 있다. 다음의 기사를 검토해보자.

> B. 원풍 3년 정월 17일에 詔하기를 '高麗國王이 매양 조공하면 회사품으로 浙絹 만필을 주도록 하였다. (그 전과 같이) 모름지기 有司에 내려 고려가 보낸 공물의 가치를 따져서 주는 것은 事體를 상하게 하는 것이므로 마땅히 (고려) 國王의 貢物은 가치를 따지지 말고 회사하며, (앞으로는 절견 만필을) 영원히 정해진 수량으로 삼아라'라고 하였다.[67]

이 기사에 의하면 그 이전에는 고려의 국왕이 보낸 貢物은 有司가 가치

---

64) · 金庠基, 주4) 논문, 5쪽.
　· 白南雲, 앞의 책, 765·766쪽.
　· 全海宗, 「中世 韓中 貿易形態 小考—特히 公認貿易과 密貿易에 대하여—」『大丘史學』12·13합, 1977;『韓國과 中國—東洋史 論集—』, 知識産業社, 1979, 128·129쪽.
65) 고려가 송과의 통교를 통해 무역상의 이익을 얻었다는 점에 대해서는 金庠基와 白南雲의 주4) 논문에서 지적한 이래 대부분의 연구자들이 동의하고 있다.
66) 全海宗, 주 60) 논문, 12쪽.
　신채식, 「宋·麗의 문화교류에 관하여」『梨花史學研究』25·26합, 1999, 8쪽.
67) 元豊 3年 正月 17日 詔 高麗國王每朝貢 回賜浙絹萬疋 須下有司估準貢物乃給 有傷事體 宜自今 國王貢物 不估值回賜 永爲定數(『宋會要輯稿』,「歷代朝貢」,「蕃夷七之三六).
　참고로『宋史』권487,「高麗傳」에는 다음과 같이 기록되었다(前此貢物至 輒下有司估直 償以萬縑 至是命勿復估 以萬縑爲定數).

를 따져주었으나, 1080년부터는 진봉의 양에 관계없이 무조건 절견[68] 만필을 주었다고 한다. 공물의 양에 따라 회사품의 양도 달라지는 방식은 唐代부터 주변 국가나 민족의 과도한 조공으로 인한 재정적 부담을 막기 위한 조처로 제도화되었다.[69] 고려에서도 비슷한 사례가 있었는데, 948년(定宗 3) 9월에 東女眞의 大匡 蘇無盖 등이 와서 말 7백 필과 방물을 바치자 왕은 天德殿에서 말을 열람하고 3등급으로 평정하여 1등은 銀注子 1事와 錦絹 각 1필, 2등은 銀鉢 1事와 錦絹 각 1필, 3등은 錦絹 각 1필을 주었다.[70] 그러므로 고려의 사신이 송에 가져갔던 진봉품은 송에 事大를 하겠다는[71] 상징이었을 뿐 아니라, 回賜를 고려하여 보냈던 것으로 이해할 수 있다. 게다가 '厚往薄來'라고 하여 보통 회사품의 가치가 공물의 가치보다 많았던 전통적인 중국의 朝貢國에 대한 우대 원칙이 있었다.[72] 고려의 사신들이 많은 진봉품을 가지고 갔던 것은 그 보다 더 많은 회사품을 기대했기 때문이었음이 분명하다.[73]

그러한 사실은 1080년부터 진봉물의 양을 불문하고 절견 1만 필을 주었

---

68) 절견은 중국 비단의 명산지의 하나인 절강성의 견이다. 『高麗圖經』 권23, 「雜俗」 2, 土産條에 고려는 양잠에 서툴러 명주와 비단은 상인을 통해 閩浙—복건과 절강—과 山東에서 사들인다고 하였다. 아마 조공품으로 받기 이전부터 송상을 통해 수입된 절견을 고려인들이 이용하였을 것이다.

69) 唐에서도 외국의 사신이 가져온 獻物은 사신이 도착한 州縣에서 物名과 수량을 갖춰 鴻臚寺에 이첩하며, 홍려시는 그것을 監驗한 뒤에 小府監 및 市司에 이첩하였다. 해당 관서의 각 1관원은 물품을 식별하는 사람을 거느리고 가격을 정한 뒤, 이 일을 헤아려 상주하고 송부하면서 中書省에 이첩하였다(김택민 주편, 『역주 당육전(중)』, 신서원, 2005, 578·579쪽).

70) 『高麗史』 권2, 「世家」, 定宗 3년 추9월 戊申.

71) 『高麗史』 권9, 「世家」, 문종 26년 6월 甲戌.

72) 茂木敏夫, 「中國からみた <朝貢體制>—理念と實態, そして近代における再定義」 『アジア文化交流研究』 1, 關西大學, 2006, 222쪽.

73) 문종이 '大船'을 만들고자 했던 것도 대송통교 이후 사신의 수와 진봉품의 양을 늘려 조공무역의 이익을 극대화하기 위한 의도에서 비롯되었다고 여겨진다.

다는 기사를 통해 확인된다. 이 조치가 있게 된 배경에는 고려 사신 유홍이 탄 배가 중국 근해에서 조난되어 공물의 상당 부분을 잃게 된 사건과 관련되었다.[74) 고려가 송의 책략에 호응하여 요와의 분쟁을 각오하고 위험한 바다를 건너 조공하러 오는데, 장사치가 하듯이 계산해서 回賜하는 것이 '사체에 어긋난다'는 것이었다.

어쨌든 재정적 부담을 감수한 신종의 배려로 인해 고려의 사신이 갈 때마다 조공의 양에 관계없이 浙絹 1만 필을 받게 되었다.[75) 견의 가치는 예종 13년의 祿折計 규정에서 大絹 1匹은 쌀 1석 7두였고, 中絹 1필은 쌀 1石이었다.[76) 견 만 필의 가치는 중견일 경우 쌀 만 석이 되고, 대견일 경우 쌀 14667석이다. 조공과 회사품이 모두 최고급이란 점을 감안할 때, 대체로 쌀 1만 석 이상의 가치는 될 것 같다. 고려의 사신이 한 번 송에 갈 때마다 받아오는 회사품의 수량은 결코 작은 것이 아니었다. 또한 가치를 계산하지 않게 된 뒤로 고려는 조공품의 양을 늘리려는 노력을 하지 않아도 되었다. 그 만큼 고려는 그 이전보다 더욱 유리한 조건으로 조공무역을 할 수 있었다고 여겨진다.

다음으로 송의 사신이 고려에 가져온 물품에 대해 알아보자. 1071년에 고려와 송이 통교한 뒤, 1078년에 비로소 송은 神舟라는 새로운 거함 2척을 건조하고 좌간의대부 安燾 등을 고려에 파견함으로써 국력을 과시하고자 하였다.[77) 이 때의 國信物은 고려 국왕에 대한 下賜品과 別賜品으로 구

---

74) 1080년에 柳洪 등이 탄 배가 사은을 위해 갔으나 배가 난파되어 공물의 절반을 잃어버리자, 송 조정이 어느 정도 책임을 느끼지 않을 수 없었으므로 가치를 따져서 주던 방식을 폐지하고 만필의 견으로 고정하였다는 견해도 있다(Michael C. Rogers, 앞의 논문, 321·322쪽).

75) 池田溫, 앞의 책, 369·370쪽.

76) 주 62) 표 참조.

77) 李範鶴, 주 21)a 논문, 101쪽.

성되었는데,78) 종류별로 정리하면 下賜品으로 國王衣 2對, 紫花羅夾公服 1領, 淺色花羅汗衫 1領, 紅花羅繡夾三襜 1條, 紅花羅繡夾包肚 1條, 紅花羅繡勒帛 1條, 白綵綾夾袴 1腰, 靴 1緉, 紅透背袋盛紅羅繡夾複 2條, 腰帶 2條, 馬 4匹, 金鞭 2條, 金花銀器 2천兩 등과 雜色川錦 100匹, 色花羅 100匹, 色大綾 100匹, 色小綾 100匹, 色花紗 500匹, 白絹 2천匹 등이었고, 別賜品으로 龍鳳茶 10斤, 供御杏仁煮法酒 10瓶, 鏤金紅黃磲牙拍板 10串, 紅黃牙笛 10管, 紅黃牙篳篥 10管, 龍鳳燭 20對 등이었다.79) 송이 보냈던 물품들은 고려의 진봉품에 대응하고 있으며, 茶酒와 樂器 등 송의 문화적 생산품과 고급 옷감류가 많았다.80)

이때 송이 보냈던 물품의 가치는 하사품의 일부였던 金花銀器 2천兩 등과 雜色川錦 100匹, 色花羅 100匹, 色大綾 100匹, 色小綾 100匹, 色花紗 500匹, 白絹 2천匹만 따져도 질적으로나 양적으로 매우 많았던 것 같다.81) 때문에 안도가 가져온 물품에 대해 문종이 '優賜極感榮幸'이라고 표현하였으며, 그에 대한 고마움의 표시로 宋使에게 많은 물품을 주어 배에 실을 수 없을 정도가 되었다고 한다.82)

그 다음해에는 문종의 風痺를 고칠 의관과 약을 보내달라는 요청에 따라 송은 사신 王舜封을 비롯하여 翰林醫官 邢慥 등 88인과 더불어 藥物 100品과 別賜로 牛黃 50량, 龍腦 80량, 朱砂 300량, 麝香 50臍 등을 보냈다. 그것들은 진귀한 약재로서 대부분 중국의 名產品이고, 몇 종은 安息·인도·

---

78) 楊渭生, 앞의 논문, 240~242쪽.
79) 『高麗史』 권9, 「世家」, 文宗 32년 6월 丁卯.
80) 池田溫, 앞의 논문, 367~369쪽.
81) 송이 새로운 거함 2척—神舟—을 건조하여 고려에 파견함으로써 국력을 과시하려고 한 것도(李範鶴, 주 21)a 논문, 101쪽), 이 당시의 하사품의 수량이 많았다는 것을 짐작하는데 도움이 된다.
82) 楊渭生, 앞의 논문, 242쪽.

동남아산도 있었다.[83] 특히 송 정부는 직접 香藥을 담당하는 관서를 만들어 관리하면서 매년 막대한 이익을 남겨 호부의 경비로 사용하였기 때문에,[84] 송은 재정적인 손실을 감수하면서 고려에게 極大의 惠澤을 주었던 셈이다.[85] 더욱이 송의 사신이 직접 가져온 국신물은 순수한 황제의 하사품이어서 그 자체로 고려에게는 막대한 이익이 되었다.[86]

요컨대 '문종이 근래 사신을 보내 조공하자 神宗이 그 부지런하고 성실함을 가상히 여겨 아주 후하게 대우하였다'[87]고 하는 중국 史書의 표현과 같이 1071년의 대송통교 이후 고려는 사신의 왕래와 그에 따른 조공무역을 통해 적지 않은 경제적 이익을 얻었고, 그것은 고려의 재정을 충실히 하는 데 크게 이바지하였을 것이다.[88]

---

83) · 李丙燾, 『韓國史 中世編』, 震檀學會, 1961, 396쪽.
   · 楊渭生, 주 10) 논문, 158쪽.
   · 楊渭生, 주 60) 논문, 242쪽.
   · 金渭顯, 「宋代의 文物交流」 『宋遼金元史研究』 3, 1999, 39~49쪽.
   · 申泰光, 앞의 논문, 667쪽.
84) 陳高華·吳泰, 「宋元時期海外貿易空前繁榮的原因」 『宋元時期的海外貿易』, 天津人民出版社, 1981, 183·184쪽.
85) 楊渭生, 주 10) 논문, 158쪽.
86) 문종의 사후, 선종 원년에 고려에 왔던 송의 弔慰使와 祭奠使가 귀국하게 되자 高麗는 左右番으로 나누어 각각 금은기 4천 량을 주었으나 조위사 전협이 받지 않았다는 일화는(『宋史』 권316, 「錢惟演附勰傳」), 고려도 많은 비용이 들었다는 것을 알려준다(丸龜金作, 주 58) 논문, 11쪽). 그러나 그만큼의 감사 표시를 할 정도였다면, 고려의 혜택이 매우 컸음을 의미한다.
87) 『續資治通鑑長編』 권 280, 神宗 元豐 元年 春正月 辛未.
88) 명종대 금에서 보내는 준 絲絹 等의 물품의 반은 內府에서 御用으로 사용하고 반은 大府에 붙여 經費에 사용하였다(『高麗史節要』 권13, 명종 15년 춘정월)고 하였다. 그렇다면 송이 보냈던 回賜品·下賜品·別賜品 역시 왕실재정과 국가재정으로 나뉘어 충당되었을 것이다.

4. 對宋通交의 再開와 海商貿易

문종대 대송통교 이후 고려의 해상무역에도 적지 않은 변화가 있었다. 주지하는 바와 같이, 고려와 송의 통교를 중개한 사람들은 고려를 왕래하던 송상이었다. 그 가운데 羅拯을 비롯한 泉州의 상인이 兩國을 오가며 중요한 역할을 하였다.[89] 泉州는 송대 이래 해상무역이 발달한 지역으로 고려에 온 송상의 출신지 가운데 큰 비중을 차지하고 있었다. 실제로 『宋史』 高麗傳에 고려에는 閩 사람이 많았다고 했고, 蘇軾도 천주에는 고려를 왕래하며 장사하는 사람이 많다고 하였으며,[90] 고려에 귀화하여 크게 활약한 송 인물로서 출신지를 알 수 있는 12명 가운데 5명이 泉州이고, 그곳과 가까운 福州와 閩 출신도 각 1명이 있었다.[91]

또한 송의 해상들이 자유롭게 무역을 하려면 大官의 보호가 불가결했던 상황 하에서 집권 新法黨의 관료들은 천주의 해상들을 보호하고 때로는 이들로부터 지원을 받는 공생의 관계를 맺고 있었다.[92] 이와 같이 泉州商人들은 송과 고려 양국에 人的 關係網을 가지고 있어서,[93] 양국을 오가며 통교의사를 전달하고 성사시키는데 도움을 주었을 것이다.

---

89) 近藤一成, 앞의 논문, 10~12쪽.
90) · 森克己, 「日本·高麗來航の宋商人」 『朝鮮學報』 9, 1956, 223~226쪽.
　　· 金庠基, 주 21) 논문, 445~454쪽.
91) 崔永好, 「고려시대 송나라와의 해양교류─송나라출신 전문인력의 입국과 활동을 중심으로─」 『역사와 경계』 63, 2007, 203·204쪽.
92) 鄭修芽, 앞의 논문, 111쪽.
93) 의천의 중국 불교와의 교류와 송상의 역할에 대해서는 다음의 논문이 있다.
　　· 金庠基, 「大覺國師義天에 대하여」 『국사상의 제 문제』 3, 1959; 『東方史論叢』, 서울大出版部, 1975.
　　· 崔柄憲, 「大覺國師 義天의 渡宋活動과 高麗·宋의 佛敎交流─晉水 淨源 慧因寺와의 관계를 중심으로─」 『震檀學報』 71·72합, 1991.

이후 고려의 사신이 송에 오게 되자, 천주 해상은 통교에 기여한 대가로 무역상의 이익을 얻고자 했다. 일찍이 문종을 만났던 천주 상인 黃愼이 송으로 돌아가서 고려가 福建에 移牒하여 예를 갖추어 조공하겠다고 알린 것은[94] 자신의 연고지인 천주를 경유하게 하여 무역상의 이익을 얻고자 했던 것이다.[95] 그러나 사정의 변화로 고려의 入貢은 登州로 변경되었다.

1074년 고려의 사행 때부터는 요를 멀리하기 위해서 明州를 이용하였고,[96] 도착한 뒤에는 定海縣을 경유하고 姚江과 錢塘江을 거쳐 다시 운하에 들어서 송의 수도 개봉에 도달하였으며, 이 길은 水路가 많아서 고려의 貨物을 옮기는데 편리하였다.[97] 그리고 고려가 입공한 사실상의 목적이 교역에 있었기 때문에 남방과의 해상무역이 활발하고 물자의 집산지인 明州가 고려에 유리하였으며, 고려사신이 市舶司가 설치되었던 명주에 도착하는 것이 천주해상에게는 이익이 되었다고 한다.[98]

해상들은 宋이 고려에 파견했던 사절단의 운송에도 참여하였다. 1078년 3월에 송은 고려에 사절을 파견하기로 하고 새로운 배 2척을 만들고 각각 '凌虛致遠安濟神舟', '靈飛順濟神舟'라는 이름을 붙였다.[99] 그러자 福建·兩浙의 高麗를 다니던 海商들이 많은 뇌물로 가기를 구하고자 하여 監司가

---

94) 『高麗史』 권8, 「世家」, 文宗 25년 3月 庚寅.
95) 近藤一成, 앞의 논문, 11·12쪽.
96) 『續資治通鑑長編』 권249, 神宗 熙寧 7년 正月 을축.
  祁慶富, 「10~11세기 한중 해상교통로」 『한중문화교류와 남방해로』(조영록 편), 국학자료원, 1997, 172·173쪽.
97) · 陳高華·吳泰, 「各貿易港的發展狀況」 『宋元時期的海外貿易』, 天津人民出版社, 1981, 101·102쪽.
  · 倪士毅·方如金, 「宋代明州與高麗的貿易關係及交其友好往來」 『杭州大學學報(哲學社會科學版)』 12-2, 1982, 86쪽.
98) 近藤一成, 앞의 논문, 12·13쪽.
99) 『續資治通鑑長編』 권289, 神宗 元豐 원년 3月 정해.

법으로 그것을 제어하였다고 한다.100) 송의 해상들이 송 조정의 외교에 이 바지하는 것과 더불어 공식적인 사절을 따라 고려에 가서 무역을 하고자 뇌물을 주었던 것이다.

그 뒤에도 송은 고려에 사신을 파견할 경우, 福建과 兩浙의 감사에게 맡겨 客舟를 모집하여 고용하였으며, 또 明州에서 裝飾을 하게 하는데 대략 신주와 같은 형체는 갖췄으나 크기가 작았다고 한다.101) 객주는 상선을 임시로 使節의 배로 꾸몄던 것이며, 신주이든 객주이든 배의 운행은 해상들이 담당하였다.102) 그래서 1083년 문종의 사후에 고려에 보낼 사신의 출발지를 두고 登州와 密州에서 출발하는 것이 명주보다 편하다고 하며 상인을 모집하여 바닷길을 탐지하였고,103) 京東路轉運使가 楚州에서 密州의 板橋鎭까지는 2, 3일에 불과하다는 천주 해상의 말을 전하자 천주에서 주관하여 준비할 것을 명하고 있다.104) 여전히 천주의 상인들이 고려 사행에 대한 우선권을 행사하고 있음을 보여준다.

1123년(인종 1)에 고려에 왔던 祭奠使 楊景略과 弔慰使 錢勰 일행은 황제의 명령을 받아 神舟 2척에 客舟 6척을 겸하여 8척의 배에 예물을 싣고 고려에 왔다.105) 그렇다면, 1078년에 온 국신사 安燾나 1079년에 문종을 위한 의약을 가져온 왕순봉 등의 일행도 大船인 神舟 2척 이외에 객주가 포함될 가능성이 있다. 신주만이 왔다고 해도, 송의 외교 사절과 더불어 많은 상인들이 함께 왔으며, 그들은 송의 사신들이 머무는 동안 무역을 하였을 것이므로 사실상의 무역 사절이었다. 이처럼 사신이 오갈 때 송상들이

100) 『續資治通監長編』 권289, 神宗 元豐 원년 5월 갑신.
101) 『高麗圖經』 권34, 「海道」 1, 客舟.
102) 『高麗圖經』 권34, 「海道」 1, 客舟.
103) 『續資治通鑑長編』 권341, 신종 원풍 6년 11월 기유.
104) 『續資治通鑑長編』 권341, 신종 원풍 6년 11월 갑자.
105) 『高麗圖經』 권34, 「海島」 1, 招寶山.

참여하여 공공연하게 무역을 할 수 있게 된 것은 고려와 송의 통교로 인해 송상이 얻게 된 혜택의 하나였을 것이다.

　그들에게 그보다 획기적인 일은 고려의 대송통교 이후 송상의 고려 왕래가 합법화되기 시작했던 것이다. 송은 요의 책봉국인 고려의 왕래를 금지하고 있었으나 禁令은 잘 지켜지지 않아서 고려를 왕래하는 해상들이 많았다.106) 그것은 지방 정부의 후원과 묵인하에 이루어졌던 것인데,107) 이후 고려와 송의 통교로 인해 왕래를 규제할 명분이 줄어들자, 다음과 같이 규정을 바꾸었다.

> C. 神宗 元豊 2년 춘정월 병자에 明州에서 고려를 오가는 상인으로 財本 5천緡 이상에 이르는 자를 括索하여 明州에 姓名을 籍하며 保識한다. 해마다 배 두 척을 보내 交易을 하되 禁物을 어기는 일이 없게 하고 그 다음해에 돌아오게 하며, 허가없이 출발한 배는 盜販法에 의거하게 하였다. 이에 앞서 私的으로 고려에 가서 판매하는 것을 금지하였으나 그치지 않았는데 고려가 중국과 더불어 다시 통하게 됨에 따라 이 법을 세웠다.108)

　이 기사를 보건대, 1079년부터는 일정한 자격조건을 갖추어109) 명주에

---

106) 송상의 고려 무역에 대해 밀무역이라고 하는 견해도 있지만, 정작 그들의 무역 상대국인 고려는 공식적으로 무역을 했다는 점에서 정확한 표현은 아니다(丸龜金作, 주 58) 논문, 67쪽 및 全海宗, 주 64) 논문, 132·133쪽).

107) 陳高華·吳泰, 앞의 책, 1981, 37쪽.

108) 詔 舊明州括索 自來入高麗商人 財本及五千緡以上者 令明州籍其姓名 召保識 歲許出引發船二隻 往交易非違禁物 仍次年卽回 其發無引船者 依盜販法 先是 禁私販高麗者 然不能絶 至是 復與中國通 故立是法(『續資治通監長編』 권296, 신종 원풍 2년 춘정월 병자)

109) 고려에 가는 자는 재본이 반드시 3천관이어야 한다는 기록도 있는데(『宋會要輯稿』 「食貨」 38의 33-34), 송대 중기 1석의 쌀은 6~7백 문 정도였으므로 이것을 折算하면 3천관은 4~5천석이 된다고 한다(陳高華·吳泰, 앞의 논문, 25쪽).

신고하고 규정을 지킨 상선은 합법적으로 고려에 갈 수 있게 되었으며,110) 이 조치를 취하게 된 원인이 고려와 다시 통교를 했기 때문이라고 설명하였다. 실제로 통교가 이루어진 그 다음해인 1072년에 신종이 泉州市舶司의 설치를 강구하도록 하였다. 이 지시는 비록 실행되지 않았으나, 통교에 공을 세운 천주 해상이 고려에 합법적으로 편리하게 왕래할 수 있도록 하고자 했던 것이다.111)

이후 1078년 11월에 고려 국신사 安燾가 東海의 神이 이미 王爵이 있으나 홀로 사당[廟]이 없으니 明州 定海縣과 昌國縣 사이에 祠宇를 세우기를 요청하였고, 왕래하는 商旅들이 건물을 조영할 것을 건의함에 따라 百區의 집을 짓도록 하였다.112) 정해현은 송에서 고려에 가는 출발점이자 회귀점이었다. 따라서 상인들의 요청을 받아 동해신의 사당을 지었다는 것은 사실상 대고려무역을 허용하는 의미가 있었다. 海商들의 도움 없이 송의 외교사절이 고려에 가는 것이 불가능한 상황에서 禁令을 유지하는 것은 송 조정이 불법을 조장하는 것이나 다름없었다.

결국 다음해 더 이상 명분이 없어진 고려 왕래 금지 규정을 폐지하고, 조건부로 허가하는 법령을 만들었다. 그 배경에는 송이 고려와 통교하고 양국의 사신 왕래에 적지 않게 기여하고 있던 海商들에 대한 보상의 뜻도 있었을 것이다.113) 고려의 대송통교로 인해 송상들은 합법적으로 고려에 갈 수 있게 되고 고려와의 해상 무역이 더욱 활발해졌다고 생각된다.114)

---

110) 당시에 성행한 밀무역을 금지하기 위해 이 규정을 만들었다는 견해도 있다(丸龜 金作, 주 58) 논문, 67쪽).
111) 陳高華·吳泰, 주 97) 논문, 136쪽.
112) 『續資治通鑑長編』 권294, 神宗 元豊 元年 11월 무자.
113) 1085년(선종 1)부터는 송상의 고려 왕래가 더욱 자유로워졌다.
　· 全海宗, 주 64) 논문, 132~136쪽.
　· 徐炳國, 「高麗·宋·遼의 三角貿易巧」『白山學報』 15, 1973, 81~83쪽.
114) 1079년에 해상의 고려무역이 개방되었어도, 원풍 연간에 고려에 4회밖에 도래하

고려와 송의 통교로 인해 고려는 조공무역의 이익을 얻었을 뿐만 아니라 송상의 고려 왕래가 비교적 자유로워 질 수 있게 됨으로써 무역상의 커다란 발전을 가져오게 되었다. 때를 맞추어 일본의 상인들이 고려에 많이 찾아오고 있는데 1073년에 日本國人 王則貞·松永年 等 42인이 螺鈿鞍橋 등의 물건을 바치기를 청하였고, 壹歧島勾當官이 보낸 藤井安國 等 33인이 왔다.[115] 이후 일본 상인의 고려 방문이 갑자기 늘어났는데, 문종대 14회, 선종대 6회, 예종대 1회, 의종대 2회 등이 있었다. 그 가운데 문종말에서 선종대에 이르는 1073년에서 1089년까지 집중되어 이 시기에 13번에 걸쳐 14개의 商團이 왔다고 한다.[116]

11세기 후반 일본해상들은 항해술 등의 제약으로 고려를 무역의 대상으로 삼았다.[117] 그들이 私獻貿易을 했는지[118] 進奉貿易을 했는지에 따라[119] 그 성격은 약간의 차이가 있지만 그들은 고려국왕에게 방물을 바치고 회사

지 않은 것은 고려행 公憑을 휴대하고 고려항로로 내항하는 도중에 항로의 방향을 거란으로 바꾸어 거란과 무역에 종사했기 때문이라는 주장도 있다(徐炳國, 앞의 논문, 85~90쪽). 그러나 『高麗史』에 기록된 송상은 고려에 왔던 일부에 불과해서 그대로 믿을 수 없다(李鎭漢, 「高麗時代 宋商 貿易의 再照明」『歷史敎育』104, 2007; 『高麗時代 宋商往來 硏究』, 경인문화사, 2011). 『高麗史』기록에 없는 송상들이 고려를 왕래하고 있었다는 사실은 義天이 송의 淨源法師와 주고받은 편지를 전달하고, 정원의 죽음을 알리러 왔으며, 의천의 제자가 그를 조문하기 위해 타고 간 배가 모두 송상의 배라는 것을 통해서도 알 수 있다(金庠基와 崔柄憲의 주 93) 논문).

115) 『高麗史』권9「世家」문종 27년 추7월.

116) 羅鐘宇,「高麗前期의 韓·日關係」『韓國中世對日交涉史硏究』, 圓光大出版局, 1996, 51~53쪽.
   한편 선종대 이후에는 송상을 중심으로 일본과 송의 직접 교역이 이루어지면서, 고려를 찾는 일본 해상도 줄어들게 되었다고 한다(森平雅彦,「日麗貿易」『中世都市 博多を掘る』(大庭康時 外 編), 海鳥社, 2008, 101~104쪽).

117) 森克己,「鎌倉時代の日麗交涉」『朝鮮學報』34, 1965, 64·65쪽.

118) 森克己,「日·宋の高麗との私獻貿易」『朝鮮學報』14, 1959.

119) 羅鐘宇, 앞의 논문.

품을 받는데 그치지 않고 일정기간 머물며 무역을 했다.[120] 그런데 『高麗
圖經』에서 문종에 대해 '중국 사신을 대접하는 예와 뜻이 부지런하고 후하
였으며 상인을 대접하는 데 있어서도 역시 체모가 있었다'고 한 것처럼[121]
외국의 상인에 대해서도 각별한 관심을 보였으며, 대송통교를 통해 무역상
의 이익을 추구했던 국왕이었다. 게다가 고려 사신 일행이 송에 머무는 동
안 편의를 제공받아 개인적으로 행했던 부대무역을 통한 물품,[122] 조공의
회사품, 송의 國信物 뿐 아니라 송상들의 무역품이 더해져 고려에는 진귀
한 송의 물품들이 그전에 비해 많이 늘어났을 것이다. 이러한 일이 일본에
전해져서 일본 지방 정부를 비롯한 상인들이 무역을 하고자 자주 고려를
찾게 되었다고 이해된다.

　　문종의 대송통교 이후 국내외 정치는 큰 변동없이 안정되었다. 고려는
조공무역의 이익을 얻고, 송상의 왕래가 잦아지게 되면서 일시적이나마 동
아시아 삼국의 무역 중심지가 되었는데, 그러한 것들이 문종의 치세에 대
한 평가에 담겨있다.

　　　D1. 황제의 편지가 친절하고 丁寧하였으며, 사신의 왕래가 끊어지지
　　　　　않았다. 聲名이 빛나고 文物이 번화하였다. 융성한 것이 상국에
　　　　　견줄 만하여 小中華라 일컬었다. 祖의 공과 宗의 덕으로 나라를
　　　　　영화롭게 하고 집을 빛내었다. 38년 동안이 융성하다 할 수 있지

---

120) 이 때에 일본의 출입이 빈번했던 것은 고려의 문물이 갖추어졌을 뿐 아니라 송상
　　의 내항도 빈번하여 국제무역이 성행했으며, 이런 것들이 일본상인들에게 자극을
　　주었다는 견해가 있다.(羅鐘宇, 앞의 논문, 52·53쪽). 그러나 이 시기에 특별히 송
　　상이 많다는 자료적 근거는 없다. 따라서 대송통교로 인한 조공무역과 해상무역
　　의 활성화에서 그 원인을 찾아야 할 것이다.
121) 『高麗圖經』 권2, 「世次」, 王氏.
122) 金庠基, 주 4) 논문, 6쪽.
　　全海宗, 주 64) 논문, 129쪽.

않겠는가.123)

D2. 徽─문종─는 忠順하고 事理에 따라 中國을 높일 줄 알았으며, 중
국의 사신을 대접하매 禮意가 勤厚하였으며 賈人을 맞이하는 것
도 역시 체모가 있었으니 長久하게 나라를 다스림이 마땅하다.124)

D3. 李齊賢이 贊하기를 "… 冗官을 줄이니 일이 간편하였고 비용을
아끼니 나라가 부유해졌다. 大倉의 곡식이 해마다 (쓰지 않아) 묵
어가고 집마다 넉넉하고 사람마다 풍족하니 당시에 태평이라 일
컬었다. 송은 매양 褒賞의 명을 내렸고, 요는 해마다 왕의 생신을
경축하는 예를 표시하였다. 東으로는 왜가 바다를 건너 보배를
바쳤고, 北으로는 貊이 관문을 두드리고 살아갈 터전을 받았다.
…"라고 하였다.125)

D1은 문종의 사후에 朴寅亮이 지은 애책문이고, D2는 그로부터 약 50
여 년이 지난 뒤 고려에 왔던 송의 사신 徐兢이 문종에 대해 서술한 것이
며, D3은 李齊賢의 문종찬으로, 문종에 대한 當代의 文人, 外國使臣, 高麗
後期의 文人 등의 평가를 알려준다. 이 내용에 따르면, 문종은 외국 상인에
대한 우호적인 태도에서 보듯이 개방적이었고, 외교적인 안목도 있었으며,
고려의 국왕은 중국 황제들로부터 정중한 대우를 받았다. 고려는 중국에
견줄만큼 문물이 융성하고 국가의 재정은 풍족했으며 백성들은 살기 좋아
져 太平을 구가하였으며, 일본의 상인이 고려에 찾아오고, 여진인들이 고
려에 살고자 했다고 한다.

---

123) 帝札丁寧 使華絡繹 聲名烜赫 文物芬苑 比盛上國 稱小中華 祖功宗德 榮國光家 三十
八載 不曰盛邪 嗚呼哀哉(『東文選』 권28, 「文王哀冊」).

124) 徽忠順循理 知尊中國 館待使華 禮意勤厚 至遇賈人 亦有體貌 治尙仁恕 享國久長宜
矣(『高麗圖經』 권2, 「世次」 王氏).

125) 李齊賢曰 … 冗官省而事簡 費用節而國富 大倉之粟陳陳相因 家給人足 時號大平 宋
朝每錫褒賞之命 遼氏歲講慶壽之禮 東倭浮海而獻琛 北貊扣關而受廛 …(『高麗史節
要』 권5, 문종 37년 8월 文宗贊)

1071년에 대송통교 이후에 고려의 정치적 안정은 유지되었고, 재정적으로는 더욱 풍요로워졌다. 예를 들어 1078년 7월에 銀 427근과 金 144근을 사용하여 속과 겉을 치장한 興王寺塔이 완성되었다고 하는데,126) 당시 고려의 재정 상태가 얼마나 좋았는지를 말해준다. 1076년에 양반전시과를 更定하였고, 또 官制를 고치며 百官의 班次 및 祿俸의 科等을 정하는127) 주요한 제도의 개편을 단행할 수 있었던 것도 그러한 재정형편 속에서 가능했다.

문종이 결행했던 대송통교는 성공을 거두었다. 요와는 국경에서 약간의 마찰이 있었지만 그 이상으로 확대되지 않았으며, 여전히 문종에 대한 책봉을 인정하였다. 이에 고려는 송에 진봉품을 보내고 더 많은 회사품을 받아 이익을 남겼고, 통교 뒤에 송상의 고려 무역이 합법화되어 많은 해상들이 찾아올 수 있는 계기를 만들었으며, 그 소식은 일본에 전해져 많은 해상들이 고려에 오게 되었다. 그리고 조공무역과 해상무역을 통한 이익은 국가의 재정 수입을 더욱 늘려서 문종 말년에 있었던 제도의 개혁에 긍정적인 영향을 끼쳤다.

5. 맺음말

1058년에 문종은 큰 배를 만들어 송과 통교하려 했으나 내사문하성의 반대로 이루어지지 않았다. 왜냐하면 당시 동아시아의 최강국으로 고려와 국경을 접하고 있던 거란──요──이 송과의 통교를 우려하여 회유와 압박을 병행하고 있었기 때문이다. 그런데 1060년대 들어서 요의 내분으로 국력이

---

126) 『高麗史節要』 권5, 문종 32년 추7월.
127) 『高麗史節要』 권5, 문종 30년 12월.

약화되었고, 1068년에 송 신종이 즉위한 뒤 고려와 연합하여 요를 제압하려는 전략을 세우고 海商을 통해 고려에 통교를 제의하였으며, 1071년에 고려의 사신이 송에 가면서 외교가 재개되었다.

고려가 대송통교를 시작한 이후에 요와 고려 사이에는 약간의 국경분쟁이 일어나기는 했지만, 요는 문종 말년까지 생신 사절을 그대로 보내는 등 양국의 통교를 사실상 묵인하는 태도를 보였다. 이처럼 요와 고려 사이에 큰 문제가 발생하지 않았던 것은 고려가 송과의 외교를 진행하면서 책봉을 요청하지 않고 표문에서 송의 연호 없이 干支만을 사용하는 등 고려의 책봉국인 요와의 관계를 더욱 존중하는 입장을 지속했던 데서 기인한다. 한편으로 고려가 국방체제 정비를 통해 전쟁에 대비하고 있어서, 요의 대처에도 한계가 있었다.

사실 문종은 송과의 사신 왕래를 통해 많은 이익을 얻고자 전쟁까지 초래할 수 있는 매우 위험한 결정을 했다. 그 이유는 현종 말까지 거란의 책봉을 받으면서도 송에 사신을 보내 경제적 이익을 얻었던 先王들의 실리 외교를 재현하려 했던 것이다. 그러므로 문종은 송에 사신을 보낼 때, 進奉과 謝恩 등 다양한 명목으로 貢物을 보낸 뒤, 그 대가로 많은 회사품을 받아왔고, 1080년에 송에 가던 고려 사신의 배가 난파된 뒤로 고려는 가져간 공물의 가치에 관계없이 절강성의 견 1만 필을 받는 특별한 우대의 대상이 되었다. 그와 더불어 송의 사신이 고려에 가져온 귀중한 하사품은 그대로 고려의 이익이 되었다. 때문에 문종의 대송통교의 목적에 대해 애매하게 선진문물의 도입이라는 표현보다는 명확하게 조공무역의 이익이었다고 직접적으로 표현하는 것이 옳다.

한편 송과 고려의 통교는 해상무역에도 영향을 끼쳤다. 宋商들은 고려에 가는 송 사신이 타는 배의 운행을 담당하면서 자연스럽게 고려에 합법적으로 올 수 있었고, 특히 양국 통교에 결정적인 기여를 했던 천주의 상인들이 그 일을 주도하면서 특혜를 받았다. 또한 외교가 재개되면서 宋商들의 왕래를 금지할 명분이 없어지자 1079년에 송 조정은 일정 財本을 갖추고 허가를 받은 자들에 한해서 明州를 통해 고려에 갈 수 있게 하였다. 이후 송상은 비교적 자유롭게 고려를 왕래할 수 있게 되었으므로 해상 무역이 활성화되었다고 생각된다. 그리고 조공무역과 해상무역을 통해 송의 진귀한 물품이 고려에 유입되자, 일본 상인들이 무역을 하기 위해 고려를 찾아왔다.

경제적 실리를 얻기 위해 문종이 결행한 대송통교는 성공을 거두었고, 그 과정에서 그가 보여준 외교적 판단은 뛰어난 것이었다. 대송통교 이후 얻은 무역상의 이익은 국가 재정을 좋게 하였고, 1076년에 관제 및 전시과·녹봉 등의 제도 개정에 재정적 밑받침이 되었다. 따라서 고려의 태평성세를 이룬 문종에 대해 각종 제도를 완성한 국왕으로서 정치적 능력 뿐 아니라, 주변국들과 안정적인 대외관계를 만들어낸 그의 외교적 능력에 대해서 적극적으로 평가해야 할 것이다.

宣宗代 對宋外交와 貿易

1. 머리말

전근대 사회에서 국가 간에 사신이 오갈 때 方物이 함께 전달되는 것은 상례였다.[1] 高麗도 契丹(遼)과 宋에 進奉使 등의 사절을 보내면서 항상 방물 또는 土物을 가져갔고, 그들로부터 적지 않은 回賜品을 받아왔다. 또한 송과 거란(요)이 책봉사 등을 고려에 보낼 때도 天子國으로서 책봉국인 고려 국왕에게 일정한 물품을 보내주었다. 이러한 방식의 무역을 朝貢貿易이라고 하는데, 고려는 거란(요)보다 송과의 외교를 통해 더 많은 경제적 이익을 얻었다.[2]

그런데 顯宗代 契丹과의 두 차례 대규모 전쟁을 치른 이후 고려는 거란의 현실적인 힘을 인정하여 송과의 외교를 끊고 오직 거란(요)과의 책봉관

---

1) 중국 황제에게 바치는 조공품의 가장 기본적인 조건은 해당국의 특산물로 이국적이어야 했다. 다시 말하면 실제 사용가치보다는 그것을 소유함으로써 황제의 권위를 낼 수 있는지로써 가치를 매겼다고 한다(케네스 포메란츠·스티븐 토픽 著, 『설탕, 커피, 그리고 폭력』(박광식 譯), 심산, 2003, 42쪽).
  ※ 머리말의 앞부분에서는 고려의 사대국가를 거란(요)이라고 병칭했으나 선종대에는 요라는 국호였으므로 요를 주로 사용할 것이다.
2) · 金庠基, 「古代의 貿易形態와 羅末의 海上發展에 就하야」, 『震檀學報』 1·2, 1934·1935; 『東方文化交流史論攷』, 乙酉文化社, 1948(a).
  · 白南雲, 「商業과 商業資本」, 『朝鮮封建社會經濟史』, 改造社, 1937, 765·766쪽.
  · 金庠基, 「麗宋貿易小考」, 『震檀學報』 7, 1937; 『東方文化交流史論攷』, 乙酉文化社, 1948(b).
  · 金庠基, 「高麗前期의 海上活動과 文物의 交流—禮成港을 중심으로—」, 『국사상의 제문제』 4, 1959; 『東方史論叢』, 서울대학교 出版部, 1974(c).

계만을 유지하게 되면서 송과의 조공무역을 할 수 없게 되었다. 이후 文宗
이 1071년에 對宋通交를 재개하였는데,[3] 당시 요의 군사력이 여전히 강성
하였고, 요는 고려가 송에 접근하는 것을 막기 위해 고려에 대해 여러 가지
견제와 회유책을 시행하였다. 하지만, 고려가 대송통교의 재개를 결행한
이유의 하나는 조공무역을 회복하고자 한 것이었고,[4] 문종은 재위 기간 동

3) 송과의 외교에 대해서는 다음의 논문이 참고된다.
 · 김상기, 「고려 광종의 치세」『국사상의 제문제』 2, 국편, 1959.
 · 김상기, 주 2c) 논문.
 · 김상기, 「고려와 금(金)·송(宋)과의 관계」『국사상의 제문제』 5, 국편, 1959;『東方史論叢』, 서울大出版部, 1974.
 · 金庠基,『新編 高麗時代史』, 서울大出版部, 1961, 東國文化社; 서울대출판부, 1985 (재간행), 61~65 및 134~164쪽.
 · 李丙燾,『韓國史』(中世編), 震檀學會, 乙酉文化社, 1961, 385~402쪽.
 · 丸龜金作, 「高麗と宋との通交問題(1)(2)」『朝鮮學報』 17·18, 1961·1962.
 · 全海宗, 「對宋外交의 性格」『한국사』 4, 국사편찬위원회, 1974(a).
 · 全海宗, 「高麗와 宋과의 關係」『東洋學』 7, 1977(b).
 · 朴龍雲,『高麗時代史(上)』, 一志社, 1985, 307~310쪽(a).
 · 陶晉生, 「宋·高麗與遼的三角外交關係」『宋遼關係史研究』, 聯經出版事業公司, 1984.
 · 黃寬重, 「高麗與金·宋的關係」『아시아문화』 창간호, 한림대, 1986.
 · 박종기, 「고려시대의 대외관계」『한국사』 6, 한길사, 1994.
 · 朴漢男, 「10~12세기 동아시아 정세」『한국사』 15, 국사편찬위원회, 1995.
 · 羅鐘宇, 「5대 및 송과의 관계」『한국사』 14, 국사편찬위원회, 1995.
 · 朴龍雲, 「高麗·宋 交聘의 목적과 使節에 대한 考察(上)·(下)」『韓國學報』 81·82, 1995·1996;『高麗 社會의 여러 歷史像』, 신서원, 2002(b).
 · 沈載錫, 「高麗時代 宋에 의한 國王冊封의 展開」『淸溪史學』 12, 1996;『高麗國王 冊封 硏究』, 혜안, 2002.
 · 김한규, 「契丹과 女眞이 遼東과 中國을 統合한 시기의 韓中關係」『한중관계사Ⅰ』, 아카넷, 1999.
 · 김성규, 「高麗 前期의 麗宋關係─宋朝 賓禮를 중심으로 본 高麗의 國際地位 試論─」『國史館論叢』 92, 2000.
 · 안병우, 「고려와 송의 상호인식과 교섭: 11세기 후반~12세기 전반」『역사와 현실』 43, 2002.
 · 楊渭生, 「宋與高麗關係年表(962-1279)」『宋麗關係史研究』, 杭州大學出版社, 1997.

안 대송외교를 진행하면서 많은 경제적 이익을 얻었다.[5]

　문종의 사후에 큰 아들인 順宗이 즉위하였으나 3개월만에 갑자기 죽어 문종의 둘째 아들인 宣宗이 즉위하였고 약 12년간 在位하였다. 선종대에도 송의 사신이 고려에 왔고, 고려의 사신이 송에 갔던 바가 있으므로 문종대 재개된 대송통교는 그대로 유지된 것 같다. 그러나 고려와 송이 가까워지려는 것을 막기 위한 요의 압력은 더욱 거세어져서 고려가 송에 보내는 使行의 횟수가 적어지고 파견 간격이 길어지는 등 문종대의 대송외교에 비해 다소 위축되는 양상을 보였다.[6]

　본고는 이러한 연구 성과를 바탕으로 선종대 대송외교와 관련된 자료를 자세히 분석하여 요의 각장 설치로 인해 대송외교가 중단되기도 하였지만, 고려는 책봉국인 요를 의식하고 갈등을 최소화하면서 송에 사신을 보내고자 노력하였음을 확인하고자 한다. 아울러 요와의 외교적 분쟁이 예상되는

---

4) 고려와 송의 대송통교가 재개되는 과정과 그 목적은 다음의 논문에 잘 정리되어 있다.
　　朴龍雲, 주 3)b 논문, 166·167쪽.
　　송이 고려와 연합하여 요를 제압하려는 정치·군사적 목적에서 고려와 외교를 하고자 하였다는 것은 대체로 동의하고 있는데, 고려의 경우 先進文物의 導入에 관심이 많았다는 점을 강조하는 견해도 있다(丸龜金作,「高麗と宋との通交問題(1)」『朝鮮學報』17, 1961, 25~47쪽).

5) 李鎭漢,「高麗 文宗代 對宋通交와 貿易」『歷史學報』200, 2008; 본서 제2편 참조.

6) 선종대의 대송·대요 외교 관계를 이해하는 데는 다음의 논문이 참조된다.
　　· 朴宗基,「高麗中期 對外政策의 變化에 대하여: 宣宗代를 중심으로」『韓國學論叢』16, 1993(a).
　　· 박종기,「11세기 고려의 대외관계와 정국운영론의 추이」『역사와 현실』30, 1998(b).
　　· 안병우, 주 3) 논문.
　　· 김영미,「11세기후반~12세기 초 고려·요 외교관계와 불경 교류」『역사와 현실』43, 2002.
　　· 이미지,「高麗 宣宗代 榷場 問題와 對遼 關係」『韓國史學報』14, 2003.

데도 선종이 송에 사신을 보냈던 원인이 송과의 외교를 통해 경제적 실리를 얻고 선진문물을 얻고자 했던 것임을 구체적인 사례를 통해 고찰할 것이다. 이러한 연구 결과는 군사력이 강했고 고려와 국경을 접하고 있었을 뿐 아니라 책봉국이었던 요와의 외교적 관계를 우선시하면서도 國益을 위해 송과의 외교를 지속하려고 했던 선종의 어려운 처지와 그것을 해결하기 위한 고뇌를 이해하게 해줄 것이다.

2. 宣宗代 對宋外交의 展開

고려는 1071년(문종 25) 송에 사신을 보낸 이후 요와 송을 상대로 이중적인 외교를 하게 되었다. 고려가 대송통교를 개시하자 요는 고려와 송이 가까워지는 것을 경계하고자 송의 북방 지역을 공격하고 고려에 대해서도 외교적 압력을 가하였으나[7] 고려와 송의 외교 관계를 단절시키지는 못하였다. 그리고 더 이상의 큰 분쟁을 일으키지 않고 요가 고려의 대송통교를 묵인하게 된 것은 고려가 송과의 국교를 재개한 이후에도 송의 冊命을 받지 않았고 年號를 사용하지도 않는 등,[8] 책봉국인 요를 존중하는 태도를 보였기 때문이다. 고려가 요와 송에 대한 이원적 조공을 하면서도 요가 국제질서의 중심적 지위를 차지한다는 점을 인정하였던 것이다.[9] 文宗과 順宗이 잇달아 서거하자 新王에 대한 조속한 冊封을 바라며 오직 요에만 사신을 보냈다던 것도 같은 맥락이다. 다음의 기사를 검토해보자.

---

7) 閔賢九, 「高麗前期의 對外關係와 國防政策: 文宗代를 中心으로」 『亞細亞研究』 99, 1998, 5쪽.
8) 신채식, 「高麗와 宋의 外交關係—朝貢과 冊封關係를 중심으로—」 『한중외교관계와 조공책봉』, 고구려연구재단, 2005, 99·100쪽.
9) 魏志江, 「1020—1125年的遼麗關係」 『中韓關係史研究』, 中山大學出版社, 2006, 53·54쪽.

A1. (文宗 37年) 秋7月 辛酉日에 왕의 병이 위독해져서 조서를 내려 太子 勳에게 전위하고 重光殿에서 훙하였다. 이날 太子가 卽位하고, 左拾遺·知制誥 吳仁俊을 遼에 보내 (문종의) 죽음을 고하였다[告哀].[10]

A2. (宣宗 卽位年 11월) 侍御史 李資仁을 遼에 보내 (순종의) 喪을 고하였다. 李資仁이 遼에 이르자, 황제가 칙을 내려 京館에 드는 것을 불허하고, "두 왕이 연이어 서거한 것은 반드시 다른 이유가 있을 것이니 합하여 실정을 아뢰라"고 詰問하였다. 李資仁은 "國公[순종]이 오랫동안 병[疾恙]이 있었으며 더하여 (부왕의 죽음에 대한) 슬픔으로 건강을 잃어 위중해졌으니 실로 다른 일은 없습니다. 원컨대 신 등을 머물러 있게 하고, 특별히 사신을 보내 본국에 도착하여 물어보십시오. 신 등이 거짓으로 속였다면 중죄를 받겠습니다"라고 아뢰었다. 말이 매우 간절하고 솔직하니 황제가 성 밖에 氈殿에 나와 불러보고 위로[慰諭]하였다.[11]

A1은 1083년 7월에 순종이 즉위한 뒤 吳仁俊을 遼에 보내 문종의 죽음을 고하였다는 것이다. A2는 순종이 즉위한 지 3개월만인 1083년 10월에 죽고 선종이 즉위한 뒤 11월에 이자인을 遼에 보내 喪을 고하였는데, 연이어 두 왕의 죽음이 전해지자, 요 황제가 의심하고 그 이유를 따져 물었으며, 李資仁이 잘 대처하여 황제의 위로를 받았다는 것이다.

A1과 2에서 고려는 國王의 사후에 신속히 요에 사신을 보내 그 사실을 알리고 있다. 특히 문종이 죽고 순종의 즉위가 결정된 뒤 거의 곧바로 요에

---

10) 秋七月 辛酉 王疾篤 遺詔 傳位于太子勳 薨于重光殿 是日太子卽位 遣左拾遺知制誥 吳仁俊 如遼 告哀(『高麗史節要』 권5, 문종 37년).

11) 遣侍御史李資仁 如遼 告喪 資仁至遼 帝勑不許入京館 詰問二君連逝 必有他故 合奏實情 資仁奏 國公夙有疾恙 加以哀毁 遂至大漸 實無他故 願留臣等 特遣使到本國 究問 臣若誣罔 當服重罪 語甚切直 帝出御城外氈殿 引見慰諭(『高麗史節要』 권5, 문종 37년(선종 즉위년) 11월).

사신을 보냈다는 것은 고려가 요를 정치적으로 그만큼 중요하게 여기고 있음을 보여준다. 실제로 요는 문종의 죽음을 보고받고 9월에 순종을 책봉하지 않고 權知國事로 임명한 것이 특이한데[12], A2의 사료를 보면, 요가 고려의 왕위 계승을 외교적으로 이용하려고 했음을 알 수 있다. 그것은 문종의 대송 통교에 대한 불만의 표현일 것이다. 만약, 이자인이 지혜롭게 대처하지 못하여 요가 선종의 즉위를 문제삼았을 경우에 새롭게 즉위한 선종은 정치적으로 적지 않은 어려움을 겪었을 것이다. 그러나 그 이상의 문제는 확대되지 않았고 요는 선종 즉위 5개월여 만인 1084년 4월에 勅祭使 益州管內觀察使 耶律信과 慰問使 廣州管內觀察使 耶律彦 等을 보내서 文宗·順宗을 제사하였다.[13]

한편 선종의 책봉이 늦어진 것에 대해서도 설명이 필요할 것 같다. 1046년 5월에 靖宗이 죽고 문종이 즉위한 지[14] 1년 4개월여 만인 1047년 9월에 문종을 책봉하는 거란의 사절이 왔던 것이나[15] 1094년 5월에 선종이 죽고 헌종이 즉위하자[16] 불과 6개월만인 그해 12월에 요가 勅祭使, 起復使,[17] 책봉사를 동시에 보낸 것과 비교해도 선종의 책봉은 매우 늦은 편이다. 즉 선종이 왕에 오른지 2년 여가 지나 1085년 10월에 부왕인 문종과[18] 11월에 형인 순종의 喪期를 마친 뒤[19] 高州管內觀察使 耶律盛을 보내어 국왕의 起復을 허락하였다.[20] 곧이어 保靜軍節度使 蕭璋과 崇祿卿 溫嶠 등을 보내

---

12) 김영미, 주 6) 논문, 65쪽.
13) 『高麗史』 권10, 「世家」, 선종 원년 하4월 甲戌 및 丁丑.
   『高麗史節要』 권6, 선종 원년 하4월.
14) 『高麗史節要』 권4, 靖宗 12년 5월 정유.
15) 『高麗史節要』 권5, 文宗 원년 9월.
16) 『高麗史節要』 권6, 선종 11년 5월 임오.
17) 『高麗史節要』 권6, 선종 11년 12월.
18) 『高麗史節要』 권6, 선종 2년 동10월.
19) 『高麗史節要』 권6, 선종 2년 11월.

어 선종을 特進·檢校太師·兼中書令·上柱國·食邑一萬戶·食實封一千戶에
책봉하고 겸하여 冠冕·車馬·圭印·衣帶·綵段 등의 물품을 하사하자 선종은
南郊에서 책봉을 받았다.[21] 요가 선종의 책봉을 최대한 늦춰 선종이 전왕
의 상기를 모두 마치고 나서 즉위한 지 2년 2개월여만에 사신을 보낸 것은
고려가 요의 책봉국이라는 사실을 깨닫게 하여, 문종처럼 송에 적극적인
외교를 하지 못하게 하려는 의도가 있었을 것이다.

그러나 선종은 첫 책봉에서 부왕인 문종보다 우대를 받았다. 5차례에
걸쳐 책봉을 받았던 문종에게도 守太師, 中書令, 尚書令 등이 제수되었으
며, 식읍과 식실봉은 각각 7천호와 1천호가 최대였다.[22] 선종의 경우 그것
과 비교하여 책봉 관직은 문종과 거의 같았던 반면에 식읍은 3천호가 더
많았다. 요는 새롭게 즉위한 선종이 대송통교를 결행했던 문종과 달리 오
직 요에 충성해주기를 바라는 뜻을 담아 처음부터 높은 관직과 많은 식읍
을 주었을 것이다. 요는 책봉과정을 통해 선종이 친송 정책을 버리도록 외
교적인 압박과 더불어 회유를 하였던 것이다.

한편 선종대 송과의 외교는 요의 책봉이 미처 이루어지기 전인 1084년
8월에 송의 祭奠使와 弔慰使가 고려에 와서 문종을 위한 극진한 예를 행함
으로써 시작되었다.[23] 송은 오랫동안 중단되었던 외교를 재개해준 문종이
죽었다는 소식을 듣고 1083년 9월에 승려를 모아 道場 1개월과 水陸一會
를 열어 문종을 추모했고,[24] 이어 대규모 사신단을 직접 고려에 보내 조문
하였던 것이다. 송이 문종의 제전사와 조위사를 보낸 것은 그에 대한 고마
움의 표시였지만, 선종도 문종과 같이 대송외교를 지속해주기를 바라는 뜻

20) 『高麗史節要』 권6, 선종 2년 11월.
21) 『高麗史』 권10, 「世家」, 선종 2년 11월 癸丑, 己未.
22) 沈載錫, 「고려와 遼의 冊封關係」 『高麗國王 冊封 研究』, 혜안, 2002, 114·115쪽.
23) 『高麗史』 권10, 「世家」, 선종 원년 추8월 甲申, 辛卯, 甲午.
24) 『續資治通鑑長編』 권339, 신종 원풍 6년 9월 庚戌.

도 담겨있었을 것이다. 이에 선종은 그에 대한 보답으로서 상중임에도 모두 세 차례에 걸쳐 宋使를 위한 연회를 베풀고 표를 올려 황제에게 사례를 하였다.25) 1084년 4월에 요가 勅祭使와 慰問使를 보낸 데26) 이어 송까지 사신을 보내 문종의 조위를 행한 것은 요와 송이 고려를 외교적인 우군으로 삼기 위해 치열하게 경쟁하고 있었음을 알려준다.

이와 같이 송이 사신을 보내 문종을 조문하고 고려 국왕이 여러 차례 사신과 잔치를 베푼 일은 요가 보기에 좋은 일은 아니었으나 고려가 청해서 송이 사신을 보냈던 것도 아니고, 國喪을 당해 이웃나라가 조문하는 것을 문제 삼기도 어려웠을 것이다. 그런데, 그 다음해에 고려와 요와의 관계를 변화시킬 만한 중대한 사건이 일어났으니, 선종의 아우인 의천이 스승을 찾아 송에 건너간 것이었다. 다음의 사료를 보자.

B1. 神宗 元豊 七年 二月 丙戌日에 詔하기를 高麗 王子 僧統이 그 무리 30인과 왔는데, 遊學이지 入貢이 아니었다. 禮部에 명령하여 빈객을 위로하는 의례[儐勞之儀]를 별도로 정하게 하였다.27)

B2. (宣宗 2年 3月) 戊戌日에 宋 密州가 통보하기를 황제가 崩하고, 皇太子가 卽位하였다고 하였다.28)

B3. (宣宗 2年) 夏4月에 의천[釋煦]이 도망하여[逃] 송에 들어갔다. 처음에 의천이 송에서 불법을 배우고자 하였으나 文宗이 不許하였다. 王―선종―이 卽位함에 미쳐 여러 번 청하니 羣臣을 모아 의논했는데, 모두 不可하다고 하였다. 이에 이르러 門徒 두사람을 거느리고, 몰래[潛] 宋商 林寧의 배를 타고 갔다. 왕이 禮賓丞 鄭僅

25) 『高麗史』 권10, 「世家」, 선종 원년 9월 己亥, 壬寅, 甲辰.
26) 『高麗史』 권10, 「世家」, 선종 원년 하4월 甲戌 및 丁丑.
　　『高麗史節要』 권6, 선종 원년 하4월.
27) 詔 高麗王子僧統 從其徒三十人來 遊學 非入貢也 其令禮部 別定儐勞之儀(『續資治通鑑長編』 권343, 신종 원풍 7년 2월 丙戌).
28) 戊戌 宋密州報 帝崩 皇太子卽位(『高麗史』 권10, 「世家」, 선종 2년 3월 戊戌).

等을 보내 바다를 건너가 安否를 묻게 하였다.29)

B4. … 宣王 在位 第2年 宋 元豊 七年(1084) 春正月에 (대각국사가) 궁궐에 들어가 정성스럽게 (구법을) 청하였다. 왕[上]이 群臣을 모아 의논하니 모두 불가하다고 하였다. 대각국사가 왕 앞에서 군신들에게 말하기를 "聖賢은 몸의 안위를 잊고 道를 사모하였으니, 玄奘이 西域에 가고 義湘이 중국에 갔던 것과 같습니다. 구차하게 편안히 안주하고 스승을 얻는 일에 힘쓰지 않는 것은 出家의 本意가 아닙니다. 그 말이 매우 간절하였고, 이어 울기까지 하였으므로 왕이 감격하여 허락하려 하였다. 그러나 군신들의 의논이 확고해서 (그들과) 달리할 수 없어 파하였다. 明年 4월 庚午日 밤에 (대각국사는) 上王 및 太后에게 글을 남기고 弟子 壽介를 데리고 微服으로 貞州에 이르러 商客의 배에 몸을 싣고 출발하였다. 왕이 소식을 듣고서 놀라서 官僚와 弟子 樂眞·慧宣·道隣 등을 보내 따르게 하였다. 5월 甲午日에 大宋 板橋鎭에 이르렀다. 知密州·朝奉郎 范鍔이 영접하고 위로하니, 表를 올려 송에 온 뜻[來朝之意]을 진술하였다. 송 皇帝는 主客員外郎 蘇注廷에게 명하여 인도하게 하였다. 秋7월에 개봉[京師] 啓聖寺에 들어갔다. 中書舍人 范百祿을 主人으로 삼았고, 數日이 지나 垂拱殿에서 (황제를) 알현하니 사신례[客禮]로 대우하였다. …30)

---

29) 釋煦 逃入宋 初煦欲求法於宋 文宗不許 及王卽位 屢請 會羣臣議 皆以爲不可 至是 率門徒二人 潛隨宋商林寧船 而去 王遣禮賓丞鄭僅等 問過海安否(『高麗史節要』권6, 선종 2년 하4월).

30) … 至宣王在位第二年 是宋元豊七年春正月 入內誠請 上會群臣議 皆以爲不可 師於上前與群臣言 聖賢忘軀慕道 如玄奘往西域 義湘入中國 苟安安而不務求師 非所以出家本意 其言懇切 繼之 以泣 上感激 意許之 而群臣議確依違而罷 至明年四月庚午夜 留書上王及大后 率弟子壽介 微服至貞州 寓商客船發 上聞之驚 差遣官僚與弟子樂眞·慧宣·道隣從之 五月甲午 至大宋板橋鎭 知密州朝奉郎范鍔迎勞 卽附表具陳 所以來朝之意 皇帝命主客員外郎蘇注廷 導之 秋七月 入京師啓聖寺 以中書舍人范百祿爲主 數日 見垂拱殿 待以客禮 … (『大覺國師外集』권12, 「高麗國五冠山大華嚴靈通寺 贈諡大覺國師碑銘」).

B1은『續資治通鑑長編』의 기사로서 의천의 입송에 대해 송의 대처를 알려준다. 의천이 유학하러 온다고 하자, 예부로 하여금 별도의 의례로 정할 만큼 우대하였다고 한다. B2는 1085년 3월에 송의 密州가 神宗 皇帝의 崩御와 皇太子의 卽位를 알려왔다는 것이다.[31] B3은『고려사절요』에 기록된 의천의 입송 구법에 관한 기사이다. 의천은 문종대부터 입송 '求法'을 시도하였으나 거절당하였고, 선종 대 다시 요청하였으나 여러 신하의 반대로 허락을 얻지 못하였다. 결국 의천이 도망하여 송상의 배를 타고 가자, 소식을 들은 선종은 예빈승 정근을 송에 보내 의천의 안부를 물었다고 한다. B1에서는 1084년에 의천이 온다고 하여 그 의례를 정하였다고 한데 반해, B3에서는 문종과 선종이 모두 의천의 '入宋求法'을 반대하였고 1085년에 몰래 송상의 배를 타고 중국에 갔다고 했다.

B1과 B3의 내용이 서로 모순되는 것 같은데, 그러한 이유를 B4의「大覺國師碑文」에서 찾을 수 있다. 당시의 실정을 가장 구체적으로 알려주는 사료인데, 이 비문에 따르면 1084년 정월에 선종은 의천의 설득으로 허락하고자 했다고 한다. 그러나 요와의 외교 관계를 고려한 대신들의 반대에 부딪히게 되었고, 끝내 국왕의 허락을 받지 못하였다.[32] 그 이전 문종대에 曇眞 등도 송에 가서 유학한 적이 있었는데,[33] 의천은 보통 승려가 아니라 고려국왕의 實弟라는 점이 반대의 논거가 되었을 것이다. 게다가 이때는 문종과 순종이 죽고, 선종이 즉위한 지 2년째가 되었으나 前王의 喪도 마치지 않아서 선종이 아직 요의 기복과 책봉도 받지 못한 상황이었다. 아울러 B2와 같이 송의 신황제가 막 즉위한 상황에서 의천이 구법을 위해 송에

---

31)『高麗史』권10,「世家」, 선종 2년 3월 戊戌 및『高麗史節要』권6, 선종 2년 3월.
32) 鄭修芽,「慧照國師 曇眞과 '淨因髓'—北宋 禪風의 수용과 高麗中期 禪宗의 부흥을 중심으로—」『李基白先生古稀紀念 韓國史學論叢(上)』, 一潮閣, 1994, 630·631쪽.
33) 鄭修芽, 앞의 논문, 621~623쪽.

가는 것을 요가 순수하게 보지 않고 정치적으로 이해하면 고려는 외교적으로 어려운 처지에 놓이게 될 것이다. 의천의 또 다른 碑文에서 '일찍이 入宋求法을 청하자 문종이 마음으로 허락하였지만 指揮를 내리지 않았고, 선종이 즉위한 뒤 여러 번 청하여 그치지 않으니 선종이 어렵게 여겼으며 여러 신하에게 의논하게 하였으나 모두 국왕의 아우[大弟]이신 重要한 분이 바다를 건너는 것이 옳지 않다'[34]고 한 것은 그러한 사정과 관련된다.

선종을 비롯한 대신들이 요와의 관계를 고려하여 송과의 외교에 신중하였으므로 의천은 밀항이라는 형태를 취하지 않을 수 없었다.[35] 의천이 관원들의 감시가 있는 예성항이 아닌 정주에서 몰래[潛] 출발한 것은 선종의 정치적 부담을 덜어주려고 했던 것이다. 물론 선종이 의천의 입송을 겉으로는 반대하면서도 사실상 入宋을 묵인하였음을 암시하는 사료도 있다. B1에서 의천이 오기 1년 전에 이미 그가 올 것이라는 통보를 받고 송 황제가 대비케 하였던 것, B4에서 선종이 허락하려 했다는 것과 더불어 '송에 가는 것을 우리 임금님[寡君]께 허락을 받았으나 부왕의 상을 마치지 못하여 주위의 반대로 뜻을 이루지 못하였다'는 기록이 모두 그러한 사실을 확인해주고 있다.[36] 실제로 왕조 국가에서 왕의 아우인 의천이 국왕의 동의를 받지 않고 순수하게 종교적인 동기만으로 송에 갔다고 이해하기 어렵다. 선종이 송에 대해 우호적인 입장을 갖고 의천의 入宋을 허락하였다고 해도 고려의 국왕이 그것을 드러낼 수 없는 것이 당시의 엄연한 외교적 현실이었다.

어쨌든 의천이 송에 가는 배를 탄 것을 확인한 선종은 즉시 관인과 그

---

34) 『大覺國師外集』 권13, 「南崇山僊鳳寺海東天台始祖大覺國師碑銘」.
35) 遠藤隆俊, 「義天と成尋―11世紀東アジアの國際環境と入宋僧―」『東國史學』 44, 2008, 108쪽.
36) 『大覺國師文集』 권5, 「謝差引伴表」.

제자들을 보내, 그의 입송을 사실상 추인하였다.[37] 송에 도착한 의천은 극진한 환대를 받으며 수도인 開封에 가서 哲宗을 알현하고 송에 간 목적인 구법을 위한 승려를 만나는 일의 도움을 받았다. 선종은 이것을 기화로 송에 정식 사절을 파견하는 결단을 내리게 되었다.

> C1. (宣宗 2年) 八月 辛未日에 戶部尙書 金上琦와 禮部侍郎 崔思文을 송에 보내 弔慰하고 工部尙書 林槩와 兵部侍郎 李資仁을 보내 登極을 하례하였다.[38]
>
> C2. (宣宗 3年) 六月 의천[釋煦]이 宋에서 돌아왔다. 처음에 의천이 송에 이르자 황제가 垂拱殿으로 불러 보았고, 사신례[客禮]로서 대우하여 은총이 매우 두터웠다. 의천이 지방을 다니며 불법을 물어보기를 청하였고, 황제가 조서로 主客員外郎 楊傑을 館伴으로 삼았다. 吳 지역 여러 절에 도착하니 모두 영접하고 전송하는 것을 王臣의 禮로써 하였다. 왕―선종―이 표를 올려 還國을 명령할 것을 청하니 조를 내려 동쪽으로 돌아가게 하였다. 의천이 禮成江에 이르자 왕은 태후를 모시고 奉恩寺에 가서 기다렸다. 그 맞이하고 인도하는 의례의 융성함이 이전과 비할 바가 없었다.[39]

C1은 1085년 8월에 고려가 송에 弔慰使와 賀登極使를 보냈다는 것이다. C2는 의천의 귀환에 관한 『高麗史節要』의 기사로, 앞서 검토한 「대각국사비문」의 내용과 일치하는 점이 있다. 송에 간 의천은 송 황제 철종을 알현하고 관반사 양걸과 함께 중국 여러 지방을 다니며 스승을 만나 불교를 배

---

37) 遠藤隆俊, 앞의 논문, 108쪽.

38) 遺戶部尙書金上琦 禮部侍郎崔思文 如宋 弔慰 工部尙書林槩 兵部侍郎李資仁 賀登極 (『高麗史』 권10, 「世家」, 선종 2년 8월 신미 및 『高麗史節要』 권6, 선종 2년 8월).

39) 釋煦還自宋 初煦至宋 帝引見于垂拱殿 待以客禮 寵數渥縟 煦請遊方問法 詔以主客員外郎楊傑爲館伴 至吳中諸寺 皆迎餞 如王臣禮 王上表 乞令還國 詔許東還 煦至禮成江 王奉太后 出奉恩寺以待 其迎迓導儀之盛 前古無比(『高麗史節要』 권6, 선종 3년 6월).

울 수 있게 해주었다. 선종의 요구에 따라 의천이 귀국하였는데, 몰래 송에 갔음에도 왕과 태후가 궁궐을 나와 봉은사에서 기다렸고 유례없는 환대를 받았다고 하였다.

송이 황제의 붕어와 새로운 황제의 즉위를 알린 지 5개월여 만에 고려는 弔慰使와 賀登極使를 송에 보냈다. 의천이 송에 가서 황제를 알현하고 극진한 대우를 받게 되자, 어차피 의천의 입송과 그 행적이 고려와 요의 외교적 분쟁의 소지가 될 바에는, 전 해에 송의 사신이 문종을 조문했던 것에 대해 보답할 뿐 아니라 경제적 실리를 얻기 위해 정식 사절을 보내는 것이 좋다고 판단했을 것이다. 그러면서도 요와의 외교적 갈등이 확대되는 것을 피하고자 선종은 그 사신이 가는 편에 의천의 조속한 귀국을 청하는 표를 올렸고 사절단이 돌아오는 편에 더불어 귀국하게[隨本國朝賀回使放洋] 되었다.[40]

하지만 의천의 입송 활동으로 인해 고려와 요의 갈등이 초래되었다.[41] 의천이 스승을 찾아 배우고 佛敎 典籍을 가져오기 위해 개인적으로 송에 갔다고 해도, 그에 부수된 정치·외교적 역할은 매우 컸다.[42] 더욱이 의천의 入宋 행적 가운데 요의 오해를 살만한 것이 적지 않았다. 개인이 아니라 사절의 하나로서 王臣의 예로 대우를 받았고, 1086년 윤2월에 철종 황제의 생신인 龍興節에 聖壽를 축원하기 위해 佛像과 金器를 진봉하여 포상을 받았으며,[43] 돌아오기 전에 철종을 다시 알현하여[44] 많은 하사품을 받았기 때문이다. 마침내 환국하기 전에 고려의 경계에 이르러 자신의 죄를 청하였지만[45] 예성항에 도착한 이후 처벌은 커녕 극진한 환대를 받았다.

---

40) 『大覺國師外集』 권12, 「高麗國五冠山大華嚴靈通寺 贈諡大覺國師碑銘」.

41) 김영미, 주 6) 논문, 65~70쪽.

42) 遠藤隆俊, 앞의 논문, 123쪽.

43) 『續資治通鑑長編』 권369, 哲宗 元祐 元年 윤2월 경술.

44) 『續資治通鑑長編』 권369, 哲宗 元祐 元年 윤2월 기유.

일찍이 문종의 대송통교 이후 1075년에 요는 고려에 압록강 이동 지역
의 영토를 다시 획정할 것을 요청하였고, 1076년에 定戎鎭에 암자를 설치
하는 등의 분쟁을 일으켰다.[46] 그것이 문종대에 해결되지 못한 채 선종이
즉위하였는데,[47] 1085년에 고려 국왕의 아우인 의천이 송에 가서 황제를
알현하고 황제의 탄신일을 축수했으며, 고려가 송의 황제를 조문하고 신황
제의 즉위를 하례하는 공식 사절이 잇달아 파견하자 요는 각장을 설치하여
송과 가까워지려는 고려를 견제했던 것이다.[48]

의천과 고려의 사신이 송에 체류 중일 때, 요가 각장을 설치하려 한다는
것을 알게 된 고려는 1086년 윤2월에 衛尉少卿 崔思諝을 보내 天安節을
하례하고, 殿中少監 郭尙을 보내 方物을 바쳤으며, 戶部侍郎 金士珍을 보
내 生辰을 하례해준 것을 사례하게 하였다.[49] 윤2월에 진봉사를 보낸 것이
나, 한 해 전 9월에 왔던 생신사절에 대한 사례를 5개월 후에 한 것 등이
모두 부자연스러운 일이었다. 그 동안 파견하지 못했던 세 명의 사절을 동
시에 보내는 것은 요와의 원만한 관계를 유지하려는 고려의 의지를 담고
있다. 그리고 그로부터 불과 세 달이 지난 1086년 5월에 尙書禮部侍郎 崔
洪嗣를 謝落起復使로, 禮賓卿 李資智를 賀正使로, 知中樞院事 李子威를 謝
冊命使로 삼아 요에 보냈고, 또 遼가 鴨綠江에 榷場을 두려고 하자 罷해줄
것을 청하기 위해 尙書右丞 韓瑩을 告奏使로 파견하였다.[50]

樞密인 知中樞院事가 책명사로 간 것은 종 3품의 寺·監의 卿·監이나 정

---

45) 『大覺國師文集』 권8, 「至本國境上乞罪表」.
46) 閔賢九, 주 7) 논문, 5쪽.
47) 박종기, 주 6)b 논문, 170쪽.
48) 이 점에 대해서는 대부분의 연구자들이 동의하고 있는데(박종기, 주 6)a 논문), 그
   와 더불어 요가 고려와의 국경 교역을 통해 경제적 이익을 얻기 위해 각장을 설치
   하려고 하였다는 견해도 있다(이미지, 앞의 논문, 91~97쪽).
49) 『高麗史』 권10, 「世家」, 선종 3년 윤2월 甲寅 및 『高麗史節要』 권6, 선종 3년 윤2월.
50) 『高麗史』 권10, 「世家」, 선종 3년 5월 丙子 및 『高麗史節要』 권6, 선종 3년 5월.

4품의 6部侍郎 이하가 요의 사절로 주로 임명되었던 것과 구별되는 매우 이례적인 일이었다. 그 만큼 고려의 對遼外交에 중요한 사행이었다는 뜻이다. 하지만, 이 때에도 요의 선종에 대한 기복의 허락과 책명이 이루어진 지 6개월여 만에 그것을 사례하고, 5월에 하정사가 갔던 것은 정상적인 일은 아니다. 이와 같은 파행적 사신의 파견은 고려가 보내려고 했던 윤2월의 사행과 마찬가지로 5월의 사행도 요에 의해서 거부되면서 일정 기간 동안 지체되었다가 뒤늦게 갔기 때문일 것이다.

새로이 즉위한 선종이 요의 책봉을 받기도 전에, 고려 국왕의 아우가 송에 갔고, 이어 고려에서 간 송 황제의 조위사와 하등극사가 송에 머물고 있었지만, 요는 선종의 起復과 冊封을 해주었다. 그러나 요는 고려의 그러한 행태를 그대로 방관할 수도 없었으므로 고려를 압박하여 고려와 송의 접근을 견제하려고 하였던 것이다. 요의 소극적인 정책이 책봉을 늦추거나 고려 사신의 입국을 허용하지 않는 것이었으며, 고려에 심각한 영향력을 주는 강력한 것은 압록강 연안에 각장을 설치하여 영토분쟁을 일으키는 일이었다.

고려는 요의 각장 설치 시도에 대해 여러 차례 사신을 보내 적극적으로 철회를 요구하였다. 1086년 윤2월과 5월에 사신을 파견한 데 이어 1087년 정월에 告奏使 秘書監 林昌槩와[51] 密進使 閣門引進使 金漢忠을,[52] 그해 10월에 告奏使 禮賓少卿 柳伸을 잇달아 遼에 보냈다.[53] 다음해 2월에 요가 榷場을 鴨江岸에 두려고 하자, 中樞院副使 李顔을 藏經燒香使로 임명하여 龜州에 가서 몰래 邊事에 대비하게 하였다.[54] 그리고 1088년 9월에 太僕少

---

51) 『高麗史』 권10, 「世家」, 선종 4년 춘정월 乙丑 및 『高麗史節要』 권6, 선종 4년 춘정월.

52) 『高麗史』 권10, 「世家」, 선종 4년 춘정월 庚辰 및 『高麗史節要』 권6, 선종 4년 춘정월.

53) 『高麗史節要』 권6, 선종 4년 동10월.

卿 金先錫이 요에 가서 榷場을 파해줄 것을 청하는 表를 올렸고,55) 11월에
김선석이 각장의 설치를 사실상 포기하겠다는 요 황제의 조서를 가져왔
다.56) 그해 12월에 고려는 변방에 가서 요에 대비하였던 李顔을 중추원부
사에서 刑部尙書·叅知政事로 특진시킴으로써57) 3년여 동안 진행된 각장
문제를 마무리지었고, 요는 羊 2천口, 車 23兩, 馬 3匹을 보내어 양국의 우
호를 확인하였다.58)

　요가 각장 설치를 빌미로 분쟁을 일으킨 이후 선종의 親宋的인 입장은
바뀌어야만 했다.59) 그러므로 1085년 송의 신종에 대한 조문과 철종의 즉
위를 축하하는 사신을 파견한 뒤 5년간 사신을 보내지 않았다. 반면, 송은
송 상인이 고려에 입국하는 것을 합법화하는 새로운 編勅을 반포하는 등
오히려 적극적인 對高麗政策을 펴나갔다.60)

　이에 각장 문제가 해결된 지 2년이 지나자 선종은 송에 사신을 보내게
되었다. 하지만 뚜렷한 목적도 없이 송에 자주 사신을 보내면 요의 의심을
사서 새로운 분쟁이 생기게 될 것이므로 그것을 막기 위한 파견의 명분도

---

54)『高麗史』권10,「世家」, 선종 5년 2월 甲午 및『高麗史節要』권6, 선종 5년 2월.

55)『高麗史』권10,「世家」, 선종 5년 9월.

56)『高麗史』권10,「世家」, 선종 5년 11월 壬申 및『高麗史節要』권6, 선종 5년 11월.

57)『高麗史節要』권6, 선종 5년 12월.

58)『高麗史』권10,「世家」, 선종 5년 12월 是歲.

59) 선종·숙종대 21년 간에 요에 파견된 사행이 62회(연 2.95)로 문종·예종 대의 52년
　간 파견된 44회(연 0.85)보다 매우 많기 때문에 선종 때 거란 우위의 대외정책으로
　전환하였다는 견해가 있다(朴宗基, 주 6)a 논문, 65~67쪽). 그러나 선종대에 요에
　보내는 외교 사절이 많았던 것은 공교롭게도 1086년부터 1088년까지 요의 각장
　설치 시도를 막기 위한 것이었고, 그밖에 인예태후의 상을 알린다든지 하는 비정
　기 사절이 포함되었던 데서 비롯되었으므로 정확한 설명은 아닌 것 같다. 문종과
　선종도 대외정책의 우선 순위는 요에 있었으며, 외교적 여건이 허락되는 대로 사
　은을 명분으로 삼아 송에 사절을 보내 실리를 취하는 방식은 동일하였다고 이해
　된다.

60) 朴宗基, 주 6)a 논문, 52쪽.

만들어야 했다. 각장 문제가 해결된 뒤 첫 번째로 송에 갔던 고려 사신에 관한 기록을 통해 그러한 사실을 확인해보자.

> D1. (宣宗 7年) 秋七月 癸未 戶部尙書 李資義와 禮部侍郎 魏繼廷을 宋에 보내 謝恩을 겸하고 進奉하였다.[61]
>
> D2. 元祐 五年 8月 15日에 龍圖閣學士·左朝奉郎·知杭州 蘇軾이 狀을 올려 奏하기를 "… 근래 또 이번달 初 10日에 轉運司의 牒에 明州의 아뢴 바는 高麗人使 李資義 등 269인이 잇달아 명주에 도착하였다"고 하였다.[62]
>
> D3. 哲宗 元祐 五年 十二月 高麗國과 三佛齊國이 사신을 보내 入貢하였다. 劉摯는 高麗가 예전에 朝貢하였는데 … 元豊 8년에 使者가 되돌아갔다가 지금 다시 도착하였다고 하였다. …[63]
>
> D4. 哲宗 元祐 六年 二月 丁酉日에 詔하기를 高麗가 進貢하였으니 銀器 5천 兩을 특별히 하사하라고 하였다. 政目에 이르기를 高麗에 別銀 5千을 회사하였다고 하였다.[64]

D1은 1090년 7월에 戶部尙書 李資義와 禮部侍郎 魏繼廷을 송에 보내 '謝恩兼進奉'을 했다는 것이다. D2~4는 중국의 기록이다. D2는 1090년 8월 10일에 고려 사신 李資義 등 269인이 명주에 도착했다는 狀奏이다. D3은 1090년 12월에 고려가 元豊 8년(1085)의 使者가 되돌아간 후 지금에야 다시 왔다고 하였다. D4는 1091년 2월에 高麗의 進貢에 대해 송이 銀器 5千

61) 遣戶部尙書李資義 禮部侍郎魏繼廷 如宋 謝恩兼進奉(『高麗史』 권10, 「世家」 선종 7년 추7월 계미).

62) 龍圖閣學士左朝奉郎知杭州蘇軾狀奏 … 近又於今月初十日 據轉運司牒 准明州申報 高麗人使李資義等二百六十九人 相次到州(『蘇軾文集』 권31, 奏議 「乞禁商旅過外國狀」).

63) 高麗國·三佛齊國遣使入貢 劉摯叙 高麗舊通朝貢 … 自元豊八年使者回 到今復至(『續資治通監長編』 권452, 철종 원우 5년 12월 을미).

64) 詔高麗進貢 特賜銀器五千兩 政目云高麗回賜別銀五千(『續資治通鑑長編』 권455, 철종 원우 6년 2월 정유).

兩을 특별히 주었다는 것이다.

　이들 기록 가운데 흥미로운 것은 『高麗史』에 이자의가 '謝恩兼進奉'하
러 송에 갔다고 했는데, 중국의 기록에 고려의 사신이 進貢 또는 入貢을
위해 왔다고 했다는 점이다. 그런데 D4의 기록에서 보듯이 1085년에 고려
의 사신이 간 이후 양국 간에는 사신의 왕래가 없었기 때문에 사은할 일이
없었고, 유사한 내용이 『文獻通考』에 다시 사신이 통하고[復通使] 은기 5
천 兩을 하사하였다고 기록되었다.[65]

　굳이 고려가 송에 사은할 일이 있다면, 송이 고려의 표류민을 송환해준
것이 있다. 즉, 1088년 5월에 宋 明州가 羅州에서 표류한 楊福 등 23인
을,[66] 그해 7월에 표류한 탐라 사람 用叶 등을,[67] 1089년 8월에 李勤甫 등
24인을 보내왔다.[68] 표류민을 본국으로 보내는 것은 인도적인 차원에서 당
연한 일이지만, 유달리 이 시기에 송 명주가 표류민을 집중 송환한 것은
송 조정의 고려에 대한 접근일 수도 있다. 표류민을 송환할 때는 송상을
통해 그 동안의 경과를 담고 고려의 예빈성에 문서를 보내므로 자연스럽게
양국 간에 외교적 접촉이 이루어졌을 가능성이 있다.[69] 고려는 송이 당연
한 일을 해주었다고 해도 그것을 명분으로 사은의 사신을 보냈다고 이해할

---

65) 『文獻通考』 권325, 「四裔考」 2, 高句麗, 원우 5년.
66) 『高麗史』 권10, 「世家」, 선종 5년 5월 신해 및 『高麗史節要』 권6, 선종 5년 5월.
67) 『高麗史』 권10, 「世家」, 선종 5년 추7월 및 『高麗史節要』 권6, 선종 5년 추7월.
68) 『高麗史』 권10, 「世家」, 선종 6년 추8월 庚戌 및 『高麗史節要』 권6, 선종 6년 추8월.
69) ・ 陳高華・吳泰, 「海外貿易與宋元時期中外友好聯系及文化交流」 『宋元時期的海外貿
　　　易』, 天津人民出版社, 1981, 226쪽.
　　・ 山內晋次, 「東アジア・東南アジア海域における海商と國家―10-13世紀を中心とし
　　　て覺書―」 『歷史學研究』 681, 1996; 『奈良平安期の日本とアジア』, 吉川弘文館,
　　　2003, 208쪽.
　　・ 黃時鑒, 「宋-高麗-蒙古關係史에 관한 일고찰―「收刺麗國送還人」에 대하여―」 『東
　　　方學志』 97, 1997, 2・3쪽.

수도 있다.

　다음으로 이 때 송에 보냈던 표문에 요의 연호를 사용하였던 사건을 통해 고려의 대송 외교 一面을 파악해보고자 한다. 문종대 대송통교를 재개한 이후에 고려가 송과 활발한 관계를 갖기는 했지만 대외적인 國書 등에서 宗主國인 요의 연호를 사용하였고, 송에 보내는 문서에는 요의 연호를 빼고 甲子 紀年 만을 적어서 송을 존중하였다.[70] 이것은 고려가 요와 송을 상대로 이중적인 외교를 하면서 찾은 해결책의 하나였는데, 1085년 고려 사신의 갑자 표기가 문제가 되어 소식의 반발을 사기도 했고,[71] 1090년에는 송에 보내는 표문에 요의 연호를 적는 더 큰 외교적 결례를 범하였다.

　그것은 李子威가 宰相으로서 「入宋表奏」를 監校하다가 遼의 年號를 잘못 써넣어 송이 그 표를 받지 않자 책임을 지고 파직되었던 사건이다. 그는 몇개월이 지나지 않아 1092년에 尙書右僕射·權知門下省事·兼西京留守使가 되었다.[72] 1090년에 송에 갔던 이자의 일행이 1091년 6월에 귀국했고 李子威가 1092년에 복직하였으므로 그가 연호 표기를 잘못한 것은 李資義가 송에 갈 때 가져갔던 표문이었을 것이다. 비록 고려가 遼와 宋을 상대로 이중 외교를 진행하던 중에 나타난 우연한 실수로 볼 수 있겠으나, 실상은 당대의 재상들이 요를 진정한 책봉국으로 의식하고 있었으며 요와 송을 상대로한 이중적인 외교의 어려움을 잘 보여주는 사건이었다.

　이자의가 돌아온 뒤 약 2년이 지나 다시 고려의 사신이 송에 가게 되었으며, 사신의 목적이 분명하지 않았던 것은 그 이전과 같았으나 사행의 목적은 다소 차이가 있었다.

---

70) 김성규, 주 3) 논문, 42·43쪽.

71) 안병우, 주 3) 논문, 95·96쪽.

72) 『高麗史』 권10, 「世家」, 선종 9년 8월 乙丑 및 『高麗史節要』 권6, 선종 9년 8월.

E1. (宣宗 8年 6月) 丙午日에 李資義 등이 송에서 돌아와 아뢰기를 "황
제가 우리 나라에 상태가 좋은 서적이 많다는 소식을 듣고, 館伴
에게 명하여 求하는 바 책의 目錄을 써서 주어 받았습니다. 이에
말하기를 '비록 卷第가 不足한 것이 있어도 역시 모름지기 傳寫하
여 오라'고 하였습니다"라고 하였다.[73]

E2. (宣宗 10年) 二月 甲寅日에 宋 明州 報信使 黃仲이 왔다.[74]

E3. (宣宗 10年 秋7月) 壬辰 兵部尙書 黃宗慤과 工部侍郎 柳伸을 宋
에 보내 謝恩하였다.[75]

E4. 哲宗 元祐 七年[76] 十一月 甲申日에 高麗國 進奉使 通議大夫·兵部尙
書 黃宗慤과 副使 尙書工部侍郎 柳伸이 들어와 알현하였다.[77]

E5 元祐 七年 (고려가) 黃宗慤을 보내와 黃帝鍼經을 바치고 책을 사갈
것을 청하였는데 매우 많았다.[78]

E1은 1090년 6월에 송에서 돌아온 李資義 등이 송의 황제로부터 구서
의 요청을 받았다고 아뢰었다는 것이다. 이것은 송이 원하는 책을 고려에
서 찾고자할 뿐 아니라 고려가 송에 사신을 보내는 것이 쉽지 않은 여건

---

73) 李資義等 還自宋 奏云 帝聞我國書籍多好本 命館伴 書所求書目錄 授之 乃曰 雖有卷
第 不足者 亦須傳寫附來(『高麗史』 권10, 「世家」 선종 8년 6월 丙午).

74) 宋明州報信使黃仲來(『高麗史』 권10, 「世家」 선종 10년 2월 갑인 및 『高麗史節要』 권
6, 선종 10년 2월).

75) 遣兵部尙書黃宗慤 工部侍郎柳伸 如宋 謝恩(『高麗史』 권10, 宣宗 10년 추7월 임진
및 『高麗史節要』 권6, 선종 10년 추7월).

76) 『宋史』와 『續資治通鑑長編』 등을 비롯한 중국의 기록에는 黃宗慤 등의 고려 사신
이 온 해가 원우 7년 즉 1092년이라고 하였으나 『高麗史』 등에는 선종 10년인
1093년에 송에 갔다고 했는데, 후자가 더욱 정확한 것이다(朴龍雲, 주 3)b 논문,
161쪽). 이하 1093년 송에 갔던 고려 사신에 관한 기록이 원우 7년으로 표기된 것
역시 오류이다.

77) 高麗國進奉使 通議大夫兵部尙書黃宗慤 副使 尙書工部侍郎柳伸 入見(『續資治通鑑長
編』 권478, 哲宗 원우 7년 11월 갑신).

78) 遣黃宗慤來獻黃帝鍼經 請市書 甚衆(『宋史』 권487, 「高麗傳」).

속에서 다음 고려 사행의 명분을 제공하려는 뜻도 있었을 것이다.

　　E2는 1093년 2월에 宋 明州 報信使 黃仲이 왔다는 것인데, 報信使는 정확히 어떤 목적을 위해 고려에 파견된 사신인지는 알 수 없으나 報信이 소식을 알린다 또는 通信의 뜻이므로79) 송에서 어떤 일을 알려왔던 것 같다. E3은 1093년 7월에 고려가 사신을 宋에 보내 謝恩했다는 것이고, E4는 1093년 11월에 高麗國 進奉使가 黃宗慤과 柳伸이 들어와 알현하였다는 것이다. E5는 고려 黃宗慤이 송에 『黃帝鍼經』을 바치고, 책을 사갔던 사실을 알려주고 있다.

　　E1~5를 종합하건대, 고려가 사은사를 보내게 된 것은 송에서 보신사가 왔던 것과 관련된 듯하다. 아마 통신의 뜻, 즉 고려의 국신사를 보내달라는 의사를 전했다고 생각된다. 이에 고려는 그 이전 이자의가 귀국하는 편에 중국에 없는 책을 보내달라는 철종의 요구를 수행하기 위해 『黃帝鍼經』 등의 희귀본을 가져갔다. 그것은 고려가 송에 바치는 일종의 조공이었으며, 황제의 은혜를 사례하는 것이 아니다.

　　하지만, 황종각 등은 사은사라는 명목으로 송에 갔고, 중국의 기록에는 그 사신을 진봉사라고 하였다. 그 이전에 李資義가 송에 갔을 때도 고려는 사은사를 파견했다고 했으나 중국 기록에는 진봉사였던 것과 같다. 고려가 특별한 이유없이 오직 조공만을 목적으로 송에 보내는 것은 요의 외교적 압력을 불러올 가능성이 많아서 사은을 명분으로 삼았을 것이다. 선종대에 순수한 조공 또는 진봉 사절을 보내기에는 어려움이 많았던 것이다.

　　이러한 방식으로 사신을 보내는 것은 선종대가 처음이 아니었다. 1071년에 고려가 송과 외교를 재개한 이후에 요의 견제로 자주 사신을 보낼 수 없어서 고려의 사신은 의천이 송에 가기 전까지 5번에 불과했으며, 송이 고려에 국신사를 보낸 것도 1078년의 국신사와 1084년의 제전사와 조위사

---

79) 諸橋轍次, 『漢和大辭典』 3, 太修館書店, 1984, 219쪽 報.

가 있었을 뿐이다.[80] 그리고 문종대 고려에서 송에 간 사신은 대송통교의
첫 사절인 金悌를 제외한 나머지 사신들이 謝恩兼獻方物·求醫藥(1073년),
謝恩兼獻方物(1076), 謝賜藥材·獻方物(1080년), 獻方物·謝賜醫藥(1081년)
등[81] 모두 어떤 일에 대한 사례를 명분으로 파견되었다.

고려시대 문종대 이전에 송에 간 사신들은 대부분 進奉使였고 사은사는
적었다.[82] 이처럼 문종대에 갑자기 사례를 위한 사절이 늘어났던 것은 조
공보다는 일종의 답례 형식의 사절을 보내는 것이 요와의 외교적 마찰을
줄이는 데 도움이 되었기 때문일 것이다. 문종대 대송외교 사절의 대부분
을 사은사로 삼아 보냈던 것은 표문의 甲子紀年 사용과 더불어 문종이 요
와 송의 이중외교를 유지하고자 만들어낸 훌륭한 방책이었다. 선종도 그것
을 계승하였는데 문종대에는 그나마 문종의 질병을 고칠 醫藥을 구한다거
나 그것을 보내준 것에 대해 사례를 한다는 식으로 사신의 명목을 만들어
낼 수 있었다. 그러나 선종대에는 명분 만들기도 더욱 궁색해져서 송 황제
의 은덕을 받지 않았어도 사은을 명분으로 사절을 파견하였으며, 이것은
반드시 송에 사신을 보내야겠다는 선종의 의지를 보여주는 것이다.

고려의 대송통교가 송의 선진문물을 받아들이고,[83] 경제적 이익을 얻기
위한 것이지만, [84] 그것은 국경의 안보와 같은 정치적 목적에 부차적인 것
이었기 때문에[85] 고려 외교의 중심은 여전히 책봉국인 요에 있었고,[86] 송

---

80) 김영미, 주 6) 논문, 66쪽.

81) 朴龍雲, 주 3)b 논문, 154쪽, <표>1 高麗·宋 使節派遣表.

82) 金渭顯, 「宋代의 文物交流」 『宋遼金元史研究』 3, 1999, 4쪽.

83) · 金庠基, 『高麗時代史』, 東國出版社, 1961; 서울대출판부, 1985(재간행), 73쪽.
   · 李丙燾, 『韓國史(中世編)』, 震檀學會, 1961, 392·393쪽.

84) 全海宗, 주 3)b 논문, 258쪽.

85) · 피터 윤, 「서구 학계 조공제도 이론의 중국 중심적 문화론 비판」 『아세아연구』
      109, 2002, 279쪽.
   · Peter Yun, 「몽골 이전 동아시아의 다원적 국제관계」 『만주연구』 3, 2005, 52·53쪽.

은 잠재적인 사대의 대상일 뿐이었다.[87] 그러므로 송에 사신을 보내는 가장 중요한 목적이 진봉이었다고 해도, 문종의 풍비를 치료하기 위한 의사와 약재를 구한다는 목적을 포함해서 요와의 갈등을 최소화하고자 했다. 송과 통교를 했지만, 고려와 요의 외교가 조공·책봉 관계에 의한 공식적인 것이었다. 고려와 요사이에는 冊封使, 賀正使, 賀生辰使 등의 사절이 수시로 오갔으며,[88] 橫宣使와 生辰使에서 보이듯이 상국인 거란에서 보내는 정기사신이 있었다는 사실에서 당시 고려와 거란의 외교적 관계는 고려측의 일방적인 사신 파견이 아닌 쌍무적인 측면도 있었다.[89] 반면에 對宋使節은 부정기적이었는데,[90] 고려와 송이 외교를 재개한 뒤에도 양국은 공식적인 책봉관계가 아니었고 요의 견제를 받아 특별한 사유가 있는 것처럼 꾸며야만 사신을 보낼 수 있었다. 그런 점에서 책봉국인 요의 눈치를 봐야하는 고려가 송에 보내는 사절은 부정기적일 수 밖에 없었다고 표현하는 것이 옳다.

이처럼 고려는 책봉국인 요를 의식하면서 송과의 외교를 해야만 했기 때문에, 선종 초에는 송 신종의 조위와 철종의 등극을 하례하기 위해 사신을 보냈으며, 후반에는 그러한 구실조차 없게 되자 사유도 분명하지 않은 사은을 명분으로 송에 사신을 보냈던 것이다. 선종은 문종의 대송통교 정책을 계승하여 송과의 외교를 지속하고자 했으나 요는 고려의 정기사절을 받아들이지 않거나 각장을 설치하려는 시도로써 분쟁을 일으켜 고려가 송과 가까워지는 것을 막으려고 하였다. 선종이 父王 때 재개된 대송외교를 지속하는 것도 국가적으로 쉬운 일만은 아니었다.

---

86) 김영미, 주 6) 논문, 69쪽.
87) 안병우, 주 3) 논문, 92·93쪽.
88) 朴賢緖, 「北方民族과의 抗爭」『한국사』 4, 국사편찬위원회, 1975, 287쪽.
89) 朴漢男, 「거란 및 금과의 통교」『한국사』 15, 국사편찬위원회, 1995, 337쪽.
90) 全海宗, 「韓中朝貢關係槪觀」『韓中關係史硏究』, 一潮閣, 1970, 45·46쪽.

요컨대, 고려는 송보다 요를 항상 외교적 우위에 두면서도 경제적 실리를 취하기 위해 송에 사절을 보내는 소위 '요·송 이중외교'를 펼쳤다. 그 과정에서 고려는 요와의 관계를 항상 염두에 두고 특별한 사정을 만들어 송에 사신을 보냈으므로 송에 가는 정기적인 사절이 있을 수 없었다. 요와의 관계를 고려하여 커다란 분쟁의 소지가 없을 때에 송에 사신을 보낼 수 있다는 것과 그러한 어려움 속에서도 고려가 송에 사신을 보내려고 하였다는 것이 선종대 대송외교의 특징이었다고 생각된다.

3. 宣宗代 對宋貿易

선종이 송에 보낸 3차례의 사신 가운데 신종의 죽음을 조위하고 철종의 즉위를 축하하러 갔던 사신을 제외하고 사신을 파견한 이유가 드러나지 않는다. 1090년의 이자의와 1093년의 황종각이 사은사로 갔으나 황제로부터 어떤 은덕을 받았는지 알 수 없으며, 1085년에 의천의 '입송 구법'은 선종의 묵인 아래서 이루어졌다고 해도 어디까지나 국왕의 승인을 받지 않고 개인적으로 간 것이었다. 따라서 선종대에 떳떳하게 사신을 송에 보냈던 적은 전혀 없었다고 해도 과언이 아니다. 이처럼 조금은 구차하게 보이면서까지 송에 사신을 보내야 했던 고려의 사정을 규명하기 위해 선종대에 송이 고려에 보냈던 사신과 고려가 송에 보냈던 사신들에 관련된 사료를 구체적으로 검토해보겠다.

F1. (宣宗 元年 秋8月) 甲申日에 宋이 祭奠使 左諫議大夫 楊景略과 副使 禮賓使 王舜封을, 弔慰使 右諫議大夫 錢勰과 副使 西上閤門副使 宋球 등을 보내 왔다. 辛卯日 祭奠使가 僧徒를 모아 文宗魂殿에 도량을 3일 밤낮으로 설하였다. 壬辰日에 또 順宗魂堂을 설하였다. 癸

巳日 文宗을 제사하였다. … 조서에 이르기를 "… 아버지와 형의 喪은 人倫의 가장 슬픈 것이니 賻儀를 내는 禮는 朝廷의 지극한 은혜이다. 恭順한 蕃國이 哀榮의 典禮를 받는 것은 당연하다. 특별히 사신을 급히 보내 致奠의 儀式을 하는 것으로 간곡함을 보이고 슬픔을 위로하고자 한다"라고 하였다. 그 弔慰書에 이르기를 " … 지금 弔慰使와 더불어 경에게 弔慰 物色을 보내니 別錄과 같다. 이르면 받으라"고 하였다. 甲午日 順宗을 제사하였다. … 91)

F2. 公의 諱는 勰이며 字는 穆父이다. … 明年에 高麗國王이 薨하자 와서 부고하였다. 황제가 公에게 사신으로 가게 하고자 하였다. 조하여 起復하고 궐에 나오게 하였다. 공은 갖추어 상을 마칠 것을 군게 청하였으나 윤허하지 않았다. 특별히 借左諫議大夫 充高麗弔慰國信使를 제수하니 公이 入對하였다. … 이에 左番 祭奠使와 더불어 密州에서 같은날 바다로 출발하였다. 公의 배는 5일에 (고려에) 도달하였는데, 左番은 飄風하였으므로 四明에 정박하였고, 달이 넘어 비로소 이르렀다. 고려 사람[夷人]이 본디 공의 명성을 듣고 서로 더불어 모여 보고자 하였고 燕歆도 制度를 뛰어넘었다. 무릇 음식의 대접[饋餉]이 상례가 아닌 것은 모두 물리치고 받지 않았다. 돌아올 때 紫燕島에 머물렀는데 선종[國主王運]이 두 관리를 파견하여 작은 배를 타고 와서 글을 써 館寓에 金銀器皿 4천여 량을 보냈다. 공이 사양하자, 관리가 울며 말하기를 "우리 임금[寡君]의 명이 있으니 그냥 돌아가면 곧 죽습니다"라고 하였다. 左番을 돌아보니 이미 받았다. 공이 이르기를 "좌우에 보이는 바가 같지 않을 뿐이다. 비록 죽더라도 나는 받을 수 없습니다" 라고 하였다.92)

---

91) 宋遣祭奠使 左諫議大夫楊景略 副使 禮賓使王舜封 弔慰使 右諫議大夫錢勰 副使 西上閤門副使宋球等來 辛卯 祭奠使 聚僧徒設道場 於文宗魂殿 三晝夜 壬辰 又設於順宗魂堂 癸巳 祭文宗祝曰 … 詔曰 … 父兄之喪 人倫之大感 贈賻之禮 朝廷之至恩 興言恭順之蕃 宜被哀榮之典 特馳使指往致奠儀 以示眷存 以慰號慕 其弔慰書曰 … 今遣使弔慰兼賜卿弔慰物色 具如別錄 至可領也 甲午 祭順宗曰 … (『高麗史』권10, 「世家」, 선종 원년 추8월).

F1은 1084년 8월에 宋이 祭奠使 左諫議大夫 楊景略과 副使 禮賓使 王舜封, 弔慰使 右諫議大夫 錢勰과 副使 西上閤門副使 宋球 등을 보내왔다는 기사이다. 그들은 고려에 와서 승도를 모아 文宗魂殿에서 道場을 설하고, 문종을 조문하고 선종을 위로하였으며, 賻儀의 뜻으로 弔慰物色을 함께 주었다고 한다.

F2는 1084년에 조위사로 고려에 왔던 錢勰의 墓誌銘이다. 喪中에 기복되어 借左諫議大夫로서 充高麗弔慰國信使가 된 전협이 고려에 와서 환대를 받았으며, 귀국 중에 紫燕島에 머물자 고려 국왕이 두 명의 관리를 보내 글과 함께 金銀器皿 4천 여 兩을 보냈으나 끝내 사양하고 받지 않았다고 하였다. 그런데, 고려 관리의 말에 의하면 제전사 일행을 뜻하는 좌번은 그러한 선물을 받았다고 하였다. 고려가 전협에게 주려했던 金銀器皿 4천여 兩은 많은 것이고, 좌번을 합하면 8천여 兩이 된다. 전협의 묘지명이어서 아마 과장도 있고, 고려가 전협을 위해서만 그 많은 양을 준 것이 아니라 조위사 일행 전체를 위한 것일 수도 있다. 하지만 고려가 이와 같은 사례를 생각했던 것은 송의 조위사와 제전사가 와서 송 황제가 보낸 거액의 물품을 전달하였기 때문이다.

고려와 송이 외교를 재개한 이후에 요의 견제로 송의 國信使가 고려에 쉽게 올 수 없는 형편에서 문종의 죽음은 송이 고려에 사신을 보낼 수 있는 좋은 기회였으므로 송은 제전사와 조위사를 별도로 임명하여 대규모 사신단을 고려에 보냈다. 또한 송은 사신단을 구성하여 고려에 보내고 그들이

---

92) 公諱勰 字穆父 … 明年 高麗國王薨來訃 上思得公奉使 詔起復赴闕 公具奏堅請終喪 不允 特借左諫議大夫 充高麗弔慰國信使 公入對 … 乃與左番祭奠使 自密州 同日發洋 公舟五日而達 左番飄泊四明 踰月始至 夷人素聞公名 相與聚觀 至於燕飲逾制 與夫饋餉 非例者 皆却而弗受 還次紫燕島 國主王運 遣二吏 棹小舟 以書 送館寓 金銀器皿 四千餘兩 公辭之 吏泣曰 寡君有命 徒歸則死 顧左番在國已受 公曰 左右所見 不同爾 可死 吾不可受 … (『梁谿集』권167,「宋故追復龍圖閣直提學贈少師錢公墓誌銘」).

고려에서 문종과 순종의 弔慰와 祭奠을 하는 것에 많은 비용이 들어갔는
데도, 그와 더불어 문종을 조위한다는 명목으로 선종에게 많은 國信物까
지 주었다.

물론 송의 사신이 와서 조위를 하고 국신물을 주었던 것은, 문종에 대한
애도를 표하는 것이었지만, 그 이면에는 새롭게 즉위한 선종에게 송과의
통교를 지속해줄 것을 바라는 마음을 담고 있는 것이다. 어쨌든 선종은 송
의 신종이 직접 사신을 보내 先王을 조위하고 국신물을 준 것에 대한 보답
으로 9월에 국왕이 會慶殿에서 송나라 사신들에게 두 차례에 걸쳐 연회를
베풀었고, 세 번째 전송연회에서는 표를 올려 사례하였다.[93] 그리고 사신
이 배를 타고 돌아가는 길에 사신단에게 金銀器皿을 주어 다시 그들에게
감사의 뜻을 전하였던 것이다.

문종을 조위하고 선종에게 적지 않은 국신물을 주고 갔던 일행이 돌아
간 다음해에 송의 신종이 죽고 철종이 즉위하였다. 그리고 '入貢'이 아니라
'遊學'을 하러 갔던 義天이 송 哲宗을 만나 進奉을 하고 回賜를 받았다. 다
음의 기사는 그러한 내용을 담고 있다.

> G1. 宋 哲宗 元祐 元年 閏2月 庚戌日에 高麗國 僧統이 皇帝龍興節을 祝
> 賀하는 聖壽佛像과 金器 등을 진봉하였다. 詔하여 學士院에 장려
> 하는 詔書를 내리게 하였다. 朝辭日에 衣著 1천匹과 銀器 1천兩을
> 하사하였다.[94]
> G2. 某에게 칙한다. 살펴본 바, 회사한 銀 100兩, 彩 50匹, 鞍 1副, 馬
> 1匹을 회사하여 大相國寺에 設齋하고 聖壽를 축원하는 일들 모두
> 알았다.[95]

---

93) 『高麗史』 권10, 「世家」, 선종 원년 9월.
94) 高麗國僧統 進奉皇帝龍興節祝聖壽佛像 并金器等 詔學士院降詔獎 朝辭日 賜衣著一
   千匹 銀器一千兩(『續資治通鑑長編』 권369, 哲宗 元祐 元年 閏2月 庚戌).

G3. 某에게 칙한다. 살펴본 바 바친 龍興節 祝壽(를 위한) 觀音菩薩, 1
　　燈金香爐 1座, 金香合 1副, 金蓮花手爐 1柄, 金花盆 1對, 金鉢盂 1
　　雙, 帕幅의 모든 일을 모두 알았다.[96]

G1은 1085년 閏2月에 의천이 송 皇帝 龍興節의 聖壽를 위해 佛像 등을
바치자, 조서를 내려 장려하고 의저 1천 필 등을 주었다는 것이다. G2와
G3은 송대 황제들의 詔書를 모은 『宋大詔令』의 哲宗編이다. G2에서는 의
천이 大相國寺에 나가 齋를 올리고 聖壽를 축원하기 위해 은 1백兩 등을
희사하였다고 했으며, G3에서는 龍興節에 祝壽를 하는데, 觀音菩薩 1등 등
을 바쳤다고 하였다. G1은 승통—의천—이 불상과 금기를 바쳤고 송 철종
은 衣著와 銀器를 의천에게 주었다는 것이며, G2와 G3은 의천이 바친 물
품이 자세히 기록되어 있다. G1만을 보면 철종이 의천에게 衣著 1천필과
은기 1천량 등 매우 많이 주었던 것처럼 보이지만, G2-3을 보면 의천이 바
친 물품 역시 금과 은으로 만든 귀중한 것들이었다. 이것이 전형적인 進奉
과 回賜의 관계이다. 비록 황제의 생일을 축원하는 것을 구실로 삼았지만,
결국 의천이 불상과 금기 등의 물품을 진봉한 데 대해 철종은 기뻐하며 의
천에게 衣著와 銀器로써 보답하고 있는 것이다.
　의천이 철종에게 바쳤던 것들은 사전에 준비해서 갔던 것이므로 그가
단순히 구법만을 위해 송에 가지 않았음을 알려준다. 더욱이 송은 대송통
교의 당사자인 신종이 죽고 철종이 즉위한 뒤, 고려와의 외교를 지속하기
를 바라던 차에 고려 국왕의 아우인 의천이 구법을 명분으로 송에 오자,
'客禮'라고 하여 사신의 대우를 하며, 접반관을 배정하여 의천의 구법에 편

---

95) 勅某 省所捨銀一百兩 彩五十匹 鞍一副 馬一匹 願就大相國寺設齋 祝聖壽事 具悉(『宋
　　大詔令(哲宗)』,「大宋哲宗皇帝詔書 一」).
96) 勅某 省所進龍興節祝壽 觀音菩薩 一燈 金香爐 一座 金香合 一副 金蓮花手爐 一柄 金
　　花盆 一對 金鉢盂 一雙 帕幅全事 具悉(『宋大詔令(哲宗)』,「大宋哲宗皇帝詔書 二」).

의를 제공하는 등 극진한 환대를 하였다. 아울러 의천의 귀국 때에 많은
물품을 하사하여 '황제로부터 받은 금과 비단[皇帝所贈金繒] 및 국왕과 仁
睿太后가 보낸 재보는 수만 금을 헤아렸다'고 하였다.[97] 이처럼 의천은 개
인적으로 송에 가서 「華嚴大不思議論」 등 諸宗敎藏 3000여권을 수집해왔
을 뿐 아니라,[98] 송에서 공식 사절에 준하는 대우를 받고 많은 서적을 비
롯한 衣著와 銀器 등 回賜品을 받아왔던 것도 주목해야 할 것이다.

　　의천이 송에 간 뒤 4개월여가 지나 고려의 사신이 神宗을 조위하고 哲
宗의 즉위를 하례하러 갔으며, 다른 사신과 마찬가지로 송의 回賜品을 받
았는데, 그 구체적인 내용을 살펴보자.

> H1. (宣宗 2年) 八月 辛未日에 戶部尙書 金上琦와 禮部侍郎 崔思文을
> 　　　宋에 보내 弔慰하고, 工部尙書 林槩와 兵部侍郎 李資仁을 보내 登
> 　　　極을 하례하도록 하였다[99]
>
> H2. 神宗 元豐 八年 十二月 辛酉 朔日에 高麗國 賀登寶位使 通議大夫·
> 　　　工部尙書 林槩와 副使 大中大夫·兵部侍郎 李資仁 以下가 와서 紫
> 　　　宸殿에서 보았다.[100]
>
> H3. (元豐 八年) 哲宗이 즉위하였다. (고려가) 金上琦를 보내 (전 황제
> 　　　의 죽음을) 慰勞하고[奉慰], 林暨(槩)를 보내 등극을 하례[致賀]하
> 　　　였다. 刑法之書·太平御覽·開寶通禮·文苑英華을 사갈 것을 청하니
> 　　　조하여 文苑英華 하나만 하사하였고, 名馬·錦綺·金帛으로서 그 禮
> 　　　儀에 보답하였다.[101]

---

97) 『大覺國師外集』 권12, 「高麗國五冠山大華嚴靈通寺 贈諡大覺國師碑銘」.

98) 崔柄憲, 「大覺國師 義天의 渡宋活動과 高麗·宋의 佛敎交流」 『震檀學報』 71·72합, 1991,
　　363쪽.

99) 遣戶部尙書金上琦 禮部侍郎崔思文 如宋 弔慰 工部尙書林槩 兵部侍郎李資仁 賀登極
　　(『高麗史』 권10, 「世家」, 선종 2년 8월 辛未 및 『高麗史節要』 권6, 선종 2년 8월).

100) 神宗 元豐 八年 十二月 辛酉朔 高麗國 賀登寶位使 通議大夫工部尙書林槩 副使 大
　　中大夫兵部侍郎李資仁以下 見於紫宸殿(『續資治通監長編』 권362).

H4. 哲宗 元祐 元年 春正月 丁未日에 禮部가 말하기를 "高麗 奉慰 및 賀登寶位使가 바친 進奉物은 합하여 回賜하십시오"라고 하였다. 조하여 高麗國王에게 馬 3匹, 銀鞍勒 1副, 衣 2襲, 金帶 2, 錦綺羅 150필, 衣著 500匹, 絹 1만匹, 銀器 5300兩을 하사하고, 奉慰 및 登寶 位使와 부사, 수행인원에게 각기 물품을 주는데 차등이 있었다.102)

H1은 1085년 8월에 弔慰使와 賀登極使를 송에 보냈다는 기록이다. H2 는 송대의 기록으로 1085년 12월에 高麗國 賀登寶位使 일행을 紫宸殿에서 보았다는 것이다. 두 기록을 비교하면 알현의 시기에 4개월의 차이가 있다. 그보다 앞서 11월에 司馬光은 高麗의 朝貢을 중단시키고 다만 그들이 兩浙 에 가서 互市하는 것만을 허락하여 朝廷을 煩擾하지 못하게 하며, 일이 비 록 실행되지 못한다면 朝廷이 高麗의 禮數를 전보다 낮출 것을 건의하였 다.103) 사마광은 고려의 사신이 도착한다는 사실을 사전에 알았기 때문에 이와 같이 주장한 것 같다. 고려가 사신의 파견을 결정하고 출발 전 송에 알렸으며, 고려에서 출발한 사신이 송에 도착하고 다시 수도인 開封까지 가는데 적지 않은 기간이 소요되었던 것이다.

H3은 송 철종이 즉위하자 고려가 奉慰使와 致賀使를 보내고, 『刑法之 書』 등을 서적을 사갈 것을 청하였으나 황제는 조서를 내려 『文苑英華』만 을 허락하고, 名馬·錦綺·金帛을 주는 것으로써 사신을 온 것에 보답을 하 였다고 하였다. H4는 禮部가 高麗 奉慰使 및 賀登寶位使의 進奉物을 合行

---

101) 哲宗立 遣使金上琦奉慰 林槩(槩) 致賀 請市刑法之書·太平御覽·開寶通禮·文苑英華 詔惟賜文苑英華一書 以名馬·錦綺·金帛 報其禮(『宋史』 권487,「高麗傳」).
102) 禮部言 高麗奉慰並賀登寶位使人進奉物 合行回賜 詔賜 高麗國王 馬三匹 銀鞍勒 一 副 衣 二襲 金帶 二 錦綺羅 一百五十匹 衣著 五百匹 絹 一萬匹 銀器 五千三百兩 奉慰及登寶位使·副人從 各賜物有差(『續資治通監長編』 권364, 철종 원우 원년. 춘 정월 정미).
103) 『續資治通監長編』 권361, 神宗 元豐 8년 11월 정유.

하여 回賜할 것을 말하자, 송 철종이 詔하여 高麗國王에게 馬 3匹 등을 주고 奉慰使 및 賀登寶位使와 부사, 그 수종원에게 각각 물품을 차등있게 주도록 했다는 것이다. H3의 기사에는 주로 고려가 요청한 책에 대해 언급하였으며, H4는 책 이외의 여러 가지 회사품들을 적어놓았다. H3에 名馬·錦綺·金帛 등으로 간단하게 표현된 황제의 회사품이 H4에는 馬, 衣, 絹 등 물품의 종류와 더불어 구체적인 수량까지 자세히 기록되었다.

흥미로운 점은 H4에서 송 예부가 서로 다른 임무를 띠고 온 두 사신의 진봉물을 합쳐서 계산하여 回賜할 것을 말한 것이다. 그것은 그 이전 1086년 정월에 三省과 樞密院이 고려의 表 중에 太皇太后 및 進奉物에 관한 일의 처리에 대해 물었고, 철종이 高麗의 賀登寶位와 進貢物을 아울러 條例에 의거하여 回賜하게 하였다는 것과 관계된다.[104]

예부가 황제에게 건의한 것은 고려가 조공을 해오면 그 가치를 헤아려 회사를 해주다가 1080년부터는 그것을 따지지 말고 浙絹 1만필을 주도록 바뀌었기[105] 때문이다. 이러한 방식의 시행으로 고려는 회사품을 많이 받기 위해 조공품을 늘리려고 노력하지 않아도 되어서 보다 유리한 조건으로 조공무역을 할 수 있게 되었다.[106] 그런데 1085년의 고려 사절은 奉慰使와 賀登寶位使가 왔을 뿐 아니라 皇太后에게도 진봉을 했으므로 단일한 진봉으로 인정해서 浙絹 1만 필만을 회사할 수 없었다. 이에 철종은 별개의 사절로 보고 1만 필 이외에도 은기 5300량 등 수많은 회사품을 주어 고려에 대한 우대의 뜻을 보였다. 결과적으로 고려는 송 신종의 죽음과 철종의 즉위를 계기로 여러 명목의 사절과 진봉품을 보내서 조공무역의 이익을 극대

---

104) 『續資治通鑑長編』 권364, 哲宗 元祐 元年 춘정월 정미.

105) ·『宋會要輯稿』「歷代朝貢」 蕃夷七之三六, 元豐 3年 正月 17日.
   ·『宋史』 권487, 高麗傳.

106) 李鎭漢, 주 5) 논문, 263·264쪽.

화하였던 것이다.

고려는 이후 요가 각장을 설치하는 등 외교적 압력을 가해오자, 잠정적
으로 사절의 파견을 중단하였다가 1090년에 7월에 이자의 등을 사은사로
삼아 송에 보냈다. 그 기사 가운데 조공무역과 관련된 것들을 검토해보자.

> I1. (宣宗 10年) 秋七月 癸未日에 戶部尙書 李資義와 禮部侍郎 魏繼廷을
> 宋에 보내 謝恩을 兼하여 進奉하도록 하였다.[107]
>
> I2. 哲宗 元祐 六年 二月 丁酉日에 詔하기를 "高麗가 進貢하였으니 銀
> 器 5千兩을 특별히 하사하라"고 하였다. 政目에 이르기를 高麗에
> 別銀 5千은 회사하였다고 하였다[108]
>
> I3. 元祐 五年 八月 十五日에 龍圖閣學士·左朝奉郎·知杭州 蘇軾이 狀을
> 올려 아뢰기를 "… 근래 또 금월─8월─ 初 10日에 轉運司의 牒
> 에 明州의 아뢴 바는 高麗人使 李資義 등 269인이 잇달아 명주에
> 도착하였습니다. … 本司가 詳細히 보건대 이는 客人 李球가 고려
> [彼國]를 다니며 서로 사귀고 친밀해져 鄕導가 되고 두터운 이익
> 을 희망하는 것입니다. 이는 정확히 지난해 아뢴 바 徐戩의 情理
> 와 하나 같습니다"라고 아뢰었다.[109]

I1은 1090년 7월에 고려가 송에 보내 謝恩과 進奉을 겸하도록 하였다는
것이다. I2는 1091년 2월에 高麗의 進貢에 銀器 5千兩을 特賜하였다고 했
으며, 細註에는 「政目」에 고려에게 別銀 5千兩을 회사였다고 하였다. 이자

---

107) 遣戶部尙書李資義 禮部侍郎魏繼廷 如宋 謝恩兼進奉(『高麗史』 권10, 「世家」, 선종
　　7년 추7월 계미).
108) 詔高麗進貢 特賜銀器五千兩 政目云 高麗回賜別銀五千(『續資治通鑑長編』 권455,
　　철종 원우 6년 2월 정유).
109) 元祐 五年 八月 十五日 龍圖閣學士左朝奉郎知杭州蘇軾狀奏 檢會杭州去年十一月二
　　十三日奏 … 近又於今月初十日 據轉運司牒 准明州申報 高麗人使李資義等二百六十
　　九人 相次到州 … 本司看詳顯是 客人李球 因往彼國 交搆密熟 爲之鄕導 以希厚利
　　正與去年所奏 徐戩情理一同(『蘇軾文集』 권31, 奏議 「乞禁商旅過外國」).

의 일행이 돌아갈 때에는 송이 은기 5천량을 주었는데, 그것을 '特賜' 또는 '別銀'이라고 하였다. 이것은 보통의 회사와 별도로 더 주었다는 의미일 것이다. 고려의 사신이 謝恩과 進奉의 두가지 목적으로 와서 조공을 했으므로 특별히 더주었을 것이다. 그러므로 이자의 등은 1086년의 사절단과 마찬가지로 일반적인 회사 이외에도 은 5천냥을 더 받아왔던 것이다.

I3은 소식이 지은 「乞禁商旅過外國狀」의 내용이다. 그는 1090년 今月—8월—10일 轉運司牒에 의거하여, 고려 사신 269인이 명주에 도착하였는데 本司—명주—가 살피건대, 상인—客人— 李球가 彼國[고려]을 왕래하며 사람들과 친해지고 많은 이익을 얻기 위해 고려 사신의 鄕導가 되었다고 하였다. 이에 따르면 綱首 李球의 배에 사절이 탔다고는 서술되어 있지 않지만, 송에 사절이 온다는 것을 고하는 고려의 문서를 위탁받았고, 269인의 사절단이 대부분은 조공무역을 하려고 하는 자들이므로, 그 일부를 승선시켰을 것이다.[110] 고려의 사신이 상인의 도움을 받아 송에 도착한다는 것은 외교가 무역의 성격을 갖고 있음을 알려준다.

I1~3의 사료를 통해 1090년에 이자의 등이 사은사로 가서 1085년의 사행과 같이 특별한 회사를 받았으며, 그 일행의 수가 다른 사행보다 많은 269명에[111] 이르렀다는 사실을 알 수 있다. 특히 후자와 관련하여 송의 관리들 가운데 사신들의 무역을 제한하자는 주장을 하기도 하였다. 1090년 10월에 송은 고려에서 進奉하러 온 자로 交易을 원하는 자는 10인씩 순서

---

110) 近藤一成,「文人官僚蘇軾の對高麗政策」『史滴』23, 2001, 6쪽.

111) 1071년에 대송통교가 재개된 이후 1081년 12월에 고려의 진봉사 崔思齊와 副使 李子威 등 139인이 신종을 알현했다는 기사가 있으며(『續資治通鑑長編』 권319, 神宗 元豐 4년 12월 기사), 나머지 사신단의 수는 확인하기 어렵지만, 이자의 일행이 최사제 일행보다 두 배 가까이 되므로 많았다고 해도 될 것이다. 또한 이때 사행에 대해 송의 조정에서 사신의 무역에 대한 제한 여론이 일어난 것도 사행단의 수가 너무 많았다는 점을 간접적으로 설명해 준다.

를 정해 館을 나가 매매하되 親事官 1인을 따르게 하며 말을 원하는 자에
게는 諸司의 말 1필을 빌려주고 申時까지 客館으로 되돌아오도록 하였다.
이에 대해 蘇轍은 親事官으로 감시하게 해도 小人이 이익을 탐내 약간의
선물을 하면 어느 곳이나 따라가지 않아 실익이 없다며, 무역은 10인씩이
아니라 차라리 20인씩 하는 것이 낫고 아니면 완전히 금지하라고 건의하였
다.112) 이 내용에 의하면 고려의 사신단이 개봉에서 머무는 동안 客館 밖
을 출입하며 교역을 하였으며, 그 과정에서 송은 親事官에게 그들을 따르
게 하고, 말을 제공하여 편의를 돕기도 하였다고 한다. 같은해 12월에 고려
국 사신이 국경에 들어온 뒤 2개월 안에 대궐에 도착하도록 하자는 劉摯의
건의113) 역시 송에 도착한 고려의 사신단이 조공을 위해 개봉에 가는 것을
서두르기 보다는 무역에 여념이 없어서 백성에게 폐를 끼치므로 가능하면
그 기한을 줄이고자 했던 것이다.

　蘇轍과 劉摯의 주장에서 고려의 사신이 송에 도착한 이후 개봉에서 황
제를 알현하고 다시 고려로 돌아오기까지 계속 무역을 하고자 했고, 송은
그들이 무역할 수 있도록 각종 편의를 제공했음을 알 수 있다. 고려의 사신
이 송상에 의탁해서 배를 타고 송에 온 뒤에는 그들이 가져온 물건이나 송
에 와서 교역한 물품은 송 정부가 알아서 운반해주었던 것이다. 그러므로
고려의 사신단의 수가 많아지면 더 많은 인원이 무역할 수 있고 이익의 규
모가 커지지만, 고려가 별도의 비용을 내는 것도 아니었다. 이자의 일행이
그 이전 보다 많은 269인이었다는 것은 그 이전의 사신단보다 더 많은 무
역의 이익을 얻기 위한 것이었다고 이해된다.

　그러한 점이 요의 각장 설치 시도 이후 중단되었던 송에 사신을 보내는
계기가 되었던 것 같다. 고려는 외교적으로 요를 의식하면서도 기회가 되

---

112) 『續資治通監長編』 권449, 哲宗 元祐 5년 동10월 계축.
113) 『續資治通監長編』 권452, 哲宗 元祐 5년 12월 을미.

는대로 송에 사신을 보내고자 했는데, 때마침 1090년 3월에 큰 벼락이 新
興倉에 쳐서 창고의 곡식 鉅萬이 모두 불타버리는 사건이 일어났다. 이에
朝野가 크게 놀랐고 왕은 재변을 없애기 위한 齋醮를 설행하였으며, 이 일
을 경계삼아 즉시 弘圓寺와 國淸寺를 짓는 工役을 중단하도록 하였다.114)
6월에 선종은 금년 이래 재변이 여러 차례 일어나고 비가 제때에 내리지
않는다며, 內外의 公罪로 徒刑, 私罪로 杖刑 이하의 죄인은 모두 방면하고,
백성이 정묘년―1087년― 이후 新興倉의 쌀을 빌려가고서 아직 돌려 갚지
못한 것은 모두 탕감하게 하였다.115) 이러한 조치를 보면 신흥창이 백성들
에게 곡식을 빌려주는 기관이었으며, 그곳의 화재를 국가적인 재난으로 인
식하였음이 분명하다.

　더욱이 弘圓寺와 國淸寺의 창건을 잠시 중단한 것이 사료에는 재변으로
어수선해진 민심을 달래기 위한 것처럼 표현되었지만, 한편으로는 큰 창고
의 곡식이 불타 없어짐으로 해서 재정적으로 어려워진 것과 관련된 조치였
을 것이다. 이제현이 문종의 찬에서 '긴요하지 않은 관직을 생략하여 일이
간편하였고 비용이 절약되어 나라가 부유해지니 國倉의 곡식이 해마다 쌓
여가고 집마다 넉넉하고 사람마다 풍족해서 당시에 태평이라 일컬었다'
고116) 했는데, 선종대에도 1089년 10월에 13層 黃金塔을 완성하였고,117)
王太后가 개경 서쪽 교외에 國淸寺를 창건하기 시작했던 것에서 알 수 있
듯이118) 풍부한 재정상태는 유지되었다. 그러나 뜻밖의 신흥창 화재로 일
시적인 재정난에 처하게 되었고 그것을 타개하기 위한 방책의 하나로 송에

---

114) 『高麗史節要』권6, 선종 7년 3월.
115) 『高麗史節要』권6, 선종 7년 6월.
116) 『高麗史節要』권5, 문종 37년 8월 계미.
117) 『高麗史』권10,「世家」, 선종 6년 동10월 戊午.
118) 『高麗史節要』권6, 선종 6년 동10월 및 『高麗史』권10,「世家」, 선종 6년 동10월
　　 辛酉.

사신을 보내는 결단을 하게 되었을 것이다. 이자의 일행이 명분도 불확실한 사은사를 칭하고, 여러 송상의 배편에 나누어 송에 갔던 것들이 이자의의 사행이 갑자기 결정되었다는 것을 알려준다. 선종은 4년여 간 금기시되었던 대송 외교를 재개하여 신홍창의 전소로 어수선해진 정국을 전환하려는 의도가 있었겠지만, 현실적으로 부족해진 재정을 보충하고자 269명이라는 대규모 사신단을 편성하였을 것이다.

그 결과는 I2의 사료에 보이는 바와 같이 보통의 회사품 이외에 別銀 5천냥을 더 받아왔고, 사신단은 송의 수도인 개봉과 명주를 오가는 동안에 무역을 하였다. 이 때의 사행에 대해 蘇軾이 고려 사신이 명주에서 수도까지 왕래하기 위해 각 고을이 그들의 접대에 부담하는 비용이 많다는 등의 비판했고[119] 소철이 개봉에서 사신단의 객관 출입을 10일로 제한하자고 건의했던 것은 고려가 그만큼 사신의 파견을 통해 많은 이익을 얻고 있었기 때문이다. 그것은 당시 고려가 능동적으로 행하고 있던 公利的인 朝貢의 本質을 파악한 주장이었다.[120] 고려의 입장에서 송에 사신을 보내는 일이 쉬운 것이 아닌 데다가, 일단 송에 도착한 이후 황제에게 입조하는 일체의 비용과 편의를 제공한다면,[121] 한 번 가기로 한 이상 고려는 그것을 활용하여 최대한의 이익을 추구하는 것이 당연하다.[122]

실제로 이자의 일행이 송에 가서 황제의 회사를 받고 고려 사신들의 부대 무역을 통해 얻은 이익은 왕실과 국가재정에 적지 않은 도움을 주어서

119) 소식의 고려 사신에 대한 폐해론은 1934년에 처음 언급된 이래 (金庠基, 주 2)a 논문, 5쪽), 한국·중국·일본 등에서 많은 논문이 나왔는데, 일괄적으로 제시하지 않고 관련부분에서 인용할 것이다.
120) 金庠基, 주 2)a 논문, 5쪽.
121) 李範鶴, 「蘇軾의 高麗排斥論과 그 背景」『韓國學論叢』 15, 1992, 98쪽.
122) 이에 대해 양국간의 진봉과 회사의 물물교환은 대등한 성격을 띠고 있다는 주장도 있다(申採湜,「宋代 官人의 高麗觀」『邊太燮華甲紀念史學論叢』, 三英社, 1985, 1214쪽).

이후 1093년 고려의 사신이 송에 갈 때에는 훨씬 재정 형편이 나아졌던 것 같다. 1093년 7월에 선왕과 先后의 忌辰에 追福하는 일이 점점 해이해 졌으므로 廣仁館에 倉庫 한 채를 지어 奉先庫를 설치하고 곡식과 쌀을 저축하여 그것에 대비하고[123] 관원으로는 使 1인, 副使 1인, 乙科權務 判官 2인을 두었다.[124] 그해 8월에 大盈庫의 좀먹은 포를 征袍都監에 보내 급히 행군할 때 입는 縫衣 3·4千領을 지어 東北兩界에 營庫에 보관하고 급한 사변이 있을 때 입도록 하자는 도병마사의 건의가 받아들여졌다.[125] 봉선 고와 같은 재정 기관이 설치된 것, 개경 대영고의 포를 이용하여 縫衣 3·4 천벌을 제작했다는 것, 대영고의 '좀먹은 포'라는 표현들은 넉넉해진 재정 상태를 알려준다.

그러므로 1093년에 송에 갔던 고려의 사절은 回賜의 이익보다는 송의 문물을 수용하는데 더 관심이 많았던 것 같다.

> J1. (宣宗 10年 秋7月) 壬辰日에 兵部尚書 黃宗懿과 工部侍郞 柳伸을 송에 보내 謝恩하였다.[126]
>
> J2. (元祐) 七年 (고려가) 黃宗懿을 보내 와『黃帝鍼經』을 바치고 책을 사갈 것을 청하였는데 매우 많았다. 禮部尚書 蘇軾이 말하기를 "高麗가 (송에) 入貢하는 것은 터럭[絲髮]만큼의 이익이 없으며 다섯 가지 손해가 있습니다. 지금 여러 책과 金箔의 수매를 청하는 것을 모두 허락하지 마십시오"라고 하였다. 詔하여 金箔 사는 것을 허락하였고, 갑자기[卒然]『冊府元龜』를 사서 돌아갔다.[127]

---

123)『高麗史節要』권6, 선종 10년 추7월.

124)『高麗史』권77,「百官志」2, 諸司都監各色 奉先庫.

125)『高麗史節要』권6, 선종 10년 8월.

126) 遺兵部尚書黃宗懿 工部侍郞柳伸 如宋 謝恩(『高麗史』권10,「世家」, 선종 10년 추7 월 임진 및『高麗史節要』권6, 선종 10년 추7월).

127) 遺黃宗懿來獻黃帝鍼經 請市書甚衆 禮部尚書蘇軾言 高麗入貢 無絲髮利而有五害 今

J3. 哲宗 元祐 八年 正月 庚子日에 工部侍郎兼權秘書監 王欽臣 말하기를 "高麗가 바쳐온 책 가운데『皇帝鍼經』이 있는데 編秩이 모두 있으니, 나라 안[海內]에 선포하여 學者들이 외우고 익혀야 하며 前例에 따라 베끼고 인쇄해야[摹印] 합니다. 詔하여 교정과 대조를 마치도록 하고 청한 바 대로 하게 하였다.128)

J1은 1093년 7월에 兵部尙書 黃宗慤과 工部侍郎 柳伸을 宋에 보내 謝恩했다고 한다. J2는 고려가 黃宗慤을 보내『黃帝鍼經』을 바쳤으며, 아울러 사서 가기를 청한 책이 매우 많자, 禮部尙書 蘇軾이 高麗의 入貢은 송에 조금의 이익이 없을 뿐 아니라 오히려 다섯가지 해로움이 있으니, 여러 책과 金箔을 수매해 가는 것을 허락하지 말도록 청하였으나 황제가 金箔을 사가도록 허락하였고, 마침내『冊府元龜』마저 사서 돌아갔다는 것이다. J3은 1093년 정월에 송의 工部侍郎兼權秘書監 王欽臣이 말하기를 '高麗가 가져와 바친 책 가운데『皇帝鍼經』이 있는데, 編秩을 모두 갖추었으므로 海內에 宣布하여 學者로 하여금 誦習하게 해야할 것이니 例에 따라 摹印하기를 바랍니다'라고 하자 詔를 내려 교열과 대조를 마친 뒤 청한 바에 따르게 하였다고 하였다.

J1~3의 기사를 종합하건대, 고려가 보낸 사은사의 구체적인 이유는 확실하지 않으나 宋 明州가 보내온 報信使에 호응하고, 1091년에 이자의 편에 송의 황제가 구서목록을 보냈던 것에 대한 보답으로 고려가『黃帝鍼經』을 가져갔을 것이다. 일찍이 求書目錄이 고려에 전달된 뒤 다음해에 고려는 중국이 요구한 상당수의 異本을 송에 보내주었으며, 그 이후에도『說苑』,

---

請諸書與收買金箔 皆宜勿許 詔許買金箔 然卒市冊府元龜 以歸(『宋史』권487,「高麗傳」).

128) 工部侍郎兼權秘書監王欽臣言 高麗獻到書內 有皇帝鍼經 編秩具存 不可不宣布海內 使學者誦習 乞依例摹印 詔令校對訖 依所請(『續資治通鑑長編』권480, 哲宗 元祐 8년 正月 庚子).

『東觀漢紀』, 『京氏周易占』 등이 송에 전해졌다.129) 이처럼 고려는 송에 사신을 보낼 명분을 만들고자 송에 없는 책을 보내고 있었다.

그러나 1093년에 고려의 사신이 송에 간 것은 고려에서 중국의 책을 받아오는 데 있었다. 선종이 송의 서적을 도입하는 것에 관심이 많았다는 것은 그의 在位時에 송에 간 사신들이 황제에게 書籍의 下賜나 賣買를 청하였던 데서 확인된다. 1085년 신종의 조위사와 철종의 하등극사 등이 『刑法文書』·『太平御覽』·『文苑英華』 등을 사갈 것을 청하자 철종은 『文苑英華』만을 허락하였다고 하였다.130) 이자의가 송에 머물고 있을 때인 1090년 12월에 송이 『文苑英華集』을 하사하였다고 했으며131) 1093년의 송에 간 사신들도 책을 사갈 것을 요청하여 『冊府元龜』를 구입하여 돌아왔다. 이와 같이 선종대에 송에 갔던 사행이 모두 책의 구입과 관련되었으며, 의천의 입송 구법 결과도 많은 불교전적을 가지고 돌아왔다고 하므로 선종대에 대송외교를 유지했던 요인의 하나로 귀중한 서적을 효과적으로 도입하기 위한 것이었다고 생각된다.

그것은 선종이 송의 문물을 받아들여 고려를 변화시키려고 하는데 적극적이었기 때문이다. 예를 들어 1089년에 6월에 국학을 수리하게 되자 儀仗을 갖추어 文宣王의 位牌를 順天館으로 옮겼고, 1091년 9월에 國學 壁上에 圖畫 72賢의 位次를 宋 國子監이 讚한 바 名目의 순서에 따르고 章服도 모두 十哲을 모방하여 설치하였다.132) 이어 1093년 8월에는 고려의 舊制에

---

129) 金庠基, 「宋代에 있어서의 高麗本의 流通에 대하여」 『李相殷博士華甲紀念論叢』, 1965; 『東方史論叢』, 서울대출판부 1974, 165~168쪽.

130) 『文獻通考』 권325, 「四裔考」 2, 高句麗 元豐 8年.
    다른 기록에는 開元正禮·文苑英華·太平御覽 등의 책을 바란다는 뜻을 송의 館伴使에게 전하여 철종으로부터 『文苑英華』를 하사받게 되었다고 하였다(『續資治通鑑長編』 권365, 철종 원우 원년 2월 신유).

131) 『高麗史』 권10, 「세가」, 선종 7년 12월 임인.

132) 『高麗史』 권62 「禮志」 4, 吉禮中祀 文宣王廟 선종 8년 9월 庚戌.

生辰·元正·冬至의 百官賀禮에는 오직 宰相入直者 1인만 押班하고 그 나머지는 班에 나가지 않던 것을 宋朝 儀制에 무릇 放賀之日에 그 禮와 坐殿日이 다르지 않은 것과 같이 모두 宋朝儀式을 따르게 하였다.[133] 이러한 상황에서 선종이 원하는 것을 송에서 구할 수 있는 가장 적극적인 방법은 사신의 파견이었고, 그러한 실리를 얻기 위해 선종은 요와의 갈등을 피해가면서 송에 사절을 보냈던 것이다.

선종이 요와의 관계 악화를 무릅쓰고 송에 사신을 보내어 외교를 지속하려는 뜻을 보여주자, 송은 고려에 가는 海商에 대한 규제를 철폐하여 양국 간의 해상 왕래와 교역을 활성화시켰다. 1071년 고려와 송의 외교가 재개된 뒤 양국의 사신이 왕래하게 되자 해상들이 고려에 가는 것을 막을 명분이 줄어들었고, 통교과정에서 세운 해상들의 공로를 보상하고자 1079년에 財本 등의 일정한 자격 조건을 갖춘 자들이 합법적으로 明州에 신고하고 고려에 갈 수 있도록 허락하였다.[134]

그리고 선종대인 1090년에 海道를 통해 外蕃에 장사하는 자들은 배에 타는 사람 및 화물의 이름과 수를 출발하는 곳에 알리도록 하고, 市舶司에서 주는 公據 없이 마음대로 배를 출발하여 바다로 나가 高麗·新羅·登州·萊州 등을 가는 자는 徒刑 2년에 처하고, 신고하여 잡으면 배에 있는 물건의 반 값을 상으로 주게 하자는 건의가 있었다.[135] 더욱이 1094년 4월에 3省과 樞密院의 건의에 따라 송상인의 인원과 선박수를 해당 주현에 보고하고 재화는 3千萬貫, 선박은 2척으로 한정하며, 1년 내에 귀환하도록 하였다.[136] 쉽게 설명하면 문종의 대송통교 이전에는 송상이 고려에 왕래할 수

---

133) 『高麗史』 권67, 「禮志」 9, 嘉禮 王太子節日受宮官賀幷會儀 선종 10년 8월 丁巳.

134) 陳高華·吳泰, 「宋元時期 海外貿易的活動狀況」 『宋元時期的海外貿易』, 天津人民出版社, 1981, 37쪽.

135) 『續資治通監長編』 권451, 哲宗 元祐 5년 11월 기축.

136) 장동익, 『高麗時代 對外關係史 綜合年表』, 동북아역사재단, 2009, 103쪽.

없었다가, 1079년에 明州 市舶司에서 公憑을 취득한 자에 한해 고려에 갈 수 있게 되었으며, 1094년에는 渡航 금지 지역에서 고려가 제외되어 송상들이 高麗에 자유롭게 건너갈 수 있게 되었던 것이다.[137]

특히 고려 왕래금지를 해제하고 매년 적어도 2척의 배가 고려를 왕래할 수 있도록 한 1094년의 규정은 그 이전에 비해 획기적인 변화였다. 이처럼 송이 海商의 고려 왕래를 제한하지 않았던 것은 송상의 고려 왕래가 잦았던 현실을 인정하는 것이기도 하지만, 고려에 대한 우호의 뜻을 보여주는 한 방법이었다. 이후 송상의 왕래는 더욱 많아졌고, 의천이 송의 여러 승려들과 쉴새 없이 서신을 교환할 수 있게 된 것도 그 때문이다.[138]

이와 같이 선종대에는 문종의 대송통교 이후 송상의 고려 왕래에 대한 규제가 많이 해소되어 더욱 자유롭게 고려를 왕래하게 되자, 소식은 '고려의 왕래를 금하는 조문이 삭제되자 상인들이 분분히 바다를 건너 무역을 하였으며, 客商들도 줄지어 건너왔다고 하였다'며[139] 해상들이 고려에 가서 무역하는 것을 제한하자고 주장하였다.[140]

문종대 이후 송상의 고려 왕래가 잦아지자, 그들과 교역하기 위한 일본의 상인들도 고려를 찾기 시작했는데,[141] 그러한 추세는 선종대에도 지속되었다. 1084년 6월에 日本 筑前州의 商客 信通 등이 水銀 250근을 바쳤고,[142] 1085년 2월에 對馬島勾當官이 사신을 보내 柑橘을 진봉하였으며,[143] 1086년 3월에 對馬島勾當官이 사신을 보내 方物을 바쳤다.[144] 1087

---

137) 近藤一成, 앞의 논문, 7쪽.

138) 崔柄憲, 앞의 논문, 360~371쪽.

139) 『蘇軾文集』 권8, 奏議 「乞禁商旅過外國狀」.

140) 鮑志成, 「蘇東坡와 高麗」, 『한중문화교류와 남방해로』(조영록편), 국학자료원, 1995, 92쪽.

141) 羅鐘宇, 「高麗前期의 韓日關係」 『韓國中世對日交涉史研究』, 圓光大出版局, 1996, 52~55쪽.

142) 『高麗史』 권10, 「世家」, 선종 원년 6월 戊子 및 『高麗史節要』 권6, 선종 원년 6월.

년 3월에 日本 商人 重元親宗 등 32인이 와서 方物을 바쳤고,[145] 1089년 8월에 日本國 大宰府 商客이 와서 水銀·眞珠·弓箭·刀劍을 바쳤다.[146] 당시 일본 상인과 대마도 지방 세력이 進貢한 것은 고려 조정의 환심을 사는 한편 사여물을 노린 것이며, 민간무역을 행하였다 점은 송상과 같았다.[147]

한편, 선종대에 일본에서 5차례 왔다고 하였으며, 대마도가 두 번이었던 것을 제외하고는 찾아온 사람들의 이름이 다르기 때문에, 일회성 방문인 것처럼 보인다. 그러나 1086년 6월에 송에서 돌아온 의천은 釋典 및 經書 1천권을 구해오고 興王寺에 敎藏都監을 둘 것을 아뢰고 遼·宋·日本 등에서 4천권에 이르는 책을 사들여 모두 간행하였다고 하였다. 이처럼 일본의 책을 구매할 수 있었던 것은 고려에 오던 일본 상인들이 의천의 부탁을 받고 다시 구해주었기 때문일 것이다. 그것은 상인들이 반복적으로 고려에 왔으며, 『高麗史』에 기록된 것보다 훨씬 많은 상인들이 왕래하였다는 것을 알려준다.

고려의 예성항을 중심으로 동아시아 무역이 번성하고 있었다는 것은 1093년 7월에 安西都護府 관할의 延平島巡檢軍이 弓箭·刀劍·甲鍪 및 水銀·眞珠·硫黃·法螺 등의 物品을 싣고 있던 배를 나포하고 그 배에 타고 있던 宋人 12인과 倭人 19인은 海賊이라고 하여 유배하고 물품은 압수한 사건을 통해 알 수 있다.[148] 해적이라는 표현으로 보아 고려의 허가를 받지 않았던 것은 분명한데, 예성항에 가까운 연평도 순검군에게 잡혔기 때

---

143) 『高麗史』 권10, 「世家」, 선종 2년 춘2월 정축 및 『高麗史節要』 권6, 선종 2년 춘2월.
144) 『高麗史節要』 권6, 선종 3년 3월.
145) 『高麗史』 권10, 「世家」, 선종 4년 3월 임신 및 『高麗史節要』 권6, 선종 4년 3월.
146) 『高麗史』 권10, 「世家」, 선종 6년 추8월 병진 및 『高麗史節要』 권6, 선종 6년 추8월.
147) · 김상기, 「高麗前期의 海上活動과 文物의 交流—禮成港을 중심으로—」 『국사상의 제문제』 4, 1959; 『東方史論叢』, 서울대학교 出版部, 1974, 457·458쪽.
    · 高柄翊, 「麗代 東아시아의 海上交通」 『震檀學報』 71·72합, 1991, 306쪽.
148) 『高麗史節要』 권6, 선종 10년 추7월.

문에, 그들은 예성항을 왕래하던 해상들을 상대로 밀무역을 했거나 내용 그대로 해적질을 했을 것이다. 어느 쪽으로 해석한다 해도 당시 예성항 주변에 많은 무역선들이 왕래하였다는 증거임은[149] 분명하다.

이와 같이 예성항에 송과 일본의 해상들이 고려에 온 뒤에는 개별적으로 선종을 알현하거나 공식적인 행사인 八關會에 참여하여 方物을 進獻하였는데, 많은 외국 상인이 찾아왔다는 것은 국왕의 권위를 높여주었을 뿐아니라 진헌과 회사 무역을 통해서 국가 및 왕실재정에 도움을 주었다.[150] 그것은 송이 고려에 대한 우호적 조치의 하나로 해상들이 왕래 금지를 해제하여 고려가 동아시아 무역의 중심지가 되면서 얻게 된 부수적인 소득이었다.

요컨대, 문종은 요의 외교적 견제를 받으면서도 國益을 위해 대송통교를 결행하고 유지해나갔다.[151] 선종이 외교적 어려움 속에서도 송과의 외교를 단절하지 않았던 것은 송이 나름대로 고려의 정치적 지원을 바라며 고려의 국왕과 사신에 대해 각종 은덕을 베풀었고, 고려는 그 기회를 이용하여 경제적·문화적 실리를 얻으려고 했기 때문이다.[152]

---

149) 이 사건을 당시에 예성항을 중심으로 私貿易이 盛行했던 증거로 보는 견해도 있다(朴承範, 「9-10世紀 東아시아 地域의 交易」, 『中國史硏究』 29, 2004, 139쪽).

150) 고려시대 송상의 진헌과 팔관회의 참여가 가지는 정치·경제적 의미에 대해서는 다음의 논문이 참고된다.
   · 金庠基, 주 2)b 논문.
   · 白南雲, 앞의 책.
   · 金庠基, 주 2)c 논문.
   · 森克己, 「日·宋の高麗との私獻貿易」, 『朝鮮學報』 14, 1959.
   · 奧村周司, 「高麗における八關會の秩序と國際環境」, 『朝鮮史硏究會論文集』 16, 1979.
   · 奧村周司, 「高麗の外交姿勢と國家儀式」, 『歷史學硏究』 別冊, 1992.
   · 山內晉次, 주 69) 논문.

151) 白南雲, 앞의 책, 766·767쪽.

152) 朴龍雲, 주 3)b 논문, 166·167쪽.

　이러한 결과만 보면, 송은 주고 고려는 받기만 하는 일방적인 관계처럼 보이지만, 송에 사신을 보내기 위해 치러야했던 요와의 외교적 갈등으로 인한 고려의 희생도 컸다. 고려가 송의 많은 회사품을 받았고 宋商들의 고려 왕래가 자유로워지면서 예성항의 무역이 활성화되었던 것은 그 희생에 대한 대가인 셈이다. 또한 송은 고려와 연합하여 요를 제압한다는 송의 외교와 국방 정책을 실현하기 위해 항상 고려 사신을 환대하였다는 점도 반드시 고려되어야할 것이다.

　결국 선종대 대송 외교와 무역은 호혜적 입장에서 언제나 요의 견제를 피해가면서 이루어졌다고 할 수 있다. 그런데 이와 같은 성격은 비단 선종대에 국한된 것이 아니었다. 태조대에 오대와 거란이 대립하는 가운데 고려가 오대의 여러 국가와 통교한 것, 광종대 이후 고려와 거란의 1차전쟁이 있기 전까지 송의 책봉국이 되었던 것, 문종이 대송통교를 재개한 것 등이 하나같이 고려가 경제적·문화적 실리를 얻기 위한 것이었다.

　다만 강력한 군사력을 가졌으며, 고려와 국경을 접하고 있는 요—때로는 거란—의 外壓을 견뎌내면서 대송외교를 하기 위해서는 국왕의 정치·외교적인 통찰력이 있어야 한다. 선종초의 대송외교는 요의 각장 설치 시도로 위기를 초래하기도 했지만, 1090년과 1093년의 선종이 송에 사신을 보냈던 것은 요와의 커다란 분쟁이 없었다는 점에서 성공하였다고 평가할 수 있다. 선종의 국정 운영 능력과 외교적 판단력이 그것을 가능하도록 해주었다고 여겨진다.

4. 맺음말

　『宋史』에는 선종에 대해 '매양 상인이 책을 팔러 오면, 선종이 깨끗한

옷을 입고 향을 켠 채 만났다'고[153] 하였다. 책을 팔러온 상인과의 만남에 대해 언급된 것은 선종이 송의 서적과 선진문물에 관심이 지대했음을 보여 준다. 아울러 夷狄의 國王답지 않은 예의를 갖추고 책을 좋아하는 고상함으로 선종이 호평을 받았던 것은 선종이 송과의 외교를 지속했기 때문인데, 문종대에 재개된 대송통교를 지속하는 일이 쉽지만은 않은 일이었다.

선종이 열두 해 동안 재위하면서 송에 보낸 사절은 3차례에 불과하였다. 그것은 선종대에 대송 외교가 문종대에 비해 더욱 어려워졌기 때문일 것이다. 선종이 즉위한 다음해 문종의 조위사절이 송에서 왔고, 그 다음해에는 송 신종을 조위하고 철종의 즉위를 축하하는 고려의 사절이 잇달아 왕래하였으며, 그 사이에 선종의 아우인 의천이 구법을 위해 송에 가는 등 활발한 대송 외교를 전개하였다. 이에 위협을 느낀 요가 각장 설치를 빌미로 고려를 압박하자, 대송외교가 일시 중단되는 시련을 겪기도 하였다. 하지만 1090년에 신흥창의 화재로 인한 민심을 수습하고 재정난을 타개하고자 269인의 대규모 사절을 다시 송에 보냈으며, 1093년에는 송에 간 사신들이 고려가 필요로 하는 책을 사갈 수 있도록 요구하였다.

이와 같이 선종대 고려와 송의 외교는 순탄치 않은 가운데도 끊이지 않았던 것은 고려와 송의 이해가 어느 정도 맞아떨어졌기 때문이다. 즉, 송은 요에 대항하는 우군을 얻고자 고려와의 외교에 적극적이었고, 고려는 조공무역을 통해 경제적 실리를 얻을 뿐 아니라 선진문물의 도입이라는 문화적 요구를 채우기 위해 송에 사신을 보냈다.

외교를 지속한 원인과 그 결과를 고찰하건대, 고려가 일방적으로 이익을 얻은 것처럼 보이는데, 실제로는 선종의 대송 외교가 경제·문화적으로 이익을 얻기 위한 것이었다고 해도 그것은 요와의 관계 악화를 감수하고 선택했던 것인 만큼 송이 고려에게 보상해야할 의무도 있었다는 점을 주목

---

153) 『宋史』 권487, 「高麗傳」.

해야 한다. 의천을 포함한 고려 사신에 대한 환대, 많은 서적을 비롯한 회사품, 고려에 가는 해상 활동에 대한 규제의 추가적인 철폐 등과 같은 송이 베풀어준 고려에 대한 호의가 바로 그에 대한 대가였다.

다만, 송이 요를 제압하려는 정치적 목적을 실현하기 위해 고려에 대해 환대를 하였다고 해서 고려가 언제나 송에 사신을 보낼 수 있는 것은 아니었다. 국왕이 국정 운영과 외교적 통찰력이 없으면 그것을 이루어낼 수 없었던 것이다. 선종은 요의 외교적 압력을 적절히 피해가면서 송에 사신을 파견하였고, 그 결과 조공무역의 이익과 선진문물의 도입 등의 목적을 성취하였으며, 예성항 중심의 해상무역을 활성화하였다. 그리고 그것이 재정의 안정과 제도의 개혁을 이루고 문종대의 전성기를 이어나가는 바탕이 되었다는 점에서 선종은 외교적 능력을 갖춘 국왕이었다고 해야할 것이다.

『三國遺事』의 高麗 睿宗代 '佛牙 將來'

1. 머리말

불교 국가에서 부처의 진신 사리는 신앙에 있어서 가장 소중한 경배의 대상이다. 특히 불사리의 소지는 인도와 중국에서 최고 권력의 상징으로 여겨졌기 때문에[1] 그 영향을 받은 고려에서는 定宗, 현종, 예종, 인종, 명종, 고종, 공민왕 등 역대 국왕들이 자신의 권위를 높이기 위해 佛舍利供養會를 열기도 하였다.[2]

그러므로 한국 고대의 불교 신앙에 관한 다양한 기록을 담고 있는『三國遺事』에서도 따로「前後所將舍利」條를 두고 불아와 관련된 여러 가지 서사를 담았으며,[3] 그 가운데 많은 비중을 차지하는 것이 睿宗代 정극영이

---

1) 인도 아쇼카왕 이래로 불교를 믿는 대중들 사이에서 진신사리의 소지는 바로 부처의 뜻이며 통치자의 자격을 부여받았음을 상징하는 것으로 여겨졌다. 그러므로 진신사리의 소지와 그에 대한 의례는 새롭게 즉위한 황제의 권위 확립에 도움을 주었다고 한다(周炅美,「中國 古代 皇室發願 佛舍利莊嚴의 정치적 성격─易姓革命의 선전물로서의 眞身舍利供養─」『東洋學』33, 2003, 단국대 동양학연구소, 364~375쪽).
2) 장미란,「한국 사리 신앙의 전래와 성격」『한국의 사리신앙 연구』(오대산월정사 편), 운주사, 2014, 116·117쪽.
3) 불사리의 개념에 대해서는 다음의 연구를 참고하였다(주경미,「불사리 장엄의 기원」『중국 고대 불사리 장엄 연구』, 일지사, 2003, 14~21쪽).
본고는 불사리의 또다른 표현인 불아와 불골 등의 용어를 정확히 사용하기 위해 사전적 의미를 살펴보았다. 불사리는 석가모니의 유골로서 身骨·靈骨의 뜻이 있으며(諸橋轍次,『漢和大辭典』(修訂版), 권3, 大修館書店, 1984, 714쪽, 佛舍利), 가장 포괄적인 의미를 담고 있다. 불아는 석가가 열반한 후 그 몸을 다비하였을 때 부서

송에서 가져왔다고[4] 하는 불아에 관한 기록이다. 주요한 내용은 불아의 전래 경위, 예종의 경배, 강화천도 시기에 잠시 사라졌던 불아를 다시 찾은 이야기, 개경환도를 겪고 일연과 무극이 살았던 충렬왕대까지 존속된 상세한 내력 등이었다. 한편 고려시대의 정사인 『高麗史』에도 睿宗代 송에서 전래된 불골에 관한 기록이 있는데, 그것을 가져온 사람을 비롯하여 봉안 장소 등에 있어서 『三國遺事』와는 사뭇 다른 사실들이 적지 않다. 더욱이 『三國遺事』 불아의 장래자는 鄭克永(1066~1127)이고, 『高麗史』에서 불골을 받아왔던 사람은 王字之(1066~1122)라고 분명히 다르게 기록되어 있는데도, 누가 진정한 장래자였는지를 구체적으로 밝히고자 하는 시도가 거의 없었다.[5]

지지 않고 남아있던 어금니를 말하는데, 이것은 물과 불로서 손상할 수 없다고 한다(712쪽, 불아). 불골은 석가의 뼈로, 골신사리에는 하얀색의 骨舍利, 검은색의 髮舍利, 빨간색의 肉舍利 등이 있으며, 불사리만이 쳐서 때려도 부서지지 않는다고 하였다(『法苑珠林』). 불골은 한유가 당 헌종이 궁중에 불사리를 두고 숭배한 것을 비판하기 위해 아무 쓸모없는 '썩어문드러진 뼈[朽敗之骨]'라고 지칭한 이후(같은 책, 713쪽, 佛骨과 論佛骨表) 불사리를 비하하는 의미를 갖게 되었기 때문에 『高麗史』와 『高麗史節要』——불교 관련 기록은 양 사서가 거의 동일하므로 이하 『高麗史』를 대표로 적음——도 의도적으로 사용한 것 같다. 『三國遺事』 「前後所將舍利」조——이하 『三國遺事』——는 주로 불아에 대해 서술했고, 『高麗史』는 불골이라는 표현을 썼을 뿐 아니라 실제로 후자는 불아와 두골의 합칭이었고, 고려 고종 때 두골이 없어지면서 불아만 남는 일도 일어났으므로 양자를 구별하여 서술할 것이다.

4) 장래의 사전적 의미는 '가져오다'라는 것이고, 『三國遺事』에서 정극영과 이지미가 장래했다고 하므로 '장래'와 '가져오다'를 내용에 따라 적절하게 사용할 것이다(諸橋轍次, 『漢和大辭典』(修訂版), 권4, 大修館書店, 1985, 23쪽, '將', 將來).

5) 「前後所將舍利」조의 기사를 인용한 연구들은 앞에서 소개한 바와 같이 무극설에 주목한 찬자와 관련된 연구, 국왕의 사리공양 또는 불아함에 대한 기록을 통해 사리신앙 또는 사리 장엄에 대한 고찰 등이 주류를 이루고 있다. 한편 이에 대한 가장 전문적인 연구에서는 불아를 가져온 인물에 대해 『高麗史』의 기록에 근거하여 왕자지로 보았다(남동신, 「『三國遺事』 속의 『三國遺事』: 「前後所將舍利」조」 『新羅文化祭學術會議論文集』 36, 2016).

이러한 점을 고려하여 본고에서는『三國遺事』「前後所將舍利」조의 전체 내용을 이야기별로 나누고, 핵심 용어와 봉안 장소, 전거 등을『高麗史』불골 관련 기록과 비교하고 분석하여 각 부분별로 사실 여부를 확인할 것이다. 이어 睿宗代에 불아가 고려에 오게 된 외교적 배경을 살펴보고, 정극영과 왕자지에 대한 기록을 검토하여 누가 장래자로서의 역할을 했는지를 밝혀볼 것이다. 아울러 두 사서에서 서로 다른 인물을 전래자로 기록하였고,『三國遺事』에서 정극영이 불아의 장래자가 되었던 이유를 인종 초의 정국변화에서 찾아보겠다. 이 연구의 결과가 그 동안『三國遺事』기록의 신빙성에 관해 새롭게 인식하는 계기가 될 것이고 생각된다.

2.『三國遺事』의 불아와『高麗史』의 불골에 관한 기록의 비교 분석

『三國遺事』의「前後所將舍利」조는 신라와 고려의 여러 사리에 관한 설화를 기록하고 있다. 먼저 선덕여왕 때 자장율사가 당에서 불두골, 불아, 불사리 100粒을 가져와 통도사 계단에 둔 것을 고려 강화천도기에 사신을 보내 확인해보니 돌함의 琉璃筒 속에 4顆 밖에 남지 않아서, 수정함에 간수하도록 했다고 한다. 그 다음이 신라 의상법사가 당의 道宣律師에게 부탁하여 제석궁에 있던 불아를 7일 기한으로 전해 받았다는 것이다. 의상은 그 불아에 경배하고 大內에 안치하였다. 그 뒤 고려 예종 때 정극영이 송에서 불아를 가져왔고, 예종이 전각에 모셔 예를 행하였다. 몽골의 침입으로 수도를 강화로 옮기는 과정에서 불아를 몇 년간 분실하였다가 다시 찾았고, 개경으로 환도할 때 삼별초의 환란을 겪으면서도 불아는 무사히 일연이 살던 충렬왕대까지 전하여졌다고 한다. 특히 후자에 관해서는『三國遺

事』라는 책이름이 무색할 만큼 주요 내용이 고려시대에 있었던 사건이었을 뿐 아니라, 그 일을 경험한 覺猷, 心鑑, 無極 등의 승려가 제시되어 매우 이례적이다. 이 안에는 불아에 관한 설화가 많이 섞여 있어 신비로운 것들이 적지 않은데, 이 장에서는 그러한 내용들을 제외하고 사료의 교차 확인으로 검증할 수 있는 부분들을 중심으로 사실 여부를 확인해 보려고 한다. 그럼 「前後所將舍利」조의 실제 기록을 구체적으로 살펴보자.

A. ① 대송 宣和 원년 기해[睿廟 15년]에 入貢使 鄭克永과 李之美 등이 가지고 온 불아는 지금 내전에 모셔 둔 바로 그것이다. ② 전하는 말에 이르기를 옛날 의상법사가 당에 들어가서 終南山 至相寺 智儼 尊者가 있는 곳에 이르니 그 이웃에 (道)宣律師가 있었다. … 의상 법사는 도선율사에게 조용히 말하기를 "스님은 이미 천제의 존경을 받고 계신데, 들건대 제석궁에는 부처의 40개 이[齒] 가운데의 한 어금니[牙]가 있다고 하니 우리들을 위하여 천제에게 청하여 그것을 인간에 내려 보내어 복을 삼게 하는 것이 어떻습니까?"라고 하였다. 율사가 천사와 함께 그 뜻을 상제에게 전달하니 상제는 7일을 기한으로 의상에게 보내주었다. 의상은 예경을 마친 후 맞이하여 대궐[大內]에 모셨다. 그 후 대송 徽宗 때에 이르러 左道—도교—를 숭상하여 받드니, 당시 나라 사람들이 도참을 전파하여 말하기를 "金人이 나라를 멸망시킨다"라고 하였다. 黃巾—도사—의 무리들이 日官을 움직여 아뢰기를 "금인이란 불교를 이름이니 장차 국가에 이롭지 않을 것입니다."라고 하였다. 의논하여 불교를 파멸시키고 모든 승려를 묻어 죽이고 경전을 불사르며 작은 배를 만들어 불아를 실어 큰 바다에 띄워 어디든지 흘러가게 하려고 하였다. 그때 마침 本朝—고려— 사신이 송에 갔다가 그 일을 듣고 天花茸 50령과 저포 300필을 배를 호송하는 관원[內史]에게 뇌물로 주고, 몰래 불아만 받고 빈 배를 띄우게 하였다. 사신들이 부처의 어금니를 가지고 돌아와 아뢰었다. 예종은 크게 기뻐하며, 十員殿 왼쪽에 있는 작은 전각에 모시고, 항상 자물쇠로 잠그며 밖에서 향

을 피우고 등불을 밝혔다. 매번 왕이 친히 행차하는 날에는 전각의 문을 열고 예를 올렸다. … ③ 임진년(1232) 서울을 옮길 때에 내관이 바쁘고 당황하여 불아를 잊고 챙기지 못하였다. 병신년(1236) 4월에 이르러 왕의 원당 神孝寺의 승려 蘊光이 불아에 예배하기를 청하여 왕에게 아리니 왕은 내신을 시켜 궁중을 두루 찾아보았으나 찾지 못하였다. … 3일이 지난 밤중에 金瑞龍의 집 담 안으로 무슨 물건을 던지는 소리가 나서 불을 켜서 살펴보니 곧 불아가 든 함이었다. 함은 본래 안쪽 한 겹은 沈香合, 그 다음 겹은 純金合, 그 다음 겹은 白銀函, 그 다음 바깥은 瑠璃函, 또 그 다음 바깥 겹은 나전함으로 각 너비[幅子]는 서로 맞게 되어 있었는데, 지금은 유리함뿐이었다. 함을 얻은 것을 기뻐하여 대궐로 들어가 아뢰었다. 유사가 의논하여 김서룡과 兩殿—御佛堂과 景靈殿—에서 지키던 자[上守]들을 죽이고자 하니 崔怡[晉陽府]가 아뢰기를 "불사로 인해 사람을 상하게 하는 것은 옳지 않습니다"라고 하므로 모두 놓아주었다. 다시 명하여 시원전 안뜰에 특별히 불아전을 만들어 봉안하고 장사로 하여금 지키게 하였다. 또 길일을 택하여 신효사 上房 온광을 청하여 무리 30명을 거느리고 궐내로 들어와 재를 올리고 정성을 드리게 하였다. 입직한 승선 崔弘 (등이) … 사리를 머리에 이고 예를 올렸는데 불아함의 틈 사이에 있는 사리는 그 수를 알 수 없었다. 최이가 白銀合에 담아 보관하였다. … 이 「實錄」은 당시 내전 焚修僧이었던 전 祇林寺의 대선사 覺猷에게서 얻은 것인데 친히 본 바라 하여 나에게 기록하게 하였다. … 또 경오년 환도할 때의 난리는 낭패가 심함이 임진년보다도 더하였는데, 시원전의 감주였던 선사 心鑑은 위험을 무릅쓰고 불아를 가지고 와 도적의 환란에서 화를 면하게 되었다. 대궐에 알려져 그 공을 크게 포상하여 이름난 절로 옮겨 주었으니 지금 氷山寺에 주석하고 있다. 이 역시 그에게 친히 들은 바이다. … ④ 忉利天의 하루 밤낮은 인간 세계의 1백 년에 해당되는데, 또 의상법사가 처음으로 당에 들어간 辛酉年(661)으로부터 고종 壬辰年(1232)까지를 계산하면 693년이요, 庚子年(1249)에 이르러야 비로소 7백 년이 되

며, 7일의 기한이 찬다. 강도로부터 나오던 至元 7년 庚午年(1270)
까지는 730년이니, 만약 천제의 말과 같이 7일 후에 불아가 천궁
으로 돌아갔다고 한다면, 선사 심감이 강도를 나올 때 가지고 와서
바친 것은 아마 진짜 불아가 아닌 듯하다. 이 해 봄 강도를 나오기
전에 대궐에서 모든 종파의 고승을 모아서 불아·사리를 얻고자
정성껏 빌었으나 한 매도 얻지 못하였으므로 7일의 기한이 다 차
서 하늘로 올라갔다는 것도 그럴 듯하다. ⑤ 지원 21년 갑신년
(1284)에 국청사 금탑을 보수하였다. 왕은 莊穆王后와 같이 妙覺寺
에 행차하여 대중을 모아 經讚法會를 하였다. 그런 뒤 앞서 이야기
한 불아와 낙산사의 水晶念珠, 如意珠를 군신과 대중이 모두 떠받
들어 경배한 후 함께 금탑 안에 넣어 두었다. 나 또한 이 모임에
참례하여 이른바 부처님 어금니라는 것을 직접 보았는데, 그 길이
가 3촌쯤 되고 사리는 없었다. 無極이 기록한다.6)

이상의 기록을 내용상 몇 개로 나누어 상세하게 분석해보겠다. A①은

---

6) 大宋宣和元年己亥[睿廟十四年] 入貢使鄭克永李之美等所將佛牙 今內殿置奉者是也 相傳
云 昔義湘法師入唐 到終南山至相寺智儼尊者處 隣有宣律師 常受天供 每齋時 天廚送食
一日律師 請湘公齋 湘至坐定旣久 天供過時不至 湘乃空鉢而歸 天使乃至 律師問 今日何
故遲 天使曰 滿洞有神兵遮擁 不能得入 於是律師知湘公有神衛 乃服其道勝 仍留其供具
翌日又邀儼湘二師齋 具陳其由 湘公從容謂宣曰 師旣被天帝所敬 嘗聞帝釋宮有佛四十齒之
一牙 爲我等輩 請下人間 爲福如何 律師後與天使 傳其意於上帝 帝限七日送與湘公 致敬
訖 邀安大內 至大宋徽宗朝 崇奉左道 時國人傳圖讖曰 金人敗國 黃巾之徒 諷日官奏曰 金
人者 佛敎之謂也 將不利於國家 議將破滅釋氏 坑諸沙門 焚燒經典 而別造小舡 載佛牙 泛
於大海 任隨緣流泊 于時適有本朝使者至宋 聞其事 以天花茸五十領 紵布三百正 行賂於押
舡內史 密授佛牙 但流空舡 使臣等旣得佛牙來奏 於是睿宗大喜 奉安于十員殿左捴小殿 常
鑰匙殿門 施香燈于外 每親幸日 開殿瞻敬 忉利天一日章 當人間一百歲 且從湘公初入唐辛
酉 計至高廟壬辰 六百九十三歲也 至庚子年 始滿七百年 而七日限已滿矣 至出都至元七年
庚午 則七百三十年 若如天言 則七日後還天宮 則禪師心鑑出者時 佩持出獻者 恐非眞佛牙
也 於是年春出都前 於大內 集諸宗名德 乞佛牙舍利 精勤雖切 而不得一枚 則七日限 滿上
天者 幾矣 二十一年 甲申 修補國淸寺金塔 國王與莊穆王后 幸妙覺寺 集衆慶讚訖 右佛牙
與洛山水精念珠如意珠 君臣與大衆 皆瞻奉頂戴 後幷納金塔內 予亦預斯會 而親見 所謂佛
牙者 長三寸許 而無舍利焉 無極記(『三國遺事』 권4, 탑상; 최광식·박대재 역주, 『삼국
유사』 2, 고려대출판부, 2014, 178~184쪽 번역 참조).

이 이야기의 대강이다. 1119년 入貢使 鄭克永과 李之美 등이 송에서 불아를 가져왔고, 그것이 일연의 생존 시기에 內殿에 있었다는 것이다. 이후의 기록을 정밀하게 살펴보면 불아의 행방이 묘연해진 시기도 있고, 일연의 제자 무극은 불아에 대해 의심하기도 하지만, 일연은 당시 내전의 불아가 예종 때 송에서 가져온 것이라고 하였다.[7]

A②의 내용은 의상법사가 제석궁에 있던 불아를 받아 대내에 안치하였던 이야기와 송에 있던 불아가 고려에 전래되는 경위를 담은 부분이다. 일연은 이 대목에서 은연중에 의상이 받은 불아가 정극영이 송에서 가져온 바로 그것인 것처럼 문장을 배치하였는데, 불교에서 소중하게 여겨지는 불사리 가운데서도 가장 귀중한 불아가 고려에 왔다가 사라지게 된 데는 분명히 특별한 이유와 緣起가 있었음을 설명하려는 의도였을 것이다.

그 내력은 도교가 숭상되던 송 徽宗代에 금인이 나라를 멸망시킨다는

---

7) 『三國遺事』「前後所將舍利」조의 마지막 부분에는 무극설이 있어서, 그것을 주요한 근거로 『三國遺事』 일연 이외에도 다른 찬자가 있었다는 주장이 나오게 되었다(河廷龍, 『三國遺事 사료비판』, 민족사, 2005). 이에 대해 일연이 쓴 것이 아닐 것 같은 찬을 모두 검토했지만 모두 일연의 것이 맞다며 『三國遺事』의 저자는 일연이 분명하다는 반박의 글이 나왔다(김상현, 「三國遺事의 編纂과 刊行에 대한 硏究 現況」 『佛敎硏究』 26, 2007). 한편, 『三國遺事』에 대한 또다른 補入者가 있다고 해도 일연의 의도와 크게 다르지 않았을 것이므로 그 가상의 존재를 인정하기 어렵다고 하여 사실상 후자의 견해를 지지하는 연구도 있다(이강래, 「『三國遺事』 편찬의 유기성 문제」, 『歷史學硏究』 40, 2010).
    또한 『三國遺事』의 '후인협주'에 대한 연구에 따르면 일연이 『三國遺事』를 저작한 시기는 1285년부터 1289년 사이였고, 무극설이 더해진 것은 1308년 7월 무렵이었다고 한다. 일연은 고려가 몽골과의 전쟁을 불사리 신앙으로 이겨낸 사실을 강조하면서 고려왕조가 불교와 하나의 운명공동체임을 환기시키고 신심 가득한 경이와 감탄의 눈으로 불아에 관한 내력을 소개했던 반면에 무극은 불아가 진짜인지에 대한 강한 의심을 품고, 스승 일연의 불사리 영험에 대한 기술을 비판적으로 보았다고 한다(윤선태, 「『三國遺事』의 後人夾註에 대한 재검토」 『韓國古代史硏究』 78, 2015, 366·367쪽). 이러한 논쟁 과정에서 「前後所將舍利」조에 대한 내용의 분석이 더욱 정밀하게 이루어진 것이 본고의 서술에 도움이 되었다.

참언이 있었고, 그 금인이 불교라는 황건의 주장에 따라 불교를 탄압하게 되자, 불아도 배에 실려 바다에 띄워보내게 되었다. 그 때 본조—고려—의 사신이 송에 있다가 그 사실을 알고 담당 관원에게 天花茸과 저포를 주고[8] 불아를 받았으며, 고려에 그것을 가져와 예종에게 바쳤다는 것이다. 天花茸과 저포는 귀한 불아를 얻어가는 사람이 그것이 있던 사찰에 바치는 공양물로서의 상징성이 있는데, 흥미로운 점은 불아를 받은 사람을 정극영이라고 명시하지 않고, 불아를 배에 띄워 보내려 했던 때에 송에 있었던 사신이라고 하였다는 점이다. 그러므로 天花茸과 저포를 內史에게 주고 불아를 받은 사람과 가져온 사람이 다를 수 있다는 사실을 염두에 두어야한다.

A③은 몽골의 침입을 피해 고려가 강화도로 천도하는 과정에서 잃어버렸던 불아를 되찾는 이야기이다. 1236년 4월에 신효사 승려 온광이 불아의 예배를 요청한 것을 계기로 뒤늦게 불아가 없어졌다는 것을 알게 되었고, 그것을 찾기 시작하여 『紫禁日記』에 마지막으로 받았다고 기록된 김서룡을 조사하였으며, 그로부터 사흘 만에 누군가 그의 집에 불아를 던져주어 되찾게 되었다. 유사가 김서룡 등을 처벌하려고 하자 최우가 불사로 인해 사람을 다치게 하는 것은 옳지 않다고 하여 풀려나게 되었고 온광의 주재 하에 재를 올렸는데 불아함의 구멍에서 나타나는 사리의 수효가 많았다고 한다. 본래 불아를 담은 그릇은 안쪽부터 沈香合, 純金合, 白銀函, 瑠璃函, 螺鈿函 순이었는데, 되돌아온 것은 사리를 담은 유리함 뿐이었다.[9] 합은

---

8) 天花茸이 정확히 무엇이었는지 알 수 없다. 『漢和大辭典』에는 글자모양이 비슷한 天花蕈이 버섯의 하나로 느타리나 잎새버섯 또는 천화채라고 하였다. 天花菜는 山西 五臺山에서 나오는데 모양이 松花와 같이 생겼고, 향기가 많으며 蕈白色으로 먹으면 매우 맛있다고 하였다(諸橋轍次, 『漢和大辭典』권3, 大修館書店, 1984, 477쪽. 天, 天花蕈, 天花菜 참고). 고려 사신이 불아를 받기 위해 관원에게 뇌물로 준 것이므로 天花茸은 중국에서도 귀한 식재료이자 약재였을 것이다. 한편 저포는 모시로 중국에서 인기가 있는 고려의 대표적인 교역품의 하나였다.

9) 불사리를 담는 함은 장엄구의 하나인데, 중국의 황실발원 사리장엄구들은 당시

두껑이 있는 둥그런 모양의 그릇일 것이고, 함은 장방형 또는 정방형으로 뚜껑이 있는 것이다. 사라졌다가 다시 돌아온 불아는 유리함에 담겨있었으며, 최우가 다시 백은함에 담아 모셨다. 여기서 주목해야할 점은 불아 사이에 헤아릴 수 없는 사리가 있었다는 것이다. 이것은 불아와 더불어 사리가 있었음을 암시하며, 불사리는 침향합, 순금함, 백은함 등과 더불어 끝내 찾지 못하였다.[10] 「前後所將舍利」조에서 일연이 하고자 하던 이야기의 핵심이 불아였기 때문에 주로 그것에 대해 서술했지만, 불아가 있던 함에 부처의 또다른 사리가 있었던 것 같다.

그리고 일연은 이상에 관한 내용을 담은 「實錄」을 '각유'에게 얻었으며, 각유는 일연에게 직접 보고 들었다고 하였다고 한다. 각유의 생존 연대를 고려하건대[11] 그가 본 것은 백은합에 담아 모신 불아였고, 그가 전해들은

최고 계층의 후원을 받았던 만큼 문화의 정수를 반영하고 있으며 그러한 행위를 통해 발원자의 의도와 정책 등을 읽어낼 수 있다고 한다(周炅美, 주 1) 논문, 363·364쪽). 송에서 만들어져 고려에 전래된 불아를 담은 금함 역시 그 분야의 정수였을 것이며, 그 이후 고려에서 새롭게 만들어진 나머지 함이나 합도 당대에 최고 기술자가 만들었을 것이다.

10) 강화 천도 시기에 혼란한 틈을 타 불아를 가로챈 인물은 김서룡이었던 것 같다. 그는 이백전으로부터 함을 전달받았다는 기록에 따라 불아의 소재를 추궁당하자 대답을 하지 못하였고, 조사가 시작된 후 3일이 지나 김서룡의 집 담 안으로 불아가 담긴 유리함을 던져 그것을 가져다 바쳤으며, 유사가 김서룡 등을 죽이려 했다는 점 등이 그 근거이다. 불아가 김서룡에게 인수되었다는 기록이 있고, 김서룡의 집 담 안으로 불아가 든 유리함을 던졌는데도 그것이 깨지지 않았다는 등의 사실은 처음부터 김서룡이 그것을 가지고 있었거나 김서룡이 누구에게 전달했다가 자신이 사건의 당사자임이 분명해지자 위기를 면하기 위해 급하게 다시 찾아 일부를 되돌려주었기 때문이다. 한편 佛舍利와 더불어 불아함의 상당 부분이 없어진 채 돌아왔음에도 김서룡의 처벌을 무마시키려 했던 무신집정 최우도 이 사건의 배후 인물이었을 가능성이 있다. 실제로 최우는 불아를 백은합에 담아 모시는 공덕을 쌓게 되었다. 이 일화는 당시 권력이 누구에게 있었는지를 알려주는 것이다.

11) 각유는 1232년에 강화도로 서울을 옮길 때 불아를 잃어버렸다가 다시 찾게 된 일화가 적힌 『實錄』을 일연에게 전해준 인물이다. 이외에도 각유는 1258년 낙산사

것은 1232년 강화로 천도하면서 불아가 없어졌다가 1236년 불아를 되찾는 과정과 그것을 담은 합과 함의 재질 및 순서에 관한 것이다. 또한 개경으로 환도할 때 삼별초의 반란이 일어나 혼란함이 강화천도보다 더 심하였으나 시원전의 감주 심감이 잘 보관하여 무사하였으며, 이것은 일연이 심감으로부터 직접 들은 것이라고 한다.

A④에서는 불아가 도리천의 7일에 해당되는 700년 만에 천궁으로 돌아간다는 설과 같이 불아는 되돌아갔으며, 심감이 가지고 나왔다고 하는 불아는 진짜가 아니라고 의심하고 있다. 왜냐하면 강도에서 나오기 전에 원종이 여러 종파의 승려를 모아 佛牙·舍利를 얻고자 기도하였으나 하나도 얻지 못했기 때문이라는 것이다. 「前後所將舍利」조의 주요 내용이 불아였으므로 睿宗代 들어온 불아의 소재와 행방에 대해서 주로 서술하다가, 불아를 분실했다가 다시 찾을 때 불아함을 묘사하면서 불아 이외에 사리가 등장하고 원종이 찾고자 한 것에서 '불아·사리'로 바뀌어 나타난다.

A⑤는 불아가 국청사 금탑에 모셔졌다는 것이다. 1284년에 충렬왕이 장목왕후와 함께 妙覺寺에 행차하여 신도와 함께 경하 찬미하고, 심감이 구한 불아, 낙산사의 수정 염주와 여의주를 새롭게 보수한 국청사의 금탑으로 옮겼다는 것이다. 이 내용으로 보건대, 묘각사에서 국왕을 비롯한 여러 신도들이 불아를 친견하는 기회가 있었으며, 이 때 무극 역시 보았는데 길이가 세 치 정도 되었으며 사리는 없었다고 한다. 마지막 부분에서 불아와 사리를 구분하고, 불아 만이 전해지고 있음을 증언하고 있다.

이상에서 일연은 의상이 천제에게 받았고 예종 때 송에서 가져온 불아에 관해 있었던 여러 가지 사건을 상세히 기록하였으며, 강화에 천도하면

의 수정염주와 여의보주를 모셔둔 명주성이 몽고군의 공격으로 위험에 처하자 기림사 주지로서 왕에게 궁궐의 어부에 옮겨둘 것을 청하였다고 한다(최광식·박대재 역주, 앞의 책, 193쪽).

서 불아를 잃어버렸다가 찾은 일, 개경환도할 때 불아를 보전한 일, 국청사 금탑에 있는 불아를 본 일들은 모두 내용이 상세하고 그것을 실제 경험한 승려가 전한 것이었다. 반면에 정극영이 불아를 가져왔다는 것부터 예종이 예불한 일까지는 그에 대한 전달자를 밝히지 않았으니, 오래전부터 전해진 설화를 옮겨놓은 것이다. 따라서 이 부분에 대해서 조금 더 구체적인 검증이 필요한데, 다행히 『高麗史』에 비교할만한 사료들이 있다. 그 내용은 다음과 같다.

> B1. (예종 15년 5월) 戊辰日에 불골을 궁궐 안[禁中]으로 들어왔다. 처음에 王字之가 사신으로 송에 갔다가 귀국하는 편에 송 황제가 金函에 佛牙와 頭骨을 담아서 하사한 것을 外帝釋院에 안치하였다가 이때에 와서 山呼亭으로 옮긴 것이다.[12]
>
> B2. (인종 7년 하4월) 大安寺에서 佛骨을 맞이하여 仁德宮에 두었다.[13]
>
> B3. (인종 8년 추7월) 乙卯日에 불골을 重華殿에서 받들었다[供].[14]

---

12) 迎入佛骨于禁中 初王字之使還宋 帝以金函盛佛牙頭骨以賜 置外帝釋院 至是置于山呼亭 (『高麗史』 권14, 「世家」 예종 15년 5월 무진 및 『高麗史節要』 권8, 예종 15년 5월).

13) 延佛骨於大安寺 置仁德宮(『高麗史』 권16, 「世家」, 인종 7년 하4월 경신).
『高麗史節要』 권9, 인종 7년 하4월조에는 거의 같은 내용이 실려 있는데, 延 대신에 迎으로 되어 있다.

14) 乙卯 供佛骨於重華殿(『高麗史』 권16, 「世家」, 인종 8년 추7월 을묘).
같은 내용이 『高麗史節要』에 실려 있으며, 인종이 궁궐에 불골을 모신 것을 비난하는 사신의 논이 추가되어 있다(『高麗史節要』 권9, 인종 8년 추7월). 그 내용은 당 헌종이 부처의 사리를 궁궐에 맞아들인 것에 대해 한유가 비판한 사례를 들고, 어진 왕이[仁宗] 부처의 썩고 부패한 뼈를 궁중에 맞아들인 것은 잘못이며, 뒤에 묘청이 서경에서 반란을 일으켰을 때 충신과 의사 덕분에 간신히 진압할 수 있었다는 것이다. 이어 부처를 섬겨 복을 구한다는 것이 근거가 없으며, 왕은 근검하고 자애롭고 인자하며 백성을 긍휼히 여겨야 화를 면한다고 하였다. 그러나 1129년과 1130년에 잇달아 인종이 睿宗代 송에서 전래한 불골을 궁궐에 안치하고 받드는 행사를 한 것은 이자겸의 난 이후 흐트러진 민심을 수습하고 국왕의 권위를 높이려는 의도였을 것이다. 그러한 목적을 달성하는데 불교 국가인 고려에서 송 황제가

B4. (명종 12년 5월) 甲申日에 近臣을 보내 불골을 十員殿에서 맞이하였다.15)

B1은 불골이 대궐로 들어온 경위와 睿宗代 안치 장소를 알려주고 있다. 송에 사신으로 갔던 왕자지가 금함에 담아 가져온 불골을 외제석원에 두었다가 산호정으로 옮겼다는 것이다. B2는 1129년 4월에 대안사에 있던 불골을 맞이하여 인덕궁에 두었다는 것이고, B3은 1130년 7월에 그 불골을 重華殿에서 받드는 행사를 했다는 것이며, B4는 1182년 5월에 近臣을 보내 불골을 가져오게 하여 명종이 十員殿에서 맞이하였다는 것이다.

고려에서 예종 이전의 왕들도 불사리를 모시고 의식을 치른 적이 있었다. 예를 들어 946년(定宗 1)에 정종이 儀仗을 갖추고 佛舍利를 받들고 걸어서 10리 떨어진 開國寺에 이르러 奉安하였고,16) 1021년(현종 21) 5월에 尙書左丞 李可道가 왕명을 받고 慶州 高僊寺의 金羅袈裟와 佛頂骨, 昌林寺의 佛牙를 가져왔으며, 모두 內殿에 안치하였다.17) 그런데 현종이 행사를 치렀던 불정골과 불아는 왕실의 소유 또는 관리 하에 있던 것이 아니었던 것 같다. 왜냐하면 李可道—뒤에 王氏를 하사 받음—를 보내 高僊寺의 佛頂骨과 昌林寺의 佛牙를 개경으로 가져와 내전에 모셨기 때문이다.

반면 예종이 불골을 들여와 궁궐 안의 산호정에 봉안한 것은 그것이 왕실의 소유였음을 천명한 것이며, 그의 아들 인종과 그의 손자 명종 등이 모두 궁궐 내에 불골을 안치하고 의례를 행하였던 것은 사리가 갖는 상징성을 이용하여 왕권을 높이려는 의도가 있는 것이다.18) 인종이 1129년 인

하사한 불골을 국왕이 생활하는 공간에 두고 경배하는 것만큼 효과적인 방법이 없었을 것이다.

15) 甲申 遣近臣 迎佛骨 于十員殿(『高麗史』권20, 「世家」, 명종 12년 5월; 『高麗史節要』권12, 명종 12년 5월).

16) 『高麗史』권2, 「世家」, 定宗 원년 춘정월.

17) 『高麗史』권4, 「世家」, 현종 12년 5월 무자.

덕궁과 1130년 중화전에 불골을 모시고 행사를 한 것은 1126년에 이자겸
의 난으로 대궐이 불탄 이후 민심을 수습하면서 자신이 고려의 정통 군주
임을 과시하려 했던 것이다. 명종도 무신정권으로 국왕의 권위가 추락해있
었다는 점에서 인종과 유사한 효과를 노리고 의례를 치렀을 것이었다.

또한 예종은 탑에 안치하지 않고 사리를 언제나 볼 수 있고 필요할 때
마다 꺼내어 공양을 올릴 수 있도록 전각에 불골을 모셨으며, 이러한 방식
은 사리를 친견하여 그 신이를 보고자 하는 신앙에서 비롯된 것으로 중국
사리장엄 방식의 한 특징이다.[19] 그러므로 불골이 한 곳에만 있지 않았고,
예종 때 외제석원에서 산호정으로, 인종 때는 대안사에서 인덕궁으로 각각
옮겼고, 1130년에는 중화전에서 의례를 하였으며 명종 때에는 시원전으로
移運되어 의례가 치러졌다.[20]

그럼 이와 같은 『高麗史』 내용을 『三國遺事』「前後所將舍利」조―이하

---

18) 고려 3대 임금 정종은 태조가 창건한 개경내의 사찰인 개국사에 나아가 불사리를
받들어 모셨고, 8대 현종은 불아를 개경으로 모셔와 예불하는 의식을 치렀는데,
예종도 정종과 현종의 경우와 같이 부처의 진신사리 소지와 그에 대한 예불의식
을 통해서 사회적인 안정과 왕실의 권위를 강화하려 했다고 한다(조경시, 「高麗
顯宗의 佛敎信仰과 정책」, 『韓國思想史學』 29, 2007, 181~187쪽).
다만, 정종대의 불사리와 현종대의 불아는 睿宗代의 불아와 구별되는 것이다. 왜냐
하면『三國遺事』와『高麗史』에서 불아 장래의 기록에 차이는 있지만 모두 송에서
가져왔다는 것은 공통되기 때문이다.

19) 불사리 장엄을 봉안하는 위치는 탑기 아래[地宮], 탑신부[天宮], 전각이 있었다고
한다(주경미, 「중국 고대의 불사리장엄 방식」, 앞의 책, 49·50쪽).

20) 「前後所將舍利」조에서 강화 천도 때 잃어버린 불아를 되찾기 위한 과정에서 불아
함을 받은 기록[佛牙函准受記]은 사리의 移運이 많았음이 알려준다(김혜완, 「고려
후기 불사리신앙―진신과 분신사리신앙―」, 『역사와현실』 91, 2014, 82·83쪽). 그
것은 일종의 영수증으로 불아가 외부로 나가게 될 때 그 날짜와 장소, 인수자, 인
계자 등을 적었을 것이다. 실제로 1236년에 '왕의 원당 神孝寺의 승려 蘊光이 불
아에 예배하기를 청하여 왕에게 아뢰었다'고 하는 기록을 보건대 불교계의 고승이
불아를 모시고 예배할 것을 청하여 국왕의 승낙을 받으면 그것을 받아다가 의례
를 치를 수 있었던 것 같다.

『三國遺事』로 줄임—와 비교해보겠다. 『高麗史』에서는 왕자지가 송에서 가져온 불골이 불아와 두골의 합칭이라고 하였고, 이후 불골로 일관되게 기록하고 있는데, 『三國遺事』는 처음부터 불아 만이 있었던 것처럼 서술하고 있다. 정극영이 가져온 것[將來佛牙], 송 徽宗代 불교를 탄압하면서 바다에 띄워보내려 했던 것, 蘊光이 경배하려 하였던 것 등이 모두 불아였고, 강화 천도할 때 없어졌다가 찾은 것은 불아함이었다. 그것을 모신 곳은 불아전이었고, 각유가 그 함에 있던 것을 보았다고 한 것 역시 불아였다.[21] 그러다가 중간 중간에 불아와 사리가 함께 언급되고 있다. 즉, 불아전에서 고종을 모시고 정성을 드릴 때 불아함의 구멍 사이에서 나타나는 사리의 수효가 헤일 수 없었다고 하고, 1270년 개경으로 환도하기 전에 원종은 내궐에서 모든 종파의 고승을 모아 불아와 사리를 빌어 구하기에 정성을 다하였다고 하며, 무극은 불아를 직접 보았지만 사리는 없었다고 하였다.[22]

　『高麗史』의 불골과 『三國遺事』의 불아는 같은 불사리의 범주에 드는 것이지만, 전자는 불아와 두골을 포함한다는 점에서 분명히 구별된다. 그런데도 『三國遺事』의 찬자는 睿宗代 송에서 가져온 불골이 강화천도와 개

---

21) 『三國遺事』에서 불아만 단독으로 서술된 것은 다음과 같다(將來佛牙 … 載佛牙 泛於大海 … 密授佛牙 … 但流空舡 使臣等旣得佛牙來奏 … 釋蘊光請致敬佛牙 … 李白全受佛牙函 … 得左番謁者金瑞龍 佛牙函准受記來呈 … 看乃佛牙函也 … 十員殿中庭 特造佛牙殿 安之 … 朕自亡佛牙已來自生四疑)

22) 『三國遺事』에서 불아와 사리가 함께 있었음을 암시하는 서술은 다음과 같다(… 佛牙區穴間舍利不知數 … 於大內 集諸宗名德 乞佛牙舍利 精勤雖切 … 右佛牙與洛山水精念珠如意珠 … 臣與大衆皆瞻奉頂戴 後幷納金塔內 … 予亦預斯會而親見 所謂佛牙者 長三寸許 而無舍利焉 無極記). 이에 대해 권희경은 「前後所將舍利」조의 내용이 사리, 불아, 가사, 경전 등이 신라 때부터 시작하여 고려에 이르기까지 어떻게 계속 수입되고 보관되었는지에 대해 무극이 기록한 것이며, 1284년 국청사 금탑에 모셔진 심감 선사가 환도할 때 바친 불아사리를 본 무극이 진품이 아닌 것 같다고 의심하였다고 하였다(權熹耕, 「三國遺事를 통해 본 高麗的 시각」, 『書誌學研究』 20, 2000, 164~169쪽).

경환도, 삼별초 등의 혼란을 겪으면서 두골은 없어지고 불아 만이 충렬왕
대까지 전해졌으므로 그러한 현실을 그대로 받아들여 애초에 정극영 등이
불아 만을 가져온 것으로 서술했다고 여겨진다. 그러한 기록은 정확한 것
은 아니지만, 반드시 잘못된 것이라고 할 수 없다.

　다음으로 송에서 불아를 얻는 과정의 차이이다. 『三國遺事』에서는 정극
영 일행이 송에 갔을 때 불아를 바다에 떠내려 보내고자 하는 것을 알고
사신 중의 한 사람이 담당 관원에게 天花茸과 저포를 주고 불아를 몰래 받
아 가져왔다고 하였다. 반면에 『高麗史』에는 왕자지가 송에 사신으로 갔다
가 돌아올 때 송 황제가 불골을 금함에 담아 하사하였다고 한다. 고려에
오게 된 사유를 비교하건대, 불골이 송 황제로부터 고려 국왕에게 전해졌
다고 하는 『高麗史』의 기록이 실제 있었던 일로 여겨진다.[23]

　그리고 송 휘종은 금함에 불골을 담아주었다고 하는데, 『三國遺事』에는
불아가 가장 안쪽의 침향합에서부터 나전함까지 5중으로 담겨있었고, 그
가운데 순금합은 안쪽 두 번째였으며, 그것도 금함이 아니라 순금합이었다
고 한다. 함은 장방형에 뚜껑이 석쇠 등으로 붙어있는 것이고, 합은 보통
둥근 모양에 두껑이 분리되는 것이니 분명히 다르다.[24] 다만, 서로 다른

---

23) 남동신, 앞의 논문, 37쪽.
24) 중국에서 불사리를 담는 용기는 瓶, 鉢, 圓形盒, 方形函, 棺槨, 靈帳, 塔 등으로 나
　뉜다. 그 가운데 방형함은 석제와 더불어 금·은·동 등 금속제가 있는데, 후자는
　대부분 내용기로 사용되었으며, 한 사리장엄구에서 같은 형태의 함을 크기가 다르
　게 제작하여 여러 차례 겹쳐서 안치한 경우가 많다고 한다(주경미, 「중국 고대의
　불사리장엄 방식」, 앞의 책, 50~60쪽).
　이에 대해 한국 사리장엄의 연구에서는 사리기가 외함, 내함, 사리병으로 구성되
　며, 사리병을 안치하는 내함의 형태는 盒·壺·覆鉢·圓筒·瓶이고 재질은 금·은·동·
　청동·수정·곱돌[蠟石] 등이 있었다고 한다. 사리를 직접 봉안한 사리병의 재질은
　유리가 가장 많고, 수정·금·은, 금동, 청동, 호박, 마노 등도 있었다고 한다(신대
　현, 「사리·사리신앙 및 사리장엄의 개념」 『한국의 사리장엄』, 혜안, 2003, 26·27
　쪽). 또한 함의 幅子는 너비를 말하는데, 같다고 했으므로 합 또는 함의 형태가 가

시기의 기록이므로 어느 것이 옳고 그르다고 단정할 수 없다. 정황상,『高麗史』의 내용과 같이 예종 때 송에서 가져온 불골은 금함에 담겨왔고, 이후 고려의 역대 국왕들이 사리공양회를 거행하면서 금함 이외에 나전함과 유리함 등이 새롭게 제작되면서『三國遺事』의 기록과 같이 금함의 안쪽에 침향합 등이, 금함의 바깥쪽에는 나전함 등이 추가되었을 것이다.

불골 또는 불아를 봉안하던 곳도 양 사서에는 다르게 기록되어 있다. 『三國遺事』에서는 송에서 가져온 불아를 예종이 시원전에 두고 경배하였으며, 강화천도 시기에 잃어버렸다가 다시 되찾은 이후에 강도 궁궐의 시원전 안뜰에 불아전을 따로 만들어 안치했다고 하였다. 그러나『高麗史』에서는 1120년에 외제석원에 있던 불골을 산호정으로 옮겨 봉안했다고 하였으니 1120년 5월 이전에는 궁궐밖 송악산에 있는 외제석원에 있다가 궁궐 안의 禁苑에 있는 산호정으로 옮겨 모셨던 것이다. 이어 1129년에 대안사에서 인덕궁으로 옮겼다고 하므로[25] 그 사이 대안사에 안치되었다가 인덕궁에 모셔지게 된 것이며, 다음해에는 중화전에서 인종이 의식을 치렀다.[26] 1182년 5월에는 명종이 近臣을 보내 불골을 十員殿에서 맞이하였는데,[27] 시원전은 궁궐 안의 내전 가운데 하나였다.[28]

로와 세로가 같은 정방형이었을 것이라고 하였다(신대현,「한국 고대 사리장엄의 양식」, 앞의 책, 175·176쪽).

송에서 전래된 불아의 금함도 정방형이었을 것이지만 그 안쪽의 침향합이 반드시 정방형이라고 단정할 수 없다. 合은 원형합을 뜻하며, 정방형 외함의 안쪽에 둥근 합이 들어가도 짝이 잘 맞을 것이므로 후자일 가능성이 높다.

25) 인덕궁은 이전의 연덕궁이다. 연경궁은 처음에 후비의 궁전이다가, 인종 4년부터 왕궁이 되고 이름을 연경궁에서 인덕궁으로 바꾸었다. 인덕궁은 중대사의 의논, 출정의례 거행, 경연의 장소로 이용되었다. 1126년 이자겸의 난 때 대궐이 불탄 이후 중요한 왕궁으로 역할을 하였다(金昌賢,「고려 개경의 별궁」『고려 개경의 편제와 궁궐』, 경인문화사, 2011, 237~239쪽).

26) 중화전은 대궐 다음으로 중요한 곳인 수창궁 소속으로 송의 조서를 영접하고 사신을 인견하는 곳이었다(김창현, 앞의 책, 220~230쪽).

　　『高麗史』의 불골과 『三國遺事』의 불아가 봉안된 곳을 비교하면 전자는 처음 봉안된 곳이 외제석원이었다가 산호정, 대안사, 인덕궁, 중화전, 시원전의 순으로 바뀌었다. 반면 후자는 睿宗代부터 시원전에 있었고, 강화 천도기 불아를 되찾은 이후에도 강도 궁궐의 시원전에 모셔졌다고 기록되어 있다. 불골의 봉안 장소에 관한 『高麗史』 기록이 훨씬 다양하고 상세하다.

　　요컨대 두 사서에서 비교가 불가능한 고종 이후의 『三國遺事』 부분을 배제하고 불아와 불골의 기록을 대조해보건대, 역대 실록을 참고하여 편찬된 『高麗史』와 당대의 전승과 각유 등이 전해준 자료에 근거하여 편찬된 『三國遺事』 사이에 구별되는 것들이 많았다. 불골의 구득과정이나 그것을 봉안한 장소와 국왕이 의례를 행한 것에 관한 내용들이 매우 구체적인 『高麗史』의 기록이 사실성이 높아 보이는 반면, 견주어지는 부분의 『三國遺事』 기록은 신빙성에 의심가는 면이 있었다.

---

27) 명종 12년의 기사는 대궐 시원전의 불골을 수창궁에서 맞이해 예배했다는 의미로, 당시 명종은 화재로 불타 복구중인 대궐을 기피해 수창궁에 머물고 있어서 불골에 대한 예배를 수창궁에서 행했던 것이며, 곧 시원전으로 돌려보냈을 것이라고 한다(김창현, 「고려의 여러 도량과 개경」 『고려의 불교와 상도 개경』, 신서원, 2011, 272쪽).

28) 시원전은 궁궐 내 왕실의 원당인 內願堂과 관련된다. 이에 대해서는 다음의 연구가 참고된다.
　・韓基汶, 『高麗寺院의 構造와 機能』, 民族社, 1998.
　・한기문, 「고려시대 內願堂의 기능과 위상」 『한국중세사연구』 38, 2014.
　・황인규, 「고려시대 내원당과 고승」 『보조사상』 37, 2012.
　　한편, 시원전은 궁궐 내에 있던 전각의 하나였는데(김창현, 앞의 책, 271쪽), 1159년 정월에 금중인 시원전에서 화재가 있었다고 한다(『高麗史』 권53, 「五行志」 1, 五行二曰火 毅宗 十三年 正月 辛巳 禁中十員殿災). 시원전에서 불교의식이 치러졌는데(『東國李相國集』 권39, 佛道疏·醮疏, 「十員殿行香文」), 시원전에 금중 또는 禁字라고 하는 수식어가 붙은 것으로 보아 궁궐의 중요한 곳이었다. 금중은 천자가 거처하는 곳이라는 의미로 宮中, 禁內, 禁裏, 禁裡 등과도 통하는 말이다(諸橋轍次, 『漢和大辭典』 권8, 大修館書店, 1985, 禁中, 481쪽).

3. 睿宗代 불아 또는 불골의 將來와
   인종초 정국의 변화

　　『三國遺事』와 『高麗史』라는 사서의 성격에서 비롯된 기록상의 차이는 다른 사서의 내용을 통해 보완적인 해석이 가능할 것이다. 그러나 양 사서에서는 불아 또는 불골의 장래자를 각각 정극영과 왕자지로 명확히 다르게 기록해놓았으므로 어느 한 인물이 옳다면 다른 인물의 역할은 부정될 수밖에 없게 된다. 그러므로 장래자를 밝혀내는 일은 문화사나 사학사적으로 중요한 것임에도 사료의 제약으로 인해 선행연구에서도 깊이 있게 고찰하지 못하였다. 이러한 어려움을 충분히 인식하고, 고려 예종과 인종 초의 외교 및 정치적 상황을 고려하는 한편 왕자지와 정극영의 사신으로서의 활동을 재조명하여 장래자의 실체에 접근해볼 것이다. 먼저 睿宗代의 시대적 배경을 검토해보자.

1) 예종대의 대외관계와 왕자지의 불아 장래

　　睿宗代에는 유례없이 많은 고려의 사절이 송에 갔다. 1071년 문종이 대송통교를 재개한 이후 1105년에 예종이 즉위할 때까지 고려 사신이 송에 갔던 것은 약 36년간 총12회로 대략 3년에 1번 정도였다.[29] 그에 반해 예종이 재위하던 1105년부터 1122년의 17년 간에는 8회나 되었고, 불골이 장래되었던 1111년부터 1118년의 8년 사이에는 6회나 가서 거의 매해 사절이 갔다고 해도 과언이 아닐 정도였다. 그리고 이 시기에 송에서 고려에 보낸 사절도 1110년 국신사 왕양을 비롯하여 총5회로 어느 때 보다도 많

---

29) 金庠基, 「肅宗·睿宗의 治世와 女眞征伐」 『高麗時代史』, 東國文化社, 1961; 서울대 출판부, 1985(재간행), 184쪽.

았다.[30]

　이처럼 고려와 송 사이의 사신왕래가 왕성했던 것은 오랫동안 동북아의 군사적 강자로 군림해왔던 요가 쇠약해지고 여진의 세력이 커져 가는 상황에서 송이 고려와 연합하여 요를 제압하려는 외교정책을 펼쳤기 때문이다. 실제로 송은 1110년에 병부상서 왕양을 고려에 보내 송 휘종의 밀지를 전달하면서 고려국왕이 이미 北朝—요—의 책봉을 받아서 송과 요의 친선관계를 감안해 고려를 책봉하지 않지만, 그 동안 고려국왕에게 임시라는 의미의 '權'을 붙여 사용하던 것을 없앤 것은 진정한 왕으로 인정한 것이라고 하였다.[31] 송의 외교문서에서 '權高麗國王'이라고 칭하던 문종·숙종 등과 달리 예종을 '高麗國王'이라고 특별히 우대한 만큼, 고려가 遼보다 송에 대해 더욱 충성을 다하라는 의미였다.

　한편 동북아시아에는 새로운 정치세력이 등장하여, 1115년 정월에 生女眞의 完顔阿骨打가 황제를 칭하고 국호를 금이라고 하였다.[32] 곧이어 금의 공격으로 요가 망하게 될 형세가 되자, 1116년 4월에 고려는 요의 연호 사용을 중지하여[33] 조공·책봉 관계를 해소하였다. 이에 송은 고려를 책봉국으로 만들기 위해 더욱 많은 호의를 베풀었고, 고려는 그것을 적절히 활용하여 국익을 극대화하고자 하였다.

　睿宗代는 동북아시아의 군사적인 패권을 쥐고 있던 요가 급격히 쇠약해지자 송이 고려와 여진의 힘을 빌려 '北伐'을 이루기 위해 고려에 대한 외교를 더욱 강화하던 시기였다. 특히 왕자지가 송에 갔던 1113~1115년 사이

---

30) 朴龍雲, 「高麗·宋 交聘의 목적과 使節에 대한 考察(上)·(下)」 『韓國學報』 81·82, 1995·1996; 『高麗 社會의 여러 歷史像』, 신서원, 2002, 154~158쪽. <표1, 高麗·宋 使節 派遣表, 제2기>.
31) 『高麗史節要』 권7, 睿宗 5년 6월.
32) 『金史』 권2, 「太祖本紀」, 收國 원년 정월.
33) 『高麗史』 권14, 「世家」, 睿宗 11년 하4월 辛未.

에 금이 건국하였고, 『三國遺事』에서 정극영이 불아를 가져왔다고 하는
1118·1119년은 금이 요에 대한 공격을 시작하여 요의 운명이 풍전등화와
같았으며, 고려가 송의 협공 제안을 거절하여 송이 금과 제휴하기 직전의
시기였다. 그러므로 송은 고려를 의례상으로 요와 같은 대우를 해주고, 고
려가 원하는 최신·최고의 문화적 산품을 수시로 내려주어 고려의 환심을
사고자 하던 때였다.[34]

　고려는 외교적으로 유리한 환경이 조성된 것을 빌미로 송에 대한 친선
외교 강화를 통해 고려가 구하려고 했던 귀중한 문화적 산물들을 많이 얻
을 수 있었는데, 예종은 불교에도 관심이 많아서[35] 송의 협조 아래 불교문
화를 받아들이는데 적극적이었다. 예종 때 慧照國師가 왕명을 받고 송에
가서 학문을 배우고 「遼本大藏經」 3부를 사서 가져왔으며 定慧寺·海印寺·
許磻政宅 등에 전한다고 하였다.[36] 이러한 분위기를 상징적으로 보여주는
것이 휘종의 친필을 내려준 일이었다. 예종이 安和寺를 중수하면서 송에

---

34) 文宗代 이후 고려는 요와 평화관계를 유지하기 위해 송·요 간의 외교분쟁에 개입
　하지 않으려 하는 한편으로 송의 선진문물을 받아들이는 데 주력하였는데, 학생들
　의 송 국자감 입학 또는 악기의 전래 등도 포함되었다. 이와 같은 고려의 선진문
　물 수입은 송측의 적극적인 호응에 힘입은 것이며, 송도 필요한 정치·군사적 지원
　을 얻고자 고려의 환심을 사려고 했기 때문이라는 견해가 있다(박용운, 앞의 논문,
　166~168쪽).
35) 예종은 진표율사가 미륵보살에게 받았다고 하는 聖簡을 궁궐에 모셔 경배하기도
　하였다. 불골간자에 관한 구체적인 내용은 다음과 같다. "신라의 眞表律師가 미륵
　보살에게 『占察經』과 佛骨簡子를 받았고, 그것을 속리산 深公─永深─에게 전하
　고, 심공이 다시 心地에게 전하여 桐華寺 讖堂 북쪽 작은 우물에 보관하였다. 예종
　이 聖簡─불골간자─을 궐내로 맞아들여 예배하였으나, 갑자기 '九者 簡者' 한 개
　를 잃어버리자, 牙─상아 간자─로써 대신하여 본래의 절로 돌려보냈다. 지금─일
　연의 당대─은 그것이 점차 변하여 같은 색이 되어 새것과 옛것을 분간하기 어려
　워졌으며, 그 재질은 상아도 옥도 아니라고 하였다"(『三國遺事』 권4, 「義解」 眞表
　傳簡과 心地繼祖).
36) 『三國遺事』 권3, 塔像 제4, 「前後所將舍利」.

사신을 보내 뛰어난 필적[妙筆]의 편액을 구하자, 송 휘종이 그것을 듣고
손수 불전의 편액에 '能仁之殿'이라는 글씨를 써 주고, 송 太師 蔡京에게
명하여 절 문의 편액으로 '靖國安和之寺'라는 글씨를 쓰게 하여 하사하였
고, 16나한의 塑像도 보내주었다.[37] 1118년 4월에 안화사가 낙성되었으므
로 그 편액과 나한 소상을 가져온 것은 그 이전에 송에 간 고려 사신들이
준비하여 요청했기 때문에 이루어질 수 있었다. 그와 더불어 이 시기에 송
에 가서 유학을 하고 급제한 권적이 송 휘종을 알현하고 『법화경』을 한글
자도 틀리지 않고 암송하였으며, 이에 감동한 휘종이 준 관음상과 법화탑
을 받아 귀국하였다고 하는 설화가 있다.[38]

이처럼 불골의 장래는 송이 외교적 협력을 얻기 위해 고려에게 전례 없
이 귀중한 문물을 내려주던 상황에서 일어난 일이다. 하지만, 그것이 송의
일방적인 시혜로 이루어진 것은 아니며, 고려와 고려 사신들의 외교적 노
력이 있었기 때문에 실현된 것이었다. 따라서 어떤 사신이 그 역할을 했는
지 밝혀내는 일은 매우 중요하다. 먼저 『高麗史』에 송 휘종으로부터 불골
을 받아왔다고 하는 왕자지의 외교 활동에 대해 검토해보자.

왕자지는 고려 太祖代 활약한 왕유의 현손이자 숙종의 즉위를 도운 王
國髦의 처남이며 음서 출신으로, 李資義 난 때 궁문을 지킨 공을 세웠으며,
睿宗初 윤관의 여진정벌에 참여하고 군공을 세워 출세하기 시작하였다.[39]
그는 1113년 12월에 禮賓卿·樞密院知奏事가 되었고,[40] 1114년 3월 殿中監

---

37) 『高麗史』 권14, 「世家」, 예종 13년 하4월 임신.

38) 『高麗史』는 송과의 외교에 관한 기사가 비교적 자세한 편인데, 송에 유학을 하러
갔던 권적이 관음상과 법화탑을 가져온 이야기와 같은 것들은 불교적인 내용 때문
인지 기록되지 않았다(『海東傳弘錄』, 「帝親試通」; 了圓, 오지연 옮김, 「황제가 친히
시험을 보아 통과하다」 『법화영험전 法華靈驗傳』, 동국대출판부, 2017, 139쪽).

39) 『高麗史』 권92, 王儒傳附 字之, 『高麗史』 권95, 邵台輔傳附 王國髦.

40) 『高麗史』 권13, 「世家」, 睿宗 8년 12월 병진.

을 제수받았다.[41]

이때 1113년 9월에 송에 갔던 西頭供奉官 安稷崇이 1114년 6월에 귀국
하면서 송의 휘종이 고려에 新樂과 曲譜·指訣圖 등을 준다는 내용이 든 송
明州의 牒을 가지고 왔다.[42] 이에 干支로 보건대 나흘 만에 왕자지가 戶部
郎中 文公彦과 함께 악기를 하사한 것을 사례하러 송에 갔다.[43] 송이 새롭
게 완성한 궁중악인 대성악을 고려에 하사하기로 했다는 소식을 안직숭이
전해오자 마자 불과 나흘 만에 왕자지가 사명을 받아 나간 것은 고려에게
는 그 만큼 중요하고 시급한 일이었기 때문일 것이다.

그리고 왕자지가 송에서 사행을 마치고 돌아온 지 얼마 되지 않은 1115
년 4월에 예종이 중서문하성의 侍臣과 추밀원의 承制 등과 함께 順天館의
樂賓亭에서 잔치를 베풀어주었으며, 왕이 內侍 林景淸을 보내 친히 지은
시 1수를 보이고 아울러 술과 과일도 하사하였다.[44] 이어 같은 해 7월에
그는 吏部尚書로서 戶部侍郎 문공미와 함께 謝恩兼進奉使로 송에 갔으며,
아울러 과거에 급제한 進士 金端 등 5인을 송의 太學에 입학시켰다.[45]

그는 1116년 6월에 고려가 송에 보낸 선물인 國信物에 대한 回賜와 더
불어 別賜·密賜·特賜의 물품 등을 별도를 받아왔으며,[46] 대성악과 더불어
禮器·祭服, 종묘에 바칠 曲譜, 예기의 款識 등을 하사받아왔다.[47] 그리고
송에 갔을 때 왕자지 등이 大相國寺, 楊州의 天寧萬壽觀, 杭州의 天竺寺,
閏州의 金山寺, 泗州의 普炤王寺에서 재를 열어 송 황제의 장수를 축원해

---

41) 『高麗史』 권13, 「世家」, 睿宗 9년 3월 기축.
42) 『東人之文四六』 권2, 事大表狀, 「謝賜新樂表」(朴景綽).
  『高麗史節要』 권8, 睿宗 9년 6월.
43) 『高麗史』 권13, 「世家」, 睿宗 9년 6월 정미.
44) 『高麗史』 권14, 「世家」, 睿宗 10년 4월 갑인.
45) 『高麗史』 권14, 「世家」, 睿宗 10년 7월 무자.
46) 『高麗史』 권14, 「世家」, 睿宗 11년 6월 을축.
47) 『東人之文四六』 권2, 事大表狀, 「謝賜禮器祭服薦享曲譜禮器款識等表」(金富佾).

준 것에 대해 휘종이 고려 국왕에게 고마움을 전하는 내용이 있었다. 정사 왕자지가 여러 사찰에 재를 올리는 일을 했던 것은 그의 친불교적인 성향을 보여준다.

이상에서 왕자지가 불골을 가져왔다는 『高麗史』 예종 14년의 기록에 앞서는 왕자지의 행적을 서술하였는데, 몇가지 특징이 있다. 먼저 1113년에 송에 갔던 안직숭이 돌아온 지 며칠 되지 않아 왕자지가 서둘러 송으로 떠난 것은 이례적이며, 그가 1114년에 신악기를 준 것을 사례하러 갔다가 돌아온 후 얼마지 지나지 않아 다시 송에 갔다는 점은 더욱 이해하기 어렵다.

고려의 사신이 송에 가는 것은 바다를 건너 위험하기는 하지만, 송 황제의 하사품이나 사행무역을 통해 많은 이익을 얻을 수 있었기 때문에 보통은 한 번 밖에 기회를 주지 않았다. 그렇다면 왕자지가 사신으로서 특별한 능력을 갖추어야 연이어 갈 명분이 될 텐데, 사신의 조건으로 가장 중시했던 학문적 능력도 뚜렷하지 않았고 인품과 청렴함도 갖추지 않았던 것 같다.[48] 그럼에도 이례적으로 귀국한지 몇 달이 되지 않아 다시 송에 갔을 뿐 아니라 두 번째 사행에 앞서 왕자지를 위해 예종이 잔치를 베풀고 특별히 시까지 지어준 것은 그가 매우 중요하고 특별한 임무를 띠고 있었음을 암시한다. 왕자지가 연이어 갔다는 것은 예종이 그에게 그 이전에 송에 가서 수행했던 일들을 마무리해줄 것을 기대했기 때문일 것이다.

그런데, 대외적으로 표방된 왕자지의 두 번째 사행 목적은 대성악 등을

---

48) 박용운, 앞의 논문, 182~184쪽.
　　왕자지는 개국공신 王儒의 후손이며, 숙종대 공신 왕국모의 처남으로 좋은 집안의 출신이었는데, 인품이나 청렴함을 갖춘 것 같지 않다. 그 사례로 왕자지와 함께 송에 갔던 부사 문공인—문공미의 개명—은 일찍이 요에 사신으로 갔을 때 접빈관에게 호사스런 선물을 한 적이 있었다. 그리고 문공인은 부사로서, 1115년 정사 王字之와 함께 송에 갔는데, 왕자지 역시 부자로서 사치를 부렸고, 두 사람이 몸치장을 뽐내며 힘써 서로 화려하게 장식하였다고 한다(『高麗史』 권125, 文公仁傳).

내려준 것을 사례하는 것이었지, 불골을 가져오는 일은 아니었으므로 그것
은 '비공식적'으로 이루어졌을 것이며, 왕자지가 고려에 돌아올 때는 송으
로부터 고려가 보낸 국신에 대한 회사품 이외에도 別賜·密賜·特賜의 명목
으로 여러 물품을 가져왔다. 별사는 별도로 준다는 뜻으로 고려와 송의 외
교에서 가끔씩 사용되지만, 밀사는 공식적으로 주기에 어려운 것을 은밀하
게 준다는 의미로 유일한 사례이며, 특사도 특별히 준다는 뜻으로 역시 드
문 일이었다.

사실 휘종이 고려에 불골을 주는 것은 종교적으로나 민심의 향배를 고
려하건대 대외적으로 알려져서는 안 되는 일이므로 밀사 또는 특사의 범주
에 포함시켰을 것이다. 왕자지가 명주에 도착하여 송의 수도인 개봉까지
가면서 여러 사원과 도관에 들러 휘종의 장수를 비는 의례를 행하였던 것
은 불골을 가져가는 것에 반발하는 송나라 불교계의 반발을 누그러뜨리기
위한 의도가 있었다고 여겨진다.[49] 이전에 의천이 송의 여러 절을 순례하
며 축수한 적은 있지만, 고려 국왕의 명을 받은 왕자지 등이 경비를 부담하
면서 사원에서 축수하는 재를 올린 것은 송의 사찰에 경제적 지원을 하는
것일 뿐 아니라 송 휘종이 고려에 불골을 하사하는 명분을 만들어주는 것
이기도 했다. 왕자지의 송나라 사행을 검토해보건대, 송 황실로부터 불골
을 가져온 시기는 왕자지가 두 번째 송 사행을 마치고 돌아온 1116년 7월
이었을 것이다.[50] 그 때에 별사 또는 특사의 범주에 드는 대성악과 더불어

---

49) 일찍이 선학은 왕자지가 송의 여러 절에서 재를 올린 것이 불아 및 두골과 관계가
   있다는 탁견을 낸 바 있다. 그 내용은 다음과 같다. "(예종)11년 6월에 다시 왕자
   지·문공미 등이 대성악 이외에 예기로서 변두·보궤·준첩 등도 가져온 것 같다. 또
   한 불아와 두골을 금함에 넣어 보냈는데, 왕자지 등이 송에 건너가 大相國寺(卞
   京)·天寧萬壽觀(揚州)·天竺寺(杭州)·金山寺(閏州)·普炤王寺(泗州) 등에서 재를 베푼
   데 대한 답례이다(金庠基, 앞의 책, 184쪽).
50) 남동신, 앞의 논문, 38쪽.

'밀사'로 받은 것이 불골이었다고 여겨진다.

요컨대, 송 휘종은 도교를 숭상하였고, 고려 예종도 유학을 진흥하고 도교를 진작시킨 군주로 알려졌는데, 송 휘종은 사원의 편액, 경전, 탑 등을 고려에 주어 고려 불교 문화 진흥에 크게 기여하였고, 예종은 그 기회를 적절히 활용하여 불교를 발전시켰다.[51] 고려가 遼의 급속한 세력 약화와 신흥 국가 금의 등장에 따른 국제정세의 변화를 틈타 고려를 끌어들여 요를 정벌하려는 송의 전략을 파악하고, 원하는 것을 얻어낸 가장 성공적인 사례의 하나가 왕자지의 불골 장래였다.

2) 王字之와 鄭克永의 합작설

정극영은 同甲인 왕자지와는 여러 가지로 대비되는 인물이었다. 왕자지가 개국공신 王儒의 후손이며, 이자겸과 사돈을 맺을 정도의 名門 출신이었던 반면에 정극영은 향리의 자손으로 과거에 장원급제하여 벼슬을 시작하였고, 文詞에 뛰어나 일찍이 1104년 7월에 平章事 崔弘嗣를 따라 송에 갔는데,[52] 그 저술이 중국 사람들에게 인정을 받았다고 한다.[53] 그의 지위로 보건대 서장관으로서 중국에서 정사·부사를 대신하여 각종 문장을 짓는 임무를 훌륭하게 수행했던 것 같다. 1118년에 정극영이 송에 가게 된 것도 이전에 서장관으로서의 활약과 더불어 예종의 두터운 신임이 있었기 때문이다.

---

51) 일연은 고려중기 왕실의 후원에 의해 중국으로부터 불경·불아 등이 수입되고 신라말에 끊어졌거나 또는 근근히 명맥만 이어오고 있던 신라적인 불교전통이 귀족사회 안정의 토대 위에 재정비되어 나가는 것을 흡족하게 여겼다고 한다(金泰植, 「三國遺事에 나타난 一然의 고려시대 인식」, 『蔚山史學』1, 1987, 31~37쪽).

52) 박용운, 앞의 논문, 156쪽.

53) 『高麗史』 권98, 鄭克永傳.

정극영이 불아를 가져왔다는 가장 유력한 근거는 '宣和 원년 睿廟 15년에 入貢使 정극영과 이지미 등이 불아를 가져온 것이 지금 내전에 있다'고 하는 기록이다.[54] 睿廟 15년은 실제로 『高麗史』의 예종 14년으로 1119년이며, 그 해의 간지는 기묘가 아니라 기해라고 한다.[55] 이 내용을 다른 기록과 대조해보면, 『高麗史』와 『동인지문사륙』에 정극영이 송에 간 것은 1118년 7월이었으며,[56] 다음해 6월 이전에 돌아온 것은 그의 임명 기록을 통해 유추할 수 있을 뿐인데,[57] 선화 원년이라고 한 것은 일연이 정극영이 불아를 가지고 온 것과 관련된 알려지지 않은 기록을 봤음을 암시한다.

1118년 5월에 '예종이 친히 전에 납시어 입송사신 정극영과 이지미를 전별하는데 제왕·재추를 불러 연회에 참석하게 하였다'는 『高麗史』의 기록과 더불어, 같은해 8월에 정극영·이지미가 송에 가서 權適 등을 制科에 급제시켜 환국시키면서 친필 조서를 보내준 데에 사례하도록 하였고, 예종이 친히 표문을 짓고 손수 썼다고 한다.[58] 왕자지가 송에 갈 때와 같이 정극영이 송에 갈 때 제왕과 재추 등을 불러 연회를 한 것이나 예종이 송 황제에게 보내는 표문을 짓고 썼다는 것은 매우 특별한 일이었고, 정극영의 사행이 국가적으로 중요한 일이었음을 알려준다.

한편, 고려에서 출발한 지 두 달이 지나 정극영 일행이 송의 紫宸殿에서 휘종을 알현하였다고 하는데, 이 때 정사 정극영·부사 이지미와 더불어 進奉都鈐轄兼押物 金英美가 참여했다고 한다.[59] 『高麗史』의 기록에는 정극

---

54) 『三國遺事』 권3, 塔像 제4, 「前後所將舍利」.
   權熹耕, 앞의 논문, 170쪽.
55) 남동신, 앞의 논문, 37쪽.
56) 『東人之文四六』 권2, 事大表狀, 「謝親策權適等賜第還國表」.
   이 글에는 표문을 예종이 직접 지었으며, 무오년(1118) 謝恩使 鄭克永이 가지고 갔다는 설명이 부기되어 있다.
57) 남동신, 앞의 논문, 37쪽.
58) 『高麗史節要』 권8, 예종 13년 8월; 『高麗史』 권14, 「世家」, 예종 13년 8월 무오.

영이 사은사로 갔다고 하였으나, 중국 사서에서는 정극영 일행 중에 進奉
物을 담당하는 관원이 있었다고 하므로 『三國遺事』의 入貢使―조공사절
―와 더 잘 어울린다. 이러한 것들이 『三國遺事』 기록을 신뢰할 수 있는
몇 가지 증거이다.

그러나 정극영은 인종 초에 한안인의 당여로 유배되었다가 1126년 이
자겸의 난이 실패한 후, 다시 사면되어 복직하였는데, 이 무렵에 지은 「衛
尉卿翰林學士를 사양하는 표」에서 자신의 관력에 대해 숙종과 睿宗代에
'무릇 문장을 짓는 긴요한 임무나 禮儀를 시행하는 방법을 익히는 일 등에
종사하였다'고 하였을 뿐 송에 사신으로 다녀오고 불아를 가져온 것을 자
신의 功績으로 내세우지는 않았다.[60) 물론 벼슬을 사양하는 관인은 겸양해
야 하므로 당시에 불골을 가져온 것을 공공연하게 내세우기 어려운 점도
있었을 것이다. 그러므로 왕자지가 불골을 하사받아 왔다는 『高麗史』의 기
록과 정극영이 불아를 가져왔다는 『三國遺事』의 기사를 모두 인정하여 왕
자지와 정극영의 합작설을 고려해볼 수 있다. 그 근거는 고려가 원하는 귀
중한 문물을 송에서 가져올 때는 적지 않은 시일이 소요되었다는 점이다.

예를 들어 1085년(선종 1) 8월에 호부상서 金上琦가 송 신종을 조문하
고, 공부상서 林槩가 송 철종의 등극을 하례하는 임무를 수행하였다. 이 때
고려 사절단은 송 철종에게 『대장경』 1장 및 『華嚴經』 1부와 더불어, 『刑
法書』·『太平御覽』·『開寶通禮』·『文苑英華』 등을 구입해 가겠다고 요청하
였고, 철종은 『文苑英華』만을 허락하였으며 그로부터 5년 뒤인 1090년 송
에 갔던 이자의가 그것을 받아가지고 귀국하였다. 또한 1098년(숙종 3) 7월
에 송에 간 윤관은 『태평어람』을 요청하였고,[61) 송은 『太平御覽』과 『神醫

<hr />

59) 『宋會要輯稿』 권197, 蕃夷 渤海.
60) 『東人之文四六』 권11, 「讓衛尉卿翰林學士表」.
61) 『高麗史』 권11, 「世家」, 숙종 3년 7월 기미.

補救方』을 교열한 후 다음 사신 편에 주기로 약속하였고, 『神醫補救方』은
1100년 6월에 송에 간 임의가 가져왔다.[62] 그와 더불어 고려가 『冊府元龜』
와 『資治通鑑』의 하사를 부탁하자, 송은 『冊府元龜』를 이전에 판매한 바가
있으며, 『資治通鑑』은 허용하기 어렵다고 거절하였다.[63] 송이 고려가 바라
고 있는 전적을 다음에 오면 주겠다고 한 것은 고려 사신이 더 자주 오게
하려는 뜻이 있었다.

대성악의 하사와 고려인의 국학 입학 및 제과 급제에 관한 일도 마찬가
지이다. 송이 안직숭에게 곡보 등을 주자, 고려의 사신이 가서 대성악을 받
아왔으며, 고려의 사신이 진사를 송의 국학에 입학시키기 위해 송에 가고,
고려의 학생들이 입학한 지 불과 1년여 만에 휘종이 친히 시험을 치러 합
격시켜 돌려보낸 것을 사례하기 위해 또 다시 고려의 사신이 송에 가는 식
이었다.

이 과정에서 고려가 송에 요청하는 주요한 전적들에 대해 황제에게 요
청하고 때로는 대가를 치르고 가져왔다는 것이 주목된다. 송상이나 송에
간 사신을 통해 『太平御覽』・『文苑英華』・『神醫補救方』 등과 같은 전적들
이 송에서 편찬되었다는 정보가 고려에 전해지고, 그 후 고려의 사신이 송
에 갈 때 조공품과 함께 표를 올려 그것의 하사나 구매를 요청하며, 송 조

---

62) 『高麗史』 권11, 「世家」, 숙종 5년 6월 을축.
63) 송은 兵器・皮革・焰硝・硫黃 등 군용 물자과 더불어 서적을 사서 국경 밖으로 나가
는 것을 엄금하였는데, 서적에는 정치・군사의 정황이 기재되어 외국에 유출될 경
우, 국가의 안위에 위협이 되는 것이었다. 그러므로 1006년에는 『九經』의 책과 소
를 제외한 책을 무역할 수 없도록 하였고, 1027년에는 송대의 신료들이 편찬한 책
이 국경 밖으로 나갈 수 없게 하였다(吳曉萍, 「官方對外貿易及其管理制度」 『宋代
外交制度研究』, 安徽人民出版社, 2006, 218~221쪽).
특히 『책부원구』・『태평어람』 등은 1000권에 이르는 거질의 類書로서 송에 관련된
다양한 정보가 있어서(張秀民, 강영매 옮김, 「목판 인쇄술의 발명과 발전」 『중국인
쇄사(一)』, 세창출판사, 2016, 215・216쪽), 그것이 적대국인 거란이나 송에 알려질
것을 우려하여 이러한 책들의 국외 반출을 금지하였던 것이다.

정이 논의를 거쳐 허락을 하면 고려가 다음 사행에서 그것을 구매하는데 필요한 물품을 가져가 대가를 치르고 받아올 수 있었던 것이다. 예종 때 慧照國師가 왕명을 받고 송에 가서 학문을 배우고「遼本大藏經」3부를 사서[市遼本大藏經] 왔다는 것도[64] 그러한 상황과 관련된다. 이 시기에 송이 아무리 고려의 환심을 사기 위해 여러 가지 후사를 했다고 해도, 요에서 가져온 귀중한 대장경을 공짜로 고려에 줄 수 없었으니 고려가 비용을 가져가서 구매하는 것은 너무도 당연하다.[65] 사신의 입장에서는 그것을 가져오기 위해 송 황제에 요청하고 송 당국자와 협의하여 구매를 허락받는 일이 나중에 대가를 가지고 가서 받아오는 것보다 더욱 중요하다.

불아의 장래도 비슷한 과정을 거쳤을 것이다. 적어도『三國遺事』의 내용상 송 徽宗이 도교를 숭배하기 시작하면서 불아가 위기에 빠졌다는 것인데, 李仲若은 1108년경에 고려 사신을 따라 송에 가서 도교를 습득하고 송의 도교를 도입하여 복원궁 설치를 건의한 바 있으므로[66] 당시 불교를 탄압하고 있는 도교계의 내부 사정을 소상히 알고서 그 상황을 국왕에게 전하였을 것이다. 예종과 고려 조정은 그것을 받아올 계획을 하고, 사신을 보

---

64)『三國遺事』권3, 塔像 제4,「前後所將舍利」.
65) 혜조국사가 구입한「요본대장경」은 大字本과 小字本 가운데 후자였으며, 구입한 것인 만큼 大藏全藏이었는데, 고려가 그것을 구했던 이유는 송본이나 송본 계통의 국내 전본에 비해 경문이 정확하였기 때문이라고 한다(오용섭,「慧照國師 購來의 遼本大藏의 봉안」『書誌學研究』27, 2004, 10~24쪽). 한편 일연이 혜조국사가「요본대장경」을 구매해온 이야기를 넣은 것은 그것이 고려에 들어와 당시까지 해인사·정혜사·허참정댁 등 세 곳에서 잘 보관되고 있는 것을 들어 불아의 부실한 관리를 은연중에 비판하였다고 생각된다.
66) 김철웅,「고려 국왕과 도교」『고려시대의 道教』, 景仁文化社, 2017, 69~76쪽. 이중약이 송에 간 것은 1108년 형부상서 김상우와 예부시랑 韓皦如—한안인의 초명—이 송에 갔을 때 함께 따라갔으며, 1110년 고려 측의 도교 수용 의사를 들은 송은 도사 2인을 고려에 파견하여 도교 교법을 훈도하게 하였다고 한다(김철웅,「도교 관련 인물」, 앞의 책, 318·319쪽).

내 정식으로 송 휘종에게 고려가 가져갈 수 있도록 청하고 허락을 받았을 것이다. 이후 송 조정은 불사리를 갖고 있던 사원으로 하여금 그것을 고려에 주기 위해 준비를 하도록 하였고, 그 사이 고려는 불사리에 대한 대가를 마련하여 사행 때 가져가 보상을 하고 받아 돌아왔을 것이다.

이상에서 보건대 睿宗代 불사리를 가져오는 데 이바지했던 사신은 한 명이 아니라 여러 명일 수 있다. 이 시기에는 아직 이자겸과 한안인 간의 정치적 갈등이 심화되어 있지 않은 상태여서[67] 왕자지와 정극영의 합작도 충분히 가능한 일이었다. 그렇다면 왕자지가 1114년 또는 1115년에 송에 가서 불사리를 고려에 줄 것을 요청하여 송 휘종의 허락을 받고, 1118년에 송에 갔던 정극영이 1119년에 불사리를 받아 돌아오는 일을 맡아, 서로 다른 역할을 했다고 볼 수 있는 것이다. 이러한 해석은 왕자지와 정극영이 가져왔다는 두 사서의 기록이 일정하게 사실을 반영한다는 전제하에 이루어진 것인데, 적어도 B1의 1120년 5월에 예종이 왕자지가 가져온 불골을 내전으로 옮겼다는 기록과 시간상으로는 모순되지 않는다.

3) 인종초 정국의 변화와 정극영 불아 장래설

『高麗史』에서는 불골을 왕자지가 송에서 가져왔다고 한 반면, 『三國遺事』에서는 정극영과 이지미가 가서 송의 관원에게 뇌물을 주고 몰래 불아를 받아[密授] 가져온 것으로 되어 있다. 정극영이 몰래 받은 것은 왕자지가 휘종에게 무언가를 은밀하게 받은 것[密賜]과 상통하는 표현이다. 불아

---

67) 睿宗代 중반 송에 가는 正使와 副使의 임명 사례를 보건대, 1114년에는 왕자지(이자겸파)와 문공언(한안인파?), 1115년 왕자지와 문공미(한안인파), 1117년 李資諒(이자겸파)과 李永(한안인파), 1119년 정극영(한안인파)와 이지미(이자겸파) 등이었다. 이처럼 이자겸과 한안인 일파를 동시에 임명한 것은 예종이 그들간의 견제와 균형을 꾀한 것이며 사행에서 최대한의 성과를 내기 위한 것이었다.

는 사신들이 사비를 들여 사올 수 있는 것이 아니라는 점에서 송 황제의 허락을 얻는 등 두세 차례 이상의 사행이 있어야만 고려로 가져올 수 있는 귀중한 것이라는 것은 이미 설명한 바 있다. 따라서 睿宗代 불사리를 가져오는 과정도 그 이전에『文苑英華』·『太平御覽』·大晟樂 등과 같은 중국의 최고 문화적 산품을 들여올 때와 마찬가지로 고려 사신들이 송에 특정 물품을 요청하여 허락을 받고, 비용을 가져가서 구매해오는 일을 서로 다른 인물들이 나누어 수행한 것으로 기록되어야 한다. 그런데『高麗史』는 왕자지를, 『三國遺事』는 정극영을 장래자로 기록하고 있을 뿐 다른 인물들의 역할은 적어놓지 않았다. 만약『高麗史』의 불골과『三國遺事』의 불아가 같은 것이라면 양 사서에 불골 또는 불아를 가져온 자가 다르게 기록된 것은 분명히 이유가 있었을 것이다. 그것을 해명하는 단서를 인종초의 정국 변화에서 찾을 수 있다.

　　왕자지는 1122년에 57세 때 이부상서·참지정사·판호부사에 임명되어 3宰가 되었으나 곧 졸하였다. 그는 睿宗代 두 차례 사행을 하였는데, 당시에 송에 가는 것은 바다를 건너는 위험한 여정이기는 하지만, 송 조정이 고려를 책봉국으로 삼으려는 계획을 세우고 그 이전보다 고려를 후대하는 상황이어서 사신들은 많은 선물을 받고 사행 무역을 통해 일시에 부유해질 수 있는 기회를 얻는 것이므로 송에 사신으로 가는 것은 특권이었다. 또한 요·금이 교체되는 매우 중요한 국제정세 변화의 시기에 사행의 책임자인 정사로서 두 번이나 갔다는 것은 그에 대한 예종의 신임이 각별했으며, 정치적 위상이 높았음을 알려준다.

　　왕자지의 睿宗代 행적은 그의 사후에 사돈인 이자겸이 권력을 장악한 후 긍정적으로 평가되었고,[68] 그 덕분에 예종 묘정에 배향되는 영예를 누

---

68) 왕자지는 Schulz가 부계의 관계를 중심으로 한안인 일파로 추정했으나(E.J Schulz, 『韓安仁派의 등장과 그 役割―12世紀 高麗 政治史의 展開에 나타나는 몇가지 特徵

릴 수 있었다. 그와 더불어 仁宗初에 편찬된 『예종실록』에서도 긍정적으로 묘사되었을·것이다.69) 그러나 1126년 이자겸의 반란이 진압되고 나서 왕자지에 대한 평가도 달라지기 시작했던 것 같다. 다음의 기록을 보자

> C1. (예종) 17년에 叅知政事로서 졸하였고 나이는 57이었다. 시호는 章順이며, 예종 묘정에 배향되었다. 뒤에 간관이 아뢰기를 "옛날의 대신은 국가에 큰 功德이 있어야 비로소 배향할 수 있었습니다. 왕자지가 비록 전공이 있기는 하지만, 예종의 묘정에 배향된 것은 오직 왕의 은혜와 총애 때문입니다. 위로 임금을 바로잡거나 보필한 적이 없고, 아래로 백성을 이롭게 하거나 이익과 혜택을 준 적이 없으므로 제사를 받들며 장래에 보여줄 만한 인물이 아닙니다. 청컨대 有司로 하여금 알맞은 자를 선택하여 대신하게 하십시오."라고 하였고, 制를 내려 가하다고 하였다. 아들 王毅는 王字之의 딸이 李資謙의 아들 李公儀와 혼인하였으므로 李資謙이 패하자 姻黨으로 연좌되어 유배되었다.70)

　─」『歷史學報』99·100합, 1983, 160쪽), 왕자지와 이자겸이 사돈 관계를 맺었고, 뒤에 그의 아들 왕의가 이자겸 일파에 가담하여 그의 족당으로 처벌되는 것으로 보아 이자겸 족당으로 파악해야 한다(盧明鎬, 「李資謙一派와 韓安仁一派의 族黨勢力—高麗中期 親屬들의 政治勢力化 樣態─」『韓國史論』 17, 서울대 국사학과, 1987, 182·183쪽).

69) 『예종실록』의 편찬을 주창한 자들은 예종의 측근이었으며, 편찬자의 구성은 이자겸파의 박승중, 한안인파의 정극영, 중립적인 김부식 등으로 구성되었으나, 인종초의 정국의 변화를 거치면서 참여자가 바뀌어 막상 『예종실록』을 편찬한 사람은 김부의 김부일 형제였다고 한다(金秉仁, 「韓安仁 勢力과 李資謙 勢力의 構成과 性格」『高麗 睿宗代 政治勢力 硏究』, 景仁文化社, 2003, 105·106쪽).

70) (예종) 十七年 以叅知政事 卒 年五十七 諡章順 配享睿宗廟庭 後諫官奏曰 古之大臣 有大功德於國家 然後乃得陞配 字之 雖有戰功 其遇睿廟 但以恩倖 上無所匡救於君 下無所利澤於民 非所以尊祀示將來 請令有司 擇可者代之 制可 子毅 其女適李資謙 子公儀 及資謙敗 以姻黨坐流(『高麗史』 권92, 王儒傳附 字之).

C1은 왕자지가 사후에 예종 묘정에 배향되었으나 간관의 건의에 따라 배향이 철회되었으며, 왕자지의 아들 왕의도 이자겸의 아들 이공의의 처남이었기 때문에 이자겸의 반란이 실패한 뒤 유배되었다는 것이다. 이 기사에서 간관이 배향 철회를 건의하는 시기는 이자겸의 반란이 진압된 뒤였음이 분명하다. 이자겸이 몰락한 뒤, 이자겸 세력은 부정적으로 평가되고, 결국 왕자지가 공로도 없이 예종 묘정에 배향되었다는 간관의 건의에 따라 배향이 취소되기에 이르렀던 것이다.

반면에 정극영은 1122년에 翰林學士를 거쳐 寶文閣學士에 올랐으나, 1122년 12월에 韓安仁이 이자겸 세력을 견제하다가 오히려 '이자겸을 제거하려 한다'는 최사전 등의 모함을 받아 처형되자, 정극영은 한안인의 表弟로서 연루되어 외지로 유배되었다.[71] 그리고 1126년 이자겸의 반란이 진압된 뒤에 비로소 사면되어 東京留守에 임명되었으며, 1127년에 判尉衛寺事·翰林學士·知制誥에 이르러 61세의 나이로 졸하였다.

이처럼 1126년에 이자겸 일파는 몰락하고, 한안인 일파가 복권되는 정국의 변화가 일어나면서 불아를 가져온 일에 관한 기억이 바뀌었던 것 같다. B2 사료(1129년)와 B3 사료(1130년)에서와 같이 인종이 불골을 모시고 왕권을 높이려고 하는 상황에서 그 반대편에 있었던 이자겸파의 왕자지가 그것을 가져왔다고 하는 것은 곤란한 일이었다. 대신 누군가 왕자지가 했던 일을 수행했던 사신을 내세워야 했는데, 왕자지 다음으로 송에 갔던 이

---

71) 정극영은 본관이 김포이며, 과거에 급제한 후 예종 때에는 『예기』를 進講하고 대간으로 활동하였다. 한안인의 일족으로서 이자겸의 권세를 견제하는 참여하였기 때문에 1122년 이자겸에 의해 한안인 일파가 숙청될 때 정극영도 유배되었으며, 그의 매제인 崔巨鱗과 처남인 崔惟淸도 연좌되었다(E.J Schulz, 앞의 논문, 151·152쪽). 최거린과 최유청은 한안인과의 관계를 따지면 직접적인 혈연관계가 없는 사돈—姻婭—에 불과한 데도(盧明鎬, 앞의 논문, 179~183쪽), 정극영과의 친족관계로 인해 연좌되어 처벌되었던 것은 정극영이 한안인 일파에서 핵심적인 인물이었기 때문일 것이다.

자량도 이자겸과 가까워서 역시 적합하지 않았기 때문에 이자량 다음 번 송에 가는 사절단의 정사였던 정극영이 선택되었다. 그는 1127년에 죽었지만 이자겸에 의해 유배되었던 경력까지 있었으므로 불아의 장래자로 부각되기 시작하였을 것이다. 『三國遺事』에 기록된 '佛牙 將來'에 관한 부분은 이러한 사정을 반영하여 만들어졌다.

이후에는 정극영의 불아 장래가 사실인 것처럼 되고, 그가 중심이 되는 여러 가지 서사가 추가되었다. 예를 들어 불아가 고려에 오게 된 것은 송 휘종의 도교 숭상과 불교 탄압 때문이었는데, 1108년경부터 휘종이 도교에 깊은 관심을 가지기 시작하면서 崇道抑佛의 편향된 종교 정책을 잇달아 시행하였고, 1119년 정월에는 '佛'을 비롯한 일체의 불교식 명칭을 중국식 이름으로 바꾸도록 할 정도에 이르렀다. 이 같은 상황으로 인해 송에서 불아를 바다에 띄워보내려고 했다는 이야기가 들어갔으며,[72) 정극영은 예종 초에 송에 가서 도교를 배워온 李仲若과 사돈이었으므로 송의 사정을 잘 알고 있는 인물로 설정될 수 있었다.

아울러 금인이 나라를 멸망시킨다는 도참 역시 풍수에 일가견이 있는 정극영과 어울린다. 왜냐하면 술사가 참언을 가지고 왕에게 서경 龍堰에 궁궐을 따로 창건하여 때때로 순행할 것을 권하자 1106년 9월에 왕명을 받고 司天少監 崔資顯, 太史令 陰德全·吳知老, 注簿同正 金謂磾 등과 더불어 서경에 가서 용언의 옛 터를 살펴본 적이 있었기 때문이다.[73)

또한 송 휘종 때 퍼졌던 도참의 '금인'을 도사들이 불교도라고 했지만,[74) 사실은 '정강의 변'을 일으켜 송을 멸망시킨 '금나라 사람'을 뜻하는

---

72) 남동신, 앞의 논문, 41쪽.
73) 『高麗史節要』 권7, 예종 원년 9월.
74) 금인은 사전적 의미로 '구리로 만든 사람의 像' 또는 '불상'을 말하며, 후자는 금칠을 했기 때문에 그렇게 부른다고 하였다(諸橋轍次, 『漢和大辭典』, 권11, 大修館書店, 1985. 467쪽, 金, 金人). 금인이 곧 불상이며, 그것은 불상을 숭배하는 사람이

것이었으며, 송이 고려의 충고를 들었다면 그러한 화를 당하지 않을 수 있
었다. 실제로 1116년 7월에 大晟樂을 하사해준 것을 사례하러 갔던 이자량
이 귀국하면서 송 휘종을 만났을 때[75] 고려가 여진과 국경을 접하였으니
다음해 송에 조회하러 오면서 여진인 몇 사람을 설득하여 함께 와달라는
부탁을 받았다. 이에 이자량은 "여진이 인면수심으로 오랑캐[夷獠]들 중에
서도 가장 욕심 많고 추악하니 상국과 통교할 수 없습니다."라고 거절하였
고, 이 일에 대해 『高麗史』 찬자는 마침내 송이 여진과 통교하다 '靖康의
禍'에 이르게 되었다고 평가하였다.[76]

그와 더불어 1118년 2월에 송이 武義大夫 馬政을 여진—금—에 보내
거란의 협공을 제안하자, 이 소식을 들은 예종이 1118년 8월에 의관들을
데리고 온 송 합문지후 曹誼에게 송이 여진을 끌어들여 거란을 도모하는
것이 잘못임을 지적하고 호랑이와 같은 여진에 대해 대비할 것을 권하였다
고 한다.[77] 결국 고려인들의 충고를 무시한 송이 정강의 변을 자초한 셈인
데, 이와 같은 상황을 포함하여 이야기를 만들 때 불아를 가져오는 인물로
는 1114년과 1115년에 사행을 한 왕자지보다 1118년에 가서 1119년에 귀
국한 정극영이 더욱 적합하다.

요컨대, 본래 불골을 가져오는데 왕자지가 중요한 역할을 하였으나, 이
자겸의 몰락과 함께 그의 공로는 서서히 잊혀져갔고, 『三國遺事』의 내용처
럼 정극영이 장래의 주체로 기억되기 시작하였다. 게다가 『三國遺事』의

라는 의미로 불교 신도가 되어야 금인이 멸망시킨다는 뜻이 자연스럽게 이해될
것이다.
75) 『高麗史』 권14, 「世家」, 睿宗 11년 7월 기유.
76) 『高麗史』 권95, 李子淵傳附 資諒.
77) 예종의 이러한 발언은 『貴耳集』 등 중국 여러 사서에 있으며, 조의는 1118년 7월
에 고려에 왔다가 1119년 2월에 송으로 귀환하였다(장동익, 『高麗時代 對外關係史
綜合年表』, 동북아역사재단, 2009, 120·121쪽, 1118년, 1119년). 내용상으로 보건
대, 조의가 귀국하면서 예종을 알현하였을 때 나눈 대화였을 것 같다.

'佛牙 將來' 설화는 송나라 사람들이 도교를 숭상하여 불교 숭배 대상인 불아를 내버리는 잘못을 저질러 결국 나라가 망하기에 이른 송의 어리석음을 비판하면서도, 위기에 놓인 불아를 몰래 사온 고려인의 지혜로움과 더불어 불아를 갖게 된 고려 왕실 번영의 당위성을 설명하는 이야기로 만들어졌던 것이다.

4. 맺음말

『三國遺事』의 「前後所將舍利」조에는 고대와 고려시대 불사리에 관한 상세한 기록들이 실려있다. 그 가운데 가장 많은 부분이 의상이 천제로부터 받았고, 고려 예종 때 송에서 장래된 불아에 관한 것으로 고려에 가져오게 되는 과정과 예종의 불아 숭배, 몽골과의 전쟁 시기에 그것을 잃어버렸다가 되찾고 삼별초의 반란 시기에도 무사히 지켜낸 이야기, 충렬왕대 국청사 탑에 불아를 봉안하고 그것을 친견한 증언 등의 여러 가지 일을 담고 있다. 그런데, 내용을 분석해보면 몽골과의 전쟁 시기부터 충렬왕대의 일화는 비교적 당대의 일들로 각유, 심감, 무극 등에 의해 전해진 데 반하여 睿宗代 내용은 일연 시기에도 150년 이상 오랜 일이었으므로 『高麗史』 등과 대조하여 사료의 신빙성을 검증해보았다.

먼저 『三國遺事』에서는 睿宗代 송에서 가져와 충렬왕대까지 남아있는 것이 불아라고 했지만, 『高麗史』의 불골은 불아와 더불어 두골을 포함하고 있어 차이가 있으며, 『三國遺事』에서는 중간에 불아와 사리가 함께 있었던 것처럼 묘사되기도 하고 불아가 진짜인지 여부에 대해 의심하는 견해도 있었다. 그것을 가져온 사람에 대해서 전자는 정극영이 장래했다고 하였으나, 후자는 왕자지가 송 휘종으로부터 하사받아 왔다고 하였다.

불아를 담은 용기인 불아함은 『高麗史』의 기록에는 송에서 순금합에 불골을 담아왔다고 하였으며, 『三國遺事』에 실제 그것을 본 기록에 의하면, 백은함, 침향합, 순금함, 유리함, 나전함 등이었다고 한다. 처음에는 순금합에 담겨져 왔으며 후대에 더해져 모두 5개의 합과 함의 안쪽에 불아가 들어있게 되었으나, 불아를 잃어버렸다가 찾았을 때는 유리함만 돌아왔고, 다시 백은합에 담겨 모셔지게 되었다.

불골을 봉안한 장소는 처음에 궁궐 밖에 외제석원에 있다가 예종대 궁궐의 후원인 산호정으로 옮겼고, 인종대 인덕궁과 중화전을 거쳐 명종대 시원전에 두었는데, 주로 궁궐 내의 전각이었으며 그것은 국왕이 불아의 소유자임을 뜻하는 것이다. 반면 『三國遺事』에서는 예종대 시원전에 있었으며, 불아를 되찾은 이후에도 강도 궁궐의 시원전 전각에 두었다고 하였다. 불골은 궁궐 내에 모셔지다가 국왕이 행사를 한다거나 고승의 요청에 따라 잠시 안치 장소가 바뀌기도 했는데, 이 경우 그것을 받아가는 관원이 '준수기'를 작성하였고, 『자금일기』에 그 내용이 기록되었다.

예종대 고려 사신이 불교에서 가장 소중하게 여기는 불아를 송에서 가져올 수 있었던 것은 요가 쇠퇴하는 국제정세 아래에서 송이 고려 및 여진과 연합하여 요를 제압하려는 외교적 전략에 따라 중요한 문화적 산물을 주어 고려의 환심을 사고자 했기 때문이다. 그런데, 양 사서를 비교했을 때 여러 가지가 다르지만, 가장 큰 차이는 예종대 송에서 불골 또는 불아를 가져오는 것에 관한 부분이다.

『高麗史』의 예종대 기록이 예종 사후 편찬된 『예종실록』을 인용한 것이 많았고, 『三國遺事』의 설화적인 내용과 달리 간결하게 예종, 인종, 명종 등의 불골 관련 의식을 적었으므로 사실성이 높다고 생각된다. 따라서 송에서 불골을 가져오는 데 가장 큰 기여를 한 인물은 왕자지였음이 분명하며, 『三國遺事』의 기록을 존중한다면 왕자지의 외교적 노력이 성과를 거두어 송 휘종으로부터 불골을 하사하겠다는 약속을 받고, 뒤에 정극영이 받아왔다고 하는 합작설을 생각해볼 수도 있다.

그런데도, 정극영이 불아의 장래자로『三國遺事』에 전하는 것은 인종초 정국의 변화에 따라 두 인물의 부침이 있었기 때문이다. 예종말에 죽은 왕자지는 사돈인 이자겸 덕분에 예종묘정에 배향되는 영예를 누렸으나 이자겸 몰락 이후 배향이 철회되었다. 반면에 정극영은 이자겸의 반대 세력인 한안인의 당여라고 하여 1122년 말에 유배되었으나 1126년 이자겸의 난이 평정되고 나서 사면되었다. 이러한 상황은 불아의 장래자에 대한 기억에도 영향을 끼쳐서, 왕자지의 역할은 사라지고, 대신 정극영이 그 일을 한 것으로 바뀌었던 것이다.

그 뒤에 금이 송을 멸망시킨 상황 등을 반영하여, 송 휘종의 도교숭상과 불교 배척을 연관시키고 ‘금인이 송을 멸망시킨다’는 도참으로 불교가 탄압받아 결국 불아 사리가 배에 실려 해외로 떠내려가게 하려 했다는 이야기를 지어냈다. 그리고 장래자인 정극영의 활동 내력을 참고하여, 정극영이 그것을 알고 관원에게 天花茸 50령과 저포 300필을 뇌물로 주고 불아를 몰래 받아 가져오고, 빈 배는 떠내려 보냈다는 ‘불아를 가져오는 경위’를 담은 「前後所將舍利」조의 기록이 만들어졌던 것이다. 그런 점에서 정극영의 ‘불아장래설’은 1122년 이자겸파의 한안인파 숙청, 이자겸의 난 진압, 한안인파의 복권으로 이어지는 정국변화가 낳은 역사적 산물이라고 할 수 있다.

제3편

송상의 高麗 歸化 問題

'高麗綱首' 卓榮·徐德榮 관련 사료의 재검토

1. 머리말

　　고려시대 무역사에 관한 선구적인 연구에서 송상의 왕래가 활발했던 반면에 고려 해상의 활동은 다소 부진했다는 견해가 제시된 이래 그 동안 이에 대해서 특별한 이견은 없었으나[1] 2019년에 출간된『고려상인과 동아시아 무역사』에서 통설과는 다른 주장이 제시되었다. 주요한 논지는 고려 상인의 활동이 적지 않았다는 것으로 저자는 한국의 사서 뿐 아니라 중국 송대와 원대 문헌을 광범위하게 찾아내어 고려 상인의 활동을 복원하고 나름 경제적으로 밝은 면을 밝혀냈다고 의미를 부여하였다.[2] 이에 출간된 지 1

---

[1] 그 내용을 소개하면 다음과 같다. '고려 상인의 중국에의 활동은 신라말에 비하여 자못 소극적이었으며, 그것은 원래 中古의 외국 무역은 왕정을 중심으로 한 봉건 귀족군의 物的 要求에 의하여 促致되었다. 당시 大陸物化에 대한 고려 왕정과 봉건 귀족군의 수요는 고려 상인의 적극 활동을 기다리기 전에 송상에 의해 대개는 공급되었을 것이어서 고려 상인 활동이 소극화되었다'(金庠基,「麗宋貿易小考」『震檀學報』 7, 1937;『東方文化交流史論攷』, 乙酉文化社, 1948, 67·68쪽).

[2] 저자의 논지를 분명하게 전달하기 위해 김영제,『고려상인과 동아시아 무역사』, 푸른역사, 2019의 머리말에 있는 주장을 참고하여 서술한 것이다. 한편, 저자는 '고려시대 무역은 대부분 한국사 전공자들이 다루어왔다고 하면서 자신이 중국사 전공자로서 감히 이 분야에 도전하였다'고 하였다(김영제, 앞의 책, 머리말, 9·10쪽). 하지만, 이 분야의 국내 최초 연구자가 중국사 전공의 김상기 교수였기 때문에 정확한 표현은 아니며, 그의 1930년대에서 1950년대에 이르는 연구 성과는 저자가 주장하는 것보다 훨씬 역사적 사실에 가깝다고 생각된다.
저자는 자신의 저서에 대해 '필자가 지금까지 10년에 걸쳐 발표한 논문들을 기반으로 하였다. 물론 그것을 그대로 모은 것이 아니라 기존의 발표 논문에서 오류를

년도 되지 않아 중국 송대사와 고려시대사 전공자가 쓴 세 편의 비평논문이 잇달아 나올 만큼 학계의 큰 관심을 받았다.3) 그 가운데 한 평자는 "비록 제목은 '고려상인'으로 되어 있지만, 고려라고 하는 일국사적 관점에만 국한되지 않고, 중세 동아시아 海上이라는 국가나 민족을 넘어선 공간의 맥락에서 '고려상인'을 복원하고 있다"고 그 의의를 평가하였다.4)

  필자도 고려시대 송상왕래를 연구한 바 있어서 스스로의 성과를 반추하면서 저서를 읽었다는데,5) 동아시아 무역사에 관해 새롭게 알게 된 것도

수정하거나 번잡한 부분을 빼기도 하고, 나아가 새로이 습득한 사료나 자료를 추가한 것이다. 따라서 이 글이 필자로서는 최종본에 해당하는 셈이다'(김영제, 앞의 책, 서문, 10쪽)라고 하였다. 따라서 각 장절의 논문을 인용할 때 이 발표된 논문의 서지사항은 생략하겠다. 제6장도 같다. 대신 김영제 선생님의 저서와 관련된 논문을 모두 참고문헌에 정리해 놓았다. 참고하기 바란다.
※ 본고에서는 서술의 편의상 책의 저자인 김영제를 대신하여 저자로, 그 책은 저서로, 비평논문의 필자는 평자로, 이 글의 집필자는 필자라고 쓰겠다.
3) · 김성규, 「서평―『고려상인과 동아시아 무역사』(서울, 푸른역사, 2019)」 『歷史學報』 244, 2019.
  · 김한신, 「서평: 중세 동아시아 해상교역의 재구성 ―김영제 지음, 『고려상인과 동아시아 무역사』, 푸른역사, 2019―」, 『東洋史學研究』 149, 2019.
  · 이강한, 「서평: 김영제 지음, 『고려상인과 동아시아 무역사』, 푸른역사, 2019년, 314면」 『경제사학』 72, 2020.
  이상의 비평은 이하의 서술에서 편의상 서평으로 줄여서 인용하겠다.
  ※ 한편 필자도 본서 제1편의 논문 각주 51)에서 몇가지 문제점을 지적한 바 있다.
4) 김한신, 앞의 서평, 324쪽.
5) 저서의 최초 서평에서 '중국사 연구자의 시각에서 제기된 작지 않은 문제 제기가 고려사 측에서는 낯설고 이색적일 수 있지만, 동 시기 일본 등지에서도 나타나고 있던 상인의 귀화 현상과 파급 효과가 고려에는 어떻게 미치고 또 받아들였는지 이제 고려사 측에서 화답해야 할 차례이다'라고 하였다(김성규, 앞의 서평, 359쪽). 하지만 저서의 논지에 대해 반론을 요청해야 할 연구자는 고려시대사가 아니라 동아시아 교류사 전공이라고 하는 것이 더 적합하다. 그러나 전공을 불문하고 저서에 문제점에 대해서 건전한 비판을 해주는 것이 이 분야 학문의 발전에 도움이 될 것이라고 판단하여 필자가 이 글을 쓰게 되었다.

많고, 연구 방법론에 대해서도 계발되는 바가 있었다. 특히 필자의 선행 연구에서 고려의 해상 활동에 대해 깊이 있게 다루지 않고 통설에 따라 부정적으로 보았으나,[6] 저서에서 제시된 다양한 자료 중에 미쳐보지 못했거나 간과한 것들이 적지 않았음을 반성하기도 하였다.

필자는 고려시대 전공자여서 저자 만큼 중국 송원 시기 무역사에 대해 깊이 있게 알지 못하기 때문에 이번 기회에 이 분야에 관한 1930년대의 고전적 연구에서부터 최근 연구 성과까지 두루 섭렵하여 저자의 주장이 당대의 실정에 부합하는지를 다시 되새겨보았다. 그 결과 저자가 새롭게 밝혀낸 여러 가지 사실에 수긍되는 점도 있었으나, 저자가 자신의 견해를 강조하다가 선행 연구를 충분히 수렴하지 못하고 사실과 다소 어긋나게 이해한 것이 있었다. 그에 해당하는 대표적인 것이 제2부 <해상 왕래의 실태>에 있는 「송도강 탁영과 서덕영의 정체」와 「고려 도강을 이용한 해상무역」 부분이다. 저자는 『고려사』에 송도강으로 기록된 卓榮과 徐德榮이라는 인물이 『송사』 고려전에 고려강수로 적혀 있는데, 탁영이나 서덕영이 몰고갔던 배를 왜 고려선이라 받아들였는지에 대해 고찰하고, 송나라의 법령을 들어 그들이 고려에 귀화하였기 때문에 가능하였다고 하였다. 이어 저자는 고려가 탁영과 서덕영을 받아주어 고려를 위한 긍정적인 활동에 참여시키고, 고려 상인은 이들 도강을 이용하여 해상무역을 하였다는 것을 밝혔다고 주장하였다.[7] 이와 같이 귀화한 운선업자 송도강의 존재는 송상에 가려져 있

---

6) 고려 대외 무역과 정책에 대해 고찰하였는데, 海商의 활동은 주로 고려 초에만 있고, 그 이후 자료가 적을 뿐 아니라 송상의 왕래가 잦은 상황에서 고려 상인들이 독자적인 선단을 운영하며 수익을 거두기 어려웠을 것이며, 성종대 이후 대외무역 정책도 원칙적으로 금지하는 것이었다는 결론을 냈다(李鎭漢, 「高麗前期 對外貿易과 그 政策」 「九州大學韓國研究センター年報』 5, 2005; 『高麗時代 宋商往來 研究』, 景仁文化社, 2011, 48~64쪽).

7) 김영제, 「서문」, 앞의 책, 13·14쪽. 논지를 전개하는 과정에서 다시 본문의 해당 부분을 인용할 것이다.

던 고려 해상의 활동을 새롭게 주목하고, 고려 해상이 송을 왕래하며 무역
했다는 근거를 마련해주는 이 저서의 핵심 논거가 되었다.8)

　따라서 이 글에서는 저서 가운데 송도강 탁영과 서덕영이 고려에 귀화
할 수 있었는지 여부를 파악하기 위한 사전 준비 작업의 일환으로 먼저 고
려에 귀화했던 송도강으로 단정한 탁영과 서덕영에 관련된 사료를 정밀하
게 검토하여 논지가 정당한지를 확인할 것이다. 다음으로 저자가 탁영과
서덕영에서 출발하여『고려사』세가에 기록된 다른 송도강들도 고려에 귀

8) 김영제, 「송도강 탁영과 서덕영의 정체」, 앞의 책.
　이 장에서는『高麗史』에 송도강으로 기록된 탁영과 서덕영이라는 인물이『송사』
고려전에 고려강수로 적혀있는데, 탁영이나 서덕영이 몰고갔던 배를 왜 고려선이
라 받아들였는지에 대해 송조 중국 법령을 근거로 살펴서 고려 귀화인이라는 점을
확인하였다.
　김영제, 고려 도강都綱을 이용한 해상무역」, 앞의 책.
　이 장에서 저자는『송사』고려전에 기록된 고려강수 탁영과 서덕영에 대해 다양
한 사료를 들며 그들이 당시 고려에 거주하던 화교해상이라고 주장하였다. 그리고
'이 사실은 고려 쪽에서 굳이 배를 만들거나 중국과 소통할 수 있는 사람을 양성
할 필요가 없었으며 가만히 앉아서도 사람이나 첨저선과 같은 배도 얼마든지 구
할 수 있었다고 보아야 하지 않을까'라며 고려가 송강수를 받아준 이유를 설명하
였다(김영제, 「고려 도강을 이용한 해상무역」, 앞의 책, 165쪽). 더욱이『高麗史』
에서는 탁영이나 서덕영이 송에서 고려로 왔다고 했지만, 사실은 고려에 살면서
송을 오가고 있었다. 고려라고 하는 한 국가에 귀화한 도강이 1·2 명 가량 있었을
것이라고는 상식적으로 이해되지 않는다. 그러므로 고려사 세가에 나타나는 송도
강 가운데 고려에 투화했던 사람들도 꽤 있었다고 서술하였다'(김영제, 「고려 도
강을 이용한 해상무역」, 앞의 책, 175쪽)라며 탁영과 서덕영과 같은 유형의 인물
들이 더 많이 있었을 것임을 암시하였다.
　저자 논지의 핵심이 되는 두 장의 논문을 비교해보면, 앞에서는 송도강의 정체
를 파악한 뒤에 다음장에서는 고려도강으로 명칭을 바꾸어 송도강이 고려 사람이
되었음을 나타냈다. 그러나 팔관회에서 고려국왕에게 헌상하는 의례를 행하는 자
도 송강수, 대송도강이었다는 점에서 실증의 여부를 떠나서 고려도강은 적절한 용
어의 사용이 아니라고 여겨진다. 결국 저자가 주장하는 것처럼 고려도강이 고려
사람이 아니고, 송사의 고려강수도 송상이므로 제목에서 '고려강수'라고 하였으
며, 이후에는 편의상 ' '를 생략하였다.

화하였을 가능성을 직간접적으로 내비쳤기 때문에, '송도강' 사례 가운데
필자가 다루지 않은 것까지 폭넓게 살펴보고 주장에 합당한지 여부를 검증
하고자 한다.

본고는 비평 논문의 특성상 고려 해상의 활동을 긍정적으로 보는 저자
의 견해에 대해, 그저 긍정하기보다는 그렇지 않을 수도 있다는 근거를 많
이 제시할 것이다. 필자의 비평이 향후 저자가 '고려 海商의 동아시아 무역
활동'을 재인식하는데 조금이나마 도움이 되기를 바란다.

2. 『宋史』 「高麗傳」의 高麗綱首 卓榮과 徐德榮

저자가 송도강이 고려에 귀화했다고 주장하는 가장 중요한 근거 사료가
『송사』 「고려전」에서 탁영과 서덕영에 대해 '고려강수'라고 한 것이며[9]
탁영과 서덕영이 고려에 투화한 사람이었을 가능성에 대해서는 고려와 송
의 무역에 대한 초기 업적에서 이미 제시된 바 있다.[10]

송대 문헌에 등장하는 고려상인의 정체에 대해서 더 많은 관심을 가진
것은 '일본 상인'을 연구하였던 일본사학자들이었다. 이 문제에 대해 비교
적 깊이 있게 천착한 연구에서는 현대의 민족국가적 관점으로 '고려상인',

---

9) 김영제, 「송도강 탁영과 서덕영의 정체」, 앞의 책, 134~136면. 이에 대해서 저자가
   분석한 사료를 정밀하게 재검토할 것이다.
10) 김상기는 고려에 온 송상에 관한 표를 작성하면서, 표의 주에서 '『宋史』 고려전에
   의하면 卓榮은 고려 강수로 보이나니, 문종시 송의 귀화인 黃忻을 도강으로 부른
   것을 보면 탁영도 고려에 귀화한 자인 듯하며, 또는 고려와의 통상을 專務로 하는
   송상의 매판이 고려 강수의 칭이 붙게 된 듯도 하다. 서덕영도 『宋史』 고려전에
   高麗 綱首라 하고 또 고려인과 같이 취급한 것으로 보아 송상의 귀화한 자인 듯하
   다' 라고 하였다(金庠基, 앞의 논문, 85·86쪽, 미주 10·미주 11. 그러나 그는 이 특
   이한 사료를 근거로 더 이상 논지를 확대하지 않았다.

'일본상인'을 파악한 기존의 인식을 비판하고, '고려상인'이나 '일본상인'
이란 고려나 일본의 의뢰를 받아 송에 내항한 상인을 지칭하는 말이며 그
들의 민족적 출신은 대부분 중국인으로 기존의 송 상인들과 근본적인 차이
는 존재하지 않는다고 하는 점이 지적되었다.[11]

이어 1160년대 고려상인·일본상인 등으로 불리는 해상이 송에 내항하
게 되었으며, 그것은 송 해상에 의해 독점되었던 동지나해 상권에 새로운
세력으로서 고려인과 일본인이 들어왔으나 고려·일본 사료에서 그 구체적
예를 제시할 수 없고, 사료에 보이는 무역선의 간부층은 변치 않고 송 해상
이었는데, 1250년대에 명주에서 知府를 맡아 무역에 관여했던 오잠은 고려
의 在來船이 원양항해를 견디지 못한다고 명언하고 있으므로 송대의 사료
에서 '고려상인'·'일본상인'이 의미하는 것은 고려·일본에서 온 상인이고
송 해상을 배제하는 개념은 아니었다고 한다.[12]

그리고 11~13세기의 동지나해를 왕래하던 해상의 활동은 대체로 華人
이 중심을 이루었으며, 12세기 이후의 중국사료에 나오는 '일본'상인, '倭'
상, '倭'선, '고려'상인, '고려'선 등은 '일본'과 '고려'의 땅에서 방문한 상
인·상선을 가리키는 것이 대부분이고 민족으로서 일본인·고려인과 그 배
를 바로 의미하는 것은 아니었으므로 당시 해상의 민족 구분과 그 배의 귀
속 국가는 반드시 상호 일치하거나 일정하지 않다는 설명도 있었다.[13] 필
자도 기존의 견해와 크게 다르지 않아서 송대 사서에 기록된 고려 상인은

---

11) · 榎本涉, 「宋代の'日本商人'の再檢討」『史學雜誌』110-2, 2001;『東アジア海域と
日中交流─九~一四世紀─』, 吉川弘文館, 2007.
     · 高銀美, 「宋代 明州市舶司의 변천과 무역조건」『大東文化研究』89, 2015, 280·281쪽.
12) 榎本涉, 「東ジナ海の宋海商」『日本の對外關係 3─通交·通商圈の擴大─』(荒野泰
典·石井正敏·村井章介 編), 吉川弘文館, 2010, 55쪽.
13) 森平雅彦, 「ひらかれた海 1250~1350」『東アジア海域に漕ぎだす 海から見た歷史』
(羽田正 編), 東京大學出版會, 2013, 28쪽. 인용 부호는 森平 교수가 한 것을 그대
로 옮겼다.

고려초에 송에 오던 고려 사람 뿐 아니라 고려를 왕래하던 송상을 뜻하며. 서덕영의 사례를 보건대, 송 정부가 고려를 왕래하는 상인을 고려국 강수라고 하였다고 생각하였다.[14]

　최근에는 1170년 이후 13세기 전반의 50년간 송상의 내항 기사가 적어졌는데도 송상의 활동이 확인된다는 사실은 양국 간의 무역을 담당하는 주체가 송 시박사의 公憑을 받아 무역하던 상인에서 고려의 의뢰를 받아 오가는 상인으로 전환되면서 고려 조정이 해당 상인의 왕래를 기존의 송상처럼 기록할 필요가 있는 사항으로 보지 않았기 때문이라는 견해도 나왔다.[15] 12세기 후반 이후 중국 사서에 기록된 해상은 국적보다 어떤 나라의 의뢰를 받아 활동하는 지의 여부에 따라 국명을 적었으므로 '고려'해상 또는 '고려'강수를 고려를 거점으로 활동하는 사람으로 판단하는 것이다.[16] 반면 저자는 고려강수 탁영과 서덕영이 고려에 귀화하였으며 배를 소유한 운선업자로 양국을 왕래하며, 고려 해상들의 활동을 도왔다고 주장하였다.[17] 이는 동아시아 해상에 관한 수많은 선행 연구자들조차 상상하지 못한 매우 새로운 견해로서 비평자들의 관심을 끌었다.[18] 그럼 저자의 주장

---

14) 李鎭漢,「高麗 武臣政權期 宋商의 往來」『民族文化』36, 2011;『高麗時代 宋商往來研究』, 景仁文化社, 2011, 179쪽, 각주 32). 필자는 이와 더불어 '송상으로 고려에 와서 투화하고 계속 왕래하는 자들도 있었는데, 송 정부는 이들도 고려인으로 인식하였을 것이다'라고 한 바 있으나, 본고의 연구를 결과를 참고하건대 고려에 투화한 송상이 송을 계속 다닐 수 없으며, 송 정부가 고려인으로 인식하지 않았던 것 같아서 이 주장은 철회하겠다.

15) 高銀美,「고려·일본 송간의 무역사이클의 변화」『大東文化硏究』103, 2018, 104쪽.

16) 이 견해는 특정 시기 이후의 고려 상인에 대한 명칭 변화를 깊이 있게 살펴보았는데, 공빙을 받고 해외로 나간 송의 해상은 반드시 자국으로 귀국해야 한다는 원칙이 있음에도 어디로 가는지에 따라 고려강수와 일본강수로 불렀다는 주장은 이해하기 어려운 점이 있다.

17) 김영제, 주) 8의 논문.

18) 저자의 주장에 대해 김한신 교수는 서평에서 다음과 같이 소개하고 있다.

이 사실에 부합되는지를 확인하기 위해 핵심 논거가 되는 사료부터 하나하
나 재검토해보겠다. 다음은 '고려강수'라는 명칭이 나오는『송사』고려전
의 기사이다.

> A1. (紹興 二年 閏四月) 이달에 定海縣이 말하기를 "백성으로 고려에
> 망명해 들어간 자 약 80인이 표를 받들어 환국하고자 한다"고 하
> 니 조하기를 '도착하는 날을 기다려 고려강수 탁영 등에게 헤아
> 려 推恩하라'고 하였다[19]
> A2. (紹興) 32년 3월에 고려강수 徐德榮이 명주에 와서 이르기를 "本
> 國이 축하 사절[賀使]을 보내려 합니다"라고 하였고, 守臣 韓仲通
> 이 (황제에게) 보고하였다. 전중시어사 吳芾이 아뢰어 말하기를
> "고려는 金人과 땅을 맞대고 있고, 金稚圭가 왔을 때 조정은 間者
> 일 것을 두려워하여 급히 되돌려 보냈습니다. 지금 양국이 전쟁
> 을 하고 있고[交兵] 서덕영의 요청에 대해 의심할 바가 없어도 사
> 신이 과연 온다면 오히려 불측할까 우려되고, 만일 오지 않는다
> 면 원방의 웃음거리가 될 것입니다"라고 하였다. 詔하여 (고려의
> 사신 파견을) 중지하도록 하였다.[20]

"『高麗史』에 송상, 송도강, 일본상인, 일본 도강 등으로 구분하여 호칭하고 있는데,
이러한 의도적인 구분은 도강이라고 호칭되는 존재가 송상이나 일본 상인과 구분
되는 존재임을 암시하고 있다"(김한신, 앞의 서평, 328쪽).
그리고 이강한 교수도 "김영제는 고려와 송 사이에서 활동했던 상인들을 언급하
면서 마지막으로 송의 '도강'을 거론하였다. 그들은 선박을 보유한 존재로 관련 기
사에 등장한 점을 들어 '선박주로서 특히 운선업에 종사했던 자들로 규정했음이
주목된다"고 하였다(이강한, 앞의 서평, 84쪽).

19) 是月 定海縣言 民亡入高麗者約八十人 願奉表還國 詔候到日 高麗綱首卓榮等 量與推
恩(『宋史』권487,「高麗傳」).
20) 高麗綱首徐德榮 詣明州言 本國欲遣賀使 守臣韓仲通以聞 殿中侍御史吳芾奏曰 高麗
與金人接壤 昔稚圭之來 朝廷懼其爲間 亟遣還 今兩國交兵 德榮之請 得無可疑 使其
果來 猶恐不測 萬一不至 貽笑遠方 詔止之(『宋史』권487,「高麗傳」).

A1에서는 1132년(인종 10, 송 소흥 2) 윤4월에 정해현이 고려에 망명해 간 자들이 황제의 표를 받들어 환국한다고 보고하자, 도착하는 날에 고려 강수 탁영 등에게 推恩을 하라고 했다고 한다. 내용으로 보건대 고려강수 탁영이 고려에 망명했던 송나라 사람들의 귀환에 공을 세워 황제가 특별히 상을 주라는 조서를 내리게 된 것이다. A2는 또다른 고려강수 서덕영의 활동을 알려주고 있다. 1162년(의종 16, 송 紹興 32) 3월에 고려강수 서덕영은 고려가 송에 축하 사절[賀使]을 보내려 한다는 뜻을 명주에 알렸고 명주 수령이 황제에게 보고하였다. 이 문제에 대해 송 조정에서 논의하였는데, 吳芾은 고려가 금과 땅을 맞대고 있다는 점, 일찍이 고려 사신 김치규를 간자의 우려가 있다고 하여 돌려보냈던 점, 송과 금이 전쟁을 하고 있다는 점 등과 더불어 고려가 오든 오지 않든 송에게 도움이 될 것이 없다며 거절할 것을 청하였고, 송 황제가 받아들여 고려 사신이 오는 것을 중지하게 했다는 것이다. 고려강수 서덕영은 고려가 송에 사신 파견을 원한다는 뜻을 명주를 통해 송 조정에 전달하는 역할을 수행하고 있다.

A1의 탁영과 A2의 서덕영이 모두 고려강수라는 직함으로 기록되어 있기 때문에 저자는 고려강수를 고려의 강수로 해석하고, 더 나아가 두 사람을 고려인 강수라고 주장하였다. 원 사료를 그대로 이해하는 입장에서 충분히 그렇게 볼 여지가 있으며, 이에 대해서는 선학이 고려에 왔던 송상의 기록을 표로 만들면서 언급한 바 있었다.[21] 그러나 A1의 고려강수 탁영에게 은혜를 베푼다고 한 것으로 보건대 금·송의 전란 때 고려로 망명한 송나라 사람을 귀환시키는데 기여한 인물이 탁영이었던 것 같다. 망명자들이 송 황제의 표를 받들어 돌아온다고 했던 것은 누군가 그들이 고려에 있음을 알고 송에 가서 그 사실을 전하고 황제의 조서를 받아 전달한 인물이 있었음을 암시한다. 아마 그 일을 주도적으로 한 사람이 추은을 받게 될

---

21) 김상기, 앞의 책, 주) 10 각주 참조.

탁영이었을 것인데, 송나라 사람이 황제의 명을 받아 고려에 있던 송나라 사람을 귀환시키고, 그 일을 한 공로로 은혜를 베푸는 일은 당연하다. 반면에 고려에 망명한 자를 데려오는 일을 황제의 명을 받은 (귀화)고려인이 수행했을 뿐 아니라 고려인에게 상까지 주려고 했다는 것은 사리에 잘 맞지 않는다고 생각된다.

A2의 앞부분은 서덕영에게서 '본국이 축하사절을 보내고자 한다'는 뜻을 전해받고, 그 사실을 조정에 보고하고 있는 내용이다. 이 때 서덕영이 자신을 고려강수라고 칭하였는지, 아니면 조정에 전달하면서 이해를 돕기 위해 명주에서 지칭한 것인지, 송사의 찬자가 맥락을 이해하기 쉽도록 붙인 직함인지 분명하지 않다. 이 기록에서는 서덕영이 명주 관아에 와서 말한 것[詣明州言]처럼 되어 있으나 고려가 송에 공식 사절을 보낸다는 중대한 사안을 단순히 상인에게 구두로 전달하지 않았을 것이다. 즉, 여기서 사용된 '본국'이라는 표현은 서덕영이 가져온 '문서'—禮賓省帖—에 적힌 것을 명주가 조정에 보고한 내용을 반영하는 것일 뿐이니 서덕영이 고려인이라는 것의 증거는 아니다.

일단 '고려강수' 탁영과 서덕영이 기록된 『송사』고려전의 내용을 검토한 결과 고려인이라기보다 그들을 송상으로 보는 것이 정황상 더 어울리는 측면이 있는 것 같다. 두 사람의 정체에 더욱 접근하기 위해 다른 사료의 내용과 비교해보도록 하자. 아래는 탁영에 관한 두 개의 기록 가운데 나머지 하나이다.

> B1. (인종 9년 하4월) 己丑日에 宋都綱 卓榮이 와서 아뢰어 이르기를 "少師 劉光世가 장수 黃夜叉를 보내 大兵을 이끌고 江을 건너 金人을 격파하였습니다. 쓰러진 시신[橫尸]이 들을 덮었고, 3천인이 항복하였는데, 반은 漢人이었으니, 兩浙부터 河北까지 겨우 평안해졌습니다. 皇帝는 越州에 머물며 建炎 5年은 紹興 元年으로 고

쳤습니다"라고 하였다. 인종이 탁영이 아뢴 바의 狀을 宰輔에게
보여주며 이르기를 "이전[前者]에 侯章·歸中孚가 와서 도움을 청
하였으나 따를 수 없었고, 또한 楊應誠이 金에 가게 길을 빌려달
라는 요청 역시 들어주지 않았다. 스스로 생각건대 祖宗 以來로
宋과 더불어 結好를 맺어, 입은 은혜가 지극히 후한데, 다시 명을
따르지 않는다면 그 신의가 어떻겠는가"라고 하였다. 崔弘宰 등이
모두 말하기를 "한 명의 사신이라도 보내 아뢰는 것[告奏]이 편하
겠습니다"라고 하였다.[22]

　　B1은 『송사』 고려전에서 1132년에 고려강수였다고 하는 탁영에 관한
『고려사』의 기록이다. 『고려사』에서는 송도강으로 고려에 와서 송이 승전
한 일과 건염 5년(1131, 인종 9)을 소흥 원년으로 연호를 바꾼 일을 아뢰었
다. 이 내용을 보면 탁영은 송 황제 또는 송 정부의 지시를 받고 고려에
전하러 왔던 것 같다. 이 기사에서 '송도강 탁영'이라고 적었으므로 탁영의
지위는 도강이며, 도강 앞에 적은 '송'이 국적을 나타낸다는 것은 의심할 여
지가 없다. 예를 들어 "대식국 悅羅慈 등 100인이 와서 방물을 바쳤다",[23]
"동여진 귀덕장군 居閭鬱 등이 來朝하였다",[24] "일본국 船頭 重利 등 39인

---

22) 己丑 宋都綱卓榮來奏云 少師劉光世 遣將黃夜叉 將大兵過江 擊破金人 橫尸蔽野 降
　　三千人 半是漢人 自兩浙至河北 僅平安 皇帝駐蹕越州 改建炎五年爲紹興元年 王以
　　榮所奏狀 示宰輔曰 前者侯章歸中孚來請援 不能從 又楊應誠欲假道入金 又不從 自念
　　祖宗以來 與宋結好 蒙恩至厚 而再不從命 其如信義何 崔弘宰等皆言 遣一介行李 告
　　奏便(『高麗史』 권16, 「世家」, 인종 9년 하4월).
　　『高麗史節要』 권9, 인종 9년 하4월에도 유사한 내용이 있으나 기사의 분량이 조금
　　적다.
　　宋都綱卓榮來奏云 自兩浙至河北 僅平安 皇帝駐蹕越州 改建炎五年爲紹興元年 王諭宰輔
　　曰 前者侯章歸中孚來請援 不能從 又楊應誠欲假道入金 又不從 自念祖宗以來 與宋結好 蒙
　　恩至厚 而再不從命 其如信義何 崔弘宰等皆言 遣使告奏便
23) 是月 大食國悅羅慈等一百人來獻方物 大食國在西域(『高麗史』 권5, 「世家」, 顯宗 15
　　년 9월).
24) 壬辰 東女眞歸德將軍居閭鬱等來朝(『高麗史』 권5, 「世家」, 顯宗 17년 춘정월).

이 와서 토물을 바쳤다"[25]는 사례 등에서도 '대식', '일본', '여진' 등은 그 사람이 속한 국가 또는 민족을 나타내는 것이다. B1을 보아도 탁영이 고려에 귀화한 자라는 증거는 없으며, 오히려 송상으로서 송 조정의 명을 수행하였다고 이해된다.

이 탁영에 대해 일찍이 A1과 B1의 기록을 대조하고, 그는 고려에서 송도강으로 불린 송 해상이었지만, 『송사』에서는 그를 고려강수라고 하였는데 고려 사신과 함께 송의 망명자를 데려왔기 때문에 고려에서 보냈다는 형식을 취하여 '고려강수'라고 기록하였을 것이라는 견해가 있었다.[26] A1의 『송사』에서 탁영은 1132년에 고려강수로, B1의 『고려사』에서 1131년에 송도강으로 기록되어 있으니 양자 간에 국적이 다른 셈이다. 그러나 송나라 사람이 해를 달리하여 고려 사람으로 바뀐 것이 아닐 것이므로 두 사료 가운데 하나가 잘못되었거나 아니면 어느 한 쪽의 기록을 잘못 해석하고 있는 것이다.

그것을 해결해주는 실마리가 두 기사의 연관성이다. B1의 1131년 『고려사』 기록을 보면 탁영이 중국의 정세를 알리고 송의 연호가 바뀌었음을 알리러 왔다고 하므로 송 정부로부터 공적인 임무를 부여받고 고려에 왔을 것이다. 그리고 A1의 1132년 『송사』의 일은 정해현이 전해에 고려에 갔다가 돌아온 탁영의 활약으로 금과 송의 전쟁 중에 고려에 망명했던 송나라 사람 80여인이 황제의 표를 받들어 돌아오겠다는 의사를 알려왔으니 그것이 실현되는 날에 고려강수 탁영에게 헤아려 은상을 내려달라고 건의한 것이다. 탁영이 고려에 망명한 사람을 직접 찾는 것은 불가능하므로 송 황제의 명을 전하며 고려 조정에 도움을 요청하고 탁영이 귀환하는 배에 태울 수 있었을 것이다. 이러한 고려의 협조 배경에는 두 차례 송 황제의 도움

---

25) 二月 庚午 日本國船頭重利等三十九人來獻土物(『高麗史』 권9, 「世家」, 文宗 28년).
26) 榎本涉, 앞의 논문, 81·82쪽.

요청을 거절하여 소원해진 양국 관계를 회복하기 위한 뜻이 담겨있다.

결국 B1의 내용은 1131년에 고려에서 송나라 망명자 80여인을 송환하는 특별한 공로를 세운 고려강수 탁영에게 상을 주라는 것이다. 그 이전에 탁영이 송 조정의 명을 받고 고려에 갔다가 돌아오는 과정까지를 종합해보건대 '고려강수'의 '고려'를 탁영의 국적으로 해석하면 어색하지만, 탁영을 송나라 사람이라고 하는 경우 2년간 그의 전체 활동상과 송 황제의 포상이 자연스럽게 설명이 된다.

3. 송도강 서덕영과 고려강수

고려강수이자 송도강이었던 탁영과 서덕영에 관한 기록을 검토하였고, 탁영에 관련된 사료를 상세히 분석한 결과 고려인으로 국적을 바꾸었다는 증거는 찾을 수 없었다. 이제 고려강수의 실체를 파악하기 위해 탁영과 비슷한 유형의 기록을 더 많이 남겨놓은 서덕영을 고찰하여 보자.

C1. (의종 3년 추7월) 宋都綱 丘迪·徐德榮 등 105인이 왔다.[27]

C2. (의종 5년 추7월) 宋都綱 丘迪 등 35인과 徐德英 등 67인이 왔다.[28]

C3. (의종 16년 6월) 庚寅日에 宋都綱 徐德榮 등 89인과 吳世全 등 142인이 왔다.[29]

C4. (의종 17년 추7월) 乙巳日에 宋都綱 徐德榮 등이 와서 孔雀 및 珍翫之物을 바치쳤다. 또 서덕영은 송황제의 密旨로 金銀合 2副에

---

27) 宋都綱丘迪·徐德榮等百五人來(『高麗史』 권17, 「世家」, 의종 3년 추7월).

28) 宋都綱丘迪等三十五人 徐德英等六十七人來(『高麗史』 권17, 「世家」, 의종 5년 추7월).

29) 庚寅 宋都綱徐德榮等八十九人 吳世全等一百四十二人來(『高麗史』 권18, 「世家」, 의종 16년 6월).

沈香을 가득 싸서[盛] 바쳤다.30)

C5. (의종 18년 3월) 壬寅日에 借內殿崇班 趙冬曦와 借右侍禁 朴光通을 宋에 보내 鍮銅器를 보냈는데, 서덕영이 와준 것에 대한 보답이었다.31)

C6. (명종 3년 6월) 송이 徐德榮을 보내 왔다.32)

C1~6은 서덕영에 관련된『고려사』의 기록이다. C1은 1149년에 송도강 구적·서덕영 등 105인이 왔다는 것이고, C2는 1151년 7월에 송도강 구적 등 35인과 徐德英(榮) 등 67인이 왔다는 것이며, C3은 1162년 6월에 송도강 서덕영 등 89인과 오세전 등 142인이 왔다는 기록이다. C4는 송도강 서덕영 등이 와서 공작 및 珍瓴之物을 바치고, 또 송 황제의 밀지와 金銀合 2부에 침향을 싸서 바쳤다는 내용이다. C5는 차내전숭반 조동희와 차우시금 박광통을 송에 보내 유동기를 바쳤는데 서덕영이 온 것에 대한 보답이라는 것이다. 마지막 C6에서는 송이 서덕영을 보내왔다고 한다.

이 가운데 C1~4는 서덕영이 고려에 왔다는 내용인데, C4에서는 서덕영이 고려에 와서 구체적으로 한 일이 있으며, C6은 송이 보내왔다[遣 … 來]는 것으로 내용은 유사해도 표현이 조금 다르다. 그리고 C5는 그 전해에 서덕영이 와서 송 황제의 밀지를 보내준 것에 대해 보답으로 고려에서 사절을 보냈다고 하는 것인데, 서덕영이 온 지 1년 만에 가는 것이어서 탁영의 사례와 같이 서덕영이 돌아가는 편에 갈 수도 있으므로 서덕영의 고려 왕래 회수에 포함해야할 지의 여부는 신중한 판단이 필요한 사안이다.33)

---

30) 宋都綱徐德榮等來 獻孔雀及珍瓴之物 德榮又以宋帝密旨 獻金銀合二副 盛以沈香(『高麗史節要』권11, 의종 17년 추7월).

31) 遣借內殿崇班趙冬曦·借右侍禁朴光通 如宋 獻鍮銅器 報徐德榮之來也(『高麗史』권18,「世家」, 의종 18년 3월 임인).

32) 宋遣徐德榮來(『高麗史』권19,「世家」, 명종 3년 6월;『高麗史節要』권12, 명종 3년 6월).

저자는 서덕영이 고려에 왔다는 것만을 보건대 1149년 3월부터 1173년 6월까지 적어도 24년 이상이 되며, C5에서 소식이나 黃鍔이 자국 선박에 외국의 입공사절을 태울 수 없도록 한 송나라 조정의 법령을 사실상 무의미하게 했던 것은 서덕영이 고려에서 평생을 살며 해상활동에 종사했던 한족계 고려해상, 달리 말하면 화교였기 때문이라고 주장하였다.[34]

그러나 그의 국적과 관련하여 『고려사』의 기록은 한결같이 그를 송나라 사람―송도강―이라고 적어놓았다. C1~6의 사료 가운데 C5를 제외하고 모두 송도강 서덕영이 왔다고 했으며, C6에서 서덕영을 '송에서 보냈다[宋遣]'고 한 것은 그가 송의 조정이나 지방관의 명을 수행하기 위해 고려에 왔으므로 이와 같이 표현했을 것이다. 仲冬八關會 의례에 참여하는 송도강을 송강수로 바꾸어 불렀던 것처럼 송도강은 송나라에서 온 강수에 대한 고려식 칭호라고 보는 것이 맞다.[35]

그리고 서덕영과 함께 온 송상의 인원수는 서덕영이 운선업자인지 여부를 가늠하는 참고가 된다. 1149년 7월에 구적·서덕영 등 105인이 왔고,

---

33) 저자는 그 전해에 왔던 일로 고려에서 송에 사신을 보낸 것이니 서덕영이 고려에 온 것은 모두 6회라고 하였다(김영제, 「송도강 탁영과 서덕영의 정체」, 앞의 책, 152쪽).

34) 저자는 서덕영이 고려 사신을 데리고 송에 왔다면 당연히 그렇게 하지 못하도록 한 금령을 어겼으므로 처벌되어야 함에도 문제가 되지 않았던 것은 그가 송나라 사람이 아니라 고려 사람이었기 때문이라고 한다(김영제, 「송도강 탁영과 서덕영의 정체」, 앞의 책, 154쪽).

35) 송도강이 송강수와 같은 뜻이라는 것은 다음 의례에서 두 칭호가 번갈아 사용되고 있는 것을 통해 확인된다. 각문이 인도할 때는 송강수로, 각문이 조하를 아뢸 때는 대송도강이라고 칭호를 달리 사용하였다(『高麗史』 권69, 「禮志」 11, 嘉禮雜儀 仲冬八關會儀).
   저자는 송도강의 실체를 알려주는 중요한 내용을 담고 있는 이 기사를 인용하지 않았는데, 저자의 주장과 같이 송도강이 고려에 귀화한 사람이라면, 팔관회 의례에 참석하여 여진이나 탐라인과 같이 사신의 역할을 할 수 없다.

1151년 구적 등 35인, 서덕영 등 67인이 왔다고 한다. 1149년에 두 도강의 전체 인원이 105인이었고, 1151년에는 각각의 인원을 적었는데 총합은 102인 정도로 비슷한 것으로 보아 1149년에도 서덕영의 상단은 67명 내외였을 것이다. C1~3에서 송도강의 이름과 인원이 함께 기록된 것은 함께 입국했음을 뜻하므로, 서덕영은 두 차례 구적과 함께, 다음에는 오세전과 함께 같은 배편으로 왔을 것이다.[36)]

   9년이 지난 1161년에 서덕영이 고려에 다시 왔을 때는 서덕영은 89인을, 오세전은 142인의 상단──綱──을 거느리고 있었다.[37)] 서덕영의 상단은 9년 사이에 규모가 조금 커졌지만, 오세전의 그것보다는 작은 편이며, 세

---

36) 송대 해상의 규모와 선박의 상황을 알려주는 기록에 의하면, '海舶의 큰 것은 수백 인, 작은 것은 100여 인을 태우며, 巨商으로 綱首·副綱首·雜事를 삼으며 市舶司가 朱記를 주고 그 무리를 笞로 다스리는 것을 허용하였고, 사망자가 있으면 그 재산을 적몰하였다. … 外國에는 비록 商稅가 없으나 誅求하는데 獻送이라고 한다. 貨物의 多寡를 따지지 않고 하나의 예로 책망하기 때문에 小舶는 불리하다. 船舶의 깊이와 너비는 각 수십 장이며 상인이 분점하여 화물을 쌓았는데 한 사람에게 수 척 정도가 허용된다. 배의 아래에 물건을 쌓고 밤에는 그 위에서 잤다. 화물은 陶器가 많았고 大小가 相套하여 틈이 없었다'고 하였다(甲令 海舶大者數百人 小者百餘人 以巨商爲綱首·副綱首·雜事 市舶司給朱記 許用笞治其徒 有死亡者 籍其財 … 外國雖無商稅 以誅求 謂之獻送 不論貨物多寡 一例責之 故不利小舶也 船舶深闊各數十丈 商人分占貯貨 人得數尺許 下以貯物 夜臥其上 貨多陶器 大小相套 無所隙地; 『萍洲可談』). 또한 마도 해저의 침몰선에서 출수된 도자의 밑굽에 무역상의 성인 '楊·林·張·鄭'과 상단을 의미하는 '綱·綱司' 등이 墨書된 것은 한 배에 여러 강이 타고 왔음을 증명해주고 있다(국립해양문화재연구소, 『800년 전의 타임캡슐』, 2010, 28~34쪽).
    결국 서덕영과 함께 온 상단의 규모를 보건대, 한 배로 오기에는 다소 작다고 여겨지므로, 구적·서덕영은 작은 배, 서덕영·오세전 등은 중형의 배에 인원과 화물을 싣고 함께 출발하여 고려에 같이 도착하였을 것이다.
37) 『漢和大辭典』에도 강수와 도강의 용례는 나오지 않으며, 강 용례의 하나로 화물을 총괄하는 사람의 칭호라고 하였다(凡貨物之括總者曰 綱, 在宋有花石綱, 今尙有茶綱·鹽綱之類(『宋史』 권417, 朱勔傳). 諸橋轍次, 『漢和大辭典』 8, 太修館書店, 1985, '綱', 1099쪽)

번에 걸쳐 다른 상단과 함께 왔다. 서덕영이 고려를 여러 차례 왕래하였으며, 고려와 송 정부를 대신하여 외교적 역할을 한 점은 분명하다. 그렇다고 배를 소유한 운선업자라는 증거가 될 만한 사료는 찾을 수 없으며, 함께 온 인원만으로는 大商에 들지도 못하였다고 여겨진다.

한편, 『고려사』에 기재된 송도강의 이름과 상인의 숫자는 시박사에서 발급한 공빙에 적힌 강수의 이름과 인원수를 근거로 하였을 것이다. 예를 들어 1106년에 강수 李充은 송 천주인으로 자기 배 1척으로써, 뱃일을 하는 水手를 모으고, 일본에 가서 무역―廻貨―하고자, 명주시박무에서 抽解를 하고 공빙을 발급받았다. 공빙에는 강수 이충, 초공 林養, 잡사 莊權, 部令 兵弟 등 4명의 상급 선원이 있었고, 아래에 수수는 三甲―갑은 組 또는 班의 뜻―으로 나뉘어 66인 등 모두 70명의 이름이 기록되었다. 또한 공빙에는 적재화물, 배에 준비된 물품과 더불어 商賈人이 엄수해야 할 주의사항이 적혀 있었다.[38]

이처럼 송상의 해외출항 허가증에 해당되는 공빙―公據―에는 상인의 무리를 대표하는 사람과 참여 인원 전부의 이름을 적어놓았기 때문에 외국에서 입국을 확인할 때 인원을 정확히 알 수 있다. 그런 점에서 『고려사』에 기록된 구적·서덕영·오세전 등은 상단의 우두머리[綱首]로서 출발지에 신고하고 시박사에서 공빙을 받은 당사자였을 것이다. 인원수 역시 고려의 관원이 입국할 때에 확인하였을 것이지만, 기본적으로 공빙에 적힌 것이 가장 중요한 참고자료였을 것이다. 강수가 송 시박사에 공빙을 신청하여 받는다든지, 공빙에 강수의 이름이 가장 먼저 기록된다는 것은 송강수―도강―는 상단 대표자 지위에 있다는 것을 가리키며, 그것은 송강수가 자신은 물론 동반한―같은 공빙에 기록된― 인원 전체의 책임을 진다는 뜻이

---

38) 龜田明德, 「唐代陶磁貿易の展開と商人」 『アジアのなかの日本史』(荒野泰典·石井正敏·村井章介 編), 東京大學出版會, 1992, 129쪽.

기도 하다. 강수가 거느린 인원이 많아지면 무역의 규모도 더 커지겠지만 책임져야 할 사람도 많아지는 셈이다. 이러한 상황에서 강수가 발급받은 공빙에 적힌 상인이 고려에 귀화하는 경우, 송에 귀국하면 강수가 문책을 받았을 것이다. 하물며 강수 자신이 고려에 귀화하는 일은 송으로의 귀환을 포기하는 것이며, 공동운명체인 강의 구성원들에게도 큰 영향을 미치는 만큼 결단하기 쉽지 않았을 것이다.

『고려사』에 실려있는 서덕영에 관한 내용 자체만으로는 그가 고려에 귀화한 사람이라고 볼만한 증거는 없었으며, 대부분 사료는 송나라 사람으로 묘사되어 있었다. 다음으로 송대사 관련 사료를 검토하여 그의 출신지에서는 그를 어떻게 기록하였는지 고찰해보겠다.

> D1. (紹興 32년 3월) 이달에 明州가 말하기를 "高麗國綱首 徐德榮이 本州에 이르러 말하기를 '本國이 축하사절[賀使]을 보내고자 한다'"고 하였다. 詔하여 守臣 韓仲通에게 說諭하여 그 請을 들어주려고 하였다. 殿中侍御史 吳芾 말하기를 "高麗와 金人은 땅을 맞대고 있으며 그들의 부림을 당하고 있다"고 하였다.[39]
>
> D2. 紹興三十二年 綱首 徐德榮이 明州에 이르러 말하기를 "本國이 축하사절[賀使]을 보내고 싶습니다"라고 하였다. (황제가) 지령을 내려 수령[守臣] 韓仲通에게 허락하고자 하였다. 殿中侍御史 吳芾이 말하기를 "高麗는 金人과 땅을 접하며 그 부림을 당하고 있고 [爲其所役] 1126년[紹興丙寅] 常使 金稚圭가 入貢하여 明州에 이르렀습니다. 朝廷은 그가 間者일 것을 두려워하여 급히 되돌려 보낸 적이 있으며, 바야흐로 양국이 전쟁을 하고 있으니 서덕영의 요청의 정상을 보면 가히 의심할 만합니다"라고 하였다.[40]

---

39) 是月 明州言 高麗國綱首徐德榮 至本州言 本國欲遣賀使 詔守臣韓仲通說諭 許從其請 殿中侍御史吳芾言 高麗與金人接壤 爲其所役(『建炎以來繫年要錄』 권198, 高宗 紹興 三十二年 三月).

D3. (紹興 32년 4월, 1162) 辛未日 … 듣건대 바다를 건너온 사신이 禮物로 예에 따라 金器 2천량, 銀器 2만량, 합하여 10具에 匹物이 2천이었다. 朝士가 말하기를 "3월 17일에 고려가 사신을 보내 강토를 회복한 것을 하례하는 것을 허락하는 (황제의) 旨를 얻었는데, 대개 강수 서덕영이 향도가 되어 한 일이고, 명주 수령 한중통이 조정에 청하였던 것입니다"라고 하였다. … 41)

D4. 隆興 二年(1164년) 4월 14일에 명주가 아리기를 "진무부위 서덕영의 배가 고려에서 와서 정해현 항구로 들어왔는데, 서덕영이 작년 5월의 旨를 받들어 國信을 싣고 고려국에 갔다고 칭하며, 지금 저 쪽—고려—의 사절인 內殿崇班 趙冬曦·左侍禁 孫子高·客軍 朴光通·黃碩 親隨 趙鳳·黃義永·從得儒·朴珪 및 국신을 배에 싣고 되돌아왔으니 旨를 내려주기 청합니다"라고 하였다. 이에 詔하여 趙子浦에게 명하여 보내고 또 정해현의 주관으로 맞이하여 순문하며 差發하였으나 表章과 국신이 없어 빨리 상서성에 아뢰게 하였다.42)

D5. (乾道 5년) … 예전에 膠西大捷 후에 해상전투[海波]가 일어나지 않았으나 항복해온 자가 비로소 우리—송—의 경계를 범하고자 하였으며 혹은 고려와 연합한다는 거짓말도 있어서 상하가 의심스러워하니 (崇憲靖)王이 더욱 전함을 다스리고 엄히 사열하고 익혀서 軍聲을 펼쳤으며 郡人 서덕영에게 엿보게 하니 요령을 얻어 귀국하였고, 드디어 동쪽의 근심[東顧之憂]이 가라앉았다고 하였다.43)

---

40) 紹興三十二年 綱首徐德榮 至明州言 本國欲遣賀使 有旨令守臣韓仲通許之 殿中侍御史吳芾言 高麗與金人接壤 爲其所役 紹興丙寅 常使金稚圭入貢 至明州 朝廷懼其爲間 亟遣之回 方兩國交兵 德榮之情可疑 今若許之 使其果來 則懼有意外之虞 萬一不至 卽取笑於夷狄 乃詔止之 孝宗皇帝朝 始復通使(『寶慶四明志』권6,「郡志」, 敍賦下 市舶).

41) 辛未 … 聞泛使禮物 例用金器二千兩 銀器二萬兩 合十具 匹物二千 朝士言 三月十七日得旨 許高麗遣使 來賀恢復疆土 蓋綱首徐德榮爲嚮導 而明守韓仲通爲請於朝 …(『文忠集』권163,「親征錄」).

42) 隆興 二年 四月十四日 明州奏 進武副尉徐德榮船白(自?)高麗 入定海縣港 稱去年五月被旨 差載國信往高麗國 今回 復有彼國人使內殿崇班趙冬曦·左侍禁孫子高·客軍朴光通·黃碩 親隨趙鳳·黃義永·從得儒·朴珪 及國信在船 聽旨 詔令趙子浦差官 且於定海縣管接 詢問差發因依 有無表章 國信速先申尙書省(『宋會要輯稿』「蕃夷」7之49).

D1. 『建炎以來繫年要錄』—이하 『요록』으로 줄임—의 기록이다. 내용 상으로 『송사』 「고려전」과 거의 같은데, 서덕영의 직함을 '고려국강수'라 고 적었다. 이에 저자는 서덕영이 '본국'이라고 부르고 있는 점을 근거로 단순히 송과 고려를 왕래하던 송인 해상으로 보지 않고, 송측에서는 그가 고려인이라는 것을 분명히 인식하고 '고려강수'라 불렀을 가능성이 있다고 하였다.44)

D2는 『寶慶四明志』의 기록이다. 고려강수 서덕영은 본국이 하례의 사 절을 보내고자 한다고 하였고, 황제가 조서로 수신 한중통에게 허락하도록 지령하자, 전중시어사 오불이 "고려는 금인과 땅을 접하여 그들의 부림을 받고 있습니다. 소흥 병인년—1126년—에 김치규가 입공하여 명주에 이르 렀는데, 조정은 우려하여 바로 돌려보냈고, 바야흐로 양국이 전쟁하고 있 으니 서덕영의 뜻이 의심스럽습니다. 지금 허락하여 사신이 과연 온다면 의외의 근심이 생길까 두렵고, 만일 오지 않으면 夷狄에게 웃음거리가 될 것입니다"라고 아뢰었으므로 황제가 조서로 중지시켰다는 내용을 담고 있 다. 이 기록에서 서덕영이 전한 고려의 요청을 오불이 반대하는 이유가 구 체적이며, 서덕영을 다시 적으면서 성을 생략하고 덕영이라고 한 것도 주 의해서 볼 점이다. 또한 서덕영이 전달하는 내용이 고려와 관계된다는 것 은 전중시어사 오불의 주장을 통해 확인할 수 있다.

D3은 『文忠集』 「親征錄」 가운데 일부이다. 서덕영과 관련해서 주요한 부분은 1162년 3월 17일에 고려가 사신을 보내 강토를 회복한 것을 하례하 는 것은 서덕영이 향도가 되어 한 일이고, 명주 수령 한중통이 그의 건의를 받아 조정에 청하였던 것이었다는 내용이다. 향도는 송 관원의 부탁을 받

---

43) … 頃歲 膠西大捷之後 海波不驚 而降者言 始謀本欲直犯吾境 或譌傳連結高麗者 上 下疑之 王益治戰艦 嚴閱習 以張軍聲 遣郡人徐德榮覘之 得要領以歸 遂寬東顧之憂 (乾道) 六年 …(『攻媿集』 권86, 「皇伯祖太師崇憲靖王行狀」).

44) 김영제, 「송도강 탁영과 서덕영의 정체」, 앞의 책, 135쪽.

고 행한 일이라고 해석되므로 서덕영은 송나라 사람이어야 맞다. 이 기사
에서도 서덕영은 그저 송강수일 뿐이다.

D4는 『宋會要輯稿』에 있는 내용이다.[45] 이 기록에서도 서덕영의 활동
이 있는데, 1164년 4월 14일에 명주의 보고에 의하면 이전에 서덕영이 송
의 國信을 싣고 고려에 갔으며, 송으로 돌아올 때 조동희 등 여러 명의 고
려 사절과 함께 왔다는 것이다.[46] 이 기록에 의하면 후일에 국신과 표장의
유무가 확인이 안되었다고 하지만, 서덕영은 한 해 전인 1163년에 송 조정
의 旨를 받아 국신을 가지고 고려에 갔으며, 소기의 성과를 거두어 고려의
사신을 싣고 되돌아왔던 것 만은 틀림없다. 서덕영이 송 조정의 명을 받아
외교적 일을 수행하는 소위 어용상인적인 성격이 있었던 것이다.

D5는 송 崇憲靖王 행장의 일부분이다. 이 사료의 내용에서 서덕영은 숭
헌정왕의 명을 받고 고려에 가서 사세를 정탐하고 돌아와 보고하여 소문을
불식시키는데 기여한 인물이었다. 송의 종실인 숭헌정왕은 건도 3년―
1167년―에 다시 명주를 맡게 되는데, 이 기사 다음이 건도 6년(1170)이므
로 1169년에 일어난 일이다. 동쪽의 근심은 그 앞에서 언급한 (금군이 바다
를 통해) 송의 경계로 직접 쳐들어올 것[直犯吾境]에 대한 우려를 뜻한다.
이 때 '郡人' 徐德榮이 숭헌정왕의 명을 받고 고려에 가서 정보를 얻고 왔

45) 『宋會要輯稿』는 송대 전장제도의 변천을 각 부분별로 집대성한 서적이다. 『永樂大
典』에 수록된 『宋會要』의 관련 내용을 집록하여 편찬하였다. 송대 수차례에 걸쳐
찬수된 회요는 명초까지 대부분 보존되어 있어서 『永樂大全』을 편찬할 때 유형별
로 분류하여 편입시킨 바 있다(이근명 외 엮음, 『송원시대의 고려사 자료』 1, 신서
원, 2010, 100쪽).

46) 이 부분의 해석은 저자가 제시한 사료를 참고하였다. 다만, 저자가 黃義永·從得
儒·朴珪 부분을 황의·영종과 유생 박규로 해석한데 반해(김영제, 「송도강 탁영과
서덕영의 정체」, 앞의 책, 135쪽), 필자는 모두 인명으로 해석했다는 점이 다르다.
그러나 이 차이는 저자와 필자 사이의 논지의 전개나 논증에 영향을 주는 것은 아
니다.

던 것인데, 여기서 '郡人' 서덕영이 속한 고을은 숭헌정황이 다스리는 명주
이므로 군인은 명주 사람이라는 뜻이다. 1169년에 명령을 받은 서덕영은
송나라 사람이었음에 틀림없다.47)

　다음으로 위의 여러 기록 사이에 연관성을 파악해보자. D1, 2, 3은 소흥
32년의 서덕영이 고려가 사신을 보내고 싶다는 의사를 전달한 내용이 공통
되고 있으며, A2의 『송사』 고려전과도 통하는 바가 있다. 그런데, 『송사』
고려전에서는48) 고려강수 서덕영으로, D1의 『건염이래편년요록』에서는49)
고려국강수 서덕영, D2의 『보경사명지』와50) D3의 『문충집』에서51) 강수
서덕영으로 소개하고 있다. 정사류에서는 강수 서덕영의 국명을 앞에 붙인
데 반하여, 묘비명과 지방지는 그렇게 하지 않았다. 편찬자가 전자에서 고
려를 더했거나 후자에서 고려를 삭제했을 것이다. 이 경우 기록의 선후 관
계가 원형을 판단하는 중요한 기준이 되는데, 『문충집』의 「친정록」이 가장
앞선 것이고, 『송사』 고려전이 가장 늦게 이루어진 것이다. 결국 『송사』
고려전과 『건염이래편년요록』의 편찬자는 『문충집』 등에 있던 강수 서덕
영에 관한 기록을 옮기면서 '고려' 또는 '고려국'을 추가했지만, 『보경사명

---

47) 서덕영은 고려의 자료에 일관되게 송상으로, 송의 기록에는 고려강수 또는 고려의
　　소식을 전한 郡人—명주인—으로 나온다. 송과 타국을 왕래하는 인물의 취급은 민
　　족적 귀속이 아니라 송에서 봐서 파견주가 어디인가라는 것에 의존한다고 한다(榎
　　本涉, 앞의 책, 78~80쪽).
48) 『宋史』 496권은 원 지정 5년(1345)에 脫脫 등에 의해 완성되었다(이근명 외 엮음,
　　앞의 책, 140쪽).
49) 『建炎以來繫年要錄』 200권은 남송 시기 李心傳이 건염 원년(1127)부터 소흥 32년
　　(1162)까지 36년간의 사적을 기록한 편년체 사서이다(이근명 외 엮음, 앞의 책,
　　223쪽).
50) 『寶慶四明志』는 총 21권으로 보경 연간(1225~1227년)에 羅濬이 찬수한 명주 지방
　　지이다(이근명 외 엮음, 앞의 책, 37쪽).
51) 『文忠集』은 周必大(1126~1204)의 문집으로 내용이 다양한 분야에 걸쳐 있으며 사
　　료적 가치가 높다(이근명 외 엮음, 앞의 책, 391쪽).

지』에서는 편찬자가 본 원자료 그대로 강수 서덕영으로 적었던 것이다. 그
러므로 고려강수 또는 고려국강수는 『송사』와 『요록』의 편찬자가 뒷부분
에 내용을 이해하기 쉽도록 임의로 삽입해 넣은 것이며 서덕영의 정체와는
직접적인 관계가 없다고 여겨진다.

『문충집』「친정록」을 지은 이는 해당 부분에서 강수 서덕영이 향도가
되어 고려 사신을 오게 했다는 것으로 그가 명주의 지시를 받고 수행한 일
을 충분히 설명할 수 있었다. 그러나 『송사』와 『요록』은 서덕영이 전체의
주어에 해당되므로 그가 어떤 사람인지를 밝혀놓아야 그 다음의 내용이 어
떤 의미인지 파악할 수 있어서 편찬자가 의도적으로 '고려강수' 또는 '고려
국강수'라고 적었을 것이다. 당시 명주에 오는 배는 주로 고려와 일본이어
서 '고려강수'라고 하여 고려에서 왔음을 분명히 해준 것이다. 송대의 해상
들이 고려와 일본 가운데 특정 국가를 다니며 무역을 하고 겸하는 사례는
거의 없는 상황에서, 고려강수는 서덕영이 고려를 전문적으로 다니는 강수
였음을 알려주는 것이었다.[52]

이와 더불어 D4에서 기록된 서덕영에 대해 '진무부위'라는 무산계를 적
은 것도 서덕영이 어떤 사람인지를 아는 데 도움이 된다. 저자는 서덕영의
진무부위의 무산계를 붙인 것에 대해 외국인이 천주에서 무산계를 내린 경
우가 있으며, 서덕영의 무산계는 황제가 심부름을 보낼 때 준 것으로 국적
과는 상관없으며, 중국 황제가 주변국 국왕에게 자기네 관직을 붙인 사례
가 허다하다고 하였다.[53]

서덕영이 1164년의 전년 5월에 旨를 받고 국신을 싣고 고려국에 갔다는
것[被旨 差載國信往高麗國]과 C4의 『고려사』에서 1163년 서덕영이 송 황

52) 森克己, 「日本·高麗來航の宋商人」 「朝鮮學報」 9, 1956; 『續日宋貿易研究』, 國書刊
行會, 1975, 339~341쪽.
53) 김영제, 「송도강 탁영과 서덕영의 정체」, 앞의 책, 151쪽.

제의 밀지[宋帝密旨]를 바쳤다는 것 등이 일치한다는 점에서 저자가 지적한 바와 같이 진무부위를 가지고 갔을 것이다. 송에서 다른 나라에 가는 해상에게 무산계의 직함을 제수하는 것은 '공식 사절'로서 권위를 높여주기 위한 것이다. 사례로써 보건대, 송에서 사신의 임무를 띠고 1122년(인종 즉위)에 고려에 왔던 송 持牒使·진무교위 姚喜가 있고,54) 1130년 4월에 진무교위 王正忠도 고려에 와서 고려 국왕에게 중화전에서 송 황제의 조서를 전하였다.55) 요희는 첩을, 왕정충은 조서를 가져왔다고 하니 송 황제의 밀지를 전달하는 사신의 임무를 수행한 서덕영과 공통되는 점이 있다.56) 이들은 송 조정 또는 황제가 고려에 보내기[宋遣] 위해 진무교위 또는 진무부위의 직함을 제수하였을 것이다. 서덕영의 사례를 비롯하여 어느 경우라고 하더라도 고려 사람에게 송나라 무산계를 제수하고 고려에 가는 사신의 임무를 주지 않았을 것이다. 이것이 서덕영을 고려 사람으로 보아서는 안되는 이유의 하나이다.

이러한 서덕영의 어용상인적 성격은 D1~5 사료 전체의 내용 속에서 서덕영의 역할을 통해서도 찾을 수 있다. 서덕영은 D1에서 고려의 사신처럼 보이지만, D3과 D4에서 모두 송의 지시를 받아 고려와 관련된 외교적 임무를 완수하였으며, D5에서도 고려에 가서 정세를 알아보고 오는 일을 하였다. 이처럼 송에서 고려에 가는 사신과 같은 역할을 세 번이나 맡기면서 고려에 귀화한 사람에게 부탁하지는 않았을 것이다. 서덕영이 고려에 귀화한 사람이 아니라는 정황적 증거이다.

탁영과 서덕영의 직함이 '고려강수'에서 강수였다는 점과 고려에서 돌

---

54) 『高麗史』 권15, 「世家」, 인종 즉위년 6월 丁未.

55) 『高麗史』 권16, 「世家」, 인종 8년 하4월 甲戌.

56) 그밖에 1120년 7월에 송이 承信郎 許立과 進武校尉 林大容 等을 보내왔다고 하는 기록도 있다(『高麗史』 권14, 「世家」, 睿宗 15년 추7월 임술).

아오는 곳이 명주라는 곳에 주목해보자. 강수는 해상 조합의 우두머리로서 선주 혹은 경영을 같이하는 해상 동료들에 의해 선임되고, 부강수[脇船頭]의 보좌를 받았다.[57] 강수라는 용어는 중국에서 만들어진 것이고 중국인에게 적용되는 것이다. 강수는 고려나 일본과 같은 외국에서도 중국 해상의 우두머리를 지칭하는 용어로 되었다. 일본의 하카타강수[博多綱首]가 그에 해당할 것이며, 고려에서도 강수 대신 도강이라는 표현을 썼지만, 의례에서 도강과 강수가 혼용되는 것을 보면 고려 사람들에게도 친숙한 것이었다. 그들은 중국 상인임이 분명하며, 송나라 사람들이 외국에서 온 상단의 우두머리를 그 나라의 이름을 덧붙여 고려강수 또는 일본강수라고 호칭하였을 것 같지 않다.

그러한 사실은 고려와 일본으로 다니는 무역선의 출발항이자 귀환항이었던 명주 지방지의 기록과도 상통한다. 『보경사명지』에서 '무릇 중국 상인[中國之賈]으로 고려와 일본의 여러 번[諸番]에서 중국에 이르는 자는 오직 慶元에서만 (공빙을) 얻어 간다'고 하였는데,[58] 여기서 고려와 일본을 다니는 자로서 중국 상인만을 상정하고 있다.[59] 따라서 중국 상인은 송의 강수가 거느리며 해외에 가서 무역하는 사람들을 뜻하므로 명주에 보고하는 강수 서덕영은 중국 상인 즉 송상일 수 밖에 없다.

이상에서 저자가 고려에 귀화했다고 주장하는 송도강 탁영과 서덕영에 관한 사료를 재검토하였다. 두 사람에 대해 『송사』 고려전에서 고려강수라고 직함을 붙였는데, 『고려사』와 송대사 문헌 기록을 개별적으로 해석하거나, 양 사서의 내용을 연계시켜 종합적으로 이해하는 어느 경우에도 탁영

---

57) 斯波義信, 「宋元時代における交通運輸の發達」 『宋代商業史硏究』, 風間書房, 1968, 87쪽.

58) '凡中國之賈高麗與日本諸番之至中國者 惟慶元得受而遣焉'(『寶慶四明志』 권6, 「市舶」)

59) 森克己도 『寶慶四明志』에 언급된 고려와 일본에서 온 자들은 실제로 고려인과 일본인이 아니라 고려와 일본을 다니던 송상을 뜻한다고 하였다(森克己, 앞의 논문).

과 서덕영이 송상이라는 정체는 바뀐 적이 없다. '강수'는 중국인 상인을 부르는 명칭이었기 때문에 그 앞에 있는 나라의 이름은 강수의 국적이 될 수 없다. 이점을 감안하건대 『宋史』 고려전의 고려강수 탁영과 서덕영은 '고려인' 강수로 해석될 수 없으며, 강수 앞의 '고려'는 자주 다니는 나라 또는 전문적으로 다니는 나라를 뜻하는 것이다. 다만, 『송사』 고려전과 『요록』과 같은 사서의 편찬자가 해당 기사의 내용을 파악하기 쉽게 탁영과 서덕영에게 원사료와 달리 고려를 덧붙이면서 '고려강수'가 되었다고 생각된다.

4. 『고려사』와 『대각국사집』의 송도강과 강수

저자는 1033년(덕종 2) 8월에 송 천주상 도강 林藹를 필두로, 1229년(고종 16) 2월 송상 도강 金仁美에 이르기까지 31 건의 송도강 사례를 제시하고, 고려라고 하는 한 국가에 귀화한 도강이 1·2명 있다는 것은 상식적으로 이해가 되지 않으며, 『고려사』 세가에 나타나는 송도강 가운데는 고려에 투화해왔던 사람들도 꽤 있었다고 추정하였다.[60] 저자는 송의 기록에 등장하는 '고려해상'의 활동 근거를 대기 위해서 그들을 실어줄 사람과 배가 필요하여 송도강을 귀화인으로 만들고자 했는데, 저자가 제시한 송도강

---

60) 김영제, 「고려 도강을 이용한 해상무역」, 앞의 책, 168·169쪽.
　　저자는 이어 '의종 2년 10월에 송도강 임대유가 역모 사건에 관련된 증거를 고려 조정에 알리고 있는데, 그는 의종 3년 8월과 5년 8월에도 왔다. 처음 온 임대유가 이러한 일을 한 것은 귀화한 도강으로 활동하다가 그 비밀을 접하고 조정에 신고한 것이 아니었나하는 생각이 든다. 의종 2년 임대유와 함께 왔던 郭英, 張華, 黃世英, 陳誠 등이 의종 3년에는 황고와 함께 왔는데, 심증으로는 이들도 서덕영이나 탁영처럼 귀화한 사람이었을 것이다'라고 하였다(김영제, 「고려 도강을 이용한 해상무역」, 앞의 책, 170쪽).

의 경우 고려에 귀화했다는 구체적인 증거는 전혀 없는 것 같다.

오히려 저자가 찾지 못한 다른 기록은 송도강이 고려 귀화인이 될 수 없음을 알려주고 있다. 우선 국가적인 의례인 팔관회에서 송도강이 누구를 지칭하였는지를 살펴봄으로써 그 정체를 파악하는 실마리를 찾아보자.

> E1. 大會日坐殿. 국왕이 먼저 선인전에 임어하고 나서 (중략) 다음으로 曲直華盖가 동서 위 쪽 계단에 나누어지고 興輦과 符寶 등은 모두 의봉문 내에 둥글게 늘어선다. 이를 마치면 합문이 宋 綱首 등을 인도하여 聞辭位에 자리하여 정렬해 서게 한다. 합문 (관원)이 문사를 아뢰기를, "大宋都綱 某 등이 삼가 문안하고 조하하려 합니다."라고 한다. … 다음으로 東·西 蕃子를 인도하며 이어 左執禮官이 탐라인을 차례로 인도해 조하 및 傳宣하는 의례는 모두 송강수에게 행하는 의례와 같다.[61]

E1은 중동팔관회 '대회일좌전'의 의례 부분이며, '宋綱首'와 '大宋都綱'이 동시에 나와서 주목된다. 팔관회에 참여한 강수는 국왕에게 문안하고 조하하는 역할을 맡았는데, 합문의 관원이 국왕에게 아뢰는 바에 의하면 그러한 일을 하는 주체는 '대송도강'이라고 하였으며, 마지막에 다시 東·西 蕃子와 탐라인의 의례가 송강수와 같다고 하였다. 팔관회 대회일에 동서이경·동북양로병마사·4도호·8목의 장관이 각각 표를 올려 진하하고 난뒤, 송상객·동서번자·탐라인 등이 방물을 바치고 자리에 앉아서 의례를 보기 시작했던 것은 1034년(정종 즉위)의 팔관회 때부터이고 뒤에 상례화되

---

61) 大會日坐殿 王初御宣仁殿 … 次曲直華盖 分東西上階 興輦符寶等 竝還列儀鳳門內 訖 閣門引宋綱首等 就聞辭位立定 閣門奏聞辭云 大宋都綱某等祇侯朝賀 訖 引就拜位 跪進物狀 … 次傳宣賜坐看樂兼賜所司酒食 訖 奏山呼再拜 卷班西出就幕次 次引東西蕃子 次引耽羅人 朝賀及傳宣禮 竝與宋綱首同(『高麗史』 권69,「禮志」11, 嘉禮雜儀 仲冬八關會儀).

었는데,[62] 『고려사』예지에 실린 팔관회 의례는 언제 제정된 것인지 확실하지 않다. 다만, 송상객·동서번·탐라국 등의 참가자가 「예지」와 거의 유사하므로 처음 시행될 때에도 비슷한 방식의 의례가 행해졌으며, 여러 차례 팔관회를 지내면서 조금 더 의례가 정교해졌을 것이다.

이 기록에서 '송강수'는 '대송도강'과 같은 자이며, 『고려사』 세가의 기록대로라면 그는 송상객이다. 규정에서는 팔관회에 송의 상객을 대표하여 의례에 참여하는 인원에 대해 송강수라고 지칭하였지만, 실제 행사에서 전체 참가자들이 듣는 호칭은 대송도강이었던 것이다. 전자는 팔관회 참여자의 정체성을 알려주는 객관적인 표현이고, 후자는 고려에서 사용하는 그들에 대한 호칭이었던 것이다. 그러므로 참여자로 지칭된 동서번자와 탐라인도 의례에서는 그들이 고려에서 받은 향직이나 무산계 또는 여진추장·탐라성주 등 보다 권위있는 호칭을 사용하였을 것이다.

이처럼 고려 사람들은 송나라에서 온 강수이고 상객의 대표라는 것을 알면서도 의례에서는 참가자들이 누구나 알 수 있는 고려식 존칭인 '대송도강'으로 바꾸어 썼던 것이다. 결국 송도강은 송강수와 같은 것이다. 주로 사용하는 나라가 고려와 송이었다는 차이가 있었다고 생각된다. 도강은 두강이라는 다른 표현에서 알 수 있듯이, 문법 체계가 다른 고려적인 한자 활용이었다고 생각된다.[63]

이제 사서가 아닌 개인 문집에 기록된 송도강은 어떤 존재였을지에 대

---

62) 庚子 設八關會 御神鳳樓 賜百官酺 夕幸法王寺 翼日 大會 又賜酺觀樂 東西二京·東北兩路兵馬使·四都護·八牧·各上表陳賀 宋商客·東西蕃·耽羅國 亦獻方物 賜坐觀禮後 以爲常(『高麗史』권6,「世家」, 靖宗 즉위년 11월).

63) 昔有唐商賀頭綱善棋 嘗至禮成江 見一美婦人 欲以棋賭之 與其夫棋 佯不勝 輸物倍其夫利之 以妻注 頭綱一擧賭之 載舟而去 其夫悔恨作是歌 世傳婦人去時 粧束甚固 頭綱欲亂之不得 舟至海中 旋回不行 卜之曰 節婦所感 不還其婦 舟必敗 舟人懼 勸頭綱還之 婦人亦作歌 後篇是也(『高麗史』권71,「樂志」2, 俗樂 禮成江).

해 고찰하기 위해 용례를 검토해보자. 11세기 말에 수많은 송의 승려와 서
신을 주고 받았던 의천의 문집 가운데 송나라 승려들의 글을 담은『大覺國
師外集』에 비교적 많은 사료가 있다. 관련 기록 가운데 도강의 실체를 알
려주는 부분을 중심으로 해석해보겠다.

F1. 淨源이 3월에 都網 洪保 편에 부친 글 1봉, 香鑪, 拂子, 絶句 한 수
를 잘 받았을 것이라고 믿습니다. 近者에 李元積이 이르러 업드려
殿下의 親筆을 받고서 … (결락) …64)

F2. 올봄 2월에 都網 洪保가 와서 글 3통을 받았습니다. 敎宗을 상세
히 분석하고 師友를 차례로 서술한 것입니다. 그 내용[其辭]을 음
미하건대, 마치 면대하고 말하는 것 같았습니다. … 이밖에 淸凉
國師의『石本』과『雜文』은 후일을 기대려 洪保가 가는 편에 보내
겠습니다. 이를 통해 祖訓을 상고할 수 있을 것입니다.65)

F3. 希仲이 아룁니다[啓]. 초이튿날 晋仁이 돌아오며 (가져온) 글 한
통을 잘 받았습니다. 삼가 살피건대 高麗國王과 法門 僧統께서 禮
賓省으로 하여금 牒을 發하여 明州에 이르게 하였습니다. 差人과
綱首 洪保에게 金·銀·書信 등을 보내고, 그 (물건이) 이르면 조정에
바치도록[進呈] 하니 下情을 가눌 수 없어 삼가 기쁨이 더합니다.66)

F4. 大宋國 兩浙의 傳祖敎 老僧 淨源은 高麗國 花嚴闍梨 僧統法師에게
답서를 보냅니다. … 정월 19일에 都網 李元積이 이르러 작년 9월

---

64) 淨源三月內附都網洪保書一封 鑪拂 絶句一首 必達檢收 近李元積至 伏蒙殿下親筆
(『大覺國師外集』권2,「□□□□□書」第六).
『대각국사문집』의 번역과 교감은 <불교기록유산아카이브>를 참고하였다.

65) 今春二月內 都網洪保來 得書三通 遲剖敎宗 歷叙師友 玩味其辭 若對面語 … 外有淸
凉國師石本雜文 俟後次馳上 洪保理行 値紬繹祖訓(『大覺國師外集』권2,「□□□□
□書」第四).

66) 希仲啓 初二日 晋仁回 跪領書一通 竊審高麗國手曁法門僧統 令禮賓省 發牒 至明州
請差□與綱首洪保送金銀信等 至仍進呈朝廷 下情無任 伏增抃躍(『大覺國師外集』권
7,「傳祖敎學徒希仲狀」二首 第二).

에 쓴 글을 받아보니, 글의 뜻[辭意]이 간곡하고, 才識이 명철하였습니다. 三經의 올바른 뜻을 펼치고, 三家의 친절한 주석으로 해석의 실마리를 제공해주었으므로 사람을 자신도 모르게 즐겁게 하였습니다.67)

F5. 辯眞이 아룁니다. … 李綱首―李元積―가 돌아옴에 은혜를 베풀어 보내주신 海東 李公―李顗―의 『夾注金剛經』 1冊, 『斷疑金剛經』 2冊, 『金剛經集解』 1冊 및 敎藏摠錄 2冊, 『唯識論單科』 3冊을 받았습니다. 손을 씻고 향을 태우며 받들려고 하니 감사하며 부끄러운 심정이었습니다 … 겸하여 들건대 海東―고려―에 『大平廣記』가 있다고 하는데, 볼[觀光] 수 있는지요. 지금 李綱首 二十郞이 가는 차에 삼가 아룁니다.68)

F6. 지난 해 8월 15일에 都鋼(綱) 李元積이 와서 2월에 쓰신 서신 1通과 손수 지으신 『花嚴普賢行願懺儀』·『大方廣圓覺懺儀』·『大佛頂首楞嚴懺儀』·『原人論發微錄』·『還源觀疏補解』·『盂蘭盆禮贊文』·『敎義分齊章科文』 等 8本을 하나로 싼 것을 전하였습니다. … 69)

F1은 송나라 승려 정원이 의천에게 보낸 서신이다. 정원은 도강 洪保 편에 편지 한 통과 향로 등을 보내겠다고 하였으며, 이원적이 오는 편에 의천의 편지를 받았다고 하였다. F2는 누가 썼는지 확실하지 않은데, 도강

---

67) 大宋國兩浙傳祖敎老僧淨源 復書高□□花嚴闍梨僧統法師… 正月十有九日 都網李元積至 得去年九月書 辭意勤拳 才識寅亮 鋪三經之謹義 貢三家之遵文 邂逅紳繹 使人樂而不自覺(『大覺國師外集』 권2, 「□□□□□書」).

68) 辯眞啓 … 李綱首廻 承惠及海東李公類所□夾注金剛經一冊 斷疑金剛經 一冊 金剛經集解一冊 幷敎藏摠錄二冊 唯識論單科 三冊 灌手焚香 捧授之次 良增感愧 … 兼聞海東有大平廣記 可得觀光否 今因李綱首二十郞去次 謹奉啓(『大覺國師外集』 권5, 「□□□□□」).

69) 泊去年八月十五日 都鋼(綱)李元積 至得捧二月書敎一通 幷手撰花嚴普賢行願懺儀·大方廣圓覺懺儀·大佛頂首楞嚴懺儀·原人論發微錄·還源觀疏補解·盂蘭盆禮贊文·敎義分齊章科文等八本 共盛一者 受以還 披閱無(『大覺國師文集』 권10, 「上淨源法師書」 四首 第一).

홍보가 오는 편에 의천이 보내준 편지 세 통을 받았으며, 淸凉國師의『石本雜文』은 다음을 기다려 홍보 편에 의천에게 부치겠다고 하였다. F3은 송나라 승려 希仲이 의천에게 보내는 서신이다. 희중은 晉仁이 송으로 돌아오는 편에 의천의 서신을 받았고, 고려 국왕과 의천이 예빈성을 통해 牒을 명주에 보냈고, 차인과 강수 홍보에게 보낸 금·은과 서신을 다시 조정에 바쳤다고 하였다. F1과 F2에서 서신을 전달하는 인물이 도강 홍보였고, F3에서 정원에게 서신을 전한 것은 晉仁이었고, 금은 등을 송에 전한 사람은 강수 홍보였다.

F4는 淨源이 다시 보낸 서신이다. 정원은 도강 이원적이 송에 와서 의천이 쓴 편지를 받게 되었다고 하였다. F5는 송나라 승려 辯眞이 의천에게 보낸 편지이다. 변진은 이강수가 돌아오는 길에 고려의 李顥가 지은『夾注金剛經』1책 등을 받았으며,『太平廣記』를 얻어볼 수 있는 지에 대해 의천에게 묻는 서신을 李綱首二十郎이 가는 편에 보내고 있다. F6은 의천이 정원에게 보낸 서신이다. 의천은 정원이 쓴 편지를 도강 이원적이 고려에 이르러 서신 1통과 손수 찬술한『花嚴普賢行願懺儀』등을 받았다고 한다.

F4에서 정원에게 서신을 전한 것은 도강 이원적이었고, F5에서 의천의 서신을 변진에게 전하고, 다시 고려에 가서 변진의 서신을 의천에게 전하는 자를 이강수라고 하였다. F6에서는 도강 이원적이 정원의 서신을 의천에게 전달하였다. 그러므로 F5의 이강수는 당시 고려를 자주 왕래하던 이원적이었을 것이다. 그리고 송상 李元績[積]이 1081년 8월에 고려에 와서 토물을 바쳤는데,[70] 한자가 다를 뿐 이원적과 같은 인물이었으며 그는 송상이었음이 분명하다.

이상에서 고려와 송을 오가며 양국 승려에게 서신을 전달한 자는 이원적과 홍보 등이었고 그들은 강수 또는 도강이었으며,『대각국사외집』에 의

70)『高麗史』권9,「世家」, 문종 35년 8월 戊辰.

하면 徐都綱,71) 陳壽 도강, 郭都綱 등도 서신과 물품 전달의 역할을 하였다. 그리고 '도강'은 '강수'와 같다는 것이 확인되었다. 본래 송 상단의 우두머리인 강수를 고려에서는 도강이라고 불렀고, 의천이 중국의 승려들에게 보내는 서신에서 사용하자, 송의 승려들도 강수가 도강임을 알게 되고 강수와 도강을 구분하지 않고 쓰게 되었던 것 같다. 그들이 그러한 역할을 하게 된 것은 자주 양국을 왕래하고 있었기 때문이다. 실제로『대각국사문집』과『대각국사외집』에서는 서신과 물품을 전달하는 사람의 이름이나 명칭을 대신하여 해상, 상객, 行商, 상선, 舶賈 등과 더불어 배 편[便舟, 便風, 通大舶聿來]이라는 다양한 표현이 사용되었으며,72) 그들의 정체에 대해서는 徐戩을 비롯하여 천주 출신의 해상—泉商, 海客—이 많았다는 견해가 있었다.73)『대각국사외집』의 이원적과 서도강이 각각『고려사』의 송상과 송 사서의 천주 해상이었다는 사실은 도강과 강수가 송상이었다는 주요한 근거가 된다.

더욱이 그들은 마음대로 양국 승려의 서신 전달자 임무를 했던 것은 아니다. 송나라 승려 정원은 고려의 의천과 주고받은 편지 가운데에서 의천에게 답장하지 못한 이유에 대해 "왕년에 행자 顔顯이 와서 전한 手教를 받고 감격을 이기지 못하였습니다. 그때 蘇牧—蘇軾—이 서간을 갖고 왕래하지 못하도록 상선을 엄하게 단속하면서 모두 불법에 해당하는 처벌을 받게 한다는 말을 들었습니다. 그래서 감히 답장을 올리지 못한 것일 뿐이요,

---

71) 본문에는 제시하지 않았지만, 정원이 보낸 서신을 고려의 의천에게 전한 사람이 서도강이었는데(『大覺國師文集』 권11, 「上大宋淨源法師書」 三首 第一), 이는 의천을 도와 송에서 화엄경 목판을 구해주었던 송상 서전이었다고 한다(金庠基, 「大覺國師義天에 대하여」 『국사상의 제문제』 3, 1959; 『東方史論叢』, 서울대출판부, 1974, 212~215쪽).

72) 李鎭漢, 「高麗時代 宋商 貿易의 再照明」 『歷史敎育』 104, 2007; 『高麗時代 宋商往來 硏究』, 景仁文化社, 2011, 70~74쪽.

73) 金庠基, 앞의 책, 215쪽.

나태해서 그런 것은 아니었습니다."라고 하였다.[74) 여기서 주목해야 할 점은 송의 시박사 등에서는 출항 과정에서 종이에 쓰인 서신을 몰래 가지고 나가지 못할 만큼 철저하게 검사를 했을 뿐 아니라 그러한 불법적인[非法] 일을 저지른 자에게 주살한다고 했다는 것이다. 송상이 고려를 왕래하며 서신을 전달하는 역할을 하는 것이 송상이 하는 무역과는 동떨어진 일이며, 송나라의 여러 가지 내부 정보가 고려로 누설되는 것을 우려하여 내린 조치였을 것이다.

송나라는 해외를 다니는 해상들의 출입을 엄격하게 관리하였다.[75) 그 과정에서 송과 고려를 왕래한 송도강 조차 쉽게 통과할 수 없을 만큼 인원과 물품을 통제하고 위반한 자에 대한 처벌이 이루어졌다. 송도강이 양국을 왕래하며 서신을 전달하는 것은 위험을 감수해야하는 일이었던 것이다. 이러한 상황에서 송상이 외국에 나가서 돌아오지 않거나, 심지어 선주이자 상단의 대표로서 시박사에 허가를 받고 나간 강수가 고려에 귀화한 뒤 국적을 바꾸어 외국인―고려강수―으로 입국하는 일은 상상하기 어렵다.

본고에서 '고려강수'였던 탁영과 서덕영이 과연 고려에 귀화한 자였는지를 알아보고자 해당 인물 사료를 전부 살펴보고, 『고려사』와 문집에서 도강과 강수가 혼용되는지를 검토하였는데, 두 사람이 귀화한 후, 고려인으로 대중국 무역에 참여했다는 증거는 되지 못하는 것 같다. 역시 중국 기록에 나오는 '고려강수'의 고려는 국적이 아니라 전문적으로 다니는 지역을 의미한다는 견해가 더욱 설득력이 있는 것 같다.

그러나 여전히 소위 송도강의 '고려 귀화설'을 완전히 불식시킨 것은 아니므로 다음 글에서는 관련 인물이 아니라 송의 시박사에서 시행되는 해상

---

74) 往年 行者顏顯到來 曾辱手教 不勝銘佩 是時 聞蘇牧斷截商船 持書往復者 俱罹非法之 誅 是以未敢裁答 非怠故也(『大覺國師文集』 권11, 「上大宋淨源法師書」, 三首 第三).
75) 이에 관해서는 본서 제3편에 수록된 또다른 논문을 참조할 것.

관리를 고찰하여 저자가 주장하는 것과 같이 선주인 송도강이 과연 고려에 귀화하여 고려인들을 태우고 다니며 송과의 무역에 종사할 수 있었는지 여부에 대해 알아보겠다.

5. 맺음말

고려시대에는 송상의 왕래가 활발하여 무역을 주도하였으므로 고려 해상들의 활동이 크게 위축되어 있었다는 것이 그 동안의 정설이었다. 그런데 김영제 교수는 최근 저서에서 중국 사서에 나오는 '고려상인'의 사례가 적지 않다는 사실에 주목하고, 선박 건조 기술과 항해술이 송에 비해 낮았던 고려 사람들이 중국에 가서 무역할 수 있었던 것은 송도강이 고려에 귀화한 후 양국을 왕래하면서 고려상인들을 태워주었기 때문에 가능했다는 주장을 내세웠는데, 핵심 논거의 하나가 중국의 사서에 나오는 고려강수가 『고려사』에 기록된 송도강이었다는 점이었다.

그러므로 그것의 사실 여부를 확인하기 위한 선행 작업으로 '고려강수'로 기록된 탁영 및 서덕영과 관련된 일체의 기록을 검토해보았다. 먼저 고려강수 탁영은 고려에 가서 송의 망명인을 데려온 공로로 1132년에 황제의 포상을 받았지만, 그는 한 해 전에 송도강으로서 송의 연호가 바뀌었음을 알리러 왔다는 기록이 『고려사』 세가에 있다. 두 기록을 보건대, 1131년에 탁영이 송의 명을 받고 고려에 와서 연호를 알리는 임무를 수행한 후, 금나라 침입으로 송이 혼란해지자 고려에 망명한 사람들을 찾아 귀국한 것이었다고 이해된다. 또한 탁영에게 송 황제가 포상한 것도 그가 외국인이 아니라 송나라 사람이었음을 증명하는 것이다.

또 한 명의 '고려강수'인 서덕영에 대한 사료는 탁영에 비해 훨씬 많아서 조금 더 실체에 다가설 수 있었다. 서덕영은 1149년부터 1173년까지 적어도 5차례 고려에 왔다는 기록이 『고려사』에 전하는데 4차례는 송도강이라는 직함이었고, 마지막에는 '송에서 보냈다[宋遣]'고 표현되어 있어서 처음이든지 마지막이든지 송에서 귀화했다는 근거는 없었다. 아울러 서덕영에 관해서는 중국 사서에 여러 차례 등장하는데, 고려인 강수로서 송에 보고한 것처럼 보이는 '고려강수'의 기사도 유사한 다른 사서에는 단순히 '강수'만으로 적혀있다. 또한 시기가 다른 서덕영 관계 기록에는 명주의 '郡人'으로 파악하거나 무산계인 '진무부위' 서덕영이라고 하여 송나라 사람임을 알려주고 있다.

『고려사』와 문집에서 송도강은 어떤 인물이었는지 고찰하였다. 중동팔관회 '대회일좌전'의 의례에 참여하는 '대송도강'과 '송강수'는 용어가 달랐으나 실제로는 같은 인물을 지칭하는 것이며, 그들을 더 큰 범주로 부르는 것은 '송상객'이었다. 문종대에서 숙종대에 활약한 의천의 문집인 『대각국사집』에는 고려와 송을 왕래하며 의천과 중국 승려의 서신 및 물품 교환을 도와준 이원적, 서전 등의 이름이 전하는데 이들의 호칭은 도강이 많이 쓰였지만, 강수도 있었다. 도강은 고려 사람들이 많이 쓰는 것인데, 송의 승려도 의천을 영향을 받아서 도강이라고 적거나 중국식으로 강수라고도 하였다. 송도강과 강수의 차이는 보이지 않으며, 그들이 고려에 귀화해서 송을 다녔다는 사료는 전혀 없었다.

'고려강수'가 송도강이었다가 고려에 귀화하여 송을 왕래하는 인물이었다는 주장의 근거가 되는 여러 사료를 정밀하게 검토해보았으나 구체적인 증거는 전혀 찾을 수 없었다. 탁영과 서덕영을 '고려강수'라고 한 것은 『송사』의 편찬자가 문집 등의 원사료를 보고 인용하며 이해하기 쉽도록 '고려'를 삽입한 것이다. 두 사람이 양국을 오가며 외교적 활동을 하였지만, 그것은 고려와 송을 오가는 해상이 부가적으로 수행하는 여러 가지 일 가운데 하나였으며, 오히려 그 점이 고려 귀화인이 될 수 없는 중요한 이유가 된다. 역시 '고려강수'는 고려인 강수가 아니라 명주를 출입하는 해상 가운데 고려라는 특정 국가를 다니는 강수라는 전문성을 뜻한다는 견해가 사실에 부합하는 것 같다.

이상에서 송도강이 고려에 귀화할 수 있었는지를 알아보기 위해 고려강수 서덕영과 탁영에 관한 사료를 집중적으로 살펴보았는데, 다음 글에서는 송의 해상 관리 제도를 통해 송강수의 외국 귀화가 실현될 수 있는지 여부를 고찰해보겠다.

宋代 海商 관리와 宋商의 '고려 귀화설'

1. 머리말

고려시대 송과의 무역에 관한 최초의 연구에서는 11세기 초에 송상이 고려를 왕래하기 시작하고 점차 왕래가 빈번해지면서 송과 고려의 무역을 주도하였으므로 고려 해상의 무역 활동은 위축되었다고 하였다.[1] 이후 국내외의 고려시대 무역을 주제로 한 연구가 적지 않았지만, 대체로 그 논지에 기본적으로 동의하면서 송상의 무역이나 왕래에 대해 조금 더 깊이있게 고찰하는 정도였다.[2]

그러나 최근에 발간된 김영제 교수의 저서에서 송상의 왕래가 활발했지만, 한편으로 송을 다니며 무역을 하던 고려 상인에 대해 더욱 주목해야 한다는 주장이 나왔다. 먼저 고려에 귀화한 송도강의 사례로서 黃忻의 사례를 들고, 중국의 문헌에는 고려 강수로 기록된 卓榮과 徐德榮은 본래 고려에 귀화한 송도강이었으며, 이들은 선주였고 고려 상인들을 그 배에 태우고 송에 갔으므로 송상에 비해 항해술이나 조선술이 크게 뒤지지 않았을 뿐 아니라 소통의 문제도 없이 송에서 무역을 할 수 있었다고 하였다.[3]

---

[1] 金庠基,「麗宋貿易小考」『震檀學報』7, 1937;『東方文化交流史論攷』, 乙酉文化社, 1948.
[2] 선행 연구에 이어 송상의 고려 왕래가 활발했다는 것을 서술한 대표적인 성과는 다음과 같다.
　　・ 朴玉杰,「高麗來航 宋商人과 麗宋의 貿易政策」,『大東文化研究』32, 1997.
　　・ 李鎭漢,『高麗時代 宋商往來 研究』, 경인문화사, 2011.
[3] 김영제,『고려상인과 동아시아 무역사』, 푸른역사, 2019. 고려 해상의 활동을 강

기존의 견해와 달리 고려 해상이 송을 다니며 교역하였다는 새로운 주장을 담은 이 저서에 대해 세 편의 서평이 있었으나, 귀화 부분을 문제 삼은 것은 없었다.[4] 다만 필자가 저자의 핵심 논지의 하나인 '송도강의 고려 귀화설'의 시발점이 되었던 高麗綱首 탁영과 서덕영에 관련된 사료를 정밀하게 재검토하고, 그들은 고려에 귀화한 사람이 아니라 여전히 송상 또는 송도강이었다는 사실을 확인한 바 있었다.[5]

송대에는 시박사를 두고 엄격한 해상관리제도를 시행하였음에도[6] 저자

조하고자 하는 저서의 의도를 고려하건대, 본고의 논의 대상은 「송도강 탁영과 서덕영의 정체」와 「고려 都綱을 이용한 해상무역」 두 개의 장이 해당되며, 서술의 편의상 책의 저자인 김영제를 대신하여 저자로, 책의 제목은 '저서'로, 서평의 필자는 평자로, 이 글의 집필자는 필자로 쓰겠다.

4) · 김성규, 「서평—『고려상인과 동아시아 무역사』(서울, 푸른역사, 2019)」, 『歷史學報』 244, 2019.
   · 김한신, 「서평: 중세 동아시아 해상교역의 재구성 —김영제 지음, 『고려상인과 동아시아 무역사』, 푸른역사, 2019—」, 『東洋史學硏究』 149, 2019.
   · 이강한, 「서평: 김영제 지음, 『고려상인과 동아시아 무역사』, 푸른역사, 2019년, 314쪽」, 『경제사학』 72, 2020.

5) 이진한, 「'고려강수(高麗綱首)' 탁영(卓榮)·서덕영(徐德榮) 관련 사료의 재검토」, 『한국문화』 96, 2021; 본서 제3편 참조.

6) 송대의 무역관리 제도와 각종 편칙에 대해서는 김상기의 고려와 송의 무역에 관한 선구적인 업적에서 다루어진 이래 많은 연구를 통해 심화되었는데, 그 대표적인 몇 개의 업적을 소개하면 다음과 같다.
   · 金庠基, 앞의 논문.
   · 森克己, 「日宋貿易における中國商人の性格」, 『歷史地理』 84-4, 1954; 『續日宋貿易の硏究』, 國書刊行會, 1975.
   · 徐炳國, 「高麗·宋·遼의 三角貿易考」, 『白山學報』 15, 1973.
   · 近藤一成, 「文人官僚蘇軾의 對高麗政策」, 『史滴』 23, 2001.
   · 曹家齊, 「邊塞與海上交通制度」, 『宋代交通管理制度硏究』, 河南大學出版社, 2002.
   · 黃純艶, 「宋元兩國의 民間貿易」, 『宋代海外貿易』, 社會科學文獻出版社, 2003.
   · 原美和子, 「宋代の海商活動に關する一試論—日本·高麗および日本·遼(契丹)通交をめぐって—」, 『考古學と中世史硏究3—中世の對外交流 場·ひと·技術—』, 高志書院, 2006.

는 고려 상인들이 송에서 활약할 수 있었던 배경으로 선주 강수의 고려 귀
화를 상정하였는데, 과연 강수 중에서 직접 배를 운항하며 다니는 선주가
고려에 귀화할 수 있었는지를 고찰해보겠다. 이에 대한 검증은 귀화의 주
체로서 넓게는 송의 해상 전체와 좁게는 선주인 송도강으로 나누고, 송상
의 교역 대상 국가로서 해외의 모든 국가와 거란(요)의 책봉을 받던 고려에
가는 경우로 구분하여 서술할 것이다. 또한 고려에 귀화하고 국적을 바꾸
어 고려 사람으로서 송에 돌아왔을 때 그 사실을 인지하지 못하고 받아줄
지를 송대 시박사 행정을 통해 알아볼 것이다.

마지막으로 이 글의 주요 논지가 송상의 고려 귀화 여부가 가능했는지
를 파악하는 것이므로 실제 송상과 송나라 사람으로 고려와 일본에 귀화했
던 사례를 검토할 것이다. 송대 해상 관리 규정을 준수하는 한 송상의 해외
귀화는 매우 어려웠으나 송대의 사서에 '住蕃'으로 표현되는 바와 같이 송
상들의 해외 귀화와 거류—장기거주—가 적지 않았고, 실제로 저자는 송도
강의 고려 귀화 사례로 든 '황혼'에 관련된 기록을 자세히 분석하여 송도강
의 고려 귀화를 증명하였다. 이에 필자는 송도강 황혼 기사를 정밀하게 고
찰하여 귀화 후 자유롭게 송을 다닐 수 있었는지를 확인해볼 것이다. 이와

- 葉恩典,「古代泉州與新羅‧高麗的海上交通及其文物史迹探源」『中韓古代海上交流』(金
  健人 主編), 遼寧民族出版社, 2007.
- 蘆敏,「宋麗兩國的民間貿易」『宋麗海上貿易硏究』, 廈門大學 博士學位論文, 2008.
- 石井正敏‧村井章介,「通交‧通商圈の擴大」『日本の對外關係 3―通交‧通商圈の擴大
  ―』(荒野泰典石井正敏‧村井章介 編), 吉川弘文館, 2010.
- 山崎覺士,「宋代兩浙地域における市舶司行政」『東洋史研究』 69-1, 2010.
- 백승호,「『고려사』 기록으로 본 호남문화의 정체성」『海洋文化硏究』 7‧8합, 2012.
  물론 송대 경제사 전공자인 저자도 자신의 논지를 설명하고자 저서에서 여러 차례
  송의 무역정책과 海商 관리에 대해 고찰하였는데,「무역에 대한 송나라의 태도와
  고려상인의 활동」과「송도강 탁영과 서덕영의 정체」에서 더욱 상세히 다루었다.
  필자도 저자가 송대의 해상관리 제도를 충분히 고려하여 자신의 주장을 제기하였
  다는 점을 알고 있다.

더불어 고려에 와서 귀국하지 않았던 송나라 사람 '두도제'와 송에서 일본
에 귀화하면서 송에는 죽었다고 알린 해상 周良史 등에 관한 사례를 통해
송상의 해외 귀화가 가지는 의미를 찾아보겠다.

　본고를 통해 송나라가 해외를 다니는 해상들을 철저하게 관리하는 규정
을 만들어 외국에서의 활동을 일정하게 제약한 것은 무역상의 이익 뿐 아
니라 무역의 주체인 해상들을 통제하기 위한 고려가 함께 있었음을 이해하
는 계기가 될 것이다.

2. 송대 해상 관리제도와 송상의 외국 귀화

　송은 비록 적극적으로 해외무역 발전을 장려하였지만, 엄밀한 시박조법
으로 해외무역을 정부의 수중에서 관리하여 최대 한도로 시박의 이익을 얻
으려 하였는데, 송대 해외 무역정책의 가장 큰 특징은 무역의 장려와 控制
였다.[7] 송은 선박이 빨리 돌아와야 세가 늘어나므로 公憑을 발급한 날로부
터 3개월 내에 회박하면 무역품의 일부를 징수하는 抽解를 우대하고, 만약
1년이 차면 세를 우대하지 않으며, 만 1년 이상은 친족[同根]을 조사하여
처벌하도록 하였다.[8]

　그러나 이 조치는 현실적으로 실행되기 어려웠다. 송에서 그다지 멀지
않은 고려와 일본에 다니는 것은 비교적 빠른 기간에 왕복할 수는 있으나
市舶稅를 덜 내기 위해 외국에 체류하는 기간을 줄일 경우, 그만큼 교역하
는 인원과 화물이 적어져서 무역상의 이익이 감소하였기 때문이다. 또한
잦은 해상 왕래는 폭풍우에 의한 조난과 파선의 위험을 높이는 일이므로

---

7) 黃純艶, 「宋代海外貿易的興盛及其原因」, 앞의 책, 73쪽.
8) 黃純艶, 「海外貿易與宋代商業的發展」, 앞의 책, 104·105쪽.

해상들의 입장에서 하고 싶지 않은 일이었다. 그렇다고 해서 충분한 사유도 없이 송을 떠난 배가 장기간 해외에 머물면 중국에 남아 있는 가족이나 친지들이 연좌되어 처벌받을 수 있었다. 그러므로 배는 일정 기간을 두고 송과 외국을 왕래하는 대신에 해상 가운데 일부가 외국에 남아 현지인들과 무역하거나 배가 오기 전에 미리 구입과 판매를 희망하는 물품을 파악하여 교역의 효율성을 높였다.

송대는 해상들이 해외 여러 지역으로 나가면서 해상교통망이 확대되었고, 해외에 나가는 해상들에게 해당 지역의 蕃商을 데려오도록 장려하였다. 다만, 해상교통이 육로교통에 비해 관리하기가 더욱 어렵고, 간사한 자[奸細]들이 숨어들기 훨씬 쉬워서 도망 군인이 외국인[外夷]를 데리고 다니며 금지 물품을 수출하고, 추해를 피하고 밀수 무역 등을 하는 현상이 있었다. 따라서 송대에는 이와 관련된 각종 금령이 내려졌다.[9]

송 조정은 각종 편칙 등을 제정하여 해상들의 활동을 제약하였다. 그것을 잘 보여주는 것이 송강수가 해외로 출항할 때 시박사에서 받아간 공빙의 내용이다. 송대에 해외로 나가는 상인에게 시박사의 문서 발급 제도는 소식의 「乞禁商旅過外國狀」에 있는 편칙 등에 보이며, 元豐 연간(1078~1085)에 시작되어 元祐 연간(1086~1094)까지 사이에 국가적 법규로 정해졌다.[10] 공빙은 여행 증명 같은 것으로 여행자 및 그 從者의 이름, 휴대하는 화폐 및 상품명 등이 기록되었고, 중국 내에서 여행할 때는 주의 刺史와 縣令 등에게 부여받았으며, 해외에 가는 상인[商旅]은 시박사에서 발급받았다. 이에 관한 구체적인 사실은 12세기초 송 명주 시박사가 일본 하카타[博多]에 가는 李充에게 발행한 공빙이 일본의 사서인 『朝野群載』에 전재되어 있었는데, 일송무역의 연구에서 그것이 소개되면서 동아시아 해상교

---

9) 曹家齊,「邊塞與海上交通制度」, 앞의 책, 244쪽.
10) 山崎覺士, 앞의 논문, 63~66쪽.

류사 연구자들에게 널리 알려지게 되었다.[11]

이충이 송 명주 시박무—이하 시박사로 통칭함—에서 공빙을 받아 일본으로 떠나는 대략적인 과정은 다음과 같다. 1105년 경에 천주에서 출범을 준비하고, 탑재화물과 목적지 등을 기재한 문서[狀]를 천주에 제출하고 연대보증인 3명—鄭裕, 鄭敦仁, 陳佑—을 세웠다. 천주는 그 문서를 검사[檢實]하고 그것을 명주 시박무에 전달하였다. 시박무는 그 문서에 기초하여 장부를 작성하고 이충의 문서에 이어 勅條 8항목을 기입하였다.[12] 이러한 내용을 보건대 해외에 나가 무역하는 이충의 상단과 배에 대해 출발지인 천주를 거쳐 명주 시박무가 인원과 화물을 검증하고 공빙을 발행하는 과정이 매우 철저했음을 알 수 있다.

이 밖에 공빙의 기록은 전체 선원과 保人, 화물 전부와 선내에서 사용하는 물품, 상선의 수출입 관리에 관한 금령 등이 있었으며, 그 내용은 송대 해외로 나가는[出海] 상선의 인원 구성, 선내 설비 및 관리제도 등을 알려주고 있다.[13] 송강수에게 발급한 공빙에 화물의 명세를 기록해둔 것은 귀국 시에 시박세의 근거로 삼기 위한 것이다. 전체 인원의 이름을 모두 적은 것은 해외에 가서 무역을 하고 귀국하여 강수가 공빙을 반납할 때 그 인원이 모두 다시 돌아왔는지를 확인하려는 의도이다. 그리고 공빙의 가장 뒷부분에는 시박사 관원이 확인 서명하여 자국 상인들의 신원을 보증하고 있다.[14] 그러므로 해외로 나간 송상들이 함부로 외국에 남아 있을 수 없었을

---

11) 森克己,「東洋國際貿易の普遍型」, 앞의 책, 1975.
　　물론 저자의 저서에서 해상의 귀화 문제 등을 서술하면서 공빙에 대한 기본 개념과 李充 공빙의 설명을 비교적 많이 제시하였는데, 기존의 견해와 크게 다르지 않다(김영제,「송·원대 각국 상인에 대한 국적 판별의 근거」, 앞의 책, 68~72쪽).

12) 山崎覺士, 앞의 논문, 66~70쪽

13) 曹家齊, 앞의 책, 254·255쪽.

14) 김영제, 2019,「송·원대 각국 상인에 대한 국적 판별의 근거」, 앞의 책, 71쪽.

것이다.

　또한 강수는 시박사(무)로부터 그 소속원들에 대한 태형의 권한을 위임 받았고 죽은 자가 있으면 그 재산을 적몰할 수도 있을 만큼 엄청난 힘을 가진 존재였다.15) 강수의 책임과 관련하여 송대의 편칙에 의하면 해외로 나가는 공빙의 수속 과정에서 다음과 같은 사안을 점검하였다. 첫째, 상박 에 실린 사람 및 화물의 이름과 수량을 확인하고, 위탁 보인의 담보와 違禁 物品을 협대하지 않고 금지 지역[過所禁地]을 넘어가지 않는다는 규정의 준수 여부를 묻고, 관청이 舶商의 신청에 대해 검사를 진행한 뒤에, 정황이 사실이면 공빙을 발급하는 것이다.16) 그리고 강수가 강의 감독·감찰의 의 무를 제대로 수행하지 못하였을 때 책임을 저야 했다. 강을 운영하는 상인 들이 관련 법을 어기면 당사자는 강법에 따라 처벌될 뿐 아니라 강의 강수, 部令, 雜事 등 관련자도 함께 장 100대의 처분을 받았다.17) 공빙에는 송나 라 사람으로 장사[商販]하는 자는 다른 나라에 가서 망령되이 사신이라는 명목을 내세우며 표장을 만들거나 칭호를 밝혀서는 안되고 상인임을 분명 히 해야한다고 쓰어있다. 그것은 송이 자국 해상으로 하여금 무역 상대국 [渡航國]에 가서 함부로 사칭하지 말고 공빙에 적힌 대로 상인의 임무에 충실해야 한다는 뜻이다.18)

　이와 같이 시박사에 제출하는 공빙에 대표로 쓰여진 강수는 그 문서에 있는 인원과 화물에 대한 책임을 지는 사람이었다. 따라서 귀국했을 때의 인원이 나갈 때보다 적었을[有故] 경우에 그에 대해 명확히 해명해야 하는

---

15) 藤田豊八, 魏重慶 譯, 「市舶官制」『宋代市舶司與市舶條例』, 商務印書館, 1936; 山西 人民出版社(再刊), 2015, 91·92쪽.
16) 曹家齊, 앞의 논문, 250~252쪽.
17) 白承鎬, 「여송무역의 양상」『高麗와 宋의 貿易 硏究』 전남대 사학과 박사학위논 문, 2006, 157쪽.
18) 김영제, 「송·원대 각국 상인에 대한 국적 판별의 근거」, 앞의 책, 80쪽.

사람은 강수였다. 따라서, 저자의 주장처럼 강수 자신이 고려에 가서 국적
을 바꾸고 다시 송에 와서 외국인—고려인—으로 무역할 수는 없는 것이다.

저자는 '고려강수' 탁영과 서덕영이 『고려사』에 송에서 왔다는 기록이
있는데 실제로는 고려에 살면서 송을 오가고 있었으며[19] 송도강 탁영과 서
덕영이 고려에 귀화한 뒤, 송을 다녔기 때문에 송의 사서에는 고려인 강수
를 의미하는 '고려강수'로 나타난다고 하였다. 고려는 송상이 해외에 나가
무역하는 국가 가운데 가장 가까워서 다른 데에 비해 자주 왕래하는 특징
이 있었다. 송 시박사의 허가를 받고 고려에 간 송상이 귀화하고 얼마 후
고려인이 되어 시박사를 찾아 입국하고 무역하는 절차를 받았다는 의미이
다. 이러한 일이 가능했는지 검토해보자.

송대에 해상무역이 발달함에 따라 廣州, 명주 등 주요 항구 도시에 시박
사(무)를 두고 해외로 나가는 해상과 선박의 관리 및 征稅를 관할하도록
하였다.[20] 고려의 해상들이 출입하던 명주 시박사의 운영에 관한 최근 성

---

19) · 김영제, 「송도강 탁영과 서덕영의 정체」, 앞의 책, 151~154쪽.
　　· 김영제, 「고려 도강을 이용한 해상무역」, 앞의 책, 169쪽.
　　이에 대해 송에서는 공빙을 발급받아 해외에 나갔던 상인들은 다시 귀국하여 공빙
　　을 시박사에 반납해야 했는데, 12세기 후반 이후에는 똑같이 고려나 일본에서 온
　　상인이라도 그 상인이 송에서 발급한 공빙을 반납하면 송상으로, 공빙을 지참하지
　　않고 고려나 일본에서 왔다고 주장하면 '고려상인'이나 '일본상인'으로 판단하였다
　　는 견해도 있다(高銀美, 「고려·일본 송간의 무역사이클의 변화」『大東文化研究』
　　103, 2018, 90쪽) 그러나 4장의 송상이 고려와 일본에 귀화한 사례에서 확인되듯이,
　　송대의 규정으로는 원칙적으로 송상의 귀화는 허용되지 않으며, 송상의 귀국은 필
　　수적인 것이라는 점에서 탁영과 서덕영의 고려 귀화는 사실과 부합하지 않는다.
20) 시박사의 기능과 업무에 관한 기본적인 사실들은 藤田豊八과 桑原隲藏에 의해 밝
　　혀졌다.
　　藤田豊八은 송대 시박 규정에 항주, 천주, 광주 어떤 주에서 출발하더라도 반드시
　　시박사 소재의 州로 돌아와야 하며, 그곳의 시박사에 公據—공빙—를 내도록 하였
　　다고 하였다. 이처럼 해외 무역 허가 증빙서에 해당하는 공거를 발부하여 떠나게
　　하는 목적은 첫째 국가에서 해외로 나가지 못하도록 하는 물품이 수출되는 것을

과를 보면 문서 행정은 성내에서, 추해와 박매 등은 성 밖에서 이루어졌다.

즉, 송대에 해상이 명주에 오면 순검사 등의 안내를 받아 三江 입구를 거쳐 奉化江을 거슬러 올라 명주성의 동남쪽 市舶務 부근으로 나아가며, 성 밖의 來安亭에 머물렀다. 이에 해당 관리는 성 밖으로 나와 내안정으로 향하고 추해와 박매를 행하였으며, 이 때에는 짐을 빼내거나 사적 매매 등 탈법행위를 막기 위해 큰 길의 작은 문이 폐쇄되었다. 뒤에 한인 해상은 공빙을 시박무에 반환하거나 또는 외국[蕃]이나 중국[漢] 해상이 전매를 위한 추해와 박매를 마쳤다는 증명서를 발급받기 위해 삼문을 빠져나가 성안이나 시박무에 들어갔다. 명주 시박사는 행정을 불법 없이 집행하기 위해 시박무와 시박정이 기능을 분담하도록 건설되었고, 추해와 박매 등은 성 밖의 내안정에서 하고 사들인[博買] 물화는 폐쇄된 통로를 통하여 성내의 시박무 내 시박고에 운반되어 수장되었다. 공빙 등의 등 문서발급도 성안의 시박무에서 행해졌다.21)

한편, 해외로 나가는 상박에 대해 반드시 같은 항구로 돌아오도록 했던

막고, 둘째, 금지 지역으로 가는 것을 제한하며, 셋째, 수입 화물을 몰래 누락시키는 것을 방지하는 데 있었다고 하였다(藤田豊八, 魏重慶 譯, 2015, 앞의 책, 106쪽). 桑原隲藏은 송대 시박사가 다음과 같은 일을 하였다고 하였다. 첫째, 외래무역선 및 무역상인의 일체 사무를 관장하였다. 이에 관해서는 외국 무역선이 입항할 때 무역금지품의 유무 확인 및 그 보관, 관세의 징수, 정부 전매품의 매입, 이국상인의 보호 및 외국선 출항 때의 검사 등이 있었다. 다음으로 중국 연해에서 외국을 향하여 출항하는 중국 상인에 관한 일체 사무를 담당하였는데, 송상의 출발 및 귀국시 적재 검사와 관세의 징수 등이 있었다. 특히 시박의 사항에 관해 상세히 조사할 때 반드시 해외에서 중국으로 온 시박인지, 중국에서 해외로 간 시박인지 구별하였다고 하였다(桑原隲藏, 楊錬 譯, 1935, 「市舶司及市舶」『唐宋貿易港研究』, 商務印書館; 2015, 山西人民出版社(再刊).

21) 山崎覺士, 2008, 「貿易と都市―宋代市舶司と明州―」『東方學』116, 97쪽.
그 이전에 중국학자가 조금 소략하지만 명주 시박사에서 엄격하게 이루어지는 입국 신고와 세 징수 과정에 대해 서술한 바 있다(黃純艶, 2003, 「宋代海外貿易的興盛及其原因」, 앞의 책, 28쪽).

것은22) 상박은 물론 인원과 화물을 철저하게 파악하는데 같은 시박사가 담당해야 정확하고 편리하였기 때문일 것이다. 외국에서 돌아온 인원이 누락되거나 송의 공빙을 받고 나갔으나 귀국할 때 외국인으로 바뀌는 것은 시박사가 철저히 조사해야 할 사안이었다.

저자는 탁영과 서덕영 등을 송에서 고려강수로 판단한 근거가 예빈성에서 발급한 첩이었고, 그 선박의 선적과 해상의 국적이 틀림없이 고려라는 것을 보증하고 있다고 하였다.23) 그러나 설령 고려에 귀화해서 고려 예빈성이 발급한 첩을 가져왔다고 해도 명주 시박사 관원이 그 이전에 송강수로서 공빙을 받아 나갔던 자임을 모를 리 없다. 왜냐하면 고려에 갈 때 신고한 배를 그대로 타고 되돌아왔으며, 저자가 주장하는 것처럼 강수인 탁영과 서덕영은 이름조차 바꾸지 않았기 때문이다. 그들이 명주 시박사에 고려 예빈성 첩을 근거로 고려에 귀화했다면 송강수가 공빙을 발급받을 때 지키기로 한 규정을 위반한 것이어서 즉시 처벌되는 것이다.

다시 한번 강조하지만, 송을 출발하여 외국에 무역하고 다시 돌아오는 것이 시박사가 공빙을 발급한 자에게 제시했던 가장 기본적인 조건이었다. 이것이 지켜지지 않을 경우 송의 해상관리 체제, 재정 운영, 국방의 측면에서 큰 문제가 일어난다. 물론 운영 과정에서 모든 상인이 시박사가 요구하

---

22) 1085년 목적지 별로 공빙을 발급하는 시박사를 제한한 규정이 폐지되어 목적지에 상관없이 모든 시박사에서 출항하는 것이 가능해졌고(鄭有國, 2004, 『中國市舶制度研究』, 福建教育出版社, 123쪽), 외국을 거점으로 활동하는 무역 상인의 경우에는 앞에서 언급한 무역 규정이 적용되지 않았기 때문에 12세기 후반부터 송의 사료에 등장하는 고려상인이나 일본상인이 명주로 귀환하지 않았다는 주장도 있다(高銀美, 2015, 「宋代 明州市舶司의 변천과 무역조건」, 『大東文化研究』 89, 280·281쪽). 그러나 고려를 다니는 송상들이 굳이 지리적으로 가깝고, 송의 도움과도 가까운 명주 시박사를 경유하지 않고 남하하여 천주로 가는 것은 당시 해상 왕래의 여건과 규정을 감안할 때 원칙에 어긋나는 일이었다.

23) 김영제, 「송·원대 각국 상인에 대한 국적 판별의 근거」, 앞의 책, 80·81쪽.

는 조건을 준수하지 않는 사례도 있고, 바다를 다니면서 해난 사고를 당해 영영 돌아오지 못하는 때도 있었으며, 출항한 이후 회귀하는 기간이 길어서 질병이나 사고로 죽는 인원도 적지 않았을 것이다. 무역상의 편의를 위해 아예 주로 다니던 국가에 귀화하였다는 것은 저자가 사례로 든 고려에 귀화한 송도강 황흔의 존재를 통해 확인된다.24)

한편, 저자의 저서에 대한 서평에서 송도강이 고려에 귀화한 것에 대해 송에서 법제적으로 가능했을지에 대한 의문을 표시하고 두 사람은 고려 귀화가 아니라 '다국적자'와 같은 신분으로 활동했을 것이라는 의견을 제시하기도 하였다.25) 평자는 탁영과 서덕영이 송의 국적을 유지하면서 고려에 귀화하여 양국을 오가며 '이중국적자'로서 행세했다고 보는 것 같은데, 송도강이 고려에 귀화했다는 견해보다는 비교적 당시 역사상에 부합하는 점이 있다. 하지만 송도강 황흔의 사례가 알려주듯이 한번 고려에 귀화한 후다시 송에 가서 살기 위해서는 국왕의 특별한 허락이 필요할 정도로 엄격히 관리되었다는 점에서 '다국적자'라는 대안도 올바른 것은 아니다.26)

24) 이 부분에 대해서는 제4장에서 더욱 상세히 서술될 것이다.
25) 평자는 다음과 같이 매우 조심스럽게 저자의 견해를 비판하고 있다.
"이러한 현상이 당시의 법령과 결부해 생각해볼 때 과연 현실적으로 얼마나 용인되었을지 의문이 남는다. 상당한 국익의 유출을 동반할 수밖에 없을 도강의 국적 이동을 송조가 그대로 방관하였을지, 또 그에 관한 법적 장치는 어떠했는지 숙고되어야 할 과제가 아닐 수 없다. 당시 중국 측 사료에서는 탁영과 서덕영을 '고려인 해상'이라고 불렀고, 일본에 건너가 활약한 상인에 대해서도 '일본상인'이라고 불렀다면 저자가 동시에 이들에 대해 고려와 일본 측의 사료에서는 각기 '송도강'이나 '송나라 사람'이라는 지적은 오히려 그들이 여전히 중국인 신분은 유지하고 있었다는 점을 암시하는 것은 아닌지 필자는 억측해본다. 이 점에서 그들에게는 '귀화'라기보다 이를테면 '다국적자'와 같은 신분으로서 활동할 수 있던 분위기가 당시 양해되고 존재한 것은 아닌지 억측을 거듭해본다"(김성규, 앞의 서평, 356·357쪽).
26) 또 다른 평자는 저자가 주장한 운선업자 송도강의 고려 귀화에 대해 "중국 송대 경제사 연구자인 김영제의 『고려상인과 동아시아 무역사』는 비록 제목은 '고려상

3. '송도강의 운선업자설'에 대한 비판

앞에서 송상이 해외에 가서 장기 거주하는 일이 있었지만, 자국의 상인들이 외국에 귀화하는 것을 쉽게 허용하지 않았으며, 특히 강수는 거의 불가능했음을 서술하였다. 그런데 저자는 탁영·서덕영 등의 송도강이 고려에 귀화하였을 뿐 아니라 한 걸음 더 나아가, 그들이 배를 소유한 운선업자였다고 주장하였다.[27] 저자는 고려 왕과 조정이 이들의 선박을 이용해 왕실무역을 하거나 외교사절을 파견하기도 하고, 고려상인들 역시 이들 배를 타고 왕래하고 있었다고 하였다.[28] 저자는 『萍洲可談』의 기록을 근거로 '12세기에 동서 두 세계를 연결하는 중계항에는 여러 나라의 객상을 상대

안'으로 되어 있지만, 고려라고 하는 일국사적 관점에만 국한되지 않고, 중세 동아시아 海上이라는 국가나 민족을 넘어선 공간의 맥락에서 "고려상인'을 복원하고 있다. '고려상인'이라고 불렸던 이들의 활동을 복원하기 위해 고려 측 사료에 기재된 관련 기록들을 비판적으로 재해석하고 중국 측의 기록들과 국제적인 연구들을 기반으로 다양한 각도에서 대조함으로써 그 실체적 의미를 재구성하는데 주력하고 있다. 저자는 통일 신라기를 이어 활발한 국제 교류를 진행했던 '고려상인'에 대해서 국적과 인종을 초월한 '동아시아인 해상'으로서 진정한 실체를 새롭게 복원하고 있다"고 의미를 부여하였다(김한신, 앞의 서평, 324쪽).

27) 저자는 도강이 선박의 주인이었다는 근거로 남송대 중국 사료에 있는 舶主 都綱廟와 大舶主 季都에 관한 기록을 제시하였다(『分門古今類史』 권4, 「昭武販馬」). '박주 도강묘'에서 '박주'와 '도강'이 서로 연관성을 가지고 있으며, '계도'가 '대박주'였다고 되어 있지만, 실은 '계도'에서 '강'이라는 글자가 생략된 상태로 '계도강'이 다름 아닌 '대박주'로 봐도 무방하다고 하였다(김영제, 「고려 도강을 이용한 해상무역」, 앞의 책, 158·159쪽). 이처럼 저자는 중국의 사례를 들고 도강이 박주라고 하였는데, 대체로 상단[綱]의 우두머리를 송에서는 강수, 고려에서는 도강이라고 적었으므로 중국의 사례를 들고 고려에서 사용하는 송도강의 성격을 밝히는 것은 잘못되었다. 설령 저자의 주장이 맞는다고 해도 이 사례가 탁영과 서덕영, 더 나아가 『고려사』에 기록된 송도강이 배의 소유주라는 것, 운선업자라는 것을 증명하지 못한다.

28) 김영제, 「고려 도강을 이용한 해상무역」, 앞의 책, 169쪽.

로 운선업을 전문으로 하는 해상도 출현해 있었으며, 이런 까닭으로 당시 해상무역을 하는 상인들은 굳이 자신의 선박을 소유할 필요가 없었고, 그로 인해 객상과 같은 소자본을 가진 상인도 해상무역에 참여할 수 있었다'고 하였다.[29]

저자의 논지를 고려와 송의 해상무역에 적용하면 송도강이 운선업자가 되고 자본력이 낮은 고려의 상인이 그 배에 편승하여 송을 왕래하며 무역을 하였다는 뜻으로 이해된다. 송대 중국 사료에 고려해상이 중국에서 활동한 것처럼 기록되어 있는데, 조선술이나 항해술이 부족하여 송에 왕래하기 쉽지 않은 고려인들의 왕래를 도와줄 누군가가 있어야 했으므로 저자는 도강과 배의 주인[舶主]를 연결시켜 송도강이 운선업자였다는 견해를 내놓았던 것이다.

이러한 저자의 독특하고 과감한 주장에 대한 평자의 반응도 긍정적이었다. 한 평자는 '고려나 일본의 경우에는 송과 원양항해를 위해 선박재료와 기술자를 외국에서 들여오는 데 많은 비용을 들여가면서 첨저선을 제작할 필요 없이 중국 운선업자로서 귀화를 희망하는 자들 중에서 필요한 능력을 지닌 경우 이들을 받아들여 활용하는 것이 보다 효율적이었다'고 하였다.[30] 평자는 해운과 조선 기술이 송보다 낮은 고려가 운선업자인 송도강의 귀화를 통해 교역상 비용 절감과 경쟁력을 높일 수 있었다는 저자의 논의에 기본적으로 동의하고 있음이 분명하다.

그리고 송도강이 귀화한 운선업자였다는 주장에 대해 논지의 실증 여부

---

29) 김영제, 앞의 책, 161~164쪽. 심지어 저자는 '탁영이나 서덕영 역시 당시 고려에 거주하던 화교해상이었다. 이 사실은 고려 쪽에서 굳이 배를 만들거나 중국과 소통할 수 있는 사람을 양성할 필요가 없었으며 가만히 앉아서도 사람이나 첨저선과 같은 배도 얼마든지 구할 수 있었다고 보아야 하지 않을까?'라며(김영제, 앞의 책, 165쪽) 고려와 송 사이에 배가 무역품의 하나로 거래되었던 것처럼 서술하였다.
30) 김한신, 앞의 서평, 328쪽.

를 떠나 송도강이 고려에 귀화해야만 고려 사람들을 태우고 송을 왕래할
수 있었는지에 대해 검토해볼 필요가 있다. 송은 무역 진흥 정책의 하나로
서 해외로 나간 송상들이 외국 상인들을 데리고 오는 것을 우대하였다. 그
내용을 구체적으로 살펴보면, 송 정부는 蕃長과 강수에게 외국 상인[蕃商]
을 불러 맞이하게 하였다. 번장은 정부를 거쳐 임명한 번상의 담임으로 번
방의 사무를 담당하였으며, 번장은 번상에게 일정한 영향력이 있어서 번상
을 불러들이는 데 역할을 하였다. 강수는 배를 타고 각국을 장기간 왕래하
여 蕃舶을 불러들이는데 편리하였고, 송은 번박을 초유하는 데 공이 있는
번장과 강수에게 관직을 주어 장려하였다. 이 밖에도 번상이 일정 기간 중
국에 머무는 것을 제한하면서 그들이 부단히 왕래하며 무역하도록 하였
다.31) 그러므로 송의 강수―『고려사』 기록의 송도강―가 굳이 고려에 투
화하지 않아도 고려 해상을 태우고 송에 다니는 데는 문제 없다.

　고려강수가 귀화한 송나라 상인이고, 고려도강이라고 불렸다는 것을 인
정해도 여전히 남는 문제는 송강수가 고려에 무역하러 갔다가 귀화하면서
송에서 타고 간 배의 국적이 고려의 배로 바뀐다고 주장한 점이다. 저자가
이러한 주장을 한 배경에는 다음과 같은 사정이 있다. 고려의 배가 평저선
이어서 고려 상인들이 항해술과 조선술이 뛰어난 송의 배와 같이 빠르고
안전하게 서해를 왕래하는 송상과 경쟁할 수 없었지만, 한편으로 고려 해
상이 송에 가서 무역했음이 분명해 보이는 기록을 몇 가지 찾아냈다. 두
가지 사실이 모순되는 점이 있으므로 '선주이자 운선업자'인 귀화한 고려
도강강수의 배를 이용하여 고려 해상들이 송을 다녔다고 이해하였다. 고려
해상의 동아시아 무역을 입증하기 위해서 강수가 고려에 귀화하고 그들의
도움으로 고려 해상이 무역에 종사하였다고 설명한 것이다.32)

---

31) 曹家齊, 「邊塞與海上交通制度」, 앞의 책, 243쪽.
32) 중국 사서에 나오는 고려 해상의 활동이 가능하기 위한 필요조건으로 운선업자인

저자는 송 해상이 거란이나 금에 몰래 도항하는 경우가 있었고, 그들이 자신의 이익을 위해 공공연히 법을 어기고 있었기 때문에 蘇軾이 고려를 오가며 활동하던 송상에 대하여 부정적인 시각을 가졌던 것이며, 이 같은 사례는 송나라 해상들이 마음만 먹으면 국적도 넘나들 수 있었다는 것을 보여준다고[33] 하였지만, 당대의 실정은 매우 달랐다. 송상이 해외를 왕래하며 계속 무역하기 위해서는 송의 관리 규정을 준수해야 했다.

송이 고려에 가는 해상에 대해 더욱 엄격한 규정을 마련한 이유는 고려가 송의 적대국인 거란(요)과 접경하였고, 고려가 거란(요)의 책봉국이었기 때문이다. 송은 여러 차례 편칙을 내려 해상의 활동에 대해 규제하면서 중국 상선이 고려와 송의 등주·내주·북계 방면으로 도항하는 것을 금지하고 이를 어길 경우 처벌한다는 규정을 만들었는데, 그 원인은 고려를 통하여 송의 기밀이 거란(요)에 누설되는 것과 국가 방어에 영향을 줄 것을 우려하였기 때문이다.[34] 그래서 1079년 일시적으로 허용한 것을 제외하고 송 상인이 고려에 가는 무역을 금지하였으나, 송 지방 관리의 묵인 하에 고려를 다녔던 것이다.[35]

송 정부는 정치·군사·경제적 이익을 고려하여, 외국과 교역할 수 없는

송도강의 존재가 저자의 논지에서 반드시 필요했다는 점은 다음과 같은 서술을 통해 확인된다. "당시 고려 선박은 평저선이며 일본의 배도 크게 다르지 않았으며, 속도나 크기에서 모두 중국 선박에 비해 부족함을 가지고 있었다. 이 때문에 고려나 일본 상인이 남중국 명주나 천주까지 가서 무역하기 위해서는 그 쪽 바다를 항해하기 알맞은 첨저선과 더불어 저쪽과 소통해줄 사람이 필요하여 송상보다 송도강에 초점을 맞추었다고 하였다."(김영제, 「고려 도강을 이용한 해상무역」, 앞의 책, 164쪽).

33) 김영제, 앞의 논문, 165쪽.
34) 森克己, 「日宋貿易における中國商人の性格」 『歷史地理』 84-4, 1954; 『續日宋貿易の硏究』, 國書刊行會, 1975, 354·355쪽.
35) 陳高華·吳泰, 「宋元時期 海外貿易的活動狀況」 『宋元時期的海外貿易』, 天津人民出版社, 1981, 37쪽.

물품을 규정하였다. 송은 병기, 피혁, 유황, 염초, 竹牛角, 수은, 단칠, 혹은 병기 제조에 쓰이는 물품, 구리, 은, 흑칠, 양식, 서적 등 긴밀한 물자 혹은 국가 기밀의 물품은 사적으로 국경 밖으로 나가지 못하게 하였다. 남송 시기에는 제한 범위가 더욱 넓어져 箭桿, 水牛皮, 犬馬皮, 沙魚皮 등과 병기로 이용될 말의 안장식, 도검 등의 물자가 일체 국경 밖으로 나가지 못하게 하였다.36) 이 조치는 이들 물품이 송과 적대하고 있는 거란(요) 등에 전해져 송을 공격하는 데 사용되는 것을 막으려는 의도였다. 그러나 그 물품에는 정작 중요한 배가 빠져 있다. 배는 유사시에 많은 병사와 군사물자를 운반하는 가장 효과적인 운송 수단이다. 당대 최고의 조선 기술로 만든 송상들의 배가 거란(요)·금과 같은 적국의 수중에 들어가고, 뛰어난 항해술을 가진 송상이 항해를 맡게 된다면 송나라에 커다란 군사적 위협이 되었을 것이다. 운선업자인 도강이 고려에 가서 투화를 하고 그와 더불어 상박까지 고려의 배로 전환되는 것은 해상의 출입을 관리하는 시박사는 물론 송 정부가 해상무역 관리 제도를 전면적으로 바꾸어야 할 만한 중대 사인이다. 다른 지역을 다니는 해상에 비해 고려에 가는 해상에게 거액의 재본과 보증인 등의 까다로운 조건을 걸었던 것도 고려가 적국과 국경을 접하는 가장 위험한 지역이라는 점을 고려한 것이다.37)

---

36) 吳曉萍,「官方對外貿易及其管理制度」『宋代外交制度研究』, 安徽人民出版社, 2006, 218·219쪽.

37) 한 평자는 고려인들 역시 중국과 무역함에 있어 자신들의 평저선보다 중국의 첨저선이 필요했을 것이므로 중국 운선업자('도강')들과 긴밀한 관계를 맺었을 것이라는 저자의 의견에 동의하면서 '향후에는 고려에서도 중국 항해용 선박을 자체 건조하게 되었을 가능성, '중요 정보를 한반도와 공유하고 선박대여도 주선해줄 중국내 자국인'들을 육성하는 방향으로 나아갔을 가능성 또한 학계에서 검토되기를 기원해본다'는 의견을 냈다(이강한, 앞의 서평, 84쪽). 필자가 위에서 설명한 것처럼 당시 선박 자체가 군사용으로 전용될 가능성이 크며, 엄청난 금액이 오가는 큰 거래이므로 그런 일을 생각할 수 없었다. 만약, 그러한 시도가 있다고 하면 송이 그것을 막는 것은 물론, 관련자들을 전원 처벌했을 것이다.

실제로 고려는 거란(요)에 사대하면서 송에 사신을 보내는 이중외교를 한 적이 있고, 거란(요)과 금이 전쟁하던 시기에 일시적으로 중립적인 태도를 취한 적이 있지만, 1126년 이후 다시 금을 사대하였다. 그러므로 정강의 변 이후 고려가 송의 가도 요청을 거절한 뒤에 다시 고려가 사신을 보내고자 했을 때, 송은 고려가 송에 관한 정보를 금에 넘길 것이라는 점을 들며 고려 사신의 입국을 반대하였다.

저자가 고려에 귀화한 선주 강수라고 주장하는 탁영과 서덕영이 활동하던 때는 주로 1132년과 1160년대였다. 전자는 송과 금의 전투가 치열할 때였고, 후자는 송과 금의 화의가 이루어진 뒤라고 해도 해릉왕의 공격으로 송과 금의 교전이 있었던 직후여서 양국의 적대 관계가 해소된 것은 아니다. 이런 상황에서 송의 강수가 고려에 무역하러 갔다가 투화를 하고 다시 그 배를 타고 송에 와서 무역할 수는 없었다.

다음으로 송의 해상들이 과연 외국에 귀화를 결정할 만한 동기가 있었는지를 고찰해보자. 이 문제 역시 송대의 해상 관리제도의 운영에서 그 해결책을 찾아야 하는데, 송상의 출신 배경에서 그 단서를 구해보겠다. 송나라에서 해외로 나가 무역하는 사람의 대부분은 '舶戶'였다. 송 정부는 이들에 대한 관리와 세금 거두기[征稅]를 편하게 하고자 호적에 '박호'라고 기재하였다. 그리고 1135년(송 소흥 5년, 고려 인종 13)에 諸路 연해 주현의 해선을 가진 인호는 5가를 1保로 삼고, 마음대로 해외로 나가지 못하게 하였으며, 위반한 자는 그 자산을 적몰하였다.[38] 이 保甲 연좌법이 시행됨에 따라 송 정부가 해상의 무역 활동을 통제할 수 있게 되었다.[39] 해상은 일방의 覇로 불릴만큼 지방의 호강이었으므로 지방관이 그들과 친밀한 관계를 유지하려고 할 정도였다.[40] 해외로 나가는 상박의 하급선원들은 육체적

38) 『建炎以來繫年要錄』 권89, 紹興 5년 5월 임진.
39) 黃純艷, 「海外貿易與宋代商業的發展」, 앞의 책, 104쪽.

인 일을 하는 것에 대한 대가를 받았겠지만, 강수급은 외국에서 팔 물품을 구매하고 사람을 고용하기 위해서 적지 않은 자산을 소유하거나 빌릴 수 있을 정도의 재력은 갖추어야만 했을 것이다.

아울러 한 지역의 토호로 여겨질 정도의 사회적 위상과 경제적 부를 가진 해상들이 외국에 귀화하여 근거지를 바꾸려고 할 때는 해상으로서 출신지 또는 연고지에 쌓아놓은 자산과 사회적 지위를 잃게 될 것이다. 송상이 고려로 가면서 모든 가족과 더불어 전 재산을 가져가고, 고려에서 높은 지위를 보장받는다고 해도 송대의 해상이 고려에 귀화를 결심하는 일은 실현되기 어려웠다.

북송시대에는 해상 가운데 배와 무역품을 소유하고 자신도 강수로서 배를 타고 해외에 나가는 일이 많았으며, 남송시대가 되면 무역에 의해 거만의 부를 쌓은 대자본가가 등장하였다. 그러면서 그들은 무역업자로서 투자하고 배와 물화를 소유하여도 해외에 나가지 않고 중소상인들을 고용하거나 일족 중의 누군가를 대리로 하여 강수의 지위에 취임시키고 해외에 파견하여 무역을 영위하였다.[41] 탁영과 서덕영이 활동하던 남송 시기에는 선박주들은 위험을 감수하고 직접 해외에 나가지 않고 중소상인이나 대리인을 강수로 삼아 해외무역을 했던 것이다.

사실 송상의 고려 왕래가 활발하던 시기에는 고려 해상이 비싼 대가를 치르고 송도강의 배 편에 중국에 가서 무역할 필요가 없었을 것이다. 고려 초에는 고려 해상이 중국에 가서 무역하였지만, 성종 대 최승로가 시무책에서 사신이 송에 가는 때를 제외하고 개별적으로 해상이 무역하러 외국에

---

40) 黃純艶, 「宋代海外貿易的興盛及其原因」, 앞의 책, 46쪽.
　　일본을 다니던 해상의 아들인 周良史가 명주의 유명 가문인 시씨와 혼인할 수 있었던 것도 그러한 사회적 배경이 있었기 때문이다.
41) 森克己, 「日本·高麗來航の宋商人」 「朝鮮學報」 9, 1956; 앞의 책, 1975, 2쪽.

가는 것을 금할 것을 청하였다.42) 그 이유는 중앙집권화에 장애가 될 우려가 있는 해상세력을 막기 위한 것이었으며, 이 원칙은 적어도 무신정권기까지 지켜졌다. 그 대신 송상이 고려에 오는 것을 허용하여 송과의 외교중단과 고려 무역상의 공백으로 인한 혼란을 방지하였다는 것은 1058년 문종이 송과 통교하려 하자 내사문하성이 반대하며 내세운 이유 중의 하나로 '하물며 우리나라에는 문물·예악이 행한 지 이미 오래되었으며 상박이 연이어 내왕하여서 값진 보배가 날마다 들어오므로 중국과 교통하여도 실제로 이익이 없을 것입니다. 거란과 영구히 절교하지 않을 것이라면 송과 통교함은 마땅하지 못합니다'라는 말을 통해 확인된다.43)

그러나 운선업자인 송도강은 귀화하여 고려와 송을 왕래할 수 없었다. 저자와 평자가 송상을 국적과 인종을 초월한 존재로 송도강을 상정한 데는 송대에 많은 해상이 해외로 나가 무역하였다는 사실과 그 가운데 일부가 외국에 귀화하여 무역 활동을 했던 데서 비롯된 오해이다. 송대 해외 무역 행정의 특징은 해상들의 해외 진출이 활발했던 만큼 철저히 관리했다는 점에 있다. 송대 해상 관리 제도에서 해상교통의 금지는 주로 4가지였다. 첫째, 일정한 지역과 국가에 가서 무역하는 것을 통제하는 것, 둘째, 중국 상선이 함부로 외국인을 태우고 중국에 오는 것, 셋째, 동전 및 군용물자를 싣고 바다로 나가는 것, 넷째, 번객과 더불어 사사로이 상교역을 하는 것 등이 금지 대상이었다. 송대에 해상무역을 발전시킨 목적은 시박세를 받아

42) 『高麗史』 권93, 崔承老傳.
43) 『高麗史節要』 권5, 문종 12년 8월.
이 기록을 보건대 고려가 중국과의 해상무역에 참여할 유인 요인도 없는 것 같다. 송상이 선진문물을 충분히 공급하는 상황에서, 고려 상인들이 선박과 해운상의 강점을 지닌 중국과의 무역에 종사할 필요가 없다. 굳이 송도강의 배를 빌려 중국에 갈 이유도 없다. 송도강이 배의 소유자로서 고려에 귀화한 운선업자였다는 주장은 당시 고려와 송의 무역 여건을 종합해보건대 전제부터 잘못되었고 사실과도 부합하지 않는다.

재정수입을 늘리려는데 있었으므로 사교역을 엄금하고 해상무역이 관부의 관리하에 들어오도록 했다. 그러므로 무릇 배로 출해 무역하는 자는 모두 모름지기 공빙을 신청하고, 시박사의 검사[檢驗]를 거쳤다. 출항지에서 검사를 거치지 않고 공빙이 없는 자는 담당자가 고하여 잡아내고, 배의 화물은 관에 몰수하도록 하였다.[44]

요컨대, 송 정부의 입장에서 가장 위험한 군사물자인 배의 소유자가 자국과 적대하는 거란(요)이나 금의 책봉국인 고려에 귀화한다는 것은 배의 소유권이 넘어간다는 것을 의미하므로 절대 허용할 수 없는 일이었다. 송은 이와 같은 일들이 일어나는 것을 미연에 방지하기 위해 송상이 고려와 거란(요) 등에 가는 것을 제한하는 편칙을 반포하고, 지키지 않은 자에 대한 처벌 규정을 두었던 것이다. 운선업자인 송도강이 고려에 귀화하는 것은 송대 해상 관리 정책을 보건대 사실상 불가능하였다.[45]

4. 송상의 고려·일본 귀화 사례와 그 실제

송상 가운데는 해외에 나가 그해에 돌아오지 않는 것을 住蕃이라 하며, 수 십 년이 되어도 돌아오지 않는 경우가 있었다.[46] 특히 일본에서는 송상

---

44) 曹家齊,「邊塞與海上交通制度」, 앞의 책, 245~247쪽.

45) 더욱이 고려 성종대 중국에 사신이 가는 편을 제외하고 해상이 개별적으로 무역을 하지 못하도록 한 조치로 인해 고려해상의 대송 무역이 쇠퇴한 반면, 송상이 자주 고려를 왕래하게 되었고, 때로는 고려인이 송상에게 필요한 것을 주문하면 다음번 올 때 그것을 구해줄 수도 있었다. 이러한 상황에서 굳이 저자의 주장처럼 고려 상인이 고려에 귀화한 송도강의 배를 빌려 송에 가서 무역할 필요성도 적으며, 송상과 경쟁하며 무역을 한다 해도 이익을 얻기 어려웠을 것이다.

46) 北人過海外 是歲不還者 謂之住蕃 諸國人至廣州 是歲不歸者 謂之住唐 廣人擧債總一倍 約舶過回償 住蕃數十年不歸 息亦不增(『萍洲可談』 권2)

의 장기 거류 양상이 더욱 분명하게 확인된다. 11세기 후반부터 일본의 하
카타에 송상이 거주하고 무역 활동을 하였다. 그들은 하카타의 부둣가 주
변에 살며 교역 활동을 영위하는 형태였으며, 송상의 관점에서 보면 '주번'
이라는 방식으로 전환을 꾀하였던 것이다.

송상의 체재 기간에 대한 사료가 비교적 풍부한 일본의 사례를 9세기
후반과 11세기 전반에서 비교한다면, 9세기에는 1~2년에서 길어져 3~4년
이 되고, 11세기에는 6~8년에 걸쳐 꽤 장기간에 머물게 되었다. 그리고 10
세기 말~11세기 초 周文裔·章承輔 등 해상들이 일본인 처를 데리고 그 사
이에 태어난 일본 출생 중국인—土生唐人— 周良史와 章仁昶도 성장하여
日宋貿易에 종사하였다. 이 무렵에 일본 博多는 이미 해상을 일반인에서
격리하는 폐쇄성을 불식하고 관민들의 무역 중심지로서 송상이 장기간 머
물며 세대를 갖추어 생활도 영위하는 영업 거점이었으므로 일본 내 중국인
거주지인 唐坊의 祖型을 이루었다.[47] 그런데 이와 같은 송상의 유형은 일
본에 국한되지 않고, 비슷한 시기에 아시아 주요한 항만도시에서 공통적으
로 나타나는 형태였다. 송에서 외국에 나가는 해상이 송나라 사람을 편승
시켜 남방제국으로 갔으며, 그들은 그 지역에 수 년 또는 20년간도 체류하
여 귀국하지 않고 현지 부인과 결혼하여 아들까지 낳는 사례도 있다.[48]

송의 해상 무역 대상 가운데 가장 가깝고 비교적 안전한 항로여서 많은
송상이 왕래했던 고려에도 상주하는 송나라 사람이 있었다. 송상의 고려
무역에 관한 초기 연구 성과에서 고려 왕성에 華人이 수백인이며 대부분은

· 周運中, 『中國南洋古代交通史』, 廈門大學出版社, 2015, 285쪽.
· 李東潤, 「宋代海上貿易의 諸問題」『東洋史學研究』 17, 1982, 27쪽.
47) 渡邊誠, 「鴻臚館の盛衰」『日本の對外關係 3, 通交·通商圈の擴大』(荒野泰典·石井貞
敏·村井章介 編, 吉川弘文館, 2010, 360·361쪽.
48) 龜田明德, 「唐代陶磁貿易の展開と商人」『アジアのなかの日本史』(荒野泰典·石井
正敏·村井章介 編), 東京大學出版會, 1992, 143·144쪽.

閩人이었다는 『송사』 「고려전」의 기록을 들고, 고려에는 다수의 귀화인이
있었으며, 그들이 대개 상인이었을 것이라는 점을 밝힌 바 있다.[49]

더욱이 보통의 송상이 아니라 그 우두머리급에 해당되는 송도강 황혼이
귀화하였던 일이 확인되는데, 저자는 이것을 탁영과 서덕영을 귀화하였다
고 보는 주요한 논거의 하나로 삼고 있다.[50] 이는 저자의 논지와 관련한
핵심 사료이므로 자세히 분석해볼 필요가 있다. 관련 기사의 내용은 다음
과 같다.

> A1. (문종 9년 9월) 신미일에 예빈성이 송도강 황혼의 글을 상주했다.
> "신은 포안과 세안 두 아들을 데리고 고려에 '투화'했습니다만,
> 본국에 82세가 된 모친이 있어 보고 싶어 슬픔을 가눌 길 없습니
> 다. 청컨대, 장남 포안만이라도 돌려보내 공양토록 하소서" 라고
> 하였다. 왕이 일컫기를 "남녘에서 날아온 새도 고향에 가까운 남쪽
> 가지에 둥지를 틀거늘, 하물며 사람이랴!"하고 이를 허락했다.[51]

---

49) 金庠基, 앞의 논문, 59쪽.

50) 저자는 송도강 탁영과 서덕영이 고려에 귀화했는지는 알 수 없다고 하면서도 A1
의 사료를 제시하면서 다음과 같이 서술하였다. "이 사료는 1055년의 것으로 고려
가 송과 다시 수교하기 이전의 것이다. 송상들이 자제들과 고려에 찾아왔던 것처
럼 이미 이 때부터 고려에 투화해 있던 송도강도 있었다. 따라서 탁영이나 서덕영
도 이 황혼처럼 고려에 스스로 귀화한 송도강이었다."(김영제, 「고려 도강을 이용
한 해상무역」, 앞의 책, 167쪽).

51) 辛未 禮賓省奏 宋都綱黃忻狀 稱臣携兒蒲安·世安來投 而有母年八十二 在本國 悲戀
不已 請遣還長男蒲安供養 王曰 越鳥巢南枝 況於人乎 許之(『高麗史』 권7, 「世家」,
文宗 9년 9월).
이 기사에서 이미 오래 전에 귀화한 황혼을 송도강이라고 하였는데, 그것은 송도
강이라는 표현이 배의 소유 여부와는 무관하다는 것을 알려준다. 아울러 강의 상
층부를 이루는 직함은 강수, 부강수나 잡사가 있으므로 황혼은 그 범주 안에 들면
서 공빙을 신청해 받은 대표자의 지위였을 것이다. 그렇지 않다면 송도강은 지위
나 역할을 고려하지 않고 송상 전체를 편하게 부르는 美稱일 수도 있다.

A1은 귀화한 송도강 황흔이 송에 남아 있는 82세의 모친을 모시기 위해 장남 黃浦安을 다시 송에 돌려보내줄 것을 고려국왕에게 청하자, 허락해주었다는 내용이다. 저자는 이 사료를 들고 당시 고려국왕은 귀화를 요청하는 송도강 가운데 재능에 따라 '선별적'으로 허용했으며, 고려에서 운선업을 하며 먹고 살도록 하고 때로는 사신과 같은 특별한 일에 활용하였다고 해석하였다. 저자는 더 나아가 1033년부터 1229년까지 송도강의 내항 기록을 표로 만들고, 고려에 귀화한 도강이 한두 명이라는 것이 상식적이지 않기 때문에 『고려사』 세가에는 고려에 귀화한 송도강이 꽤 있었다고 주장하였다.[52]

이러한 견해에 대해 한 평자는 고려의 선박이 남중국에 활발히 진출해 때로 그 수가 '수백 척'에 이르렀다는 상황은 정확히 알기 어렵지만, 저자는 대부분이 귀화하여 고려인이 된 '송도강'의 선박이었으며, 고려 해운력이 크게 증강되고 고려 상인의 해상 활약 역시 제고되는 결과로 이어졌을 것이라고 하였다. 한편, 당시 동아시아 해역에서 '고려상 주도설'까지는 아닐지라도 고려상이 송상의 역할을 크게 따라잡았다고 말할 수 있는 지에 대한 의문을 제기하였다.[53] 이와 같이 고려의 해상들이 송을 다니며 크게 활약했다는 저자의 주장은 1930년대 고려와 송의 무역 연구에서 현종대 이후 송이 멸망할 때까지 다수의 송상이 출입하였다는 사실을 밝혀낸 이래[54] 고려사 연구자들에게 의해 발전 계승되어 온 송상의 무역 주도설을 뒤집는 것이다.

그러나 황흔이 '송도강'으로 귀화하였기 때문에 '송도강' 탁영과 서덕영이 귀화인으로 연결시키는 것은 전형적인 견강부회의 논리이다. 황흔 관련

---

52) 김영제, 「고려 도강을 이용한 해상무역」, 앞의 책, 164~170쪽.
53) 김성규, 앞의 서평, 358·359쪽.
54) 김상기, 앞의 논문, 59~65쪽의 <표2> 참조.

기사를 꼼꼼히 살펴보면, 고려와 송을 왕래하던 탁영·서덕영과 달리 황흔은 귀화한 이후 고려를 떠나 송에 간 적이 없었던 것 같다. 황흔을 송도강이라고 한 것은 그가 여전히 고려에 살면서 무역과 관련된 일을 하고 있었기 때문이며, 모친에 관한 소식은 송상을 통해 전해 들었을 것이다. 황흔이 '본국에 82세가 된 모친이 있어 (마음이 놓이지 않아) 슬픔을 가눌 길 없습니다'라고 한 것이나, 고려국왕에게 노모의 공양을 위해 장남 황포안을 보내줄 것을 청해서 허락을 받는 것 등이 그러한 사정을 알려준다. 황흔은 고려에 귀화했으나 저자의 주장과 달리 마음대로 중국을 왕래하지 못하였던 것이다.[55]

송상은 아니지만 고려에 귀화한 송나라 사람의 사례는 더 있다. B1은 杜道濟와 祝延祚 등이 상선에 편승해서 고려에 왔다가 귀국하지 않아 고려와 송 사이에 외교적 문제가 되었던 기록이다.

> B1. (인종 2년 5월) 경자일에 송상 유성 등 49인이 왔다. 처음에 명주의 杜道濟와 祝延祚 등이 상선을 따라 본국에 왔으나 돌아가지 않았다. 명주가 재차 문서를 이첩하여 찾으니, 국가가 표를 올려 그들이 고려에 머물기를 청하였다. 이에 이르러 유성 등이 와서 명주가 성지를 받들어 전한 첩을 전하여 이르기를 "두도제 등이 편한 대로 거주할 것을 허락한다"고 하였다.[56]

---

55) 이후 장기간 고려에 머물던 황포안이 다른 송상의 배를 타고 송에 귀국하였을 때, 시박사가 공빙을 참고하여 그 배의 인원과 물품을 조사하였을 것이다. 그 과정에서 공빙에 없는 인물로 밝혀진다면 당연히 명주 시박사의 조사 대상이 되고 적당한 사유를 대지 못할 경우 처벌을 받았을 것이다. 송의 海商에 대한 출입 관리가 철저히 이루어지는 한 송상이 외국에 귀화하는 것은 쉽지 않은 일이었다.

56) 庚子 宋商柳誠等四十九人來 初明州杜道濟·祝延祚 隨商船 到本國 不還 明州再移文取索 國家上表請留 至是 誠等來傳明州奉聖旨牒云 杜道濟等許令任便居住(『高麗史』 권15, 「世家」. 인종 2년 5월).

위 내용은 1124년 이전에 고려에 왔다가 돌아가지 않은 두 명의 송나라 사람이 고려의 요청으로 고려에 머물도록 허락받는 과정을 담고 있다. 이 기록에서 두도제·축연조가 고려에 왔던 것은 인종 2년 5월보다 훨씬 전이었을 것이다. 왜냐하면 이 기사가 있기 전에 두 사람은 고려에 왔다가 돌아가지 않았고, 그것을 알게 된 송의 명주에서 두 번에 걸쳐 고려에 공문을 보내 두 사람을 찾아보내도록 요구했기 때문이다. 이어 고려가 송 황제에게 그들의 고려 거주를 허락해줄 것을 요청했고, 그것을 받아본 송 황제가 명주에 허락하는 명령—성지—을 보내고 다시 그것을 송상 유성이 가져오는 복잡한 과정을 거쳤다. 그러므로 두도제 등이 송으로 귀환하지 않은 사건은 고려와 송 사이에서 여러 차례 외교 문서를 주고받는 과정을 거쳐 마침내 송상 유성이 송 황제의 명령을 가져오면서 비로소 해결되었던 것이다.

그런데 본고의 주제와 관련하여 주목되는 것은 송 명주가 고려에 가서 돌아오지 않는 두 사람을 찾아서 보내달라고 고려에 공문을 보냈다는 점이고, 고려는 송 황제에게 표를 올려 그들이 고려에 머물 수 있도록 요청했다는 점이다. 이러한 과정이 있게 된 원인은 두 명의 송나라 사람이 고려에 갔다가 돌아가지 않은 데서 비롯되었지만, 그것이 고려와 송 사이에 외교 문제가 되기 시작한 것은 두 사람을 태우고 고려에 갔던 송상 일행이 송에 귀국하면서 송 명주 시박사가 그 사실을 알아챘을 때부터였을 것이다. 앞에서 검토했듯이 시박사가 해외로 나가는 송상에게 공빙을 발행하였던 것은 시박세를 거두고, 인원의 출입을 분명히 하려는 의도였다. 따라서 송대 시박사의 기능을 참고하여 사건의 전개를 추정하면 다음과 같다.

두도제·축연조를 싣고 고려에 가는 배가 출발하기 전에 강수—도강—는 시박사에 신고하고 상단—강—의 이름, 화물의 종류와 수량이 기록된 공빙을 받고 고려로 떠났을 것이다. 이후 그 강수는 두도제 등을 고려에 남겨둔 채 송으로 귀환하여 명주 시박사에서 입국 절차를 밟았는데, 인원을 확인한 결과 두 명이 돌아오지 않았음을 알게 되었다. 이에 시박사는 강수에게 그 이유를 묻고 책임을 추궁하였으며, 고려에 남아 있다는 답변을 받았을 것이다. 명주 시박사는 이 사실을 고려와 외교문서를 주고받는 지방 관청인 송 명주에 이첩하여 송상이 고려에 가는 편에 두도제 등을 찾아 돌려보낼 것을 고려 국가에 요청하였고, 두 차례에 걸친 송의 송환 요구 공문을 무시할 수 없게 되자, 두도제 등이 고려에 살고 있음을 인정하고 송 황제에게 그들의 고려 거주를 허락해줄 것을 요청하는 표를 보냈고, 결국 1124년 그것을 들어주겠다는 송 황제의 성지를 유성이 가져와 고려 두도제 등의 '미귀환' 사건은 종결되었다. 이 과정에서 두 사람의 실종 사실을 파악하는 근거 자료가 되었던 것이 명주 시박사가 발급한 두도제·축연조의 이름이 포함된 공빙이었다. 명주 시박사가 해외를 다니는 송나라 인원의 점검에 철저하였으며, 그 기능이 실제로 작동하고 있음을 확인시켜주는 것이 이 사건이었다.[57]

이와 같이 송은 해상으로 출입하는 내외국인을 엄격하게 점검하는 관리 제도를 운영하였다. 그 제도의 철저한 시행을 위해 시박사라는 기구를 만들고, 해외에 나가는 강수에게 공빙을 발급하여 책임과 의무를 다하도록 하였다. 이러한 상황 속에서 외국에 나간 선원이 귀환하지 않는 일은 시박사가 묵인해줄 수 없는 중대한 사안이었다. 인원의 유고에 대해 책임자인 강수의 충분한 해명이나 증거가 있어야 하며, 그것으로 충분히 납득되지 않을 경우에 송의 시박사는 다음에 고려에 가는 상인 편에 고려에 공문을 보내 그 사실을 확인했을 것이다. 모든 절차를 거쳐 인원이나 화물에 대한

---

57) 이 사건이 알려주는 것은 송나라 사람이 고려에 왔다가 귀환하지 않으면 안되었으며, 송나라 사람이 외국에 머물고자 할 때는 송황제의 특별한 명령이 필요하였다는 점이다.

사고에 대해 제대로 해명하지 못한다면, 강수에게 책임을 물어 그를 징벌하는 것은 당연하다. 다만, 고려에 갔던 두도제와 축연조가 귀국하지 않아 발생했던 사건은 고려가 송 황제에게 사건의 경위를 설명하고 정식으로 고려에 머물 것을 청하여 허락을 받았으므로 상대적으로 관련자들은 상대적으로 관대한 처분이 있었을 것이다.

한편, 일본을 다니던 송상의 사례가 있다. 황흔과 같이 송에 귀환하는 것을 포기하는 대신 고려에 귀화한 경우에 송에는 자신의 행적을 송에 어떻게 보고하였는지를 참고할 만한 연구가 있어 소개해보고자 한다. 북송시기 1196년 봄에 동향인 寧海縣의 王藻가 작성하고, 崇禎 5년 간행된 『영해현지』에 수록되어 있는 「勑封魏國夫人施氏節行碑」에 의하면 시씨(1007~1080)는 사명의 망족 출신으로 台州 영해현의 주량사와 혼인하였다. 일찍이 그의 선조는 큰 배를 타고 바다로 나갔는데[嘗縂大舶 出海上], 주량사의 효가 지극하여 그 집을 떠나지 않으려 하였다. 하지만 주량사가 부인과 혼인한 다음해 아버지 주문예를 모시고 일본에 갔다. 가고 나서 3월―또는 2월―에 아들이 태어났으며, 그 뒤에 부군이 죽었다는 소식이 이르렀다[府君哀訃至]. 시씨는 22살―1028년―에 남편을 잃고[孀] 재가하라는 권유를 물리치고 아들을 길렀으며 그가 진사제에 급제하고 벼슬이 宣德郞에 이르렀다. 그녀가 1080년(송 원풍 3) 7월 5일에 향년 74세로 졸하였는데, 이후 손자들도 출세하여 절의를 지키고 주씨 집안을 일으킨 인물로 표창을 받았다.

그런데 일본과 중국의 문헌에는 1026년에 주량사가 일본의 關白에게 名籍을 바쳤고, 그해 명주 시박사에 와서 조공무역을 하였으며, 1028년에 아버지 주문예와 함께 쓰시마에서 활동하기도 하였다. 이처럼 주량사는 자발적으로 송을 떠나 일본의 '주번상인'으로서 전환하여 일본인 처를 두고 하카타에 살며 大宰府 관리는 물론 攝關家·皇族 등과 친밀한 관계를 유지

하였고, 1034년에는 東宮과 京都에 면회하였다고 한다.[58]

　주량사는 1026년 경에 이미 처[施氏]를 버릴 마음을 먹고, 2년 후 일본에 와서 시씨에게 訃報를 보냈던 것으로 추정되는데,[59] 주량사가 생모의 나라인 일본 하카타에서 활발하게 활동했다는 점에서 일본을 다니는 해상편에 그가 생존해 있었다는 사실이 시씨에게 알려졌을 수도 있다.

　시씨에게 주량사가 죽은 것으로 전해지고, 시씨 묘지명에도 혼자 유복자를 훌륭하게 키워낸 것으로 묘사한 데는 이유가 있었을 것이다. 앞에서 송상과 함께 고려에 갔던 두도제 등이 본국으로 귀국하지 않자, 송의 명주는 두 차례에 걸쳐 고려에 첩을 보내 두 사람을 찾아 보낼 것을 요구하였던 것과 같이, 주량사가 특별한 사유 없이 장기간 귀국하지 않을 경우 송 명주에서 일본에 갈 때 명주 시박사가 발행한 공빙에 근거하여 주량사가 되돌아오지 않은 것을 조사하고, 살아있다면 당연히 명주 지방관은 첩을 보내 일본 大宰府에 즉시 귀국시켜 줄 것을 요구했을 것이다. 그러나 주량사는 이미 1126년 일본에 귀화하기로 결정하였기 때문에 1128년에 일본에서 명주로 오는 송상의 배편에 주량사가 죽었다고 보고하였고, 그 사실은 시씨에게도 전해졌을 것이다.

　이처럼 일본에서 귀화해 생활하던 주량사가 송에 자신이 죽었다고 전한 것은 주변 지인들에게 피해를 주지 않기 위한 것이었다고 생각된다. 즉 송상이 해외에 나갔다가 반드시 돌아와야 한다는 규정을 위반하면, 공빙의 대표자와 보증인이 일정한 책임을 져야 하며, 더 나아가 주량사의 불법적인 행위로 인해 가족들도 연좌될 수 밖에 없다. 특히 아들이 묘지명에서

---

58) 이 부분의 내용은 아래의 논문을 정리한 것이다.
　　山崎覺士, 「海商とその妻──十一世紀中國の沿海地域と東アジア海域交易──」 『歷史學部論集』 創刊號, 日本 佛敎大學, 2011.
59) 山崎覺士, 앞의 논문, 95·96쪽.

기술된 대로 과거에 급제해 벼슬하는 것도 불가능했을 것이다. 이러한 모든 문제를 해결할 수 있는 방안은 사고이든 병이든 해외에 나가서 죽은 것으로 '위장'하고 명주 시박사에는 죽었다고 보고하였던 것이다. 당시에는 송대 해상들이 해외 왕래하는데 오랜 시간이 소요되고 해상에서도 위험한 일이 비일비재하기 때문에 인원의 '사고사'와 '병사'와 같은 유고는 언제든지 발생할 수 있어서 명주 시박사도 충분히 받아들일 수 있는 사안이었을 것이다.

이러한 점에서 해외로 나가 오랜 기간 외국에서 머물며 사실상 귀화인으로 무역 활동에 종사하던 송상을 의미하는 '주번'은 죽었다는 등의 핑계를 대고 송의 시박사를 속여서 불법적으로 체류하거나 아니면 송의 시박사가 그들의 생존 사실을 알면서도 묵인해주었다고 이해하는 것이 정확하다. 어느 경우이든 해외로 나간 송상이 귀국할 때는 예전에 나갈 때 작성했던 공빙 가운데 무역품 뿐 아니라 인원도 정확히 확인했기 때문이다. 어떤 점에서 시박세를 매기기 위한 물품의 내역보다 더 중대한 것이 해외로 갔던 인원이 모두 돌아왔는지의 여부를 정확히 알기 위해서 만들어진 것이 공빙이었다고 할 수 있다.

애당초 송 조정은 해상들이 위험한 바다를 다니며 해외 여러 나라와 교역하고 이익을 남겨 송 재정에 적지 않게 기여했다는 것을 잘 알고 있었지만, 그렇다고 해서 자국의 해상이 마음대로 바다 건너 외국을 드나들며 무역하는 것을 허용하지는 않았다. 송에서는 자국 상박이 출항할 때에는 공빙—官券—의 휴대가 절대조건이었고, 出舶의 화물명과 목적지를 적었으며, 무기 등 '위금물'을 휴대하지 않았다는 것 등의 조건이 있었다. 무단으로 배가 해외로 나가는 것을 막고 반드시 인원이 귀환하도록 하기 위해 송은 시박사 혹은 소재 주에서 공빙의 발급과정부터 엄격하게 관리했다. 송도강 황혼이 고려에 귀화 후 송에 있는 노모를 모시지 못했던 것, 고려에 왔다가 귀국하지 않은 송나라 사람 두도제 등에 대해 송이 송환 요구를 했던 것, 일본을 다니던 송상 주량사가 송에는 죽었다고 알릴 수 밖에 없었던 정황 등은 오히려 송상이 외국에 가서 귀화하는 데 많은 제약이 있었음을 알려준다. 그런 점에서 송상이 해외에 나가 특정한 나라에서 장기 거주 또는 평생 동안 귀국하지 않고 무역하는 이른 바 '주번' 행위는 그 자체로 귀국 의무를 위반한 불법이었다고 할 수 있다. 송 정부는 당연히 그러한 일을 한 자들을 파악하고 그들을 대신해 관련자들을 처벌하는 규정을 가지고 있었다.

예를 들어 고려에 가려는 해상들에 대해서는 인명, 인원수, 선명, 화물의 품종 및 수량, 행선지 등을 정확히 확인받는 것 이외에도, 해상의 재본을 높이거나 재력 있는 보증인 3명을 붙이는 것과 같이 다른 지역을 다니는 해상보다 가장 엄한 조건이 부과되었다.[60] 송 정부가 고려에 가는 자에게 요구했던 재본은 3천 관이어야 했는데, 송 중기 쌀 1석은 6·7백 문 정도였으므로, 3천 관은 쌀 4·5천 석이 된다.[61] 송이 고려에 가는 해상에게 보증인과 보증금을 설정하도록 한 것은 해상이 송이 정한 규정대로 해외무역을 하고 반드시 귀환하도록 하려는 뜻이다. 규정을 잘 지키고 귀환한 송상은 아무 일이 없었지만, 그렇지 못한 경우에는 재본이 몰수되고 보증인이 책임지는 큰 피해를 입게 되었을 것이다. 이와 같이 송은 해상들이 결코 자유롭게 외국을 다니며 무역을 하도록 허용하지 않았으며, 각종 규제를 통해 그들의 행동을 제약하였다. 그러므로 상단의 대표로서 공빙을 발급받은 송의 강수가 외국에 귀화하기는 어려웠고, 전쟁에 이용될 수 있는 상선의 소유자가 송의 적대국의 하나로 간주되던 고려에 귀화하고, 배의 국적

---

60) · 近藤一成, 앞의 논문, 8쪽.
　　 · 丸龜金作, 「高麗と宋との通交問題(二)」 『朝鮮學報』 18, 1961, 67쪽.
61) 陳高華·吳泰, 「宋元時期 海外貿易的活動狀況」, 앞의 책, 25쪽.

을 바꾸어 다시 송으로 되돌아오는 일은 절대 금지 사항이었다.

요컨대 송상이 외국에 귀화하는 것은 여러 지역과 나라에서 실제 일어난 사실이었다. 고려에도 민인이 수백 명이라는 기록이나 송도강 황흔의 사례를 보면, 많은 송나라 사람이나 송도강도 귀화했음이 확인된다. 바다를 항해하며 외국과 무역하는 것은 위험해서, 송상의 배가 귀국한 후에도 공백이 없이 해당 지역에서 장기간 거주하며 무역을 중개하는 것이 보다 효율적이기 때문에 송상들의 일부가 귀화를 선택했을 것이다. 그렇지만 송의 해상이 귀국하지 않는 것은 규정을 어기는 일이어서 가족이나 보증인이 피해를 감수해야만 했다. 이에 외국에 귀화한 자가 귀국하는 공빙의 대표자 편에 자신이 죽었다고 송의 시박사에게 보고를 부탁하여 가족 등이 처벌받는 것을 면하려고 했을 것인데, '허위' 보고하는 편법을 사용해도 송의 시박사가 현실적으로 확인할 방법이 없었기 때문에 그대로 인정할 수 밖에 없었다. 여기에는 송상을 비롯한 많은 송나라 사람이 해외에 불법적으로 거주하고 있다는 것을 알고 있던 송 정부가 재정에 기여하고 있는 해상들의 해외 무역상 편의를 위해 '묵인해주는' 측면도 있었을 것이다.

5. 맺음말

김영제 교수는 송대의 자료에 나오는 '고려상인'이라는 기록을 찾아내고, 송상의 활동이 활발하던 시기에도 고려해상이 중국을 다니며 활약했다는 새로운 견해를 제시하였다. 그리고 저자는 고려 해상들의 활동이 가능하게 되는 근거를 마련하기 위해 송나라 선주 도강의 귀화를 상정하였다. 당시 고려의 조선술과 항해술이 낮아서 황해를 건너 고려상인이 송에 가서 무역을 할 수 없다는 당시 무역 상황의 문제를 해결하기 위해 선주인 송도강이 고려에 귀화한 뒤 국적을 바꾸어 고려상인으로서 송에 가서 무역하였다고 한 것이다.

본고는 이러한 저자의 '新說'이 송대 해상관리제도와 부합하는지를 살펴보았다. 송대에는 해외로 나가 무역하는 해상은 반드시 돌아오도록 하고, 지키지 않을 때 처벌하는 규정을 마련하였다. 외국으로 나간 자국의 상인이 하루아침에 배와 함께 외국에 귀화하는 경우, 송은 당장 대형선박, 그 배에 실린 화물, 전문적인 상인 등을 잃게 되었다. 더욱이 장차 그들이 자국의 상인과 무역상의 경쟁자가 되고 국가 재정에 손실을 끼칠 수 있다는 것이 예견되는 이상 그러한 일을 허용할 리가 없다. 그런 점에서 외국 무역에 종사하는 송의 해상은 저자의 주장처럼 '초국가적'이어서는 절대 안 되고, 오직 송 조정이 정한 해상 무역 규정에 충실히 따라야만 했으며, 그러한 자가 지속적으로 무역할 수 있도록 제도를 운영했던 것이다.

송대에 해외에 나가는 송상에게 발행된 공빙에는 인명, 인원수, 선명, 화물의 품종 및 수량 등이 기록되었으며, 상단의 대표자인 강수에게 발급되었다. 공빙에 인명과 인원수를 적은 것은 송상들이 외국에서 무역하고 돌아왔을 때 확인하기 위한 것이며, 그것은 해상들이 반드시 귀국해야 할 의무가 있었음을 의미한다. 시박사의 행정에서 해외를 출입하는 인원의 관리가 송 왕조의 재정적인 기여를 하는 시박세를 거두는 것 이상으로 중요했다.

상단의 대표자로 공빙을 발급받은 강수―도강―가 다른 나라에 귀화하는 일은 극히 제한되었을 것이다. 왜냐하면 한 상단의 우두머리로서 강의 대표자로서 공빙을 받은 강수는 안전하게 인원을 인솔하여 무역을 마치고 귀환하여 공빙을 다시 시박사에 내고 확인받을 책임과 의무가 있었기 때문이다. 송도강이 규정을 지키지 않고 외국에 귀화하는 것은 자신이 고국에 쌓아놓은 경제적 기반을 포기해야 하고, 출항할 때 낸 재본을 잃는 것이며, 보증인은 물론 가족에게도 큰 피해를 주는 것인데, 송도강이 큰 손해를 감수하고 귀화를 선택할 이유는 없다. 더욱이 선주로서 강수가 된 자가 송의 적대국인 거란(요)에 사대하고 있는 고려에 무역하러 갔다가 귀화하고 다시 본국을 다니며 무역하는 것은 송대 해상관리 규정과 운영 체제 하에서 한 번이라도 일어나면 송상의 고려 무역이 당장 중단될 중대한 사안이었는데, 몇 명의 선주 도강이 그러한 일을 벌였다고는 상상이 되지 않는다.

송에서 해외에 나가는 해상들을 엄격히 관리하고, 그들에게 반드시 귀환해야 한다는 조건을 부과했음에도 외국에 귀화하거나 거류하는 송상이 많았다. 고려에 귀화한 송도강 황흔, 고려국왕이 황제에게 요청에게 고려에 거주 허락을 받은 두도제, 송에서 일본에 갔다가 귀화해 활동하면서 본국에는 죽었다고 보고한 주량사는 그에 해당하는 인물이었다. 그러나 황흔은 고려에 귀화하고도 송에 다니지 못했고, 두도제는 고려 거주를 허락하는 황제의 특별한 성지를 받았으며, 주량사는 멀쩡히 살아 있는데도 송에는 죽었다고 알린 것 등을 보건대, 해상을 포함하여 송나라 사람들의 외국 귀화나 거류는 그 자체로 불법이었다.

다만, 송대의 사서에서도 주번이라고 해서 송의 해상이 특정 지역에 가서 오랫동안 머무는 것을 알고 있었고, 장거리 해상 왕래로 인한 조난의 위험을 줄이고 현지 무역 네트워크를 형성하기 위해 오랫동안 귀국하지 않는 해상들을 처벌하지 않았던 것 같다. 주번은 약간의 규정 위반을 무릅쓰고 무역상의 편의를 위해 이루어지는 것으로 전체 해상 무역 참여자의 일부만이 해당되는 것으로 송대 해상 관리 규제에 따른 처벌을 면하기 위해 예외적으로 편법이 동원된 것이었다.

송대 많은 송상들이 고려와 일본을 비롯한 동남아시아 지역을 왕래하며 무역하였고, 일부 송상은 귀화하며 현지 무역에 종사하였다. 그러나 실제로는 무역상의 효율을 높이기 위해 귀화하고 나서 본국에는 유고한 것으로 허위 보고하는 편법을 통해 이루어진 일이며, 그 배후에는 재정에 적지 않게 기여하고 있는 해상들의 편의를 봐주기 위해 적극적으로 조사하지 않고 눈감아 주었던 송 정부가 있었던 것이다.

제4편

外國人의 往來와 移住

고려 주변 지역 사람들의 來獻과 宋商往來

1. 머리말

고려시대에는 주변의 여러 지역 사람들이 고려를 찾아와 헌상하였는데,[1] 黑水靺鞨과 鐵利國을 포함한 여진이 가장 많은 비중을 차지하였다.[2] 이에 대해 선학들은 고려 국왕이 입조한 여진의 추장 또는 사신들에게 향직과[3] 무산계를[4] 하사하는 정치외교적 측면 뿐 아니라 헌상에 대한 대가로 회사품을 받아 가는 경제적인 것에 주목하였다.

고려는 그들에게 고려의 位階를 주어 고려적 질서체계 내에 포함되었음을 인정해주고, 회사품을 통해 경제적 욕구를 해결해줌으로써 변방을 안정시키는 효과를 노렸다고 여겨진다. 반면에 여진의 추장들은 고려의 향직과 무산계를 통해 자신의 세력 범위 또는 주변 민족에게 정치적 권위를 과시

---

1) 1018년에 동여진과 서여진의 추장 鹽之渠, 伊那, 徐乙那 등 50명이 와서 말과 갑옷 및 병장기를 바쳤으므로 모두 의복과 물품을 내려주었다고 한다(『高麗史』 권4, 「世家」, 현종 9년 동10월 辛亥). 여진이 고려에 오는 형식은 대체로 이와 같았는데, 다만 추장이 직접 오는지의 여부는 조금씩 차이가 있었다.
2) 『高麗史』 권4, 「世家」, 현종 13년 8월 갑인.
   이후 철리국은 현종대와 덕종대에 걸쳐 계속 고려에 방물을 바치고 있다.
3) 武田幸男, 「高麗初期の官階―高麗王朝確立過程の一考察―」 『朝鮮學報』 41, 1966, 7쪽.
4) · 旗田巍, 「高麗の‘武散階’―郷吏・耽羅の王族・女眞の酋長・老兵・工匠・樂人の位階―」 『朝鮮學報』 21・22合, 1961; 『朝鮮中世社會史の研究』, 法政大學出版局, 1972.
   · 추명엽, 「고려전기 ‘번(蕃)’ 인식과 ‘동・서번’의 형성」 『역사와 현실』 43, 2002, 36・37쪽.

하고, 고려와의 조공회사 무역으로 여진과 고려의 특산물을 교환하여 경제
적 이익을 거둘 수 있었다. 그런 점에서 여진과 고려와의 관계는 호혜적이
었다고 여겨진다.5)

　그런데, 여진의 고려 국왕에 대한 입조가 많았던 것은 단순히 그 이유만
이 아니었던 것 같다. 여진인은 문종대에 정해진 규정만을 적용해도 개경
에 15일간 머물렀는데, 그동안 그들은 개경의 장시를 다니며 소위 '사행무
역'을 할 수 있었다. 한편 일본 상인들의 방문은 여진에 비해 매우 적고
기록도 많이 남아 있지 않은데, 여진인들과 비슷하게 헌상하고 회사를 받
았고, 일정 기간 고려에 머물며 무역할 기회가 있었다고 생각된다. 그리고
최근에 발견된 해양 발굴의 성과는 일본의 상인들이 고려에서 송상들과 교
역하고 있었다는 것을 보여주고 있다.

　본고는 여진을 비롯한 주변 국가들이 고려 국왕에 대한 헌상이나 회사
와 같은 조공무역 이외에 개경에서 벌어지는 사행무역에도 적극적으로 참
여하였으며, 고려의 물산 뿐 아니라 사실상 상주하다시피 하고 있는 송상
을 만나 송의 물품을 교역할 수 있었던 것 같다. 그래서 이들이 송의 선진
문물을 구득하기 위한 목적에서 고려를 찾았다는 점을 증명해보고자 한다.
만약 소기의 성과를 거둔다면, 송상의 상시 왕래가 여진의 방문에도 약간
의 영향을 주고, 다시 그로 인해 더 많은 송상이 고려에 오게 되는 상승
효과가 일어났음을 알려줄 것이다. 10~12세기에 고려를 중심으로 동북아
시아 국가와 민족이 송상의 무역에 의해 유기적으로 연결되었던 것이다.

---

5) ・ 金庠基, 「여진 관계의 시말과 윤관(尹瓘)의 북정」 『국사상의 제문제』 4, 국사편
　　찬위원회, 1959; 『東方史論叢』, 서울大出版部, 1974, 463~467쪽(a).
　・ 金庠基, 『新編 高麗時代史』, 서울大出版部, 1961, 1985(재간행), 185~228쪽(b).

2. 여진의 내헌과 송상왕래

1) 고려초 여진의 고려 및 송에 대한 이중외교와 무역

여진은 고려 건국 초부터 고려를 찾아왔다. 그들은 고려 국왕에게 方物 또는 土物로 기록된 여진의 특산물을 바치고 소정의 회사품을 받았는데, 『고려사』에서는 이것을 포괄적으로 '貫例에 따라 물품을 하사하였다'[賜例 物]6) 하였으며, 가장 많았던 것은 옷감과 의류였다. 이러한 관계는 고려 에서 처음 만들어진 것이 아니라 이미 중국에서 주변국이나 원방의 상인들 이 황제에게 방물을 바쳤을 때 이적들이 황제의 덕을 흠모하여 먼 곳을 찾 아와 알현한 것에 대한 대가로 헌상한 물품의 가치를 헤아려 회사품을 준 것에서 유래하였다. 고려도 중국에 사대하러 다녔지만, 자신들을 찾아온 여진에게 유사한 방식을 적용하였다. 다음의 기록은 그러한 사실과 더불어 여진의 사행무역이 있었음을 알려준다.

> A1. (定宗 3년 추9월) 동여진의 大匡 蘇無蓋 등이 와서 말 700필과 방 물을 바치거늘 왕이 天德殿에 납시어 말을 검열하여 3등급으로 나누고 그 값을 평가하여 정하였다. 1등급은 銀注子 하나와 錦·絹 각 1필, 2등급은 銀鉢 하나와 금·견 각 1필, 3등급은 금·견 각 1 필로 하였다. 갑자기 우레와 함께 비가 내려 물건을 다루는 사람 에게 벼락이 치고 궁궐의 서쪽 모퉁이에도 벼락이 쳐서 왕이 크 게 놀랐으므로 근신들이 부축하여 重光殿에 들게 하였다. 드디어 병환이 나니 사면령을 내렸다.7)

---

6) 『高麗史』 권8, 「世家」, 문종 25년 하4월 임오.

7) 三年 秋九月 東女眞大匡蘇無盖等來 獻馬七百匹及方物 王御天德殿 閱馬爲三等 評定其價 馬一等 銀注子一事 錦絹各一匹 二等 銀鉢一事 錦絹各一匹 三等 錦絹各一匹 忽雷雨震押 物人 又震殿西角 王大驚 近臣等扶入重光殿 遂不豫 救(『高麗史』 권2, 「世家」, 정종 3년

A2. 後周末에 고려에 갔을 때 마침 여진이 고려에 말을 바쳤다. 그 사람은 거의 100여 인이 되었는데, 저자에서 물건을 거래하는데 값이 서로 맞지 않으면 갑자기 활을 당겨 사람을 겨누니 사람들이 감히 대항하지 못하였다. 그 억세고 사나움에 본디 고려도 어찌할 수 없었다. 고려의 국왕 왕건은 일찍이 그 말 10000필로 백제를 평정하였다고 한다.8)

A1에서는 948년에 9월에 동여진이 말을 바치자 정종이 하나하나 검사하여 등급을 매기고 1등급에서 3등급에 이르기까지 값을 치러주었다고 한다.9) 이 기사에서 여진이 가져온 말이 모두 700필이므로 모두 3등급을 받았다고 해도 錦·絹 700필은 받았을 것이며, 내용상 1·2 등급도 있었을 것이므로 은주전자·은사발도 적지 않았을 것이다. 또한 700필의 말에 방물을 싣고 왔을 것이기 때문에 이 때 받은 회사품은 그 이상이었다고 여겨진다.

A2의 내용은 南唐의 章僚가 고려에 사신으로 가서 본 것을 기록한 『海外行程記』의 기록을 보고, 다시 송의 程大昌이 옮겨놓은 것이다. 시기는 후주말로 송이 건국된 960년보다 조금 앞선 950년대 말 광종대였을 것이다. 章僚가 고려에 사신을 갔을 때 마침 여진 사람 100여명이 고려에 와서 말을 바쳤고, 저자에서 물건을 샀다고 한다. 또한 고려 태조가 여진의 말 1만 필에 힘입어 후백제를 평정했다고 하였다.

여진인은 고려에 와서 헌상을 하고 가져온 만큼에 해당되는 회사품을 받았고, 여진이 헌상하는 가장 빈도수가 많고 높은 가치를 인정받는 것은

추9월).

8) 海外行程記者 南唐章僚記 其使高麗 所經所見也 … 後周末年也 僚之使也 會女眞獻馬於麗 其人僅百餘輩 在市商物 價不相中 輒引弓擬人 人莫敢向則 其强悍素麗不能誰何矣 麗主王建 嘗資其馬萬疋 以平百濟(『演繁路』 續集 권1).

9) 李德鳳,「韓國生物學史」『韓國文化史大系 Ⅲ(科學·技術史)』(高麗大 民族文化研究所 編), 1970, 323쪽.

군사용 말이었는데,[10] 고려와 여진의 말 무역은 태조대부터 시작되었으며
고려의 국방력 강화에 적지 않은 도움을 주었다.[11]

두 기사를 종합해 보건대 명마의 산지에 사는 여진 사람들은 고려 군사
력 강화에 필요한 말을 가져와 고려국왕에게 헌상하고 그에 대한 보상을
받은 후 바로 돌아갔던 것이 아니라 개경에서 교역을 했음을 알려준다. 여
진인들은 말 이외에도 貂鼠皮 · 靑鼠皮,[12] 鐵甲,[13] 병기 · 의장[14] · 弓弩,[15] 戈
船 · 楛矢,[16] 黃毛[17] 등을 헌상하고, 匹段,[18] 의복,[19] 布物,[20] 器皿[21] 등의
고급 옷감과 금속제 그릇을 회사받았다.[22] 그 다음에 여진인들은 개경의
시전에 가서 무역을 하였다. 말을 바친 여진인들은 고려에 온 사절이므로
귀국하기 전에 개경의 객관에 머물며 사행무역을 하였던 것이다. 이들은
여진의 방물이나 고려 국왕에게 받은 회사품을 교환수단으로서 이용했을
것이다. 사실 948년에 대가로 받은 은 그릇이나 비단은 사치품으로 여진에

---

10) 여진의 말이 무역품으로서 기능했던 것은 바다를 건너 송에까지 전해질만큼 우수
    했을 뿐 아니라 여진 사회에서 쓰고 남을 만큼의 잉여 마필이 있었기 때문이라고
    한다(三上次男, 「金初に於ける麗金關係─保州問題を中心として─」『歷史學研究』
    9-4, 1939, 793쪽).
11) 金渭顯, 「女眞의 馬貿易考─10세기~11세기를 중심으로─」『淑大論文集』13, 1982;
    『遼金史研究』, 裕豊出版社, 1985, 165쪽.
12) 『高麗史』권4, 「世家」, 현종 9년 춘정월 임자.
13) 『高麗史』권4, 「世家」, 현종 9년 2월 기사.
14) 『高麗史』권4, 「世家」, 현종 9년 하4월 신사.
15) 『高麗史』권5, 「世家」, 현종 17년 閏5월 임자.
16) 『高麗史』권5, 「世家」, 현종 21년 하4월 무자.
17) 『高麗史』권12, 「世家」, 숙종 8년 추7월 을미.
18) 『高麗史』권4, 「世家」, 현종 9년 3월 갑진.
19) 『高麗史』권4, 「世家」, 현종 9년 하4월 신사.
20) 『高麗史』권7, 「世家」, 문종 8년 3월 갑술.
21) 『高麗史』권8, 「世家」, 문종 12년 5월 경진.
22) 姜萬吉, 「商業과 對外貿易」『한국사』5, 국사편찬위원회, 1975, 209쪽.

서 귀한 것이었으나, 고려에서도 충분히 교역될 수 있는 것이었다. 이때 여
진인들은 본토에서 필요한 여러 가지 물품을 구매하였을 것인데, 고려의
물산 뿐 아니라 중국의 것들도 포함되었다고 생각된다. 당시에는 고려의
상인들이 산동반도 등을 다니며 직접 무역을 하였고, 唐商이라고 불리는
중국상인들이 활약하고 있었기 때문이다.[23)]

　여진은 고려에 사절을 보내 무역하면서도 송에 사절을 보내 독자적인
외교를 하였다. 그 경로는 거주지역에서 압록강으로 가서 배를 타고 하구
로 내려간 뒤 서해를 건너 산동반도에 도착하는 것이었다. 그러나 거란은
여진이 송에 군마를 바치며 가까워지는 것을 알고서 그것을 막기 위해 991
년에 압록강 입구에 3성을 쌓자, 여진이 송에 가는 사행횟수가 급격히 줄
어들었다. 1014년에 재개된 여진의 산동 내항은 6년 후 끊겨 4회에 지나지
않았고, 이때부터는 반드시 고려의 사신과 동행하였기 때문에 고려에 의존
하게 되었으며, 그것도 1031년 이후에는 전혀 가지 못했다.[24)] 그런데, 여진
이 고려의 사신과 함께 송에 갔을 때 송은 여진을 후대하였다. 예를 들어
1017년에 여진 수령이 고려 사신 徐訥을 따라 입조하여 진종 황제를 알현
하자, 錢 3천, 黃金袍 1벌, 承天節紫綾袍 1벌을 회사하였고, 겸종에게는 錢
2천, 승천절자릉포 1벌을 주었으며, 殿宴에도 참석하게 하는 후대를 베풀
었다.[25)] 여진은 거란의 압록강 지역 점령으로 독자적으로 송에 가지 못하

---

23) 왕건의 즉위 이전에 있었던 일을 기록한 「고려세계」에는 貞明 4년(918) 3월에 唐
　　商客 王昌瑾이 산 거울에 왕건이 장차 왕이 될 것임을 예언하는 문자가 적혔다는
　　소위 ‘古鏡讖’을 통해서 태봉에 중국 상인이 있었음이 확인된다(『高麗史』권1, 「世
　　家」, 太祖 世系). 고려 건국 이후에도 중국 상인의 왕래는 계속되었을 것이다.
24) 日野開三郎, 「宋初女眞の山東來航の大勢とその由來」 『朝鮮學報』 33, 1964; 『日野
　　開三郎 東洋史學論集 第16卷 東北アジア民族史(下)―後渤海·女眞編―』, 三一書房,
　　1990, 461~483쪽.
25) 『宋會要輯稿』 「女眞」 蕃夷三之二, 三之三 眞宗 天禧 元年 (월없음).
　　그런데 『고려도경』에는 天聖 연간(1023~1032)에 고려의 사신이 여러 번 女眞과 함

게 되자, 고려의 대송 사절에 편승하여 가는 방식을 택하였고, 송 황제로부
터 후대를 받고 있다. 여진이 집요하게 송과의 외교를 이어나가려했던 것
은 송과의 외교를 통해 얻는 경제적 이익이 적지 않아서 쉽게 포기하기 어
려웠기 때문이다. 여진이 여러 부족으로 나뉘어 있어 통일체를 이루지 못
하고 각 지역 및 政治體에 따라 중국과 고려에 대한 외교와 무역을 하고
있지만, 고려 변방의 미개인 또는 야만인으로 이해해서는 안될 것 같다. 여
진은 송과 고려 등 주변국과의 외교에 능하였고, 조공무역의 이익을 잘 알
고 있었다.

2) 여진의 고려 내헌과 송상

고려초 여진의 고려와 송에 대한 외교를 보면 이들이 상당히 뛰어난 능
력을 발휘하고 있었음이 확인된다. 여진은 송과 고려가 거란과 긴장관계에
있다는 점을 이용하여 군마와 병기를 바치고 많은 회사를 받을 정도의 국
제적 안목이 있었다. 또한 거란과의 전쟁에 필요한 말을 배에 싣고 송에
가서 조공과 교역을 할 만큼 해상활동을 잘 하였다. 송과의 교통로가 차단
되자 고려와 함께 송에 갔던 것은 여진인들이 무역을 매우 중요시 여겼음
을 알려준다. 그런데, 거란과의 3차 전쟁 이후 고려가 거란과 송에 대한
이중외교를 중단하고 거란과의 사대외교에 충실하기로 결정하자,26) 여진

께 와서 方物을 바치므로, 천자가 은혜를 내려 보답하는 禮를 특별히 두텁게 하였
다고 한다(『고려도경』 권2, 世次 王氏). 천성 연간에 고려와 여진의 사신이 함께 송
에 왔다는 문헌상의 기록은 1031년 뿐이고, 나머지는 大中祥符 시기인 1014년·
1015년과 천희 시기인 1017년·1019년이었다(日野開三郞, 앞의 논문, 462·463쪽).
1020년대는 고려가 거란과의 대립관계를 끝나고 본격적으로 사대를 결정하고 실
행하던 시기이므로 『고려도경』의 기록이 약간 의문이 가는 점이 있지만, 송에서
조공 등에 관한 외교 관련 기사들은 비교적 정확하다고 여겨지기 때문에 추후 면
밀하게 검토해볼 필요가 있다.

이 고려에 편승해서 송에 가는 것도 불가능해졌다. 이에 여진은 고려에 외
교를 집중하면서 새로운 길을 모색할 수 밖에 없었는데, 마침 고려에는 송
상들이 왕래하고 있었고, 여진인들과 송상이 만날 기회가 생겼다. 다음의
기록을 검토해보자.

> B1. (현종 13년 8월) 甲寅日에 宋의 福州 사람 陳象中 등이 와서 토물
> 을 바쳤다. 鐵利國의 首領 那沙가 黑水의 阿夫閒을 보내어 土物을
> 바쳤다. 辛酉日에 廣南人 陳文遂 등이 와서 香藥을 바쳤다.[27]
>
> B2. (덕종 즉위년 6월) 乙未日에 東女眞將軍 大宛·沙伊羅 등 58인이 와
> 서 良馬를 바쳤다. 鐵利國主 武那沙가 若吾者 등을 보내와 貂鼠皮
> 를 바쳤다. 宋의 台州 商客 陳惟志 등 64인이 왔다.[28]

B1에서는 1022년 8월 갑인일에 송상 진상중이 왔고, 이어 철리국 수령
이 보낸 흑수의 阿夫閒이 왔으며, 병인일에 송상 진문수가 왔다는 것이다.
갑인일과 신유일은 7일의 차이가 있는데, 阿夫閒과 송상은 개경에서 함께

---

26) · 김상기, 「단구와의 항쟁」『국사상의 제문제』2, 국사편찬위원회, 1959.
    · 金庠基, 주 5)b 책, 67~104쪽.
    · 朴賢緒, 「北方民族과의 抗爭」『한국사』4, 국사편찬위원회, 1974.
    · 李龍範, 「高麗와 契丹과의 關係」『東洋學』7, 1977.
    · 崔圭成, 「북방민족과의 관계」『한국사』15, 국사편찬위원회, 1995.
    · 朴漢男, 「거란 및 금과의 통교」『한국사』15, 국사편찬위원회, 1995.
    · 金在滿, 『契丹·高麗關係史研究』, 國學資料院, 1999.
    · 閔賢九, 「高麗時代 韓中交涉史의 몇 가지 문제―長期持續的 高麗王朝와 征服的 中國
      北方國家들과의 對立·交流―」『震檀學報』114, 2012, 5쪽.
27) · 甲寅 宋福州人陳象中等來 獻土物 鐵利國首領那沙 遣黑水阿夫閒來 獻方物
    · 辛酉 廣南人陳文遂等來 獻香藥(이상 『고려사』권4, 「世家」, 현종 13년 8월).
28) · 乙未 東女眞將軍大宛沙伊羅等五十八人來 獻良馬
    · 鐵利國主武那沙 遣若吾者等來 獻貂鼠皮
    · 宋台州商客陳惟志等六十四人來(이상 『고려사』권5, 「世家」, 덕종 즉위년 6월).

있었을 것이다. B2에서는 1031년 을미일에 東女眞將軍 大宛·沙伊羅, 鐵利
國主가 보낸 若吾者, 송상 陳惟志가 왔다고 하였는데, 그 다음 기사가 다음
날인 병신일 기사이므로 이들은 같은 날 덕종을 알현한 것이었다. 이처럼
송상과 여진인들이 고려에 자주 와서 때로는 같은 날 또는 수 일의 간격을
두고 국왕에게 헌상을 하였으며, 이러한 경우 송상과 여진인들은 동시에
체류하면서 객관에 머물렀기 때문에 서로 만나서 교역했을 가능성이 높다.

처음에 여진이 송상과의 교역을 전제로 고려에 헌상하러 온 것은 아니
었고, 우연히 만나 교역했을 것이다. 그런데, 팔관회는 여진인들이 고려에
와서 송상을 만날 수 있는 공식적인 기회를 마련해준 행사였다. 팔관회는
고려가 건국된 918년부터 시작되고 태조가 儀鳳樓에 납시어 관람을 한 이
래 국왕들이 자주 참여하는 국가적인 행사이자[29] 국왕 이하 서인에 이르기
까지 고려인 전체가 즐기는 축제였다. 그러므로 上元·中元·한식·입하·하
지 등과 더불어 관리들에게 3일의 給暇를 주었으며, 그것은 7일을 쉬는 元
正 다음으로 많은 것이었다.[30] 따라서 팔관회 때는 온 개경의 백성 뿐 아
니라 전국 각지에서 모인 사람들이 의봉문 앞 구정에서 치러지는 행사와
의식을 보고 즐겼으며, 많은 사람들이 모이는 만큼 자연스럽게 주변에 시
장이 형성되고 매매도 활발하게 이루어졌을 것이다. 여기에 팔관회에 송상
을 비롯한 외국인들이 의식에 참여하게 되고, 그에 맞춰 고려를 찾아오게
되자 팔관회는 내외국인이 함께 즐기는 축제가 되고, 부가적으로 참여자들
간에 무역할 기회가 더 많이 생겨났던 것이다. 아래의 팔관회 기사는 그러
한 정황을 알려주고 있다.

　　C1. (靖宗 즉위년 11월) 庚子日에 八關會를 설하였다. 왕이 神鳳樓에

---

29)『高麗史』권1,「世家」, 太祖 원년 11월.
30)『高麗史』권84,「刑法志」1, 公式 官吏給暇.

납시고 百官에게 술잔치[酺]를 베풀었으며 저녁에 法王寺에 행차
하였다. 다음날 大會 때에 다시 酺를 하사하고, 音樂을 관람하였
다. 東京·西京 두 京과 東北兩路兵馬使·四都護府·八牧이 각각 표
를 올려 陳賀하였다. 宋商客·東西蕃·耽羅國 역시 方物을 바쳤다.
자리를 주어 예를 보도록 하였고 뒤에 상례로써 삼았다.[31]

이 기록에서 팔관회의 大會日에 국내에서는 양계병마사나 계수관 등 큰
고을의 수령들이 표를 올렸고, 외국인으로는 송상과 더불어 동서여진·탐라
의 사절이 방물을 바치는 의례를 행하였으며, 이후 상례가 되었다고 하였
다.[32] 이에 관한 구체적인 의례가 의종대(1146~1170) 초에 崔允儀 등이 편
찬한 『詳定古今禮』의 내용을 참고하였다고 하는 『고려사』예지에 실려 있
다.[33] 大會日에 太子 이하 文武 여러 관원들이 의례를 한 뒤에, 宋 都綱이
고려국왕에게 朝賀하고 物狀을 바쳤고, 그 다음에 동·서여진과 탐라가 宋
도강과 같이 하였다고 한다[34]. 송상이 의례를 먼저 했다는 것은 여진이나

---

31) 庚子 設八關會 御神鳳樓 賜百官酺 夕幸法王寺 翼日大會 又賜酺觀樂 東西二京東北
兩路兵馬使四都護八牧 各上表陳賀 宋商客東西蕃耽羅國 亦獻方物 賜坐觀禮 後以爲
常(『高麗史』 권6, 「世家」 靖宗 즉위년 11월).
거의 같은 내용이 『高麗史』 권69, 「禮志」 嘉禮雜儀 仲冬八關會儀 德宗 三年 十一月조
에도 있는데, 앞부분에 '設八關會 御神鳳樓 賜百官酺 翌日大會'라고 하여 백관 뒤에
酺가 있고, 翼 대신 翌이 사용되었으며 그 뒤는 같다.

32) 고려에 귀속되기 전에 탐라민이 팔관회에 정기적 참여하고 그 수가 많았던 것은
겸하여 개경에서 교역할 수 있었기 때문이었다(金日宇, 「고려시대 耽羅 주민들의
거주지역과 海上活動」 『韓國史學報』 18, 2004; 『高麗時代 濟州社會의 變化』, 西歸
浦文化院, 2005, 110·111쪽).

33) · 奧村周司, 「高麗における八關會的秩序と國際環境」 『朝鮮史研究會論文集』 16, 1979,
74쪽.
· 정구복, 「『高麗史』 禮志의 성격과 자료적 가치」 『고려시대연구』 Ⅴ, 2002, 37·38쪽.
최근에 상정고금례의 사례를 고찰하여 1161년(의종 15)에 편찬 시기였다는 것을
확인하는 견해가 제시되었다(김철웅, 「고려시대의 길례」 『한국중세의 吉禮와 雜祀』,
景仁文化社, 2007, 28·29쪽).

탐라의 사절보다 더 높은 위상이었음을 나타낸다. 그러한 의례가 만들어진 것은 비록 그들이 무역상이기는 하지만, 대국인 송에서 왔다는 상징성이 더 컸고, 여진이나 탐라의 사절도 상인적인 속성이 있었기 때문일 것이다.

요컨대, 팔관회는 개경 사람 뿐 아니라 각지에서 하례하러 온 사람들도 모이는 축제였으며, 1034년 이후에 송상과 동서여진인은 팔관회에 함께 의례에 참여하였고, 같은 기간 고려에 머물면서 서로 무역할 수 있었다. 또한 팔관회에 송상·동서여진 등이 의례에 참여하는 것을 상례화했으므로 적어도 때에 맞추어 오면 의례에 참석할 수 있고, 송상과 여진인들은 서로 무역할 수 있었다. 이와 같이 팔관회 의례에 참여하기 위해 고려에 오는 여진인들이 송상을 만나는 것이 필연이 되면서, 그들은 고려의 국왕에 대한 헌상과 더불어 송상과의 교역이라는 또하나의 분명한 목적을 가지고 고려를 찾게 되었다.

3) 송상의 상시왕래와 여진의 사행무역

여진은 송상과 비슷한 시기에 내헌하거나 송상과 여진의 의례 참여가 상례화된 팔관회 때를 이용하여 양자가 만나 교역했을 것이다. 그런데 여진은 팔관회 등의 시기에 상관없이, 월별로 비교적 고르게 고려에 내헌을 하였으며, 그것은 팔관회 때 맞춰오는 것이 그다지 유리하지 않았기 때문일 것이다. 여진이 어느 시기에 고려에 와도 송상을 만날 수 있다면 굳이 번잡한 팔관회를 선택할 이유는 없다. 오히려 다른 여진과 중복되지 않은 시기가 교역에는 더 유리한 점도 있기 때문이다. 그럼 송상이 언제나 고려에 있었는지를 살펴보겠다.

고려시대에 송상왕래가 많았다는 것은 『고려사』와 『고려사절요』에 기

---

34) 『高麗史』 권69, 「禮志」 11, 嘉禮雜儀-仲冬八關會儀.

록된 來獻—渡來와 進獻—기사가 증명하고 있다.35) 더 나아가 기록 이상
으로 자주 왔을 것이라는 점은 160일과 140일 만에 다시 고려를 찾아왔던
송상 黃助와 徐成의 사례가 설명해주고 있다.36) 다른 나라를 다니며 무역
하는 해상들은 장기간 특정 지역을 다니며 신용을 쌓아야만 한다는 것,37)
고려 사람들이 원하는 물품을 송상이 구매해준 것, 의천이 정원을 비롯한
여러 승려에게 보내는 서신과 물품을 송상이 왕래하며 전달했던 것 등을
볼 때, 송상은 기본적으로 규칙성을 갖고 고려와 송을 반복적으로 왕래하였
다고 이해해야 한다. 따라서 기록상 1회만 있었다고 하더라도 그 이상 고려
를 왕래했다고 하는 것이 상식에 부합하는 것이다. 그런 점에서 송상은 기록
보다 훨씬 많이 왔을 것인데, 다음의 기록은 그러한 사실을 알려주고 있다.

D1. (神宗 元豐 2年 春正月 丙子) 詔하기를 "고려를 왕래하는 상인으로

---

35) 고려시대 송상 왕래에 관한 대표적인 연구 업적은 다음과 같다.
 · 金庠基, 「麗宋貿易小考」 『震檀學報』 7, 1937; 『東方文化交流史論攷』, 乙酉文化社, 1948.
 · 金庠基, 「高麗前期의 海上活動과 文物의 交流—禮成港을 중심으로—」, 『국사상의
  제문제』 4, 1959; 『東方史論叢』, 서울대학교 出版部, 1974.
 · 宋晞, 「宋商在宋麗貿易中的貢獻」 『中朝關係史論文集』 1, 時事出版社, 1979.
 · 朴玉杰, 「高麗來航 宋商人과 麗宋의 貿易政策」 『大東文化硏究』 32, 1997.
 · 李鎭漢, 『高麗時代 宋商往來 硏究』, 景仁文化社, 2011.
 · 이진한, 『고려시대 무역과 바다』, 경인문화사, 2014.
36) 全海宗, 「高麗와 宋과의 交流」 『國史館論叢』 8, 1989, 17쪽.
37) 10세기에서 12세기에 걸쳐 많은 송상이 일본을 왕래하였음이 기록상으로 확인된
  다(森克己, 「日宋貿易に活躍した人々」 『歷史と人物』(日本歷史學會編), 1964; 『續
  日宋貿易の硏究』, 國書刊行會, 1975, 249~253쪽). 다만, 일본은 911년에 중국해상
  에 대해 「年紀」라고 부르는 제도를 정하여 해상은 최저 2년 이상 간격을 두고 내
  항해야 하고, 그것을 지키지 않는 경우에는 입항을 불허하고 돌아가도록 하였다
  (山内晋次, 「莊園内密貿易說に關する疑問—11世紀を中心として—」 『歷史科學』
  117, 1989; 『奈良平安期日本とアジア』, 吉川弘文館, 2003, 153쪽). 게다가 송과 일
  본 간의 항해 거리가 고려보다 훨씬 멀고 힘들었으므로 송상들의 왕래가 고려처
  럼 빈번할 수 없었을 것이다.

財本이 5천緡 이상인 자를 括色하여 明州에 그 성명을 기록하여 알 수 있게 하였다. 해마다 2척을 發하여 가서 교역하되 금하는 물품을 어기지 않도록 하였으며 그 다음해 즉시 돌아오게 하였다. 허가 없이 배를 낸 자들은 盜販法에 의거하게 하라"고 하였다. 이에 앞서 사사로이 고려에 판매하지 못하게 했으나 그 일을 막을 수 없었으므로 이에 이르러 다시 통하게 하고 이 법을 세웠다.[38]

　D1은 1079년(문종 33)에 송에서 해마다 두 척의 배가 출발하여 고려에 가서 그 다음해에 돌아오도록 하였다고 했다는 것이다. 이 기사는 『고려사』 등에 송상이 오지 않은 해가 있고, 어떤 해는 세 명 이상의 도강이 내헌한 것과 상충되는 것인데, 이 규정은 어디까지나 원칙이므로 정확하게 들어맞을 필요는 없다. 분명한 것은 이 법이 시행된 이후 매년 고려를 왕래하는 배가 있었을 것이라는 점이다.

　한편 고려초에 여진인이 헌상을 마친 뒤 시전에 가서 물건을 매매했다는 기록을 든 바 있었는데, 문종대에는 적지 않은 여진인들이 고려를 찾아와 개경에 머물렀던 것 같다. 그로 인해 고려는 국경에서부터 여진인들의 입조를 제한하고, 개경에서 머무는 기간도 제한하기 시작하였다.

　　E1. (문종 4년 춘정월) 丙午日에 東北面兵馬錄事·衛尉注簿 朴庸載가 陛辭하자 왕이 制하기를 "蕃人으로 조회하러 오는 者는 賊首 那拂이 아니면 入朝를 허락하지 말라"고 하였다. 蕃類 300인이 강제로 京館에 머물고 있었던 까닭이다.[39]

---

38) 丙子 詔 舊明州括索自來入高麗商人財本及五千緡以上者 令明州籍其姓名 召保識 歲許出引發船二隻 往交易非違禁物 仍次年卽回 其發無引船者 依盜販法 先是 禁私販高麗者 然不能絶 至是 復與中國通 故立是法(『續資治通鑑長編』 권296, 神宗 元豊 2년 春正月).

39) 丙午 東北面兵馬錄事衛尉注簿朴庸載陛辭 制 蕃人有欲來朝者 非賊首那拂 勿許入朝 以蕃類三百人 勒留京館故也(『高麗史』 권7, 「世家」, 文宗 4년 춘정월).

E2. (문종 35년) 五月 己丑日에 東女眞 酋長 陳順 등 23인이 와서 말을
바쳤다. 제하여 이르기를 "무릇 蕃人으로 입조하러 오는 자가 개
경에 머무는 것은 15일을 넘지 않게 하고, (그것을 넘으면) 모두
客館에서 나가도록 명하는 것을 영원한 법식으로 삼으라."고 하였
다.[40]

　E1은 1050년 정월에 문종이 박용재에게 여진이 개경의 객관에 너무 많
은 수가 머물고 있다며, 那拂을 제외하고 입조를 허락하지 말라고 하였다
는 것이다. E2는 1081년 5월에 여진인들이 개경에 머무는 기한이 15일을
넘지 않도록 하고, 그것을 영구히 지켜야 할 규정으로 삼았다는 것이다. E1
에서는 비록 강제로 머물게 한 것이기는 하지만, 경관에서 여진인들이 머
물렀다고 하는데, 경관은 개경의 여진 객관이란 뜻일 것이며, 『고려도경』
에서 언급한 '狄人女眞을 대접'하는 迎仙館과 靈隱館 등이 해당될 것이
다.[41] E2는 여진인들이 너무 많이 와서 머물 곳이 없게 되자, 문종이 그들
이 개경에 체류하는 기간을 15일로 제한하는 조치를 했다는 것이다.[42] 이
기록에 의거하건대, 1081년 5월 이전에는 여진인들이 적어도 15일보다는
더 많이 고려에 머물 수 있었으며, 가능하면 여진인들이 더 오래 머물기를
원했기 때문에 15일을 한도로 삼았던 것이다. 또한 여진인들이 고려국왕을
알현하고 자신들이 가져온 방물을 헌상하고 회사를 받는 의식은 하루 정도

---

40) 己丑 東女眞酋長陳順等二十三人來 獻馬 制曰 凡蕃人來朝者 留京毋過十五日 並令起
　　館 以爲永式(『高麗史』 권9, 「世家」, 文宗 35년 5월).
41) 『高麗圖經』 권27, 「官舍」 客館.
42) 송이나 거란의 사절 뿐 아니라 여진인과 송상을 객관에 머물게 하고 숙식을 제공
　　하는 것은 외형상 그들을 외국에서 온 사절로 각별하게 대우해준다는 의미도 있
　　지만, 실제로는 그들을 정해진 장소에서 머물게 하고 감시와 통제를 하려는 숨은
　　의도가 있었다. 그러므로 개경에서 여진인과 송상이 완전히 자유롭게 교역활동을
　　할 수 없었으며, 그 교역품이 국외로 반출될 때는 확인하는 절차를 거쳤을 것이다.

에 해결되기 때문에, 그 밖의 날에는 시전에 가서 교역하였을 것이다.

그런데 당시 개경의 시전은 황성의 정문인 광화문에서 십자가에 이르는 도로 좌우에 지어진 長廊에 있었는데,43) 송상이 머무는 영빈관·회선관·오빈관·청하관·조종관·청주관·충주관·사점관·이빈관 등의 객관은 개경의 남문 밖에서 兩廊까지 자리하였으며, 거란 사신과 송상을 위한 객관은 개경 나성의 남대가 일대에 개경 시전과 인접한 곳에 있어서 개경 상업의 중심부에 객관이 집중되어 있었다.44) 이러한 여건으로 인하여 여진인들은 고려 국왕에 대한 헌상 의례하기 전이나 마치고 난 뒤에 적어도 10여일 이상을 시전에서 무역을 했다고 생각된다.45)

그리고 송상이 상시왕래했다는 것은 송상이 고려에 항시 있었다는 것이니, 송상과 교역을 원하는 여진인들이 팔관회와 같이 특정 시기에 맞추어

---

43) · 朴平植, 「高麗時期의 開京市廛」 『韓國史의 構造와 展開』, 河炫綱敎授定年紀念論叢刊行委員會, 2000, 433·434쪽.
· 서성호, 「고려시기 개경의 시장과 주거」 『역사와 현실』 38, 2000, 101·102쪽.

44) 개경에는 송의 사신이 머무는 順天館 외에도 會同館─英華館─, 迎賓館, 會仙館, 宣恩館, 廣仁館, 娛賓館, 淸河館, 朝宗館, 東西館, 新興館, 迎恩館, 仁恩館─仙賓館─迎仙館, 靈隱館, 興威館, 淸州館, 忠州館, 四店館, 利賓館 등의 객관이 있었으며, 이것들은 고려가 외교와 무역을 중시하였고, 개경 내의 무역이 활발했음을 보여준다(김창현, 「고려시대 대명궁 순천관과 객관」 『고려 개경의 편제와 궁궐』, 景仁文化社, 2011, 312~314쪽.

45) 입조를 위해 고려에 온 여진인들의 사행무역을 위해 고려는 일정한 지원과 더불어 통제를 병행하였을 것이며, 고려의 사절이 중국에 갔던 경험을 반영하여 그 원칙을 정했을 것이다. 참고로 송은 고려 사절단의 무역 수요를 만족시키기 위해 각 주현마다 관원이 동행하면서 매매에 도움을 주게 하였고, 손해를 방지하기 위해 전문 관원도 두었으며 세금도 면제해주었다. 송의 수도에 도착한 이후에는 사신들이 숙소인 同文館에 머물면, 상인들이 그곳에 들어와 복도 양 옆에 매대를 설치하고 사신들과 교역하도록 하였다. 다만, 고려 사신들의 외출 인원을 20명 이내로 제한하고, 외출시 마음대로 돌아다니거나 기생을 불러 술마시는 것을 금지하고 구매한 물건은 검사한 뒤 금지물품은 돈을 돌려주고 회수하였다(백승호, 「高麗와 宋의 朝貢-回賜貿易」 『海洋文化硏究』 1, 2008, 68·69쪽).

와야할 이유도 없다. 따라서 여진인들이 시기에 상관없이 고려를 찾았고, 고려는 여진인이 분산되어 개경에 많은 여진인이 모이고 객관이 부족해지는 일을 막는 효과도 있었을 것이다.

또한 고려에 왕래하는 송상은 배가 정박하는 예성항과 객관이 있는 개경에서 귀국하기 전까지 오랜 기간 머물며 교역을 하였다. 그 가운데 예성항은 개경으로 가는 전국 각 지역의 조세와 생산물이 배로 운송되는 곳이었고, 예성항은 서북면 지역을 통해 입조하러 오는 서여진과 동남해도부서를 경유하여 진봉하러 오는 일본의 배가 도착하는 곳이었다. 개경은 이미 서술한 바와 같이 전국의 물산이 모이고, 동서여진·일본 등 모든 지역에서 내헌한 사절들이 머무는 곳이다. 이러한 조건으로 인해 송상은 고려의 전국을 다니지 않고서도, 송상은 예성항과 개경에서 고려 사람들은 물론 외국에서 온 사절들을 상대로 무역할 수 있었을 것이다.

이와 같이 고려에서 여진과 송상이 상시적인 교역이 가능해지면서 여진이 송상과 교역하는 것은 필연이 되었을 것이다. 그리고 고려의 개경은 여진과 송상의 交易場이 되었으며, 더 많은 송상이 고려를 왕래하게 되는 계기를 마련하였을 것이다. 왜냐하면 고려에 내헌하는 여진인들은 교역의 주요 목적이어서 그들이 늘어난다는 것은 교역상대가 많아진다는 것을 의미하기 때문이다.

3. 일본인의 내헌과 송상

일본인도 고려를 찾아와 무역을 하였으나 왕래의 빈도는 여진에 비교하여 매우 적었다. 그러나 고려에 투화하는 일본인이 많았다는 것은 그 만큼 배를 타고 쉽게 바다를 건널 수 있다는 것이고, 일본에 표류한 고려인들을 되돌려 보낸 기록은 곧 일본 상선이 고려에 왔음을 뜻하기 때문에 실제 고려를 왕래한 일본 상인이 기록보다는 훨씬 많았을 것이다.

한편 고려와 일본 사이에는 공식적인 외교가 없었지만, 개별적으로 고려를 다니는 일본 상인들이 외교 사절 행세를 하며 고려 국왕에게 헌상을 하고 회사를 받았다. 일본 상인은 고려를 찾은 여진의 사절과 송상이 갖는 속성을 공유하고 있었던 것이다. 그에 관한 구체적인 내용을 다음의 사료를 통해 살펴보도록 하자.

> F1. (문종 27년 추7월) 병오일에 東南海都部署가 아뢰기를 "日本國人 王則貞·松永年 등 42인이 와서 螺鈿鞍橋·刀·鏡·匣硯·箱櫛·書案·畵屛·香爐·弓箭·水銀·螺甲 등 물품을 進上하고자 청하였고, 一岐島勾當官 藤井安國 등 33인을 보내어 東宮과 여러 令公府에 方物을 바칠 것을 청하였습니다"라고 하였다. 制하여 海道로 京師에 이르도록 하였다.[46]
>
> F2. (문종 27년 11월) 辛亥日에 八關會를 열고 神鳳樓에 거동하여 觀樂하였다. 다음날 大會日에 大宋·黑水·耽羅·日本 등 여러 나라 사람들이 각각 禮物과 名馬를 바쳤다.[47]
>
> F3. (의종 23년 춘정월) 丁亥日에 (의종이) 奉香里 離宮에 행차하여 群臣을 향연하고, 아울러 宋商과 日本國이 進上한 玩物을 下賜하였다.[48]

F1에서는 동남해도부서에서 일본국인 王則貞·松永年과 一岐島勾當官

---

46) 東南海都部署奏 日本國人王則貞松永年等四十二人來 請進螺鈿鞍橋刀鏡匣硯箱櫛書案畵屛香爐弓箭水銀螺甲等物 壹岐島勾當官遣藤井安國等三十三人 亦請獻方物東宮及諸令公府 制許由海道至京(『高麗史』 권9, 「世家」, 文宗 27년 추7월).

47) 辛亥 設八關會 御神鳳樓觀樂 翼日 大會 大宋黑水耽羅日本等諸國人 各獻禮物名馬(『高麗史』 권9, 「世家」, 文宗 27년 11월).

48) 丁亥 幸奉香里離宮 宴群臣 仍賜宋商及日本國所進玩物(『高麗史』 권19, 「世家」, 毅宗 23년 춘정월).

이 보낸 藤井安國이 찾아와 고려국왕 및 태자 등에게 헌상할 것을 청하였다는 것을 보고했다. 김해에 있는 동남해도부서는 일본인의 출입국을 담당하는 관서로서 동여진이 동북면병마사나 도부서를 찾아가는 것과 마찬가지이다. 동남해도부서는 일본인의 성명 및 인원수와 더불어 찾아온 목적 및 화물의 종류와 수량을 상세히 조사하여 국왕에게 보고하였고, 국왕은 그들이 해도를 이용하여 개경에 도착하도록 명령하였다. 일본인들에게 배를 타고 개경에 오도록 한 것은 육지 운송으로 인한 백성들의 노역의 줄이고, 적재한 화물을 신속하고 편리하게 옮기며, 외국의 배가 서남해를 다니기 위해서는 노련한 고려의 뱃사공들의 도움이 필요하므로 사절단을 관리하고 통제할 수 있었기 때문이다.

그리고 王則貞 등의 일행은 동남해도부서에 개경에 갈 것을 요청한 뒤에 보고를 하고 허락을 받을 때까지 객관이나 배에서 대기하였을 것이다. 국왕의 명령이 전달된 뒤 그들은 예성항을 거쳐 개경에 도착하여 객관에 머물며, 약속한 대로 고려의 국왕과 동궁 및 여러 슈公을 알현하고 물품을 바쳤을 것이다. 고려 국왕 등은 王則貞 등이 가져온 헌상품에 대해 그 가치를 헤아려 回賜品과 特賜品을 주었을 것이다. 이후 어떤 일을 했는지 알 수 없지만, 여진에게 개경의 객관에서 15일 간 머물 수 있게 하였던 것처럼 일본인들도 그 정도의 체류 기간이 허용되었을 것이다. 그 동안 그들은 배가 있는 예성항과 객관이 있는 개경에서 고려 상인이나 송상과 교역을 하고 귀국하였을 것이다.

F2에서는 1073년 11월 八關會의 大會日에 大宋·黑水·耽羅·日本 등 여러 나라 사람들이 각각 禮物과 名馬를 바쳤다는 것이다. 그 앞의 팔관회 기록에는 송상·여진·탐라 만이 있었는데, 이 기사에는 일본이 대회일에 헌상하는 의례에 참여하였다고 한다. 이 때 헌상을 한 사람이 같은해 7월에 왔던 王則貞 일행일 수도 있으나, 3개월의 간격이 있다는 점에서 새롭게

온 사람일 수도 있다. 문종의 대송통교 이후 일본의 고려 내헌이 증가하면서 팔관회의 가장 중요한 의례에 참여하였던 것이다. 다만, 의례 참가 순서에 일본이 가장 뒤에 있다는 것은 이미 시행되던 의례 순서에 일본이 추가되었다는 의미일 것이다. 어쨌든 팔관회에 참가한 일본인들은 의례를 마친 뒤 고려 상인은 물론 송상·흑수말갈 사람들과 만나 교역할 수 있었다.

F3에서는 의종이 群臣을 향연하면서 宋商과 日本國이 進上한 玩物을 下賜하였다는 것이다. 문종과 선종대 고려를 자주 왕래하던 일본인들이 예종대 이후에 거의 오지 않았다고 하지만,[49] 왕실에 일본이 진헌한 완물이 있었다는 것은 여전히 일본 상인의 왕래가 지속되고 있음을 알려주는 것이다. 고려에 왔던 일본 상인들은 여진처럼 무산계·향직 등의 위계를 수여받지 않는 순수한 경제 사절이어서 여진에 비해 고려의 관심이 적었으므로 기록에 많이 남지 않았을 것이다. 이러한 점에서 고려와 일본의 무역이 기존의 견해보다 조금 더 활발했다고 볼 여지가 있다.

한편 충남 태안 마도 앞바다에서 침몰되었다가 최근 발굴된 송상의 배에서 나온 도자기는 송상과 일본 상인들이 고려에서 만나 교역하였을 가능성을 보여주고 있다. 마도 해역에서 인양된 도자기의 제작 지역과 연대를 보면, 11세기 후반~12세기 전반의 것은 복건의 민강 중하류 유역 일대에서 만들어졌고, 閩南·광동·景德鎭·耀州의 것도 있었다. 12세기 후반에서 13세기초에 해당하는 것은 거의 대부분 복건산이었으며, 백자는 민강 중하류, 청자는 同安窯에서 만들어졌고, 그 밖에 龍泉窯·磁州窯·경덕진요의 자기도 있었다. 13세기 전반부터 14세기 전반까지의 것은 8점으로 적은 편인데, 용천요와 복건에서 만들어진 것이었다.[50] 자기의 종류에는 백자·청자·흑

49) · 羅鐘宇, 「高麗前期의 韓日關係」 『韓國中世對日交涉史研究』, 圓光大出版局, 1996, 51~53쪽.
· 森平雅彦, 「日麗貿易」 『中世都市博多を掘る』(大庭康時 外 編), 海鳥社, 2008, 101~104쪽.

유의 세가지가 있었고, 기형으로는 사발, 찻잔, 항아리 등이 있으며, 일부 백자와 청자에는 꽃무늬가 있다. 제작 연대는 12세기 말에서 14세기 중엽으로 추정되며, 각 지역에서 생산된 도자기가 집산지인 경원으로 옮겨져 송상이 구입하여 고려에 왔을 것이다.[51] 이들 자기에는 그릇 아래에 '楊綱' 등과 같이 물건의 주인을 구별하기 위한 墨書가 있었는데, 대체로 묵서가 있는 것은 가치가 낮은 것이었다.[52]

그런데 한국에서는 중국의 양질 도자기가 출토된 적은 있어도 마도 해역 출토품의 대부분을 차지하는 조잡한 제품이나 묵서도자기는 거의 발굴되지 않고 있다. 높은 수준의 자기 생산을 하던 고려에서는 이러한 것들의 상품 가치가 없었을 것이다. 반면에 博多 유적에서 그러한 것들이 출토되고 있는 것은 자기 생산이 시작되기 전인 일본에서는 송상이 조악한 자기들을 팔아서 이익을 남길 수 있었기 때문이다. 그런 점에서 마도에서 출토된 중국도자기는 여송무역 뿐 만 아니라 송일무역과도 관련한 송선의 화물이었으며, 중국 대륙-한반도-일본을 잇는 송상의 해상 교역망을 알려주는 것이다.[53]

이 견해는 동아시아 무역의 성격을 새롭게 이해할 수 있게 가능성을 열어놓았다는 점에서 매우 주목할 만하다. 다만, 마도의 침몰선이 고려 예성항에 들렀다가 다시 일본으로 가던 배인지, 단지 예성항에 가는 것인지에 대한 규명이 부족한 것 같다. 전자의 경우라면 최종 목적지 일본에서 교역할 많은 화물을 싣고 군이 예성항을 들러야했던 이유를 설명하기 어렵다.

---

50) 田中克子, 「한국의 태안 마도해역에서 출토된 중국도자기로 본 동아시아해역 해상 무역 양상—하카타 유적군에서 출토된 중국도자기와의 비교를 통해—」 『태안 마도 출수 중국도자기』, 문화재청·국립해양문화재연구소, 2013, 245·246쪽.

51) 栗建安, 「한국 태안 마도 수중에서 인양된 복건 도자 관련 문제」, 앞의 책, 208·209쪽.

52) 龜井明德, 「綱首·綱司·綱の異同について」 『日本貿易陶磁史の研究』, 同朋舍出版, 1986.

53) 田中克子, 앞의 책, 208·209쪽.

마도의 침몰선이 예성항으로 가던 것이었다면, 그 배에 있던 조악한 자기와 유사한 것이 일본에서 발견되기 위해서는 예성항에서 그것들이 팔려서 일본으로 실려가 실수요자들의 손에 들어가는 과정을 거쳤어야 했다.[54]

고려전기 일본의 항해술과 조선술은 비교적 발달하지 않아서 일본 해상들은 중국에 갈 생각은 엄두에도 못내고, 대신에 지리적으로 가까워 안전하게 다닐 수 있는 고려를 선호하였다. 그들은 고려에 와서 고려의 생산품과 송의 물화 등을 수입하여 갔기 때문에 고려와 일본은 물론 송과의 연관 관계가 만들어졌다.[55] 즉, 송상이 고려에 가져간 것이 고려에서 다시 일본에 전매 수출되었다는 주장인데,[56] 마도에서 발견된 조질 자기가 그 사례에 해당할 것 같다.

이처럼 예성항은 송상이 자주 왕래할 수 있는 곳이었으며, 일본 해상들도 송상을 기다리지 않고 비교적 안전하게 올 수 있은 곳이어서 송과 일본의 해상들이 제삼국인 고려의 예성항에서 만나 교역을 하였을 것이다. 예성항은 송과 일본 해상들이 만나는 중계무역지가 되었던 셈이다.[57]

---

54) 송상이 상대적으로 먼 곳까지 가치가 떨어지는 조질토기를 싣고가서 무역하는 것은 채산성이 떨어지지만, 비교적 안전하고 자주 왕래할 수 있는 고려에서 교역할 상대가 있다면 충분히 이익을 남길 수 있을 것이다.

55) 森克己,「能動的貿易の發展過程に於ける高麗地位」『日宋貿易の研究』, 國書刊行會, 1975, 309~320쪽.

56) 森克己,「日宋麗連鎖關係の展開」『史淵』 41, 1949;『續日宋貿易の研究』, 國書刊行會, 1975, 403~406쪽.

57) 고려와 일본은 송상에 의해 다른 방식으로 연계되었다. 즉, 고려와 일본을 왕래하는 송상이 송에서 만나 필요한 것에 대한 정보를 교환하고, 서로 원하는 것을 구해주는 것이었다. 1095년에 일본의 어떤 승려가 大宰府에서 송인에게 의뢰하여 高山寺本『釋摩訶衍論贊玄疏』를 구하였으며, 1120년에도 東大寺 승려가 송상에게 부탁해서 고려의 불전을 구하였다. 고려의 의천이『敎藏總錄』을 편찬하기 위해 일본 불교계에 협력을 요청했을 때에도 송상의 네트워크를 역으로 더듬어 서장을 가져왔을 것이다. 이처럼 송상이 고려와 일본을 자주 왕래하였던 데 반하여, 상대적으로 고려와 일본의 해상왕래는 적었기 때문에 송상을 통해 고려와 일본이 간접 교

　　일본인들도 고려에서 그곳에 머물고 있는 송상을 비롯한 외국인과 무역하였다. 이것은 고려국왕에게 헌상을 하고 회사를 받는 것 이외에 얻게 되는 부가적인 이익이었다. 일본인들은 고려국왕의 회사품과 자신들이 가져간 것을 더하여 송상이 가져온 진귀한 물품을 교역할 수 있었고, 더욱이 팔관회 시기에 간다면 송상과 더불어 주변 동서여진·흑수말갈 등의 특산물을 구할 수 있었다. 더욱이 송상이 언제나 고려에 있었고, 여진의 방문도 많았으므로 고려를 찾은 일본 상인들도 그들과 쉽게 만나 교역할 수 있었다. 고려의 예성항과 개경이 주변국과 송상을 경제적으로 연결해주는 교역의 場이었던 것이다. 이러한 점에서 일본 상인들에게도 고려는 매력적인 곳이었다.

4. 맺음말

　　고려시대에 여진의 내헌이 많았다. 그들은 고려에 입조하고 무산계와 향직 등 고려적 질서체계를 상징하는 위계를 받아 정치적 권위를 높였고, 헌상에 대한 대가로 회사품을 받아 경제적 이익을 얻었다. 그와 더불어 고려에 온 주요한 목적 가운데 하나는 국왕에 대한 헌상 후에 고려에 머물며 자신들에게 필요한 물품을 매매하여 가는 '사행무역'에 있었다. 그런데 여진인들은 고려에 와서 송상을 만나게 되었다. 처음에는 우연히 만났고, 팔관회 때 송상과 여진의 의례 참여가 상례화되면서 특정 시기에는 반드시 만났으며, 송상이 상시왕래하면서 어느 시기에 와도 상호 간의 교역이 가능해졌다.

───────────

　　류를 하는 것이 더 편리했던 것이다(榎本渉, 「日麗貿易」 『中世都市 博多を掘る』 (大庭康時 外 編), 海鳥社, 2008, 102·103쪽).

일본의 내헌은 비교적 적었으며, 일본인들은 여진인들처럼 무산계와 향직 등을 받지 않았다는 점이 여진과 차이가 있다. 그러나 일본인들이 고려에 내헌하는 이유는 여진과 크게 다르지 않았다. 일본에는 송상이 왕래하여 선진문물을 전하고 있었으나, 일본의 해상들이 직접 자력으로 송에 가기 어려웠기 때문에 안전하게 항해하여 갈 수 있는 고려와 무역하러 왔던 것이다. 그들은 고려에서 기본적으로 헌상과 회사의 이익을 얻었으며, 부가적으로 고려상인·송상·여진의 사절 등과 더불어 교역하였다. 이 시기에 여진인들이나 일본인들은 모두 독자적으로 송에 갈 수 없었으므로 자연스럽게 가까운 고려를 찾았으며 그곳에는 송상이 있었던 것이다. 송상의 고려왕래와 여진·일본의 내헌은 상호 간에 긍정적인 영향을 미쳐서 서로에게 더 많은 왕래를 하도록 만들었다. 이에 고려가 송·여진·일본 등 주변국 사절과 상인들이 모이는 교역의 場이 되었으며, 무역품의 중계지가 되었다. 그 중 하나의 증거가 고려의 마도 해저 침몰선과 博多에서 공통으로 발견되었던 '綱'이 쓰여진 조질의 자기였다고 생각된다.

하지만, 12세기 금이 건국된 이후 여진의 고려 내헌이 없어졌고, 일본의 왕래도 크게 감소하였다. 교역망의 핵심 대상이 사라지면서 송상 무역도 다소 위축되었을 것이다. 그럼에도 11세기에 고려의 농업생산력이 높아지고 인구가 크게 늘어나면서 고려의 경제가 발전하여 자체 구매력이 높아졌기 때문에 송상 왕래는 크게 줄지 않았다고 생각된다.

外國人의 居留와 投化*

1. 머리말

　고려시대에는 많은 외국인들이 외교와 무역을 위해 고려를 찾아왔다. 송상을 비롯한 중국의 상인들은 고려를 왕래하며 무역을 하였고, 東西女眞·鐵利國·黑水鞨鞨·日本 등 고려 주변 민족과 국가들이 조공을 명분으로 고려에 와서 국왕에게 헌상을 하고 회사를 받은 뒤, 개경에서 무역을 하고 되돌아갔다. 이에 선학들은 송상의 왕래나 여진인들의 입조에 대해 사례를 망라하며1) 그 의미를 고찰하였지만, 정작 외국인이 고려에 와서 국경 밖으

---

* 이 글은 강화고려역사재단과 한국중세사연구회가 공동 주최한 "10~14세기 아시아의 상호 교류와 협력"이라는 주제의 국제학술회의에서 발표한 내용을 바탕으로 대폭 수정하고 보완하여 작성한 것이다. 주최 측이 처음에 의뢰한 제목은 「國人과 異邦人─歸化와 居留─」였다. 그런데, 고려 사람을 '국인'이라고 한 바가 있으나, 이방인은 용례가 드문 대신에 아래의 기사에서 알 수 있듯이 해동천자에 귀의하러 오는 외국이라는 표현이나, 외국투화인에게 면포를 주라는 기록 등이 있었기 때문에 '국인' 또는 '고려인'에 대한 상대칭으로는 '외국인'이 적절한 것 같다. 그리고 귀화는 이 분야의 대표적인 저서가 선택한 용어인데, 실제 고려시대에 그것을 자주 사용하지 않았을 뿐 아니라 연구의 결과 귀화는 현재의 귀화 개념과도 상통하지 않았다. 제목은 이러한 몇 가지를 고려하여 정한 것이다.

　· 秋七月 乙未 安燾等還王附表謝之 且自陳風痺請醫官藥材 時與宋絶久 燾等初至 王及國人 欣慶除例(『高麗史』 권9, 「世家」, 文宗 32년).

　· 海東天子 當今帝佛補天助敷化 來理世恩深遐邇 古今稀 外國躬趍盡歸依 四境寧淸罷槍旗 盛德堯湯難比(『高麗史』 권71, 「樂志」, 俗樂 風入松).

　· 制曰 候在大寒風雪嚴凝 言念貧窮必至凍餒 其外國投化人 及沒蕃懷土 男女共八十餘人 有司量其老幼 各賜縣布(『高麗史』 권6, 「世家」, 靖宗 5년 12월 정사).

로 나가기까지 머무는 '거류'에 대해서는 주목하지 않았다.

실제로 외국인이 고려를 자유롭게 드나들지 못했을 것이다. 그러므로 고려 영역 내로 들어올 때는 어떤 절차를 거쳐 허락을 받았으며, 방문의 기일은 제한이 없었는지 확인하고, 고려를 찾은 외국인이 범죄를 저질렀을 때는 어떻게 다루었는지 살펴볼 것이다. 다만, 이 분야는 관련 기록이 희소한 점을 고려하여 중국이나 일본의 유사 사례를 참고하며 서술할 것이다. 고려의 외국인 거류자에 대한 관리와 법의 적용은 영토 내에서의 국가적 주권이 실현되고 있음을 알려줄 것이다.

거류는 되돌아가는 것을 전제로 외국인이 고려에 머무는 것임에 비해, 투화는 외국인이 자신이 살던 나라나 지역을 떠나 고려에 常住하기 위해 오는 것이다. 고려는 태조대부터 발해 멸망 이후 그 유민이 집단적으로 투화해왔고, 거란과의 전쟁기에 거란인들이 고려에 투항해왔다. 또한 금의 건국 이전에는 고려 국경 지역 밖에 살던 여진인들이 추장의 영도하에 고려를 찾아와서 투화를 요청한 뒤, 고려의 허락을 받고 영토 내로 옮겨 살았다. 송나라의 지식인들은 송상의 배를 타고 고려에 와서 투화하고 관직에 종사하며 문예와 의술 등의 분야를 발전시켰다.

투화인에 관한 연구도 일찍부터 선학들의 주목을 받고, 투화의 사례, 국가와 민족별 특징 등의 실체가 해명되었다.[2] 하지만 아직 분명하게 밝혀지

---

1) 송상 왕래에 대한 대표적인 저서는 다음과 같다.
  · 金庠基, 『東方文化交流史論攷』, 乙酉文化社, 1948.
  · 金庠基, 『東方史論叢』, 서울대출판부, 1974.
  · 李鎭漢, 『高麗時代 宋商往來 硏究』, 景仁文化社, 2011 등이 있고, 여진 내투 사례에 대해서는 다음의 저서에 잘 정리되어 있다.
  金庠基, 『新編 高麗時代史』, 東國文化社, 1961; 서울大出版部, 1985(재간행).
2) 고려시대 투화인에 대해 종합적으로 다룬 저서가 있으며, 그밖에 상세한 주제의 연구는 본문에서 제시할 것이다.
  朴玉杰, 『高麗時代의 歸化人 硏究』, 國學資料院, 1996.

지 않은 부분도 있다. 그 가운데 하나가 외국인들이 고려에 투화하도록 권장하는 정책이다. 발해유민·거란·여진 등이 투화하면, 그들이 농업에 종사하면서 경지를 개간하고 조세와 공부를 냈기 때문에 수년 후에는 국가 재정이 늘어나게 되었다. 그런 점에서 대규모 외국인 투화는 고려의 국력을 단시간에 증강하는데 기여하는 것인 만큼, 고려 정부는 그들에 대해 특별한 혜택을 주고 그것을 알려서 투화를 지속시키려는 정책을 펼쳤을 것이다. 따라서 이러한 점을 상세히 고찰하기 위해 그 동안 투화의 연구에서 다루어지지 않았던 문집 기록을 분석하고, 고려와 조선시대의 관련 기사와 대조해 그 의미를 찾아보겠다.

한편, 투화인 가운데는 농사를 짓지 않고 職役에 종사하는 자들도 있었다. 고려 전기에 전문적인 지식을 가지고 고려에 투화한 송인들과 원간섭기에 고려의 국왕과 혼인한 공주를 따라 원에서 왔던 私屬人들은 관직에 종사하였고, 여진 추장급들은 투화한 뒤 양계 지역 都領 등의 임무를 수행하였다. 이들은 직역체제와 본관제 원리에 따라 본관을 가져야 하며, 투화인과 그 후손들은 당연히 외국인이 아닌 '國人'이 되었을 것이라고 이해했다. 이러한 것들은 너무나 당연해 보이기 때문에 선험적으로 받아들이고 아직 구체적으로 검토하지 않았다. 그러나 본고는 투화인들이 자신의 系譜를 어떻게 기록하였고, 법과 규정을 시행하는 과정에서 투화인들을 어떻게 대우했으며, 고려 사람들이 그들을 정말로 같은 나라의 사람으로 인식하고 있었는지를 고찰하고자 한다. 이어 조선초 투화인들이 외국인이 아니라 '국인'으로 살기 위해 국내 군현의 본관을 하사받으려고 했던 사실을 통해 고려와 조선초의 사람들이 투화인에 대해 서로 다르게 생각하고 있음을 확인할 것이다. 이것이 소기의 성과를 거두게 될 경우, 고려와 조선의 투화 및 투화인에 대한 시대적 차이를 파악하는 단서를 찾을 수 있게 될 것이다.

2. 高麗前期 外國人들의 居留

거류는 외교나 무역 등의 목적으로 고려에 온 외국인들이 일시적으로
머무는 것을 말한다. 자신의 고국이나 고향으로 되돌아 갈 것을 전제로 한
것이므로 영구히 살고자 고려에 투화하는 것과 구별된다. 고려에 거류하는
가장 많은 사례는 송상이 무역하러 왔던 것과 동서여진·일본·흑수말갈 등
의 외국인들이 고려 국왕에게 入朝하기 위해 입국하였던 것 등이 해당된다.

송상은 예성항에 도착한 뒤 송에서 가져온 출국증명서와 대조하며 인원
과 물품들을 검사받고 예성항과 개경 등에서 일정 기간 동안 무역할 수 있
는 거류 허가를 받았을 것이다.3) 그와 관련한 직접적 기록은 없지만, 1241
년 8월 일본의 博多에 도착한 송상 李充은 배의 수, 도강 등의 인원과 직책,
화물과 그 수량 등을 적은 兩浙路市舶司가 발행한 公憑—公驗—을 大宰府
에 제출하였는데,4) 고려의 예성항에서도 비슷한 절차를 거쳤을 것이다.

---

3) 거류의 기일을 제한할 때, 고려 국경에서 개경까지 이동하는 데 소요되는 기간이
포함되지 않았던 것 같다. 송상은 고려의 영해인 가거도—협계산—에 들어온 이
후 동진하고 군산도를 경유하여 서해안을 따라 북행하였다. 서여진은 北界의 鴨江
都部署나 通州都部署 등지에서 남행하였을 것이며, 일본은 東南海都部署나 金州를
경유한 뒤 남해와 서해를 항해하여 예성항에 정박하고 육로로 개경에 도착하였을
것이다. 그런데 한반도의 서남해안은 해안선이 복잡하고 해저에 암초가 많으며,
조수 간만의 차가 매우 커서 외국인을 태운 배는 항해와 관련된 전문적인 지식을
갖춘 고려인들의 도움과 지방 수군의 호위를 받아야 했다. 한편 동여진은 元興都
部署나 鎭溟都部署에 입조 의사를 알리고, 고려의 허락을 받은 뒤 개경으로 이동하
였을 것이다. 이처럼 외국인이 국경에서 개경까지, 개경에서 국경까지 왕복하는
과정은 기상이나 해상의 여건에 따라 달라져서 일정할 수 없었으므로 거류의 기
간에서는 제외되었을 것이다. 그리고 고려의 영역에 들어온 외국인들은 개경까지
가면서 또는 소임을 마치고 귀국하면서 고려 정부의 보호를 받았기 때문에 자유
롭게 고려인들과 만나지 못했을 것이다.

4) 『朝野群載』 권20,「大宰府附異國對宋商客事」.
　森克己,「東洋國際貿易의 普遍型」『日宋貿易의 研究』, 國書刊行會, 1975.

송상이 고려에 머무는 기간은 관련 기사를 통해 유추해야 한다. 1079년에 송은 고려를 왕래하는 해상들 가운데 財本 5천 緡 以上인 자가 明州 관아에 姓名을 적고 허가를 받아 교역을 하되 금지하는 물건을 가지고 나가서는 안 되며 다음해에는 돌아와야 한다는 규정을 만들었다.5) 또한 1058년 8월에 고려에 와서 토물을 바쳤던 宋商 黃文景이6) 다음해 8월에 돌아가려 하자 문종이 蕭宗明과 醫人 江朝東에게 더 머물 것을 허락한 적이 있었다.7) 무신정권기 몽골군에서 탈출한 남송 사람을 태우고 귀국한 강수 范彦華의 배는 1258년에 3월에 고려에 왔다가 이듬해 3월까지 만1년을 머물다가 송으로 돌아갔다. 이와 같이 송상이 귀국하는 것은 사정에 따라 100일이 되지 않는 경우도 있으나, 보통은 다음 차례의 배가 도착하면 귀국하였던 것 같다. 거류의 한도는 1년을 넘지 못하였기 때문에 그 이상은 국왕의 특별한 허락을 받았을 것이다.8)

송상은 배가 정박한 예성항과 개경 지역에서 활동하였고, 고려 여인들을 妻로 두기도 하였다. 예를 들어 12세기에 金敦時는 唐商館에서 송상이 오랫동안 함께 살던 처와 헤어지려던 것을 재치있는 시를 지어 막았다고 하며,9) 명종대 재상인 宋有仁은 宋商 徐德彦의 妻와 혼인하였다.10) 무신정권기에 집정자인 崔怡는 자신이 요구한 水牛角을 송의 禁輸品이라고 하여 사오지 않은 宋 都綱의 처를 가두었으며, 결국 송상은 그의 요구를 들어줄 수 밖에 없었다고 한다.11) 그리고 唐商 賀頭綱이 예성강에서 美婦人을 보

---

5) 『續資治通監長編』 권296, 神宗 元豐 2년 春正月 丙子.

6) 『高麗史』 권8, 「世家」, 文宗 12년 8월 乙巳.

7) 『高麗史』 권8, 「世家」, 文宗 13년 추8월 戊辰.

8) 金渭顯, 「高麗의 宋遼金人 投歸者에 대한 收容策(918~1146)」 『史學志』 16, 1982; 『遼金史硏究』, 裕豊出版社, 1985, 181쪽.

9) 『補閑集』 上, 「金石丞敦時」.

10) 『高麗史』 권128, 鄭仲夫傳附 宋有仁.

11) 『高麗史』 권129, 崔忠獻傳附 怡.

고 그 남편과 바둑 내기를 하여 그녀를 차지했다가 되돌려준 일화와 관련
하여 부인을 잃은 남편이 후회하며 불렀다고 하는 '禮成江曲'도12) 송상들
의 활동 지역과 더불어 그 처의 존재를 암시하고 있다. 고려에 처를 둔 송
상의 사례가 적지 않게 남아있었던 것은 그들이 고려에 자주 왕래하고 오
랫동안 거류하였기 때문이다.

송상의 배에는 고려에서 문예를 갖춘 자를 우대한다는 소식을 듣고 벼
슬하러 오는 자가 있었다. 그들은 고려에서 벼슬할 만큼의 실력을 가졌는
지를 확인하는 절차를 거쳤고, 그에 따라 거류 기간이나 투화 승인의 여부
가 결정되었다. 다음의 기록을 검토해보자.

> A1. (문종 35년 하4월) 壬午日에 禮賓省이 奏하기를 "宋人 楊震이 商船
> 을 타고 와서 '擧子'라고 자칭하여 여러 번 시험하였으나 합격하
> 지 못하니, 청컨대 아뢴 바에 따라 본국으로 되돌려 보내십시오"
> 라고 하니 왕이 따랐다.13)
> A2. (선종 8년 8월) 制하여 이르기를 "宋人 田盛은 書札을 잘 쓰고, 東
> 養은 武藝가 있으니, (되돌아가지 않고) 머물도록 돈독히 청하고,
> 또한 職秩을 더하여 (앞으로 그와 같은 자들이) 오는 것을 권장하
> 라"고 하였다.14)
> A3. (인종 2년 5월) 庚子日에 宋商 柳誠 등 49인이 왔다. 처음에 明州
> 사람 杜道濟·祝延祚가 商船을 따라 本國에 도착한 뒤 돌아가지 않
> 으니, 明州가 다시 공문을 보내 찾아내도록 하였다. 이에 고려가
> 송 황제에게 表를 올려 (두 사람을 고려에) 머물도록 해줄 것을
> 청하였다. 이에 이르러 柳誠 등이 와서 황제의 旨를 받들어 명주

---

12) 『高麗史』 권71, 「樂志」 2, 俗樂 禮成江.
13) 壬午 禮賓省奏 宋人楊震隨商船而來 自稱擧子屢試不中 請依所告遣還本國 從之(『高
麗史』 권9, 「世家」, 文宗 35년 하4월).
14) 制曰 宋人田盛善書札 陳養有武藝 敦請留止 且加職秩 以勸來者(『高麗史』 권10, 「世
家」, 宣宗 8년 8월).

의 첩을 전하였는데, "杜道濟 등이 임의대로 편하게 居住하도록
허락하는 명령이 있었다"고 하였다.15)

A1은 1081년 4월에 '擧子'라고 자칭한 宋人 楊震이 시험에 합격하지 못
하여 귀국하게 되었다는 것이다. 이 기사는 고려에 벼슬하러 온 사람은 상
인들과 달리 그 능력을 시험하는 동안에 한정하여 고려에 거류할 수 있었
음을 알려준다. A2에서는 1091년 8월에 書札을 잘 쓰고 무예에 능한 송인
田盛과 陳養을 머물도록 하고 고려의 관직을 주어 다른 사람들이 본받아
더 많이 오도록 했다고 한다. 내용상으로 보건대, 전성과 진양은 고려에서
벼슬할 생각이 별로 없었지만, 그들의 능력을 알고서 制書를 내려 고려에
머물도록 요청하였던 것이다. 이 기록에서 송인에게 머물 것을 청하였다고
[請留] 하지만, 사실상 그것은 투화를 권유하는 것이었다.

A3은 1124년 5월에 明州 사람 杜道濟·祝延祚가 商船을 따라 本國에 도
착하여 돌아가지 않은 것에 대해 고려가 황제에게 머물 것을 청하여 허락
을 받았다는 것이다. 본래 杜道濟 등은 잠시 머물기 위해 고려에 왔으나
어떤 사정으로 투화하게 되었던 것 같다. 이 기사를 통해 송은 고려에 간
사람들이 장기간 귀국하지 않으면 고려에 공문을 보내 찾았으며, 고려는
투화한 송인에 대해 송에 그 사정을 알리고 머물 것을 허락받았음을 알 수
있다. 결국 고려에 왔던 사람들은 자질을 확인받는 동안 일시적으로 거류
하다가 실제 관직에 제수되면서 투화인이 되었다. 따라서 시험에 합격하
지 못하는 자는 투화하지 못하고 다시 귀국할 수 밖에 없었다.

사정은 조금 다르지만 1030년 9월에 興遼國 郢州刺史 李匡祿이 와서 자
국의 위급함을 알리러왔는데, 곧 망했다는 소식을 듣고 드디어 머물고 돌

---

15) 庚子 宋商柳誠等四十九人來 初 明州杜道濟祝延祚隨商船 到本國不還 明州再移文取
索 國家上表請留 至是 誠等來傳明州奉聖旨牒云 杜道濟等許令任便居住(『高麗史』 권
15, 「世家」, 仁宗 2년 5월 경자).

아가지 않았다고 한다.16) 사신 李匡祿은 고려에 투화를 요청했고, 고려국
왕의 허락을 얻어 평생토록 거주하는 투화인으로 바뀌었을 것이다. 이처럼
고려가 원하는 재능을 갖거나 외국의 관인들이 고려에 투화를 할 때는 먼
저 일정 기간 고려에 거류하였으며, 그 기간은 개별적인 사정과 고려의 필
요성 여부 등에 따라 차이가 있었다.

송상과 더불어 가장 많이 고려를 찾아와 거류한 자들은 여진 계통의 사
람들이었다. 동서여진과 흑수말갈 등 고려 주변 민족의 추장들은 고려에
와서 鄕職과 武散階를 받고 돌아가 정치적 권위를 과시할 수 있었고, 고려
와의 진봉·회사 무역을 통해 경제적 이득을 취하였다. 아울러 개경에 머무
는 동안 시전에서 고려의 상인은 물론 송상과 원하는 물건들을 교역하여
되돌아갈 수 있었으므로 각 부족의 추장들이 많은 인원을 거느리고 고려에
입조하였다.

그들도 당연히 고려에 들어올 때는 입국의 허가를 받아야 했다. 서여진
은 압록강 부근의 都部署, 동여진과 흑수말갈은 東界 지역의 도부서 또는
변경의 관아를 찾아 입조 의사를 밝혔을 것이다. 그럼 고려의 관원들은 외
국인들의 인원과 물품에 대해 확인하고, 입조에 대한 승인을 받아 증명서
를 발급하고 그들이 개경까지 가는 것을 도와주었을 것이다. 참고로 唐代
에 庶人의 여행증명서를 過所라고 불렀으며, 여행 목적과 목적지, 여행자
의 姓名·年齡·籍貫, 함께 가는 수행원과 노비의 성명 등 휴대하는 물품의
이름과 수, 대동하는 축산의 이름·털의 색·암수와 수효 등을 기록하였다.
신청인이 2부를 작성하여 제출하면, 군현의 관원이 사실 여부를 확인하
고 서명하여 1부를 주어 증명서로 사용하도록 하고, 1부는 관청에 보관하
였다.17)

---

16) 『高麗史』 권5, 「世家」, 현종 21년 9월 병진.
17) 唐의 公驗은 광의로 관청에서 발행하는 일체의 증명서를 지칭하지만, 협의로는 여

입국 절차를 마치고 각 지역에서 출발한 여진인들은 고려의 수군과 군
인들의 도움을 받아 개경에 도착하고 궁궐에 가서 국왕을 알현하였는데,
개경에서 머무는 기간 만큼은 일정한 제한이 있었다.

> B1. (문종 4년 춘정월) 丙午日에 東北面兵馬錄事·衛尉注簿 朴庸載가 陞
> 辭하자 왕이 制하기를 "蕃人으로 조회하러 오는 자는 賊首 那拂이
> 아니면 入朝를 허락하지 말라"고 하였다. 蕃類 300인이 강제로 京
> 館에 머물고 있었던 까닭이다.[18]
> B2. (문종 35년) 五月 己丑日에 東女眞 酋長 陳順 등 23인이 와서 말을
> 바쳤다. 제하어 이르기를 "무릇 蕃人으로 입조하러 오는 자가 개
> 경에 머무는 것은 15일을 넘지 않게 하고, (그것을 넘으면) 모두 客
> 館에서 나가도록 명하는 것을 영원한 법식으로 삼으라"고 하였다.[19]

B1은 1050년 정월에 문종이 박용재에게 개경의 객관에 너무 많은 여진
인들이 머물고 있다며, 那拂을 제외하고 입조를 허락하지 말라고 하였다는
것이다. B2는 1081년 5월에 여진인들이 개경에 머무는 기한이 15일을 넘
지 않게 하고, 영구히 지켜야할 규정으로 삼았다는 것이다. 고려에 입조하
는 여진이 머물 개경의 객관으로 迎仙館과 靈隱館 등이 있었지만,[20] 너무

행허가증이나 공훈증서가 될 수도 있다. 일본 유학승 圓仁이 당에 도착하여 여행
증명서를 얻기 위해 노력하였고, 그것을 공험이라고 기록하였는데, 정확하게는 過
所라고 적어야 했지만 그렇다고 해서 잘못된 것도 아니었다고 한다(김택민, 「在唐
新羅人의 活動과 公驗(過所)―엔닌의 공험 취득 과정에서 장보고·신라인의 역할을
중심으로―」 『대외 문물교류 연구』(권덕영 외), (재)해상왕장보고기념사업회,
2002, 205~213쪽).

18) 丙午 東北面兵馬錄事衛尉注簿朴庸載陞辭 制 蕃人有欲來朝者 非賊首那拂 勿許入朝
以蕃類三百人 勒留京館故也(『高麗史』 권7, 「世家」, 文宗 4년 춘정월).

19) 五月 己丑 東女眞酋長陳順等二十三人來 獻馬 制曰 凡蕃人來朝者 留京毋過十五日
並令起館 以爲永式(『高麗史』 권9, 「世家」, 文宗 35년).

20) 『高麗圖經』 권27, 「館舍」, 客館.

많은 인원을 동시에 수용할 수 없어서 이와 같은 조치를 취했던 것이다. 입조하러 오는 여진인들은 적어도 15일은 개경에서 머물 수 있었음에 틀림없다.

또한 B1에서 문종이 임지로 가는 東北面兵馬錄事에게 여진 입조의 제한을 지시했던 사실은 여진이 고려의 국경에 와서 州鎭의 수령 관아나 변경의 도부서에게 입조 의사를 전하면 동북면병마사를 통해 중앙에 보고되는 체계였음을 알려준다. 여진인이 고려의 국경 지역에 도착하여 군현 수령에게 입조의 의사를 알리면, 병마사를 거쳐 왕에게 보고되고 왕의 허락을 받은 후 비로소 개경에 갈 수 있었던 것이다. 따라서 여진인이 국경에 와서 고려 국왕의 허락을 받고 개경으로 떠나기까지 적지 않은 시일이 소요되었으며, 그 동안 국경 지역에서 거류해야만 했을 것이다. 이후 개경에 가서 객관에 머물며 입조 등의 의례를 수행하고 필요한 물자를 교역한 뒤 고려의 국경을 넘어 다시 귀환하기까지 오랜 기일이 걸렸다.

그밖에 여진의 입국 후 과거의 잘못을 처벌하기 위해 강제로 감금하는 것과 같은 특별한 사례가 있다. 1050년 3월에 東女眞 寧塞將軍 塩漢 등이 와서 좋은 말을 바쳤는데, 염한은 그 이전의 범죄로 인해 개경에 오지 못하고 변방에 유치되는 징벌을 받았다.[21] 그리고 1051년 4월에 東女眞 賊首 阿骨 등 77인이 廣仁館에 拘留되었다가 풀려나기도 하였고,[22] 1054년 3월에 강제로 유치되었던 동여진 아골 등 59인에게 물건을 차등 있게 주었다고 한다.[23] 아골 등은 입조하러 왔으나 예전의 잘못으로 인해 구류나 勒留되었고, 징벌에 대한 사면을 받은 이후에야 물품을 하사받은 것 같다. 이러한 사례는 여진인의 잘못을 징벌하기 위해 이동을 제한하고 사실상 감금한

---

21) 『高麗史』 권7, 「世家」, 文宗 4년 3월 병오.
22) 『高麗史』 권7, 「世家」, 文宗 5년 하4월 을미.
23) 『高麗史』 권7, 「世家」, 文宗 8년 3월 갑술.

것으로 일반적인 거류와는 구별해야 할 것이다.

　요컨대 고려에 오는 송상들은 예성항에 와서 입국 허가를 받고 길게는 1년 정도 거류하며 예성항과 개경 지역에서 무역을 하고 귀국하였다. 송상과 함께 고려에 왔던 송인들은 자신들의 재능이 인정되면 고려의 관직에 종사할 수 있었으나, 그렇지 못할 때에는 귀국 처분을 받았다. 여진 등의 외국인은 국경 지역 군현이나 도부서를 통해 입조 의사를 밝히면 양계병마사를 거쳐 국왕에게 보고되었고, 국왕의 허락을 받은 뒤 개경으로 갈 수 있었으며, 이 과정에서 과거의 범죄 등이 발각되어 입국이 거부되거나 강제로 구류되는 일이 일어나기도 하였다.

3. 高麗의 북방지역 投化人 우대

　전근대 사회에서 외국인의 투화는 가장 손쉽게 인구와 개간지를 늘려 국가적인 부를 증가시킬 있는 방법의 하나였으며, 고려야말로 지속적인 외국인의 투화 덕택에 발전한 나라라고 해도 과언이 아니다. 일찍이 태조는 귀부호족에 대한 정책을 성공적으로 실시해서 후백제와의 경쟁에서 승리하고 후삼국을 통일할 수 있었다. 그와 더불어 후삼국 가운데 가장 북쪽 지역을 차지하고 있던 고려는 926년에 발해 멸망 이후 그 유민들을 받아들이게 되었다.24) 발해인의 투화는 여러 차례에 걸쳐 이루어졌는데, 특히

24)　· 韓圭哲, 「高麗來投·來往 契丹人─渤海遺民과 관련하여─」『韓國史研究』47, 1984.
　　· 韓圭哲, 「高麗 來投·來往 女眞人─渤海遺民과 관련하여─」『釜山史學』25·26합, 1994.
　　· 韓圭哲, 「渤海遺民의 高麗投化─後渤海史를 중심으로─」『釜山史學』33, 1997.
　　· 이효형, 『발해 유민사 연구』, 혜안, 2007.
　　현종대 거란의 전쟁과정에서 그 이전의 기록을 많이 잃어버렸다는 점을 감안하면, 현재 남아있는 『高麗史』·『高麗史節要』등의 기록보다 훨씬 많은 발해인의 내투가

934년 7월에 大光顯은 수만 명의 무리를 거느리고 왔으며,25) 979년에도 발해인 수만명이 내투하였다.26) 대광현은 後渤海에서 권력을 잃고 발해 유민과 함께 망명한 것이며,27) 979년의 발해인 내투도 사실상 定安國에서 烏氏에게 축출된 列氏 세력이 가장 가까운 주변 국가인 고려를 찾아왔던 것이었다.28) 그러므로 그들은 정치적 난민들이었지만, 고려에게는 투화인이었다. 어쨌든 인구는 적고 상대적으로 개간할 토지가 많았던 고려로서는 이들의 내투로 농업 생산이 증가하고 군인이 늘어나는 등의 긍정적인 효과를 누릴 수 있었다.29)

발해인의 대규모 투화로 인해 국력의 신장에 적지 않은 도움을 받았던 고려는 11세기 이후에도 자발적인 외국인의 투화를 막지 않았으며, 더 나아가 적극적으로 권장하였다.30) 거란인이 투항하고, 여진인들이 계속해서 투화했던 것도 그러한 정책의 효과였다.31) 그런데 기존의 연구보다 더 자

있었을 것이라고 한다(日野開三郎, 「後渤海の建國」『帝國學士院紀事』 2-3, 1943; 『日野開三郎 東洋史學論集 第16卷 東北アジア民族史(下)—後渤海·女眞編—』, 三一書房, 1990, 29쪽).

25) 『高麗史』 권2, 「世家」, 太祖 17년 추7월.

26) 『高麗史』 권2, 「世家」, 景宗 4년 是歲.

27) · 日野開三郎, 주 24) 논문, 39쪽.
   · 日野開三郎, 「定安國考」『東洋史學』 1·2·3, 1951; 앞의 책, 261쪽.

28) 日野開三郎, 「兀惹部の發展」『史淵』 29·30·31·32·33, 1943·1944·1945; 앞의 책, 89쪽.

29) 고려시대에는 다양한 종족과 국가의 주민들이 대규모로 고려에 내투하였기 때문에 고려 전체 인구 중에 투화인이 적지 않은 비중을 차지하였다(박종기, 「고려 전기 주민 구성과 국가체제—來投 문제를 중심으로—」『동북아역사논총』 23, 2009, 107~109쪽).

30) 투화와 관련하여 고려는 來者不拒의 원칙에 따라 여진의 한두 사례를 제외하고 대부분 받아들였으며, 외국인의 더 많은 투화를 유도하기 위해 투화인에게 田宅과 衣物을 사여하는 등의 혜택을 베풀었다(朴玉杰, 「高麗時代의 歸化人政策」『高麗時代의 歸化人 研究』, 國學資料院, 1996, 172~200쪽).

세한 혜택과 실행방식을 알려주는 기록이 『東國李相國全集』에 있어서 정밀하게 검토해볼 필요가 있다.

> C1. 女眞·漢兒 등 官人에게 은밀히 알린다. 그 매양 통한 바의 일을 하나 하나 다 알았다. 요즈음 너희들 및 回回·阿萬 등 여러 나라 사람이 蒙古를 따르기 싫어하고 우리나라에 투항해 오는 자가 연달아 끊이지 않는데, 그 사람들이 와서 당신네들의 말을 전하여 말하였다. " … ① 들건대 高麗가 바다 가운데 들어가 도읍하였는데, 토지가 꽤 넓으며, 또한 다른 나라에서 투항하는 사람들을 잘 대우하여 각각 口分田地를 주어 갈아 먹게 한다 하니 그곳이 낙을 누리며 살 만하다. 다만, 도망쳐 투항하고 싶으나 탈출하기가 어려워 지금까지 틈만 엿보고 있다"고 하였다. 매양 오는 사람들의 전하는 말이 이와 같으니, 그 말은 믿지 않을 수 없다. 왜냐하면 우리 나라가 너희 나라와 서로 和好한 지 1백 년이 되었으되 조금도 嫌隙이 없었으며, ② 더구나 바다 안에 들어오기 전에는 곳곳에 投化場을 설치하고 투화하는 당신네들을 조처하였다. 각각 제일 좋은 토지를 주어 이를 갈아 먹고 생업에 안락을 누리게 해 주었으며, 官人들에게는 벼슬까지 하게 하였다. 이제 바다 안에서도 이와 같이 하였으니 너희들이 어찌 듣지 못하였겠는가. ③ 그 투화하려는 것은 믿음직하다. 과연 당신네들의 말과 같다면 10인을 모아 함께 오는 자에게는 얼마의 廩食과 金帛을 줄 것이요, 1백 인을 모아 함께 오는 자에게는 그 상을 3배로 더할 것이요, 그 이상은 모두 앞의 예에 따라 차등있게 상을 내릴 것이다. 특히 상만 그럴 뿐 아니라 모두 좋은 땅에 편히 살게 해 줄 것이니 의심하지 말라. 어찌 너희들 뿐이겠는가. 다른 나라도 마찬가지다.[32]

31) 南仁國,「高麗前期의 投化人과 그 同化政策」『歷史教育論集』8, 1986.
32) 密諭女眞漢兒等官人 其每次所通事 一一知之 比來你每及回回阿萬等諸國人 厭隨蒙古 投來我國者袞袞不絶 其人等皆來傳你每所言云 (阿每久爲蒙古驅逼 不堪其苦 又累載

이 글은 고려가 대몽항쟁 중에 몽골군에 참여하고 있는 여진과 한인 등의 이민족을 회유하여 투항하도록 권유하기 위해 이규보가 지은 것이다. 비록 외적과의 항전 과정에서 시행된 것이지만, 그 이전부터 실시하고 있었던 투화인에 대한 혜택과 일정하게 관련되었을 것이다. 투항한 자들에게 어떤 혜택을 주었는지에 대한 내용은 크게 셋으로 나뉜다. ①의 부분은 고려가 강화로 천도한 뒤에도 토지가 넓어 투화한 자에게 口分田을 나누어주고 경작하여 먹게 해주고 있다는 것이다. 구분전은 투화한 자들이 종신토록 수조하며, 관직에 종사하면 받지 못하는 투화전일 것이다.[33] 이 토지는 투화하여 도령과 같은 군사적 직역을 수행하는 자들에게 지급되었다.

②의 부분은 강화 천도 이전에도 매양 投化場을 두고 내투하는 사람들에게 기름진 땅[上田]을 주어 개간하여 경작하고 생업의 안락을 누리게 해주었으며, 官人들에게는 벼슬까지 주었다는 것이다. 이것은 예전에 그렇게 한 것과 같이 차후 투화자에게도 같은 혜택을 줄 것이라는 뜻을 담고 있다.

相從 細詳其本心 其猜忍莫甚 然今之不殺阿每者 非愛之也 凡攻破諸國城堡 次欲借力驅使耳 若諸國摁亡 則必不存阿每矣 是故 頃者羊波奴甚慎之 方蒙古之伐東眞也 率其屬往其本屯 盡殺之留在男女 遂入石城自保 蒙古於癸巳甲午年間 攻其城殺了底 自是後常疑吾屬者久矣 終必屠之 可知也) 聞高麗入都水內 地甚寬廣 又善遇異國歸降者 各給口分田地 使耕而食之 其居可樂也 欲於此時 逃出歸投 但難於出去 姑俟其隙矣 每來人所傳如是 其言不可不信 何者 且我國與你每國通好 僅百年 而略無嫌隙 況自未入水內時 於每處置投化場 以處你每之投來者 各給以上田令耕墾 安生樂業 其若官人者 許通仕籍 今於水內亦爾 則你每豈不聞之耶 其欲來投信然矣 果若爾言 則偕十人而來者 給廩食若干金帛若干 偕百人而來者 加等三倍 次次而上亦如之 非特賞賜如此 皆處以好地安之 愼勿疑也 豈唯你每而已哉 諸國亦然(『東國李相國集』권28,「密告女眞漢兒文」).

이 글이 지어진 시점은 명확하지 않지만 해당 글의 앞에 위치한 『東國李相國集』 권28의 「上大金皇帝表」가 고종 20년(1233) 3월로 편년되고 바로 뒤에 있는 「蒙古皇帝上起居表」가 고종 25년(1238) 12월로 편년된다. 그러므로 1233년 3월부터 1238년 12월 사이에 작성되었을 것이다.

33) 『高麗史』권78,「食貨志」1, 田制 祿科田 창왕 즉위년 七月 大司憲趙浚等上書.

여기서 投化場은 1187년 9월에 '順州歸化所에 安置했던 賊 수백인이 흩어져 노략질을 하였으므로 兵馬使가 병사를 내서 잡았다'고 하는 기사의 歸化所와[34] 같은 곳이다. 또한 1219년에 趙冲이 몽골군과 연합하여 江東城에서 저항하고 있던 거란군을 함락한 뒤, 거란 포로를 각도의 주·현에 나눠 보내어서 빈 땅을 골라 모여 살게 하고, 그들에게 토지를 주어 농사를 짓는 백성이 되게 하였고 그곳을 契丹場이라고 했던 것과 관련된다.[35] 고려는 투화인들에게 토지를 주어 농사를 짓게 해주되, 관리를 편하게 하기 위해 집단적으로 거주하게 했던 것이다. 고려가 이러한 투화인들에게 주는 토지는 수조지 성격의 토지가 아니라 직접 개간하여 경작할 수 있는 곳을 말한다.

반면에 포상으로 벼슬을 받는 투화인은 수조지를 받았을 것이다. 그러므로 1040년 9월에 '北女眞 將軍 尼迂火·骨輔 등이 來投하자 田宅을 주고 坼內에 살게 하였다'고 하였을 때[36], 여진 추장은 수조지 성격의 투화전을 받았고, 그 나머지는 경작지를 받았으며 백정 농민 정도의 신분이 되었을 것이다. 이처럼 투화인들은 고려에 편호되고[37] 직역에 종사하거나 租稅·力役·貢賦를 부담하였다. 그런데, 투화인들은 오랫동안 살던 본거지를 버리고 타국에 왔을 뿐 아니라 농업을 하지 않던 자들도 있어서, 정착을 돕기 위해 衣服·縣絮를 주었다.[38]

이와 유사한 제도는 조선에서도 시행되었다. 태조대에 투화한 왜인에게 주현에 살도록 하고 의복과 식량을 주었으며,[39] 세종은 새로이 오는 향화

34) 『高麗史節要』 권13, 명종 17년 9월.
35) 『高麗史節要』 권15, 고종 6년 춘정월.
36) 『高麗史』 권6, 「世家」, 정종 6년 9월 임신.
37) 『高麗史節要』 권2, 목종 2년 동10월.
38) 『高麗史』 권5, 「世家」, 덕종 즉위년 11월 경인.
39) 『太祖實錄』 권14, 太祖 7年 5月 辛未.

인에게 토지의 조세는 3년을 기한으로, 徭役은 10년을 기한으로 면제하도록 하였다.[40] 조선시대 투화인 정책을 보건대, 고려에서도 의복 이외에 식량을 주고, 일정 기한 동안 조세와 요역을 내지 않도록 하는 특혜를 베풀었을 것이다. 고려에 투화한 사람들이 하루빨리 생업을 안정시키는 것이 장기적으로는 국가 재정에 이득이 될 뿐 아니라 조기 정착을 돕는 지원책이 투화를 촉진시키는 기능도 하기 때문이다. 특히, 문종대와 같이 재정이 풍부한 상황에서는 넉넉한 지원으로 더욱 많은 투화를 유발시키는 효과가 있었을 것이다.

③의 부분은 집단 투화하는 것에 대한 추가적인 특별 혜택이다. 10인을 모아 함께 오는 자에게는 약간의 廩食과 金帛을 줄 것이고, 1백 인을 모아 함께 오는 자에게는 그 상을 3배로 하고, 그 이상은 비례하여 상을 줄 것이며, 그와 더불어 좋은 땅[好地]을 주어 편하게 살도록 해준다고 하였다. 마지막으로 여진과 한인 뿐 아니라 다른 민족에 대해서도 같은 혜택이 적용된다고 하였다. 고려시대에 발해유민·여진·거란 등의 집단 투화가 많았고, 그것이 『高麗史』 등에는 내투한 자의 우두머리 이름을 넣어 '女眞 某 등 몇 명이 내투하였다'는 식으로 기록되어 있다. 이 경우 '女眞 某'에 해당되는 자가 고려에 투화를 유도한 자들일 것이므로, 廩食과 金帛 등의 특별한 포상을 받았을 것이다.

또한 1071년 11월에 西女眞 酋長 漫頭弗 등이 무리를 이끌고 來投하여, 職과 賞을 차등 있게 주었다고 하였는데,[41] 이 때의 상은 무리들과 함께 투화한 것에 대한 경제적 보상이었을 것이다. 투화인에게 기름진 땅[上田] 또는 좋은 땅[好田]을 주고 의복과 식량을 지급하여 일찍 정착하도록 도우면서도, 많은 사람들을 데려오는 것에 대해 누진 방식으로 포상하는 것은

---

40) 『世宗實錄』 권25, 세종 6년 7月 庚寅.
41) 『高麗史』 권8, 「世家」, 문종 25년 11월 신축.

여진의 추장들로 하여금 고려에 집단 투화를 결행하도록 하는 주요한 동기
가 되었을 것이다.42)

한편, 고려에 투화하고 편호되는 과정에서 투화자들의 신분을 고려하여
三稅를 부담하는 課戶가 되었을 것이다.43) 참고로 조선초에 李之蘭·殷阿
里·金高時帖木兒 등이 투화한 이래로 관하의 백성들이 각기 그 주인만을
섬기고 국가의 부역에는 응하지 아니하였다. 그 뒤에 국가에서 분할하여
호적에 편입시켜서 요역과 조세가 본국 사람과 다름이 없었다고 한다.44)
이지란 등이 투화하였을 때, 그 이전의 주속관계를 반영하여 여진인들을
이지란 등의 호적에 편입하였기 때문에 그들이 국가를 위해 역의 부담을
지지 않았고, 그것을 해소하고자 여진인들을 독립된 호적에 편입하였다는
것이다. 고려시대에 여진의 추장들이 부족원들을 이끌고 고려에 투화했을
경우에도 유사한 일들이 발생하였을 것이다. 주인과 노비 또는 예속인이
함께 고려에 투화하면, 투화 이전의 신분 관계를 일부 반영하였을 것이지
만, 고려는 삼세의 부과 대상자를 늘리기 위해 여진에서 신분이 낮았던 자
들은 백정호로 편성하였을 것이다.

요컨대 고려는 외국인들의 투화가 국력을 증강시키는데 큰 도움이 된다
는 것을 잘 알고서, 투화인들에 대한 우대정책을 실시하였다. 주로 농업에

42) 조선시대에도 여진이나 일본 투화인에 대한 혜택이 있었다. 세종 6년에 외국인의
투화를 장려하기 위해 向化하여 조선에 온 자들에게 田租는 3년 동안, 徭役은 10
년 동안 蠲免하도록 했으며, 그 내용이 뒤에『經國大典』의 향화인 토지분급 규정
으로 실리게 되었다(李鉉淙,「外國人 歸化」『서울六百年史』, 서울시사편찬위원회,
1977, 637·638쪽). 또한 향화 당사자에게는 관직·집·토지·옷·갓·신·세간·노비 등
이 하사되었으며, 관아에서 사람과 소를 주고 농사를 지어 생업에 안정되도록 하
였다. 혼인을 원하는 경우, 공·사비로서 양부에게 시집가서 낳은 딸을 배우자로
삼을 수 있게 해주었다(원창애,「향화인의 조선정착 사례 연구―여진 향화인을 중
심으로―」『東洋古典研究』37, 2009, 42쪽).
43)『高麗史』권6,「世家」, 靖宗 6년 동10월 갑신.
44)『世宗實錄』권78, 세종 19년 8月 甲子.

종사할 신분이 낮은 투화인들을 위해서는 경작이 가능한 토지를 주고, 조세와 요역을 면제하였으며, 정착을 위한 식량과 의복 등을 지원하였다. 반면 집단 투화에 큰 영향을 끼치는 여진의 지배 계층에 대해서는 투화인의 수에 따라 遞增하여 포상하고 농사짓기 좋은 땅을 주었다. 이러한 투화인에 대한 정책은 고려초부터 실시되었고, 그것이 효과가 있었다는 것을 대몽항쟁기에 투화를 권유하는 密告文이 증명하고 있다.

4. 投化人의 貫籍과 鄕貫

고려시대에 투화한 여진의 추장은 양계의 都領이 되어 변방의 국방을 담당하였고,[45] 그보다 신분이 낮은 자들은 대부분 농업에 종사하였다. 반면에 文藝·醫術·武藝 등이 뛰어난 송나라 사람들은 투화한 이후 관직에 종사하면서 중국과의 사대문서를 맡거나 고려 사람들에게 의술과 무예 등을 가르치며 선진문물을 전수하였다. 고려후기에 국왕과 혼인한 원 공주를 따라 고려에 온 私屬人들은 고위직을 역임하며 정치적으로 큰 활약을 하였다.

흥미로운 것은 후자에 속하는 투화인들이 자신들의 出自를 고려가 아닌 외국으로 들고 있다는 점인데, 예를 들어 蔡仁範·蔡忠順이 宋 江南 泉州人,[46] 周佇가 宋 溫州人,[47] 劉志誠이 宋 楊州人,[48] 劉載가 宋 泉州 溫陵

---

45) 고려는 내투 여진인을 대부분 양계 지역에 거주하게 하였고, 투화자가 너무 많아서 선별하여 수용하였으며, 그 기준의 하나는 병력화 가능성이었다는 견해가 있다 (金南奎, 「高麗前期 兩界地方의 原住·來投女眞人에 대하여」 『慶大史論』 8, 1995, 16~22쪽).

46) 「蔡仁範墓誌銘」, 13~15쪽. 이 글의 묘지명은 金龍善, 『高麗墓誌銘集成』, 한림대출판부(제5판), 2012를 인용하였고, 이후 편의상 「묘지명」과 쪽수만을 적겠다.
채인범의 아들이 채충순이었다. 「채인범묘지명」이 만들어지던 1024년에 내사시랑평장사이면서 채씨인 자는 1022년 4월에 내사시랑평장사·겸서경유수사가 되고,

人,49) 愼脩·愼安之가 宋 開封府人,50) 林光—초명 完—西宋 漳州人,51) 張
舜龍이 回回人,52) 盧英이 河西國人,53) 王三錫이 南蠻人,54) 梁載가 燕南
人,55) 崔老星이 色目人,56) 印侯가 蒙古人,57) 閔甫가 回回人,58) 羅世가 元
人,59) 金義가 胡人,60) 邊安烈이 瀋陽人61)이라고 하였다.

　　그런데, 이 가운데는 투화한 뒤 후손들이 고려에 오랫동안 살았던 家系
들이 적지 않았다. 채인범은 아들 채충순이 평장사에 이르고, 그 손자들도
고려에서 벼슬하였으며, 신수와 신안지 부자는 각각 참지정사와 상서를 지
냈다. 원간섭기에 활약한 인후는 본래 몽골인으로 초명은 忽剌夕였고, 齊
國公主의 㤼怜口로 고려에 와서 인후라는 성명을 받았으며, 관직이 㑴議都
僉議司事·平陽君에 이르고 원의 만호를 지냈다.62) 그의 서자 인승단은

　　　1027년에 문하시랑평장사로 승진한 인물은 채충순 밖에 없다(朴龍雲, 「高麗時代의
　　　平章事」 『고려시대 中書門下省宰臣 연구』, 一志社, 2000, 158·159쪽). 그런데, 채충
　　　순 본인전에는 史書에 世系를 잃어버렸다[蔡忠順史失世系]고 하였다(『高麗史』 권93,
　　　蔡忠順傳).

47) 『高麗史』 권94, 周佇傳.
48) 「劉志誠墓誌銘」, 15·16쪽.
49) 「劉載墓誌銘」, 48·49쪽 및 『高麗史』 권97, 劉載傳.
50) 『高麗史』 권97, 劉載傳附 愼安之.
51) 「林光墓誌銘」, 131·132쪽.
52) 『高麗史』 권123, 張舜龍傳.
53) 『高麗史』 권123, 張舜龍傳附 盧英.
54) 『高麗史』 권124, 王三錫傳.
55) 『高麗史』 권124, 王三錫傳附 梁載.
56) 『高麗史』 권124, 王三錫傳附 崔老星.
57) 『高麗史』 권123, 印侯傳.
58) 『高麗史』 권33, 「世家」, 충선왕 2년 동10월.
59) 『高麗史』 권114, 羅世傳.
60) 『高麗史』 권131, 金義傳.
61) 『高麗史』 권126, 邊安烈傳.
62) 『高麗史』 권123, 印侯傳.

1345년(충목왕 1) 左政丞에 제수되었고, 恭愍王初에 延安府院君에 봉해졌
으며, 인승단의 婢妾子 印完은 護軍이 되었다. 인후와 인승단은 2대에 걸쳐
재신이 되었고, 인후의 손자 인완도 호군을 역임하였으니 3대에 걸쳐 4품
이상의 벼슬을 지냈다. 그런데도 인후를 몽골인이라고 기록한 것은 손자대
까지도 몽골인으로 벼슬했기 때문이다. 인승단이 延安府院君이 된 적이 있
었고, 16세기에 간행된 『씨족원류』에 인승단은 연안 인씨에 기록되어 있지
만, 실제로 후손들과 계보로 연결되는 연안 인씨의 가장 오랜 조상으로 石
城府院君 印璫을 적었다. 반면에 인승단은 아버지 인후와 연결되지 않은
채 인당의 좌측에 적었고, 그의 직계후손들도 없었다.[63]

송과 원의 투화인들이 자신들의 출자를 바꾸지 않은 것처럼, 여진과 기
란의 지배계층으로 투화하여 고려에 직역을 수행하는 사람들도 국내의 본
관을 갖지 않았던 것 같다. 여진인들은 고려에 살면서 이름에 의해 차별받
지 않기 위해 漢式 성명으로 고치는 것은 원하면서도, 본관까지 고치는 것
에 대해서는 미온적이었던 듯하다. 1073년 2월에 많은 동여진 사람들이 투
화하여 고려의 군현에서 살기를 청하자, 그동안 고려에 와서 도령직과 무
산계 및 향직을 받았던 여진의 추장급들에게 한식 성명을 주고 武散階─將
軍階─와 鄕職을 높이고 차등 있게 물품을 주었다.[64] 투화 여진인들이 받
은 이름은 그들의 공적을 담았으며, 대부분의 성은 당시 고려에 실존하던
것으로 군현 지역에 사는 여진인들이 고려인들과의 위화감을 없애고 장기

1277년(충렬왕 3) 정월에 제국공주를 따라서 온 겁령구 가운데 한식 성명이 없던
자들에게 일괄적으로 하사하였다(『高麗史節要』 권19, 충렬왕 3년 춘정월). 그러나
장순룡 후손들이 향관없이 계속 벼슬하였다는 것은 고려와 조선에서 사환하는데
향관이 반드시 필요하지 않았음을 알려준다.
63) 『氏族源流』 807쪽, 延安印氏.
　　『世宗實錄地理志』나 『新增東國輿地勝覽』의 延安都護府 성씨조에 인씨는 없다.
64) 『高麗史』 권9, 「世家」, 文宗 27년 2월 을미.

적으로 동화해가는데 도움을 주었을 것이다.[65] 그러나 여진인 등의 투화
신청이 받아들여져 주현에 배치되면서 편호가 되고[66] 公民으로서 호적에
도 올라갔을 것인데, 투화인들이 거주하는 곳을 관적으로 삼았다는 증거는
없다.[67]

한편 무신정권기인 명종대 惡疾에 걸린 아버지를 낫게 하기 위해 자신
의 살을 베어먹이고, 사후에 廬墓 생활 3년을 게을리 하지 않은 散員同正
尉貂에 대한 포상을 논의하는 과정에서 그를 거란 유종이었다고 하였다.[68]
遼 왕조가 완전히 멸망한 것이 1125년이고 명종의 재위 기간이 1170년에
서 1196년까지였으므로 위초의 조상은 매우 오래전에 고려에 투화했음이
틀림없다. 게다가 위초는 무반 동정직을 제수받았는데도, 本이 거란이었다
고 하였던 것은 '향관'이 없었기 때문일 것이다. 위초는 고려에서 버슬하고
있었지만, 史書의 표현 그대로 거란인이었던 것이다.

이러한 사실은 이들이 고려시대 양인 이상의 관적을 가졌을 것이라는
견해와 잘 어울리지 않는다. 고려시대 양수척과 같은 특수 천인을 제외하
고 양천의 구별 없이 중앙귀족, 향리, 승려, 군인, 상인, 농민 등 광범위한
계층이 일찍부터 본관을 가지고 있었다.[69] 본관제가 시행된 것은 무엇보다

---

65) 江原正昭, 「高麗の州縣軍に關する一考察—女眞人の高麗軍への編入を中心にして
　　—」『朝鮮學報』 28, 1963, 64~67쪽.
66) 『高麗史』 권9, 「世家」, 文宗 35년 8월 기미.
67) 한국중세의 土姓을 연구한 선학은 이민족의 귀화인에 대한 사성은 그들의 고유명
　　을 한식성명으로 대치하는 경우와 한성을 가진 자에 대해 賜貫만을 했던 것이 있
　　다고 하였다(李樹健, 「土姓의 分化」『韓國中世社會史研究』, 一潮閣, 1984, 115쪽).
　　투화인이 호적에 들어가고 韓式姓으로 고친 이상 본관도 함께 받아야하는 것이 마
　　땅할 것 같다. 그러나 사료상으로는 그들이 향관을 받은 기록은 없으며, 조선초 투
　　화의 사례에서도 2·3세대가 지나서 국왕의 특별한 허락으로 그것을 받고 있다.
68) 『高麗史』 권121, 孝友 尉貂傳.
69) 金壽泰, 「高麗 本貫制度의 成立」『震檀學報』 52, 1981, 48~52쪽.
　　이에 반해 고려시대 본관은 양인에게까지 보편화되지 않았으며, 부곡민의 경우 성

도 민에 대한 긴박정책과 밀접하게 관련되었으며, 거주지는 물론 신분계층
과 역에 대한 긴박의 수단이 되었다는 것이 본관에 대한 일반적인 이해이
다.[70] 하지만, 송에서 투화한 사람들은 향관 대신 송 출신지를 그대로 적었
으며, 고려후기 원에서 고려로 와서 벼슬하던 사람들도 한식 성명으로 고
쳤을 뿐 鄕貫은 없었다. 고려에서 도령 등의 직역을 수행한 여진 투화인들
이 한식 성명으로 고치기도 하고 그렇지 않기도 했는데, 어느 경우에나 관
적이 있었는지의 여부는 분명하지 않다.

기록이나 정황으로 보건대, 투화 여진인과 거란인들은 본관이 없었으
며, 송과 원의 투화인들도 자신의 본래 출신지를 관적으로 여겼다.[71] 투화
인이 향관을 갖는다는 것은 투화인이 아니라 고려인이 되는 것이며, 그들
의 관적이 바뀌는 것은 자신의 부계 계보가 바뀐다는 의미이기 때문이다.
다만, 투화인들은 고려인들과 다른 대우를 받고, 인식 상의 차별이 있었던
것은 사실이었던 것 같다. 다음의 기록들을 살펴보자.

> D1. (문종 9년 9월) 辛未日에 禮賓省이 "宋都綱 黃忻이 狀을 稱하기를
> '신이 어린 蒲安·世安을 데리고 來投하였는데, 어머니의 나이가
> 82세로 本國에 있으며 애절하게 그리워하기를 그치지 않으니 청
> 컨대 長男 蒲安을 되돌려보내 供養하게 하십시오'라고 청하였습
> 니다"라고 奏하였다. 왕이 … 허락하였다.[72]

과 본을 사용한 것은 지역적 신분 편제의 격차가 해소가 된 이후였을 것이라는 건
해도 있다(許興植, 「高麗時代의 本과 居住地」『高麗社會史硏究』, 亞細亞文化社, 1983).
70) 채웅석, 「본관제의 성립과 성격」『역사비평』13, 1991, 134쪽.
71) 직역을 수행하는 투화인들이 사정상 향관을 가졌다면『世宗實錄地理志』와『新增
東國輿地勝覽』등에 적지 않은 投化姓이 기록되었을 것이지만, 그 사례는 조선초
에 약간 있을 뿐이다.
72) 辛未 禮賓省奏 宋都綱黃忻狀稱 臣携兒蒲安世安來投 而有每年八十二在本國 悲戀不
已 請遣還長男蒲安供養 王曰 越鳥巢南枝 況於人乎 許之(『高麗史』권7, 「世家」, 문
종 9년 9월 신미).

D2. (문종 25년 5월) 戊戌日에 憲司가 "宋人 禮賓省注簿 周沆이 본래 文藝로 임용되었는데, 지금 뇌물죄[贓]를 범하였으니 청컨대 職田을 거두고 되돌려 보내십시오"라고 奏하니, 制可하였다.73)

D3. (선종 2년) 6월에 制하기를 "異國投化官吏로 父母가 本國에 있는 자는 (부모가) 죽은 뒤 喪을 들은 날로부터 制에 의거하여 給暇하라"고 하였다.74)

D4. (명종 26년) 冬11월 己丑日에 八關會를 설하였다. 王이 칙을 내려 北界 여러 都領 等이 觀樂하도록 하였다. 麟州都領·中郎將 子冲이 判閣門事 王珪를 보고 長揖 만하고 拜하지 않았다. 有司가 無禮함을 탄핵하여 아뢰었다. 王이 이르기를 "藩民과 더불어 同樂하는 것은 恩寵인데, 죄를 주어 되겠는가"라고 하였다. 有司가 再請하자 允許하였다. 子冲이 처음에 本州에서 출발하면서 여러 都領에게 이르기를 "國家가 吾輩를 부른 것은 대개 가리키는 바가 있는 것이다. 내가 入朝하여 작은 일로 시험할 것인데, 만약 나를 죄준다면 조정에 사람이 있는 것이요. 그렇지 않다면 나를 두려워하는 것이다"라고 하였다.75)

D1에서는 투화했던 송상 황혼·황포안·황세안 부자 가운데 늙은 조모의 봉양을 위해 황포안을 되돌아가게 해달라고 하여 허락을 받았다고 한다. D2는 뇌물죄를 지은 주항의 직전을 회수하고 되돌려 보냈다는 것이다. D3은 이국투화인으로 부모가 본국에서 죽은 자는 상을 들은 날을 기준으로

73) 戊戌 憲司奏 宋人禮賓省注簿周沆 本以文藝見用 今犯贓 請收職田 遣還 制可(『高麗史』권8, 「世家」, 문종 25년 5월).

74) 『高麗史』권64, 「禮志」6, 凶禮 五服制度.

75) 冬十一月 己丑 設八關會 王勑北界諸都領等觀樂 麟州都領中郎將子冲見判閣門事王珪 長揖不拜 有司劾奏無禮 王曰 與藩民同樂 寵之也 而罪之可乎 有司再請 允之 子冲初發本州 謂諸都領曰 國家召吾輩 盖有指矣 吾入朝欲以微事試之 如將罪我 是朝廷有人 否則是畏我也(『高麗史』권20, 世家, 명종 26년. 『高麗史節要』권13, 명종 26년 동11월).

휴가를 주었다는 것이다.

　이 기록에서 흥미로운 것은 투화인 황흔을 송도강이라고 하고, 황흔이
송을 본국이라고 하였으며, 예빈성주부 주항을 '송인'이라고 했다는 점이
다. 주항도 고려에서 벼슬하고 있으니 송의 투화인임이 분명하다. 묘지명
등에서 고려의 군현 본관 대신에 중국의 출신을 관적으로 기록했던 송의
투화인들은 여전히 송인이었음을 밝히고 있는 것과 상통하는 것이다. 주항
이 귀향형에 해당되는 뇌물죄를 범하자, 투화가 취소되고 송으로 되돌려
보내졌던 것도 본관의 여부가 관련된다. 귀향형은 죄를 저지른 관인에게
본관 지역으로 유배하는 것이지만, 주항은 국내 군현으로 본관을 바꾸지
않고, 앞의 중국 투화인의 사례와 같이 중국의 출신지를 자신의 출자로 삼
고 있었기 때문에 헌사는 주항에게 귀향형이 아닌 '본국'으로 추방하는 형
벌을 건의하였고, 국왕은 허락하였다.[76] 이 때의 '본국'은 상을 당해 給假
의 대상이 되었던 이국투화인의 부모가 있는 '본국'과 같다. 그런 점에서
고려에 투화하는 것은 永住할 수 있는 권한을 얻는 것일 뿐 '고려인'이 되
는 것은 아니었다.[77]

　D4는 투화인들에 대한 고려인과 그들 자신의 인식에 대해서 알려주는
기사이다. 1196년 11월에 麟州都領·中郎將 子冲이 팔관회에서 저지른 무

---

76) 절도죄를 범한 투화인은 고려인과 구별하여 처벌되었다. 「刑法志」에 '여러 투화인
　이 절도죄를 범하면 南界 水路에 유배하고 州縣과 통하지 못하도록 한다(『高麗史』
　권85, 「刑法志」 2, 盜賊)'는 조항이 그에 해당된다. 이러한 정책은 고려정부가 내투
　한 주민은 받아들이되, 그들로 하여금 고려의 법과 제도를 따르게 하여 '고려의
　臣民'으로 동화시키려는 취지가 반영되어 있다고 한다(박종기, 앞의 논문, 119·
　120쪽).
77) 예빈성이 투화인의 관리를 했던 것 같다. D1의 예빈성 奏에 따르면 재예가 있는
　송인들이 투화하여 개경에 거주하게 되므로 예빈성이 적을 관리해도 되지만, 투화
　여진인들은 일반 주현에 거주하였기 때문에 해당 고을에 편호가 되고, 호적을 두
　었을 것이다.

례에 대해 처벌했다는 기록에서, 명종은 왕명으로 팔관회에 참석하는 특혜를 받은 '藩民'이라며 죄를 주어서는 안 된다고 하였다. 게다가 자충은 인주의 도령들에게 '吾輩'라고 하였을 뿐 아니라 자신들이 팔관회에 가는 것을 '入朝'한다고 하였다.[78] 이 사건이 일어난 때는 1196년이어서 금이 건국하여 여진의 투화가 중지된 뒤 80년 가까이 된 시기인데도 자충은 漢式 姓名을 가지지 않았고, 고려의 국왕은 투화인의 후손들을 '國人'과는 구별되는 존재로 인식하고 있었다.[79]

　D1~4의 기록은 고려시대에 투화인을 고려인들과 구별하고 있음을 알려준다. 심지어 오래 전에 투화한 사람조차도 고려인과 구별하였다. 이것은 외국 투화인이나 그 후손들에 대해 투화한 것만으로 완전히 고려인이 되었다고 생각하지 않던 사회적 인식을 반영하는 것이다. 그러나 고려에서는 투화인들이 특별히 차별받지 않고 잘 어울어져 살았기 때문에 향관을 가지려고 하지 않았다.

　『高麗史』 열전이나 묘지명을 남긴 투화인들이 '향관' 대신 중국의 출신지를 기록한 것과, 변안렬이 원주를 향관으로 하사받았다고 기록한 것은 투화인과 그 후손들이 '향관'없이 벼슬하는데 큰 지장을 받지 않았다는 뜻이다.[80] 고려시대에 많은 투화인들이 재상에 이르고 2·3대에 걸쳐 3·4품

---

78) 이에 대해 인주도령 子冲을 처벌한 것이나 송인 周沆을 처벌한 것은 일반적인 처벌 규정에 의거 처리된 것으로, 고려가 '귀화인' 범법자들에 대해 고려의 법으로 다스렸다는 것은 그들을 고려의 백성으로 받아들이고 인정한 이상 당연한 조처였다는 견해가 있다(朴玉杰, 앞의 책, 202·203쪽).

79) 고려 주현군의 연구에서는 투화여진인에서 고려인이 되는 과정이 주현군에 편입되는 것이라고 하였으나(江原正昭, 앞의 논문, 72쪽), 실상은 그렇지 않았던 것 같다. 하지만, 투화인들이 고려에 동화되지 않은 것은 아니었다. 그들은 투화한 후 바로 고려인으로 전환하였던 것이 아니라 오랜 기간 투화인으로 살면서 고려인과의 혼인 등을 통해 서서히 그 과정을 이루어갔던 것이다.

80) 변안렬은 原州를 관향으로 하사받았다고 하였는데, 『世宗實錄地理志』 原州牧의 성씨에 토성과 속성 어느 것에도 변씨가 없으나(『世宗實錄地理志』, 江原道 原州牧),

에 오르는 경우가 있었지만, 국왕이 특별히 그들을 정치세력으로 후원하지
않았다. 그들은 고려에 정착하여 문벌을 이루지도 못하고 문벌과 혼인관계
를 맺지도 못했던 것 같다. 후대의 문헌에는 신안지, 장순룡, 인승단 등이
居昌愼氏,[81] 德水張氏,[82] 延安印氏의 조상으로 기록되었을 뿐, 그들과 연
결되는 후손들은 없었다. 채인범·채충순, 주저, 유재, 임광 등 고위 관리가
되었던 인물조차도 그 후손의 행적은 불명확하다.[83] 그들은 투화외국인의

『新增東國輿地勝覽』 성씨조에 변씨는 '瀋陽에서 와서 사성되었다[賜瀋陽]'고 하였
다(『新增東國輿地勝覽』 권46, 江原道 原州牧).

81) 『氏族源流』의 居昌愼氏條에 신수와 신안지가 있으나 후손이 연결되어 있지 않으
며, 太子太保를 지낸 愼翼이 사실상 계보를 알 수 있는 가장 오랜 조상이었다. 신
익의 오른쪽에 '子與孫未考' 라고 하였는데(621쪽). 이것은 자손을 알 수 없는 신
안지에 대한 설명이다.

82) 장순룡의 德水張氏도 『氏族源流』에는 없으며, 기록상으로는 『淸陰集』 권24, 「刑曹
判書張公雲翼墓碑銘幷書」가 그에 관한 가장 오래된 것이다. 선조 때 벼슬을 한 장
운익의 묘비명에 의하면, 張氏는 본래 중국에서 나왔고, 시조는 張舜龍으로, 원나
라 때 宣武將軍·鎭邊摠管으로 齊國公主를 따라왔다가 그대로 고려에서 벼슬하여
僉議府參理에 이르렀으며, 德水를 采邑으로 받아 드디어 명망이 드러나게 되었다
고 하였다. 장순룡이 원나라에서 이미 宣武將軍·鎭邊摠管을 제수받고 왔다거나 그
의 당대에 덕수를 채읍으로 받았다는 것은 자료상으로 신빙하기 어렵다. 이들도
투화인들의 후손들이 향관을 하사받기 시작하는 조선초에 덕수를 본관으로 하사
받았다고 생각된다.

83) 이에 대해 한국 중세의 귀화 성씨에 대해 연구한 선학은 고려시대에 많은 귀화인
들이 正史에 출현하고 있지만, 오늘날 그 후손이 잔존하지 않는 것이 태반이이라
고 하였다. 그 가운데 인후·장순룡·설손 등 극히 일부의 후손이 후대까지 연결된
것은 귀화성씨의 정착이 용이하지 않았음을 알려주며, 그 원인으로는 귀화인의 귀
환, 단대 종식, 후손 단절, 후손 가계 변조 등이 있다고 하였다(黃雲龍,「韓國 歸化
姓氏와 土着姓氏의 比較」『芝邨金甲周敎授華甲紀念史學論叢』, 1994, 390~394쪽).
이 견해는 깊이 있는 분석이 수반된 것은 아니지만, 투화 이후 후손이 번성하지
못한 현상 자체에 대해서 정확하게 지적한 것이었다. 또한 고려시대 귀화인에 대
한 연구에서 永順 太氏, 거창 愼氏, 거창 章氏, 곡산 延氏, 곡부 공씨, 아산 蔣氏,
경주 偰氏, 공촌 葉氏 등 귀화 성씨의 현대 거주지를 통계표로 제시하였는데, 사료
상 고려시대와 직접적으로 관련되는 성씨는 거의 없었다(朴玉杰,「高麗의 歸化人

326 326 제4편 外國人의 往來와 移住

후손으로 여러 대에 걸쳐 고려 사람들과 혼인하면서 동화되었던 것이다.[84]

원간섭기에도 투화인들은 한식성명이 없는 경우에 반드시 그것을 받았으나 향관을 받는 것은 필수가 아니었기 때문에 1277년 정월에 제국공주를 따라 고려에 온 怯怜口에게 일괄적으로 姓名을 주었을 때 忽刺歹는 印侯, 三哥는 張舜龍, 車忽觧은 車信이 되었지만,[85] 향관이 없어서 『高麗史』와 후대의 기록에는 그들의 출신지만이 기록되어 있다. 그리고 투화인들이 국내의 군현을 본관으로 갖지 않아서 봉군되었을 때 본관의 읍호나 별호가 없는 인후는 平陽君,[86] 梁將—梁載—은 佑文君, 崔老星은 懷義君과[87] 같은 특별한 봉군호를 만들어 제수하였다. 하지만, 이러한 불편함들을 이유로 이들에게 향관을 하사하겠다는 논의는 없었다.

이처럼 후손들이 고위관직을 지낸 저명한 투화인들을 조상으로 내세우지 않았다는 것은 그들을 기억할 필요가 적었다는 의미이다. 고려시대에

<hr />

同化策—특히 거주지와 귀화 성씨의 관향을 중심으로—」『江原史學』 17·18합, 2002).

84) 일찍이 토성 연구자는 성과 본관의 하사에 대해 다음과 같이 설명하였다. '『世宗實錄地理志』의 8개 사성 가운데 4명의 귀화인에 대한 사관—본관 또는 본적 사여—이 있는데, 이미 「漢姓」을 갖고 있었기 때문에 새로 사성은 하지 않고 본관만 주었으며, 귀화 후 새로 얻은 처의 연고지가 그들의 賜貫地가 되었다. 이러한 賜姓과 賜貫의 예는 고려초부터 있어온 것이며, 한족·거란·여진·일본계 등이 있었다. 더욱이 나말여초 도래한 남중국계의 한인들은 고려 조정에서 한때 중용되기도 하였다. 그리고 수많은 발해계 유민이 내부하였는데도 이러한 계열의 사성·사관에 관한 자료는 『世宗實錄地理志』에 등재되지 않았으니 『세종실록지리지』가 사성의 중요 전거가 될 수 없다'(李樹健, 「土姓의 分化」 『韓國中世社會史研究』, 一潮閣, 1984, 111·112쪽). 그러나 투화인들의 본관에 관해 조사해 본 결과, 『世宗實錄地理志』의 기록이 부실한 것이 아니라 정확했음이 확인된다. 왜냐하면 고려시대에 투화인들에게 漢式姓을 주어도 본관을 주는 경우는 매우 드물었기 때문이다.

85) 『高麗史節要』 권19, 충렬왕 3년 춘정월.

86) 『高麗史節要』 권23, 충선왕 원년 하4월.

87) 『高麗史』 권35, 「世家」, 충숙왕 후4년 하4월 丁丑.

중국 투화인을 顯祖로 두었다는 것은 그다지 자랑스러운 일이 아니었던 것이다. 이것은 향리 출신으로 과거에 급제하여 뛰어난 능력을 바탕으로 門地를 세웠던 사례가 적지 않았던 것과 대조된다. 그렇다고 해서 중국 투화인들이 특별히 차별받은 것도 아니었다. 투화인들이 향관을 바꾸지 않은 것이 그것을 증명한다.

그런데 여말선초에는 중국 貫籍을 유지하지 않고, 향관을 갖기 시작하는 경향이 생겨났다. 中國 河間人인 李敏道는 고려말에 와서 개국공신이 되었고, 처향이 상주이므로 商山君이 되었으며,[88] 그곳을 본관으로 삼아 이씨가『세종실록지리지』에 상주의 사성으로 기록되어 있다.[89] 이민도가 개국공신이 된 후 1395년에 졸하였으니, 상주를 향관으로 하사받은 것은 1392년과 1395년 사이였을 것이다.

고려말 투화한 설손의 아들인 설장수는 판삼사사를 지내고 1399년(정종 1) 10월에 졸하였는데, 그의 졸기에는 본관 대신 선조가 回鶻 高昌人이라고 하였다. 설손은 물론 설장수대에도 국내의 본관이 없었기 때문에, 설손은 富原君, 설장수는 完城君과 燕山府院君 등 봉군호가 특정 지명과 관계없는 것으로 정해졌다. 결국 1396년 11월에 조선 태조에게 계림을 鄕貫으로 해줄 것을 청하여 하사받았고,[90] 설손과 설장수는『世宗實錄地理志』경

---

88)『太祖實錄』권7, 태조 4년 3월 壬寅.

89)『世宗實錄地理志』, 慶尙道 尙州牧.

90)『太祖實錄』권10, 태조 5년 11월 丁丑 및『世宗實錄地理志』慶尙道 慶州府.
한편, 17세기 초에 간행된 張維의 문집인『谿谷集』의「書偰氏家傳後」에 설씨는 '본래 高昌國 출신으로 偰輦河 주위에 살았기 때문에 설씨를 姓으로 하게 되었다. 고려에 온 설손의 다섯째 아들 偰眉壽(1359~1415)가 參贊議政府判禮曹事를 지냈고, 그의 아들 偰猷—1429년 문과급제—가 벼슬을 하며 鄕貫을 내려줄 것을 조정에 청하여 경주를 籍貫으로 하사받았다'고 하였다(『谿谷集』권3,「書偰氏家傳後」). 이 기록은 설을 성씨로 삼은 이유를 대해 알려주고 있는데, 향관을 얻은 시기에 대해서는 다르다. 일단『조선왕조실록』의 기록이 우선하므로 설장수대에 경주를 향관으로 받았다고 이해해야할 것 같다.

주부의 성씨조에 실리게 되었다.[91] 설손이 공민왕대 투화하고, 그의 아들 설장수도 고려와 조선의 재신을 지냈는데도, 오랫동안 투화외국인으로 남아 있다가 1396년에 계림을 향관으로 하사받은 것을 계기로 조선의 사람이 될 수 있었던 것이다.[92]

唐誠은 江浙 明州人으로 원말의 병란을 피하여 고려에 와서 외교문서를 맡았으며, 조선이 건국된 뒤 호조·예조·형조·공조 등의 4조 典書를 거쳐 恭安府尹에 이르러 치사하고 1413년에 졸하였다. 무릇 事大文字가 있을 때는 반드시 그가 친히 살피고 가다듬어 조금도 틀림이 없어서 국왕이 믿고 맡겼으며 향관을 密陽으로 하사받았다.[93] 당성이 밀양을 향관으로 받은 것은 『太宗實錄』에 '上'―태종―이 향관을 준 것처럼 묘사되어 있으므로 태종대였을 것이며, 이후 당성은 『世宗實錄地理志』 密陽都護府의 인물조에 들어가고 당씨는 사성으로 기록되었다.[94]

靑海君 李之蘭의 졸기에는 東北面 靑州府人이라고 하였으며, 죽기 전에 "신은 본래 土人으로 他國에서 죽으니 시신을 본토에 장사지내어 전하께서 신으로 하여금 본토의 풍속을 따르게 하소서"라고 청하였다.[95] 조선의 개국공신이고 재신까지 지냈으며, 태조묘정에 배향된 이지란은 자신을 토인이라고 하며 조선을 타국이라고 하였다. 또한 1424년(세종 6) 10월에 죽은 그의 아들 이화영의 졸기에서도 그를 여진인이라고 표현하였고, 죽은 곳은 북청이었다.[96] 『세종실록지리지』 북청도호부 속성에 이씨가 있고 이지란

---

91) 『世宗實錄地理志』 慶尙道 慶州府 姓氏條.

92) 『氏族源流』에 경주 설씨는 偰文質, 偰哲篤, 偰遜, 偰長壽와 직계 후손들이 기록되었다(『氏族源流』, 803쪽).

93) 『太宗實錄』 권26, 태종 13년 11월 己卯.

94) 『世宗實錄地理志』, 慶尙道 密陽都護府.

95) 『太宗實錄』 권3, 태종 2년 4월 辛酉.

96) 『世宗實錄』 권26, 세종 6년 10월 戊辰.

이 인물로 기록되었으니,[97] 뒤에 북청을 본관으로 삼은 것은 분명하다. 이지란이 자신을 토인이라고 하고, 그 아들 역시 여진인이라고 하는 것처럼 고위관직을 지냈다거나 심지어 왕조가 바뀌고 공신에 책봉되었다고 해서 투화인이 갑자기 조선의 백성이 될 수 있는 것은 아니었다.

태종대 향관을 하사받은 이현의 사례는 투화인과 조선인의 구별이 있었음을 알려준다. 1406년 12월에 右軍同知摠制 李玄에게 林州를 鄕貫으로 하사하였다. 이현은 "臣의 曾祖 大都路摠官 伯顔이 至元 병술년(1276) 황제의 이모 齊國大長公主를 받들고 왔는데, 子孫 대대로 내려오면서 國恩을 받았습니다. 그러나 지금껏 本國에 籍을 두지 못하였으니, 바라건대 다른 向國人의 例에 의하여 賜鄕해 주소서"라고 청하여 국왕의 허락을 받았다.[98] 이현은 증조 이후 조, 부와 자신에 이르기까지 4대에 걸쳐 약 130여 년 동안 역관 등으로 활약하며 살았지만, '본국에 적'이 없었다가 비로소 임주를 받아 투화인이 아닌 조선의 사람이 되었다.[99]『세종실록지리지』에도 이현의 본관인 임천에는 이씨가 사성으로 기록되었다.[100]

투화인과 '본국인'의 구별은 물론 향관을 하사하는 조건이 있었다는 것은 向化倭人에게 향관을 준 사례를 통해 알 수 있다.

> E1. (세조 8年 4月 己丑) 吏曹에서 投化倭人 行大護軍 平順 등의 狀告에 의거하여 아뢰기를 "平順의 아비 中樞院副使 平原海는 지난 병자년(1396: 태조 5)에, 皮尙宜의 아비 副司直 皮沙古는 지난 기묘

97)『世宗實錄地理志』, 咸吉道 北青都護府.
98)『太宗實錄』권12, 태종 6년 12월 갑오.
99) 이현의 증조인 伯顔은 제국공주와 함께 고려에 와서 대대로 벼슬했다. 이현은 공양왕 때 활약한 기록이 있으며, 역관으로서는 드물게 종2품에 이르렀다. 그가 林州를 본관으로 하사받은 것은 선대의 거주지이거나 이현의 처향이었을 것이라고 한다 (임선빈,「조선초기 歸化人의 賜鄕과 특징」『東洋古典研究』37, 2009, 71~73쪽).
100)『世宗實錄地理志』, 忠清道 林川郡.

년(1399: 정종 1)에 조선에 와서 侍衛하다가 죽었습니다. 뒤에 평
순 등이 말하기를 '신 등은 여기에서 나서 자랐으며 특별히 성상
의 은혜를 입어, 벼슬이 3품에 이르렀으나 단지 本鄕이 없으니 자
손에 이르러서도 日本을 본향으로 일컫게 될 것이므로 편하지 않
습니다. 梅佑·唐夢璋의 사례처럼 本鄕을 내려 주십시오'라고 하였
으므로 신 등이 조회한 바, 平順·皮尙宜 등은 本國에서 낳았으며
시위한 지가 오래 되었습니다, 청컨대 本鄕을 내려 주십시오" 하
였다. 피상의에게는 東萊를, 평순에게는 昌原을 하사하였다.101)

  E1 기사에서 평순과 피상의는 아버지가 투화한지 50여년 만에 일본을
본향으로 삼는 것이 편하지 않다며 향관의 하사를 청하면서 조선에서 나고
벼슬했다는 것을 이유로 들고 있고, 국왕도 본국 출생과 시위한 것을 들어
향관을 하사하고 있다.102) 일본에서 투화한 사람들은 일찍이 한식성명을
받고 벼슬을 하였으나 본관을 받지 못했다. 그들이 본관을 갖기 위해서는
조선에서 태어나는 것과 더불어 관직이나 군역과 같은 국왕에 대한 이바지
를 해야 했던 것이다.103)

---

101) 吏曹據投化倭人行大護軍平順等狀告啓 平順父中樞院副使原海 則去丙子年 皮尙宜父
    副司直沙古則去己卯年出來 侍衛身死 後臣等生長於此 特蒙上恩 官至三品 但無本鄕
    至于子孫 以日本稱鄕未便 乞依梅佑唐夢璋例賜鄕 臣等照得平順 尙宜等生于本國 侍
    衛已久 請賜鄕 命賜尙宜 東萊 順 昌原(『世祖實錄』 권28, 세조 8년 4월 己丑).
    세조대에 평씨가 동래에, 피씨가 창원에 본관을 갖게 되었지만, 『新增東國輿地勝
    覽』에는 동래와 창원의 성씨조에 들어있지 않다.
102) 창원은 피상의, 동래는 평순의 처향이었을 것이고, 향화인의 2세이며 국가에 벼슬
    하며 공적이 있었다는 점이 사성에 고려되었을 것이라고 한다(임선빈, 앞의 논문,
    76·77쪽).
103) 1465년 7월에 충청도 泰安郡에 사는 忠贊衛 金允績이 자기 대에 向化한 것이 아
    니고, 자신은 본국에서 生長하였으며, 그 아비 金成福도 또한 原從功臣에 참여하
    였으니, 平順의 例를 따라 泰安을 貫鄕으로 내려 달라고 요청하였으며, 이조가 아
    뢰어 허락했다고 한다(『世祖實錄』 권36, 세조 11년 7월 丁卯). 김윤적이 본국에서
    생장하였다고 하였을 때 '본국'은 일본이 아니라 조선일 것이므로 투화인들이 국

　요컨대, 고려시대에 중국·여진 등의 투화인이 직역을 수행한다고 해서 반드시 향관을 갖는 것이 아니었고, 각종 기록에서도 貫籍으로 자신들의 출자를 그대로 적었으며, 심지어 여진 투화인의 경우 향관은 커녕 한식성 명조차 없이 살기도 했다. 고려시대 투화인들은 각종 법이나 규정의 적용에서 '國人'들과 구별되는 바가 있었고, 오래된 투화인의 후손들은 '고려인'이면서 외국인이기도 한 이중적인 존재였다. 이러한 점에서 고려시대 투화인은 永住를 허락받은 외국인에 불과한 것 같은데, 정작 투화인들이 직역을 하는데 크게 불편하지 않아서 향관으로 바꾸거나 새로이 가지려고 하지 않았다. 그러나 조선초에는 향관으로 바꾸려는 경향이 나타나기 시작했다. 이에 투화인들이 투화한 지 오래되었고, 조선에서 태어났으며, 일정한 공로가 있다는 것을 사유로 국왕에게 향관을 요청하였으며, 그것을 하사받은 투화인은 비로소 완전한 조선인이 될 수 있었다.104)

5. 맺음말

　이상에서 고려시대 외국인의 거류와 관련된 규정 및 절차를 구체적으로

적에 대해 고려시대와 다르게 인식하고 있음을 보여준다.
104) 필자는 송상왕래에 관한 연구에서 『湖山錄』 고금인물조의 기사에 의거하여 1237년에 鄭臣保가 간월도에 도착한 것을 송상의 배를 타고 투화한 것으로 보고, '송상왕래'의 사례에 포함하였다(李鎭漢, 『高麗時代 宋商往來 硏究』, 景仁文化社, 2011, 274쪽). 그러나, 고려시대 투화한 송나라 사람들이 향관으로 바꾸지 않은 점, 그의 아들 鄭仁卿(1237~1305) 政案에 瑞州―서산―가 본관으로 표기되어 있고, 『世宗實錄地理志』와 『新增東國輿地勝覽』의 서산군의 성씨조에도 투화한 성씨라는 기록이 없는 점, 다른 송 투화인이 향관을 갖지 않았던 점 등을 고려하건대, 정신보가 송에서 왔다는 것은 신빙성이 부족하다. 따라서 정신보는 투화인 아니라고 판단되므로 송상왕래의 사례에서도 제외할 것이다.

살펴보고 그 특징을 확인하였다. 이어 고려가 주로 농업에 종사하게 되는 여진 등 북방민족의 투화를 위해 어떠한 정책을 펼쳤으며, 직역에 종사하는 투화인들의 출자를 기록하는 것과 자신들에 대한 인식을 검토하였다.

먼저 거류는 외국인들이 고려에 와서 한시적으로 머무는 것을 말한다. 그 기간은 동서여진·흑수말갈·일본인들의 경우, 고려의 국경에 도착하여 고려 관원에게 신고하고 허락을 받아 고려국왕에게 입조하고 귀국하기까지가 해당되었다. 거류는 한시적으로 머무는 것인 만큼 입국하면서 허락받은 기간을 넘어서는 안되었다. 특히 문종대 많은 여진인들이 고려에 입조하러 왔지만 그들을 위한 객관이 좁아서 개경에 머무는 기간을 15일 이내로 한정하기도 하였다.

송상들의 거류기간은 예성항에 도착하고 다음 차례의 배와 교대하여 고려를 떠날 때까지였다. 송상들은 인원과 물건 및 그 수량을 점검받고 고려에서 다닐 수 있도록 '여행증명서' 형식의 문서를 받았던 것 같다. 그들은 필요에 따라 일찍 되돌아갈 수도 있었으나, 보통은 1년 정도 거류하며 무역하였고, 자주 왕래해서 처를 두는 자도 있었다. 만약 사정으로 더 오래 남기를 원한다면 국왕에게 거류의 연장을 요청하여 허락을 받아야 했다. 고려에 필요한 재능을 있어 투화하여 버슬하고자 왔던 송인들은 그들의 능력을 시험받는 동안에 고려에 거류할 수 있었다. 최종적으로 능력이 확인된 사람은 투화가 허락되었고, 그렇지 못한 자들은 본국으로 되돌아갔다. 이처럼 투화를 위해서는 거류의 과정을 거쳐야한다는 점에서 거류는 투화에 선행하는 단계이기도 했다.

고려시대 투화인에 대한 우대 정책을 잘 보여주는 기록들을 살펴보았다. 고려는 여진·거란 등의 투화를 장려하기 위해 노력하였다. 투화인들에게는 투화장을 설정하여 기름지고 좋은 토지를 주었고, 일정기간 조세와 요역을 면제하였으며, 출신지에서 신분이 높았던 자들에게는 그에 걸맞는 관직을 제수하기도 하였다. 집단 투화를 유도하기 위해 10인, 100인 단위로 廩食과 金帛을 상으로 주었고, 그 이상은 비례하여 포상을 더하였다. 이러한 정책은 대몽항쟁이 이루어지던 고종대 만이 아니라 그 이전부터 시행되었던 것으로, 그로 인해 일시적으로 재정 지출이 늘어날 수 있지만, 장기적으로는 인구와 개간된 토지가 늘고 농업생산과 조세가 증대되어 국가적으로 이익이 되었던 것이다. 더욱이 지출보다 수입이 많아 창고의 곡식이 썩어갈 지경이었다고 하는 문종대와 같은 시기에는 투화자에 대한 지원을 더욱 늘려서 조기에 정착시키는 효과를 거두었다고 여겨진다.

다음으로 고려에 투화한 중국인들이 자신들의 출신을 어떻게 적었는지를 고찰하였다. 송인들은 출신지를 적었던 반면에 그 이외의 투화인들은 '몽골인' 또는 '회회인'과 같이 어떤 민족이었는지를 밝히는 경우가 많았으며, 2세와 3세들이 고려에서 계속해서 벼슬했는데도 여전히 국내의 군현으로 관적을 바꾸지 않았다. 그것은 자신들의 부계 조상이 외국인이며 자신이 투화인의 후손임을 그대로 드러내는 것이다. 그래서 투화한 송상을 송도강이라고 하였으며, 투화인이 뇌물 죄를 지었을 때는 귀향형이 아니라 국외로 추방하였다. 그런 점에서 고려국왕이 외국인들에게 투화를 허락했다는 것은 永住할 권리를 주었다는 의미 이상은 아니었다. 투화하거나 수세대 동안 살았다고 해서 하루아침에 투화인이 '국인'이 되는 것도 아니었고, 고려 사람들도 그렇게 인식하였다. 투화한 지 수세대가 지난 거란 투화인의 후손을 '거란인'이라고 기록하였고, 오래전에 투화한 여진인들의 후손 역시 자신을 고려 사람들과 구별하였으며, 고려인들은 그들을 여전히 '蕃人'이라고 불렀다.

투화인들이 성과 본관을 통해 고려인처럼 생활하기 위해서는 한식 성과 더불어 국내 군현의 본관을 하사받는 절차를 거쳐야 했으나, 고려시대에는 그러한 사례가 거의 없었다. 그보다는 그렇게 하려고 하지 않았다고 하는 것이 당시 상황에 맞는 적절한 표현일 것이다. 그러나 조선초에는 양상이 확연히 바뀌기 시작했다. 투화인과 그 후손들이 외국 관적인 것이 불편하다며 그 동안 국가에 대한 공적이 있었음을 이유로 향관을 요청하였고, 국왕의 허락을 받아 자신의 관적을 바꾸었다.[105]

　　고려시대에는 중국 출신이라고 해서 특별히 우대받아서 문벌을 이루지도 않았으며, 자신의 조상이 중국인이라며 내세우는 일은 더더욱 하지 않았다. 고려시대 재상을 지낸 투화인들의 상당수가 계보적으로 후손들과 연결되지 않았던 것은 그 때문이다. 조선후기에 많은 성씨들이 시조가 중국에서 도래하였다고 기록하던 분위기와 확연한 차이가 있었던 것이다.

---

105) 고려시대의 거류인과 투화인을 요즘과 비교하면 거류인은 비자를 받은 여행객이나 상인, 투화인은 영주권자와 유사하다. 그리고 투화인들이 향관을 받는 것은 영주권을 얻은 자들이 시험을 봐서 대한민국의 국적을 갖는 귀화에 해당된다.

農法의 변화와 投化人의 土地 開墾*

1. 머리말

고려초부터 많은 외국인들이 고려에 들어와 정착하고 살았다. 925년(태조 8)에 거란의 공격을 받아 발해가 위기에 처하자, 발해 사람들이 집단적으로 고려에 투화하기 시작하였고, 그 다음해 멸망된 뒤에도 발해 유민의 고려 망명은 끊이지 않았다. 그리고 970년대에 발해 유민이 압록강 중류 지역에 세운 定安國이 거란에 의해 멸망되고 나서, 또 한 차례 대규모 유민이 고려에 들어왔다. 이후 여진인들의 투화가 금이 건국되는 예종대까지 지속되었고, 거란인의 투화도 간헐적으로 있었으며, 13세기에는 거란인 포로와 몽골군에 참전했던 女眞·漢人 등의 투항이 이어졌다.[1]

* 이 글은 2016년 8월 북경대에서 「이주와 이산, 다문화의 역사로 본 한중관계」라는 주제로 진행된 '제4회 한중역사가 포럼'에서 발표되었고, 같은해 11월 카톨릭대 고려다원사회연구소 13차 콜로키움 「고려 다원사회론의 확장과 심화(1)」에서 다시 논의되었다. 농업생산력과 외국인의 투화를 연계시키는 다소 생소하고 납득하기 어려운 주제였음에도 많은 분들이 깊은 관심을 갖고 훌륭한 비판과 조언을 해주셔서 논문의 완성도를 높이는데 큰 도움이 되었다. 다만, 처음의 제목을 「高麗時代 農法의 發達과 投化人의 役割」이라고 하였으나, 여러분들의 의견을 듣고 현재의 것으로 바꾸었다.

1) 고려시대 투화인들에 대한 통계는 다음의 책에 잘 정리되어 있다.
· 金庠基, 『高麗時代史』, 東國文化社, 1961; 서울대출판부, 1985(재간행), <女眞 來投向化表> 806~826쪽 및 <渤海人 來投 略表> 835·836쪽.
발해유민의 투화와 고려시대 투화인에 대한 다음과 같은 연구가 있다.
· 韓圭哲, 「高麗來投·來往 契丹人―渤海遺民과 관련하여―」 『韓國史研究』 47, 1984.

고려는 외국인들의 투화가 국력을 증강시키는데 큰 도움이 되었기 때문에 투화인들에 대한 우대정책을 실시하였다. 주로 농업에 종사할 신분이 낮은 투화인들을 위해서는 경작이 가능한 토지를 주고 조세와 요역을 면제하였으며, 정착을 위한 식량과 의복 등을 지원하였다. 그와 더불어 집단 투화에 큰 영향을 끼치는 여진의 지배 계층에 대해서는 투화인의 수에 따라 遞增하여 포상하고 농사짓기 좋은 땅을 주었다.[2] 그들은 고려의 백성이 되어 국가가 지정해준 지역에 가서 새로운 땅을 개간하고 三稅를 내며 주변의 고려 사람과 동화되어 갔을 것인데, 이 분야의 선행 연구에서는 사료상에 분명히 보이는 그대로 '투화인들이 개간하고 정착해서 살았다'는 것을 서술하는데 그쳤다.

실제로 외국인이 고려에 투화하여 이주하고 농지를 개간하는 과정에서 고려사회에서 보편적으로 행해지던 것과는 다른 새로운 농법을 시도했을 가능성이 있다. 그 보다 더 중요한 점은 투화인들이 적게는 수 명에 불과한 경우도 있지만, 많게는 몇 백, 몇 천을 넘어 몇 만 명에 이를 정도였기 때문에 고려의 인구 증가에 크게 기여했다는 것이다. 이 시기에는 출생이 사망보다 많아서 생기는 자연 증가보다 투화의 지속에 의한 사회적 증가의 요인이 더 컸기 때문이다.[3] 그 결과 자연스럽게 토지 면적에 대비한 인구 비

· 韓圭哲, 「高麗 來投·來往 女眞人─渤海遺民과 관련하여─」『釜山史學』 25·26합, 1994.
· 朴玉杰, 『高麗時代의 歸化人 硏究』, 국학자료원, 1996.

2) 李鎭漢, 「高麗時代 外國人의 居留와 投化」『한국중세사연구』 42, 2015; 본서 제5편 참조.

3) 고려시대에 인구 파악이 부실하고, 투화인에 대한 기록이 누락된 것도 있었을 것이므로 정확한 인구를 산출하기 어렵지만, 외국인의 투화가 고려전기 인구증가에 크게 기여했음은 분명하다. 투화인의 기록을 검토한 결과, 1호를 5명, 1부락은 10호, 수 백과 수 만은 적게 잡아 수 백과 1만으로 계산한 고려전기의 투화인 수는 발해유민 43,677명, 거란 986명, 여진 23,806명 정도였다고 한다(韓圭哲, 「渤海遺民과 高麗」『渤海의 對外關係史─南北國의 形成과 展開─』, 신서원, 1994, 271쪽). 한편 수 만 명을 조금 더 크게 봐서, 『고려사』에 의하면 925년 9월 발해 장군 신덕 등

율이 높아졌을 것이며, 단위 토지 면적당 인구밀도의 증가—인구의 조밀화
—는 농법 변화의 가장 주요한 원인 가운데 하나였다.

따라서 고려시대 농법의 변화에 투화인들이 영향을 끼쳤을 가능성을 찾
아내기 위해 먼저 고려 전기의 농법과 양전 방식을 살펴보고 후기에 새로
이 등장한 양전 방식이 농법 변화의 반영이라는 전제하에 제시된 여러 선
학들의 견해를 검토하고자 한다. 이어 투화인이 고려에 와서 토지를 받고
정착하는 과정에 대해 정밀하게 분석하고, 투화인들의 토지 개간이 새로운
농법을 만들어내는 하나의 계기가 되었을 것이라는 점을 설명할 것이다.

본고가 소기의 목적을 이룬다면, 고려 사회에 끼친 투화인의 능동적 역
할을 인식하게 될 것이다. 투화인들이 고려에 와서 살았음에도 조선초기의
史書나 「地理志」와 「地志」에는 거의 기록에 남아있지 않는데, 그들이 흔적
조차 없이 사라져간 것이 아니라 고려 사회를 바꾸는데 일정한 영향을 끼
쳤음을 알려줄 것이다.

2. 農法과 量田의 방식

고려시대에는 척박한 토지가 많았고, 경작 가능한 토지에 비해 인구가
적었다. 그러므로 농민들은 자신이 소유한 토지의 전체를 경작하여 수확을
얻는 連作常耕 방식으로 농업을 경영할 수 없었다. 고려 이전에 토지와 농
민의 비율을 알려주는 <신라장적문서>에서는 烟戸民이 받은—소유한—土
地를 烟受有田과 烟受有畓으로 불렀으며, 문서상 1호당 평균 경작규모는

500인을 시작으로 1116년 12월에 이르기까지 191년간 대략 12만 명에 이르렀으
며, 이것은 고려 전기 총인구 210만 가운데 2~6% 정도에 해당되었다는 주장도 있
다(임상선, 「발해 유민의 부흥운동」 『새롭게 본 발해사』(고구려연구재단 편), 2005,
90·91쪽).

10여 결이 넘고 있었다. 1호에 소속된 가족의 수에 비해 소유지의 규모가 매우 컸으므로 농민은 그 토지의 전체를 매년 경작하는 것이 아니라 그것을 일정한 크기로 나누고, 이랑을 바꾸어가며 경작하는 휴한 방식이었다고 여겨진다.[4] 그것은 보유한 가족 노동력에 비해서 소유지가 너무 넓기 때문에 전체 토지를 갈아 파종하고 수확하는 것이 어려웠던 현실을 감안한 것이다. 그리고 많은 소출을 얻기 위해 매년 경작하려면 작물이 흡수한 만큼의 거름을 보충해야 하는데, 농사철에 거름을 만드는 것 자체가 추가적인 노동을 필요로 하므로 실행하기 어려웠다. 이처럼 인구가 적고 소유지가 많은 농업 여건에 따라 소를 이용하여 넓은 토지를 경작하고 施肥없이 地力을 약탈해가며 1·2년을 묵히는 휴한농법을 시행하였으며, 이것은 토지생산성에 비해 노동생산성을 중시하는 조방적 농업에 해당된다.[5]

다음으로 고려전기의 농법에 대해서 살펴보자. 고려시대에는 호구당 토지면적을 알려주는 자료는 발견되지 않지만, 토지의 비옥도에 따라 농법이 달랐음을 보여주는 기록이 있다.

---

4) · 李泰鎭,「畦田考—統一新羅·高麗時代 水稻作法의 類推—」『韓國學報』 10, 1978.
  · 金基興,「新羅村落文書에 대한 新考察」『韓國史硏究』 54, 1989;『三國 및 統一新羅 稅制의 硏究』, 역사비평사, 1991, 146쪽.
  · 李仁哲,『新羅의 村과 村民支配에 관한 연구』, 한국정신문화연구원 박사학위 논문, 1993.
  · 李賢惠,「韓國 農業技術 發展의 諸時期」『韓國史時代區分論』, 翰林科學院, 1995;『韓國 古代의 생산과 교역』, 一潮閣, 1998, 25쪽.
  이에 대해 통일신라시대에는 휴경농법 단계였다는 견해도 있다.
  · 宮嶋博史,「朝鮮史硏究と所有論—時代區分についての一提言—」『人文學報』 167, 東京都立大, 1984.
5) 1444년을 기준으로 그 이전에는 노동생산성이 높았고, 그 이후에는 토지생산성이 그것을 추월하였다는 견해가 있다(李鎬澈,「經濟史的 性格」『朝鮮前期農業經濟史』, 한길사, 1986, 746~751쪽).

A1. 李齊賢 贊하여 이르기를 " … 三韓의 땅은 四方에서 배와 수레가 모이는 곳이 아니며, 物産의 풍요로움이나 貨殖의 이익이 없으니 백성들이 우러르는 바는 오직 地力에 있다. 그러나 鴨綠 이남의 땅은 대저 모두 산이며 기름져서 매년 경작하는 땅은[肥膏不易之田] 전혀 없고 겨우 조금 있다[絶無而僅有也] 經界를 바르게 하는 것을 만약 느리게 하면 그 利害는 중국에 비해 만 배가 될 것이다 … "라고 하였다.6)

A2. 文宗 八年 三月 判하기를 "田品은 묵히지 않는[不易]의 땅을 上으로 삼고, 한 해 묵히는 [一易] 땅을 中으로 삼고, 두 해 묵히는[再易] 땅을 下로 삼는다. 그 不易山田은 1결을 平田 1결에 준하고, 一易田 2結은 平田 1결에 준하며 再易田 三結은 平田 1결에 준한다"고 하였다.7)

A1은 이제현의 景宗에 대한 史贊인데, 압록강 이남은 대저 모두 산이어서 기름진 不易의 토지는 거의 없고 조금 있을 뿐이라고 하였다. A2의 1054년 3월의 판에서는 묵히지 않는 땅[不易之地]을 上으로, 1년 묵히는 땅을 中으로, 2년 묵히는 땅을 下로 삼는데, 그 不易山田 1결은 平田 1결에 준하고, 一易田 2결은 平田 1결에 준하며, 再易田 3결은 平田一結에 준한다고 하였다. 이 기록에서 불역은 매년 경작되는 것이고 一易은 1년을, 再易은 2년을 쉬고 경작하는 토지를 의미한다.8) 1054년 3월 판에 의하면 토지

---

6) 李齊賢贊曰 … 三韓之地 非四方舟車之會 無物産之饒貨殖之利 民生所仰 只在地力 而鴨綠以南 大抵皆山 肥膏不易之田 絶無而僅有也 經界之正 若慢則其利害比之中國相萬也(『高麗史』 권2, 「世家」 景宗 6년).

7) 文宗八年三月判 凡田品 不易之地 爲上 一易之地 爲中 再易之地 爲下 其不易山田一結 准平田一結 一易田二結 准平田一結 再易田三結 准平田一結(『高麗史』 권78, 「食貨志」 1, 田制 經理)

8) 山田을 비교하고 경리하던 기준으로서의 平田은 一易平田도 一易水田도 아니었고, 下等의 常耕하는 水田·旱田이었다. 산전에도 수전·한전이 있었으며, 不易山田 중에는 陸稻作은 물론 水稻作도 행해지는 토지가 있었으므로 수도작이 반드시 평전에

를 利用 빈도에 따라 불역전·일역전·재역전으로 나누었지만, 山田과 平田
의 비율을 보면 평지에서는 常耕化가 이루어졌다고 하는 것이 다수의 견해
이다.9)

이 때 상경화는 조금 다른 의미였다. 고려전기에 토지의 면적을 結負로
표시하지만, 실제 고려시대의 量田尺은 單一해서 1결의 면적은 토지의 肥
瘠과 관계없이 方 33步, 즉 1089平方步로 동일했다.10) 대신 조세의 공평한
부과를 위해 토지를 상중하 3등으로 나누고, 작물의 재배 방식에 따라 水
田과 旱田으로 구분하여 收租額을 정하는 방식으로 운영하였다.11) 같은 면
적의 토지에서 이처럼 조세의 양이 달라지는 것은 수확량을 반영했기 때문
인데, 비교적 현격한 차이는 토지의 비옥도의 차이에서 비롯된 것이다.

만 이루어지는 것은 아니라고 한다(李景植, 「高麗前期의 平田과 山田」 『李元淳敎授
華甲紀念 史學論叢』, 1986; 『高麗時期土地制度研究―土地稅役體系와 農業生産―』, 지
식산업사, 2012, 434~445쪽).

9) 예를 들어 김용섭은 나말여초 상경화가 진행되어 고려전기에는 평지에서 수전과
한전이 모두 상경화되었고, 산전에서만 휴한이 일부 남았다고 하고, 위은숙은 평
전이 연작상경단계였고 산전만이 歲易하였다고 한다.
  · 金容燮, 「高麗時期 量田制」 『東方學志』 16, 1975; 『韓國中世農業史研究―土地制度와
    農業開發政策―』, 知識産業社, 2000.
  · 魏恩淑, 「나말여초의 농업생산력 발전과 그 주도세력」 『釜大史學』 9, 1985.
  반면에 휴한농법 단계였다는 주장도 있다.
  · 姜晋哲, 「田柴科體制에 관련된 諸問題」 『高麗土地制度史研究』, 高大出版部, 1980.(a).
  · 宮嶋博史, 「朝鮮農業史上における15世紀」 『朝鮮史叢』 3, 1980.
  · 姜晋哲, 「高麗時代의 地代에 대하여―특히 農莊과 地代問題를 중심으로―」 『震檀
    學報』 53·54합, 1982; 『韓國中世土地所有研究』, 一潮閣, 1989.(b).
  또한 고려전기의 농법은 연작이 일반적이었지만 고려 전기에는 토지생산이 낮
  고 심히 불안정하여 진전화되기 쉬운 단계였다는 주장도 있다.
  · 浜中昇, 「高麗前期의 小作制とその條件」 『歷史學研究』 507, 1982; 『朝鮮古代의 經濟
    と社會』, 法政大學出版局, 1986.
10) 『高麗史』 권78, 「食貨志」 1, 田制 經理 (문종) 二十三年 定量田步數.
11) 『高麗史』 권78, 「食貨志」 1, 田制 租稅 成宗十一年判.

고려후기 이후에 양전 방식이 수확량을 기준으로 면적을 달리하는 명실상부한 '결부제'로 바뀌면서 상중하에 따라 면적 차이가 있었고,[12] 1444년 (세종 26) 貢法에서 토지를 6등급으로 나누면서 1등전과 6등전의 면적에 4배의 차이를 두었던 것은 그러한 현실을 반영한 것이다.[13] 아무래도 당시의 농업 여건상 같은 1결의 토지라고 해도 척박해서 더 넓은 토지를 가진 농민들이 불리했을 것임은 분명하다. 그래서 농민들이 생존을 위해 자신의 토지를 분할하여 경작지[起田]와 경작예정지[閑田]로 나누어 생계의 유지와 더불어 지력의 회복을 도모하였을 것이다. 전체 토지가 비옥한 경우에는 그 모두가 連作常耕이 되었으나, 고려에는 그러한 땅의 거의 없다고 했으므로 대부분의 척박한 땅에서 휴한법이 이루어졌다. 고려전기에 적은 노동력으로 넓은 토지에서 농사를 지으며 노동생산성을 중시하는 조방적 경영을 하였던 것이다.[14] 그런 점에서 이 시기의 상경이라는 것도 사실은 농

---

12) 고려말에 전품을 3등으로 나누었는데, 歲易의 빈도를 기준으로 삼은 것이 아니라 농지의 비척을 헤아리는 것으로 상경농법으로 전환되었음을 의미한다
 · 金容燮, 「高麗前期의 田品制」 『韓㳓劤博士停年紀念 史學論叢』, 知識産業社, 1981; 앞의 책, 111쪽.
13) 여말 선초 양전 방식의 변화와 수취 제도에 대해서는 다음의 연구가 참고된다.
 · 朴時亨, 「李朝田稅制度의 成立 過程」 『震檀學報』 14, 1941.
 · 金泰永, 「朝鮮前期 貢法의 成立과 그 展開」 『東洋學』 12, 1982; 『朝鮮前期土地制度史研究』, 知識産業社, 1983.
 · 강제훈, 『朝鮮初期 田稅制度 研究─踏驗法에서 貢法 稅制로의 전환─』, 고려대 민족문화연구원, 2002.
14) 고려 전기에는 방33보 1089평방보의 절대면적이 1결이 되고, 토지의 비옥도에 따라 不易田·一易田·再易田으로 나뉘었기 때문에 3결을 가지고 있다고 해서 반드시 모든 토지가 경작되는 것이 아니다. 예를 들어 3결이 모두 재역전이라고 하면 평균적으로 1결만이 경작되고 나머지는 작물을 재배는 하지 않고 다음 경작을 위해 춘추로 耕地를 해놓을 뿐이다. 농민이 더 작은 규모의 재역전을 가지고 있다면, 더 잘게 나누어 경작했을 것이다. 이러한 농업 경영은 휴한이지만, 국가는 매년 경작하여 상경전처럼 볼 수 있기 때문에 비옥도가 높은 불역전의 소유주는 유리하지만 일역전·재역전을 가진 소유주는 상대적으로 더 많은 조세를 내야할 가능성이

민이 소유한 땅을 비옥도를 고려하여 나누고 매년 경작했다는 의미 정도로
여겨진다.

반면에 고려말에는 결부제와 같이 토지의 비옥도에 따라 달라지는 수확
량을 기준으로 상중하로 나누고[15] 1결의 면적을 달리하는 방식—隨等異尺
—으로의 전환이 고려후기 농법의 발달을 반영하고 있다는 것에 대해 연구
자들의 의견이 공통되고 있다.[16] 농법의 변화는 토지생산성을 중시하는 집
약적 농업 경영이 확대되어 가는 것이었다. 좁은 토지에 집중적으로 노동
력을 투하하여 최대한의 수확을 얻기 위해, 깊이갈이[深耕]를 통해 토양을
최대한 활용하고, 거름주기[施肥]를 통해 지력의 회복을 꾀하며, 김매기를
통해 거름의 효과를 최대한 높이고자 하는 것이었다.

조선 세종 때 전국 老農의 경험을 바탕으로 편찬한『농사직설』에서는
수전 재배를 우선시하고, 가을의 深耕과 봄의 淺耕, 다양한 거름과 거름 주
기 방식, 김매기의 시기와 횟수 및 효과 등을 강조하고 있다.[17] 깊이갈이는

높았다. 따라서 고려후기 상경화의 진전 상황을 반영하고 조세의 공평성을 높이기
위해 수확량에 따라 1결의 면적을 달리하는 전결제로 전환되었을 것이다.

15) 고려말 3등으로 나누어 1결의 면적을 달리하였다는 것은 기록상으로 분명하다. 그
런데, 고려후기에 일시적으로 9등급으로 나눈 적이 있었다는 주장도 있다(金容燮,
주 12) 논문, 116·117쪽).

16) 양전 방식의 변화에 대해 다음과 같이 설명하는 견해도 있다. 고려중기 이후 휴한
농법으로부터 상경농업으로 바뀌면서 隨等異尺制에 의한 양전제가 실시되었으며,
조선시대의 과전법은 이와 같은 농법의 발달을 반영하여 성립하였다고 한다(金泰
永,「科田法體制下의 土地生産力과 量田」『韓國史硏究』35, 1981; 앞의 책, 188~
193쪽).

17) · 耕地宜徐 徐則土軟 牛不疲困 春夏耕宜淺 秋耕宜深 春耕則 隨耕隨治 秋耕則 待土
色 乾白乃治
· 旱田初耕後 布草燒之 牛耕則 其田自美
· 薄田耕菉豆 待其茂盛 掩耕則 不莠不虫 變瘠爲良
· 荒地七八月墾耕之掩草 明年 氷釋 又耕後下種 大抵荒地開墾 初耕宜深 再耕宜淺[初深後
淺 則生地不起令土軟熟]

작물이 잘 자라게 해주지만 지력 소모가 빨라 매년 경작을 위해서는 거름 주기가 동반되어야 한다.18) 거름을 만들고, 농토에 뿌리는 것이 모두 많은 노동을 필요로 하는 것이며, 김매기도 횟수가 늘수록 더 많은 수확을 할 수 있으나 그 만큼 고된 작업을 수행해야만 하는 것이다. 농업 기술은 하나 같이 좁은 토지에 많은 노동력을 투하하여 최대한 생산을 늘리고자 하는 것이니, 토지생산성을 중시하는 방식이었다.19)

- 荒地 辨試之法 斸土一尺深 嘗其味 甛者爲上 不甛不鹹者 次之 鹹者 爲下(『農事直說』「耕地」)
- 晩稻水耕 正月氷解耕地 入糞入土 與早稻法同[今年入土則 明年入糞 或入雜草 互爲之] 其地或泥濘 或虛浮或水冷則 專入新土或莎土 瘠薄 布馬牛糞 及連枝杼葉[鄕名加乙草] 人糞蠶莎亦佳[但多得爲難] 三月上旬至芒種節 又耕之[大抵 節晩耕種者 不實] 漬種下種 覆種灌水耘法 皆如早稻法同[六月望前三度耘者 爲上 六月內三度耘者 次之 不及此者 爲下](『農事直說』「種稻 附旱稻」)
- 三月上旬霜氣頓無[早黍早粟 三月上旬 晩黍晩粟 三月中旬至四月上旬 可種] 擇良田[細沙黑土相半者 爲良 黍粟性宜高燥 不宜下濕] 先作小豆稀疏頻撒後 耕之 逐畝左右足種交踏 以水荏子與黍或相和[水荏子一分黍或粟三分] 下種[左右足交耘而成覆土矣] 及苗長間 生雜草與科密處 鋤而去之 以土擁根 鋤之三度 勿以無草停鋤 待禾成長 兩畝間 雜草茂盛 用一牛網其口 徐驅耕之 勿致損禾[畝間無穢土壅禾根] 黍半熟卽刈粟 待十分黃熟可刈[黍熟易零 遇風則失實] 田若瘠薄 用熟糞或尿灰 種之[每黍以三升和熟糞或尿灰一石爲度](『農事直說』「種黍粟」). [ ]의 내용은 細註.

18) 땅을 가는데 사용하는 쟁기와 거름의 사용법에 대해서는 다음의 논문이 참고된다.
- 閔成基, 「東아시아 古農法上의 縷犁考: 中國과 朝鮮의 耕種法 比較」 『省谷論叢』 10, 1979; 『朝鮮農業史研究』, 一潮閣, 1988.
- 閔成基, 「朝鮮時代의 施肥技術 硏究」 『釜山大 人文論叢』, 24, 1983; 앞의 책.

19) 이와 같은 『農事直說』의 농법을 일반화하여 조선초에 광범위한 상경화가 이루어지고, 노동집약적 농법이 시행되었다고 보고 있다. 그러나 필자는 여말선초에 농업기술이 획기적으로 발전해나갔다고 이해하는 것은 옳지만, 그것이 전국적으로 보편화했다고 이해해서는 안된다고 생각한다. 왜냐하면 『농사직설』의 편찬동기가 백성들에게 노농들의 경험을 소개하려는 것이었고, 그것은 역설적으로 대부분의 농민들은 『농사직설』의 농법을 알지 못하고 있었음을 알려주고 있기 때문이다. 실제로 공법에서 1등전과 6등전의 면적이 4배가 난다는 것은 하등에 속하는 4, 5, 6등전은 휴한하는 토지였던 사정과 관련될 것이다.

이러한 고려후기 농법의 변화 원인에 대해서[20] 선학들은 산전과 저습지 개발을 통한 개간지의 확대, 무신정권기 수탈의 증가에 대처한 농민들의 歲易農法 극복을 위한 노력,[21] 몽골 전쟁 기간 동안 해도입보로 인해 특정 지역에서 이루어진 집약적 농업의 전국적인 확대 등 다양한 의견을 제시하고 있다.[22] 아울러『范勝之書』,『齊民要術』,『農桑輯要』등과 같은 중국 농서의 도입이나[23] 원에 갔던 고려인들이 中國 江南 지역의 농법을 보고 고려에 와서 농민들에게 그것을 전했다는 것을 들고 있다. 이들이 제시한 내재적 원인과 외래적 요인 등이 모두 근거있는 견해로 여겨진다.

그러나 선행연구가 미처 다루지 못한 것이 있다. 집약적 농업은 많은 노동력을 토지에 투하하여 수확량을 높이는 것으로 토지에 비해 풍부한 노동력이 있을 때 이루어진다.[24] 그러므로 어떤 요인에 의해 농업이 변화했

---

20) 고려후기 농법의 변화 원인에 대해서는 다음의 논문이 참고된다.
 · 魏恩淑,「12세기 농업기술의 발전」『釜大史學』12, 1988;『高麗後期 農業經濟研究』, 혜안, 1995.
 · 魏恩淑,「高麗時代 農業技術과 生産力 研究」『國史館論叢』17, 1990.
 · 李賢惠, 앞의 논문.
 · 李正浩,「高麗後期 農法─農法 발달과 武臣政權期 社會變化의 관계를 중심으로─」『國史館論叢』98, 2002.
21) 金容燮, 주 9) 논문, 75~77쪽.
22) 金容燮, 앞의 논문, 75~77쪽.
 또한, 강화도에 몽고와의 항쟁 당시 40년 가까이 왕도가 있었기 때문에 개경의 왕족과 양반관료, 많은 인민들이 피난해 들어와 짧은 기간에 인구가 급증하였으며 한정된 섬 안에서 많은 인구의 생활 기반을 마련하기 위해서 경작 가능지를 최대한 개간하는 수밖에 없게 되면서 집약적 농업이 실현되었다는 견해도 있다(李昇漢,「高麗前期 耕地開墾과 陳田의 발생」『國史館論叢』52, 1994, 238쪽).
23) 고려후기 농서의 보급과『농상집요』의 간행에 대해서는 다음의 논문이 참조된다 魏恩淑,「『元朝正本農桑輯要』의 농업관과 간행주체의 성격」『한국중세사연구』8, 2000.
24) 고려에서 조선초기까지의 농법에 대해 양전과 관련하여 다음과 같이 설명하기도 한다. 제1기 結=頃의 시대는 대체로 고려후기까지였으며, 넓은 1결의 면적과 더불어 노동생산성 위주의 극히 조방적인 농경이 행해졌다. 제2기 隨等異尺·指尺時代

는지의 여부와 더불어 그것이 가능하게 된 인구의 증가와의 관계를 밝히는
일이 우선되어야 하며, 고려시대에 광범위하고 지속적이며 큰 규모로 이루
어졌던 외국인의 이주 및 토지 개간이 농법과 어떻게 관련되었을 지에 대
한 해명이 반드시 필요한 것이다.

3. 投化人의 토지 開墾

고려전기의 농법에 관한 定說이 없는 것은 고려시대 농법의 실체를 알
려줄만한 사료나 물적 증거가 많지 않아서 『農事直說』등 조선초의 농법
관련 기록을 통해 유추하고 있기 때문이다.[25] 고려전기에 連作常耕이었든
지, 아니면 歲易休閑인지의 여부에 관계없이 공통되는 의견은 고려전기와
조선초 사이에 농법이 발전적으로 변화했다는 것이다. 따라서 본고에서도
고려시대의 농법이 어떠했는지 보다는 농법이 변화한 계기 또는 원인이 무
엇이었는지에 대하여 집중해서 서술하고자 한다. 실제로 집약적 농업의 핵
심은 노동력의 증가에 따라 일정한 토지에 노동력을 집중적으로 투하하여
지속적이고 많은 수확을 꾀한다는 것이므로 인구 증가가 중요한 전제 조건
임에도 선행 농법의 연구자들은 아쉽게도 한결같이 외국인의 투화에 대해
관심을 두지 않았다.

는 대체로 고려후기부터 1444년까지가 해당되며, 세역전이 지배적이던 휴한 및 휴
경농법에서 상경전이 지배적인 농법으로 변화하였다. 제3기 隨等異尺·周尺時代는
1444년 이후 시기로, 1년 1작을 중심으로 한 농법이 생산력의 배경을 이루었다고
한다(李鎬澈, 「토지파악방식과 田結」 앞의 책, 225~244쪽).

25) 『農事直說』은 시비수단이나 그 기술, 객토 등을 강조함으로써 지력증진에 역점을
    두고 있는데 이것을 통하여 종래 지력과 관련이 깊은 휴한농법이 연작농법으로
    전환되고 조방경영에서 집약경영화되고 있음을 엿볼 수 있다고 한다(金榮鎭, 「‘農
    事直說’ 解題」 『朝鮮時代前期農書』, 韓國農村經濟研究院, 1984, 42쪽).

외국인의 투화가 일시적이고 소규모에 그치지 않고, 고려 건국 이후 지속적이고 대규모로 이루어졌다면, 사회적 인구 증가로 인한 토지와 호구의 비율에 변동을 가져오고 나아가 농업에도 일정한 변화를 초래하였을 것이다. 이에 외국인의 투화가 고려의 농법에 영향을 끼쳤다는 사실을 알려주는 사료를 검토해 보겠다. 아래의 기록은 외국인 투화 사례 가운데 그 규모가 크거나 특별한 것들이다.

B1. (태조 8년) 十二月 戊子日에 渤海의 左首衛小將 冒豆干과 檢校開國男 朴漁 등이 백성 1천호를 거느리고 來附하였다.[26]

B2. (현종 20년 8월) 乙未日에 東女眞의 大相 噓拔이 그 족속 300여호를 거느리고 來投하였다. 渤海의 옛 城地를 주어 살게 하였다[處之].[27]

B3. (문종 33년 하4월) 己酉日에 東北面兵馬使가 奏하기를 "女眞 耶邑幹이 定州의 弘化戍에 와서 머물며[款] 말하기를 '아버지 阿羅弗, 어머니 吳曬, 兄 齊主那 등 6인은 일찍이 丁巳年(1077) 向化하여 來投하였으니 (부모와 형을)따라서 살게 해주십시오'라고 하였습니다"고 했다. 王이 이르기를 "夷狄은 비록 禽獸와 같으나 오히려 孝心이 있으니 마땅히 父母와 親屬을 따라 嶺南에 옮겨 살게 하라"고 하였다.[28]

B4. (穆宗 2년 동10월) 日本國 사람 道要彌刀 등 20호를 利川郡에 살게 하고 編戶로 삼았다.[29]

---

26) 十二月 戊子 渤海左首衛小將冒豆干・檢校開國男朴漁等 率民一千戶 來附(『高麗史』 권1, 「世家」, 太祖 8년).

27) 乙未 東女眞大相噓拔 率其族三百餘戶 來投 賜渤海古城地 處之(『高麗史』 권5, 「世家」, 顯宗 20년 8월).

28) 己酉 東北面兵馬使奏 女眞耶邑幹 自定州弘化戍 來款云 父阿羅弗 母吳曬 兄齊主那 等六人 曾於丁巳年 向化來投 願隨居之 王曰 夷狄雖同禽獸 尙有孝心 宜令隨父母親屬 徙置嶺南(『高麗史』 권9, 「世家」, 文宗 33년 하4월).

29) 日本國人道要彌刀等二十戶 來投 處之利川郡 爲編戶(『高麗史』 권3, 「世家」, 목종 2년 동10월).

B5. (仁宗 6년) 冬十月 壬子朔에 東南海安撫使 鄭應文 아뢰기를 “溟珍·
松邊·鵝洲 등 세 주의 海賊 佐成 등 820인이 投化하여 來附하였습
니다. 陜州 三歧縣에 歸厚와 就安 등 두 개의 장을, 晉州 宜寧縣에
和順場을 두어 살게 하십시오”라고 하니 群臣이 하례하였다.[30]

B1은 925년 12월에 渤海人 관원과 백성 1천호가 귀부하였다는 것이
다.[31] B2에서는 東女眞 사람 300여호가 來投하자 渤海의 옛 성지에 살게
하였다고 한다. 내용상으로 보건대 쾌발을 포함한 동여진 투화인들은 함께
발해의 옛 성지에 거주하게 되었던 것 같다.[32]

B1에서 한 번에 1천호가 투화했는데, 그들이 한 곳에 거주하며 개간하
고 살만한 토지가 없었을 것이므로 몇 개의 집단으로 나누어 정착하도록
했을 것이다. B2의 300여호는 발해고성에 함께 살도록 한 것 같다. 이처럼
투화인들은 전국 각지에 흩어져 농업에 종사하게 되었는데, 배치된 지역은
‘江南州郡’,[33) ‘南地’,[34) ‘圻內’,[35) ‘南界州縣’[36) 등으로 다양하였다. 진전

---

30) 冬十月 壬子朔 東南海安撫使鄭應文奏 溟珍·松邊·鵝洲三縣 海賊佐成等八百二十人
   投附已 於陜州三歧縣 置歸厚就安二場 晉州宜寧縣 置和順場以處之 群臣陳賀(『高麗
   史』권15,「世家」, 인종 6년).
31) 발해유민의 투화 가운데 비교적 큰 규모만을 들면, 934년 발해국 세자 大光顯이
   백성들 數萬을 거느리고 來投하였고(『高麗史』권2,「世家」, 太祖 17년 추7월), 938
   년에 발해인 朴昇이 3,000여호와 함께 투화하였으며(『高麗史』권2,「世家」太祖
   21년 是歲), 979년에도 발해인 수만인이 내투하였다(『高麗史』권2,「世家」, 景宗 4
   년 是歲).
32) 뒤에 제시하는 투화를 권유하는 글에서 많은 민호를 데리고 오면 특별한 포상이
   있었다고 하였는데, 이 시기에 그러한 제도가 시행되었다면, 300여호가 투화하였
   기 때문에 그 대상자가 된다.
33) 『高麗史』권5,「世家」, 顯宗 21년 동10월 是月.
34) 『高麗史』권5,「世家」, 德宗 2년 12월 癸丑.
35) 『高麗史』권6,「世家」, 靖宗 6년 9월 壬申.
36) 『高麗史』권9,「世家」, 文宗 32년 9월.

이 많이 발생한 지역이나 개간할 만한 토지의 크기 등 여러 가지 요소를 고려하였을 것이다.

B3은 투화인의 의사를 반영하여 이주지역을 결정한 특수한 사례이다. 1079년 4월에 東北面兵馬使가 女眞 耶邑幹이 이미 투화해서 살고 있는 부모와 형 등과 더불어 살기를 바란다고 보고하자 왕이 인륜을 생각하여 들어주었다고 한다. 문종이 허락한 이유는 겉으로는 투화인의 효성을 들었지만 당시에 농업생산의 여건을 고려할 때, 가족 또는 친족들의 공동 노동의 효율성이 높았기 때문이다.

B4와 B5는 구체적으로 특정 군현에 이주하는 사례로 그 규모를 참고하는데 도움을 주는 기록이다. B4는 999년 10월에 日本國 사람 20호가 내투하자 利川郡에 살게 하고 編戶로 삼았다는 것이다. B5는 1128년 10월에는 溟珍 등 세 현의 해적 820인이 투화해오자 陝州의 三歧縣에 歸厚場·就安場, 晉州 宜寧縣에 和順場 등 세 곳에 살게 하였다고 하였다.37) 溟珍·松邊·鵝洲 등은 모두 지금의 경남 거제시 지역에 있던 고려시대 고을이며, 이곳을 거점으로 활동하던 해적 820인이 고려에 귀부하자 셋으로 나누어 삼기현과 의령현에 옮겨 살도록 했다. 이러한 곳을 '場'이라고 불렀으며, 잘 동화해서 살라는 의미로 동북계 지역의 귀순주와 유사하게 '歸厚·就安·和順' 등의 명칭을 붙여주었다. 이 사례에서 820인을 세 곳으로 나누었으니, 평균적으로 한 곳에 273명이 이주하며 주변 지역의 향리와 농민들의 도움을 받아 진전을 개간하고 정착하였을 것인데, 상대적으로 노동력이 풍부했던 만큼 집약적 농업이 시행되었을 가능성이 있었다. 그리고 성공적으로 정착하여 농업에 종사하였다면 당연히 해당 군현의 인구와 간전의 수는 크게 늘

---

37) 이 기사에서 이주한 자들은 고려에 투항한 해적들로서 투화한 외국인과 구별되지만, 고려 정부가 투화인들을 각 군현에 어느 정도의 규모로 나누어 이주하도록 했는지를 알려주는 중요한 기록이다.

어났을 것이다. 조선 세종대의 삼기현과 의령현의 인구에도[38] 이 시기에 이주했던 사람들의 후손이 적지 않게 포함되었을 것이다.

고려초 인구가 250만 정도에서 470여년이 지난 고려말·조선초 400만 정도였기 때문에[39] 사실상 연평균 인구증가율이 0%에 가까웠다고 할 수 있다. 이와 같은 상황에서 고려전기에 來投한 외국인들이 한번에 몇 만 명인 경우가 있었고, 몇십 명 또는 몇백 명의 집단투화는 매우 많았다. 그 가운데 발해유민이 몇만 명씩 고려에 왔던 해에는 그들만으로 고려의 인구가 갑자기 1% 이상 증가한 셈이다. 출생과 사망자의 수가 거의 같아서 인구 증가가 정체되어 있는 시기에 투화에 의한 급격한 인구의 사회적 증가는 농업을 변화시킬만한 요인이었다.

게다가 개간할 만한 토지의 크기가 한정되었으므로 몇만 명 또는 몇천 호의 투화인이 왔을 때 한 곳에만 거주하게 할 수 없었을 것이다.[40] 결국

---

38) 고려시대 합주의 속현 삼기현은 조선 태종 태종 신사년에 현(縣)으로 낮추었고, 갑오년에 陜川 任內인 嘉樹縣을 붙여서 三嘉縣으로 명칭을 고쳐 감무를 두었으며, 세종실록지리지에 기록된 호수는 3백 7호, 인구가 2천 27명이었다(『世宗實錄』 地理志, 慶尙道 晉州牧 三嘉縣).
  삼기현의 동쪽 29리에 있었던 진주의 속현 의령현은 공양왕대 감무를 두고 新繁縣을 붙였다. 조선초에도 그 고을 명칭은 그대로 유지되었는데, 『세종실록』 지리지에 기록된 호수는 5백 4호, 인구가 1천 6백 29명이었다(『世宗實錄』地理志, 慶尙道 晉州牧 三嘉縣).

39) 주로 고려에 왔던 송의 사신들이 견문한 것을 적은 『송사』에서는 고려의 인구가 210만 정도였다고 하였다(『송사』 권487, 「고려전」). 이호철은 그것과 더불어 조선 시대의 인구자료를 참고하여 인구를 추정한 것이다(李鎬澈, 「戶口와 農業 勞動力」, 앞의 책, 286~305쪽).

40) 1018년(현종 9)에 州府郡縣의 호장·부호장 등 향리직의 인원을 정할 때 남정의 인원을 기준으로 삼았는데, 1000정 이상, 500정 이상, 300정 이상, 100정 이상, 100정 이하 등 5등급으로 나누었다. 이러한 상황에서 투화인 1000호는 1000정 이상의 가장 큰 주부군현보다 많은 사람이었으며, 100정 이하의 군현보다 10배 이상이나 되었다. 그와 더불어 『송사』에서는 고려에 모두 3京·4府·8牧에 郡이 118개, 縣鎭이 390개, 섬이 3700개이며, 작은 郡邑은 간혹 100戶 밖에 안 되었다고 한다(『宋史』

개간지의 유무와 그 크기 등을 고려하여 여러 곳으로 나뉘어 정착해갔을 것인데, 농업의 효율성을 높이기 위해 너무 작게 나누지 않았으며, 투화인들은 정착하면서 상대적으로 노동력이 풍부한 조건을 활용하여 농사를 지었을 것이며, B5가 그러한 사실을 전해주고 있다.

이처럼 투화인들이 고려에 이주한다는 것은 곧 일정 기간의 토지 개간이 수반된 정착 과정이 있었음을 뜻하며, 개간은 농업 기술이 발달하는 중요한 계기가 되므로 관련 기록을 살펴볼 필요가 있다.

C1. 고려[前朝]의 田制에 苗裔田·役分田·功蔭田·登科田·軍田·閑人田이 있어, 그 田租의 수입을 먹게 하였다. 그리고 백성이 경작하는 바는 스스로 개간하여 점유하는 것을 들어주었고 관은 그것을 다스리지 않았다. 공력[力]이 많은 자는 개간하는 것이 넓고, 세력이 강한 자는 점유한 것이 많다. 그러나 힘없고 약한 자는 또 강하고 힘있는 자를 따라 (땅을) 빌려 경작하여 所出의 半을 나누어 갖는다. 이것은 경작하는 자가 하나이나 먹는 자가 둘이니, 富者는 더욱 부유해지고 貧者는 더욱 빈궁해지니 스스로 살 수 없게 된다. … 41)

D1. 光宗 24년 12월 判하기를 "陳田을 개간하여 경작하는 사람은 私田인 즉 첫해는 거둔 바 모든 것을 주고, 다음해부터 비로소 田主

권487, 「高麗傳」). 이러한 고려시대 군현 규모를 고려하건대, 이 만한 규모의 투화인들을 받아들일만한 고을도 없었을 것이고, 그만한 사람들이 이주하여 정착할만한 곳은 더더욱 없을 것이다. 따라서 후술하는 바와 같이 여러 곳으로 나누어 살게 하였을 것인데(특히 F2의 사례 참조), 어떤 고을에 투화인이 와서 살게 되면 당장 인구 증가를 비롯한 여러 가지 변화가 일어났을 것이다. 그러므로 외국인의 투화는 군현제의 변화에도 영향을 끼쳤다고 생각된다(『高麗史』 권75, 「選擧志」 3, 銓注 鄕職 顯宗九年定).

41) 前朝田制 有苗裔田·役分田·功蔭田·登科田 … 軍田·閑人田 以食其田租之入 而民之所耕則 聽其自墾自占 而官不之治 力多者墾之廣 勢强者占之多 而無力而弱者 又從强有力者借之耕 分其所出之半 是耕之者一而食之者二 富者益富而貧者益貧 至無以自存 … (『三峯集』 권13, 「朝鮮經國典」 賦典 經理).

와 더불어 分半하며, 公田은 3년 동안 모든 것을 가져가도록 하고 [全給] 4년 째에 비로소 法에 따라 收租하도록 하였다"고 하였다.[42]

D2. (예종) 6년 8월 判하기를 "3년 이상 陳田은 개간하여 경작한 바 모두를 가져가고, 두 번째 해는 佃戶에게 모두 주고, 세 번째 해 인 즉 田主와 반씩 나눈다. 2년 陳田은 넷으로 나누어 비율로 삼 고, 한 몫은 田主, 세 몫은 佃戶가 갖는다 1년 陳田은 셋으로 나누 어 비율로 삼고, 한 몫은 전주가, 두 몫은 佃戶가 갖도록 하라"고 하였다.[43]

C1은 『朝鮮經國典』에서 정도전이 고려 토지제도에 대해 대략적으로 설명한 것이다. 高麗—前朝—에는 苗裔田·役分田·功蔭田·登科田·軍田·閑人田 등과 같은 수조지가 있었고, 백성들이 스스로 개간하고 점유하여 경작하는 것은 官이 간여하지 않았다. 그로 인해 토지를 가진 자와 가지지 못하여 빌려 경작하는 자가 생기고, 부자는 더욱 부유해지고, 빈자는 더욱 궁핍해져 스스로 존립하기 어렵기에 이른다고 하였다.

D1에서 973년 12월 판문으로 진전을 개간하는 경우, 사전과 공전, 경작한 햇수 등에 따라 나누어 갖는 몫을 달리하여 정하였다.[44] D2는 1111년 8월의 판문으로 진전을 개간하고 경작하는 경우, 햇수와 진전의 등급에 따라 전주와 전호가 나누는 몫을 정하였다는 내용이다.[45]

---

42) 光宗二十四年十二月 判 陳田墾耕人 私田則 初年所收全給 二年 始與田主分半 公田 限三年全給 四年 始依法收租(『高麗史』 권78, 「食貨志」 1, 田制 租稅).

43) (예종) 六年八月 判 三年以上陳田 墾耕所收 兩年 全給佃戶 第三年則 與田主分半 二年 陳田 四分爲率 一分田主 三分佃戶 一年陳田 三分爲率 一分田主 二分佃戶(『高麗史』 권78, 「食貨志」 1, 田制 租稅).

44) 973년 판문에 보이는 私田은 收租地이며 구체적으로 役分田이었다고 한다(吳致勳, 「『高麗史』 食貨志 陳田 개간 判文의 '私田' 검토」, 『史學硏究』 110, 2013, 128~134쪽).

45) 광종대의 경우 진전의 묵은 햇수와 관계 없이 전주와 진전개간인의 수취율을 규정하였으나 예종대에는 3년 이상 진전, 2년 진전, 1년 진전 등으로 세분하였으며, 이것은 진전 개간을 독려함과 동시에 개간자를 우대하여 진전화 경향을 막아보자는

D1에서 진전을 경작한 자에게 사전은[46] 1년 간, 공전은 3년 간 수확을 모두 차지할 수 있는 혜택이 있었다. D2는 내용상 공사전의 구분은 없지만, 수취의 양을 보건대 수조지의 진전 개간을 대상으로 한 규정이었을 것이다.[47]

『朝鮮經國典』에서는 수조권을 행사하는 地目들을 제시하고, 스스로 개간하는 자가 점유한다는 고려시대 토지 소유의 원칙을 제시하고 있다. 수조지는 당연히 개간한 뒤에 수조권자에게 수확물의 일정 비율을 내야한다. D1·2의 사전 또는 전주의 토지가 그러했을 것이다. 그러나 수조지가 아닌 경우는 크게 달랐다. 고려는 물론 조선말까지 토지에 대한 배타적인 권리를 인정하지 않았기 때문에 오랫동안 경작하지 않아 방치된 땅은 소유권을 상실하게 되었다. 그렇게 방치된 토지를 누군가가 개간하고 관에 신고하면 소유자가 되었던 것이다. 고려에서는 조세 수입을 늘리고 백성들의 생활을 안정시키기 위해 개간을 장려하여, 그 토지가 사전일 때는 地代를 감해주고, 공전일 때는 일정기간 조세를 면제해주었다.

취지였다고 양자의 차이를 설명하고 있다(朴京安, 「田柴科體制의 動搖」 『高麗後期 土地制度研究―13·14世紀 田制釐正政策의 推移―』, 혜안, 1996, 121·122쪽).

46) 이 판문의 私田에 대해서는 사적 소유지―민전 계통―으로 보는 견해와 직역에 대한 대가로 수조권을 준 토지―태조대 역분전 및 후대의 전시과 계통―라는 두 가지 견해가 있는데, 본고는 개간 그 자체에 대해 서술하고 있기 때문에 어느 것이 옳든지 본지의 논지 전개와는 관계 없다. 다만 광종대 개간 규정에서 사전이 민전이라고 하면 국가가 전주 분반을 규정할 필요가 없었을 것이라는 의견이 있다(姜晋哲, 주 9)b 논문, 124~129쪽).

47) 예종대 규정은 1, 2년 휴한전의 상경화를 촉진시키려는 의미가 있다고 한다(李賢惠, 앞의 논문, 29쪽).
한편, 973년 판문에서는 진전이라고 표기되었을 뿐이지만, 1111년 판문에서는 3년 이상 진전과 2년, 1년의 진전이 구분되며 수확물의 분배율 및 전조의 면제기한에 차이가 있었던 것은 시간이 지나면서 진전에 대한 국가의 파악이 보다 정밀해졌음을 의미한다고 한다(吳致勳, 앞의 논문, 137쪽).

이 규정에서 언급되는 개간의 주체[陳田墾耕人]는 농토를 확대하려는 개간지 주변의 자영농민, 노비 등을 사역하여 농장을 조성하려는 자들이 있었을 것이다. 그와 더불어 외국에서 투화하여 고려의 영토 안에 토지를 제공받은 투화인들도 당연히 포함되었다고 생각된다. 투화인들이 개간하여 耕作地로 만들게 되면, '自墾自占'의 원칙에 따라 소유자로 인정받았을 것이다. 그리고 투화인들이 받은 토지는 전주와 분반하는 토지가 아니라, 주로 주인이 有故한 민전이었을 것이다.[48] 광종대 진전 규정에서 공전에 한해 3년 간의 조세를 면제해 주었는데, 그것은 투화인들에게도 마찬가지로 적용되었을 것이다. 다만, 투화인들은 10년 동안 요역을 면제받는 부가적인 혜택이 있어서 일반 백성보다 개간에 유리한 처지였다.[49]

진전의 개간에 관한 D1과 D2의 판문은 투화인들과 관련지어 해석할 때 더욱 자연스럽다.[50] 973년의 판문은 전국적인 量田을 통해 토지와 소유자

---

48) 고려시대에 투화한 외국인들에게는 토지와 더불어 살 집을 주고, 편호에 충당하였다(戊午 女眞甗工古舍毛等六人 來投 賜田廬以充編戶 『高麗史』 권11, 「世家」 肅宗 6년 하4월). 또한 편호 대신 課戶라고 한 기록도 있다(冬十月 甲申 西北女眞仍化老等十三人 來投 命充爲課戶 『高麗史』 권6, 「世家」, 靖宗 6년). 모두 고려의 公民이 되어 조세·요역·공부를 부담하는 호가 되었다는 의미일 것이다. 앞에서 제시한 田廬의 田은 투화인이 신분이 높아 수조권을 받았다면 투화전이 될 것이며, 낮은 신분의 투화인들은 경작할 수 있는 토지를 받았으며, 그것을 田이라고 표현했을 것이다.

49) 조선시대에 투화인들에게 조세는 3년, 요역은 10년 동안 각각 면제를 해준 것과 유사한 특혜를 베풀었다. 왜냐하면 투화인들이 하루빨리 농업에 정착하는 것이 국가 재정에 도움이 될 뿐 아니라 조기 정착을 돕는 지원책이 투화를 촉진시키는 기능도 하기 때문이다(李鉉淙, 주 2) 논문; 본서 제4편 참조). 더욱이 투화인들에게 3년의 조세를 면제해준 것이 광종 24년 판문에서 공전에 한하여 조세를 3년 간 면제해준 것과 통한다는 것은 투화인도 염두에 두고 만들어진 것이다. 그리고 조선시대의 투화인 혜택도 사실은 고려의 간전 규정에서 비롯되었음이 확인된다.

50) 973년의 판문은 나말여초 사회변동기에 발생한 진전을 개간하기 위해 정하였다고 한다(李宗峯, 「高麗後期 勸農政策과 土地開墾」 『釜大史學』 15·16합, 1992, 335쪽). 그와 더불어 고려초부터 대규모의 투화가 지속되었으며, 이들 투화인들이 정착하

의 실태가 파악된 상태에서 새롭게 발생한 진전에 대한 권리를 정하는 규정이었다. 이 때 새롭게 토지를 개간하는 사람은 고려에 살고 있던 사람들뿐 아니라 투화한 외국인을 포함하고 있었다. 태조대부터 시작된 발해유민은 광종대 말에도 지속되었고, 투화한 뒤에 국가로부터 거주할 군현과 토지를 배정받고 농사짓기 위해 토지를 개간하였다.[51] 광종대 진전 판문은 고려 영토 내의 모든 백성에게 적용되는 것이면서도, 한편으로는 투화한 외국인들이 이주하여 개간하는 과정에서 발생하는 분쟁을 사전에 예방하려는 목적도 있었다.

예종대 진전 규정에서 광종대와 달리 공전—민전—에 대한 것이 빠진 것은 공전을 개간하였을 때 3년 동안 租를 면제한다는 광종대의 규정이 변하지 않았기 때문이지, 면제의 규정이 없어진 것은 아니었을 것이다. 그리고 투화인들이 개간하는 과정에서 고려인들보다 불리한 혜택을 받았을 이유는 전혀 없다. 이러한 점에서 고려 전기의 진전 관련 판문—특히 광종대

는 과정에서 개간이 필수적이므로 이 규정에서 그들은 가장 중요한 개간 주체의 하나였을 것이다.

51) 발해·거란·동서여진·흑수말갈·일본 등의 외국인이 투화하여 정착하는 과정이 간단하지 않았고, 적지 않은 기간이 소요되었다. 처음에 외국인들이 국경에 와서 투화할 의사를 밝히면, 수령들이 중앙에 보고하고 허가를 받는 절차를 거쳤으며, 그 동안 투화인들은 일시적으로 변방에서 머물렀다. 뒤에 국가에서는 투화인의 수와 지방의 陳荒田 등의 크기를 살펴서 그들이 살 곳을 정하고 지방 행정 조직을 활용하여 이주와 정착을 도왔을 것이다. 한편 여진인들이 본래 농사를 짓던 자들이 아니었기 때문에 개간하는 동안 해당 지역 향리나 농민들의 조력도 필요했다. 게다가 여진인들과 고려인들 사이의 언어 소통의 문제도 있었을 것인데, 여러 가지 복잡하고 쉽지 않은 과정이 예견되는데도 외국인의 투화가 고려초부터 예종대까지 지속되었던 것은 고려 정부가 나름대로 효과적으로 대응하며 투화인들이 신속하게 안착하는데 편의를 봐주었음을 간접적으로 알려준다. 이러한 배경에는 고려 초부터 시작된 발해 유민의 망명과 성공적인 정착의 경험이 활용되었다. 뿐만 아니라 그들은 투화한 선주민으로서 후래의 투화인들에 대한 소위 '멘토' 역할도 했을 것이다. 추후 이에 대한 구체적인 연구가 필요하다.

─은 투화인을 고려한 규정이었음이 분명하다.

그럼 이 규정들이 투화인들에게 어떻게 적용되었을 지를 알려주는 사례를 고찰해보자. 아래의 기록은 강화천도 직후인 1233년(고종 20) 3월 경에 몽골군을 따라 고려를 침입해온 여진이나 한인의 투화를 권유하는 것으로, 본래의 목적은 몽골군의 전투력을 약화시키는데 있었으나, 적군에서 이탈하여 투항한 자 또는 투화인들의 이주 및 정착과 관련된 중요한 사실들을 알려주고 있다.

> E1. 女眞·漢兒 등 官人에게 은밀히 알린다. 그 매양 통한 바의 일을 하나 하나 다 알았다. 요즈음 너희들 및 回回·阿萬 등 여러 나라 사람이 蒙古를 따르기 싫어하고 우리나라에 투항해 오는 자가 연달아 끊이지 않는데, 그 사람들이 와서 당신네들의 말을 전하여 말하였다. " … 들건대 高麗가 바다 가운데 들어가 도읍하였는데, 토지가 꽤 넓으며, 또한 다른 나라에서 투항하는 사람들을 잘 대우하여 각각 口分田地를 주어 갈아 먹게 한다 하니 그곳이 낙을 누리며 살 만하다. 다만, 도망쳐 투항하고 싶으나 탈출하기가 어려워 지금까지 틈만 엿보고 있다"고 하였다. 매양 오는 사람들의 전하는 말이 이와 같으니, 그 말은 믿지 않을 수 없다. 왜냐하면 우리나라가 너희 나라와 서로 和好한 지 1백 년이 되었으되 조금도 嫌隙이 없었으며, 더구나 바다 안에 들어오기 전에는 곳곳에 投化場을 설치하고 투화하는 당신네들을 조처하였다. 각각 제일 좋은 토지를 주어 이를 갈아 먹고 생업에 안락을 누리게 해 주었으며, 官人들에게는 벼슬까지 하게 하였다. 이제 바다 안에서도 이와 같이 하였으니 너희들이 어찌 듣지 못하였겠는가. 그 투화하려는 것은 믿음직하다. 과연 당신네들의 말과 같다면 10인을 모아 함께 오는 자에게는 얼마의 廩食과 金帛을 줄 것이요, 1백인을 모아 함께 오는 자에게는 그 상을 3배로 더할 것이요, 그 이상은 모두 앞의 예에 따라 차등있게 상을 내릴 것이다. 특히 상만 그럴 뿐 아니라 모두 좋은 땅에 편히 살게 해 줄 것이니 의심하

지 말라. 어찌 너희들 뿐이겠는가. 다른 나라도 마찬가지다.52)

E1은 앞 장의 「외국인의 거류와 투화」에서도 인용된 「密告女眞漢兒文」으로 대몽항쟁 시기 여진과 한인들에게 항복을 권유하는 내용이다. 글의 첫머리에 투화를 권유하는 주요한 대상이 여진과 한인이라고 하면서도, 몽골군을 따라 고려에 왔던 回回·阿萬 등 여러 나라 사람들이 몽골군에 싫증을 느껴 고려에 투항하는 자가 끊이지 않고 있다고 하였다. 이어 고려는 강화 천도 후에도 땅이 매우 넓어서 이국에서 투항한 자들을 잘 대우하고 각기 口分田을 주어 경작하여 먹게 하므로 그 사는 것을 가히 즐길 만하며, 투항하는 자 가운데 관인이었던 자들은 仕籍에 허통하여 벼슬할 기회를 주었다고 한다. 아울러 강화 천도 이전부터 투화장을 두어 매번 투화하는 사람들을 處하게 하고 상전을 주어 경작하고 개간하게 하였다고 한다.

고려는 몽골군에 종군하고 있는 여진·한인·회회·아만 등 비몽골인들에게 고려에 투항할 것을 권하면서 이미 다른 사람들이 잇따라 투항해오고 있고, 그들이 정착할만한 토지가 아직도 넉넉히 있으며, 그 토지가 上田―비옥한 땅―이었음을 강조하고 있다. 몽골군에 속한 이민족들에게 투항하게 되면 고려의 上田을 받아 경작하며 그 동안 몽골군에 속해 고생했던 것보다 훨씬 편안한 삶을 살게 될 것이라는 점을 효과적으로 알리고 있다.

이 글에서 투항하는 자들에게 上田 또는 好田을 준다고 했으며, 그것은 '상등의 토지, 기름진 토지'라는 의미와 더불어 개간하기 '좋은 토지'라는 두가지 의미가 있을 것이다. 투화인들에게 제공할 경작할 수 있는 토지가 많았다는 것은 사실인 것 같다. 그것은 이 때보다 약 260여년이 지나 1391년(공양왕 3)에 과전법을 실시하기 위해 各道의 토지를 조사한 결과 경기

---

52) 『東國李相國全集』 권28, 「密告女眞漢兒文」. 이 글은 제4편의 앞장에서 이미 원문을 인용하였으므로 참고하기 바란다.

에서 實田이 131,755결, 荒遠田이 8,387결이었으며, 6도의 실전이 491,342
결, 荒遠田이 166,643결이었다는[53] 기록으로도 증명된다. 황원전은 實田에
대비되는 지목으로 토지대장에 올라 있으나 경작되지 않은 토지를 뜻하는
것이며, 그 비율이 경기에서는 약 6%, 6도에서는 25.3%를 차지하고 있다.
인구밀도가 높은 경기의 토지는 황원전이 적지만, 6도 전체 토지 면적의
1/4 정도가 황원전이었던 것이다.

황원전은 진전과 유사한 의미로 농민의 流亡 등 사회적 요인이나 天災
등의 자연적 원인에 의하여 경작을 하지 않고 묵히고 있는 땅으로 항상적
이며 광범위하게 존재했다.[54] 이처럼 경작하지 못하는 땅이 많이 발생하는
이유는 농민의 유망이나 기상이변 이외에도 지력 및 농업기술상의 제약,
권세있는 자들의 불법적이고 과중한 수탈, 喪故·疾疫 등 경작자의 개인적
사정, 전란의 피해 등이 있었다.[55]

더욱이 고려의 상속제도는 자녀에게 균분 상속하고 혈연관계가 없는 자
녀나 배우자에게는 상속되지 않았으며 보통 내외 4촌 범위를 넘는 경우에
는 상속이 인정되지 않았다.[56] 결국 두 세대 이상 자녀를 두지 못한 부부
의 토지는 누구의 소유도 아닌 황원전의 범주에 포함되었기 때문에, 자연
재해나 人災 이외에 상속 규정으로 인해 황원전이 생겨났을 것이다. 고려
전기에 비해 농법이 발달했다고 하는 고려말 황원전의 상황을 보건대, 고
려전기에도 오래동안 경작되지 않아 주인 없는 토지가 적지 않았기 때문에
투화인이 대규모로 유입되어도 기존의 경작자와 큰 갈등 없이 배치되었을

53) 『高麗史』 권78,「食貨志」1, 田制 祿科田 恭讓王 三年 五月 都評議使司上書.
54) 李昇漢, 앞의 논문, 231~233쪽.
55) 姜晉哲,「麗代의 陳田에 대한 權利問題—村落經濟의 基盤, '農民的 土地所有'와 관
    련시켜—」『李丙燾九旬紀念 韓國史學論叢』, 1987; 주 9)b의 책, 234·235쪽.
56) 崔在錫,「高麗朝 相續制와 親族組織」『東方學志』31, 1982;『韓國家族制度史研究』,
    一志社, 1983.

것이다.57) 더 나아가 투화에 대한 장려 정책의 하나로서 황원전 가운데 상
대적으로 경작하기 좋은 조건의 토지를 투화인들에게 제공하였다고 여겨
진다.

마지막으로「密告女眞漢兒文」에서 고려가 강화로 천도하기 전부터 투
화인들을 위해 여러 곳에 투화장을 만들었다고 하였는데, 여러 史書에서
그 운영 사례가 찾아진다.

> F3. … 趙冲이 契丹 俘虜를 주현에 나누어 보내고 閑曠地를 택하여 살
> 게 하고, 헤아려 田土를 주었으며 농사짓는 것을 업으로 하는 백
> 성으로 삼았는데, 세상에서 契丹場이라고 하였다 ….58)
>
> F4. (高宗 6년 春正月) … 조충은 군사를 대접하는 잔치[犒師]를 배풀
> 고 哈眞은 婦女와 童男 700구 및 우리 백성으로 거란적에게 잡힌
> 자 200구를 우리에게 되돌려주었다. 趙冲과 金就礪에게 女子로 나
> 이 15세 좌우인 자 각 9인씩, 駿馬 각 9필씩을 주었다. 그 나머지
> 는 자신을 따르게 하였다. 趙冲은 契丹 俘虜를 나누어 各道의 州縣
> 에 나누어 보냈고, 閑曠之地를 골려 모여 살게 하고 土田를 헤아
> 려 주고 농사짓는 것을 업으로 하는 백성으로 삼았다. 세상에서
> 契丹場이라고 하는 것이 이것이다. 59)

---

57) 고려 왕조는 투화인들을 전국 각지에 나누어 살도록 하였는데, 1073년(문종 27)에
는 조금 특이한 양상이 나타난다. 즉 동여진 蕃長들이 고려에 來附하여 자신들의
거주 지역을 고려 國籍의 郡縣으로 삼아줄 것을 청하였고, 이에 대해 고려는 여진
번장들에게 韓食 姓名을 주고, 편입된 지역의 고을의 명칭을 정하였으며, 朱記를
하사하였던 것이다. 歸順州 등으로 불린 이들 지역은 주로 고려의 국경에 인접한
곳이었으며, 고려 영역의 확대되고 인구가 증가하였을 것이다. 그러나 투화인들의
내지 이주는 이루어지지 않았는데, 이러한 변화의 원인 가운데 하나로 투화인이
이주할 만한 군현이 줄어든 현실적인 사정도 있었을 것이다(『高麗史』권9,「世家」,
문종 27년 2월 을미, 동 5月 丁未, 동 6월 乙未 등).

58) (趙)冲以契丹俘虜 分送州縣 擇閑曠地居之 量給田土 業農爲民 俗呼爲契丹場(『高麗史』
권103, 金就礪傳).

59) (高宗 6년 春正月) 冲設犒師之宴 哈眞以婦女童男七百口 及吾民爲賊虜掠者 二百口

F5. (거란적의 침입에) 우리 忠憲王―高宗―이 趙沖·金就礪 등을 보내 병사와 병량을 도우니 一擧에 적을 물리쳤다. 이에 양국이 同盟을 맺어 萬世에 子孫까지 이날[今日]을 잊지 않도록 하였다. 因하여 포로로 잡은 사람을 나누어 信表로 삼으니 지금도 고려[小邦]에 있는 거란장이 이것입니다.60)

F6. 이에 哈眞 등이 趙沖·金就礪와 더불어 해를 보며[旨日] 同盟을 하고, 萬世에 子孫까지 이날[今日]을 잊지 않도록 하였다. 포로로 잡은 사람을 나누어 信表로 삼으니 우리의 군현 사이에 살게 하였다. 지금 곳곳에 있는 거란장의 옛땅[舊地]이 이것이다.61)

F3은『고려사』金就礪傳의 내용이다. 이 일은 1219년에 고려와 몽골군이 강동성의 거란군을 공격하여 함락한 뒤에 일어난 것이다. 거란 포로들을 주현으로 보내 한광지를 주어 농사짓게 하였으며, 그들이 사는 곳을 '契丹場'이라고 불렀다는 것이다. F4의『高麗史節要』기사도 내용상 F3과 거의 같지만, '俾之聚居'라는 표현이 더 들어가 있다. 이것은 거란 포로들을 여러 곳으로 나누지 않고 함께 모여 살게[聚居]했다는 의미이다.

F5는 1344년(충혜왕 후5)에 이제현이 征東省에 올린 글이다. 고려와 몽골이 거란적을 격파하고 포로를 나누어 신표로 삼았고, 고려는 그 포로들을 각 주현의 한광지에 살게 하였는데, 그곳을 거란장이었다고 하였다. 그런데 이제현은 '지금도 고려[小邦]에 있는 거란장이 이것입니다'[今小邦有

歸于我 以女子年十五左右者 遣沖及就礪 各九人 駿馬各九匹 其餘悉令自隨 沖以契丹俘虜 分送各道州縣 擇閑曠之地 俾之聚居 量給土田 業農爲民 俗呼契丹場者 是已(『高麗史節要』권15).

60) 我忠憲王遣趙沖·金就礪等 助兵與粮 一擧破賊 於是 兩國同盟 萬世子孫 無忘今日 因分所虜生口 爲信 今小邦有契丹場 是也(『東文選』권26,「上征東省書」).

61) (고종 5년 12월) … (명년) 於是 哈眞等與趙沖就礪 指日同盟 萬世子孫 無忘今日 分其俘虜 爲信 我處之郡縣之間 今處處有契丹場舊地 是也(『益齋集』권9「益齋亂藁」, '有元…忠憲王世家').

契丹場是也]라고 적었다. 거란 포로들의 정착지인 거란장이 1219년에 강동성 전투가 끝난 지 124년이 지나고 나서도 고려에 존속하고 있음을 알려준다. F6은 『益齋集』에 실린 「忠憲王 世家」에 대한 기록인데, F5의 내용과 상당히 유사하다. 주목되는 것은 '지금도 곳곳에 있는 거란장의 옛땅이 이것이다[今處處有契丹場舊地是也]'라는 마지막 부분이다. '舊地'라는 표현은 지금은 없어졌거나 기능을 상실했다는 의미를 담고 있다.

F1~6의 내용을 종합해 보자. 고려전기부터 투화인들은 국가에서 지정한 군현 지역으로 이주하여 소정의 토지를 개간하며 정착하였다. 999년에 투화한 일본인들을 이천군에, 1128년에 투화한 해적들이 각각 삼기현과 의령현에 집단 거주한 것도 그와 관련된 것이다. 이러한 정책은 고려후기에도 지속되었다. 1218년 몽골군에 쫓겨 고려의 강동성에 雄據하던 거란 遺種의 군사를 고려와 몽골군이 연합하여 공격하였고, 그 다음해 정월에 성을 함락한 후 고려와 몽골은 양국 간 신의의 징표로 포로를 나누어가졌으며, 고려는 그들을 전국 각지에 나누어 농사를 지으며 살도록 하였다. 고려는 그들이 토지를 개간하여 농업에 종사하는 데 도움이 되도록 함께 모여 살게 했지만, 개간할 만한 넓은 토지가 적고 너무 많은 거란인이 모여 사는 것이 초래할 사회적 불안 등을 우려하여 여러 집단으로 나누었다. 고려는 그들을 여러 군현에 나누어 모여서 살게 했고, 그곳의 이름을 거란장이라고 했으며, 14세기 중엽까지도 존속하고 있었다는 것이다.

그런데 장의 사전적 의미로 '空地', '경작하지 않는 山地', 밭, 넓은 터[廣場], 平坦地, 넓은 밭[圃], 區劃 등이 있다.[62] 투화인들이 받은 땅은 주인 없는 공지, 경작하지 않는 곳, 넓은 땅이었으며, 농업 여건상 논을 만들기 어려웠으니 대부분 밭이었을 것이다. 투화인과 '장'이라는 한자가 결합해 만들어진 투화장은 투화인이 개간해서 살고 있던 토지의 사정을 정확히 표

---

62) 諸橋轍次, 『漢和大辭典』 권3, 大修館書店, 1984, 220·221쪽, "場".

현하는 것이었다.

물론 이러한 곳에는 F2의 사례와 같이 고유한 명칭을 부여받았을 것이다. 게다가 투화장은 투화인의 국적이나 민족 등과 결합하여 사용될 때 더욱 잘 어울렸다. 거란 포로들이 정착해 사는 곳을 '거란장'이라고 하였으며, 이제현이 살던 14세기 중엽까지 전국 곳곳에 있었다고 하였는데, '거란장'은 '거란인 투화장'의 줄인 표현이었을 것이다. 그렇다면 999년에 투화한 일본인들이 개간해 살았던 곳은 '日本場'으로 불렸을 것이며, 투화인의 절대 다수를 차지하던 발해유민·동서여진들이 전국으로 흩어져 살던 곳은 '渤海場'·'女眞場'·이라는 명칭으로 사용되었을 것이며, 전국적으로 여러 군현에 발해장과 여진장이 산재해 있었을 것이다. 그것들의 규모 또한 매우 컸으며,[63] 이제현이 '契丹場 舊地'라고 표현한 것으로 보아, 오랜 기간이 지나 투화인들이 고려에 완전히 동화된 후에는 그 명칭이 사라졌던 것 같다.

한편 투화인들이 고려에 와서 개간하고 성공적으로 정착한 곳[投化場]에서는 호구와 간전이 증가하고, 재정 수입도 많아졌을 것이다. 1106년(예종 1) 4월에 西海道 儒州·安岳·長淵 등 현의 인물이 유망하여 비로소 감무관을 보내 안무하였더니 드디어 점차 백성들이 돌아오고 산업이 날마다 성해졌다고 하며, 牛峯·兔山 등 24개의 군현에 감무를 두도록 하였고,[64] 1108년 7월 土山 등 41현에 감무를 설치하였다[65] 1106년부터 1108년 사이에 무려 68개 군현에 감무가 증치되었는데, 표면적인 이유는 유망민을 안집한다는 것이지만, 11세기 여진 투화인의 이주 정착으로 인한 농업 조건

---

63) 투화장은 농장과도 비교된다. 전자는 투화인들이 개별적으로 토지를 소유하고 직접 경작하였지만, 후자는 권세가와 같은 개인이 소유하고 전호들이 경작하여 지대를 바쳤다는 점이 다르다.

64) 『高麗史』 권12, 「世家」, 睿宗 원년 하4월 庚寅.

65) 辛酉 置土山等四十一縣 監務(『高麗史』 권12, 「世家」, 睿宗 3년 추7월).

의 변화와 호구 증가에 따른 군현의 주현화 요건—관아의 유지와 수령의
支供을 위한 비용을 댈 수 있을 정도의 호구와 간전의 증가—을 갖추었기
때문이었을 것이다.

고려는 대몽항쟁 과정에서 많은 인구의 손실이 있었으나, 몽골과의 강
화 이후 오랫동안 평화가 지속되면서 인구가 급격히 늘었다. 이러한 상황
에서 농법이 발달하여 집약적 농업을 하게 되자 토지생산성이 높아지고 그
로 인해 가치가 올라가면서 토지의 탈점이나 농장과 같은 兼併—土地의 集
積과 集中—이 일어나는 것으로 이해된다.[66]

하지만, 그 보다 더 오래된 인구 증가의 원인은 고려초부터 오랫동안
지속되었던 외국인의 투화였다. 이들이 각지에 흩어져 진전을 개간해 살면
서 호구당 토지면적 비율이 낮아지게 되었다. 그로 인해 전체적으로 단위
면적에 사는 인구가 조밀해졌고, 투화인들이 수십 개의 군현에 분산해서
살면서 해당 군현의 인구가 늘어났으며, 고려에 산재하던 진황지가 줄어들
었다. 이와 같은 농업의 여건 변화로 인해 노동력을 최대한 활용하는 조방
적 농업이 아니라 거름주기와 김매기 등으로 토지생산성을 높이는 농업 방
식으로의 전환이 이루어질 수 있었다. 이상의 복잡한 가정을 인정하지 않
는다 해도 투화인들이 전국 각지에 흩어져 진전과 황무지를 농토로 바꾸어
나갔을 것이므로 개간 가능한 토지는 줄어들고 토지의 수요가 높아지면서
그 가치가 높아질 수 밖에 없었다는 점은 부정하기 어렵다.[67]

---

66) · 姜晋哲, 주 55) 논문, 264~268쪽.
   · 이인철, 「한국 고·중세 농업에서 토지생산성과 노동생산성」『한국 고·중세 사
     회경제사 연구』, 백산자료원, 2009, 292·293쪽.
67) 고려말에 6도의 황원전이 전체의 1/4이나 차지했던 사실을 들며 농지 개간에서 투
    화인이 별다른 역할을 하지 못했다고 주장할 수 있다. 그러나 발해 유민을 비롯해
    동서여진과 거란 등의 투화인이 없었다면 농법의 발달은 훨씬 늦어졌을 것이고,
    고려말의 황원전 비율도 훨씬 높았을 것이라는 점은 부정하기 어려울 것이다.

실제로 광종과 예종의 진전 개간 규정에서 개간의 주체의 하나로서 투화인을 포함할 때 당시 상황에 어울리는 풀이가 이루어졌으며, 그 구체적인 과정은 고종대에 항복한 거란 포로가 이주하여 개간해 살았던 '거란장'에서 확인되었다. 이러한 점에서 고려시대 외국인의 투화와 이주를 농법—농업기술—의 변화와 연계시켜 재조명해야만 한다.

4. 맺음말

고려전기에 농지는 척박한 곳이 많았고, 상대적으로 인구는 적었다. 당시 농민은 連作常耕하는 비옥한 땅을 제외하고 나머지는 1년 내지 2년 경작을 하지 않아서 자연에 의해 지력이 회복되기를 기다리는 휴한농법을 시행하였다. 이 시기의 양전 방식은 方 33步, 합계 1089 평방보를 1결로 삼고, 토지의 비옥도에 따른 수확량을 반영하여 상중하로 나누어 조세를 다르게 거두었다. 이러한 面積標準의 量田制는 고려후기에 수확량을 기준으로 토지의 면적을 달리하는 隨等異尺制로 바뀌었다. 따라서 고려후기에는 토지의 비옥도에 따라 1결의 면적이 3가지로 나뉘게 되었던 것이다. 이와 같은 양전방식 변화의 배경에는 농법의 발달이 있었다는데 연구자들이 의견을 같이하고 있다. 주요한 변화는 적은 노동력으로 넓은 토지를 경작하는 노동생산성을 중시하는 농법에서 경작하는 좁은 토지에 많은 노동력을 들여서, 매년 경작하면서도 수확량을 높이는 것이었다. 농법의 변화는 限界地 개간을 통한 농업 기술 발전 등의 내적인 요인과 더불어 중국 농서 및 농법의 전파와 같은 외래적인 원인에 의해 이루어졌다.

토지생산성을 중시하는 집약적 농업은 인구의 증가에 따른 토지 부족 현상을 해결하기 위해 노동력이 더 많이 필요한 깊이갈이, 거름주기, 김매기 등을 시행하는 것인데, 대몽항쟁 시기에 장기간의 항전을 위해 山城과 海島에 入保하여 발생한 일시적인 인구밀도의 증가가 농법 발달의 주요한 원인으로 제시되었다. 그러나 고려초부터 예종대까지 약 200여년간 대규모 투화가 지속되었다는 점을 선행연구가 간과하고 있었으므로 투화인이 농법의 발달에 어떤 영향을 끼쳤을 지에 대해 고찰하였다.

고려에 투화한 외국인들의 규모는 10인 이하가 많았지만, 몇만 명에 이를 만큼 대규모였다. 투화인의 정착 인원을 추정할 수 있는 실제 사례로는 999년 10월에 일본인 20여호가 투화하자 이천군에 정착하도록 하였으며, 1128년 10월에 귀부한 해적 820명을 陝州의 三歧縣과 晉州 宜寧縣 등 세 곳의 장에 살도록 한 것이 있었다. 투화인들은 전국 각지 군현의 경작 가능한 토지를 받고 이주하여 토지를 개간하고 농업을 하며 살게 되었다. 그러므로 광종대와 예종대 정해진 진전 판문은 투화인들의 정착과 깊은 관련이 있는 것이었다. 오히려 이 규정은 당시 농업의 여건상 토지가 없는 고려의 농민들을 위한 것이 아니라 거주지를 배정받은 이후에 개간을 시작해야 하는 투화인들을 위한 것이었다고 생각된다. 실제로 투화인에게 조선시대 3년 간 조세를 면제해주는 규정은 고려 광종대 공전을 개간한 자에게 주는 혜택과 같았다.

고려는 각 군현의 형편에 따라 투화인들이 모여 살도록 하였는데, 이를 투화장이라고 하였다. 그 사례로는 거란 유종의 침입 때 고려와 몽골의 연합군이 강동성을 함락하고 사로 잡은 포로를 양국이 신의의 표시로 나누어 가진 뒤에 고려의 전국 곳곳에 거란장을 만들어 살게한 바 있었다. '거란장'은 '거란인 투화장'의 의미로 거란 포로들을 일정한 규모로 갈라서 정착하도록 한 거란인 농장으로 13세기 중엽까지 유지되고 있었다. 그리고 이것을 통해 발해인과 여진인 등도 투화한 이후에 전국 곳곳에 흩어져 살면서 '발해장' 또는 '여진장'을 형성하였음을 유추할 수 있다.

투화한 이후에 전국 각지에 이주하여 개간하고 정착한 규모는 정확하게 알기 어렵지만, 한 곳에 20여호를, 세 곳에 820명을 나누어 살도록 한 경우가 있었다. 고려 군현의 크기가 100정 이하인 곳도 적지 않은 점을 감안한다면 수십 인의 투화인이 배정되어 이주하더라도 그들이 사는 고을의 인구 구성과 토지 경영에 큰 영향을 끼쳤을 것이다. 또한 농업 경영상의 효율성을 위해 투화인들을 집단적으로 이주시켰으므로 노동력이 풍부하여 집약적 농업을 시행할 수 있었다. 이러한 농업상의 변화를 실증하기 어렵다는 이유로 인정하지 않는다고 해도, 투화인들이 정착하면서 인구는 늘고 황원전과 같은 개간할 수 있는 토지는 줄어들었기 때문에 토지의 가치가 훨씬 높아졌음은 분명하다. 예종대 40여 곳의 속군현에 감무가 파견되기 시작하고, 권력자의 토지 탈점의 기록이 등장하는 것은 결코 우연이 아니다. 투화인들은 고려의 농업생산 조건을 바꾸고, 농법을 발달시키는데 적지 않은 역할을 하였고, 나아가 고려 사회와 제도 변화의 숨은 원인을 제공하였던 것이다.

제5편

高麗末 對明外交와 貿易

對明外交의 展開와 貿易

1. 머리말

유례없는 대제국을 건설했던 元도 14세기 중엽부터 동요의 조짐이 나타났다. 황제의 자리를 둘러싼 분쟁과 귀족간의 알력이 심하였던 데다가 順帝의 실정으로 재정이 궁핍되었고 백성들의 생활이 도탄에 빠진 틈을 타 전국적인 봉기가 일어났던 것이다. 이때 가장 강대한 세력 가운데 하나였던 濠州 郭子興의 휘하였던 朱元璋은 1355년(공민왕 4) 곽자흥의 사망을 계기로 吳國公으로 독립하였다. 이어 1364년 남경에서 吳王으로 즉위하였고, 1367년에 張士誠과 方國珍 등 경쟁 세력을 평정한 뒤 1368년 명나라 황제가 되었으며, 이어 북쪽으로 원나라 정벌을 개시하여 수도를 함락하고 중국을 장악하였다.[1]

명이 건국되자 고려는 원의 정치적 간섭을 벗어나기 위하여 명과의 외교에 힘을 기울였는데, 명에서는 고려의 의도와 달리 예전에 종속관계에 기초했던 고려와 원의 외교적 형식을 그대로 유지하고자 하였다. 그러므로 원이 그러했던 것처럼, 자신들에게 필요한 물품과 수를 제시하였고, 겉으로는 조공은 성의가 중요하다고 하면서도 정작 공물의 수와 품질을 엄격히 따졌다.

고려는 원과 같이 군사적 침략을 받지 않았기 때문에 명과의 외교 관계

---

[1] 朴龍雲, 『高麗時代史(下)』, 一志社, 609~612쪽, 1987.

는 고려전기의 송·거란(요)·금의 시기와 같이 자율적으로 운영할 수 있으며, 외교를 통해 경제적 이익을 상정했기 때문에 명의 이러한 태도에 당황할 수 밖에 없었다. 결국 조공 문제를 둘러싼 고려와 명의 외교는 원대 이전의 방식으로 복원하려는 고려와 원이 설정한 관계를 유지하려는 명의 타협을 통한 새로운 조공 관계를 모색하기 위한 과정이기도 하다.

이러한 점을 염두에 두고 본고에서는 고려와 명이 국교를 연 이후 양국 간 외교 관계의 추이를 검토할 것이다. 명의 사행횟수 제한, 사신의 해로 통행 금지, 공물 총량의 지속적인 증대에 대하여 고려는 그것을 수용할 수 밖에 없었다. 그 배경에는 명의 책봉을 받아 정통성을 확보하고, 명의 문물을 받아들여 국왕의 권위를 높이고자 했던 고려의 국왕과 외교 사행 과정에서 이루어지는 무역을 통해 이득을 얻어야했던 신료들의 입장에서 명과의 관계가 원만해야만 했던 사정 등이 있었다. 따라서 이 시기 조공 문제를 둘러싼 양국 간의 갈등과 화해 과정을 올바르게 이해하기 위해서 정치적인 것과 함께 문화 교류와 무역의 측면을 중심으로 고찰하고자 한다.

2. 高麗末 對明外交의 展開와 朝貢問題

원이 쇠퇴하고 명이 중원을 장악하자 고려의 외교도 대명관계가 중심이 될 수 밖에 없었다.[2] 1368년 정월 17일에 吳王 朱元璋은 원의 수도인 大都

---

2) 고려말 대명외교는 다음의 논문을 참고하였다.
  · 池內宏,「高麗末に於ける明及び北元との關係」『史學雜誌』 29-1~4, 1917;『滿鮮史研究(中世編)』, 吉川弘文館, 1963.
  · 末松保和,「麗末鮮初の對明關係」『史學論叢』 2, 1941;『青丘史草』 1, 笠井出版社, 1965.
  · 金庠基,『新編 高麗時代史』, 1961; 서울대출판부, 1985(재간행).
  · 金成俊,「高麗와 元·明의 關係」『한국사』 8, 국사편찬위원회, 1974(a).

함락을 앞두게 되자 群臣의 추대를 받아 황제에 오르고 국호를 '大明', 연
호를 洪武로 공포하였다. 이에 고려는 1368년 11월에 張子溫을 오왕에게
파견하였으며,[3] 명은 그 답례로 1369년 4월에 符寶郎 偰斯를 보내 고려국
왕에게 璽書 및 紗羅 등 총 40필을 하사하였다.[4] 한달 뒤에 고려는 예부상
서 洪尙載를 명에 보내 황제 登極의 하례와 謝恩을 겸하게 하였고,[5] 명은
1370년 5월에 설사를 보내 공민왕을 고려국왕으로 봉하고 大統曆과 錦繡
絨段 10필을 수여하였으며, 대비와 왕비에게 金段·色段·線羅·紗 등을 각
4필씩 주었다.[6] 이처럼 양국 사이의 외교가 급속하게 정상화된 것은 명의
입장에서 아직은 위협적인 존재였던 北元을 제압하기 위해서 고려의 협조
가 필요했으며, 고려에서는 원의 압력에서 벗어나고자 서둘러 명과 국교를
맺었던 것이다.[7]

그런데 1371년 명이 요동지역으로 진출하면서 고려에 대해 강압적인
자세로 돌변하기 시작하였다. 1373년 7월에 찬성사 姜仁裕 일행이 명에서
돌아올 때 가져온 명 황제의 유시에서는 고려가 상인을 가장한 정찰의 혐

· 高錫元, 「麗末鮮初 對明外交」 『白山學報』 23, 1977.
· 朴龍雲, 앞의 책, 609~618쪽, 1987.
· 金成俊, 「고려말의 정국과 원·명 관계」 『한국사』 20, 국사편찬위원회, 1994(b).
· 김순자, 「고려말 대중국관계의 변화와 신흥유신의 사대론」 『역사와 현실』 15, 1995.
· 金燉, 「高麗末 對外關係의 변화와 政治勢力의 대응」 『韓國 古代·中世의 支配體制와 農民』(金容燮敎授停年紀念 韓國史學論叢 2), 知識産業社, 1997.
3) 이때의 오왕이 주원장이었다는 사실이 최근의 연구 결과에 의해 확인되었다(박원호, 「고려와 朱元璋의 첫 交涉에 관한 小考」 『北方史論叢』 3, 고구려연구재단, 2005).
4) 『高麗史』 권41, 「世家」, 공민왕 18년 하4월 임진.
5) 『高麗史』 권41, 「世家」, 공민왕 18년 5월 갑진.
6) 『高麗史』 권42, 「世家」, 공민왕 19년 5월 갑인.
7) · 金成俊, 주 2)a 논문, 184쪽.
   · 金成俊, 주 2)b 논문, 356쪽.

의가 있다는 것, 고려의 사신이 요동의 吳王과 교빙하였다는 것, 제주의 말
을 요구대로 바치지 않은 것, 納哈出과 더불어 牛家莊 등을 침범한 것 등을
들면서 고려가 북원과 통하고 있다는 의구심을 나타냈다.[8] 이어 1374년 6
월에 명에서 돌아온 사신 鄭庇의 편에 전해진 황제의 조서와 중서성의 자
문에 의하면 고려에서 명나라에 조공하는 것은 3년에 1차례로 하며 해로를
이용하도록 하였다. 또한 공물도 양의 많음보다는 고려의 지극한 정성에
있다고 하며 布만 받아들이고, 그 나머지 금은·器皿·彩席·苧麻布·豹皮·水
獺皮·白苧布 등은 되돌려 보냈다. 아울러 고려가 왜를 격퇴하는데 필요한
배를 제조할 기계와 화약·유황·염초 등을 요청한 것에 대해서도 거절하였
다.[9]

이것은 사행로를 안전한 요동을 경유하는 길로 하고 사신의 횟수도 正
朝使·聖節使·千秋使 등 1년에 여러 차례 보내는 소위 '1년 數聘'을 하게
해달라는 고려의 요청을 완전히 무시한 셈이었다. 명이 고려에 대하여 계
속하여 강경한 태도를 취한 것은 북원의 잔존 세력이 고려와 결탁하여 요
동 지역을 경영하려는 것을 사전에 차단하고, 고려의 불성실과 반항적 태
도를 강경하게 비난하면서 궁지에 몰아넣으므로써 고려에 대한 효과적인
지배를 강구하려는 의도가 있었다.[10]

이러한 상황에서 고려의 정치적 환경도 변하여, 그해 11월에 우왕을 옹
립한 뒤 정권을 잡은 李仁任은 원·명 양국과 동시에 외교를 맺는 兩端外交
로 전환하였다. 그 원인으로는 친명 정책을 이끌던 핵심인 공민왕이 시해
되었고, 명의 강경책이 고려 신료의 반감을 불러 일으켜 親元派의 입지를
넓혀주었으며, 歲貢馬를 요구하러 왔던 명나라 사신 蔡斌이 친원파인 찬성

8) 『高麗史』 권44, 「世家」, 공민왕 22년 추7월 임자.
9) 『高麗史』 권44, 「世家」, 공민왕 23년 6월 임자.
10) 金成俊, 주 2)b 논문, 367·368쪽.

사 安師琦의 사주를 받은 호송관 金義에 의해 살해되는 사건이 발생하여
고려의 입장이 난처해진 것 등을 들 수 있다.[11]

반면에 정몽주·朴尙衷·정도전 등의 신진사류들은 공민왕대에 이미 '先
王之政'으로 이루어진 명과의 외교관계 지속을 주장하고 대원외교의 재개
를 반대하였다. 이들은 '천하의 의로운 주인'이며 '천하의 병사'를 거느린
명이야말로 명분과 실질의 모든 면에서 외교관계를 지속해야 할 정당성과
군사력을 겸비하였다고 인식하였기 때문이다.[12]

결국 이인임 세력으로서도 당시의 국제 정세를 고려하건대 고려가 점차
중국을 장악해가는 명과의 외교를 완전히 포기하기는 어려웠으므로 사신
을 명에 보내 공민왕의 시호를 청하였다. 그리고 공민왕의 시해와 蔡斌의
살해 경위 등을 설명하였으나 명의 오해는 쉽게 풀리지 않고 고려의 사신
崔源 등을 감금하기까지 하였다. 그러나 1378년 6월에 명이 구금되었던 최
원 등을 석방하면서 양국 간의 경색이 풀릴 조짐이 보이기 시작하였고, 9
월부터 고려에서도 홍무 연호를 다시 사용하여[13] 화해의 분위기가 이루어
졌다.

그럼에도 명의 조공 요구는 점차 심해져갔다. 1379년 3월에 명 사신이
와서 공민왕이 약속했던 공마 1천 마리를 보내되 사신의 절반을 執政陪臣
—재상—으로 구성하여 來朝하고 명년부터 금 100근, 은 1만 냥, 좋은 말
100필, 細布 1만 필을 바치는 것으로 상례를 삼겠으며, 고려에서 붙잡아
간 요동의 백성은 모두 돌려 보내라고 요구하였다.[14] 이어 명은 그 이전에

11) · 池內宏,「高麗末に於ける明及び北元との關係」『史學雜誌』29-1~4, 1917; 앞의
책, 276~279쪽.
· 朴龍雲, 앞의 책, 614·615쪽.
12) 金燉, 앞의 논문, 345쪽.
13) 김성준, 주 2)b 논문, 375쪽.
14) 『高麗史』권134, 우왕 5년 3월.

요구했던 말 1,000필 가운데 이미 약간을 바쳤지만 이제 다시 합쳐 1,000필을 만들고 내년에는 금 100근, 은 5,000냥, 포 5,000필, 말 100마리 등으로 상공의 예를 삼으면 그동안에 명 사신을 죽인 죄를 사면하겠다는 소식을 1380년 8월에 전해왔다.[15]

　당시 왜구의 침략을 받고, 홍건적의 난을 겪으면서 전국이 황폐해져 있었던 고려로서는 명의 조공 요구를 들어주기 어려운 상황이었다. 하지만, 명의 책봉을 받는 것이 왕권의 안정을 가져올 뿐만 아니라 변경을 안정시키는 것으로 판단하여 세공을 정성껏 준비하였다. 또한 1380년 12월에 문하찬성사 權仲和 등을 명에 보내 금 300냥, 은 1,000냥, 말 450필 등을 바치고 공민왕의 시호와 왕위계승을 청하였으며,[16] 다시 1382년 4월에 문하찬성사 金庾 등이 세공인 금 100근, 은 10,000냥, 포 10,000필, 말 1,000필 등을 바쳤다.[17]

　고려가 어려운 처지에서도 많은 공물을 준비하였으나, 명은 만족하지 않고 더욱 강압적인 태도를 보였다. 1383년 11월에 명은 고려에서 파견한 進賀使 金庾와 李子庸이 도착 날짜를 어겼다는 이유로 구금하였고, 지난 5년간에 바치지 못한 歲貢馬 5,000필과 금 500근, 은 50,000냥, 포 50,000필 등을 한꺼번에 가져와야 비로소 성의를 다했다고 인정하여 명의 군사가 고려를 토벌하는 일이 없을 것이라며 위협하였다.[18]

　이에 고려는 1383년 12월에 兩府大臣을 비롯한 백관들로 하여금 세공을 의론하게 하였는데, 모두 한결같이 명의 요구에 따라야 한다고 대답하였으므로 세공을 준비하기 위해 進獻盤纏色을 설치하였다.[19] 고려는 그곳

15) 『高麗史』 권134, 우왕 6년 8월.
16) 『高麗史』 권134, 우왕 6년 12월.
17) 『高麗史』 권134, 우왕 8년 4월.
18) 『高麗史』 권135, 우왕 9년 11월 무신.
19) 『高麗史』 권135, 우왕 9년 12월 갑술.

에서 마련한 말을 1384년(우왕 10) 6월에 前 判宗簿寺事 張方平을 명에 보
내어 세공마 2,000필을 바쳤는데,20) 그해 7월에 명은 고려가 보낸 공마의
양이 충족되었다며 사신의 입조를 허락하였다. 더불어 명은 고려가 바치는
금은의 수가 부족하다는 호소에 대하여 은 300냥에 말 1필을 준하고, 금
50냥에 말 1필을 준하여 대신 낼 수 있도록 허락해주었다.21)

고려는 심한 재정난 속에서도 명이 새로이 정한 기준에 따라 세공을 마
련하였고, 1384년 윤10월에 본래 바쳐야할 5년 세공의 금 500근 가운데 96
근 14냥을 보냈으며, 부족한 403근 2냥은 말 129필로 대신하였으며, 은 5만
냥 가운데 만 9천 냥을 보내고 부족한 31,000냥은 말 104필로 대신하였다.
그밖에 포 50,000필 가운데 白苧布 4,300필, 黑麻布 24,100필, 白麻官布
21,300필 등과 말 5천 필 가운데 이미 보낸 4천 필에 더해 다시 천 필을
더 바쳤다.22) 고려는 불과 3개월 만에 명이 제시한 금 100근, 은 10,000냥,
포 10,000필, 말 1,000필 등을 환산 기준에 맞추어 정확하게 계산하여 세공
을 보냈다.

그 결과 세공의 요구를 다 들어준 고려의 성의를 인정하여 명은 우왕을
책봉하고 공민왕의 시호를 내리는 사신을 보냈으며, 우왕은 매우 기뻐하며
그 소식을 전한 郭海龍에게 銀帶 1要와 廐馬 1필을 하사하였다.23) 그리고
1385년 10월에 그 일을 마친 명의 사신이 돌아갈 때 우왕은 西普通院까지
직접 전송하면서 자신이 즉위한 지 10년 만에 왕위 계승을 허락하고 공민
왕에게 시호를 하사한 것에 감격하며 눈물을 흘렸고 그들에게 의복과 안마
와 백금, 苧麻布 등을 노자로 주었다.24) 그 당시 정국이 이인임·임견미 등

20) 『高麗史』 권135, 우왕 10년 6월.
21) 『高麗史』 권135, 우왕 10년 7월 을축.
22) 『高麗史』 권135, 우왕 10년 윤10월.
23) 『高麗史』 권135, 우왕 11년 9월.
24) 『高麗史』 권135, 우왕 11년 10월.

이 권신이 장악하여 상대적으로 왕권이 미약해진 가운데 우왕에 대한 명의 정식 책봉은 왕권의 강화에 크게 기여했다고 생각된다. 때문에 우왕의 감격하는 태도가 여러 가지로 나타나게 되었던 것이다.

그 이후 1386년 2월에 명나라에 보내 왕의 便服 및 群臣의 朝服과 便服을 청하였다. 또한 세공의 감소를 청하는 표를 통해 그동안 명의 요구에 따라 정성껏 세공을 바쳤으나 금은은 고려의 토산물이 아니고, 말과 베도 장차 채우기 어려울 것 같으므로 황제의 지극한 은혜로 세공의 양을 줄여줄 것을 요청하였다.25) 명에 복식을 요청한 것은 황제가 하사한 복식을 우왕이 착용함으로써 황제의 책봉을 받은 자신의 권위를 과시하고,26) 군신과 구별하려는 목적이 있었으며, 세공의 감액을 바란 것은 그 이전에 바친 세공으로 인해 고려의 재정이 매우 어려워졌기 때문이었다.

명은 세공을 줄여달라는 고려의 간청을 들어주어 세공을 없애 3년에 한 번 조회할 것이며 좋은 말 50필만을 바치도록 하였으나, 그것은 고려를 배려해서 결정한 것이 아니었다. 오히려 명은 고려의 요청을 불손하게 여겨 새로운 트집을 잡기 시작하였다. 명은 '고려 사람들이 예전 한·당 시절에는 중국으로 와서 매매를 빙자해서 정탐을 하였고 좋은 工匠들을 돈 주고 데려 갔으며, 근년 이래로 남몰래 무역을 하는데 앞으로는 잡아 가두고 용서치 않을 것이다. 그리고 명나라 사람들이 포필·비단·주단 등의 물건을 가지고 탐라 지방으로 가서 마필을 구매하려 할 때 고려에서 이를 금지하지 말고, 고려인들이 명에 올 때 분명한 시행 증명을 가지고 와서 무역한다면 육로·해로를 막론하고 마음대로 무역을 허락할 것이며, 요양·산동·金城·太倉 등에서 곧바로 陝西·四川에 가서 무역을 하더라도 금지하지 않겠

---

25) 『高麗史』 권136, 우왕 12년 2월.
26) 1386년 우왕이 명나라의 의관을 청한 것도 그와 같은 뜻일 것이다(『高麗史』 권 136, 우왕 12년 8월 병오).

다'고 하였다.27)

이 내용은 명이 세공을 요구하는 대신 직접 원하는 물건을 사겠으며, 상호주의 원칙에 따라 고려도 증빙을 갖추어 명에 와서 무역을 하라는 것이었다. 표면적으로 명이 고려의 요구를 받아들여 세공을 대폭 감액하고 직접 구매하겠다는 것이므로 큰 아량을 베푼 것 같지만 사실은 고려에 대해 커다란 불만을 표시했던 것이며, 고려 사람들의 무역을 제한하겠다는 것은 외교적인 보복이었음에 틀림없다.

그해 11월에 명은 말 5천 필을 교역할 것이니 고려에서 가부를 알려주고, 그 비용으로 1만 필의 주단과 4만 필의 면포를 준비했는데, 그 값은 재상의 말 1필에는 주단 2필과 면포 4필로 하고 官馬와 백성의 말 1필에는 주단 1필과 면포 2필로 하겠다고 알려왔다.28) 고려에 와서 말을 직접 구매해 가겠다는 명의 태도에 당황한 고려는 말의 수도 많지 않고 크기도 왜소하기 때문에 대가를 받을 수 없으나, 명이 원하는 수의 말을 준비하겠다는 의사를 전하였다.29) 그런데 이것은 명의 요구에 대한 사실상의 거절이었다.30)

이에 명은 고려가 만족할 만큼 세공에 성의를 보이지 않은 채, 나라가 미약하고 물산이 적어서 物을 감히 바칠 수도 없고 財도 감히 받을 수도 없으니 원컨대 말 5천 필만 바치겠다고 하는데, 처음 명령한대로 말 1필에 포 8필, 주단 2필로 하여 고려의 백성들과 교역하겠다고 하였다.31)

명이 대가를 치르고 말을 사겠다는 것이었으나 실상은 공마의 요구였으며,32) 고려는 형편상 말 5,000필을 준비한다는 것이 어려운 일이었지만,

27) 『高麗史』 권136, 우왕 12년 7월.
28) 『高麗史』 권136, 우왕 12년 11월 정묘.
29) 『高麗史』 권136, 우왕 12년 12월 정유.
30) 姜尙雲, 「麗明(韓中) 國際關係 研究」 『中央大論文集』 4, 1959, 259·260쪽.
31) 『高麗史』 권136, 우왕 13년 2월.
32) 여말선초의 貢馬는 그밖에 일반적인 事大外交의 과정에서 중국에 바쳤던 貢物과

1387년에 5차례로 나누어 요동에 말을 보내는 성의를 보였다. 이 때 첫 번째 운반한 말이 요동에 도착하자 명은 말을 검사하여 노약·왜소한 말을 돌려보내고, 다섯 번째 말의 운반에서 1천 마리를 전부 거절하였기 때문에 고려가 고초를 겪었다. 이와 같은 우여곡절 끝에 고려에서 보낸 말은 세 등급으로 상등은 段子─옷감─2필·포 8필, 중등은 단자 1필·포 6필, 하등은 단자 1필·포 4필로 환산하여 명의 단자 2,670필과 포 30,186필과 교환되었다.[33]

이때 명은 양국 간의 국교 단절을 의미하는 고려의 조공을 거부하겠다는 뜻을 보이며 고려를 위협하였고,[34] 1387년 윤6월에 官服을 고치도록 허락해준 것을 사례하러 갔던 찬성사 張子溫을 고려가 보낸 말이 시원치 않다는 구실로 감금하였다.[35] 이어 1388년 2월에 명은 사신을 보내 '고려의 종마는 쓸만한 것이 없고, 고려에서 사온 말도 작고 약하여 값이 나가지 않는 것이며, 명나라의 醫官을 하사한 것을 사례해서 보낸 말도 좋지 않았다'며 시비를 삼았다. 아울러 '고려와 통상하는 것을 허락하였으나 고려인은 도리어 명에 알리고 무역하는 것을 즐겨하지 아니하며, 몰래 사람들로 하여금 大倉에 와서 明軍의 동태와 배를 만드는 것을 엿보는 등 불법한 일을 하였으므로 사신의 입조를 금지하고, 鐵嶺 이북은 본래 원의 영토였으므로 요동에 속하게 한다'고 하였다.[36]

달리 값이 치러졌다는 점에서 무역으로서의 특징을 보여주며, 그 규모는 전근대 어느 시기보다 컸다고 한다(김순자, 「麗末鮮初 對明 馬貿易」 『韓國史의 構造와 展開-河炫綱教授定年紀念論叢-』, 2000, 530쪽.

33) 金成俊, 주 2)b 논문, 378·379쪽.
   여말선초 말무역에서 말 값을 결정하는 것은 중국이었는데, 실제 지불된 것을 검토하면 명나라에서 처음에 제시한 가격과는 달리 중등급 이하의 가격으로 지불하였다고 한다(김순자, 앞의 논문, 531·532쪽).
34) 김순자, 앞의 논문, 545쪽.
35) 『高麗史』 권136, 우왕 13년 윤6월.

명의 의도는 고려 말의 품질이 떨어지며, 고려의 사신이 군사적 정탐을 일삼는다며 사신의 입국을 금지하고, 본래 고려의 영토였다가 일시적으로 원에 귀속되었던 철령 이북의 땅까지 차지하겠다는 것이었다. 그동안 고려와 명의 외교 현안은 세공이 주요한 문제였으나 사신의 입국 금지로 비화되고 더 나아가 철령위 설치로 영토 분쟁이 포함되어 복잡한 양상으로 발전되었다.

그런데 요동의 폐쇄는 나하추의 정벌을 위한 사전 조치였고,[37] 말의 품질과 관련하여 사신들이 운송 도중에 다른 저급한 말과 바꾸어치는 협잡이 있었으나[38] 요동의 폐쇄와 함께 고려의 영토를 내놓으라고 하는 터무니없는 요구가 나오게 된 배경은 우왕 및 집권세력의 저자세 외교에서 비롯되었다. 그에 더하여 고려 집권층의 부패를 이용하여 공세를 강화해온 명의 외교정책도 또다른 이유였다.[39]

어쨌든 명의 철령 이북의 반환 요구는 그들에 대한 고려인들의 감정을 악화시켰다. 이런 분위기를 이용하여 최영 등이 요동 정벌을 추진하고 실행에 옮겼지만 이성계의 위화도 회군으로 무산되었다. 정권을 잡은 친명적인 성격의 이성계 일파는 박의중을 명에 보내 철령위 설치의 중지를 청하면서 그간의 사정을 설명하였고, 명은 철령위에 대한 철회 의사를 밝혔다.[40]

---

36) 『高麗史』 권137, 우왕 14년 2월 경신.

37) 末松保和, 「麗末鮮初の對明關係」 『史學論叢』 2, 1941, 367쪽;『青丘史草』 1, 笠井出版社, 1965.

38) 우왕대 사신으로 갔던 자가 돌아오면 권세가가 뇌물의 많고 적음을 보아 그 관의 높고 낮음을 정하고 혹 바라는 바와 같지 아니하면 반드시 이를 中傷하였기 때문에 奉使하는 자가 그 화를 면하기를 도모하여 뇌물을 주지 않을 수 없었다고 한다 (『高麗史』 권136, 우왕 12년 6월). 그것은 사신으로 갔다오는 것 자체가 많은 이익을 남겨준다는 뜻이며, 명나라의 조서에서 사신으로 오는 자들이 좋은 말을 팔아 왜소하고 열악한 것을 바꾼다는 지적이 있었다.

39) 金成俊, 주 2)b 논문, 380·381쪽.

뒤에 우왕·창왕의 폐립과 공양왕의 즉위, 尹彛·李初의 무고 등 대명외
교의 주요 사안은 고려 국내의 정치적인 사정과 관련된 것이었다.[41] 그런
데, 명나라의 태도는 점차 유연해져 갔으며, 마침내 1391년에는 명나라에
서 말 1만 필과 閹人─宦者─를 요구하자[42] 고려에서는 말 1,500필을 보
내면서 최선을 다한 결과임을 설명하였다.[43] 이로써 철령위 설치와 위화도
회군 이전의 관계로 회복된 듯하며, 공마는 계속되어 그해 8월에 다시 말
2,500필을 더 보냈고,[44] 1392년 5월에 말 2,000필을 바쳤다고[45] 한다.[46]

요컨대 공민왕대 말부터 시작된 고려와 명과의 외교적 갈등은 위화도
회군 이후 친명정권이 들어서면서 해소되었다. 그런 점에서 명의 고려에
대한 외교적 공세가 새로운 조공 책봉 관계를 설정하기 위한 정치적인 성
격이 있다고 이해된다. 그러나 진행 과정에서 명이 고려를 압박하는 방법
가운데 하나로써, 고려에 요구하는 공물의 양을 늘리려 했다든지, 요동의
국경 폐쇄와 무역의 금지 등의 조건이 있었다는 것은 다른 측면에서 검토
해야 할 필요성이 있음을 알려준다.

---

40)『高麗史』권137, 昌王 總序.
41) 金庠基, 주 2) 책, 668~671쪽.
42)『高麗史』권46,「世家」, 공양왕 3년 4월 임오.
43)『高麗史』권46,「世家」, 공양왕 3년 6월.
44)『高麗史』권46,「世家」, 공민왕 3년 8월 계유.
45)『高麗史』권46,「世家」, 공양왕 4년 5월 임인.
46) 공민왕 21년 3월부터 공양왕 4년 5월까지 총 35회에 걸쳐 25,605필이 보내졌다고
    한다. 특히 위화도 회군 이후 공양왕 3년 6월에서 4년 5월까지 1년 사이에 가장
    많은 8천 필을 보낸 것은, 새로운 집권 세력인 이성계 일파가 명나라의 승인을 받
    고자 했기 때문이라고 한다(남도영,「고려시대의 마정」『韓國馬政史』, 한국마사회
    마사박물관, 1996, 160~164쪽).

3. 高麗末 對明外交와 貿易

고려는 1370년부터 명의 끝없는 조공—특히 말—요구에 부딪쳤으며, 이의 극복과정은 대명외교의 변화와 흐름을 같이 한다. 따라서 이 사이에 일어났던 최영의 탐라정벌, 명 사신 살해 사건, 철령위 문제, 위화도 회군 등과 같은 사건이 일어난 원인이나 해결 수단이 모두 말이었다.[47] 당시 고려의 대명 관계는 貢馬 문제가 전부였다고 해도 과언이 아닐 만큼 중요한 현안이었고 그것을 다른 측면에서 보면 무역과 관련된 것이기도 하였다.

실제로 여러 차례 명의 억지 요구가 있었는데, 고려는 적절한 대응을 하지 못하고 시종일관 굴종하는 태도를 보였고, 그것이 더 많은 명의 요구를 초래했다는 점은 이미 지적한 바 있다. 명은 원과 같이 직접 군사적으로 공격하거나 정치적 간섭을 하지 않았지만, 사대 관계는 고려와 원 관계에 준하려고 하였다. 명은 고려의 조공이 성의를 보이면 된다고 했으나, 사실은 매우 까다롭게 따져서 고려가 그들을 만족시켜야 했다.

때로는 명이 표방한 바와 달리 고려가 보낸 말에 대한 대가를 치르지 않아도 전혀 이의를 제기하지 않았다는 것은 그것을 명에 대한 사대에 부수되는 당연한 것으로 인식하였기 때문이다. 명의 막대한 공마 요구는 마필의 부족으로 인한 전투력의 약화, 농업생산수단으로서의 말의 감소에 따른 생산 손실, 명으로 운반하는 과정에서의 백성들의 어려움 등 많은 문제를 수반하였다. 하지만, 고려는 국내 정치의 안정과 더불어 왕권의 정당성을 획득하고, 국경에서의 군사적 긴장을 완화시키기 위해 기꺼이 그것을 감수하였던 것이다.[48]

---

47) 남도영, 앞의 책, 158쪽.
48) 김순자, 앞의 논문, 546·547쪽.
   특히 1391년과 1392년에 걸쳐 8,000필의 막대한 수량의 말을 보낸 이성계 정권의 한편 외교와 무역을 연계시켜 명과 고려의 입장을 비교해보면 고려측이 더욱 절실했음을 알 수 있다. 명에서 요구한 공물은 금·은·포와 말 등으로 단순하였는데,[49] 그것은 그 이전에 중국 왕조에서 황제가 희귀한 조공품을 소지함으로써 넓은 영역을 지배하고 있다는 것을 과시하는 의식과 다소 차이가 있다.[50]

반면 고려는 명의 새로운 제도와 문물을 많이 수용하였다. 먼저 음악 분야는 1370년 5월에 악기를 가져왔고, 같은 해 명에 사신을 보내 樂工으로 여러 音에 정통하고 여러 기예를 겸비한 자를 보내서 그 기술을 傳習시켜 주기를 청하게 하여 허락을 받았으며, 1372년 3월에 사신으로 하여금 명에서 악기를 구매하도록 하였고, 곧이어 9월부터 잇달아 毬庭에서 太廟樂을 연습하였다.[51] 이처럼 고려가 적극적으로 나서 명의 아악을 수용하여 제도를 개정하려 했던 것은 새로운 음률로서 국왕의 권위를 높이고자 하는 뜻에서 비롯되었다고 생각된다.

다음으로 관복제도와 儀仗도 명나라식으로 고쳤다. 1370년(공민왕 19) 명이 고려의 국왕과 왕비의 官服, 陪臣의 冠服을 보내주자[52] 왕이 군신의 朝賀를 받을 때 착용하였다.[53] 1388년(우왕 14)에 비로소 원의 영향을 받은 胡服을 혁파하고 명의 관복 제도에 의거하도록 하였고,[54] 1390년(공양

태도에서 분명히 드러난다(남도영, 앞의 책, 162쪽).

49) 김순자, 「고려말 대중국관계의 변화와 신흥유신의 사대론」, 『역사와 현실』 15, 1995, 126~128쪽.

50) 케네스 포메란츠·스티븐 토픽 著, 『설탕, 커피, 그리고 폭력』(박광식 譯), 심산, 2003, 42쪽.

51) 『高麗史』 권70, 「樂志」 1, 雅樂 軒架樂獨奏節度 공민왕 19년 5월, 同 19년 7월, 同 20년 5월, 同 21년 3월, 同 21년 9월조.

52) 『高麗史』 권41, 「世家」, 공민왕 19년 5월 갑인.

53) 『高麗史』 권72, 「輿服志」, 관복 視朝之服 19년 5월.

54) 『高麗史』 권72, 「輿服志」, 冠服 冠服通制 우왕 13년 6월.

왕 2) 정월에는 명의 제도를 모방하여 조회의 의장을 제정하였다.55) 관복과 의장을 명의 제도에 따라 바꾸었던 것은 고려 지배층의 노력이 있었던 것 같다. 왜냐하면 공마 문제가 풀리지 않은 상황에서 1386년에 고려의 사신이 명에 가서 便服 및 群臣의 朝服·便服을 청하는 표를 올렸기 때문이다.

음악과 마찬가지로 관복과 의장의 제도를 개혁하는 것은 국왕의 권위를 높이고 지배체제를 공고히 하려는 목적이 있었는데, 이러한 일이 성사되기 위해서는 무엇보다도 명과의 우호적인 관계를 회복해야 할 처지에 있었다. 명에서 조공의 액수를 늘려가면서 무리한 요구를 하였지만, 고려가 수용했던 것은 어쩔 수 없었던 것 같다.

명은 그와 같은 고려의 사정을 잘 알고 까다로운 규정을 만들어 고려를 압박하였다. 이 시기에 고려의 명에 대한 조공은 1년치가 규정되었으며,56) 고려가 반드시 실천해야 할 의무와 같이 인식되었다. 하지만 그것을 쉽게 이행하기 어려웠는데, 그럴 경우 명나라는 외교·군사적으로 고려를 위협하였고, 조공의 부담을 해결하기 어려웠던 고려가 그 양을 줄여줄 것을 요청하면 명은 불손하다며 질책하였다. 그리고 조공 대신 직접 대가를 치르고 구매하겠다며 고려에서 감당하기 힘든 수의 말을 제시하여, 고려를 곤경에 빠뜨렸다. 물론 명의 공마 요구에 가장 고통받는 계층이 일반 백성들이었다는 것은 말할 나위 없다.

그 과정에서 명은 고려 사신의 해로 이용을 강제한다든지, 사신의 횟수를 줄인다든지, 고려인의 요동의 출입을 막는 등 고려가 받아들이기 곤란한 요구를 더하였다. 사신의 해로 이용은 황해를 건너다 전복되는 사례가 많았으므로 험난한 길이라는 것을 누구보다 명이 잘 알고 있었다.57) 사신

---

55) 『高麗史』 권72, 「輿服志」, 儀衛 朝會儀仗 恭讓王 2년 正月.
56) 『高麗史』 권135, 우왕 9년 11월.
57) 그러므로 1374년 2월에 여러 차례 사신이 난파를 겪었던 해로를 피해 육로를 이용

의 횟수를 줄이는 것은 외교무역에 의존하던 고려로서는 공식적인 무역의 기회를 줄이는 것이었다. 그래서 이 조치는 사신으로 명에 가는 기회를 이용하여 무역을 하는 일이 일상적이었던 고려의 고위 관료와 그에 기생하는 무역 상인들에게는 적지 않은 타격을 주는 것이었다.

그것을 이해하기 위해 사행 무역의 실상을 보자. 공민왕대에 명에 가는 고려의 사신이 금은과 토산물을 가지고 가서 彩帛과 輕貨를 사가지고 왔는데, 비록 양식있는 자라고 해도 權貴의 부탁을 받아서 사온 개인물품이 조공한 것과 비교하면 10분의 9나 되었으므로 중국에서는 "고려 사람은 사대를 구실로 하여 무역을 하러 왔을 따름이다"라고 할 정도였다.58)

반면에 1388년 2월에 鐵嶺衛 설치의 철회를 요청하러 갔던 密直提學 박의중은59) 무역을 하기 위한 물건을 한 가지도 가져가지 않았다. 그런데 명에 들어간 뒤 고려 사신의 호송을 맡았던 遼西護送鎭撫인 徐顯이 베를 요구하자, 자신의 주머니를 털어 보이고 입었던 紵衣를 벗어주었다. 서현이 그 청백함을 탄복하여서 禮部官에 고하였으므로 명나라 황제가 불러보고 후한 대우를 하였다고 한다.60)

그러나 사신과 사신 일행이 중국에 가서 무역을 하는 일은 공공연한 일이었다. 1391년 9월에 명 황제를 알현하러 가는 세자의 서장관이 된 門下舍人 安魯生에게 공양왕은 經筵에서 "대저 너는 郎舍이므로 檢察을 시키고자 한다. 법령이 비록 엄하지만 같이 가는 사람의 수가 이미 많으므로 반드시 이익을 탐하고 무역을 하여 중국의 웃음거리가 되는 자가 있을 것이다. 마땅히 엄격히 금지하도록 하라"고 부탁하였다.61) 공양왕도 명에 가는 사

할 수 있도록 청한 것을 비롯하여(『高麗史』권44, 「世家」, 공민왕 23년 2월 갑자), 기회 있을 때마다 해로 이용의 철회를 요청하였다.
58) 『高麗史』권112, 朴宜中傳.
59) 『高麗史』권137, 우왕 14년 2월 경신.
60) 『高麗史』권112, 朴宜中傳.

신 일행이 무역에 참여하여 많은 이득을 얻었고, 그것이 지나쳐 명나라 사람들의 비난을 받고 있었다는 점을 알고 시정하려 했던 것이다.

하지만 정작 공양왕 자신은 金仁用 등 상인들을 보내 北平에 나아가 羊을 무역하려 하였다. 이에 諫官 許應은 "그 일이 임금의 節儉을 숭상하는 아름다운 뜻에서가 아닐 것이며, 중국 사람들이 장차 세자의 행차를 장사길로 생각할 것이므로 양을 무역하러 가는 김인용 등을 일행에서 제외시키십시오"라고 건의하였다.62) 다른 일행의 무역을 감찰하라고 하면서 국왕 스스로 세자가 명에 가는 것을 활용하여 무역에 참여하고 있다. 그 만큼 사신의 파견은 공식적이고 합법적인 무역의 기회였기 때문에 왕을 비롯한 권력 계층에서 적극 참여하였던 것이다.

그러므로 박의중의 사례는 미담이 될 수 밖에 없었다. 명나라 사람들이 비난했던 것은 송에 갔던 고려의 사신들에 대해 무역의 이익을 바라고 온다고 했던 소동파의 비난과 유사하다. 고려 사신들의 사행무역에 대해서는 사적인 이익도 노리고 참여한 경우도 많아서 史書에서 권귀들의 탐욕이라는 비판을 받았다. 그러나 고려 사람들이 사행무역에 적극적일 수 밖에 없었던 것은 당시 국가 간의 왕래가 자유롭지 못한 여건 속에서 오히려 당연한 일이다.

고려인으로서는 중국의 우수한 문물을 교환할 절호의 기회를 버리는 것을 더 어리석은 일로 판단하였으므로 중국인들의 비아냥이나 탐욕하다는 평가에 아랑곳하지 않고 가능하면 많은 교역을 하려하였던 것이다. 이런 상황에서 고려와 명과의 관계가 경색되어 사행의 회수가 줄어들게 되는 것은 고려의 입장에서는 큰 타격이 아닐 수 없었다.

이와 더불어 요동 폐쇄도 고려의 무역에 충분히 영향을 줄 수 있는 것

61) 『高麗史』 권46, 「世家」, 공양왕 3년 9월 병술.
62) 『高麗史』 권46, 「世家」, 공양왕 3년 9월 갑진.

이었다. 이 시기에는 商賈들이[63] 소·말·금·은·모시·마포 등을 가지고 요양과 심양 지방에 가서 몰래 무역하는 자들이 늘어났으나 국가는 이를 금지한다고 하면서도 분명하게 규제하지 못하였다. 변방의 관리도 엄격한 단속을 하지 않아서 길거리에는 왕래하는 상인이 그칠 사이가 없었는데, 1391년 5월에 비로소 명과의 互市를 금하였다고 한다.[64]

중원의 혼란과 고려의 통제력 약화를 틈타 양국 간의 사무역이 활발하게 진행되었다.[65] 그것은 상인들이 10명 내지 5명씩 무리를 지어 말·소·금·은 등을 가지고 매양 외국으로 나가 고려에는 느리고 둔한 노새와 나귀 따위만 남아있을 정도였으며, 백성들이 귀천을 불문하고 외국 물건[異土之物]을 사들여 사치할 만큼,[66] 중국과의 무역이 활발하였고 일반인들의 대중국 무역품 사용이 보편화되었다고[67] 지적할 정도였다.[68] 이런 상황에서 요동 지역에서의 사무역에 대한 규제는 명의 등장 이후 조공무역체제로 회귀를 표방하면서 사무역을 엄금하고 기존의 무역 방식에 일정한 제재를 가하면서 나타난 현상이었다.[69] 이와 같은 명의 요동 폐쇄는 그것을 주도하던 상인과 그 후원자들에게 큰 타격이 되었을 것이다.

---

63) 定遼衛가 황제의 명을 받들어 압록강을 건너 교역하고자 하였으므로 의주에 머물러 교역하는 것만 허락하되 금은과 우마를 쓰는 것은 금하였다고 한다(『高麗史』권135, 우왕 10년 10월 계유). 이처럼 민간 상인을 중심으로 국경지역에서 활발하게 무역하고 있음을 확인할 수 있다.

64) 『高麗史』권46, 「世家」, 공양왕 3년 5월 기유.

65) 홍희유, 「고려시기의 상업과 화폐류통의 장성」『조선상업사(고대·중세)』, 과학백과사전출판사, 1989, 118쪽.

66) 『高麗史』권85, 「刑法志」2, 禁令 공양왕 3년 3월 中郞將 房士良 上疏.

67) 金庠基, 앞의 책, 672·673쪽.

68) 이 기사는 『노걸대』에서 중국에 무역하러 가는 사람들을 표현한 것과 규모나 행태 등이 상당히 유사하다(위은숙, 「원간섭기 對元貿易—『老乞大』를 중심으로—」『지역과 역사』4, 1997, 87·88쪽).

69) 위은숙, 앞의 논문, 92쪽.

요컨대 명이 세공에 대한 자신들의 요구를 따르지 않을 경우, 외교를 끊겠다든지 상인들의 중국 출입을 제한하겠다고 했던 것은, 고려의 대명무역에 제재를 가하여 무역으로 이익을 얻던 왕실 및 권세가들을 경제적으로 압박하기 위한 조치였다고 생각된다. 명은 외교 현안을 사무역이나 사행무역에 연계시켰으며, 이로 인해 고려의 지배층들이 반응할 것이라는 것을 잘 알고 있었던 것이다. 고려말의 대명외교는 무역과 밀접한 관련이 있었음을 알려준다.

4. 맺음말

고려와 명과의 외교 관계는 정치적으로 내정간섭이 적었다는 점에서 송·거란(요)·금과의 관계와 유사했지만, 조공을 단순한 외교상 필요한 의식으로 여겨 성의를 중시하는 것이 아니라 필요한 액수를 구체적으로 요구하였던 것은 고려와 원과의 형식을 더 닮은 것이었다. 그러므로 고려가 송·거란(요)·금을 상대로 외교를 전개하면서 상당한 무역상의 이익을 얻었던 그런 방식은 명에게는 적용될 수 없었다.

아울러 명과 세공마를 둘러싼 양국 간 외교의 전개 과정을 보면 주체적으로 대응하지 못하고 그들의 요구에 순응하려고 했던 고려의 한계를 확인할 수도 있다. 우왕의 등장 이후 정권의 취약성은 중국의 새로운 지배국가인 명의 책봉을 필요로 했으며, 지배 계층은 무역을 통해 이익을 얻고 있었기 때문에 명과의 외교가 단절되고 국경이 폐쇄되면 자신들의 이익이 줄어들 것이라고 생각하였다. 이런 이유로 고려의 국왕과 지배 계층은 명과의 외교 관계를 유지하려고 했던 것이다. 아울러 고려는 음악·관복 및 의장 등을 명의 제도로 개혁하였는데, 고려에서 명에 요청하여 새로운 제도를 받아들였던 것은 국왕의 권위를 높이려는 뜻이 담겨있었다. 그것이 국왕의 입장에서 대명외교의 정상화가 절실했던 또 다른 이유였다.

어쨌든 고려의 대명 외교와 무역은 그 이전의 송·거란(요)·금과 달랐고 그렇다고 원나라와 같지도 않았다. 대명외교는 정치적 독립성에 있어 원보다 진전되었으나 송과 같이 완전히 자유롭지도 않았으며 사행무역도 송보다는 적고 원보다는 많았다. 한편 사무역은 고려초에는 오대와 송을 상대로 활발히 활동하고 적지 않은 이득을 취하였으나, 성종대 이후 송상이 주도하는 예성항 무역이 거의 전부였다고 해도 과언이 아닐 정도가 되었고, 원대에는 국경이 열리면서 사무역이 활성화되었다가 명이 들어서면서 국경을 폐쇄하자 급격히 쇠퇴하였다.

이와 같이 고려말은 외교 관계가 변화하는 만큼이나 대중국 무역의 양상도 급격하게 변화하는 과정이었으며, 그것은 고려의 멸망 때까지 계속되었다. 그리고 이 시기에 양국 간의 갈등을 겪으면서 만들어낸 외교와 무역의 형식은 새로운 왕조의 전형이 되어갔다.

對明 私貿易과 使行貿易

1. 머리말

1368년 정월에 吳王이었던 朱元璋은 皇帝로 卽位하고 國號를 明이라고 하였으며, 그해 8월에 元을 몰아내고 大都를 점령하였다. 이에 고려는 신속하게 張子溫을 사신으로 보냈으며, 1369년 4월에 명의 사신 符寶郎 偰斯가 도착한 것을 계기로 元의 年號 대신에 明의 年號를 사용하였다. 그해 5월에 고려는 皇帝의 卽位를 賀禮하고 封爵을 청하는 사신을 파견하였고, 명은 곧바로 고려국왕에게 金印과 誥文, 大統曆 등을 下賜하였다.[1]

이처럼 友好的으로 출발한 兩國間의 關係는 그 이전의 元과 다른 새로운 외교적 형식을 설정해야 했는데, 政治的으로 內政干涉이 적었다는 것은 宋·契丹(遼)·金과의 유사한 점이 있었지만, 朝貢을 단순히 外交上 필요한 儀式으로 여겨 誠意를 중시하는 것이 아니라 원하는 액수를 구체적으로 요구하였던 점은 高麗·元 관계와 더 닮았다. 高麗와 明의 外交 및 朝貢 關係는 前者와 後者의 형식을 혼합한 새로운 모형이었던 것이다.[2]

---

1) 박용운, 「고려후기 세족과 권문과 신진사류의 사회」 『고려시대사(수정증보판)』, 일지사, 2008, 709쪽.
2) 高麗末 外交와 朝貢貿易에 대해서는 이미 상세한 연구가 있다(김순자, 『韓國 中世 韓中關係史』, 혜안, 2007).
   이에 대해 저자도 이 시기 外交와 貿易의 特徵을 宋·遼·金 및 元과 비교하여 간단히 살펴보았다(Lee, Jin-Han, 「The Development of Diplomatic Relations and Trade with Ming in the Last Years of the Goryeo Dynasty」, 『International Journal of

한편 이 시기에는 외교 관계의 변동을 밀접하게 반영하는 무역 분야도 많은 변화가 있었다. 그 대표적인 사례가 1391년 5월에 중국과의 私貿易에 대한 전면적인 금지 명령과 같은 해 시행된 對明 使行貿易에 대한 철저한 규제였다.[3] 그 이전에 한 번도 시행된 바 없었던 이와 같은 무역에 대한 국가의 강력한 규제가 이후 朝鮮時代에도 대체로 繼承되었으므로 高麗末 은 貿易史上 重大한 變化의 時期였다고 할 수 있다.

그러므로 이러한 중요성을 인식한 先學들은 고려말의 朝貢貿易, 使行貿易, 私貿易 뿐 아니라 국내 상업에 관한 다양한 자료를 검토하여, 貿易上의 諸般 變化를 解明하였다.[4] 다만 무역에 대한 이해가 평면적이어서 무역을 위한 사회경제적 배경과 私貿易과 使行貿易의 연관관계 등은 충분히 설명 하지 못하였던 것 같다.

본고는 이 점을 염두에 두고, 恭愍王代 이후의 元·明 왕조 교체와 戰亂

Korean History』 Vol 10, 2006; 본서 제5편).

3) 私貿易과 使行貿易 등에 대한 개념은 다음의 논문을 참조하였다.
  · 全海宗, 「中世 韓中貿易形態 小考―특히 公認貿易과 密貿易에 대하여―」『大丘史學』 12·13합, 1977; 『韓國과 中國―東洋史 論集―』, 知識産業社, 1979.
  · 李憲昶, 「한국 전근대 무역의 類型과 그 변동에 관한 연구」『경제사학』 36, 2004, 92·93쪽.
  한편 '使臣貿易'은 고려에서 파견한 외교 사절의 무역만으로 한정하는 것이고, '使臣 一行의 貿易'은 사신과 더불어 그들의 傔從 및 상인 등의 수종원들을 포함하는 사행단의 무역을 뜻하며, 양자를 모두 포괄하는 것으로는 '使行貿易'이라는 용어를 사용하겠다.

4) 고려말 상업 또는 무역에 대해서는 다음의 논문이 참조된다.
  · 須川英德, 「高麗後期における商業政策の展開―對外關係を中心に―」『朝鮮文化研究』 4, 1997.
  · 朴平植, 「高麗末期의 商業問題와 救弊論議」『歷史教育』 68, 1998; 『朝鮮前期商業史研究』, 지식산업사, 1999.
  · 李康漢, 「14세기 중·후반 원명의 징발증가와 교역」『13~14세기 高麗-元 交易의 展開와 性格』, 서울대학교 박사학위 논문, 2007.

의 持續으로 인한 貿易路의 不安定, 明의 對外政策 변화에5) 따른 交易 條件의 惡化 등이 그 이전과 다른 방식의 私貿易을 하게 된 주요한 원인이 되었음을 고찰할 것이다. 恭愍王代 이후 고려는 원의 정치적 간섭에서 점차 벗어났으나 공교롭게도 바로 그 무렵부터 대중국 무역이 어려워졌고, 명이 중원을 장악한 이후에는 더욱 힘들어졌다. 고려말의 對明 私貿易 규제는 그러한 현실을 반영하는 정책의 변화였던 것이다.

다음으로 고려말에 있었던 對明 使行貿易과 관련된 사건들을 시간순으로 정리할 것이다. 高麗와 明 사이에 外交的 葛藤이 심해지는 시기에도 사신들이 使行貿易을 통해 이익을 얻고자 했던 것은 그 만큼 私貿易이 원만하게 이루어지지 않았기 때문이며, 이것은 私貿易과 使行貿易이 밀접하게 連繫된 것에서 비롯되었다는 점을 밝히고자 한다.

高麗末의 對外貿易 禁止는 前期에 고려 사람들의 대외무역을 금지했던 것과 상당히 유사하다. 하지만, 前期에는 宋商의 禮成港 貿易을 許可했던 데 반해 고려말에는 海上과 陸路의 무역이 全面的으로 許容되지 않았던 것과 구별된다. 그런데 高麗의 對元貿易이 비교적 자유로웠던 것이 원의 개방적인 무역정책에서 비롯되었다고 한다면, 고려말에 對明貿易을 규제하기 시작했던 것은 軍事的 衝突의 持續과 朝貢貿易 및 그 附帶貿易을 제외한 私貿易을 철저히 금하려고 했던 명의 정책이 고려에 영향을 미쳤다는 사실을 확인할 것이다. 그리고 그것은 무역정책을 지나치게 정치적으로 해석해왔던 이제까지의 연구 경향을 반성하게 하는 계기가 되리라고 믿는다.

---

5) 고려말 대외 관계 및 교역 조건의 변화에 대해서는 다음의 개설서를 참조하였다.
　・李丙燾, 「崩壞期의 高麗」 『韓國史(中世編)』, 乙酉文化社, 1961.
　・金庠基, 「高麗末葉의 動態」 『新編 高麗時代史』, 東國文化社, 1961; 서울대출판부, 1985 (재간행).
　・박용운, 「고려후기 세족과 권문과 신진사류의 사회」 『고려시대사(수정증보판)』, 일지사, 2008.

2. 元·明의 王朝 交替와 高麗의 對中國 私貿易

高麗末에 對明 私貿易의 여건이 변화했는지를 알기 위해서는 對元 私貿易에 대한 이해가 선행되어야 할 것 같다. 高麗와 元은 오랜 전쟁을 거친 뒤 講和를 하고, 忠烈王이 원의 皇室과 婚姻 關係를 맺게 되면서 양국관계는 더욱 친밀해져서 高麗 사람들이 원을 자유롭게 왕래할 수 있게 되었으며, 그러한 사정을 보여주는 책이 『老乞大』이다.6) 책 속의 고려상인은 개경을 출발할 때 모시 130필, 인삼 100근, 말 10여 필을 가지고 徒步로 遼東을 거쳐 北京으로 가서 물건을 팔고 돈으로 바꾼 다음 山東의 高唐에 가서 絹織物 등 여러 가지 物貨를 사서 直沽—지금의 天津—에서 배를 타고 歸國하였다.7)

陸路通行이 가능했던 것은 元帝國의 成立과 北方地域의 統一이 이루어졌기 때문이다. 兩國의 首都를 잇는 中間地帶에 어떤 異民族이나 反對勢力이 존재하지 않게 됨으로써 宋代와는 달리 아무런 장애가 없어졌고, 비록 육로는 大量 運搬에 海路보다 불리했지만 그 대신 安全이라는 큰 利得이 있었다.8) 그런 점에서 14세기에 고려 상인들의 陸路를 통한 中國行이 전면

---

6) 최근에 발견된 原本 『老乞大』는 1280년 경 중국의 大都로 고려 물품을 팔러 가던 상인 3명이 우연히 만난 요동성 출신의 중국 상인과 동행하면서 여행 중에 일어난 일을 회화체로 기록한 것이다. 이 책은 고려후기 즉 원대의 至正 丙戌(1346) 연간에 중국을 여행한 고려인에 의하여 작성되어 通文館에서 한어 교재로 사용하였던 것이라고 한다(정광 역주·해제, 『原本 노걸대』, 김영사, 2004의 「서문」, 9쪽 및 「걸어」, 527쪽).

7) 위은숙, 「원간섭기의 對元貿易—『老乞大』를 중심으로—」『지역과 역사』 4, 1997, 61~63쪽.
이 글의 필자가 참고한 『老乞大』는 원본 노걸대에 비해 시기적으로 후대에 만들어진 것이어서 결제수단으로 보초가 아닌 금은이 사용되고 있으나, 전반적인 내용은 크게 다르지 않다. 따라서 보통의 서술은 『老乞大』라고 하고, 구체적으로 내용상 차이가 있을 때만 원본 『老乞大』라고 적을 것이다.

화된 것은 대외무역 변천상 가장 큰 특징의 하나였다.9)『老乞大』의 상인은
貿易許可書에 해당되는 文引이라는 증명서로 국경을 통과하였다. 그들은
거의 매해 원에 갔다는 점에서 사실상 고려 정부가 인정한 무역상인이었다
고 해도 과언이 아니다.10) 元干涉期에는 이처럼 일정한 요건만 갖추면 고
려에서 요동을 거쳐 북경까지 무역하는 것은 대단히 자유스러웠고11) 무역
의 장벽도 없어서 가히 '自由貿易'이 이루어졌다고 할 만 했다.12)

　게다가 元의 화폐인 寶鈔가 고려에서 통용되었던 것은13) 兩國間의 貿
易을 편리하게 해주었다. 특히 寶鈔는 금액이 커서 高麗의 國內 流通 과정
에서 交換手段으로 이용하기 불편한 반면, 원정부가 保證하는 寶鈔는 화폐
단위가 크고 휴대도 간편하여 무역상들에게 편리한 점이 많았다. 실제 원
본『老乞大』에서는 中統鈔의 단위로 상행위가 이루어졌으며, 당시의 보초
의 지질이 나빠서 유통되는 사이에 종이가 닳아서 누더기 같이 되는 경우
도 있고, 인쇄된 액면이 지워져서 명료하게 보이지 않게 되는 경우가 많았
기 때문에 고려의 상인이 중국 상인과 거래하는 조건으로 새 보초를 요구
하는 장면이 많았다.14)

　『老乞大』의 상인이 중국에 가서 고려의 물품을 팔고 보초로 바꾸어 다

8) 高柄翊,「麗代 東아시아의 海上交通」『震檀學報』71·72합, 1991, 304쪽.
9) 李康漢,「14세기전반 高麗-元 交易의 활성화」, 앞의 박사학위논문, 201·202쪽.
10) 정광 역주·해제, 앞의 책, 453쪽.
11) · 위은숙,「13·14세기 고려와 요동의 경제적 교류」『民族文化論叢』34, 2006, 492쪽.
　　· 李康漢, 앞의 박사학위논문, 197·198쪽.
12) 須田英德, 앞의 논문, 32쪽.
13) 고려에서 보초의 유통에 대해서는 다음의 논문이 참조된다.
　　· 위은숙,「원간섭기 寶鈔의 유통과 그 의미」『韓國中世社會의 諸問題』(한국중세사
　　　학회편), 2001.
　　· 李康漢,「고려후기 元寶鈔의 유입 및 유통실태」『韓國史論』46, 2001.
　　· 김도연,「원간섭기 화폐유통과 보초」『韓國史學報』18, 2004.
14) 정광 역주·해제, 앞의 책, 454·455쪽.

시 그것을 주고 고려에 와서 팔 寶貨를 구입하는 절차를 거쳤다면, 고려에 유입된 보초를 『老乞大』 상인과 같은 무역상이 수집하여 원에 가서 새로운 물품을 살 때 지불하였을 것이다. 그러한 寶鈔는 元 皇室과 정부의 支拂手段으로 들어온 것이 절대적 비중을 차지하였으며, 貿易商들은 그것을 所持했던 高麗 王室, 원의 관리, 국왕 측근세력, 사원 등으로부터 그것을 買集하여 對元貿易에 이용하였다고 생각된다.[15) 高麗에서 寶鈔 流通은 고려와 원을 하나의 經濟圈으로 묶어 주었으며,[16) 양국간 무역을 원활히 해주는 한 요인이 되었다.

그러나 元이 쇠퇴하고 明이 中原을 지배하게 되면서 무역하는 여건이 크게 변하기 시작하였다. 國境을 넘어 外國을 오가는 貿易商들에게 가장 중요한 貿易上의 基盤이 안전한 통행로였는데, 그것을 잃게 되는 것은 交易이 아니라 위험을 동반한 投機的 商業이 되는 것이었다. 그런데 고려말에는 중국으로 가는 육로와 해로의 상황이 모두 나빠졌다. 먼저 海路의 변화를 살펴보자.

高麗와 中國의 바닷길은 오랜 기간 핵심적인 貿易路였다.[17) 원대 이전에는 宋商이 바다를 건너 禮成港에 와서 무역을 하였기 때문에,[18) 고려인

---

15) 위은숙, 앞의 논문, 584~589쪽.

16) 고려가 內地行省과 같지 않았지만 사실상 어느 정도는 원의 재정권역 내에 포함되었다는 견해도 있다(위은숙, 앞의 논문, 591·592쪽).

17) 高麗와 宋 사이의 海上貿易路에 대해서는 다음의 논문이 대표적이다.
   · 金庠基, 「麗宋貿易小考」 『震檀學報』 7, 1937; 『東方交流史論攷』, 乙酉文化社, 1948.
   · 金渭顯, 「麗宋關係와 그 航路考」 『關大論文集』 6, 1978; 『遼金史研究』, 裕豊出版社, 1985.

18) 고려를 왕래하던 송상에 대해서는 다음과 같은 논문이 대표적이다.
   · 金庠基, 「麗宋貿易小考」 『震檀學報』 7, 1937; 『東方文化交流史論攷』, 乙酉文化社, 1948.
   · 白南雲, 「商業과 商業資本」 『朝鮮封建社會經濟史(上)』, 改造社, 1937,
   · 김상기, 「해상의 활동과 문물의 교류—예성항(禮成港)을 중심으로—」 『국사상의 제문제』 4, 국사편찬위원회, 1959; 『東方史論叢』, 서울大出版部, 1975.

들의 奢侈品 수요를 충족시킬 수 있었다. 『老乞大』에서도 중국에 간 고려
의 상인들이 물품을 팔고 새로운 물건을 사서 배편을 이용하여 귀국하였
다. 이와 같이 고려와 원 사이에는 바닷길이 열려 있었으며,[19] 그 航路도
다양하였다. 1295년 4월에 忠烈王은 세자의 혼인을 준비하기 위해 中郞將
宋瑛 등에게 麻布 14000필을 배에 싣고 益都府에 가서 楮幣로 바꾸도록
하였다.[20] 익도부는 山東 地域으로 大都와 가까운 곳이며, 그 이전의 소위
'北線航路'에 해당되는 주요 항구의 하나였다.

그리고 齊國大長公主가 松子와 人蔘을 이용한 강남무역으로 이익을 남
겼다는 것,[21] 1301년 8월에 江南商客이 고려에 왔다는 것,[22] 1314년 무렵
에 成均提擧司 博士 柳衍과 學諭 兪迪이 중국 江南에 서적을 구입하러 갔
다가 중국에 도착하기 전에 배가 부서져 맨몸으로 海岸에 올랐다는 것[23]
등을 보건대 여전히 開京과 江南을 잇는 '南線航路'도 유지되었음을 알 수
있다. 그와 더불어 1322년 6월에 '郞將 桓允全과 百戶 金成萬 등이 베 2만
필을 싣고 瀋王 暠에게 바쳤다는 기록에서 보이듯이 고려와 요동을 잇는
海路도 있었다.[24] 요동 지역이 거란과 금의 영역이어서 바다로 통하지 않
다가 원의 영역이 되면서 새로운 길이 만들어졌던 것이다.

· 森克己, 「日·宋の高麗との私獻貿易」『朝鮮學報』 14, 1959;
· 朴玉杰, 「高麗來航 宋商人과 麗宋의 貿易政策」『大東文化硏究』 32, 1997.
이제까지의 연구는 宋商의 往來에 관한 記事를 정리하여 毅宗代 이후 武臣政權期까
지 宋商의 往來가 급격히 줄어들고 무역이 위축되었다고 결론을 내렸으나, 이 시
기에도 宋商은 定期的이고 持續的으로 고려를 찾아와 무역하였다는 주장이 제기되
었다(李鎭漢, 「高麗時代 宋商貿易의 再照明」『歷史敎育』 104, 2007).
19) 須田英德, 앞의 논문, 32쪽.
20) 『高麗史節要』 권21, 忠烈王 21년 하4월.
21) 『高麗史』 권89, 齊國大長公主傳.
22) 『高麗史節要』 권22, 忠烈王 27년 8월.
23) 『高麗史節要』 권24, 충숙왕 원년 6월.
24) 『高麗史節要』 권24, 충숙왕 9년 6월.

고려와 원 사이에는 交易船이 往來하고 高麗 貿易商이 그것을 이용하였지만,[25] 元末부터 海上貿易이 규제되기 시작하였다. 1303년 2월에 軍官民人 등이 金銀·絲綿·布帛·銅錢 등의 違禁物貨를 가지고 下蕃하는 것을 금하였고, 1309년과 1320년에도 유사한 금령이 잇달아 반포되었다.[26] 이후 1350~60년대에 張士誠·方國珍 등이 중국 강남 지역 群雄勢力이 바닷길을 통해 사신을 보내와 조공무역 형태의 교역을 하기도 하였다.[27]

그런데 明이 中原을 장악하고 海禁政策을 실시하게 되면서 고려와 중국을 연결하는 바닷길이 막히게 되었다. 明은 傳統的인 朝貢制度와 朝貢貿易에 새롭게 海禁을 결합시켜 通行과 交易을 國家가 완전히 통제하는 독특한 朝貢體系를 만들어냈다. 그것은 朝貢制度에 의해 국제질서를 확립하고 조공무역으로 국제교역을 통제하려고 한 것이었다.[28] 明太祖가 海禁政策을 실시했던 것은 倭寇와 海賊들에 대한 대책이었을 뿐 아니라 張士誠·方國珍 등 海上에 근거를 둔 群雄勢力의 跋扈를 防止하기 위한 것이었다.[29]

명은 해금조치와 더불어 朝貢과 貿易을 관장하기 위해 1371년에[30] 太倉의 黃渡에 市舶司를 설치하였다가 곧 폐지하였고, 다시 寧波·泉州·廣州에 시박사를 설치했는데, 寧波는 일본, 泉州는 琉球, 廣州는 占城·暹羅·西

---

25) 須田英德, 앞의 논문, 32쪽.

26) 佐久間仲男,「明朝の海禁政策」『日明關係史の硏究』, 吉川弘文館, 1992, 28~33쪽.

27) · 金惠苑,「高麗 恭愍王代 對外政策과 漢人群雄」『白山學報』51, 1998, 79~91쪽.
　　· 李康漢, 앞의 박사학위논문, 논문, 264~268쪽.

28) · 佐久間仲男, 앞의 논문, 26·27쪽.
　　· 檀上寬,「明初の海禁と朝貢―明朝專制支配の理解に寄せて」『明淸時代史の基本問題』汲古書院, 1997, 203·204쪽.

29) · 李泰鎭,「前近代 韓·中 交易史의 虛와 實」『震檀學報』78, 1997, 175쪽.
　　· 佐久間仲男, 앞의 논문, 26~29쪽.
　　· 檀上寬, 앞의 논문, 205~209쪽.

30) 박원호 외,『명사 식화지 역주』, 소명출판, 2008, 382쪽.

洋諸國 등과 각각 통하도록 하였다.31) 이 때 어느 市舶司에도 고려를 담당하는 곳은 없었다. 즉, 고려는 바다를 통하여 朝貢하거나 貿易하는 것이 금지되었다는 뜻이다.

그리고 1374년 9월에 모든 市舶司가 폐지되면서, 종래에 허용되었던 중국상인의 海外渡航·交易이 금지되므로써 合法的인 民間貿易이 행해질 수 없게 되었다.32) 이어 1381년에 '濱海의 民이 사사로이 바다에 나가는 것을 금한다'라는 규정이 '濱海의 民이 사사로이 海外諸國과 통하는 것을 금한다'라고 바뀌면서 沿海地域 百姓들의 密貿易은 거의 불가능해졌다.33) 그러므로 明代에는 朝貢·賞賜 및 그에 附帶하는 諸貨物의 貿易關係를 正常的인 朝貢貿易만 公的으로 認定하고 그 밖에 모든 교역은 私貿易으로 엄중하게 금지하던 것이다.34)

고려와 중국을 잇는 西海航路는 바닷길이어서 위험하기는 해도 陸路보다 편리하고 빠르게 중국의 주요 도시를 연결하였으며 대량의 화물을 운반할 수 있었으므로 무역상들에게 이익을 남겨주는 무역로였다. 『老乞大』의 상인이 운반 수단인 말까지 팔아버리고 바닷길로 고려에 왔던 것도 그러한 이유에서 비롯되었다고 생각된다. 그러나 명의 海禁政策으로 인해 고려와 중국을 잇는 바닷길이 끊겼고 兩國間의 海上貿易도 중지되었다. 이후 고려의 무역상들은 육로무역에 의존할 수 밖에 없었다.

명 태조대 확립된 대외정책은 정치적으로 朝貢과 賞賜의 名目에 의해

31) 『明史』 권81, 「食貨志」 5, 市舶.
32) 檀上寬, 앞의 논문, 216쪽.
33) 佐久間仲男, 앞의 논문, 30·31쪽.
　　명이 해금정책을 강화한 원인으로 첫째, 沿海 地域의 國內統治 不安要因 除去, 둘째, 자연경제로의 역행현상, 셋째 專制權力의 强化 등을 들고 있다(檀上寬, 앞의 논문, 215~221쪽).
34) 佐久間仲男, 「明代の對外貿易—貢舶貿易の推移—」, 앞의 책, 4쪽.

여러 外國에 대하여 天朝의 恩惠를 보인다는 대등하지 않은 從屬的 外交를 强制하였지만, 經濟的으로는 여러 外國의 進貢物에 대하여 중국이 給賜物을 그 反對給付로 주는 방식의 무역을 하였다. 한마디로 명은 朝貢 형식에 의한 貿易形態만을 公認하였던 것이다.35) 이러한 방침에 따른다면 海路와 더불어 陸路도 막아서 철저하게 私貿易을 근절해야 했는데, 陸路貿易은 상대적으로 강력하게 禁止하지 않아서 그 이후에도 고려와의 무역이 持續되었다. 1383년 8월에 李成桂가 건의한 安邊策에서는 '北界의 백성들이 女眞·達達·遼·瀋의 사람들과 物資를 교역하고 날마다 서로 어울려 지내며 혼인을 맺기까지 하여 저쪽에 있는 族屬이 誘因하여 가고, 때로는 앞잡이가 되어 들어와 약탈하기를 그치지 않아서 변경의 걱정이 되고 있다'고 하였다.36) 그리고 1384년 10월에 定遼衛는 明太祖의 명에 따라 鴨綠江을 건너 互市하고자 했으므로 그들에게 義州에 머물면서 互市하는 것을 허용하였으나 金銀·牛馬의 무역은 금하였다고 한다.37) 이렇듯 國境 地域의 貿易은 명의 건국 후에도 여전히 지속되고 있었다.38)

그와 더불어 이 시기의 對明貿易을 對元貿易과 비교할 때 나타나는 중요한 차이는 육로를 통한 무역이 그전처럼 안전하고 자유롭게 이루어지지 못했다는 것이다. 원의 順帝가 즉위하고 大帝國이 혼란에 빠지게 되면서, 고려에서 압록강 건너 요동을 통해 중국의 중심지로 가는 무역로도 더 이상 안전하게 무역하러 다닐 수 있는 환경이 되지 못하였다.

1319년(충숙왕 6)부터 원의 각지에서 漢族의 叛亂이 일어났는데, 遼東地方에는 鎭火奴·兀顔撥魯歡 등 女眞人이 일어나 大金의 자손이라고 反旗

---

35) 佐久間仲男, 주 26) 논문, 26·27쪽.

36) 『高麗史節要』 권32, 禑王 9년 8월.

37) 『高麗史』 권135, 禑王 10년 10월.

38) 朴平植, 앞의 논문, 37쪽.

를 들었으며,[39] 1354년(恭愍王 3)에 高郵의 張士誠 反亂 진압을 하기 위해 高麗軍이 출동하였다.[40] 1356년에는 恭愍王이 反元政策을 실시하면서 評理 印瑭을 보내 鴨綠江 以西의 8站을 攻掠하게 하고, 密直副使 柳仁雨를 東北面兵馬使로 삼아 쌍성을 수복하게 하였으나, 곧바로 원이 고려를 공격하겠다고 위협하자 고려는 인당을 處刑하고 원에 사죄하는 것으로 이 사건을 마무리하였다.[41]

1357년 8월에 紅巾賊의 침입에 대비하여 金得培를 西北面紅頭軍倭賊防禦都指揮使로 삼았다.[42] 이어 1359년 11월에서 이듬해 3월에 걸친 홍건적의 1차침입과, 1361년 10월부터 다음해 2월까지의 2차 침입으로 고려는 수많은 인명 피해를 입고 首都 開京을 비롯해 많은 지역이 황폐해졌다.[43] 홍건적이 북동아시아의 政治的·文化的 中心 都市였던 上都, 遼陽, 平壤, 開京 등을 잇달아 점령한 뒤 패퇴했지만, 그 결과 원나라는 滿洲 南部에 대한 統治力을 상실하였다. 그후 20년 이상 요동은 어떤 정권도 완전한 지배를 할 수 없었으며, 몽골인, 女眞人, 中國人, 高麗人 등이 이 지역의 霸權을 다투었다.[44]

紅巾賊의 禍亂이 채 끝나기도 전에 이번에는 崔濡가 德興君을 고려국왕으로 옹립하고 고려를 침범하려 하였다. 1363년 5월에 元 황제가 德興君으

---

39) 金庠基, 주 5)의 책, 586·587쪽.
40) 李丙燾, 앞의 책, 652·653쪽.
41) · 池內宏, 「高麗恭愍王朝の元に對する反抗運動」『東洋學報』7-1, 1917;『滿鮮史硏究(中世編)』, 吉川弘文館, 1963, 251~253쪽
　　· 李丙燾, 앞의 책, 1961, 653쪽.
　　金庠基, 주 5)의 책, 591·592쪽.
42) 『高麗史』권39, 「世家」, 恭愍王 6년 8월 丁巳.
43) 金惠苑, 앞의 논문, 91~97쪽.
44) David Robinson, 「モンゴル帝國の崩壞と高麗恭愍王の外交政策」『中國東アジア外交交流史の硏究』(夫馬進編), 京都大學學術出版會, 2007, 171·172쪽.

로 고려국왕으로 삼고 遼陽省의 군사를 이끌고 고려를 침입할 것이라는 소식이 고려에 전해졌고, 1364년 正月에 최유는 1萬餘名을 이끌고 압록강을 건너 義州를 포위하였으나 이성계 등의 반격을 받고 도망하였다.[45] 이후 1370년 11월에 李成桂·池龍壽 등이 압록강을 넘어 요동을 공격하는[46] 이른바 東寧府 征伐을 단행하였다.[47]

　한편 1368년에 명이 원의 수도를 점령하고 대륙을 장악하였으나, 요동에는 적대적인 北元의 殘餘 勢力이 많았으며, 대표적으로는 金山의 納哈出, 亐羅山城의 奇賽因帖木兒, 遼陽의 洪永保와 高家奴, 海州·盖州 등의 遼陽省平章 劉益 등이 있었다.[48] 1371년부터 명은 요동 경략을 개시하였지만 그 뜻을 이루지 못하였고, 1385년부터 다시 본격적인 요동공략에 나서 1387년에 納哈出을 공격하여 항복을 받고 이어 북원의 잔여 세력을 완전히 소탕하였다.[49] 하지만 이로 인해서 고려와 요동의 통행이 자유로워졌던 것은 아니고, 오히려 명이 고려에게 鐵嶺衛를 설치하겠다는 방침을 알려 兩國間에 긴장이 고조되었다. 고려는 이에 대항하여 요동정벌을 위한 出兵을 했으나 李成桂의 威化島 回軍으로 명과 고려는 和親關係로 변화하고 요동 지역도 일단 안정을 되찾게 되었다.[50]

---

45) 金庠基, 주 5)의 책, 597·598쪽.

46) 『高麗史節要』 권29, 恭愍王 19년 11월.

47) 東寧府 征伐에 대하여는 다음의 논문이 참조된다.
　· 津田左右吉, 「高麗末鴨綠江畔領土」 『朝鮮歷史地理』 2, 1913; 『津田左右吉全集』 11, 岩波書店, 1964.
　· 池內宏, 「高麗恭愍王朝東寧府征伐考」 『東洋學報』 8-2, 1918; 『滿鮮史硏究(中世編)』, 吉川弘文館, 1963.

48) 池內宏, 「高麗辛禑朝における鐵嶺問題」 『東洋學報』 8-1, 1917; 앞의 책, 251~253쪽.

49) 池內宏, 앞의 논문, 259·260쪽.
　박원호, 「명과의 관계」 『한국사』 22, 국사편찬위원회, 252~256쪽.
　김순자, 「원·명 교체와 中國과의 관계 변화」 『韓國 中世 韓中關係史』, 혜안, 2007, 29·30쪽.

　이상에서 서술한 바에 의하면 1330년대부터 발발한 원제국 내의 반란은 恭愍王代 이후 더욱 심해졌다. 특히 고려와 국경을 접하고 있던 요동지역은 오랜동안 원·명의 세력 밖에 놓여있는 권력의 공백의 상태였다. 또한 고려의 遼西 8站 攻擊, 紅巾賊의 침입, 崔濡의 침략, 고려의 동녕부 정벌 등이 잇달았고, 1383-84년 사이에는 고려의 사대가 성실하지 못하다는 등의 이유로 명의 군사가 변경을 침범하기도 하였다.[51] 그러므로 恭愍王代 이후 30餘年間 中國의 遼東과 고려의 西北面 지역은 군사적 충돌이 계속되는 戰時 또는 準戰時 상황이었다.

　고려와 중국 사이에 戰亂이 계속되고, 요동 지역의 권력 공백이 이어지면서 고려사람들이 중국을 왕래하는 것이 어려워지기 시작하였다. 예를 들어 1356년에 병부원외랑 崔霖이 표를 받들어 신년을 하례하기 위해 원에 갔다가[52] 일을 마치고 돌아오던 중에 遼河에 이르러 도적을 만나 正使·副使·三節의 人吏가 모두 살해되었다.[53] 원 정부의 보호하에 통행하던 고려의 사신 일행이 도적의 피해를 받을 정도였다면 당시 요동 지역은 사실상 무법 상태였다고 해도 과언이 아니다.

　1361년 9월에 戶部尙書 朱思忠이 원에 가서 元과의 道路가 다시 통한 것을 하례하였다는 기록은[54] 그 이전에 전란으로 인해 고려와 원의 교통이 막혀있었던 사정을 알려준다. 이후 1365년 4월에 崔伯·楊伯淵·洪師範 등이 원에 갔으나 명과 원의 전란으로 길이 막혀 이르지 못하고 돌아왔다.[55]

---

50) 池內宏, 주 48) 논문.
　　김순자, 「明의 貢物 증액 요구와 영토 분쟁」, 앞의 책, 106~108쪽.
51) 김순자, 앞의 책, 98·99쪽.
52) 이 때 원나라에 신년을 하례하러 간 사신은 僉知政事 李千善과 吏部尙書 李壽林이었다(『高麗史節要』 권26, 恭愍王 5년 12월).
53) 『東文選』 권110, 崔氏傳.
54) 『高麗史節要』 권27, 恭愍王 10년.
55) 『高麗史』 권41, 「世家」, 恭愍王 14년 하4월.

이와 같이 전란의 지속으로 사신의 왕래마저도 어려운 지경이었다면, 무역
상들이 안전하게 중국을 왕래하는 것은 사실상 불가능했다고 생각된다. 원
제국의 붕괴로 인해 발생한 사회적 혼란이 무역의 활성화를 막는 가장 큰
장애요인의 하나였을 것이다.

게다가 고려와 원·명의 外交的 갈등은 상인의 자유로운 왕래를 제약하
였다. 이미 1356년의 反元 改革, 원의 恭愍王 廢位과 德興君 옹립 등으로
양국 국경에 긴장이 조성되었다는 것을 언급했거니와, 1374년에 歲貢馬를
求索하러 왔던 명의 사신 蔡斌이 고려의 護送使였던 金義에 의해 살해된
사건 이후[56] 고려의 명·원 양단 외교에 따라 고려와 명과의 관계는 급격히
멀어졌고, 禑王代末까지 高麗와 明은 貢馬 등 여러 가지 문제로 원만한 외
교 관계를 회복하지 못했다.[57]

그 과정에서 明은 고려에 대한 압박의 수단으로 사신의 입국을 제한하
였는데, 1371년에 명은 遼東地域을 효과적으로 장악하기 위해 北元 잔여세
력에 대한 고려의 영향력을 차단시키기 위한 조치의 하나로 遼東 地域 朝
貢路를 일방적으로 폐쇄하였다.[58] 그 뒤에도 요동을 거치는 육로를 통한
사행길은 오랫동안 막혀있었기 때문에 그것을 열기 위한 고려의 노력은 계
속되었다.

예를 들어 1380년 4월에 崇敬尹 周誼는 朝貢이 불통하므로 陪臣의 入朝
를 허락하고 영원히 명의 臣妾이 될 것을 허락해줄 것을 청하러 요동에 갔
다가 朝廷에게 보고되어 명의 수도로 잡혀갔다.[59] 또한 1381년 3월 權仲和

---

56) 池内宏,「高麗末に於ける明及び北元との關係」『史學雜誌』29-1~4, 1917; 앞의 책,
   274~280쪽.
57) 박용운, 앞의 책, 712·713쪽.
58) · 須川英德, 앞의 논문, 35쪽.
   · 김순자, 앞의 책, 73·74쪽.
59)『高麗史節要』권31, 禑王 6년 4월.

등이 遼東에 갔다가 遼東都司가 歲貢 定額에 미치지 못한다고 하여 되돌아왔고,[60] 1383년 정월에 鄭夢周 등이 遼東에 이르렀으나 遼東都司가 공물을 받아들이지 말라는 皇帝의 勅書가 있다고 하면서 다만 進獻 禮物만을 받고 入京을 허락하지 않아 돌아왔다.[61] 이처럼 고려의 사신이 요동에서 거절당하는 일이 자주 일어나는 상황에서, 貿易商이 손쉽게 國境을 通過하여 무역을 하는 것은 매우 어려운 일이었다.

그밖에 명의 조공마 요구 문제도 무역의 방식에 약간의 영향을 주었을 것이다. 육로를 통하는 貿易商들에게 말과 소는 화물을 운반하는 중요한 수단이었다. 1296년 10월에 中贊 洪子藩의 상소에서 '요즘 商賈之人이 자주 牛馬를 거느리고 강역을 나가는 자가 있다고 한 것과[62] 商賈의 무리들이 牛馬에 金銀·苧·麻布를 싣고 몰래 遼瀋에 가서 賣買하는 자가 매우 많았다'는 등의[63] 기사에서 말이 운반 수단으로 언급되고 있다. 물론 소와 말 모두 주요한 운반 수단이었으나 『老乞大』의 내용을 보건대 말이 더욱 보편적인 운반수단이었을 것이다.

그런데 말은 고려의 特産物로서 인삼·모시와 더불어 對元貿易의 중요한 수출품이기도 했다.[64] 1391년 3월에 中郞將 房士良은 '상인들이 牛馬를 이끌고 金銀을 숨겨서 '날마다' 외국으로 가고 당나귀와 노새 따위의 老鈍한 물건을 가져와서 그것이 온 나라 안에 널리 퍼졌다'고 했는데,[65] 소와 말을 이용하여 갔다가 돌아올 때는 그것을 팔아치우고, 대신 당나귀와 노새를 사서 명에서 산 물품을 싣고 돌아왔기 때문에 이런 말을 했을 것이다.

---

60) 『高麗史節要』 권31, 禑王 7년 3월.

61) 『高麗史節要』 권32, 禑王 9년 춘정월.

62) 『高麗史節要』 권21, 忠烈王 22년 10월

63) 『高麗史』 권46,「世家」, 恭讓王 3년 5월 己酉.

64) 위은숙, 주 7) 논문, 62~69쪽.

65) 『高麗史』 권85,「刑法志」 2, 禁令, 恭讓王 3년 3월.

실제로 『老乞大』에서는 말에 모시와 인삼을 大都까지 싣고 가서 人蔘·모시 등과 더불어 말까지 팔아서 보초로 바꾸고 그것으로 다시 중국의 物貨를 구매하고 있다.[66] 어차피 商人들이 배 편으로 歸國하므로, 말은 필요하지 않기 때문에 그것을 팔아 더 많은 中國의 物品을 사서 고려에서 장사하는 것이 훨씬 효율적이고 利潤을 극대화하는 방식이었다.

하지만, 명이 軍馬의 수요를 채우기 위해 고려에 말을 요구하면서부터 對中國 貿易에서 말이 차지하는 비중이 달라졌다. 1374년 4월에 명나라 사신 林密·蔡斌이 와서 耽羅의 말 2천필을 요구한 이래 명은 당면한 國際情勢의 不安과 國內的인 馬匹 不足을 해결하고자 그것을 고려에 요구하였고,[67] 이에 따라 고려는 1392년까지 약 3만필(26,669필)을 進獻하였다.[68] 그리고 1386년에 貢馬의 형태가 아니라 고려에 와서 옷감을 주고 말을 무역하는 새로운 交易의 方式이 등장한 뒤,[69] 朝鮮 建國 이후 世宗代까지 계속되었다.[70] 이 과정에서 명이 말을 교역하여 수입하면서도 宗主國에 바치는 '貢'이란 용어로 표현한 것은 宗主權 과시의 발로로 간주할 수 있는데, 명이 朝貢國과 대등한 교역을 하는 자체를 꺼렸기 때문이다.[71]

---

66) 원본 『老乞大』의 고려 상인이 가져간 15필의 값은 흥정 끝에 좋은 보초 90錠에 거래가 성사되고 중개료 5정을 떼어 85정을 받았다(정광, 앞의 책, 242~264쪽). 이 때 가격은 좋은 말 1필은 7정, 나쁜 말은 5정이었으며, 인삼 값은 당시 시세가 좋아서 1근에 半錠이었다(정광, 앞의 책, 460·461쪽).

67) 南都泳, 「麗末鮮初 馬政上으로 본 對明關係」 『東國史學』 6, 1960, 35쪽.

68) 南都泳, 앞의 논문, 53쪽.
   이 숫자는 약간의 수정이 이루어졌다(김순자, 「麗末鮮初 明과의 馬貿易」 앞의 책, 227·228쪽).

69) 중국이 公式的으로 朝貢이 아니라 代價를 치르는 방식은 이전에도 있었다. 元 世祖는 수 차례 使臣을 보내 비단으로 고려의 耕牛를 사간 적이 있었다(蔣菲菲·王小甫 等, 「蒙元與高麗的關係」 『中韓關係史(古代卷)』, 社會科學出版社, 1998, 264쪽).

70) 김순자, 앞의 책, 228·229쪽.

71) 李憲昶, 앞의 논문, 92·93쪽.

　　이러한 대량의 공마 요구는 고려의 무역상을 비롯한 상인들에게도 영향을 끼쳤다. 명의 공마 요구에 대응하고자 郎舍 許應은 1391년 5월에 開城府에 등록된 商販의 말 수가 500에 가까운데 마침 天朝에서 말을 사겠다는 명령이 있으므로 이 말들을 모두 징발하여 脫漏함이 없게 하고 其他 商賈에게 말을 내게 하여 그 액수를 채운다면 公私가 모두 편할 것이라고 상소하였다.[72] 고려는 명이 요구하는 말의 수효를 맞추기 위해 상인들의 말을 징발해서 충당하자는 건의였다. 이 주장의 배경에는 상업을 억제하려는 뜻이 있었겠지만,[73] 명의 요구를 들어줄 만큼의 말을 구하기 어려웠던 사정도 있었기 때문이다. 고려가 명과의 公的인 交易을 위해 말을 徵發하거나 購買하는 일이 잦아질수록 말의 가격은 올라가고, 상인들이 이용할 수 있는 말은 부족해져서 많은 물품을 실어나르기가 어려워졌을 것이다.

　　또한 고려의 말이 명에 보내지는 것이 朝貢과 貿易 어느 쪽에 해당되었는지, 아니면 두 가지 형식을 모두 갖추었는지에 관계없이[74] 말의 교환이 명과 고려의 국가적 차원에서 이루어지게 되면 민간 차원에서 말을 주요 무역상품으로 삼던 무역 상인들은 그 만큼 불리해질 수 밖에 없었다.

　　이렇듯 고려의 무역 상인들은 약 100년간 계속되던 平和와 자유로운 往來를 바탕으로 요동을 거쳐 중국의 수도에 가서 무역을 할 수 있었으나, 恭愍王代부터 高麗末에 이르기까지 고려와 중국의 國境에서 군사적 긴장 및 충돌이 계속되었다. 외교적 갈등으로 인해 사신들의 원활한 출입조차

---

72) 『高麗史』 권46, 「世家」, 恭讓王 3년 5월.
73) 朴平植, 앞의 논문, 34쪽.
74) 李憲昶은 명이 고려와 조선으로부터 朝貢 儀禮와 무관하게 말을 가져간 것에 대한 여러 학자들의 견해를 첫째, 戰馬交易, 둘째, 명나라의 購入, 셋째, 典型的인 朝貢 關係 안의 特殊 貢物, 넷째, 명과 고려의 상이한 인식—명은 매매, 고려는 공물— 등으로 나누었다. 고려·조선과 명의 馬貿易은 朝貢·回賜關係보다는 교역적인 성격이 한층 강하였던 점에서 조공무역과 준조공무역의 경계에 있었는데, 明은 매매로 인식한 반면, 조선은 공물의 일환으로 간주하였다(李憲昶, 앞의 논문, 92쪽).

힘든 상태가 되면서 종전과 같이 손쉽게 중국을 넘나들며 私貿易을 하기
어려운 조건이 되었다. 더욱이 명이 해금정책을 실시하여 바닷길이 막히게
되자 합법적인 해로 무역이 힘들어졌다. 아울러 명의 공마 및 말무역 요구
로 고려 상인의 주요한 운반수단이자 對明貿易品이었던 말이 고려와 명의
국가 간 무역의 교역품으로 바뀌게 되었다. 무역에 영향을 주는 政治·經濟
的 여건 변화는 전체적으로 對明 私貿易을 위축시켰다. 禑王代에는 對元貿
易에서처럼 국경을 오가며 자유로운 무역을 하는 것은 사실상 불가능해졌
고, 다만 국경지역인 서북면의 권세가와 부호들이 권력을 이용하여 무역을
하였다.75) 하지만 恭讓王代에는 그러한 무역조차도 금지하려는 건의가 잇
따르고 결국 고려 사람이 중국에 가서 무역하는 것은 금지되었다. 다음의
기사를 보자.

> A1. 恭讓王 3년 3월에 中郞將 房士良이 上疏하기를 " … 둘째, 『書經』
> 에 이르기를 '다른 지방[異邦]의 물건을 귀하게 여기지 않고, (평
> 소) 쓰던 물건을 천하게 여기지 않으면 백성이 이에 족하다'라고
> 하였습니다. 그 동안 우리 나라는 우리 땅에서 나는 명주·모시·
> 삼베 만을 사용하고도 능히 오랜 세월을 지내 오면서 상하가 모
> 두 넉넉했는데, 지금은 貴賤을 따질 것 없이 외국 물건을 다투어
> 사들여서 분에 넘치고 奢侈에 節制가 없으니, 지금부터는 士·庶
> 人·工商·賤隷에게는 紗羅·綾段의 衣服과 金銀朱玉의 장식을 일체
> 금지시켜 사치한 풍속을 그치게 하고, 귀한 이와 천한 이의 구별
> 을 엄하게 하소서. … 셋째, 人家의 자손이 혹 집이 가난하고 돈

---

75) · 위은숙, 주 7) 논문, 87쪽.
   · 須田英德, 앞의 논문, 36·37쪽
   · 朴平植, 앞의 논문, 35쪽.
   · 위은숙, 주 11) 논문, 491쪽.
   · 李康漢, 앞의 박사학위논문, 278~280쪽.

이 없어서 비단 요와 이불을 준비하지 못해서 날짜를 늦추고 혼
인의 때를 놓치게 되는데, 심한 경우는 부모가 죽어서 친척에게
의탁하거나 노비에게 의탁하기까지 하니, 이로 인하여 예를 어기
고 인륜을 거의 무너뜨리는 자가 많이 있습니다. 지금부터 혼인
하는 집은 오로지 綿布만 쓰게 하고, 외국의 物件은 일체 금지시
키되 만약 옛 폐습을 그대로 행하는 자가 있으면 법을 어긴 것으
로 논죄하소서. 다섯째, 놋쇠와 구리는 본토에서 생산되지 않는
물건이니, 지금부터는 구리그릇과 쇠그릇은 금지하고, 오로지 瓷
器와 나무그릇만 사용하게 하여 習俗을 改革하소서. … 여덟째,
『書經』에 '命令을 내리는 것은 시행하기 위한 것이다.' 하였으니,
만약 命令이 내려져도 시행하지 않는다면, 나라가 나라 꼴이 못
되는 것입니다. 지금 命令이 엄하지 않은 것은 아니지만, 行商의
무리들이 10명, 5명씩 떼를 지어 소와 말을 이끌고 金銀을 숨겨서
날마다 외국으로 가서 당나귀와 노새 따위의 老鈍한 물건을 가져
와서 나라 안에 널리 퍼져 있습니다. 지금부터는 몰래 강을 건너
가서 소와 말을 파는 자와 官印이 찍힌 말을 가지고 가서 그들에
게 팔고 다시 가져오지 않는 자는 法을 어긴 것으로 형벌을 가하
소서 … "라고 하였다. 왕이 이 말을 깊이 받아들여, 조금 후에
房士良을 刑曹正郎으로 삼았다.76)

A2. (공양왕 3년 5월) 郎舍 許應 등이 상소하기를 "… 하나, 풍속이 좋
고 숭상하는 것은 人君을 본받는 것입니다. 人君이 儉約한 마음을
갖게 되면 公·卿·大夫가 감히 制度를 뛰어넘어 사치하지 않을 것

---

76) 中郎將房士良上時務十一事 … 二日 書云 不貴異物賤用物 民乃足 我朝只用土宜紬苧
麻布 而能多歷年所 上下饒足 今也無貴無賤 爭貿異土之物 奢僭無節 願自今士庶工商
賤隷 一禁紗羅綾段之服 金銀珠玉之飾 以弛奢風 以嚴貴賤 … 三日 人家子孫或家貧
無錢 以綾錦襦衾之未辦 淹延歲月 婚姻失時 甚至父母亡 而或托族屬 或依奴婢 因此
失禮 幾敗人倫者 往往有之 願自今 婚姻之家 專用綿布 一禁異土之物 如有仍行舊弊
者 以違制論 … 八日 書云 令出惟行 若令出而不行則 國非其國矣 今也令非不嚴也 征
商之徒什伍成群 牽牛帶馬 懷金挾銀 日趁異域 驢騾駑鈍之物 遍於國中 願自今 潛行越江
賣牛馬者 及將官印之馬 賣彼不還者 以違制加刑 … 王深納之 尋拜士良爲刑曹正郎(『高麗
史』권85,「刑法志」2, 禁令 恭讓王 3년 3월 및『高麗史節要』권35, 恭讓王 3년 3월).

이며, 조정이 검약한 마음을 가진다면 士·庶人이 감히 분수를 넘
어 過分한 사치를 할 수 없어서 자연스럽게 모든 집과 사람들이
넉넉해지고 僭亂의 길이 없어질 것입니다. 지금 無賴之徒가 모두
遠方의 物貨로 이익을 얻고 本業을 일삼지 않으니 朝廷은 비록 크
게 막아서 홍행하지 못하게 하나 몰래 갔다 몰래 돌아오는 무리
들을 어찌 다 알겠습니까. 심지어 그 土人을 데려와서 마음대로
저자에서 노닐고 우리 국가를 엿보게 하므로 신은 비록 드러나는
形迹이 없지만 의심할 만하니 참으로 한심한 일입니다. 원컨대 지
금부터 大小臣僚들에게 紗羅·段子로 된 옷을 입을 수 없게 해서
검소함을 돈독히 숭상케 함으로써 商販을 끊고, 潛行하는 商賈를
알려서 잡은 경우는 반드시 그들의 재물로 보상하게 하십시오
…" 라고 하였다.[77]

A3. 1391년 5월에 軍資少尹 安魯生을 西北面察訪別監으로 삼아 상국과
互市하는 것을 금하였다. 처음에 商賈의 무리들이 牛馬에 金銀·苧
布·麻布를 싣고 몰래 遼藩에 가서 賣買하는 자가 매우 많아서 국
가는 비록 금하나 구체적인 명령이 없었으므로 邊吏들이 또한 嚴
禁하지 않으니, 왕래하며 판매하는 것이 줄을 이었다. 安魯生이
그 우두머리 10여인을 斬하고 나머지는 杖을 쳐서 水軍에 配屬하
고 仍하여 貨物을 몰수하였다. 또한 그것을 금하고 막지 못한 州
郡官吏에게 杖刑을 가하니 이에 紀綱이 크게 행해지고 邊境이 肅
然하여 다시 금제를 범하는 자가 없었다.[78]

---

77) 郎舍許應等上疏曰 … 一曰 風俗好尙 本之人君 人君以儉約爲心 則公卿大夫 不敢踰
    制以過侈 朝廷以儉約爲先 則士庶人 不敢越分以過奢 自然家給人足 無僭亂之階矣 今
    無賴之徒 皆利遠方之物貨 不事本業 朝廷雖大爲之防 毋使興行 然潛行潛返之徒 豈能
    盡知之乎 至有將彼土人來 縱其市素 以覘我國家 臣等竊謂 此雖無形之迹 有可疑之勢
    足爲寒心者也 願自今 大小臣僚 皆毋得衣紗羅段子 敦尙儉素 以絶商販 敢有潛行商賈
    其告捕者 必以其財賞之 … (『高麗史』 권46, 「世家」, 恭讓王 3년 5월).

78) · 己酉 以軍資少尹安魯生爲西北面察訪別監 禁互市上國者 初商賈之徒 將牛馬金銀苧
    麻布 潛往遼藩 買賣者甚衆 國家雖禁之 未有著令 邊吏又不嚴禁 往來興販 絡繹於
    道 魯生往 斬其魁十餘人 餘皆杖配水軍 仍沒其貨 且杖其州郡官吏之不能禁遏者 於
    是紀綱大行 邊境肅然 無復有犯禁者(『高麗史』 권46, 「世家」, 恭讓王 3년 5월).

A1은 1391년 3월의 中郎將 房士良의 상소이다. 위 기사에서 제시되지 않은 것 가운데 네 번째가 商稅의 徵收와 商業에 대한 規制, 여섯째는 貨幣의 사용에 관한 것 등으로 전체 11가지 條目 가운데 6가지가 商業 및 貿易에 관한 것이었다. 이어 A2의 郎舍 許應도 무역과 상업 등에 관해 상소를 올린 것은 당시에 일반 백성들의 私貿易을 규제하는 일이 국가적으로 매우 요긴하고 시급한 해결 과제였음을 알려준다.

房士良과 許應이 건의한 의도는 權勢家들의 경쟁적인 互市 풍조가 백성들에 대한 抑買로 이어지면서 西北面 사람들이 유망하는 등의[79) 사회적 폐단을 줄이고자 했던 것이었다.[80) A3의 기사에서 보이는 바와 같이 對明貿易을 금지하였으나 실효를 거두지 못한 채 여전히 성행하고 있으며 국경의 관리들은 분명한 命令이 없어 嚴禁하지 않았던 것이다. 그리고 규제 대상으로 요동 지역을 오가는 상인들이 指目되었던 것은 明의 海禁政策으로 고려에서 가는 것은 물론 명으로부터 오는 무역상인이 끊긴 상황에서 이들이 무역을 주도하였기 때문이다.

구체적인 내용은 두 사람 사이에 약간의 차이가 있으나, 백성들로 하여금 사치하지 말고 검약한 생활을 하도록 하고, 그것의 실천 방법으로 낮은 신분의 사람들이 사치품을 착용하는 것을 제한하며, 불법적인 무역을 단속하고 처벌하여 私貿易을 근절하자는 점은 같다. 그런데 983년 崔承老도 時務策에서 이와 비슷한 논지를 주장하였다. 그 내용은 '交聘하는 사신 편에 貿易을 겸해 행하고 그 나머지 無時로 賣買하는 것은 일체 금지시킬 것, 綾羅와 錦繡 같은 물건은 모두 土産이 아닌데도 사람마다 이를 입게 된다

· 『高麗史節要』에는 商賈들이 명에 가서 互市하는 것을 금하였다는 간단한 기록만이 있다(『高麗史節要』 권35, 恭讓王 3년 5월).
79) 『高麗史節要』 권33, 禑王 14년 8월.
80) 朴平植, 앞의 논문, 31쪽.

면 다른 나라 사신을 영접할 때에 백관의 예복이 법대로 되지 않으므로 백
관은 예법에 따라 입고, 庶人은 문채 있는 옷과 비단은 입지 못하게 하고
다만 굵은 명주를 쓰게 할 것, 車馬와 의복의 제도는 중국과 같이 하지 말
고 우리의 풍속대로 하여 사치함과 검소함을 알맞게 할 것' 등이었다.[81]

崔承老와 房士良·許應의 사이에는 약 400여년의 시간적 차이가 있지만,
그들은 무역을 제한하기 위한 명분으로 백성들이 사치하지 말고 검소한 생
활을 할 것을 강조하였다. 왜냐하면, 백성들이 검소하고 분수에 맞게 생활
해서 주로 중국에서 수입되는 사치품을 사용하지 않아야 중국과의 무역이
줄어들었을 것이기 때문이다.[82] 백성들의 사치는 무역이 번성하는 원인이
되므로 백성들의 사치품 수요를 억제하지 않는 한 아무리 정부가 심하게
단속한다해도 밀무역은 계속될 것이다.

방사량과 허응이 중국과의 무역을 금지하자는 상소를 잇따라 올리자 고
려 정부는 곧바로 그 대책을 실행에 옮기기 시작하였다. A3의 기사 내용대
로 安魯生을 파견하여 명과 互市하는 것을 금하였고, 무역하던 우두머리
등을 처형하고 그들의 물화를 몰수하였으며, 그것을 막지 못한 州郡官吏에
게 杖刑을 가하여 紀綱을 바로 잡았다. 이후 邊境이 肅然하여 다시 명과의
무역을 하지 말라는 禁制를 범하는 자가 없었다고 한다.[83] 이후 私的인 對
明貿易은 死罪로 완전히 금하게 되었고,[84] 국가에서 私貿易을 인정하지 않

---

81) 『高麗史節要』 권2, 성종 원년 6월 및 『高麗史』 권93, 崔承老傳.
82) · 白南雲, 『朝鮮封建社會經濟史(上)』, 改造社, 1937, 788쪽.
   · 朴平植, 앞의 논문, 39쪽.
83) 『高麗史』 권46, 「世家」 恭讓王 3년 5월 己酉.
84) 이에 대해 舊執權層의 經濟 基盤을 해체하고 탈취하여 가는 과정은 단순히 田制만
   이 아니라 對外交易도 같았으며, 정변 때마다 명과의 관계를 명분으로 대외교역에
   대한 통제가 강화되고 사신의 私貿易이 정치적으로 이용되고 금단되었을 뿐인데,
   商賈의 越境交易도 嚴罰로 금단되었던 것은 국내에 있어 田制 改革과 궤를 같이
   한다는 주장이 있다(須田英德, 앞의 논문, 38·39쪽).

았으므로 對中國 民間貿易은 불법적인 密貿易이 될 수 밖에 없었다.[85]

고려말 對明 私貿易에 대한 금지는 元干涉期 이전에 고려가 契丹(遼)·金과 국경무역을 금했던 政策과 통하는 바가 있다. 그리고 고려전기에는 農業社會를 指向하면서 貿易을 억제하기 위해 상인들의 해상무역과 國境貿易을 전면적으로 금지하는 대신에 송상이 예성항에 와서 무역하는 것을 허용하여 貿易品에 대한 社會的 需要를 充足시켰다.[86] 반면에 고려말 私貿易 금지 조치의 배경은 고려 내부적인 것보다는 明의 私貿易 禁止의 영향이 더 컸다는 점이 전기와 구별된다. 또한 고려말에 명과의 海上貿易이 불가능한 상태에서 국경지역의 私貿易 마저 금지하는 것이었으므로 전기보다 더 큰 충격을 주었을 것이다.

그러나 1391년 5월의 私貿易 금지는 A3의 기사에서 보듯이 의외로 효과를 거두어 일체의 私貿易이 중단되는 결과를 가져왔다. 그것은 오랫동안 私貿易의 여건이 나빠지면서 私貿易이 그만큼 위축되어 있었기 때문일 것이다. 그런 점에서 일체의 私貿易을 금지하자고 주장했던 방사량이 '날마다' 상인들이 매매한다고 했지만 그것은 다분히 과장된 표현이었으며, 그는 이미 고려말 私貿易의 기반이 취약해져 있었던 사정을 勘案하여 건의하였다고 생각된다.

요컨대, 恭愍王代 이후 중국의 혼란, 고려와 元·明의 군사적 긴장과 충

한편 農村·農民에 基盤하는 在地地主로서 장차 조선 건국을 전망하던 이들 사대부들에게, 억말책은 그들의 사회경제기반인 농촌과 소농민의 유지·보존을 위해서도, 고려 구집권세력의 경제기반에 일대 타격을 가하기 위해서도 시급한 대책이 아닐 수 없었으며, 고려말 개혁파 사대부가 주도하던 抑末論議의 배경에는 이러한 政治經濟上의 대립과 갈등이 내재하는 것이었는 견해도 있다(朴平植, 앞의 논문, 46쪽). 두 견해가 한결같이 私貿易 禁止를 정치적으로 해석하고 있다.

85) 全海宗, 앞의 논문, 128~131쪽.

86) 李鎭漢, 「高麗前期 對外貿易과 그 政策」『九州大學 韓國研究センター年報』5, 2005, 86~92쪽.

돌의 지속, 명의 중원 장악과 해금을 비롯한 폐쇄적인 무역 정책 실시 등으로 인해 私貿易은 어렵게 되었다. 고려는 무역의 여건의 변화를 반영하여 對明貿易을 제한하기 시작하였고, 한편으로는 백성들에게 주로 중국에서 들어오는 사치품을 사용하지 말고 검소한 생활을 하도록 권장하였다. 이후 명령을 어긴 무역상들을 斬刑에 처하고, 상인들의 무역을 엄격하게 막지 않던 변경의 관리들을 처벌함으로써 비로소 무역을 현저히 줄일 수 있었다. 이로써 고려의 對明貿易은 오직 조공 무역과 그에 부수되는 사신 일행의 무역만이 합법적으로 가능하게 되었다.

3. 高麗末 對明 使行貿易

私貿易이 순수하게 民間 次元에서 이루어지는 것이었던 데 비해, 使行貿易은 중국에 간 사신과 그 일행이 사행의 기회를 이용하여 업무를 수행하고 나서 私的으로 中國의 物品을 구입해서 오는 것이다. 교역은 사적이지만, 외교사절의 교역은 중국 뿐 아니라 고려에서도 공인해주었기 때문에 '半公半私'의 성격을 가진 무역이었다.

고려에서 중국에 가는 사신들이 무역을 하는 것은 다음과 같은 이유가 있었다. 고려국왕을 대신해서 중국에 가서 외교사절의 임무를 수행하는 것은 관인들에게 자랑스런 일이었다. 그러나 五代를 비롯하여 宋·契丹(遼)·金·元·明 등 각 왕조의 首都까지 往復하는 것은 많은 時日이 소요될 뿐 아니라, 氣候에 따라 어려움이 가중될 수 있다. 바닷길은 風浪을 만나 좌초될 危險이 常存하였고, 陸路는 말을 타고 여러 일행과 함께 수십 일을 가야 하는 고된 旅程이었다. 그렇지만 국가는 正使·副使 등의 사신과 그 일행에 대한 공식적인 반대급부를 주지 않았다. 대신 사신들은 함께 갈 隨從員을

정할 수 있는 권한을 이용하여 이익을 얻거나 본인이 약간의 물품을 가져
가서 무역을 할 수 있는 권리가 있었다. 仁宗初에 고려에 왔었던 宋의 사신
徐兢은 바닷길이 험난하지 않다면 朝廷에 돌아와 후한 賞을 받아서는 안될
것이라고 강조하였다.[87] 그 뜻을 뒤집어보면 사행의 어려움이 있는 만큼
報償을 받는 것이 당연하다는 입장인 것이다. 고려가 중국에 가는 사신들
에게 특혜를 주는 것은 사신으로 어려운 공무를 수행하는 것에 대한 일종
의 代價인 셈이었다.[88]

그러므로 고려 建國 후 중국과 처음 외교가 시작되었던 五代부터 明에
이르기까지 고려의 많은 사신들이 공무를 마치고 무역을 하였다.[89] 다만
그것은 사신들에게 주어진 권한일 뿐이었으며, 使臣으로서 淸廉한 것은 稱
頌의 대상이 되었다. 예를 들어 1100년 宋에 갔던 哲宗 皇帝의 弔慰使[90]
일행이 物貨의 利益을 탐하였으나 正使인 尙書 任懿만이 홀로 청렴하여 宋
人들의 稱讚을 받았다고 한다.[91] 高宗 때 蒙古에 使臣으로 갔던 李純孝는
한 가지 물건도 싸가지고 돌아온 것이 없어 주머니와 자루가 모두 비었기
때문에 巷婦·郵卒들조차 그 맑은 節操에 歎服하여 '참 官人이다'라고 말하
였다.[92] 이들은 무역의 기회를 적극적으로 활용하였던 다른 사람들과 비교
되는 그다지 흔하지 않았던 人物이었으므로 특별히 기록에 남았을 것이다.

반면 1263년 4월에 獺皮 500領, 紬 100匹, 白苧布 300匹, 表紙 500張,
奏紙 1000張을 바치러 몽고에 갔던 禮賓卿 朱英亮과 郞將 鄭卿甫는[93] 그

---

87) 『高麗圖經』 권39, 「海道」 6.
88) 이진한, 「고려시대의 무역」『한국무역의 역사』(최광식 외), 청아출판사, 2004, 294·
295쪽.
89) 고려시대 使行貿易에 개략적인 서술은 다음이 참조된다.
이진한, 앞의 책, 294~298 및 314~316쪽.
90) 『高麗史』 권11, 「世家」, 肅宗 5년 6월 을축.
91) 『高麗史』 권95, 任懿傳.
92) 『高麗史節要』 권17, 高宗 41년 3월.

해 8월에 귀환했는데,[94] 사신으로 갈 때 사람들로부터 뇌물을 받고 17인을 데리고 갔으며 매매를 많이 하였던 일이 발각되어 모두 流配되었다. 또한 뇌물을 준 17인은 銀甁 170口와 眞絲 7百斤, 주영량은 은 9근, 정경보는 은7근을 각각 몰수당하였다고 한다.[95] 이 사건을 통해, 對元 使行에 포함되면 막대한 이익을 얻을 수 있었고, 사절단을 구성할 권한을 가진 정사나 부사는 참여를 바라는 자들로부터 뇌물을 받기도 하였으며,[96] 그것이 일정한 범위를 벗어나면 처벌되었다는 사실을 알 수 있다.

    이처럼 고려시대에 중국에 갔던 사신들이 使行貿易과 관련하여 몇 차례의 물의를 일으킨 적이 있었지만, 많은 편은 아니었다. 고려는 明 이전에 宋·契丹(遼)·金·元 등의 각 왕조와 보통 100년 이상의 외교를 유지하였지만, 使行貿易과 관련된 기사는 수 차례를 넘은 적이 없었고 그것을 법적으로 규제하려는 노력을 하지 않았다.

    하지만, 고려와 명과의 외교관계 持續은 34년에 불과한 데도 使行貿易에 관련된 일들이 그 이전 시기에 있었던 모든 관련 기사를 합친 것보다 많이 기록되었을 뿐 아니라, 때로는 그들의 행위가 정치적 사건으로 확대되었으며 그에 대한 구체적인 법적 규정이 마련되기 시작하였다. 명에 갔던 사신들이 유달리 무역에 관심을 많이 가졌던 것은 그 이전과 분명히 구별되는 점이었다. 따라서 그 원인을 찾기 위해 對明 通交가 시작된 이후 사신 무역과 관련된 사건들을 검토하고자 한다. 그것은 단순히 對明 使行

---

93) 『高麗史』 권25, 「世家」, 元宗 4년 夏4月 甲寅.

94) 『高麗史』 권25, 「世家」, 元宗 4년 8월 갑자.

95) 『高麗史』 권25, 「世家」, 元宗 4년 12월 壬戌.
    이 기록에서 17명을 데리고 갔다는 표현이 『高麗史節要』에는 사람들의 賂物을 받아서 傔從으로 삼았다고 되어 있다(『高麗史節要』 권18, 원종 4년 12월). 후자가 조금더 구체적인데, 뇌물을 준 사람을 데려가는 방식의 하나가 사신의 개인적인 수행원인 傔從으로 삼는 것이었다.

96) 이진한, 앞의 책, 314·315쪽.

貿易이 갑자기 늘어난 원인을 추구하는 데 그치지 않고 明 王朝가 등장한 이후 변화된 무역 환경을 알게 되는 계기가 될 것이다.

　對明外交가 시작되고 얼마되지 않은 때 부터 명은 고려 使臣들의 무역을 문제삼기 시작했다. 1370년에 명의 中書省은 고려의 入貢 사신들이 私的인 물건을 가져오니 마땅히 그 거래에 대해 稅를 거두고 또 中國의 물건을 가지고 국경을 나가는 것이 많다며, 그것을 금할 것을 청하였다.97) 이에 明太祖는 멀리 있는 오랑캐가 萬里를 건너와서 잠깐동안 財貨를 팔아 이익을 구한다고 해도 그것을 商賈와 같이 논할 수 없으니 그들의 교역을 들어주고 세를 거두지 말라고 하였다.98) 그 다음해 戶部는 고려와 三佛齊가 入貢하고 高麗의 海舶이 太倉에, 三佛齊의 海舶이 泉州海口에 도달하자 그 財貨에 稅를 거둘 것을 청하였으나 역시 明太祖가 허락하지 않았다.99) 고려의 사신 및 그 수종원이 가져와서 팔고 산 물품에 대해100) 모두 課稅하자는 中書省의 주장에 대해 황제가 거절한 것은 고려와의 우호적인 관계를 고려했기 때문이다. 그런데 『明史』에 이와 같은 기록이 남게 된 것은 고려 사신들이 외교가 개시된 초기부터 그 만큼 적극적으로 使行貿易에 참가했기 때문인데, 그것은 1354년 장사성의 반란 진압을 위해 고려군이 출정한 이래 1370년 동녕부 정벌에 이르기까지 거의 매해 중국과의 군사적 충돌이 벌어졌고, 그로 인해 私貿易이 원만하게 이루어지지 않아 중국의 물품이 충분히 공급되지 못하고 있었던 사정과 관련되었다. 즉, 합법적으로 무역

97) 『明史』 권320, 「朝鮮傳」, 洪武 3년 정월.
98) 『明實錄』, 洪武 3년 10월 정사.
99) 『明實錄』, 洪武 4년 9월 정축.
100) 朝貢 方物의 하나는 本國王의 進貢物이고 다른 하나는 공사 및 隨件者가 附載하는 화물이다. 수반자는 정사·부사를 제외한 通事·頭目·從人 혹은 蕃件人 등을 가리키고 번반인이라고 칭하였으며, 商人이 주요 부분을 점하였다. 그러므로 '附至番貨'라든가 '附搭貨物'이라고 일컫는 것 가운데 상인들이 附載하는 交易商品이 중요한 위치를 차지하였다고 한다(佐久間仲男, 주 34) 논문, 8·9쪽).

할 기회가 많지 않아서 공식적인 使行貿易에 최대한 많은 무역을 하려했던 것이다.

다음은 貢馬를 횡령한 죄로 처형된 金甲雨 사건에 대해 살펴보자. 1372년 11월에 大護軍 金甲雨는 耽羅의 말을 바치러 명에 갔다.[101] 그는 도착해서 말 50필을 바쳤다고 했으나, 사실은 길에서 없어진 것이 2필이고 京師에 이르렀을 때 남은 것은 49필이었다. 진술이 모두 進上하는 수효에 관계되어 명의 太僕寺가 조사해 보니, 모두 탈 만한 말이 아니고 그 중 1필은 김갑우가 자기 물건이라며 스스로 東宮에게 바치고자 하였던 것이다. 明太祖는 그의 거짓 계략과 속임수를 환하게 알 수 있다며 貢物을 일부만 받고 돌려보냈으며, 이 일을 계기로 앞으로는 3년에 한 번씩 조공할 것을 명하였다. 이 소식은 1374년 6월 명에서 돌아온 사신 鄭庇에 의해 禑王에게 전해져 김갑우는 死刑에 처해졌다.[102]

내용으로 보건대, 김갑우는 貢馬 50필 이외에 개인적으로 말을 가져갔으며, 貢馬 가운데 좋은 것을 자신의 것과 바꾸어 1필을 태자에게 바치려 했던 것 같다. 김갑우가 개인적으로 말을 가져간 것은 使行貿易을 염두에 둔 것이며, 몰래 바꾼 말을 太子에게 바치고자 했던 것은 太子에게 더 많은 回賜를 받으려는 속셈이었을 것이다. 김갑우는 사신으로 공사를 구분하지 못하고, 使行貿易을 통해 많은 이익을 얻으려 했다가 사실이 드러나 결국 죽임을 당했다.

한편 김갑우 사건에 대한 후속조치로 明太祖가 고려에 대해 3년에 한 번 조공하라는 명령을 내렸다고 했는데, 조공 횟수는 使行貿易의 횟수와

---

101) 『高麗史節要』 권29, 恭愍王 21년 11월.
102) 『高麗史節要』 권29, 恭愍王 23년 6월.
　　『明史』 朝鮮傳에는 金甲雨가 길에서 말 두 마리가 없어졌다고 아뢰고, 개인적인 말로 채웠으며, 이에 明太祖가 성실하지 못함을 미워하여 물리쳤다고 한다(『明史』 권320, 「朝鮮傳」).

직결되므로 조금 더 구체적으로 살펴볼 필요가 있다. 명과의 국교수립 후 1년에 여러 차례 사신을 보냈고, 그 때마다 그들은 많은 물품을 매매 목적으로 명에 가져갔으며, 明은 이에 대한 징세 논의 등이 있었으나 황제는 고려와의 우호적인 관계를 고려하여 받아들이지 않았다.[103]

그러나 1371년 2월 경부터 명이 요동으로 진출하면서 고려에 대해 억압적인 자세로 태도를 바꾸고 사신의 파견 횟수나 방식을 제한하기 시작하였다. 1373년 7월 명에 갔던 姜仁裕 일행이 가지고 온 명황제의 宣諭에는 商賈를 가탁한 偵察人이 많은 것을 지적하고, 금후로부터는 해로로 오지말 것, '一年數聘'에서 '三年一聘'으로 줄일 것 등을 명하였다.[104] 明은 中華主義 立場에서 빈번한 사신의 왕래를 필요로 하지 않았고, 사신 왕래에 따르는 접대비용이 막대하였으므로 고려에 대해 3년에 한 번 聖節使만을 보내도록 한 것이었으며, 이 원칙은 고려 뿐 아니라 安南·暹羅·爪哇·孛里·三佛齊 등등 西南 諸國에도 적용되었다.[105]

그에 반해 고려는 원활한 國交와 국가 안보 및 中國文物의 수입 또는 貿易의 一環으로 사신을 보냈기 때문에 더 많은 使節을 요청하였다.[106] 조공의 횟수를 늘려달라는 고려의 집요한 요청을 거절하던 명은 威化島 回軍 이후 고려와 명의 관계가 회복된 뒤에 비로소 그것을 허락하였다. 1388년 10월에 侍中 李穡과 簽書密直司事 李崇仁이 명에 가서 신정을 하례하였고,[107] 1389년 6월에 安宗源과 皇甫琳이 명에 가서 聖節과 千秋節을 하례

---

103) 須田英德, 앞의 논문, 35쪽.
104) 末松保和, 「麗末鮮初에 於ける 對明關係」『史學論叢』2, 1941;『靑丘史草』1, 笠井
   出版社, 1965, 329쪽.
   박용운, 앞의 책, 710쪽.
105) 末松保和, 앞의 논문, 332·333쪽.
   高錫元, 「麗末鮮初의 對明外交」『白山學報』23, 1977, 230쪽.
106) 高錫元, 앞의 논문, 212쪽.
107) 『高麗史節要』권33, 昌王 즉위년 동10월.

하였는데,[108] 이로써 1年 3貢의 정기 사절인 賀正使, 聖節使, 千秋使 등이
정상적으로 파견 귀환하였다.[109]

이상에서 서술한 바와 같이 1370년대에 對明 使臣들의 使行貿易이 자
주 物議를 일으키자 1380년대에 들어 그것을 규제하려는 움직임이 나타났
고, 다음의 기사가 그 代表的인 것이었다.

> B1. 大司憲 安宗源이 掌令 呂克禋·尹就 持平 成石珚 等과 더불어 上疏
> 하기를 "近來 明이 우리 나라를 譴責하여 매양 恭愍王의 諡號와
> 禑王의 承襲을 청하였으나 허락하는 德音을 내리지 않았습니다.
> 그리고 우리 나라에서 産出하지 않는 金銀과 馬匹을 정하여 歲貢
> 으로 삼았는데 그 수가 많아 비록 文武官에서 散官에 이르기까지
> 抽斂하여도 여전히 아직 額數를 충당하지 못하고 있습니다. 그런
> 데 이익을 탐하는 無識者들이 大體를 돌보지 않고 販賣하는 것을
> 이롭게 여겨 所持한 私物이 進獻數의 열에 여덟·아홉이 됩니다.
> 명이 더욱 우리를 정직하지 않다고 하여 문득 사신을 거절하고

---

108) 『高麗史節要』 권34, 昌王(恭讓王) 원년 6월.

109) 朴成柱, 「高麗末 麗·明간 朝貢冊封關係의 展開와 그 性格」『慶州史學』 23, 2004,
103쪽.
  이 연구는 고려의 명에 대한 사신 파견은 1369년부터 1392년까지 24년 동안
총95회가 있었고, 그 가운데 定期的인 使節이 35회였고, 非定期的인 使節은 77회였
으며, 儀禮的이고 定期的인 使節보다 非定期的인 使節이 훨씬 많았다고 한다.
  그런데 흥미로운 것은 1372년부터 明이 고려에 대해 3年1聘만을 할 것을 요구
했지만, 전체적으로 고려는 1년에 약 4회 정도씩 파견하여 실제로 1年3聘이었다
는 점이다. 使行貿易에 관심이 많은 고려 사절의 입국 횟수를 줄여서 자신들의 외
교적 요구를 실현시키고자 하는 명의 시도에 대해 고려는 비정규 사절의 파견이
라는 변칙적인 방법으로 대응하였던 것이다. 예를 들어 명이 조공을 줄이도록 한
명령을 철회해줄 것을 요청하기 위해 사신이 갔던 것을 들 수 있다. 고려의 사행
을 줄이라고 한 것 때문에 사행이 늘었던 것이다. 다만, 이 시기에는 양국의 외교
관계가 악화되어 사신이 수난을 당한 경우가 많아서 단순히 사행의 回數대로 정
상적인 使行貿易을 했다고 이해하기 어려운 점이 있다.

받아들이지 않습니다. 지금 명에 사신을 보내는 것은 安危에 관계
되는 것입니다. 그 私物은 마땅히 差等하여 수를 정하고 수를 넘
는 것은 비록 1필의 布라도 가져갈 수 없게 하시고, 淸白하고 威
望이 있는 자를 西京·安州 等處에 보내어 都巡問使와 더불어 그
수량을 搜撿하십시오. 만약 사사로이 金銀·馬匹 및 정해진 수를
넘는 布匹을 가져가는 자가 있으면 極刑에 처하고 妻孥와 家産은
官에 沒入하며 官人으로 그 事情을 알고 禁하지 않은 자는 削職하
십시오. 一行이 만약 犯禁한 자가 있으면 正使와 副使도 역시 죄
를 주십시오"라고 하니 받아들였다.110)

B1의 상소는 1381년과 1382년 사이에 있었던 것으로111) 恭愍王 死後에
明이 恭愍王의 시호를 내리지 않고 禑王의 왕위 계승을 인정하고 있지 않
아서 兩國의 外交的 葛藤이 고조되던 시기였다. 安宗源 등은 국가의 안위
에 관계된 중요한 상황에서 使臣 一行이 개인적인 문화를 가져가서 무역을
하여 명나라의 신뢰를 잃고 그들이 사신을 받아들이지 않는 명분을 주고
있다고 하였다. 따라서 사신들이 가져가서는 안될 물품과 개인적인 소지
물품의 수량을 정하고 사신들이 그것을 제대로 지켰는지를 확인하며 위반
한 자는 極刑에 處하고, 그것을 알고도 눈감아 준 관인과 정사·부사까지

---

110) (安宗源) 又與掌令呂克禮尹就持平成石珚等上疏曰 近來大明譴責我國 每請謚承襲
不降德音 以我國所不産金銀馬匹 定爲歲貢 厥數甚多 雖抽 歛文武官以至散官 尙未
充額 貪利無識者 不顧大體 利其販賣 所持私物 於進獻數 十常八九 大明益不直我
而輒拒使者不納 今又遣使大明 安危係焉 其私物宜差等定數 數外雖一匹布 不得齎行
擇遣淸白有威望者 於西京安州等處 與都巡問使搜撿 如有私齎金銀馬匹 及數外布匹
者 置之極刑 妻孥家産沒入官 其知情不禁者 削職 又一行有犯禁者 使副亦皆科罪 從
之(『高麗史』권109, 安軸傳附 宗源).

111) 안종원은 門下評理로서 다시 兼大司憲이 되고 賜純誠補祚功臣號를 받았으며, 이
상소를 올리고 난 뒤 順興君으로 개봉되고 純誠翊贊輔理功臣號를 받았다(『高麗史』
권109, 安軸傳附 安宗源). 그런데 그의 묘비명에 전자의 관작에 임명된 것은 신유
년(1381)이고 후자의 관작을 제수받은 것은 임술년(1382)으로 기록되어있다(『東
文選』권120, 碑銘, 「有明朝鮮國謚號文簡公安公墓碑銘」).

처벌할 것을 청하였다.

규정을 어긴 對明 사신일행의 물품 휴대에 대해 극형에 처하고, 그것을 감시하는 관인이나 사신의 대표인 정사·부사마저도 사건에 관련될 경우 연좌한다는 것은 다소 지나친 것이라고 할 수 있으나, 禑王이 그들의 요청을 수용하는 것을 보면 상당히 심각한 문제였음이 분명하다. 아마 사신들이 공적인 임무인 외교보다는 사적인 이익에 더 힘쓰는 일들이 잦아지고, 그것이 당시 외교 현안인 恭愍王 시호와 禑王의 책봉을 받는 일을 방해하고 있었다는 것이 上疏者들의 판단이었던 것 같다. 그러면서도 使行貿易 자체를 금하지 않았음이 중요하다. 즉, 安宗源 등은 사신의 지위에 따라 差等하여 수를 정하고 그것을 지키지 않는 자를 처벌하자고 했을 뿐이었으며, 사신들이 무역하는 것은 개혁의 대상이 아니었다.

하지만, 사신 일행이 가져간 私物이 進獻數의 열에 여덟·아홉이 되었다는 것은 약간 과장된 것을 감안해도 使行貿易을 위해 가져가는 수량이 매우 많았음을 알려준다. 고려와 명과의 외교적 갈등이 지속되는 어려운 상황속에도 명에 갔던 고려의 사신 일행은 무역에 관심이 많았던 것 같다. 이 시기 私貿易이 어려워지고 조공횟수가 줄면서 사신과 그 수종원들이 使行貿易의 기회를 최대한 활용하려 했던 데서 비롯된 현상으로 생각된다.

이처럼 對明使行은 무역의 이익을 얻을 수 있었으나 고려와 명 사이의 불편한 관계로 인해 위험한 처지에 빠질 수 있어서 기피의 대상이 되었다. 1384년 윤10월에 連山君 李元紘은 명에 가서 歲貢하는 말 1천 필을 바쳤고, 銀川君 趙林은 新正을 賀禮하였다. 이때에 明 朝廷은 여전히 고려를 의심하여서 사신의 명령을 받은 자가 가기를 꺼리어 세력가에 붙어 면하게 되기를 구하였으며, 李元紘과 趙林이 모두 散官으로 갔다고 한다.[112] 散官이었다는 것은 현직은 없이 封君만 있었던 것을 가리킨다. 高麗後期의 封

---

112) 『高麗史節要』 권32, 禑王 10년 윤10월.

君은 일종의 공훈에 대한 보상일 뿐 아니라 재상을 역임한 후 宰相職을 받지 못한 자들에 제수되어 재상에 준하는 대우를 받도록 한 제도였다.[113] 권세가 있는 現職 宰相의 입장에서 위험을 수반한 명나라 使行을 바라지 않아서 前職 宰相이 封君號를 갖고 사신으로 갔던 것이다.

하지만 위험을 감수하고 가는 對明使臣 일행의 무역을 단속하는 일은 계속되었다. 1384년 윤10월에 贊成事 沈德符가 명나라에 진헌하는 물건을 평양부에서 점검하였고, 押物官 魏堅이 私的으로 金銀을 가지고 가는 것을 금한 명령을 범하였으므로 사형에 처하였다.[114] 이때에 점검을 받은 것은 連山君 李元紘·銀川君 趙林과 그 일행이었을 것이다. 金銀을 외국으로 반출하지 못한다는 금령은 安宗源의 상소에서 확인되거니와, 금령에 어긋난 물품을 가져갔다는 이유로 위견을 사형에 처한 것은 죄에 비해 처벌이 지나치게 무거운 것이었는데, 그 만큼 강력하게 규제하려는 국가의 의지가 확인된다. 이 기사는 사신이나 그 수행원들이 금령에 해당되지 않는 물품을 사적으로 가져갈 수 있었으며, 규정을 어기지 않는 사신의 무역은 정당한 일이었음을 보여준다.

1385년에 명에 구금되었다가 풀려나서 귀국한 金庾가 유배되었던 것은 對明使行이 위험하였지만, 적지 않은 이익이 있었으며, 권세가들이 使行貿易에 간여하고 있음을 확인시켜주는 사건이다. 1383년 8월에 贊成事 金庾는 聖節의 하례와 시호 및 承襲을 청하고, 밀직부사 李子庸은 千秋節을 하례하러 요동에 가던 중에 길이 막히자 김유는 다시 바다를 건너갔으나[115] 때를 맞추지 못했다는 이유로 유배되었다.[116] 이어 1383년 11월에 門下評

---

113) 李鎭漢, 「高麗後期의 異姓封君」『史學研究』 88, 2007.
114) 『高麗史節要』 권32, 禑王 10년 윤10월.
115) 『高麗史節要』 권32, 禑王 9년 8월.
116) 『高麗史節要』 권32, 禑王 9년 11월.

理 洪尙載와 典工判書 周謙이 賀正使로 갔다가 역시 구류되었다.[117] 그후 고려와 명과의 관계가 다소 우호적으로 변화하면서 金庾·洪尙載·周謙 등이 함께 풀려나 돌아왔는데, 천추사 李子庸은 귀환하지 못하고 도중에 죽었다. 이에 禑王은 술을 주며 "경 들이 28000리 외딴 곳에 유배되어 3년이 되어 생환하니 내가 심히 부끄럽게 여긴다"고 하며 위로하였다.[118]

그러나 정작 김유 등은 귀국한 지 한달 남짓한 그해 5월에 사신으로 갔을 때의 言行이 문제가 되어 巡軍獄에 갇히고 국문을 받았다. 그것은 김유가 돌아오면서 비단과 紗羅를 많이 가지고 와서도 李仁任에게 뇌물을 쓰지 않았기 때문이었고, 홍상재는 바다에서 왜적에게 약탈당하여 행장이 텅 비었으므로 화를 면했다고 하였다.[119] 金庾·洪尙載가 오랫동안 억류되었다가 풀려났으므로 그가 가져온 비단과 사라는 무역했던 것은 아니고, 황제가 위로의 뜻으로 준 하사품이었을 것이다. 이 기사를 보건대, 국가를 위해 사신의 임무를 수행하러 가서 수년간 유배되었다가 온 사람들조차도 사행으로 생긴 이익은 例外없이 권세가와 共有해야 했음을 알 수 있다. 권세가들이 使行貿易에 직간접적으로 干與하고 있었던 것이 분명한데, 당시 使行貿易이 많은 이익을 남겼던 만큼 그 기회를 바라던 자가 많았기 때문에 권세가들에게 뇌물을 주었던 것이다.

그러므로 사신으로 갔던 사람이 돌아오면 執政이 그들로부터 받은 뇌물의 다소에 따라 관직을 높이거나 낮추기도 하며, 혹 욕심대로 되지 않으면 반드시 그를 中傷하였다. 그 때문에 사신으로 가는 자가 그 禍를 면하기 위하여 貿易을 하지 않을 수 없었다. 이에 1386년에 聖節使로 남경에 갔던 문하평리 安翊은 눈물을 흘리며 '내가 일찍이 재상을 보내어 朝聘 하는 것

---

117) 『高麗史』 권135, 禑王 9년 11월.
118) 『高麗史節要』 권32, 禑王 11년 하4월.
119) 『高麗史節要』 권32, 禑王 11년 5월.

은 국가를 위함이라 생각하였더니, 오늘에야 세력가의 재산을 마련해 주기 위한 것임을 알았다' 라며 탄식하였다고 한다.[120] 사신 일행의 무역에 권세가들이 干與하였다는 것은 朴宜中의 사례에서 더욱 구체적으로 드러난다.

> C1. 恭愍王 때부터 사신으로 가는 자가 金銀과 土産物을 많이 싸가지고 가서 채색 비단과 가벼운 寶貨를 샀다. 비록 알만한 자라도 權貴의 부탁에 못이겨 私的으로 가져가는 물건이 貢獻의 10분의 9를 차지하였다. 중국에서 말하기를 '高麗 사람들은 事大를 憑藉하여 貿易을 貪하러 온다.'라고 하였다. 林堅味와 廉興邦이 執權하니, 그 폐단이 더욱 심하였다. 그러나 사신으로 가면서 朴宜中은 하나의 물건도 가져가지 않았다. 요동에서 護送하는 鎭撫 徐顯이 베를 요구하자, 박의중이 주머니를 털어 보이고 입고 있던 모시 옷을 벗어 주었다. 徐顯이 그 淸廉한 것을 칭찬하고 禮部에 보고하였다. 황제가 引見하여 대접을 후하게 하였다. 徐顯이 나와 사람에게 말하기를 "내가 倭宰相 이후 高麗 使臣을 많이 보았으나 至尊께서 예로 대우하기를 朴宰相 만한 경우가 없었다"고 하였다.[121]

C1 기사에서 명에 사신으로 갔던 朴宜中이[122] 무역할 준비를 하지 않

120) 『高麗史節要』 권32, 禑王 12년 6월.
121) (朴宜中) 拜密直提學 如京師 請還鐵嶺迆北 自恭愍朝 奉使者多齎金銀土産 市彩帛輕貨 雖有識者 迫於權貴所托 私裝居貢獻十分之九 中國以爲 高麗人假事大 貪貿易來耳 及林廉用事 其弊尤甚 宜中不齎一物 遼東護送鎭撫徐顯索布 宜中傾橐示之 解所著紵衣與之 顯嘆其淸白 以告禮部官 太子引見 待之有加 顯出語人曰 倭宰相而下 吾所見高麗使臣多矣 至尊禮待 未有如朴宰相者(『高麗史』 권112, 朴宜中傳 및 『高麗史節要』 권 禑王 14년 6월).
122) 密直提學 朴宜中은 1388년 2월에 鐵嶺衛 설치의 중지를 요청하는 표를 가지고 명에 갔다가(『高麗史』 권137, 우왕14년 2월) 그 해 6월에 귀국하였다(『高麗史』 권137, 우왕14년 6월).

았기 때문에 명나라 관리를 탄복시키고 그 사실이 보고되어 황제로부터 고
려 사신 가운데 가장 높은 예로써 대우를 받았다. 내용은 朴宜中의 청렴함
을 칭찬하는 것이지만, 그 내용속에서 당시 사신들이 林堅味와 廉興邦 등
權勢家의 압력으로 인해 어쩔 수 없이 무역을 해야했던 사정을 볼 수 있다.

고려 사신들의 使行貿易이 불법은 아니었다 해도 명의 황제와 관원들이
고려 사람들의 使行貿易을 좋지 않게 인식하였으므로 규제를 해야만 했으
며, 李崇仁은 사신으로서 무역을 했다는 이유로 정치적 반대 세력들로부터
탄핵을 받게 되었다. 1388년 10월에 侍中 李穡과 簽書密直司事 李崇仁은
신정을 하례하러 명에 갔으며, 兼하여 명나라 관원이 와서 우리나라를 감
시하여 줄 것, 또 자제를 입학하게 하여 줄 것 등을 청하였다.[123] 恭愍王代
부터 天子가 매양 집정 대신을 불러서 入朝하라고 하였지만, 모두 두려워
하여 가지 못하였다가 李穡이 정승이 되자 명에 入朝하기를 自請하여 간
것이었다.[124] 이들은 임무를 마치고 다음해 4월 귀국하였으나[125] 1389년
10월에 간관 吳思忠 등이 李崇仁을 탄핵하였으며, 그 한 가지 이유가 한
해 전 李崇仁이 正使 李穡과 명에 갔을 때 저자에서 직접 매매하여 使臣으
로서의 節操를 잃었다는 것이었다. 李崇仁은 憲司의 조사를 받던 중 도망
하였다가 잡혀서 京山府로 追放되었다. 더불어 李崇仁과 사이가 좋던 前
秘書監 朴敦之가 일찍이 妻母를 私蒸하고 李穡을 따라 入朝하여 스스로 매
매행위를 하였다고 탄핵하여 아울러 유배되었다.[126]

이에 簽書密直司事 權近이 李崇仁을 변론하였는데,[127] 李崇仁이 처 陳
氏의 宗族을 만나러 저자를 지난 것을 핑계 삼아 李崇仁과 사이가 좋지 않

---

123) 『高麗史節要』 권33 昌王 즉위년 동10월.
124) 『高麗史節要』 권33, 昌王 즉위년 동10월.
125) 『高麗史節要』 권34, 昌王(恭讓王) 원년 하4월.
126) 『高麗史節要』 권33, 昌王 원년 동10월 및 『高麗史』 권115, 李崇仁傳.
127) 『高麗史節要』 권33, 昌王 원년 동10월 및 『高麗史』 권115, 李崇仁傳.

은 자가 매매했다고 모함하는 것이라고 하였다. 아울러 자신이 李崇仁의 바로 다음에 使行을 했지만[128] 李崇仁이 매매하여 왕명을 욕되게 했다는 것을 듣지 못했으므로 中國에 가보지도 않은 자의 말을 믿지 말라고 하였다. 또한 李崇仁을 毁謗하고 있는 자는 전혀 매매를 하지 않았는지, 李崇仁이 수레 몇 량을 썼으며 몇 바리를 실었는지, 그것이 모두 李崇仁의 것이며 常例보다 倍가 넘는지 등을 일일이 따져서 毁謗者가 참으로 조금의 구매도 없고 수레는 모두 李崇仁의 화물이고 그 수량이 다른 사람의 例보다 倍가 된다고 하면 비로소 處罰할 것을 주장하였다. 이 때 權近은 李穡·李崇仁 등과 함께 갔던 金士安의 시종인 商人 白居麻가 금은을 많이 가져갔는데 李崇仁이 그 수를 줄이도록 해서, 白居麻가 이를 원망하여 거짓말을 했다고 생각하고 있었다.

이 일은 王의 指示로 憲府에 이첩되어 李崇仁의 伴行인 通事 宋希正에게 그 사실을 물어보았으며, 그는 李崇仁이 白金·苧布·麻布를 가져가서 시장에 가서 彩段 16匹, 絹 20여필, 木緜 5匹, 色絲 5·6斤을 샀다고 답하였고, 私隷인 白仁을 조사한 결과도 같았으므로 權近도 郎舍에 의해 탄핵되었다.

이 사건에 대해 위화도 회군 이후의 전제개혁 논의과정에서 李穡을 비롯한 改善派와 改革派의 정치적 갈등에서 비롯되었다는 견해와[129] 禑王의 폐위와 昌王의 즉위를 둘러싸고 벌어진 李穡과 李成桂의 權力鬪爭 과정이었다는 견해가[130] 있으며, 모두 정치적인 색채가 강한 것임을 인정하고 있

---

128) 1389년 6월에 첨서밀직사사 權近은 문하평리 尹承順과 왕이 친히 조회하기를 청하러 남경에 갔다가(『高麗史節要』 권34, 昌王(恭讓王) 원년 6월), 같은 해 9월에 귀국하였다(『高麗史節要』 권34, 昌王(恭讓王) 원년 9월).

129) 洪榮義, 「高麗末 昌王代 '改革派' 新興儒臣의 結集과 分岐過程」『한국중세사연구』 16, 2004; 『高麗末 政治史 硏究』, 혜안, 2005, 252·253쪽.

130) 이정주, 「鄭道傳·權近의 불교계와의 關係」『性理學 受容期 佛敎批判과 政治·思想的 變容』, 高大 民族文化硏究院, 2007, 81쪽.

다. 그런 점에서 李崇仁과 權近이 유배되었다는 것 자체로 그들이 죄를 지었다고 판단해서는 안될 것이다. 실제 『陽村集』에 그 때의 眞實을 알려주는 실마리가 있다. 權近은 李崇仁을 옹호하는 글을 담은 「上書」에 대해 自註로 '이 글은 南行한 뒤에 지은 것은 아니다. 南行의 원인이 되었기 때문에 첫머리에 싣는다'라고 하여[131] 後代에 고쳐쓴 것임이 아님을 밝혔다. 그리고 상서의 내용을 옮긴 뒤에 다시 다음과 같이 설명하고 있다.

> D1. 우리 나라가 明에 臣附된 뒤로 사신들이 物貨를 賣買하는 것이 대부분 이와 같았는데, 子安—李崇仁의 자—이 명망이 있었기 때문에 그렇게 된 것이다. 앞 글에서 도리어 玄陵의 罪를 중하게 하여 後學을 막는다는 것은 이를 말한 것이다. 그 비방은 당시 함께 갔던 김씨—金士安— 집 종 白仁의 입에서 나왔는데 이는 子安이 당초에 그가 物貨를 사들여 오는 것을 禁制한 데에 원망을 품었기 때문이었다. 나의 글이 올라가자 憲司는 비로소 白仁을 推問하였으나 白仁 자신의 賣買 與否는 묻지 않고 다만 子安에 대해서만 물으니 저 白仁은 子安을 해치고자 하여 이미 앞서부터 陰毁하였으니 어찌 거짓 숫자를 과장하여 고하지 않겠는가. 그러나 그가 말한 것은 書籍·藥材 등 약간의 物品에 지나지 않았다. 마침 赦令이 있어 白仁은 放免되고, 며칠이 안되어 (宗室) 僙은 축출당하였다. 赦令이 白仁에게는 미치고 子安과 僙에게는 미치지 않으니 어찌 그리 치우쳤는가.[132]

---

131) 『陽村集』 권31, 「上書」.

132) 國家臣附皇明以來 使臣之行貨 往往皆是 而子安獨被重譴者 以素有重名 誤之也 前書所謂反重賢能之罪 以沮後進之學者 爲此也 其謗出 自一時偕行金氏家隸白仁之口 蓋怨子安當初禁制其多貨也 臣書旣上 憲司始推詰白仁 不問其身賣買與否 但問子安 彼旣欲害子安 陰毁於前矣 豈不多張虛數 而樂告之哉 然其所言 不過書籍藥材若干物而已 適有赦令 因放白仁 又不數日而僙見逐 赦在白仁 而不及子安與僙 抑何偏歟 因錄前書而并記此 非敢說人以無罪也(『陽村集』 권31, 「上書」).

D1은 權近이 상서를 올리고 난 후 자신의 주장이 옳다는 것을 적어놓은 글이다. 주목되는 점은 上書에는 간관들이 李崇仁을 탄핵한 4가지 사유에 대해 변론하였는데, 이 글에서는 주로 李崇仁이 사신으로서 매매했던 것에 대해 더욱 자세한 해명을 하였다는 것이다. 간관들이 사신으로 갔던 李崇仁이 매매한 것을 문제삼았지만, 권근은 그가 했던 정도의 일은 고려가 명과 통교한 이후에 항상 있어왔던 일이었기 때문에 죄가 되지 않는다고 생각하였다.

그러므로 이 사건은 명망있던 李崇仁의 죄를 만들기 위해 만들어낸 것이고, 증언을 한 白仁은 그 이전에 李崇仁이 물화를 들여오는 것을 막아서 원망하던 자로서, 白仁도 역시 明에 가서 매매를 한 자인데 그것은 문제삼지 않고 李崇仁에 대한 거짓된 陰毁만을 믿었으며, 赦免令도 李崇仁은 배제된 채 白仁만이 혜택을 입은 부당함을 권근은 지적하였다. 그는 적어도 李崇仁이 명에서 매매했던 것은 결코 죄가 될 수 없으며, 정치적으로 누명을 쓰고 억울하게 유배되었다고 확신하였던 것 같다. 어쨌든 權近의 글을 통해서 당시에는 사신이 직접 매매에 참여하거나 그 양이 지나친 경우에는 탄핵의 사유가 되기도 했지만,[133] 사신 일행과 수종원 및 그들의 종들이 매매하는 것이 慣行的으로 이루어졌음이 확인된다.

使臣의 貿易 行爲로 宰相이 彈劾되고 정치적 사건으로 확대되자, 이에 대한 대책으로 事前에 그에 대한 檢束이 이루어졌다. 1391년 9월에 世子가 명에 賀正하러 갈 때,[134] 經筵에서 恭讓王이 門下舍人 安魯生에게 "이제 세자가 명에 朝見하는데 너를 書狀官으로 삼겠다. 너를 郎舍로 삼아 檢察하려는 것이다. 법령이 비록 嚴하나 一行의 사람 수가 이미 많고, 이익을

---

133) 副使 李崇仁이 사신 무역의 문제로 탄핵되자 正使였던 李穡도 책임을 진다며 사퇴를 청하였으나 받아들여지지 않았다(『高麗史節要』권34, 恭讓王 원년 동10월).
134) 『高麗史節要』권35, 恭讓王 3년 9월.

탐내어 무역하여 중국의 웃음거리가 될 자가 반드시 있을 것이므로 마땅히
철저히 금하라"고 명하였다.[135] 恭讓王의 말에 따르면 이미 사신의 무역
에 대해 일행의 수나 휴대의 양에 일정한 제한을 두는 법령이 만들어져
있었다.

　恭讓王의 이와 같은 지시는 그보다 4개월 전에 있었던 中國에 대한 私
貿易의 일체 금지 조치와[136] 관련되었다. 왜냐하면 私貿易의 금지로 인해
使行貿易이 거의 유일한 합법적인 무역의 기회가 됨에 따라 사신과 동행하
여 큰 이익을 노리는 자들이 더욱 많아졌을 것이기 때문이다. 고려의 무역
이 오직 使行貿易에 의존해야만 했던 상황에서 사신의 파견에 그 만큼 관
심이 높아질 수 밖에 없었다.

　이후 1391년 12월 사헌부는 아들이 없는 漢陽府尹 柳爰廷이 아들에게
중매한다는 핑계를 대고 스스로 장가들고, 또 남경에 사신으로 가서 買賣
를 마음대로 했다는 일로 탄핵되어 관직을 빼앗기고 유배되었다.[137] 密直
副使 유원정은 한 해 전 7월에 명에 가서 魯王의 喪을 弔慰한 적이 있었으
므로[138] 恭讓王의 세자 일행이 명에 갔던 것과는 별도의 일이었다. 그는
私通한 것과 사신으로서 무역한 일이 문제가 되어 처벌되었으며, 사신의
무역이 처벌의 대상이 되었음이 분명하다.

　이상에서 고려말 對明 使行貿易에 관련된 여러 사건들을 살펴보았다.
기록상으로는 명과의 외교가 시작되면서부터 고려 사신 일행의 무역에 관
한 일들이 많아지는 것 같다. 그러나 그러한 경향이 있게 된 원인은 그 이
전부터 생겨났을 것이다. 1370년에 '고려의 入貢 사신들이 사적인 물건을

---

135) 『高麗史』 권46, 「世家」, 恭讓王 3년 9월 병술.
136) 『高麗史節要』 권35, 恭讓王 3년 5월.
137) 『高麗史節要』 권35, 恭讓王 3년 12월.
138) 『高麗史節要』 권34, 恭讓王 2년 7월.

가져오고 중국의 물건을 가지고 나가는 것이 많으니 금하게 하라'는『明史』
의 기록이나139) '恭愍王 때부터 사신으로 가는 자가 金銀과 土産物을 많이
싸가지고 가서 채색 비단과 가벼운 寶貨를 샀다'는140) 기사는 對明 使臣들
에 관한 것이지만 그러한 일은 私貿易이 힘들어지면서 나타난 사치품의 품
귀 현상을 반영한다. 대체로 원나라의 약화로 정국이 혼란에 빠져들면서
중국을 드나들기 어렵게 되는 恭愍王代 初부터는 使行貿易에 대한 관심이
높아졌을 것이다.

　私貿易이 위축되면서 使行貿易이 비교적 안전하고 확실한 이익이 보장
되는 일이었다고 해도 사신이 된 것을 그저 좋아할 만한 것은 아니었다.
왜냐하면 명에 使行하는 일은 매우 위험한 것이었기 때문이었다. 실제로
사신으로 명에 가다가 遭難되거나 목숨을 잃는 사례가 적지 않았다. 1371
년 8월에 同知密直司事 鄭思道가 배를 타고 사행을 출발하였으나 喬桐 부
근에서 배가 파손되어 가지 못했으며, 그해 9월에 다시 密直副使 韓邦彦이
賀正하러 갔으나 배가 폭풍을 만나 淪没하였다.141) 1373년 7월에 洪師範
등 39인이 명에서 돌아오다 배가 부서져 죽었으며,142) 1373년 11월에 周英
贊 및 金潛·曹信이 탄 배가 靈光 慈恩島에서 부서져 모두 溺死하고 禹仁
烈·宋文中 等이 생환하였다.143) 1389년에 하정사 李穡이 돌아오던 중 渤海
에서 큰바람을 만나 遭難의 危機에 처하기도 하였다.144)

　이에 고려는 바다가 멀고 위험하기 때문에 進賀의 期日을 맞추기 어려
우므로 遼東을 경유하여 갈 것을 청하였고,145) 명은 고려의 貢獻이 번잡하

---

139)『明史』권320, 朝鮮傳 洪武 3년 정월.
140)『高麗史』권112, 朴宜中傳 및『高麗史節要』권33, 禑王 14년 6월.
141)『高麗史』권43,「世家」, 恭愍王 20년 11월.
142)『高麗史節要』권29, 恭愍王 22년 추7월 및『明史』권320, 朝鮮傳.
143)『高麗史』권44,「世家」, 恭愍王 22년 11월 임인
144)『高麗史節要』권34, 恭讓王 원년 하4월.

고 너무 잦아 백성들이 괴롭고 바닷길을 건너며 배가 뒤엎어지고 使臣이 溺死하므로 예전 諸侯의 예에 따라 3년에 한 번만 사신을 보내도록[三年一聘] 하는 빌미를 삼기도 했다.[146]

이와 더불어 고려와 明 외교관계가 원만하지 않아서 명에 갔다가 유배되거나 처벌을 받는 일이 생기기도 하였다. 앞서 金庾·洪尙載·李子庸 등이 使臣으로 가서 유배되었다가 풀려난 것을 서술하였는데, 그러한 사례는 더 많이 찾아진다. 1375년(禑王 1) 金義가 明使를 살해하고 달아난 뒤 사람들이 명에 가는 것을 꺼려하자 判宗簿寺事 崔源이 "社稷이 편안할 것이라면 어찌 한 번 죽는 것을 아끼겠는가"라며 사신을 자청하였다. 뒤에 왕의 喪事를 고하고, 諡號와 王位의 承襲을 청하러 갔다가[147] 명에 억류되었으며 1378년 6월에 비로소 석방되어 귀국하였다.[148]

명에서 죽은 金九容은 매우 억울한 점이 있었다. 일찍이 義州千戶 曺桂龍이 賀正使를 호송하여 遼東에 이르렀는데 都指揮 梅義가 속여 말하기를 "내가 너희 나라에 대하여 公事가 있을 때마다 진심으로 시행하여 주었는데, 너희 나라는 어째서 한 번도 문안을 하지 않는가"라고 하였다. 宰相이 그 말을 믿어서 判典校寺事 金九容을 行禮使로 삼아 書信과 白金 100兩, 苧布와 麻布 各 50匹을 주어 보냈다. 摠兵 潘敬·葉汪과 더불어 梅義 等이 '人臣은 의리상 사적인 외교를 하지 않는데, 어찌 이런 짓을 하는가'라며 붙잡아 京師로 돌아갔다가 김구용을 大理에 귀양보냈으며 도중에서 병들어 죽었다.[149] 김구용은 왕명을 받고 사행갔으나 그들의 계략에 속아서 명나라 관리에게 사적인 외교를 하려했다는 혐의로 잡혀 大理로 유배되었고

---

145) 『高麗史』 권43, 「世家」, 恭愍王 20년 11월.
146) 『明史』 권320, 「朝鮮傳」 및 『高麗史節要』 권29, 恭愍王 22년 추7월.
147) 『高麗史節要』 권30, 禑王 원년 춘정월.
148) 『高麗史節要』 권32, 禑王 4년 6월 및 『明史』 권320, 朝鮮傳 홍무 8년.
149) 『高麗史節要』 권32, 禑王 10년 춘정월.

결국 他國에서 운명하였다. 또한 1388년 2월에 張子溫이 명에 가서 말을 바쳤는데, 貢馬를 가져오다가 서경에서 약하고 작은 말로 바꾸어 왔다는 이유로 錦衣衛에 구금되기도 하였다.150)

심지어 明의 審問을 받다가 죽음에 이르는 경우도 생겨났다. 1385년 5월에 憲司에서는 "판사 孫用珍이 사신으로 京師에 갔을 때, 황제가 우리나라 일을 의심하여 그를 鞫問하였습니다. 뒤에 손용진은 나라를 위하여 몸을 잊고 죽기에 이르면서도 自服하지 않았으니, 忠義가 賞을 줄 만한지라 벼슬과 시호를 주고 그 자손에게 벼슬을 주어 후대에 보이소서"라고 상소하자 왕이 좇았다고 한다.151) 상소에 의하면 명에 갔던 손용진은 심문을 받던 중에 죽었던 것이다. 勿論 국가가 충성을 인정해서 그 가족들에게 혜택을 주고 있으나 외교적 갈등의 시기에 사행은 죽음을 각오하여야 했던 것이다.

對明 사신에게 불행한 일이 자주 일어난다고 해서 사신 파견을 중단할 수도 없었다. 그런 상황에서 高位 官人들이 명에 가는 사신이 되었다는 것 자체가 勇氣있고 忠誠스러운 행동이었으니 그들에 대한 報償으로서 隨從員을 결정하는 일이나 使行貿易을 통해서 경제적 이익을 얻는 것은 默認해 줄 수 있는 일이었다. 반면에 사신 일행이 소지하는 물품의 종류와 수량을 제한하고 규정을 지키지 않는 자를 처벌하여 使行貿易을 규제하면서도 권세가는 사신을 다녀온 일행에게 뇌물을 요구하고 있다. 그런데도 사신들의 무역 행위가 그치지 않고 있으며, 그에 따라 사신들의 무역에 대한 규제는 점차 더 강화되어 갔다.

요컨대 고려말에 使行貿易이 많은 이익을 가져다준 것은 백성들의 사치품에 대한 수요는 여전한데 반해, 私貿易이 그것을 충족하기에는 너무 대

150) 『高麗史節要』 권33, 禑王 14년 2월.
151) 『高麗史節要』 권32, 禑王 11년 5월.

내외적인 여건이 좋지 않았기 때문이다. 즉, 고려와 중국의 군사적 충돌과 명의 海禁政策 등으로 對明 私貿易이 어려워지자 使行貿易에 집중하는 경향이 생겼던 것이다. 고려말 使行貿易에 대해 관심이 높아진 원인은 私貿易의 기반이 무너진 데 있었던 것이다.

4. 맺음말

고려와 몽골의 전쟁이 끝난 후, 비록 고려는 원의 정치적 간섭을 받게 되었으나, 상인들이 양국을 왕래하면서 비교적 자유로운 무역을 할 수 있었다. 반면 1356년에 실시된 恭愍王의 反元政策으로 고려는 원으로부터의 정치적 간섭에서 벗어났지만, 그로 인해 양국 관계가 소원해지면서 私貿易의 여건은 점차 악화되어 갔다.

더욱이 고려초 이래 주요한 무역로였던 서해항로가 명의 강력한 해금정책으로 이용하기 어려워졌고, 또 다른 무역로인 압록강 넘어 요동과 통하는 길의 사정도 좋지 않아졌다. 왜냐하면 공민왕대 이후 중국이 혼란에 빠졌을 뿐 아니라, 고려와 원·명 사이에 전쟁을 비롯한 군사적 충돌이 잦았고, 요동 지역은 1387년에 명이 완전히 장악할 때까지 사실상 권력의 공백 상태에 있었기 때문이다.

이와 같은 불안정한 정세와 명의 폐쇄적인 무역정책으로 인해 海路와 陸路를 이용하여 고려의 상인이 중국의 수도를 다녀오는 방식의 무역은 불가능해진 반면 고려의 西北面 지역 상인들이 요동 지역 상인들과 무역하는 육로무역은 계속되었다. 그 결과 對明貿易은 위축되어, 貿易從事者나 무역의 규모가 元干涉期에 비해 크게 줄었다. 그리고 1391년 5월에 對明 私貿易에 대한 금지 조치와 함께 강력한 검속을 실시하자 국경의 私貿易이 중단되었던 것도 이미 사무역의 기반이 와해 직전의 상태였기 때문이다.

　다음으로 고려가 대명 통교를 한 뒤, 고려말에 이르기까지 일어났던 使行貿易 관련 사건들을 살펴보았다. 명과 사신을 교환하기 시작한 초기부터 명의 관리들은 고려 사신들의 무역에 대해 지적하였다. 고려와 명과의 관계는 원만하지 못했던 때가 많아서 對明使臣이 된다는 것은 매우 위험한 일이었고, 죽거나 유배된 사례도 적지 않았다. 그러면서도 對明 使行에 참여하는 사람들이 무역에 많은 관심을 보였고 권세가들은 그들이 얻는 이익을 뇌물로 받았다. 이처럼 당시에 使行貿易이 국내외적인 물의를 일으키자 그것을 막기 위해서 너무 많은 물품을 가져가지 못하게 규제하였지만 잘 지켜지지 않았고, 李崇仁의 경우 그것이 탄핵 구실의 하나가 되어 결국 유배되기도 하였다. 그러나 私貿易의 기반이 위축된 상태에서 합법적으로 무역할 수 있는 사행의 기회를 적극적으로 이용하려고 하였으므로 使行貿易은 좀처럼 줄어들지 않았던 것이다.

　1391년에 대명 私貿易이 중지된 뒤, 使行貿易이 합법적으로 私貿易을 할 수 있는 유일한 기회로 되었고, 그 만큼 이익을 노리는 자들이 규정을 어길 가능성이 높아지자 같은 해 世子가 明에 입조할 때는 일행의 휴대물품에 엄격한 단속을 실시하였다. 私貿易의 금지와 使行貿易에 대한 단속이 잇따라 내려지는 것은 양자가 서로 깊이 연계되어 있었기 때문이다.

　어쨌든 고려말에는 해상 및 육로를 통한 일체의 私貿易이 금지되었고, 그것은 고려전기에 고려의 상인들이 중국의 여러 왕조들과 교역을 하지 못하도록 했던 것과 비교된다. 하지만 고려전기와 고려말의 여건은 몇 가지 차이가 있었다. 예를 들어 고려전기에는 송상이 禮成港에 와서 貿易했기 때문에 무역품에 대한 수요를 충족시켰던 반면에 고려말에는 국경무역에 앞서 해상무역이 먼저 중단되어 있었다. 또한 고려전기에는 遼와 金이 榷場을 설치하여 고려와 무역을 하고자 했지만 고려가 거절하고 그것을 금지

한 데 비해 고려말에는 명이 대외무역을 금지하였고 그 결과 양국의 무역
이 줄어들고 그에 맞추어 고려가 대외무역을 금지하는 정책으로 바꾸었다.
전기에는 宋·契丹(遼)·金 등의 中國王朝가 무역에 대해 비교적 개방적인
태도를 취했지만, 고려말의 明은 그것에 대해 폐쇄적이었던 것이다. 그 가
운데 가장 큰 변화의 특징은 고려말에는 전기보다 외부적인 요소—조공과
그에 附帶하는 무역만 인정하겠다는 명의 정책—가 무역정책의 변화에 더
많은 영향을 끼쳤다는 점을 들 수 있다. 고려의 정책은 그러한 현실을 반영
하여 일체의 貿易을 금하고, 그것을 합리화하기 위해 백성들의 검소한 생
활을 하도록 강조하였던 것이다.

참고문헌

1. 국내 사료(가나다 순)

『稼亭集』,『谿谷集』,『高麗史節要』,『高麗史』,『農事直說』,『大覺國師文集』,
『大覺國師外集』,『大東地志』,『東國李相國全集』,『東文選』,『東人之文四六』,
『牧隱詩藁』,『法苑珠林』,『三國史記』,『三國遺事』,『三峯集』,『世祖實錄』,
『世宗實錄』,『新增東國輿地勝覽』,『陽村集』,『益齋集』,『太祖實錄』,『太宗實錄』,
『海東傳弘錄』.

2. 국외 사료(중국, 일본 순)

『乾道四明圖經』,『建炎以來繫年要錄』,『鷄林志』,『高麗圖經』,『舊五代史』,
『歷代名臣奏議』,『明史』,『明實錄』,『牧庵集』,『文忠集』,『文獻通考』,『寶慶四明志』,
『分門古今類史』,『石林詩話』,『石林燕語』,『蘇軾文集』,『續資治通監長編』,
『宋大詔令』,『宋史』,『宋會要輯稿』,『梁谿集』,『五代會要』,『遼史』,『演繁路』,
『元史』,『資治通鑑』,『全唐文』,『鄭忠肅奏議‧遺集』,『至正四明續志』,『冊府元龜』,
『淸異錄』,『楚國文憲公雪樓程先生文集』,『萍洲可談』,『朝野群載』.

3. 사료 편서, 번역서(출간연도, 가나다 순)

安在鴻選集刊行委員會編,『民世安在鴻選集』1, 知識産業社, 1983

金榮鎭,『朝鮮時代前期農書』, 韓國農村經濟研究院, 1984.

許興植編,『韓國金石全文(中世上, 中世下)』亞細亞文化社, 1984.

金龍善 편,『高麗墓誌銘集成』, 翰林大 아시아文化研究所, 1993; 제5판, 한림대출판
　부, 2012.

장동익,『元代麗史資料集錄』, 서울대출판부, 1997.

　　　　,『宋代麗史資料集錄』, 서울대출판부, 2000.

케네스 포메란츠‧스티븐 토픽,『설탕, 커피, 그리고 폭력』(박광식 譯), 심산, 2003.

장동익,『日本古中世 高麗資料研究』, 서울대출판부, 2004.

정광 역주·해제, 『原本 노걸대』, 김영사, 2004.

김택민 주편, 『역주 당육전(상)·(중)·(하)』, 신서원, 2003·2005·2008.

조동원 외 공역, 『고려도경』, 황소자리, 2005.

朴元熇, 『崔溥 漂海錄 譯註』, 고려대출판부, 2006.

박원호 외, 『명사 식화지 역주』, 소명출판, 2008.

장동익, 『高麗時代 對外關係史 綜合年表』, 동북아역사재단, 2009.

이근명 외 엮음, 『송원시대의 고려사 자료』 1, 2, 신서원, 2010.

최광식·박대재 역주, 『三國遺事』, 고려대출판부, 2014.

張秀民, 『중국인쇄사(一)』(강영매 옮김), 세창출판사, 2016.

了圓, 『법화영험전 法華靈驗傳』(오지연 옮김), 동국대출판부, 2017.

4. 국내 저서(출간연도, 가나다 순)

白南雲, 『朝鮮封建社會經濟史(上)』, 改造社, 1937.

金庠基, 『東方文化交流史論攷』, 乙酉文化社, 1948.

_____, 『新編 高麗時代史』, 東國文化社, 1961; 서울대출판부, 1985(재간행).

李丙燾, 『韓國史』(中世編), 震檀學會, 乙酉文化社, 1961.

全海宗, 『韓中關係史硏究』, 一潮閣, 1970.

金庠基, 『東方史論叢』, 서울大出版部, 1974.

姜晋哲, 『高麗土地制度史硏究』, 高大出版部, 1980.

許興植, 『高麗社會史硏究』, 亞細亞文化社, 1983.

李樹健, 『韓國中世社會史硏究』, 一潮閣, 1984.

朴龍雲, 『高麗時代史(上)』, 一志社, 1985.

李鎬澈, 『朝鮮前期 農業經濟史』, 한길사, 1986.

朴龍雲, 『高麗時代史(下)』, 一志社, 1987.

李仁哲, 『新羅의 村과 村民支配에 관한 연구』, 한국정신문화연구원 박사학위 논문, 1993.

韓圭哲, 『渤海의 對外關係史―南北國의 形成과 展開―』, 신서원, 1994.

羅鐘宇, 『韓國中世對日交涉史硏究』, 圓光大出版局, 1996.

남도영, 『韓國馬政史』, 한국마사회박물관, 1996.

朴京安, 『高麗後期 土地制度硏究―13·14世紀 田制釐正政策의 推移―』, 혜안, 1996.

朴玉杰, 『高麗時代의 歸化人 硏究』, 국학자료원, 1996.

韓基汶, 『高麗寺院의 構造와 機能』, 民族社, 1998.

金在滿, 『契丹·高麗關係史硏究』, 國學資料院, 1999.

김한규, 『한중관계사 I』, 아카넷. 1999.

朴龍雲, 『고려시대 中書門下省宰臣 연구』, 一志社, 2000.

강제훈, 『朝鮮初期 田稅制度 硏究─踏驗法에서 貢法 稅制로의 전환─』, 고려대 민족
    문화연구원, 2002.

沈載錫, 『高麗國王 册封 硏究』, 혜안, 2002.

金秉仁, 『高麗 睿宗代 政治勢力 硏究』, 景仁文化社, 2003.

신대현, 『한국의 사리장엄』, 혜안, 2003.

주경미, 『중국 고대 불사리 장엄 연구』, 일지사, 2003.

河廷龍, 『三國遺事 사료비판』, 민족사, 2005.

白承鎬, 『高麗와 宋의 貿易 硏究』, 전남대 사학과 박사학위논문, 2006.

김순자, 『韓國 中世 韓中關係史』, 혜안, 2007.

김철웅, 『한국 중세의 吉禮와 雜祀』, 경인문화사, 2007.

李康漢, 『13~14세기 高麗-元 交易의 展開와 性格』, 서울대학교 박사학위 논문, 2007.

이효형, 『발해 유민사 연구』, 혜안, 2007.

박용운, 『고려시대사(수정증보판)』, 일지사, 2008.

한지선, 『明代 해금정책 연구』, 전남대 사학과 박사학위논문, 2009.

金昌賢, 『고려 개경의 편제와 궁궐』, 경인문화사, 2011.

_____, 『고려의 불교와 상도 개경』, 신서원, 2011.

李鎭漢, 『高麗時代 宋商往來 硏究』, 景仁文化社, 2011.

이강한, 『고려와 원제국의 교역의 역사』, 창비, 2013.

장미란, 『한국의 사리신앙 연구』(오대산월정사 편), 운주사, 2014.

이진한, 『고려시대 무역과 바다』, 경인문화사, 2014.

김철웅, 『고려시대의 道敎』, 景仁文化社, 2017.

김영제, 『고려상인과 동아시아 무역사』, 푸른역사, 2019.

5. 국외 저서(일본, 중국, 출간연도, 가나다 순)

斯波義信, 『宋代商業史硏究』, 風間書房, 1968.

森克己, 『續日宋貿易の硏究』, 國書刊行會, 1975.

_____, 『日宋貿易の硏究』, 國書刊行會, 1975.

日野開三郎, 『日野開三郎 東洋史學論集 第16卷 東北アジア民族史(下)―後渤海・女眞編―』, 三一書房, 1990.

佐久間仲男, 『日明關係史の研究』, 吉川弘文館, 1992.

池田溫, 『東アジアの文化交流史』, 吉川弘文館, 2002.

山內晋次, 『奈良平安期の日本とアジア』, 吉川弘文館, 2003.

榎本涉, 『東アジア海域と日中交流―九～一四世紀―』, 吉川弘文館, 2007.

夫馬進 編, 『中國東アジア外交交流史の研究』, 京都大學學術出版會, 2007.

大庭康時 外 編, 『中世都市 博多を掘る』, 海鳥社, 2008.

荒野泰典・石井正敏・村井章介 編, 『日本の對外關係 3―通交・通商圈の擴大―』, 吉川弘文館, 2010.

森平雅彦 外, 『東アジア世界の交流と變容』, 九州大學出版會, 2011.

_____, 『中近世の朝鮮半島と海域交流』, 汲古書院, 2013.

_____, 『モンゴル覇權下の高麗』, 名古屋大學出版會, 2013.

羽田正 編, 『東アジア海域に漕ぎだす 海から見た歷史』, 東京大學出版會, 2013.

山崎覺士, 『中國五代國家論』, 思文閣出版, 2016.

近藤剛, 『日本高麗關係史』, 八木書店, 2019.

桑原隲藏, 楊鍊 譯, 『唐宋貿易港研究』, 商務印書館, 1935; 山西人民出版社, 2015(再刊).

藤田豊八, 魏重慶 譯, 『宋代市舶司與市舶條例』, 商務印書館, 1936; 山西人民出版社, 2015(再刊).

陳高華・吳泰, 『宋元時期的海外貿易』, 天津人民出版社, 1981.

陶晉生, 『宋遼關係史研究』, 聯經出版事業公司, 1984.

楊渭生, 『宋麗關係史研究』, 杭州大學出版社, 1997.

高榮盛, 『元代海外貿易研究』, 四川人民出版社, 1998.

將菲菲・王小甫等, 『中韓關係史(古代卷)』, 社會科學出版社, 1998.

曹家齊, 『宋代交通管理制度研究』, 河南大學出版社, 2002.

黃純艷, 『宋代海外貿易』, 社會科學文獻出版社, 2003.

鄭有國, 『中國市舶制度研究』, 福建教育出版社, 2004.

吳曉萍, 『宋代外交制度研究』, 安徽人民出版社, 2006.

魏志江, 『中韓關係史研究』, 中山大學出版社, 2006.

蘆敏, 『宋麗海上貿易研究』, 廈門大學 博士學位論文, 2008.

周運中, 『中國南洋古代交通史』, 廈門大學出版社, 2015.

王霞, 『宋朝與高麗往來人員硏究』, 中國社會科學出版社, 2018.

6. 국내 논문(출간연도, 가나다 순)

金庠基, 「古代의 貿易形態와 羅末의 海上發展에 就하야―淸鎭海 大使 張保皐를 主로
    하야―」『震檀學報』 1, 2, 1934, 1935; 『東方文化交流史論攷』, 乙酉文化社, 1948.
金庠基, 「麗宋貿易小考」『震檀學報』 7, 1937; 『東方文化交流史論攷』, 乙酉文化社, 1948.
朴時亨, 「李朝田稅制度의 成立過程」『震檀學報』 14, 1941.
姜大良, 「高麗初期의 對契丹關係」『史海』 1, 1948.
姜尙雲, 「麗明(韓中) 國際關係 硏究」『中央大論文集』 4, 1959.
김상기, 「고려 광종의 치세」『국사상의 제문제』 2, 국사편찬위원회, 1959.
_____, 「고려와 금(金)·송(宋)과의 관계」『국사상의 제문제』 5, 국사편찬위원회,
    1959; 『東方史論叢』, 서울대출판부, 1974.
_____, 「高麗前期의 海上活動과 文物의 交流―禮成港을 중심으로―」『국사상의 제
    문제―』 4, 1959; 『東方史論叢』, 서울대출판부, 1974.
_____, 「大覺國師義天에 대하여」『국사상의 제 문제』 3, 1959; 『東方史論叢』, 서울
    대출판부, 1974.
_____, 「여진 관계의 시말과 윤관(尹瓘)의 북정」『국사상의 제문제』 4, 국사편찬위
    원회, 1959; 『東方史論叢』, 서울대출판부, 1974.
李基白, 「高麗初期에 있어서의 五代와의 관계」『韓國文化院論叢』 1, 梨花女大,
    1959; 『高麗光宗硏究』, 一潮閣, 1981.
김상기, 「羅末地方群雄의 對中交通―特히 王逢規를 中心으로―」『黃義敦先生古稀紀
    念史學論叢』, 1960; 『東方史論叢』, 서울대출판부, 1974.
南都泳, 「麗末鮮初 馬政上으로 본 對明關係」『東國史學』 6, 1960.
金庠基, 「宋代에 있어서의 高麗本의 流通에 대하여」『李相殷博士華甲紀念論叢』,
    1965; 『東方史論叢』, 서울대출판부 1974.
李鍾明, 「高麗에 來投한 渤海人考」『白山學報』 4, 1968.
李德鳳, 「韓國生物學史」『韓國文化史大系 III(科學·技術史)』(高麗大 民族文化硏究所
    編), 1970.
이세현, 「고려 전기의 麗·眞 관계에 대하여―여진의 來朝와 來投를 중심으로―」『群
    山敎育大論文集』 4, 1971.
全海宗, 「歸化에 대한 小考―東洋古代史에 있어서의 그 意義―」『白山學報』 13, 1972.

徐炳國, 「高麗·宋·遼의 三角貿易巧」 『白山學報』 15, 1973.

金成俊, 「高麗와 元·明의 關係」 『한국사』 8, 국사편찬위원회, 1974.

朴賢緖, 「北方民族과의 抗爭」 『한국사』 4, 국사편찬위원회, 1974.

李龍範, 「10~12세기 國際情勢」 『한국사』 4, 국사편찬위원회, 1974.

全海宗, 「對宋外交의 性格」 『한국사』 4, 국사편찬위원회, 1974.

姜萬吉, 「商業과 對外貿易」 『한국사』 5, 국사편찬위원회, 1975.

金容燮, 「高麗時期 量田制」 『東方學志』 16, 1975; 『韓國中世農業史研究―土地制度 와 農業開發政策―』, 知識産業社, 2000.

高錫元, 「麗末鮮初 對明外交」 『白山學報』 23, 1977.

李龍範, 「高麗와 契丹과의 關係」 『東洋學』 7, 1977.

_____, 「胡僧 襪羅의 高麗往復」 『歷史學報』 75·76合, 1977; 『韓滿交流史 研究』, 同 和出版公社, 1989.

李鉉淙, 「外國人 歸化」 『서울六百年史』, 서울시사편찬위원회, 1977.

全海宗, 「高麗와 宋과의 關係」 『東洋學』 7, 1977.

_____, 「中世 韓中 貿易形態 小考―特히 公認貿易과 密貿易에 대하여―」 『大丘史學』 12·13합, 1977; 『韓國과 中國―東洋史 論集―』, 知識産業社, 1979.

金渭顯, 「麗宋關係와 그 航路考」 『關大論文集』 6, 1978; 『遼金史研究』, 裕豊出版社, 1985.

李泰鎭, 「畦田考―統一新羅·高麗時代의 水稻作法의 類推―」 『韓國學報』 10, 1978.

閔成基, 「東아시아 古農法上의 耬犁考: 中國과 朝鮮의 耕種法 比較」 『省谷論叢』 10, 1979; 『朝鮮農業史研究』, 一潮閣, 1988.

金壽泰, 「高麗 本貫制度의 成立」 『震檀學報』 52, 1981.

金容燮, 「高麗前期의 田品制」 『韓㳓劤博士停年紀念 史學論叢』, 1981; 『韓國中世農 業史研究―土地制度와 農業開發政策―』, 知識産業社, 2000.

金泰永, 「科田法 體制下의 土地生産力과 量田」 『韓國史研究』 35, 1981; 『朝鮮前期土 地制度史研究』, 知識産業社, 1983.

姜晉哲, 「高麗時代의 地代에 대하여―특히 農莊과 地代問題를 중심으로―」 『震檀學 報』 53·54합, 1982; 『韓國中世土地所有研究』, 一潮閣, 1989.

金渭顯, 「高麗의 宋遼金人 投歸者에 대한 收容策(918~1146)」 『史學志』 16, 1982; 『遼金史研究』, 裕豊出版社, 1985.

_____, 「女眞의 馬貿易考―10세기~11세기를 중심으로―」 『淑大論文集』 13, 1982; 『遼金史研究』, 裕豊出版社, 1985.

金泰永, 「朝鮮前期 貢法의 成立과 그 展開」 『東洋學』 12, 1982; 『朝鮮前期土地制度史研究』, 知識産業社, 1983.

李東潤, 「宋代海上貿易의 諸問題」 『東洋史學研究』 17, 1982.

崔在錫, 「高麗朝 相續制와 親族組織」 『東方學志』 16, 1982; 『韓國家族制度史研究』, 一志社, 1983.

E.J Schulz, 「韓安仁派의 등장과 그 役割—12世紀 高麗 政治史의 展開에 나타나는 몇가지 特徵—」 『歷史學報』 99·100합, 1983.

金在滿, 「五代와 後三國·高麗初期의 關係史」 『大東文化研究』 17, 1983.

閔成基, 「朝鮮時代의 施肥技術 研究」 『釜山大 人文論叢』 24, 1983; 『朝鮮農業史研究』, 一潮閣, 1988.

李範鶴, 「王安石의 對外經略策과 新法」 『역사와 인간의 대응』, 한울, 1984.

韓圭哲, 「高麗來投·來往 契丹人—渤海遺民과 관련하여—」 『韓國史研究』 47, 1984.

金恩淑, 「日本古代의 歸化의 개념」 『邊太燮華甲紀念論叢』, 三英社, 1985.

申採湜, 「宋代 官人의 高麗觀」 『邊太燮華甲紀念史學論叢』, 三英社, 1985.

魏恩淑, 「나말여초의 농업생산력 발전과 그 주도세력」 『釜大史學』 9, 1985.

南仁國, 「高麗前期의 投化人과 그 同化政策」 『歷史教育論集』 8, 1986.

李景植, 「高麗前期의 平田과 山田」 『李元淳教授華甲紀念 史學論叢』, 1986; 『高麗時期土地制度研究—土地稅役體系와 農業生産—』, 지식산업사, 2012.

宋俊浩, 「韓國의 氏族制에 있어서의 本貫 및 始祖의 문제—韓·中 兩國의 傳統社會를 比較하는 立場에서 그 性格을 究明한다—」 『歷史學報』 109, 1986.

黃寬重, 「高麗與金·宋的關係」 『아시아문화』 1, 한림대, 1986.

姜晋哲, 「麗代의 陳田에 대한 權利問題—村落經濟의 基盤, '農民的 土地所有'와 관련시켜—」 『李丙燾九旬紀念 韓國史學論叢』, 1987; 『韓國中世土地所有研究』, 一潮閣, 1989.

金泰植, 「三國遺事에 나타난 一然의 고려시대 인식」 『蔚山史學』 1, 1987.

盧明鎬, 「李資謙一派와 韓安仁一派의 族黨勢力—高麗中期 親屬들의 政治勢力化 樣態—」 『韓國史論』 17, 서울대 국사학과, 1987.

魏恩淑, 「12세기 농업기술의 발달」 『釜大史學』 12, 1988; 『高麗後期 農業經濟研究』, 혜안, 1995.

蔡雄錫, 「高麗前期 貨幣流通의 기반」 『韓國文化』 9, 1988.

金基興, 「新羅村落文書에 대한 新考察」 『韓國史研究』 54, 1989; 『三國 및 統一新羅 稅制의 研究』, 역사비평사, 1991.

全海宗, 「高麗와 宋과의 交流」『國史館論叢』8, 1989.

홍희유, 「고려시기 상업과 화폐유통의 장성」『조선상업사(고대·중세)』, 과학백과사 전출판사, 1989.

魏恩淑, 「高麗時代 農業技術과 生産力 硏究」『國史館論叢』17, 1990.

Michael C. Rogers, 「Notes on Koryŏ's Relations with Sung and Liao」『震檀學報』71·72합, 1991.

姜吉仲, 「南宋과 高麗의 政治外交와 貿易關係에 대한 考察」『慶熙史學』16·17합, 1991.

高柄翊, 「麗代 東아시아의 海上交通」『震檀學報』71·72합, 1991.

陳高華, 「元朝與高麗的海上交通」『震檀學報』71·72합, 1991;『元史硏究新論』上海 社會科學院出版社, 2005.

채웅석, 「본관제의 성립과 성격」『역사비평』13, 1991.

崔柄憲, 「大覺國師 義天의 渡宋活動과 高麗·宋의 佛敎交流—晉水 淨源 慧因寺와의 관계 를 중심으로—」『震檀學報』71·72합, 1991.

李宗峯, 「高麗後期 勸農政策과 土地開墾」『釜大史學』15·16합, 1992.

朴玉杰, 「高麗初期 歸化漢人에 대하여」『國史館論叢』39, 1992.

李範鶴, 「蘇軾의 高麗排斥論과 그 背景」『韓國學論叢』15, 1992.

박종기, 「高麗中期 對外政策의 變化에 대하여: 宣宗代를 중심으로」『韓國學論叢』16, 1993.

이종일, 「中國에서 東來歸化한 사람의 姓氏와 그 子孫의 身分地位」『素軒南都泳博士古稀紀念歷史學論叢』, 1993.

黃雲龍, 「歸化姓氏 始祖 東來說」『釜山女大史學』10·11합, 1993.

金成俊, 「고려말의 정국과 원·명 관계」『한국사』20, 국사편찬위원회, 1994.

박종기, 「고려시대의 대외관계」『한국사』6, 한길사, 1994.

李昇漢, 「高麗前期 耕地開墾과 陳田의 발생」『國史館論叢』52, 1994.

李貞信, 「고려시대의 상업 —상인의 존재형태를 중심으로—」『國史館論叢』59, 1994.

鄭修芽, 「慧照國師 曇眞과 '淨因髓'—北宋 禪風의 수용과 高麗中期 禪宗의 부흥을 중심으로—」『李基白先生古稀紀念 韓國史學論叢(上)』, 一潮閣, 1994.

韓圭哲, 「高麗 來投·來往 女眞人—渤海遺民과 관련하여—」『釜山史學』25·26합, 1994.

黃雲龍, 「韓國 歸化姓氏와 土着姓氏의 比較」『芝邨金甲周敎授華甲紀念史學論叢』, 1994.

金南奎, 「高麗前期 兩界地方의 原住·來投女眞人에 대하여」『慶大史論』8, 1995.

김순자, 「고려말 대중국관계의 변화와 신흥유신의 사대론」『역사와 현실』15, 1995.

羅鐘宇, 「5대 및 송과의 관계」『한국사』14, 국사편찬위원회, 1995.

朴龍雲, 「高麗·宋 交聘의 목적과 使節에 대한 考察(上)·(下)」『韓國學報』 81·82, 1995·1996;『高麗 社會의 여러 歷史像』, 신서원, 2002.

박원호, 「명과의 관계」『한국사』 22, 국사편찬위원회, 1995.

朴漢男, 「10~12세기 동아시아 정세」『한국사』 15, 국사편찬위원회, 1995.

_____, 「거란 및 금과의 통교」『한국사』 15, 국사편찬위원회, 1995.

李賢惠, 「韓國 農業 技術 發展의 諸時期」『韓國史時代區分論』, 翰林科學院, 1995;『韓國 古代의 생산과 교역』, 一潮閣, 1998.

鄭修芽, 「高麗中期 對宋外交의 再開와 그 意義—北宋 改革政治의 수용을 중심으로—」『國史館論叢』 61, 1995.

崔圭成, 「북방민족과의 관계」『한국사』 15, 국사편찬위원회, 1995.

沈載錫, 「高麗時代 宋에 의한 國王册封의 展開」『淸溪史學』 12, 1996;『高麗國王 册封 硏究』, 혜안, 2002.

祁慶富, 「10~11세기 한중 해상교통로」『한중문화교류와 남방해로』(조영록 편), 국학자료원, 1997.

金燉, 「高麗末 對外關係의 변화와 政治勢力의 대응」『韓國 古代·中世의 支配體制와 農民』(金容燮教授停年紀念 韓國史學論叢 2), 知識産業社, 1997.

金文經, 「7~10세기 新羅와 江南의 文化交涉」『中國의 江南社會와 韓中交涉』(金裕哲 외), 集文堂, 1997.

毛昭晰, 「선진시대 중국 강남지역과 한반도의 해상교통」『한중 문화교류와 남방해로』(조영록 편), 국학자료원, 1997.

朴玉杰, 「高麗來航 宋商人과 麗宋의 貿易政策」『大東文化研究』 32, 1997.

위은숙, 「원간섭기 對元貿易—『老乞大』를 중심으로—」『지역과 역사』 4, 1997.

李泰鎭, 「前近代 韓·中 交易史의 虛와 實」『震檀學報』 78, 1997.

林英正, 「朝鮮前期 海禁政策 시행의 배경」『東國史學』 31, 1997.

鮑志成, 「蘇東坡와 高麗」『한중문화교류와 남방해로』(조영록 편), 국학자료원, 1997.

韓圭哲, 「渤海遺民의 高麗投化—後渤海史를 중심으로—」『釜山史學』 33, 1997.

黃時鑒, 「宋-高麗-蒙古關係史에 관한 일고찰—「收刺麗國送還人」에 대하여—」『東方學志』 95, 1997.

魏恩淑, 「12세기 농업기술의 발달」『釜大史學』 12, 1988;『高麗後期 農業經濟研究』, 혜안, 1995.

金惠苑, 「高麗 恭愍王代 對外政策과 漢人群雄」『白山學報』 51, 1998.

박종기, 「11세기 고려의 대외관계와 정국운영론의 추이」『역사와 현실』 30, 1998.

朴平植, 「高麗末期의 商業問題와 救弊論議」 『歷史敎育』 68, 1998; 『朝鮮前期商業史研究』, 지식산업사, 1999.

閔賢九, 「高麗前期의 對外關係와 國防政策: 文宗代를 中心으로」 『亞細亞硏究』 99, 1998; 『高麗政治史論』, 고대출판부, 2004.

신채식, 「宋‧麗의 문화교류에 관하여」 『梨花史學硏究』 25‧26합, 1999.

權熹耕, 「三國遺事를 통해 본 高麗的 시각」 『書誌學硏究』 20, 2000.

김성규, 「高麗 前期의 麗宋關係 ―宋朝 賓禮를 중심으로 본 高麗의 國際地位 試論―」 『國史館論叢』 92, 2000.

김수태, 「高麗初期의 本貫制度: 本貫과 姓의 관계를 중심으로」 『한국중세사연구』 8, 2000.

김순자, 「麗末鮮初 對明 馬貿易」 『韓國史의 構造와 展開―河炫綱敎授定年紀念論叢―』, 혜안, 2000.

申採湜, 「唐末‧五代의 東南沿海地域과 韓半島의 海上交涉」 『東國史學』 34, 2000.

申泰光, 「北宋 變法期의 對高麗政策」 『東國史學』 37, 2000.

魏恩淑, 「『元朝正本農桑輯要』의 농업관과 간행주체의 성격」 『한국중세사연구』 8, 2000.

金甲童, 「高麗時代 羅州의 地方勢力과 그 動向」 『한국중세사연구』 11, 2001.

沈載錫, 「五代의 高麗國王 册封硏究」 『淸溪史學』 15, 2001; 『高麗國王 册封 硏究』, 혜안, 2002.

위은숙, 「원간섭기 寶鈔의 유통과 그 의미」 『韓國中世社會의 諸問題』(한국중세사학회편), 2001.

李康漢, 「고려후기 元寶鈔의 유입 및 유통실태」 『韓國史論』 46, 2001.

姜鳳龍, 「後百濟 甄萱과 海洋勢力―王建과의 海洋爭覇를 중심으로―」 『歷史敎育』 83, 2002.

高橋公明, 「해역세계 가운데 제주도와 고려」 『島嶼文化』 20, 2002.

김영미, 「11세기 후반~12세기 초 고려‧요 외교관계와 불경 교류」 『역사와 현실』 43, 2002.

김택민, 「在唐新羅人의 活動과 公驗(過所)―엔닌의 공험 취득 과정에서 장보고‧신라인의 역할을 중심으로―」 『대외 문물교류 연구』(권덕영 외), (재)해상왕장보고기념사업회, 2002.

朴玉杰, 「高麗의 歸化人 同化策―특히 거주지와 귀화 성씨의 관향을 중심으로―」 『江原史學』 17‧18합, 2002.

안병우, 「고려와 송의 상호인식과 교섭: 11세기 후반~12세기 전반」 『역사와 현실』

43, 2002.

이정신, 「고려 태조의 건국 이념의 형성과 국내외 정세」『韓國史硏究』118, 2002;『고려시대의 정치변동과 대외정책』, 경인문화사, 2004.

李正浩, 「高麗後期의 農法—農法 발달과 武臣政權期 社會變化의 관계를 중심으로—」『國史館論叢』98, 2002.

정구복, 「『高麗史』禮志의 성격과 자료적 가치」『고려시대연구』V, 2002.

추명엽, 「고려전기 '번(蕃)' 인식과 '동·서번'의 형성」『역사와 현실』43, 2002.

피터 윤, 「서구 학계 조공제도 이론의 중국 중심적 문화론 비판」『아세아연구』109, 2002.

姜鳳龍, 「羅末麗初 王建의 西南海地方 掌握과 그 背景」『島嶼文化』21, 2003.

이미지, 「高麗 宣宗代 権場 問題와 對遼 關係」『韓國史學報』14, 2003.

이현모, 「羅末麗初 晋州地域의 豪族과 그 動向」『歷史敎育論集』30, 2003.

周炅美, 「中國 古代 皇室發願 佛舍利莊嚴의 정치적 성격—易姓革命의 선전물로서의 眞身舍利供養—」『東洋學』33, 2003.

김갑동, 「고려초기 홍성지역의 동향과 지역세력」『史學硏究』74, 2004;『고려의 후삼국 통일과 후백제』, 서경문화사, 2010.

김도연, 「원간섭기 화폐유통과 보초」『韓國史學報』18, 2004.

金日宇, 「고려시대 耽羅 주민들의 거주지역과 海上活動」『韓國史學報』18, 2004;『高麗時代 濟州社會의 變化』, 西歸浦文化院, 2005.

朴成柱, 「高麗末 麗·明간 朝貢册封關係의 展開와 그 性格」『慶州史學』23, 2004.

朴承範, 「9-10世紀 東아시아 地域의 交易—新羅末·高麗初 韓半島를 중심으로—」『中國史硏究』29, 2004.

오용섭, 「慧照國師 購來의 遼本大藏의 봉안」『書誌學硏究』27, 2004.

이진한, 「고려시대의 무역」『한국무역의 역사』(최광식 외), 청아출판사, 2004.

李憲昶, 「한국 전근대 무역의 類型과 그 변동에 관한 연구」『경제사학』36, 2004.

洪榮義, 「高麗末 昌王代 '改革派' 新興儒臣의 結集과 分岐過程」『한국중세사연구』16, 2004;『高麗末 政治史 硏究』, 혜안, 2005.

Peter Yun, 「몽골 이전 동아시아의 다원적 국제관계」『만주연구』3, 2005.

박원호, 「고려와 朱元璋의 첫 交涉에 관한 小考」『北方史論叢』3, 2005.

신채식, 「高麗와 宋의 外交關係—朝貢과 册封關係를 중심으로—」『한중외교관계와 조공책봉』, 고구려연구재단, 2005.

임상선, 「발해 유민의 부흥운동」『새롭게 본 발해사』(고구려연구재단 편), 2005.

최양규, 「고려-조선시대 중국 귀화성씨의 정착」『白山學報』73, 2005.

Lee, Jin-Han, 「The Development of Diplomatic Relations and Trade with Ming in the Last Years of the Goryŏ Dynasty」『International Journal of Korean History』Vol 10, 2006.

위은숙, 「13·14세기 고려와 요동의 경제적 교류」『民族文化論叢』 34, 2006.

김상현, 「三國遺事의 編纂과 刊行에 대한 研究 現況」『佛敎研究』 26, 2007.

윤영인, 「10-13세기 동북아시아 多元的 國際秩序에서의 册封과 盟約」『東洋史學研究』 101, 2007.

윤용혁, 「羅末麗初 洪州의 등장과 運州城主 兢俊」『한국중세사연구』 22, 2007;『충청역사문화연구』, 서경문화사, 2009.

이정주, 「鄭道傳·權近의 불교계와의 關係」『性理學 受容期 佛敎批判과 政治·思想的 變容』, 高大 民族文化研究院, 2007.

李鎭漢, 「高麗時代 宋商 貿易의 再照明」『歷史敎育』 104, 2007;『高麗時代 宋商往來研究』, 景仁文化社, 2011.

_____, 「高麗後期의 異姓封君」『史學研究』 88, 2007.

장동익, 「고려시대 대외교섭과 해방」『한·중·일의 해양인식과 해금』(이문기 외), 동북아역사재단, 2007.

조경시, 「高麗 顯宗의 佛敎信仰과 정책」『韓國思想史學』 29, 2007.

崔永好, 「고려시대 송나라와의 해양교류—송나라출신 전문인력의 입국과 활동을 중심으로—」『역사와 경계』 63, 2007.

홍성구, 「청조 해금정책의 성격」『한·중·일의 해양인식과 해금』(이문기 외), 동북아역사재단, 2007.

백승호, 「高麗와 宋의 朝貢-回賜貿易」『海洋文化研究』 1, 2008.

오카모토 히로미치(岡本弘道), 「명조(明朝)의 국제시스템과 해역세계」『해역아시아 사입문』(2008, 모모키 시로 엮음, 최연식 옮김), 민속원, 2012.

遠藤隆俊, 「義天と成尋—11世紀東アジアの國際環境と入宋僧—」『東國史學』 44, 2008.

李鎭漢, 「高麗 文宗代 對宋通交와 貿易」『歷史學報』 200, 2008.

金榮濟, 「麗宋交易의 航路와 船舶」『歷史學報』 204, 2009;『고려상인과 동아시아 무역사』, 푸른역사, 2019.

박종기, 「고려 전기 주민 구성과 국가체제—來投 문제를 중심으로— 」『동북아역사논총』 23, 2009.

徐根植, 「朝鮮時代 '向化' 개념에 대한 研究—『朝鮮王朝實錄』을 중심으로—」『東洋古典研究』 37, 2009.

원창애, 「향화인의 조선정착 사례 연구—여진 향화인을 중심으로—」 『東洋古典研究』 37, 2009.

이강한, 「고려 충혜왕대 무역정책의 내용 및 의미」 『한국중세사연구』 27, 2009; 『고려와 원제국의 교역의 역사』, 창비, 2013.

이인철, 「한국 고·중세 농업에서 토지생산성과 노동생산성」 『한국 고·중세 사회경제사 연구』, 백산자료원, 2009.

임선빈, 「조선초기 歸化人의 賜鄕과 특징」 『東洋古典研究』 37, 2009.

한지선, 「洪武年間의 對外政策과 '海禁'—『大明律』상의 '海禁' 조항의 재분석—」, 『中國學報』 60, 2009.

신성재, 「궁예와 왕건과 나주」 『韓國史研究』 151, 2010.

이강래, 「『三國遺事』 편찬의 유기성 문제」, 『역사학연구』 40, 2010.

이준태, 「중국의 전통적 해양인식과 海禁政策의 의미」 『아태연구』 17, 2010.

金榮濟, 「北宋 神宗朝의 對外交易 政策과 高麗」 『東洋史學研究』 115, 2011; 『고려상인과 동아시아 무역사』 푸른역사, 2019.

김영제, 「『高麗史』에 나타나는 宋商과 宋都綱 —特히 宋都綱의 性格 解明을 中心으로—」 『전북사학』 39, 2011; 『고려상인과 동아시아 무역사』 푸른역사, 2019.

민덕기, 「중·근세 東아시아 해금정책과 경계인식—東洋三國의 海禁政策을 중심으로—」 『韓日關係史研究』 39, 2011.

윤재운, 「8~12세기 한·중 해상 교통로의 변천과 의미」 『한중관계사상의 교통로와 거점』(윤재운 외), 동북아역사재단, 2011.

이강한, 「서평-이진한 『고려시대 송상왕래 연구』」 『歷史學報』 212, 2011.

李鎭漢, 「高麗 武臣政權期 宋商의 往來」 『民族文化』 36, 2011; 『高麗時代 宋商往來 研究』, 景仁文化社, 2011.

최낙민, 「明의 海禁政策과 泉州人의 해상활동—嘉靖年間以後 海寇活動을 중심으로—」 『역사와 경계』 78, 2011.

金榮濟, 「교역에 대한 宋朝의 태도와 高麗海商의 활동 —高麗 文宗의 對宋 入貢과도 관련하여—」 『歷史學報』 213, 2012; 『고려상인과 동아시아 무역사』 푸른역사, 2019.

민덕기, 「동아시아 해금정책의 변화와 해양경계에서의 분쟁」 『韓日關係史研究』 42, 2012.

閔賢九, 「高麗時代 韓中交涉史의 몇 가지 문제—長期持續的 高麗王朝와 征服的 中國 北方國家들과의 對立·交流—」 『震檀學報』 114, 2012.

박용진, 「고려후기 元版大藏經 印成과 流通」『中央史論』 35, 2012.

배숙희, 「元代 慶元지역과 南方航路: 탐라지역의 부상과 관련하여」『中國學報』 65, 2012.

백승호, 「『고려사』 기록으로 본 호남문화의 정체성」『海洋文化硏究』 7·8합, 2012.

이강한, 「1293~1303년 고려 서해안 '원 수역'의 치폐와 그 의미」『한국중세사연구』 33, 2012.

이병희, 「고려시기 벽란도의 '해양도시'적 성격」『島嶼文化』 39, 2012.

이진한, 「高麗 太祖代 對中國 海上航路와 外交·貿易」『한국중세사연구』 33, 2012.

황인규, 「고려시대 내원당과 고승」『보조사상』 37, 2012.

박종기, 「해양(바다와 섬)에 대한 인식」『한국해양사 III(고려시대)』(한국해양재단 편), 2013.

吳致勳, 「『高麗史』 食貨志 陳田 개간 判文의 '私田' 검토」『史學硏究』 110, 2013.

이강한, 「고려 공민왕대 정부 주도 교역의 여건 및 특징」『정신문화연구』 125, 2011; 『고려와 원제국의 교역의 역사』, 창비, 2013.

田中克子, 「한국의 태안 마도해역에서 출토된 중국도자기로 본 동아시아해역 해상무역 양상—하카타 유적군에서 출토된 중국도자기와의 비교를 통해—」『태안 마도 출수 중국도자기』, 문화재청·국립해양문화재연구소, 2013.

홍영의, 「고려 말 대명교역과 동아시아 해상교류」『한국해양사 III(고려시대)』(한국해양재단 편), 2013.

金榮濟, 「《高麗史》에 나타나는 宋都綱 卓榮과 徐德榮—그들이 宋側으로부터 高麗綱首라 불렸던 背景을 中心으로—」『東洋史學研究』 126, 2014; 『고려상인과 동아시아 무역사』, 푸른역사, 2019.

_____, 「宋代 東아시아 海上貿易과 季節風—高麗와 南中國 사이를 中心으로」『中國史研究』 92, 2014; 『고려상인과 동아시아 무역사』, 푸른역사, 2019.

김혜완, 「고려후기 불사리신앙—진신과 분신사리신앙—」『역사와 현실』 91, 2014.

한기문, 「고려시대 內願堂의 기능과 위상」『한국중세사연구』 38, 2014.

高銀美, 「宋代 明州市舶司의 변천과 무역조건」『大東文化硏究』 89, 2015.

윤선태, 「『三國遺事』의 後人夾註에 대한 재검토」『韓國古代史研究』 78, 2015.

李錫炫, 「宋 高麗의 外交交涉과 認識, 對應—北宋末 南宋初를 중심으로—」『中國史研究』 39, 2005.

李鎭漢, 「高麗時代 外國人의 居留와 投化」『한국중세사연구』 42, 2015.

金榮濟, 「宋代 各國 海商의 往來와 國籍 判別의 根據—특히 高麗海商의 活動과 關聯

하여─」『中國史硏究』102, 2016; 『고려상인과 동아시아 무역사』, 푸른역사, 2019.

_____, 「宋代 中國과 高麗 사이의 海上 交易品─東南아시아 地域과의 比較를 통한 檢討─」『역사문화연구』60, 2016; 『고려상인과 동아시아 무역사』, 푸른역사, 2019.

남동신, 「『三國遺事』 속의 『三國遺事』: 「前後所將舍利」조」『新羅文化祭學術會議論文集』36, 2016.

高銀美, 「고려·일본 송 간의 무역사이클의 변화」『大東文化硏究』103, 2018.

金榮濟, 「元朝 中國의 銀 貿易과 이 시대 高麗銀의 動向」『中國史硏究』114, 2018; 『고려상인과 동아시아 무역사』, 푸른역사, 2019.

김성규, 「서평─『고려상인과 동아시아 무역사』(서울, 푸른역사, 2019)」『歷史學報』244, 2019.

김한신, 「서평: 중세 동아시아 해상교역의 재구성 ─金榮濟 지음, 『고려상인과 동아시아 무역사』, 푸른역사, 2019─」, 『東洋史學硏究』149, 2019.

이강한, 「서평: 金榮濟 지음, 『고려상인과 동아시아 무역사』, 푸른역사, 2019년, 314면」『경제사학』72, 2020.

이진한, 「'고려강수(高麗綱首)' 탁영(卓榮)·서덕영(徐德榮) 관련 사료의 재검토」, 『한국문화』96, 2021.

7. 국외논문(일본, 중국, 출간연도, 가나다 순)

津田左右吉, 「高麗末鴨綠江畔領土」『朝鮮歷史地理』2, 1913; 『津田左右吉全集』11, 岩波書店, 1964.

和田淸, 「定安國に就いて」『東洋學報』6, 1916; 『東亞史硏究(滿洲編)』, 東洋文庫, 1955.

池內宏, 「高麗恭愍王朝の元に對する反抗運動」『東洋學報』7-1, 1917; 『滿鮮史硏究(中世編)』, 吉川弘文館, 1963.

_____, 「高麗末に於ける明及び北元との關係」『史學雜誌』29-1~4, 1917; 『滿鮮史硏究(中世編)』, 吉川弘文館, 1963.

_____, 「高麗辛禑朝における鐵嶺問題」『東洋學報』8-1, 1917; 『滿鮮史硏究(中世編)』, 吉川弘文館, 1963.

_____, 「高麗恭愍王朝東寧府征伐考」『東洋學報』8-2, 1918; 『滿鮮史硏究(中世編)』, 吉川弘文館, 1963.

三上次男, 「金初に於ける麗金關係─保州問題を中心として─」『歷史學硏究』9-4, 1939.

末松保和, 「麗末鮮初に於ける對明關係」『史學論叢』2, 岩波書店, 1941; 『靑丘史草』

1, 笠井出版社, 1965.

日野開三郎, 「五代における契丹と中國との海上貿易―東丹國內における渤海遺民の海上貿易―」 『史學雜誌』 52-7·8·9, 1941; 『日野開三郎 東洋史學論集 第16卷 東北アジア民族史(下)―後渤海·女眞編―』, 三一書房, 1990.

_____, 「兀惹部の發展」 『史淵』 29·30·31·32·33, 1943·1944·1945; 『日野開三郎 東洋史學論集 第16卷 東北アジア民族史(下)―後渤海·女眞編―』, 三一書房, 1990.

_____, 「後渤海の建國」 『帝國學士院紀事』 2-3, 1943; 『日野開三郎 東洋史學論集 第16卷 東北アジア民族史(下)―後渤海·女眞編―』, 三一書房, 1990.

森克己, 「日宋麗連鎖關係の展開」 『史淵』 41, 1949; 『續日宋貿易の研究』, 國書刊行會, 1975.

日野開三郎, 「定安國考」 『東洋史學』 1·2·3, 1951; 『日野開三郎 東洋史學論集 第16卷 東北アジア民族史(下)―後渤海·女眞編―』, 三一書房, 1990.

森克己, 「日宋貿易における中國商人の性格」 『歷史地理』 84-4, 1954; 『續日宋貿易の研究』, 國書刊行會, 1975.

_____, 「日本·高麗來航の宋商人」 『朝鮮學報』 9, 1956; 『續日宋貿易研究』, 國書刊行會, 1975.

_____, 「日·宋と高麗との私獻貿易」 『朝鮮學報』 14, 1959; 『續日宋貿易の研究』, 國書刊行會, 1975.

日野開三郎, 「羅末三國の鼎立と對大陸海上交通貿易(一)·(二)·(三)·(四)」 『朝鮮學報』 16·17·19·20, 1960·1961; 『日野開三郎 東洋史學論集―北東アジア國際交流史の研究(上)―』, 三一書房, 1984.

旗田巍, 「高麗の'武散階'-鄕史·耽羅の王族·女眞の酋長·老兵·工匠·樂人の位階」 『朝鮮學報』 21·22合, 1961; 『朝鮮中世社會史の研究』, 法政大學出版局, 1972.

武田幸男, 「高麗初期の官階―高麗王朝確立過程の一考察―」 『朝鮮學報』 41, 1966.

日野開三郎, 「統和初期における契丹聖宗の東方經略と九年の鴨綠江口築城」 『朝鮮學報』 21·22合, 1961; 『日野開三郎 東洋史學論集 第16卷 東北アジア民族史(下)―後渤海·女眞編―』, 三一書房, 1990.

丸龜金作, 「高麗と宋との通交問題(1)·(2)」 『朝鮮學報』 17·18, 1961·1962.

江原正昭, 「高麗の州縣軍に關する一考察―女眞人の高麗軍への編入を中心にして―」 『朝鮮學報』 28, 1963.

森克己, 「日宋貿易に活躍した人々」 『歷史と人物』(日本歷史學會編), 1964; 『續日宋貿易の研究』, 國書刊行會, 1975.

日野開三郎, 「宋初女眞の山東來航の大勢とその由來」 『朝鮮學報』 33, 1964; 『日野開三郎 東洋史學論集 第16卷 東北アジア民族史(下)—後渤海·女眞編—』, 三一書房, 1990.

森克己, 「鎌倉時代の日麗交涉」 『朝鮮學報』 34, 1965; 『續日宋貿易の研究』, 國書刊行會, 1975.

奧村周司, 「高麗における八關會的秩序と國際環境」 『朝鮮史研究會論文集』 16, 1979.

宮嶋博史, 「朝鮮農業史上における15世紀」 『朝鮮史叢』 3, 1980.

浜中昇, 「高麗前期の小作制とその條件」 『歷史學研究』 507, 1982; 『朝鮮古代の經濟と社會』, 法政大學出版局, 1986.

宮嶋博史, 「朝鮮史研究と所有論—時代區分についての一提言—」 『人文學報』 167, 東京都立大, 1984.

龜井明德, 「綱首·綱司·綱の異同について」 『日本貿易陶磁史の研究』, 同朋舍出版, 1986.

浜中昇, 「高麗時代の姓氏の記錄, 『古籍』について—『世宗實錄』地理志姓氏條の史料的性格—」 『朝鮮學報』 123, 1987.

山内晋次, 「莊園內密貿易說に關する疑問—11世紀を中心として—」 『歷史科學』 117, 1989; 『奈良平安期の日本とアジア』, 吉川弘文館, 2003.

龜田明德, 「唐代陶磁貿易の展開と商人」 『アジアのなかの日本史』 (荒野泰典·石井正敏·村井章介 編), 東京大學出版會, 1992.

奧村周司, 「高麗の外交姿勢と國家儀式」 『歷史學研究』 別冊, 1992.

佐久間仲男, 「明代の外國貿易—貢舶貿易の推移—」 『日明關係史の研究』, 吉川弘文館, 1992.

山内晋次, 「東アジア·東南アジア海域における海商と國家—10-13世紀を中心として覺書—」 『歷史學研究』 681, 1996; 『奈良平安期の日本とアジア』, 吉川弘文館, 2003.

檀上寬, 「明初の海禁と朝貢—明朝專制支配の理解に寄せて」 『明淸時代史の基本問題』 汲古書院, 1997.

須川英德, 「高麗後期における商業政策の政策—對外關係を中心に」 『朝鮮文化研究』 4, 1997.

藤田明良, 「「蘭秀山の亂」と東アジア海域世界—14世紀の舟山群島と高麗·日本—」 『歷史學研究』 698, 1998.

榎本渉, 「宋代の‘日本商人’の再檢討」 『史學雜誌』 110-2, 2001; 『東アジア海域と日中交流—九~一四世紀—』, 吉川弘文館, 2007.

近藤一成, 「文人官僚蘇軾の對高麗政策」 『史滴』 23, 2001.

李鎭漢, 「高麗前期 對外貿易과 그 政策」『九州大學韓國硏究センター年報』5, 2005; 『高麗時代 宋商往來 硏究』, 景仁文化社, 2011.

茂木敏夫, 「中國からみた〈朝貢體制〉―理念と實態, そして近代における再定義」『ア ジア文化交流硏究』1, 關西大學, 2006.

原美和子, 「宋代の海商活動に關する一試論―日本・高麗および日本・遼(契丹)通交をめぐっ て―」『考古學と中世史硏究3―中世の對外交流 場・ひと・技術―』, 高志書院, 2006.

David Robinson, 「モンゴル帝國の崩壞と高麗恭愍王の外交政策」『中國東アジア外 交交流史の硏究』(夫馬進編), 京都大學學術出版會, 2007.

榎本涉, 「日麗貿易」『中世都市 博多を掘る』(大庭康時 外 編), 海鳥社, 2008.

山崎覺士, 「貿易と都市―宋代市舶司と明州―」『東方学』116, 2008.

森平雅彦, 「日麗貿易」『中世都市博多を掘る』(大庭康時 外 編), 海鳥社, 2008.

李鎭漢, 「高麗時代における宋商の往來と麗宋外交」『年報 朝鮮學』12, 2009; 『高麗 時代 宋商往來 硏究』, 景仁文化社, 2011.

榎本涉, 「東ジナ海の宋海商」『日本の對外關係 3―通交・通商圈の擴大―』(荒野泰典・ 石井正敏・村井章介 編), 吉川弘文館, 2010.

渡邊誠, 「鴻臚館の盛衰」『日本の對外關係 3, 通交・通商圈の擴大』(荒野泰典・石井貞 敏・村井章介 編, 吉川弘文館, 2010.

山崎覺士, 「宋代両浙地域における市舶司行政」『東洋史硏究』69-1, 2010.

石井正敏・村井章介, 「通交・通商圈の擴大」『日本の對外關係 3―通交・通商圈の擴大―』 (荒野泰典・石井正敏・村井章介 編), 吉川弘文館, 2010.

李鎭漢, 「高麗時代における宋人の來投と宋商の往來」『年報 朝鮮學』13, 2010; 『高 麗時代 宋商往來 硏究』, 景仁文化社, 2011.

山崎覺士, 「海商とその妻―十一世紀中国の沿海地域と東アジア海域交易―」『歷史学 部論集』創刊号, 日本 佛敎大學, 2011.

森平雅彦, 「ひらかれた海 1250~1350」, 『東アジア海域に漕ぎだす 海から見た歷史』 (羽田正 編), 東京大學出版會. 2013.

宋晞, 「宋商在宋麗貿易中的貢獻」『中朝關係史論文集』1, 時事出版社, 1979.

倪士毅・方如金, 「宋代明州與高麗的貿易關係及交其友好往來」『杭州大學學報(哲學社 會科學版)』12-2, 1982.

陳高華, 「從《老乞大》《朴通事》看與元高麗的經濟文化交流」『歷史硏究』1995-3; 『元 史硏究新論』 上海社會科學院出版社, 2005.

魏志江, 「1020─1125年的遼麗關係」 『中韓關係史研究』, 中山大學出版社, 2006.

葉恩典, 「古代泉州與新羅·高麗的海上交通及其文物史迹探源」 『中韓古代海上交流』(金
　　健人 主編), 遼寧民族出版社, 2007.

周霞, 「元朝時期的山東半島在與高麗海商貿交往來的重要作用」 『魯東大學學報(哲學社
　　會科學版)』 27-5, 2010.

찾아보기

이진한

경기도 평택 출생
고려대학교 사학과 졸업
동 대학원 문학박사
현재 고려대학교 한국사학과 교수

대표저서

『고려전기 官職과 祿俸의 관계 연구』
『高麗時代 宋商往來 研究』
『고려시대 무역과 바다』

高麗時代 對外交流史 研究

초판 1쇄 발행 ｜ 2023년 05월 26일
초판 2쇄 발행 ｜ 2023년 12월 11일

저　자 ｜ 이진한
발행인 ｜ 한정희
발행처 ｜ 경인문화사
주　소 ｜ 경기도 파주시 회동길 445-1 경인빌딩
전　화 ｜ 031)955-9300, 팩스 ｜ 031)955-9310
이메일 ｜ kyunginp@chol.com
홈페이지 ｜ http://kyungin.mkstudy.com
출판번호 ｜ 제406-1973-000003호

ISBN : 978-89-499-6688-5 93910
정가 : 38,000원
* 파본 및 훼손된 책은 교환해 드립니다.